华润漆

漆 业 真 专 家

DISNEY COLOR

中国涂料行业合作伙伴

漆产品样板册

天河年鉴
TIANHE YEARBOOK
2009

中共广州市天河区委员会 主办
广州市天河区人民政府

中华书局

编辑说明

一、《天河年鉴》是中共广州市天河区委、区人民政府主持编纂的地方综合性年鉴，2001年创刊，尔后逐年出版，国内外公开发行。其宗旨是全面、系统、翔实地载录天河地区的自然、政治、经济、文化和社会等方面的基本面貌和发展情况，为社会各界了解和研究天河区提供基本资料。

二、《天河年鉴》采用分类编辑法，以篇目、分目、条目组成框架结构的主体部分。在少数分目中，增加了子分目的层次。全书条目标题统一用黑体加【】表示，条目以下的段落标题以楷体字表示。全书前有目录，后设索引，方便读者查阅。

三、《天河年鉴》以出版年号为卷次名称，2009年卷主要载录天河区2008年经济社会发展的基本资料。全书主要设大事记、天河概貌、政治、法治、地方军事、人民团体、经济贸易和经济管理、城区建设和管理、农林水利、高新技术产业、科教文体卫、社会生活、行政街、文件选辑、专题、特载、社会统计资料，共17个篇目。为保证事件的完整性，本书内文记述的个别事情突破年度性，适当上溯追记。

四、年鉴所用的资料部分由本刊编辑部选编，其余由各单位年鉴撰稿员提供，并经单位领导审阅。年鉴文稿由本刊编辑部编纂、校正后，再由撰稿员复核。各单位提供的数字，由于统计口径不一，个别数字可能不一致，使用时应以天河区统计局编印的《天河区国民经济统计资料》为准。本刊所指的“党”是中国共产党；“团”是中国共产主义青年团；“省”是广东省；“市”是广州市；“区”是广州市天河区。

五、本年鉴的出版承蒙各单位、各部门、各街及驻区各单位的大力支持，深表谢意。错漏之处，伫望指正。

《天河年鉴》编辑部

2009年10月

《天河年鉴》正、副主审

主　审：徐汉添（中共广州市天河区委副书记、广州市天河区人民政府区长）
副主审：张谭均（中共广州市天河区委常委、区委办公室主任）
李雪枝（广州市天河区人民政府副区长）
陈祖进（广州市天河区人民政府办公室主任）

《天河年鉴》编辑部

主　编：林道良（广州市天河区地方志办公室主任）
编　辑：李正清　简钰钗　靖　婧　陈　瑜　蔡维朗　陆一锋　何志勇

撰稿人名单（按内文刊出先后顺序）

邓　芳	叶育梅	罗十飞	陈　瑜	李少霞	陈丽红	刘　鲲	杨驰英	李　斌
王　强	邱碧嵩	张　兰	陈伟红	王美玲	崔　勇	吴新华	刘金莲	郑鹤昕
钟国华	丁坚群	许　琛	蔡照红	钱　军	周　蓉	薛耀忠	庞辉煌	邝惠娜
方伟兰	利　响	梁瑞音	王智斌	曾晓芬	邓冬云	郑淑玲	周军州	刘开勤
熬建民	郭　蓉	陈顺龙	朱丽丽	刘俊文	曾焕元	刘　伟	黄建新	张文珠
杨安华	程　磊	谢丽华	杨并雄	吕　华	陶　甄	钟惠玲	林志勇	曾　媛
温志美	郑淑玲	许五州	程　婷	吴　健	吴声涓	周海燕	赖艳萍	程　兵
占小衡	刘钦凤	周　坚	易伟明	孔维守	曾　志	谭伟波	杨建新	潘邦政
胡军胜	黄沛良	曾建华	王禄超	卢臻臻	刘雅兰	李新辉	李武增	刘　健
周光发	邓　校	许春梅	张小娟	刘新胜	黄乙光	刘晓青	王文革	雷燕芳
李洁琼	刘清源	肖丽萍						

未注明撰稿人的供稿单位（按内文刊出先后顺序）

区政府办公室、区法制办、区信访办、区应急办、民革天河支部、民盟天河总支、民建天河总支、民进天河总支、农工党天河总支、致公党天河总支、九三学社天河支社、台盟天河支部、区人事局、广州市公安局天河区分局、区科协、区经贸局、区供销联社、广州市天河区质量技术监督局、区国税局、天河科技园管委会、区体育局、区卫生监督所

2008年天河区地图

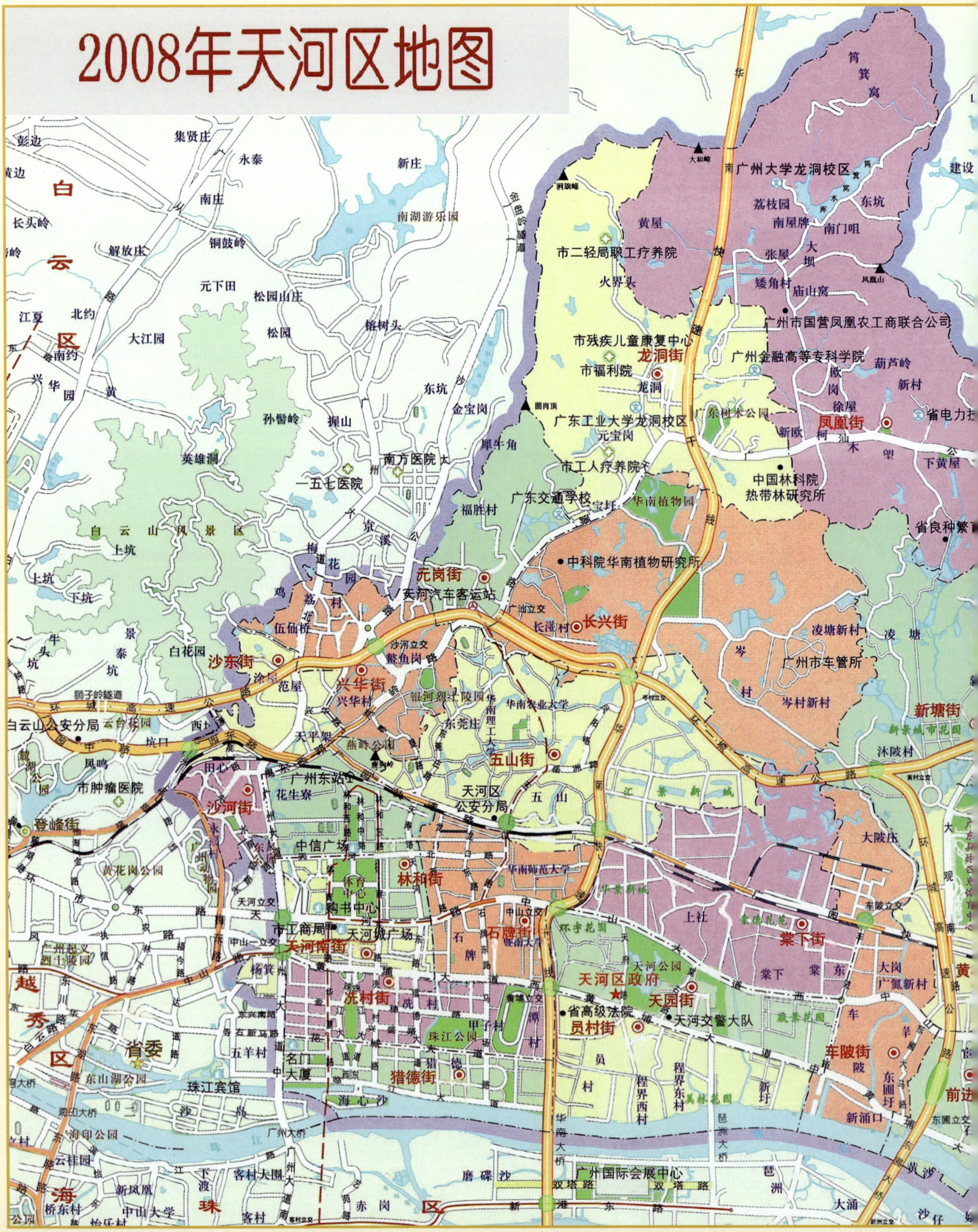
白云区
越秀区
海珠区
龙洞街
凤凰街
元岗街
长兴街
沙东街
兴华街
五山街
沙河街
林和街
石牌街
天河南街
冼村街
猎德街
天河区政府
天园街
员村街
棠下街
车陂街
新塘街
前进
黄
广州大学龙洞校区
广州市国营凤凰农工商联合公司
广州金融高等专科学院
市二轻局职工疗养院
市残疾儿童康复中心
市福利院
广东工业大学龙洞校区
市工人疗养院
中国林科院热带林研究所
广东交通学校
华南植物园
中科院华南植物研究所
天河汽车客运站
广州市车管所
白云山风景区
南方医院
一五七医院
南湖游乐园
华南农业大学
华南理工大学
华南师范大学
天河区公安分局
广州东站
中信广场
购书中心
天河城广场
市工商局
省高级法院
天河交警大队
天河公园
珠江公园
广州国际会展中心
珠江宾馆
东山湖公园
省委
中山大学
市肿瘤医院
黄花岗公园
白云山公安分局
广州大桥
海印大桥
海心沙
二沙岛
琶洲大桥
华南大桥
龙洞
元岗
长湴村
岑村
凌塘新村
岑村新村
沐陵村
大陂庄
上社
棠下
大岗
广氮新村
东圃
新涌口
程界东村
程界西村
员村
新墟
黄埔大道
中山大道
广州大道
环城高速公路
华南快速干线
广园快速路
新港东路
双塔路
赤岗
磨碟沙
琶洲
大塘
沙仔
客村
下渡
海印公园
云桂园
新凤凰
桥东村
江夏
北约
南约
兴华园
黄边
彭边
长头岭
解放庄
集贤庄
永泰
南庄
新庄
铜鼓岭
元下田
松园山庄
松园
大江园
孙髻岭
握山
英雄洞
上坑
下坑
东坑
金宝岗
犀牛角
福胜村
伍仙桥
鳌鱼岗
燕岭公园
银河烈士陵园
东莞庄
天平架
花生寮
凤鸣
登峰街
杨箕村
名门大厦
五羊新城
甲子村
建设
省电力
下黄屋
省良种繁
葫芦岭
新村
荔枝园
南屋牌
张屋
矮角村
庙山窝
东坑
黄屋
火界头
大和峰
凤凰山
箕箕窝

2008年天河区及各街道概况表

序号	名称	成立时间	面积（平方公里）	总人口	其中户籍人口	其中外来暂住人口
	天河区	1985.5	137.38	1578300	716500	861800
1	沙河街	1950.7	1.26	46816	37506	9310
2	五山街	1953	10.59	108137	88899	19238
3	员村街	1960.7	5.37	101206	44109	57097
4	车陂街	1981.5	5.6	93323	27845	65478
5	石牌街	1987.3	4.3	280000	100219	179781
6	天河南街	1993.8	2.08	103864	87064	16800
7	林和街	1995.12	3.8	73946	45473	28473
8	兴华街	1995.12	4.29	133525	32099	101426
9	沙东街	1995.12	2.16	39994	27194	12800
10	棠下街	1997.12	7.42	260000	120000	140000
11	天园街	1999.9	4.04	91364	64204	27160
12	冼村街	1999.12	4.07	74958	19811	55147
13	猎德街	1999.12	3.2	12568	11879	689
14	元岗街	2001.12	3.24	44396	8663	35733
15	黄村街	2001.12	6.17	50180	12930	37250
16	长兴街	2002.12	13.22	53700	18200	35500
17	凤凰街	2002.12	29.98	23298	11649	15801
18	龙洞街	2002.12	11.70	60972	29212	31760
19	前进街	2002.12	4.90	45987	11987	34000
20	新塘街	2002.12	14.95	38200	10600	27600
21	珠吉街	2002.12	10.00	55878	9253	46625

注：以上人口数据由各街道提供，如有出入，请以天河区公安分局登记在册的数据为准。

天河区在广州市位置图
韶关市
清远市
惠州市
佛山市
东莞市
深圳市
江门市
中山市
清新县
佛冈县
(石角)
从化市
(街口)
增城市
(荔城)
花都区
广州市
天河区
黄埔区
南海区
(桂城)
佛山市
番禺区
(市桥)
顺德区
鹤山市
(沙坪)
江门市
宝安区
南山区
白云国际机场
(新址)
深圳宝安机场
北回归线标志塔
流溪河森林公园
黄龙湖森林公园
蓄能电站
游览区
三桠塘
幽谷探险
石门国家
森林公园
南昆山国家森林公园
大封门森林公园
从化
温泉
碧水湾温泉度假村
中华文化养生园
芙蓉旅游度假区
高百丈风景区
盘古皇庙
九龙潭旅游
开发区
洪秀全故居
广东园玄道观
白兰花
森林公园
帽峰山风景区
金坑森林公园
增城旅游度假村
挂绿隆花园
湖心岛休闲
度假村
正果佛岩
何仙姑家庙
白石漓瀑布
南湖旅游中心
天麓湖郊野公园
萝岗香雪
东方乐园
白云山
华南植物园
世界大观
广东奥林匹克
体育中心
黄埔军校旧址
广州经济
技术开发区
利泰瀑布
农业大观园
香江野生
动物世界
长隆夜间
动物世界
莲花山
大夫山
森林公园
留耕堂
宝墨园
林则徐公园
沙角炮台
横沥生态旅游
度假农庄
天后宫
龙穴岛旅游区
百万葵园
新垦海上庄园

天河数字·2008

2008年，天河区应对国内外经济社会形势变化，努力缓解和克服国际经济危机等不利因素影响，按照“整体提升、协调发展”的工作思路，实施产业高端发展战略，推动全区经济社会协调发展，年初预期的各项经济社会发展指标顺利完成。

◆ 天河区成立时间：1985年5月

◆ 面积：137.38平方公里

◆ 人口：总人口157.83万人，户籍人口71.65万人，外来暂住人口86.18万人

◆ 人口出生率：人口出生率11.27‰，自然增长率8.61‰

◆ 街道办事处：21个

◆ 地区生产总值（GDP）：1434.39亿元，同比增长13.3%

◆ 第一产业增加值2.25亿元，同比下降27.1%；第二产业完成增加值270.30亿元，同比增长5.7%；第三产业增加值1161.84亿元，同比增长15.2%。三次产业结构比例为0.2：18.8：81.0。

◆ 技工贸收入416.18亿元，同比增长32.0%；税收收入222.52亿元，同比增长21.6%

◆ 财政一般预算收入28.75亿元；一般预算支出34.29亿元

◆ 房地产开发完成投资193.09亿元，商品房销售面积239.03万平方米

◆ 全社会固定资产投资：365.95亿元，社会消费品零售总额：569.43亿元

◆ 外贸进出口额：54.64亿美元，实际利用外资：3.79亿美元

◆ 职工年人均工资：62080元，居民人均可支配收入：25556元

◆ 中学学校数（含职中）：53所，在校学生：51308人

◆ 小学学校数：82所，在校学生数：97079人

◆ 特殊教育学校3所，在校生837人

◆ 医疗机构拥有床位5833张，卫生技术人员9356人

◆ 森林覆盖率：23.7%

1985－2008年天河区国民经济主要指标

天河区生产总值

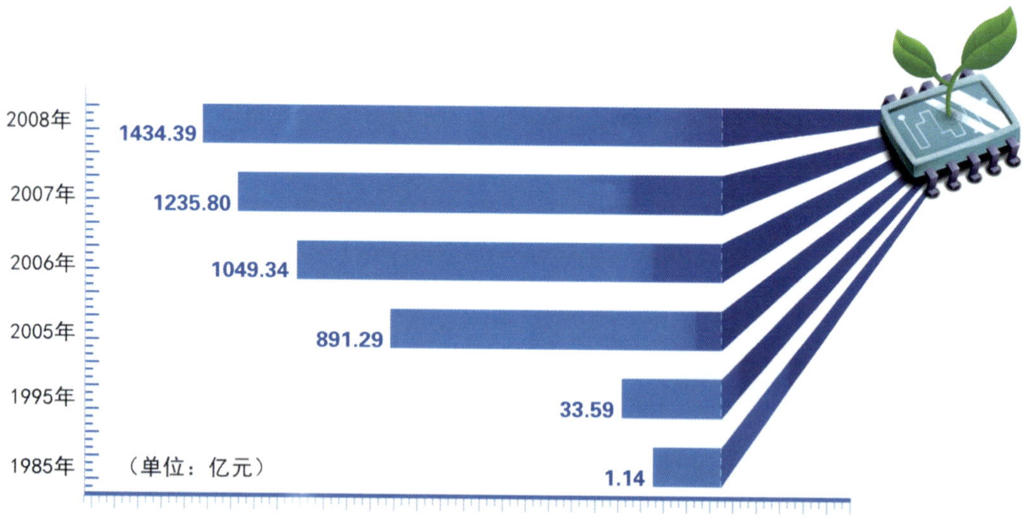

财政收支

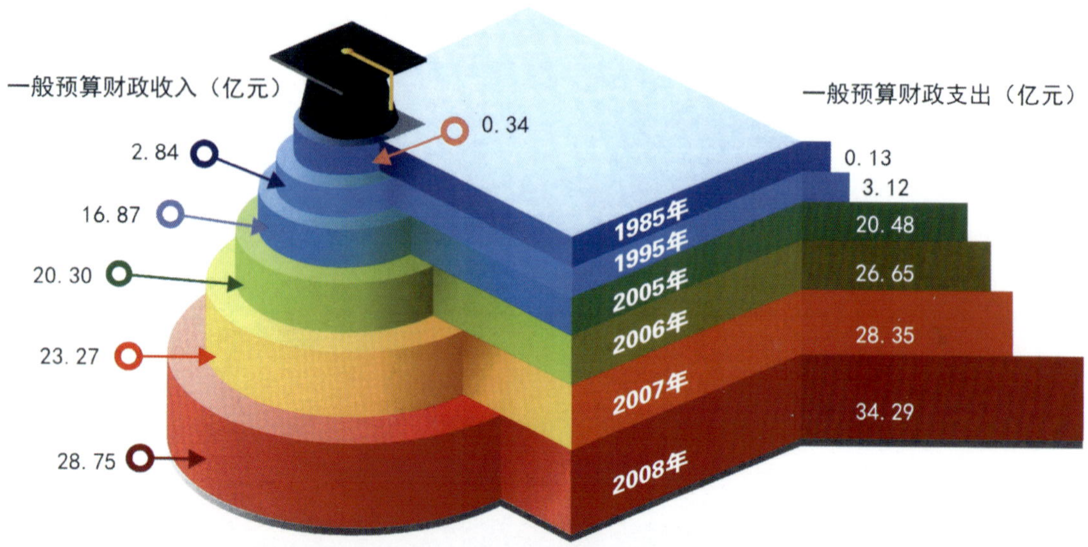

全社会固定资产投资额

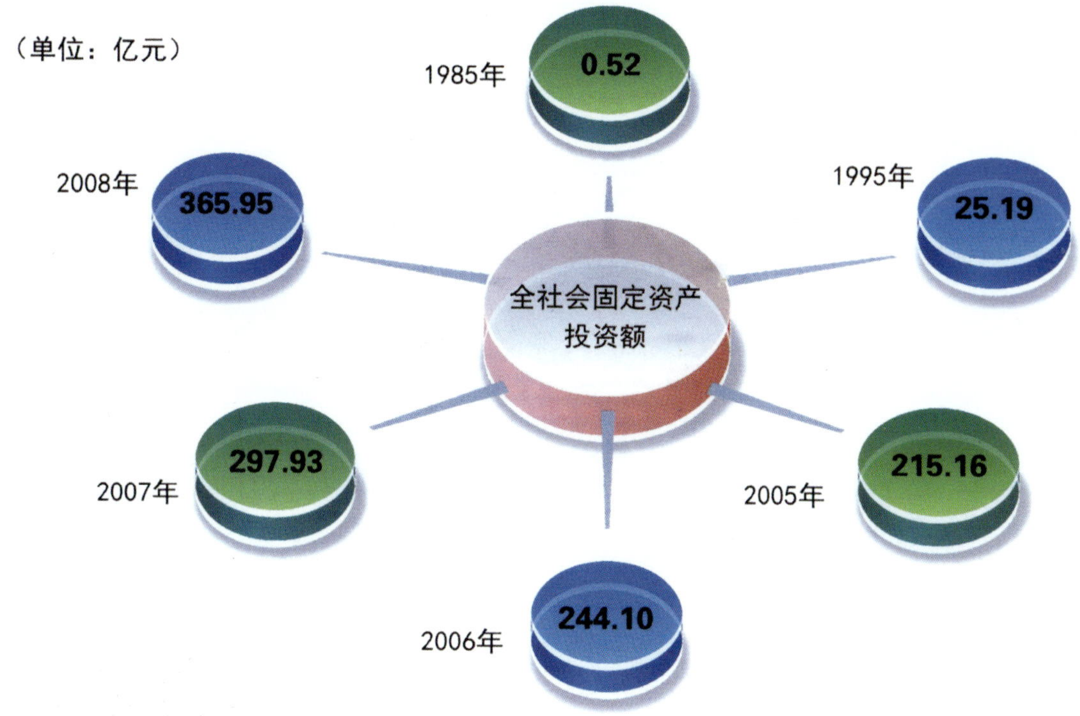

城镇职工年人均工资

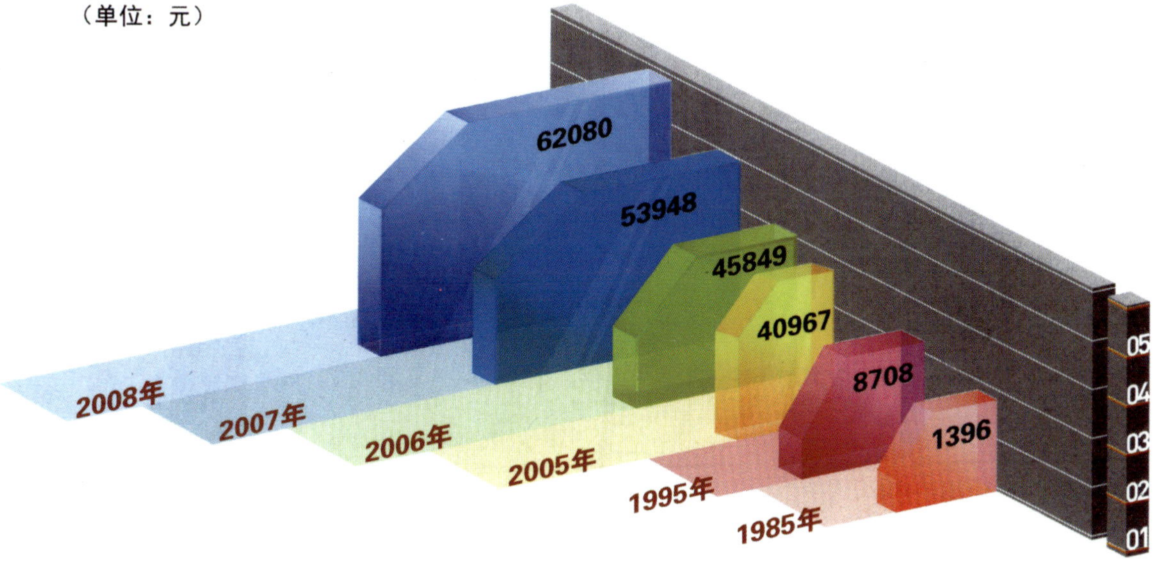

工业总产值

（单位：亿元）

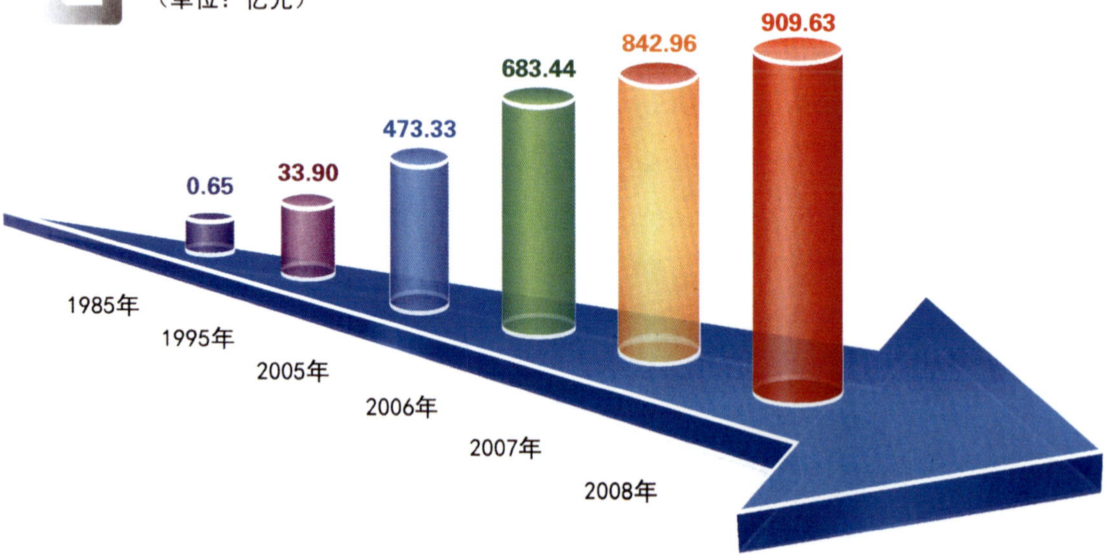

社会消费品零售总额

（单位：亿元）

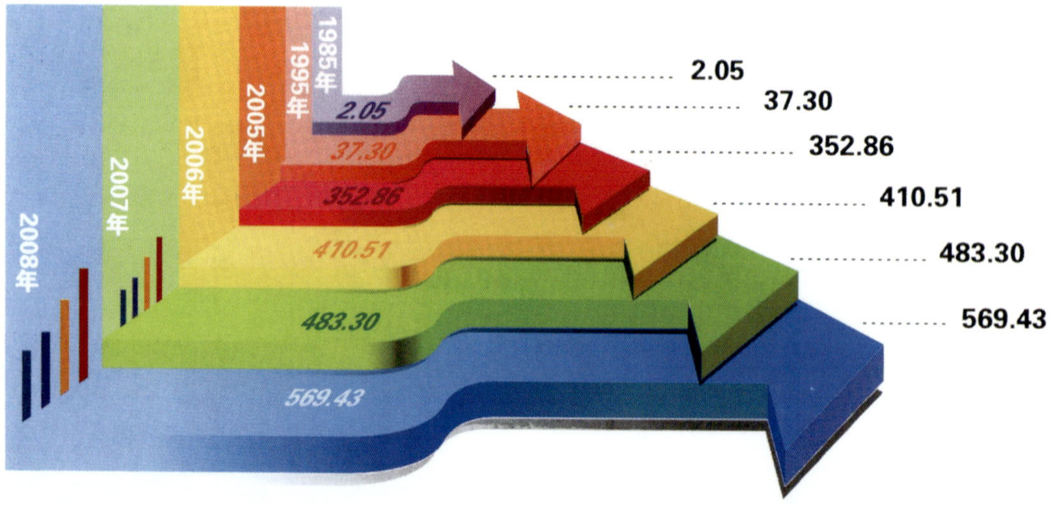

批发零售业商品销售总额

（单位：亿元）

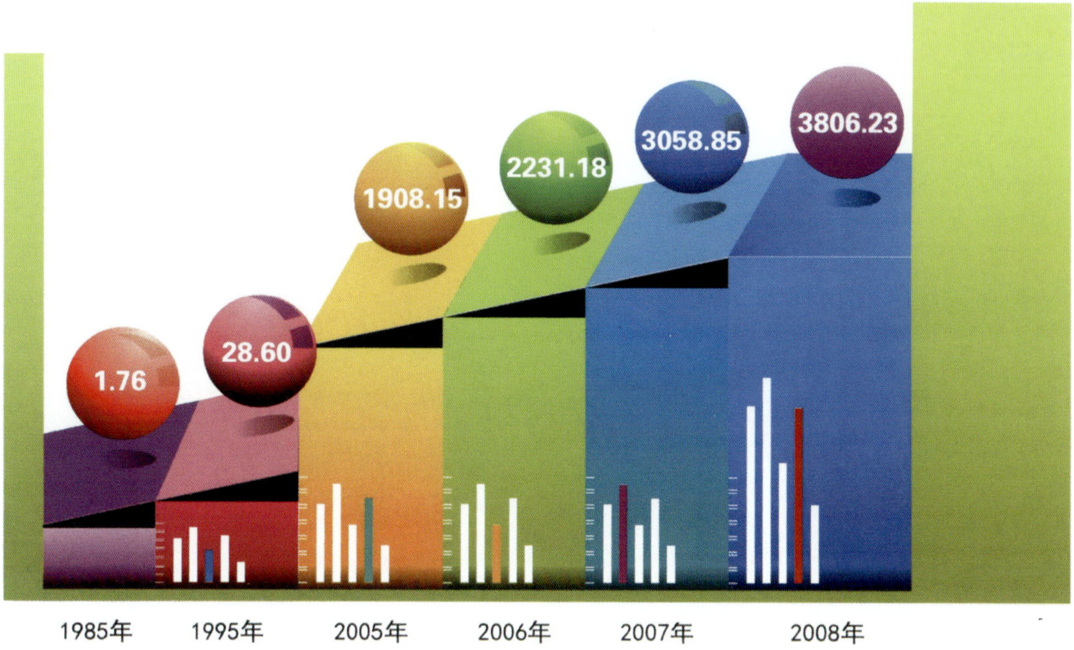

外贸出口总值

（单位：亿美元）

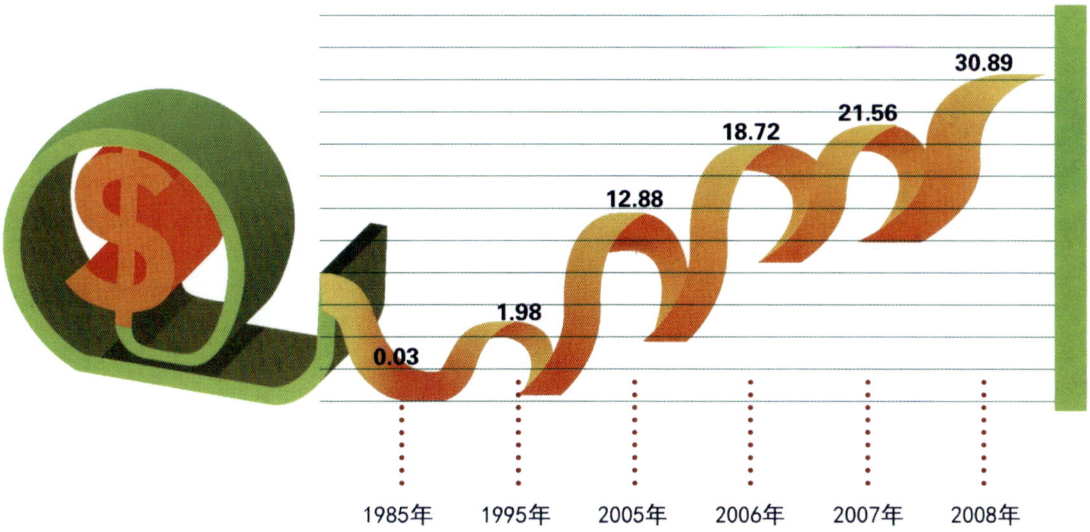

① 2008年4月18日，中共中央政治局委员、省委书记汪洋（中）到天河软件园视察（江涛 摄）

② 2008年9月22日，全国政协副主席张榕明到天河区调研《劳动合同法》实施情况（区劳动和社会保障局供稿）

① 2008年4月7日，教育部副部长李卫红（左三）、教育部人事司副司长吕玉刚（右二）到天河区就义务教育学校教师津贴补贴的情况开展调研（程婷 摄）

② 2008年4月8日，国家信访局副局长王石奇（左二）到沙东街视察信访工作情况（区信访办供稿）

① 2008年9月，新闻出版总署副署长孙寿山（右一）由区委书记杨建城（右二）等领导陪同，参观首届中国国际漫画节学生作品展（谢晋桦 摄）

② 2008年4月2日，省委副书记、省长黄华华（前排右二）到天河区辖内的阿里巴巴调研信息服务产业情况（何小茹 摄）

① 2008年7月15日，省委常委、市委书记、市人大主任朱小丹（前排右三）和省委常委、宣传部部长林雄（前排右四）到天河区辖内的市政务服务中心视察创建文明城市工作情况（常本瑞 摄）

② 2008年6月10日，省委常委、省公安厅厅长梁伟发（左二）到天河区公安分局考察指导信息采集“百日会战”工作（何小茹 摄）

① 2008年6月6日，广东省、广州市2008年安全生产服务咨询活动暨“安全生产南粤行”启动仪式在天河宏城广场举行，副省长佟星宣布活动仪式启动（曾媛 摄）

② 2008年1月15日，市长张广宁参加猎德村整体改造工程复建安置房工程奠基暨动工仪式（本刊编辑部供稿）

① 2008年4月29日，常务副市长邬毅敏（右二）到天河软件园园区企业视察（江涛 摄）

② 2008年9月10日，常务副市长苏泽群（前排左二）到龙洞街检查创文明工作（李焕明 摄）

① 2008年8月13日，市委常委、市委组织部部长方旋（左二），副市长陈明德（左三）视察指导石牌街开展社区党员创文明服务日活动（詹小静 摄）

② 2008年4月17日，市委常委、市委宣传部部长王晓玲（右一）到天河区调研解放思想学习讨论活动（常本瑞 摄）

① 2008年2月4日，副市长徐志彪（右一）到龙洞街慰问外来工（李焕明 摄）

② 2008年9月26日，副市长陈国（前排左二）由区长徐汉添（左三）陪同，检查天河区的消防安全工作（赖然然 摄）

① 2008年8月6日，区委书记杨建城在公开接访日接待群众来访（本刊编辑部供稿）

② 2008年2月4日，区委副书记、区长徐汉添（右一）、区委常委、区公安局局长吴煜昇（右二）视察天河花市（本刊编辑部供稿）

③ 2008年4月25日，区委副书记肖彬生（左二）和区委常委、武装部政委刘建华（左一）到兴华街进行安全生产大检查（卢臻臻 摄）

① 2008年10月，区委常委、常务副区长李新全（右一）到石牌街考察“五个一工程”建设情况 （陈彦成 摄）

② 2008年4月，区委常委、区纪委书记柯珠军（前排右二）到天河南街检查安全生产工作（天河南街道办事处供稿）

③ 2008年8月6日，区委常委、区政法委书记林赛龙参加公开接访日活动（本刊编辑部供稿）

① 2008年8月28日，区委常委、区委宣传部部长陆志强（左三）到位于珠江新城的天河中学高中部参加新校区开学典礼（彭焰 摄）

② 2008年5月18日，区委常委、区委组织部部长潘文捷（左一）参加天河区科普活动周宣传活动（区科技局供稿）

③ 2008年8月6日，区委常委、区委办主任张谭均参加公开接访日活动（本刊编辑部供稿）

L BANK OF CHINA

① 2008年2月3日，区委书记、区人大常委会主任杨建城（右）到广州火车东站慰问一线员工（罗十飞 摄）

② 2008年9月19日，区人大常委会副主任王淑贞（左二）在员村视察补选区人大代表公榜情况（罗十飞 摄）

③ 2008年2月3日，区人大常委会副主任谭汉经（右二）到广州火车东站慰问一线员工（罗十飞 摄）

① 2008年12月5日，区人大常委会副主任许志（前排左二）到天河南街视察安防监控情况（罗十飞 摄）

② 2008年12月2日，区人大常委会副主任池柏良（右二）视察猎德城中村改造情况（罗十飞 摄）

③ 2008年2月29日，区人大常委会副主任李宁佳在常委会会议上发言（罗十飞 摄）

④ 2008年10月31日，区人大常委会副主任樊孝玉（左三）视察法院执行工作（罗十飞 摄）

① 2008年1月15日，区长徐汉添在猎德村整体改造工程复建安置房工程奠基暨动工仪式上讲话（本刊编辑部供稿）

② 2008年5月23日，常务副区长李新全代表区委、区政府走访广州市司法局、广州体育学院和体育中心，向他们在春运期间对春运工作的支持表示感谢。图为常务副区长李新全（左）代表区委、区政府向广州市司法局赠送锦旗和慰问金（谢晋桦 摄）

① 2008年1月29日，副区长江绍强（右四）到广州火车东站指挥春运工作（本刊编辑部供稿）

② 2008年12月25日，副区长黄彪（中）到石牌街督导节前防火安全工作（池少云 摄）

③ 2008年8月6日，副区长丁建华参加公开接访日活动（本刊编辑部供稿）

① 2008年，副区长廖国胜（左）代表天河区接受省知识产权局副局长郑良生颁发的“广东省知识产权试点区”牌匾（天河软件园供稿）

② 2008年11月1日，副区长林玲参加区征兵宣传咨询活动（区人武部供稿）

③ 2008年12月，副区长李雪枝（左一）对辖内强兴运输车队、天河客运站、天平圣通货运站场3家交通运输企业进行安全生产检查（汪健东 摄）

① 2008年3月10日，区政协主席杨南聪在区政协六届三次会议上讲话（本刊编辑部供稿）

② 2008年3月，区政协副主席徐春平参加会议（区政协办供稿）

③ 2008年3月，区政协副主席易凤华在会议上讲话（区政协办供稿）

①

②

③

① 2008年3月，区政协副主席肖辉参加会议（区政协办供稿）

② 2008年3月，区政协副主席张在祥在会议上讲话（区政协办供稿）

③ 2008年3月，区政协副主席吴兰桂参加会议（区政协办供稿）

④ 2008年3月，区政协副主席王壮在会议上讲话（区政协办供稿）

① 2008年，区委常委、区纪委书记柯珠军（前排左二）到区房地产登记交易中心指导工作（区纪委办供稿）

② 2008年11月，区纪委副书记梁倩影（左二）带队参观全国廉政文化大型书画展（区纪委办供稿）

③ 2008年8月29日，区纪委副书记李小东到东站管委会办公室作廉政报告（区纪委办供稿）

① 2008年1月14日，中共广州市天河区第七届委员会第四次全体会议召开（本刊编辑部供稿）

② 2008年7月28日，中共广州市天河区第七届委员会第五次全体会议召开（本刊编辑部供稿）

① 2008年3月11日，广州市天河区第七届人民代表大会第三次会议召开（本刊编辑部供稿）

② 2008年3月10日，中国人民政治协商会议广州市天河区第六届委员会第三次会议召开（本刊编辑部供稿）

① 2008年3月3日，中共广州市天河区第七届纪律检查委员会第三次全体会议召开（本刊编辑部供稿）

② 2008年5月20日，天河区创建全国文明城市迎检动员大会召开（本刊编辑部供稿）

① 2008年10月14日，天河区开展深入学习实践科学发展观活动动员大会召开（本刊编辑部供稿）

② 2008年4月9日，天河区春运工作总结暨抗灾救灾表彰大会召开（本刊编辑部供稿）

① 2008年2月18日，天河区新春团拜会（本刊编辑部供稿）

② 2008年3月4日，天河区宣传文化工作会议召开（本刊编辑部供稿）

① 2008年5月15日，天河区开展第三次全国文物普查工作会议（本刊编辑部供稿）

② 2008年3月25日，天河区统战工作会议召开（本刊编辑部供稿）

①

②

① 绿韵天河（董应流 画）
② 新天河（谢妙婴 画）

②

① 夜色中的天河

② 天河远眺

③ 广州火车东站及绿化广场

④ 天河体育中心夜景

① 太平洋数码广场（胡硕堂 摄）

② 广州市首批知识产权工作站、省创新型企业——广东天普生化医药股份有限公司

③ 花城美（单庆和 摄）

④ 天河交通四通八达

①

① 即将竣工的猎德大桥（本刊编辑部供稿）

② 广深铁路和广园路并排向东而去（本刊编辑部供稿）

③ 环境幽雅的沙东新村

④ 龙洞筲箕窝水库（本刊编辑部供稿）

位于华南植物园内的飞鹅岭新石器时期遗址将建设成为一个主题公园，模拟飞鹅岭遗址原貌，建设与当时自然和历史条件相类似的人文景观（图片由本刊编辑部供稿）。

① 2008年5月18日，天河区在宏城广场举行科技活动周启动仪式（区科技局供稿）

② 2008年1月，市四十七中举行第19届艺术节闭幕式文艺汇演。市四十七中戏剧社是全国第一家中学生戏剧社（来铁山 摄）

③ 华成小学武术队代表天河区应邀参加“2008迎奥运杯第六届香港国际武术节”，获得6枚金牌、14枚银牌、7枚铜牌，集体项目“南拳北腿”8～9岁组获第一名，集体项目“刀光剑影”11～12岁组获第二名，获奖人次达75人（壮锦 摄）

① 2008年，周杨静（左）在北京残奥会赛艇比赛中勇夺金牌，这是中国赛艇队在残奥会历史上的首枚金牌，同时也实现广东残奥历史金牌零的突破。图为广东金融学院书记刘庄代表学院向她颁发奖金（区教育局供稿）

② 2008年10月20日，天荣中学举行创建国家级绿色学校启动仪式（区教育局供稿）

③ 2008年5月29日，区教育局在华景小学举行幼儿早操比赛，区内145所幼儿园的近2500名孩子参加比赛（区教育局供稿）

① 2008年3月28日，加拿大小提琴家凯·格卢斯汀和法国钢琴家凯瑟琳·奥德娜在“绚丽天河”国际文化艺术系列活动上演奏名曲（区文广新局供稿）

② 2008年7月，天河少儿合唱团在奥地利格拉茨参加第五届国际合唱节童声组决赛并获金奖（南方 摄）

③ 2008年7月5日，天河区举行外来务工人员“金雁之声”歌咏展演比赛（区文广新局供稿）

① 2008年7月15日，天河区举办纪律教育学习月活动动员大会暨廉政文艺汇演（区文广新局供稿）

② 2008年8月26日，汶川大地震纪实雕塑《读书女孩》揭幕仪式在广州购书中心举行，雕塑作品的作者、广东人民出版社美术编辑吴德灏（左三）强调，此次创作的目的是为了弘扬自强不息、百折不挠的民族精神，宣扬图书是人类生存寻求生命光明的力量源泉和精神支柱的理念（区文广新局供稿）

③ 2008年9月12日，天河区举办“明月·天河”文艺晚会（区文广新局供稿）

① 2008年10月8日，天河区在黄村体育场举行体育进社区启动仪式暨篮球邀请赛（谢晋桦 摄）

② 2008年10月27日，“书香羊城 艺术人生”活动在广州购书中心举行（区文广新局供稿）

③ 2008年1月30日，区直属机关党委在区机关大院举行“迎奥运贺新春”体育花会（本刊编辑部供稿）

①

②

③

② 2008年2月4日，天河花市向市民开放（本刊编辑部供稿）

② 2008年8月3日，广州乞巧文化节在珠村小学举行（珠吉街道办事处供稿）

③ 2008年8月5日，广州乞巧文化节之广州乞巧女儿形象大赛总决赛在正佳广场拉开序幕。经过初选、预赛的激烈角逐，来自星海音乐学院的大四学生刘璐最终摘取桂冠（谢晋桦 摄）

① 2008年3月31日，凤凰街客家山歌歌墟会开场（彭焰 摄）

② 2008年11月26日，凤凰街举办客家山歌传唱廉政文化活动（区纪委供稿）

③ 2008年6月3日，天河区车陂举行龙舟竞赛（本刊编辑部供稿）

天河区是高校和科研院所的集中地，科普资源丰富，基础教育发达。至2008年，辖区有中国科学院华南植物园、广州气象卫星地面站、广东食品药品职业学院等12个科普教育基地，覆盖航天、植物、地化、地震、气象、金融、能源、食品药品等领域（以下图片由区科技局提供）。

①

②

③

④

① **中国科学院华南植物园科普基地：**位于天河区天源路1190号。华南植物园建于1929年，面积333公顷，是我国最大的南亚热带植物园。2008年，华南植物园通过AAAA级国家旅游景区评审，并获得“十佳广东省科普基地”称号。

② **中国科学院广州能源研究所科普基地：**位于天河区五山能源路中国科学院广州能源研究所内。广州能源研究所是全国唯一，也是世界上少数的全面从事新能源和可再生能源的各个分支领域研究工作的研究所。2004年9月经广东省科技厅等五部委联合审批为“广东省青少年科普教育基地”。

③ **中国科学院广州地球化学研究所地学与资源科普基地：**位于天河区五山科华街511号。基地内现有科研办公用楼房1.2万多平方米，基地的实验室都根据科普工作需要，将最新的科研成果制成展报，便于参观者更好地了解科普知识和最新的科研成果。

④ **广州气象卫星地面站科普基地：**位于天河区东莞庄路280号。广州气象卫星地面站占地近100亩，是我国目前仅有的三个气象卫星地面站之一。广州气象卫星地面站是国家3A级景区、全国青少年科技教育基地、广东省及广州市科普教育基地、广州市爱国主义教育基地。

①

②

① **广东食品药品职业学院科普基地：**位于天河区龙洞北路321号。该科普基地主要包括广东省中药研究所的中药科普基地和食品系的“食品·健康科普基地”。中药科普基地主体是广东省中药研究所的中药标本园和中药标本馆。药用植物园占地约1万平方米。

② **广东省生态环境与土壤研究所科普基地：**位于天河区天源路808号。研究所成立于1958年，所部占地4.7公顷，另有野外定位试验站占地20公顷。建在所内的“广东省土壤科学博物馆”是具有华南热带和南亚热带特色的土壤资源保藏、政府决策咨询和科普教育基地。

① **广东树木公园科普基地：**位于天河区龙洞广汕公路233号省林业科学院内，占地面积20公顷。园内共收集、种植各类树种达1100种，其中国家级保护树种56种、省级保护树种12种。1995年，该园被国务院发展研究中心市场经济研究所和广东省人民政府社会经济发展研究中心评为全省树种最多的树木园。2007年被广州市授予科普基地。

② **广州航天奇观科普基地：**位于天河区东圃大观路。航天奇观占地近400亩，是一个集科教、游乐、体育、文艺、饮食于一体的主题公园，是我国目前最大的航天航空知识宝库和科普乐园。被国家认定为“全国科普教育基地”，“全国青少年科技教育基地”。公司近期从中国火箭运载研究院引进神舟七号返回舱、轨道舱、航天服，同时投入巨资对园区原有项目进行改造。

① **岭南果树科技园科普基地**：位于天河区五山路大丰二街80号。岭南果树科技园收集保存具有南方特色的水果种质资源1400多种。科技园也是天河区有特色的水果科普教育基地，科普参观的内容有：果树科技成果展示、果树科普长廊、果树组培厂、果树科研田间和实验室仪器和设施、香蕉园、优稀水果园、龙眼园、荔枝园。

② **华农大长岗自然保护区科普基地**：位于华南农业大学校园中心区东侧长岗山。该保护区面积约20公顷，属学校自建群众性的自然保护区，1972年始建。区内有维管植物107科608属1200种；稀有濒危植物88种，分属46科75属，其中濒危植物14种，渐危植物9种，稀有植物25种；国家重点保护植物58种，分属35科39属，其中国家Ⅰ级保护植物15种，国家Ⅱ级保护植物种43种。该保护区成为天河区大中小学生开展科普教育的天然教育课堂，据统计每年到保护区休闲、健身和科普竞赛人数3万多人。

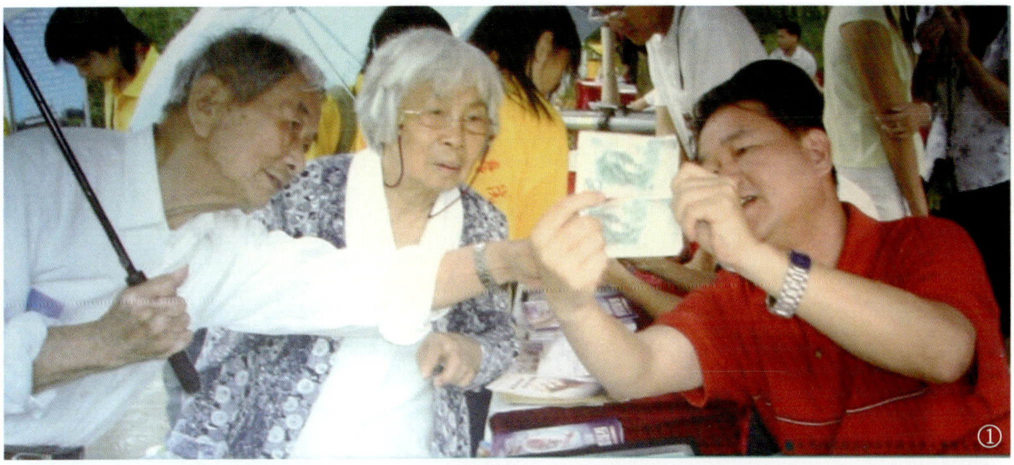

① **广州货币金融博物馆科普基地：**位于天河区龙洞迎福路527号广东金融学院内。广州货币金融博物馆现有展品1.3万枚（其中货币实物9000枚），占地1200平方米，展线1000米。馆内展品包括中国第一套人民币、根据地区票、广东省85年流通本票、世界上最大面额的纸币等珍贵展件。还专设人民币防伪专题展厅，为参观者提供防伪仪器操作及真假钞鉴别学习。

② **四海小学防震减灾科普基地：**位于天河区广州大道北五仙桥银利街。四海小学地处瘦狗岭、三水市东西地震断裂带东端北侧，其此侧为中生代侏罗纪的初粒花岗岩，南侧为红色砂岩，是研究和监测广州地震活动的重要地区之一。2006年，该校被授予“广州市防震减灾科普示范基地”称号。

2008年5月7日，奥运祥云火炬来到广州。圣火所到之处，欢呼阵阵，红旗如海，笑脸如潮。市民挥舞着手中的旗帜，高喊着“加油”。傍晚6时18分，经过前面207位火炬手的传递，最后一棒——第208棒火炬手董兆致，高举火炬迈进天河体育中心的综合馆，点燃圣火盆，顺利完成北京奥运圣火在广东省第一站的传递。天河体育中心及周边迎接奥运火炬的群众见证了这一历史时刻（以下图片由广州天河新闻报社提供）。

① 副市长许瑞生高举火炬踏上天河体育中心红地毯

② 市民们情绪高涨，齐声为中国加油，为奥运喝彩

① 支持奥运，拍下激情一刻

② 小拉拉队员骑在父亲头上观望圣火

③ 市民们挥舞着旗帜迎接“祥云”的到来

① 2000年悉尼奥运会和2004年雅典奥运会男子花剑团体亚军董兆致作为圣火传递广州站的最后一棒，举起“祥云”跑进天河体育馆内场，点燃圣火盆，完成奥运圣火在广州站的传递

② 全国“十大人民警察”之一、天河区兴华街派出所副所长刘健涛，当选奥运火炬传递广州站的第11棒火炬手

③ 曾被评为全国、省、市“三八”红旗手，全国、省、市劳动模范，中国十大女杰，全国优秀女企业家，省、市优秀共产党员、党务工作者的张建好，在艺洲路一段传递火炬

车陂街广氮社区位于天河区中山大道中商业繁华地段，占地面积约1.1平方公里，辖内有俱乐部、医院、学校、幼儿园等，住户约2300户，人口约8200人。2008年，广氮社区积极推进“平安家庭”创建活动，探索创新社区党建、社区建设和社区服务，被全国“平安家庭”创建活动领导小组授予“平安家庭”创建活动先进示范社区称号。广氮社区是广州市唯一获此殊荣的社区。

① 市长张广宁由区委书记杨建城陪同视察广氮社区（赖然然 摄）

② 广氮社区举行创建充分就业社区示范点揭牌仪式（广氮社区党总支部供稿）

① 广氮社区居委会通过投票选出新一届社区居委会干部（谢晋桦 摄）

② 区妇联主席钟敏到广氮姐妹家中宣传“零家庭暴力社区”创建活动（广氮社区党总支部供稿）

③ 社区党总支部书记黄瑞芬带领党员群众搞好社区环境卫生（广氮社区党总支部供稿）

① 社区三友书画社吸引了老、中、青、少各个年龄层次的书法爱好者（赖然然 摄）

② 社区体育健身场所里，小朋友坐在健身跑步器上玩荡秋千，老人在一旁悠闲聊天（胡硕堂 摄）

③ 社区金雁太极俱乐部队员在进行晨练（广氮社区党总支部供稿）

2008年，天河区积极开展创建全国文明城市工作宣传活动，举办“四进社区”群众文艺大汇演活动，进行文明交通宣传整治工作。做好迎接省检的相关工作及国检入户调查和暗访工作。

① 2008年7月7日，省文明办检查组到天河区检查创建全国文明城市工作情况（谢晋桦　摄）

② 2008年6月10日，市委常委、市委宣传部部长王晓玲到天河区检查创文明社会宣传工作（广州天河新闻报社供稿）

① 2008年5月27日，广州市创建全国文明城市“文明交通从我做起”百日大行动启动仪式在天河体育中心南广场举行（彭焰 摄）

② 2008年6月14日，石牌街创建全国文明城市宣传周活动启动仪式在天河北百佳广场举行（何小茹 摄）

③ 2008年7月6日，区市容环卫局80多名四川籍环卫工人走上街头，进行“创文明城市”宣传义务劳动（赖然然 摄）

① 2008年8月29日，举重世界冠军、全国劳模刘秀华（左一）和羽毛球世界冠军林燕芬（左二）在天河路体育东路口参与文明交通志愿服务体验活动（广州天河新闻报社供稿）

② 2008年9月16日，沙东街建立部队共建单位协管文明交通制度，军人上岗协助管理交通（常本瑞 摄）

③ 车陂街醒目的创建全国文明城市宣传栏 （黄文晖 摄）

④ 新塘街创文工作成绩显著。图为整洁亮丽的道路街巷（刘清源 摄）

2008年初的雪灾给广州春运带来严峻的考验，广州火车东站作为广州春运工作的一个主战场，也经受了前所未有的考验。由于交通受阻，大量迫切北上回家的旅客滞留火车东站。紧要关头，天河区委、区政府召开动员会议，抽调80%机关干部增援春运一线，各街道也抽调干部，与公安干警协助疏导滞留旅客。经过参与春运工作的全体人员的共同努力，最终顺利疏导并安全分流了广大滞留的旅客。据统计，春运40天，广州火车东站发送、到达旅客585万人次，东站、天河、东圃三个客运站共发送旅客184万人次。1月26日至2月3日，区交通局征用大巴157台，组织滞留旅客疏运1055班次（以下图片由广州天河新闻报社提供）。

① 区委书记杨建城、区长徐汉添到东站指挥春运工作

② 2008年1月28日，东站站内积压3万多人

① 2008年1月28日，东站二楼高架平台上聚集约4万人

② 公安干警筑起人墙维持秩序

③ 工作人员为滞留旅客分发盒饭

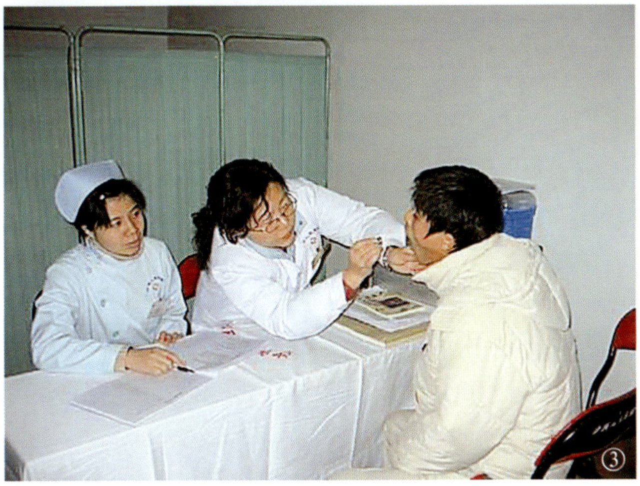

① 免费的快餐和棉被，解决旅客的温饱问题

② 医务工作人员为旅客免费发放药品

③ 临时医疗点为旅客急诊

④ 志愿者热情递上一杯杯热茶

“5·12”汶川大地震发生后，为帮助灾区人民抗震救灾，度过难关，天河区发起一系列向灾区献爱心的活动。

① 区委书记杨建城带头捐款（谢晋桦 摄）

② 天河区机关干部职工踊跃为灾区捐款奉献大爱（谢晋桦 摄）

③ 前进街举办向四川地震灾区献爱心捐赠活动（前进街道办事处供稿）

① 沙东街新天地服装城举行献爱心赈灾捐款仪式（沙东街道办事处供稿）

② 华阳小学的孩子为灾区献爱心（何小茹 摄）

③ 小朋友把自己攒下来的零用钱捐给灾区（前进街道办事处供稿）

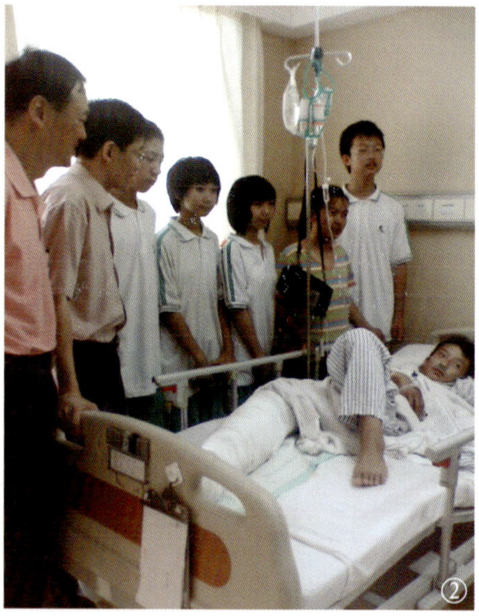

① 沙河小学的退休老师们回到学校，为地震灾区的人民捐款（沙河小学供稿）

② 市四十四中的师生代表到中山六院分别看望来自四川青川木鱼中学初二同学白乐川和绵竹汉旺镇中学高二学生苟科（区教育局供稿）

③ 中海康城小学接收两名来自四川灾区江油市的小朋友（区教育局供稿）

2008年1月15日，猎德村举行整体改造（桥东区）复建安置房工程奠基暨动工仪式，广州市首个“城中村”改造迈出决定性的一步（以下图片由本刊编辑部提供）。

① 猎德整体改造（桥东区）复建安置房工程奠基暨动工仪式现场

② 市长张广宁出席动工仪式

① 拆迁前的猎德

② 正在实施的猎德整体改造复建安置房工程

③ 按原貌重新建成的猎德祠堂（改变以前祠堂零散分布的局面）

2008年12月10日，天河区举行东圃水上新村危房改造工程落成典礼。这标志历时一年半的天河区东圃水上新村危房改造工程完成。落成典礼上，东圃水上新村的54户居民拿到钥匙，彻底告别一遇大雨就要连夜搬家的历史。这是天河区第一宗由区政府财政“买单”的危房改造工程（以下图片由常本瑞提供）。

① 水上新村危房改造工程落成典礼

② 昔日的水上新村“水浸屋”

③ 新建成的住宅楼

天河区既是广州中心区，也是广州经济大区。在建立现代产业体系和建设宜居城市实践中，天河区具有打造广州现代服务业标志区的良好基础条件。

2008年，区委、区政府在全面贯彻落实科学发展观，围绕广州建设全省“首善之区”要求的基础上，深入调研、科学规划，提出加快发展现代服务业，推动产业高端发展的战略构想，并制定一系列相关促进政策。

① 2008年4月27日至5月10日，区委书记杨建城率团赴上海、深圳、香港考察现代服务业现状。图为代表团考察上海浦东软件园（谢晋华 摄）

② 2008年5月12日至17日，区长徐汉添率团考察北京中关村软件园区、杭州高新技术产业开发区和苏州工业区。图为考察团参观苏州工业园区（彭焰 摄）

③ 代表团参观上海十六埔老码头规划（谢晋华 摄）

④ 考察团参观北京中关村软件园区（彭焰 摄）

① 天河软件园打造高端服务业航空母舰。2008年9月，东部组团四大重点建设项目之一的广州软件动漫人才培养培训基地破土动工。图为基地的立面夜景效果图（天河软件园供稿）

② 东部组团四大重点建设项目：国际孵化器透视图（天河软件园供稿）

① 东部组团四大重点建设项目：网游动漫大楼黄昏效果图（天河软件园供稿）

② 东部组团四大重点建设项目：北大明天科技创新园效果图（天河软件园供稿）

广州天河软件园高唐新建区产业发展规划：

◆产业集聚区

通信信息服务区——围绕已在园区建设的中国移动南方研发基地，发展信息通信增值业务。

数字内容创意产业区——重点发展以网游动漫为主的创意产业。

软件外包服务区——以软件研发功能为主，积极发展对日、欧软件出口企业的较高层次的设计外包和服务外包。

金融创新服务区——依托天河区产业优势，大力研发金融衍生产品服务软件，打造金融服务平台，建立区域金融机构信息数据库及服务中枢，为珠江新城提供技术支撑和服务。

电子商务产业区——重点发展面向电子商务及政府信息化的信息平台、应用软件及技术的研究。

◆五大配套服务区

国际孵化器——依托广州超算中心、亚太信息引擎、软件和Linux公共技术支持中心等大型基础项目打造软件企业孵化的集聚区，吸引高科技人才尤其是海外留学人员创办科技型企业、从事高新技术成果转化和产业化。

商务中心区——园区级产业配套服务区，突出游憩商务功能，集合休闲娱乐、商务会展、文化创意、总部经济等功能，设置酒店、商业、展示、文化娱乐等设施。

综合配套区——园区级的生活配套服务区，主要为软件区居住人口提供生活配套服务，集中设置公寓，包括社区公园、社区服务中心、超市以及会所等设施。

生活居住区——依托火炉山良好的自然环境，建设高尚社区，配置组团级公共服务设施，包括小学、幼儿园、文化活动站、肉菜市场等生活服务设施。

教育培训区——依托园区现有教育机构，如华联私立学院、岭南技术职业学院和广州软件动漫人才培养培训基地，以及在中移动南方研发基地旁预留教育培训用地，形成“以点带面、覆盖全区”的格局，计划引进国外知名大型软件人才培训机构，为园区的发展提供人才保障。

2008年，区委宣传部举办了“跨越——天河区纪念改革开放30周年图片展”。图片生动地展现了天河区改革开放以来建设所取得的巨大成就。这里选摘图片展中的一部分内容，供读者欣赏。

23年来，天河人矢志创新。在改革开放之初，率先推行农村经济股份合作制改革和国有企业改革，充分激发各种市场主体的竞争活力，为实现经济跨越式发展注入了强劲动力。

① 中国农村股份合作经济改革实践与理论研讨会在天河隆重举行，会议高度评价了天河推行农村股份合作经济的经验

② 天河农民在外地租用水库兴办的网箱养鱼场

③ 沙东有利国际服装城

④ 杨箕村在增城兴办的鞋厂

⑤ 乡镇企业——沙河玻璃工艺制品厂是我国最早生产玻璃马赛克的企业之一

⑥ 沙河镇与外商合作兴办的丰田汽车维修中心

⑦ 合资企业——东圃骏美制衣厂

⑧ 以产品“迪卡墙画”风行全国市场的合资企业——迪卡彩印有限公司

天河区实施“科技兴区”战略，高新科技产业蓬勃发展。结合市信息化建设的推进，利用国家软件产业基地的品牌优势，形成以天河软件园区为核心，辐射带动周边地区的高新技术产业带。

① 天河国家软件产业基地孵化中心
② 国家网络游戏动漫产业发展基地挂牌仪式
③ 中国移动南方基地奠基典礼
④ IDC信息引擎
⑤ 企业孵化大楼
⑥ 网游动漫大楼
⑦ IT商务中心
⑧ 软件出口大楼
⑨ 培训中心大楼

天河人依托不断提升的区位优势，精心打造现代商贸服务知名品牌，吸引了万商云集。一个立足广州、辐射珠三角、影响华南地区的现代商都日益展现出迷人的风采。

① 在珠江三角洲乃至广东省、华南地区，天河城是个响亮的名字。这里，是购物者的天堂

② 正佳广场，崛起的购物王国，营业面积亚洲之最

③ 德国麦德龙超市在天河开设了广州的第一家门店

④ 台资好又多超市在天河开设了全国第一家门店。图为其全国总店天河棠下店

⑤ 密锣紧鼓建设中的太古汇广场效果图。该广场由香港太古汇集团投资兴建，将是集商场、酒店、娱乐项目于一体的商业航母

⑥ 天河东部新商圈的重要投资项目 —— 美林“世博园”家居博览中心

① 体育东商务美食街流光溢彩，充满时尚都市魅力

② 国际知名酒店纷纷落户天河，图为已在天河北CBD开业的天誉威斯汀酒店

③ 珠江新城富力君悦酒店

④ 正佳飞扬影城

⑤ 天娱广场集多种娱乐项目于一体

⑥ 金逸国际电影城

⑦ 一年一度的广州美食节均在天河举行

①

坚持党的领导、人民当家作主和依法治国的有机统一，努力发展社会主义民主政治，推动天河形成民主团结、安定和谐的社会局面。

②

④

③

⑤

⑥

① 天河区依法治区领导小组会议

② 天河公安分局民警刘健涛当选全国"我最喜爱的十大人民警察"，图为省、市领导到机场欢迎他载誉归来

③ 天河区倾力打造"平安天河"。图为天河公安分局便衣侦查大队成立暨誓师大会

④ 英姿飒爽的天河卫士

⑤ 广州市天河区治安联防支队成立暨授旗仪式

⑥ 威武的天河巡警正在执行任务

天河体育中心变迁

科贸园周边变迁

中山大道变迁

天河体育中心变迁

① 1987年的天河体育中心周边景观

② 现在天河体育中心周边景观

科贸园周边变迁

③ 九十年代初的科贸园天河北路口

④ 现在科贸园前的天河北路

中山大道变迁

⑤ 九十年代的中山大道

⑥ 现在的中山大道

中信广场周边变迁

珠江新城变迁

黄埔大道变迁

中信广场周边变迁

① 1994年的中信广场周边景观

② 2008年的中信广场周边景观

珠江新城变迁

③ 1994年的珠江新城阡陌纵横，左上角建筑物为广州赛马场

④ 现在的珠江新城

黄埔大道变迁

⑤ 昔日正在施工的黄埔大道

⑥ 现在的黄埔大道

天河区委、区政府着力保障人民群众的文化权益，制定了《天河区文化优区战略规划纲要（2003—2010）》，全力推进各项文化事业的发展。已获得全国文化先进区称号。

天河区把教育摆在优先发展的战略地位，大力推进教育强区战略的实施，努力构建一流的教育体制、一流的师资队伍、一流的教育环境，实现一流的教育质量。23年间，天河区从一个教育薄弱区发展成为广东省教育强区。

① 在绚丽天河文化艺术节上，天河群众载歌载舞欢庆党的十七大胜利召开

② 广州市天河区文化馆创作的小品《仙人球》，2007年11月参加在湖北黄石举行的全国第十四届群星奖总决赛中，荣获“群星奖”

③ 天河区已连续成功举办四届“广州乞巧文化节”，图为文化节上盛大的“拜七娘”仪式

④ “明月天河”文艺演出

⑤ 母子共读。天河区村民素质教育从1999年3月开办，于2005年3月结束。共有2400多人获得初中毕业证书，有8200多人获得高中毕业证书。该项工作于1999年获得省基层宣传思想工作创新奖

⑥ 华南师范大学

⑦ 华南理工大学

⑧ 暨南大学

强健的体育文化，是动感天河的魅力之源。1987年，六运会在天河体育中心隆重举行；2001年，九运会的圣火又在奥林匹克体育中心熊熊燃烧；2010年广州亚运会的举办，为天河的加速发展再创良机。

① 广州市第四十七中学
② 天河区庆祝广州申亚成功文艺晚会
③ 天河健儿横渡珠江
④ 天河区第四届运动会开幕式盛况
⑤ 中华人民共和国第六届运动会开幕式
⑥ 中华人民共和国第九届运动会开幕式

目 录

大事记

天河概况

天河概貌

机构

获奖荣誉

政 治

中共广州市天河区委员会

天河区人民代表大会

天河区人民政府

政协广州市天河区委员会

中共广州市天河区纪律检查委员会

组织工作

宣传工作

人事

机构编制

侨务、外事

老干部工作

档案管理

政 法

政法委

公安

检察

审判

司法行政

地方军事

人民武装

人民防空

人民团体

天河区总工会

共青团天河区委

天河区妇女联合会

天河区科学技术协会

天河区归国华侨联合会

天河区工商业联合会

天河区文学艺术界联合会

天河区残疾人联合会

贸促会天河支会

经济贸易和经济管理

经济贸易

对外经济贸易

交通运输

安全生产监督

农林水利

农业

林业

水利

高新技术产业及信息化建设

科技园、软件园

信息化建设

科教文体卫

科技

教育

车陂街

天河南街

林和街

兴华街

沙东街

石牌街

五山街

棠下街

员村街

天园街

猎德街

冼村街

元岗街

社会统计资料

排行榜

主题索引

大事记

一月

8日 全国“平安家庭”创建活动表彰电视电话会议在京召开。会上，全国“平安家庭”创建活动领导小组表彰一批创建活动先进示范社区（村），天河区车陂街广氮社区荣列其中。据悉，此次受表彰的先进示范社区（村）全国共500个，广氮社区是广州市唯一获此殊荣的社区。

14日 中国共产党广州市天河区第七届委员会第四次全体会议召开。会议主要是深入学习贯彻党的十七大、中央经济工作会议和省委十届二次全会、市委九届四次全会精神，总结天河区2007年工作，部署2008年工作，进一步推动科学发展、促进社会和谐，促使天河区各项工作上新的水平。

15日 位于珠江新城中央商务区的猎德村安置区工程正式破土兴建，整个建设工期约2年，到2009年底基本完成，全体村民2010年春节前搬入新居。张广宁、张桂芳、苏泽群等市领导出席动工仪式。

17日 广州火车东站2008年春运工作会议召开，广州地区春运指挥部总指挥、副市长甘新及市区相关部门领导参加会议。会后，甘新一行在区领导的陪同下，察看广州火车东站临时售票点、临时候车区、东站广场平台、东站汽车客运站等地。

18日 市委常委、常务副市长苏泽群一行到谭村，就城中村改造具体问题进行调研。随着珠江新城建设的加快，特别是猎德村开始实施整体改造后，同处珠江新城的冼村和谭村整体改造被列为2008年市区建设的重点项目。苏泽群详细了解谭村改造进展情况和改造面临的一系列问题，要求各部门要结合珠江新城的建设，借鉴猎德村改造的成功经验，积极配合推动谭村改造工作，争取尽快取得实质性进展。

是日 由团省委、省教育厅、南方电监局等9个部门联合主办，团区委、区教育局、区少工委承办的“广东少年儿童平安行动”暨“知电节电，安全用电”活动总结表彰会议在天河区华景小学举行。

21日 广州市创卫反弹问题整改工作会议在天河区召开，常务副市长苏泽群出席会议。

25日 市春运指挥部总指挥、副市长甘新带领市春运指挥部的同志来到广州火车东站春运现场视察，指示若出现天气异常，要做好旅客的疏运工作。

是日 天河区召开残疾人第五次代表大会及残疾人联合会第五届主席团第一次会议。会议选举产生天河区残联第五次代表大会主席团成员、主席团委员以及出席市残疾人联合会第五次代表大会的代表。林玲当选为天河区残联主席团主席，俞凡当选为天河区残联执行理事会理事长。

26日 是日起，因受连续雨雪和冻雨天气影响，广铁集团湖南境内京广线等干线供电接触网多处断电或积压，电力机车无法运行，严重影响从广州火车东站始发的京广线客车发车。至1月28日中午，广州火车东站滞留旅客达7万多人，包括站内积压的3万人，车站二楼平台积压的4万多人。其中，部分旅客已被疏散到附近体院和天河体育中心内。

29日 副市长陈国到广州火车东站视察候车雨篷分流旅客及候车大厅内的现场秩序情况，并强调各有关部门一定要以大局为重，统一思想，以对人民群众高度负责的精神，根据新情况、新问题不断调整优化议案，有秩序地疏导旅客，团结一致共渡难关。

二月

4日 副市长徐志彪一行由区领导以及市、区相关部门领导的陪同，冒雨到天河客运站、广州火车东站以及长兴小学、龙洞街文化站滞留旅客安置点，检查天河区春运工作整体情况，并亲切慰问仍坚持在春运一线的干警、民兵、机关干部等工作人员。徐志彪对天河火车东站春运以来，成功输送上百万名旅客，春运工作平稳有序表示满意。对天河区委、区政府认真贯彻落实市委、市政府精神，全力做好抗击冻灾，打好春运主动仗，尤其是在疏导和安置滞留旅客的过程中，区委书记、区长靠前指挥，全区80%机关干部投入春运一线，切实做到组织得力、保障得力表示充分的肯定。

是日 副市长甘新到广州火车东站慰问春运一线工作人员。在听取区领导介绍后，甘新对天河区的工作表示肯定，并批示要继续做好疏导客流的工作，还到东站管委会办公室监控室了解东站内外客流的情况。

5日 市领导朱小丹、张广宁、张桂芳、曹鉴燎等冒着细雨看望坚守在天河区花市岗位的干部和职工。市领导一行视察天河花市的主牌楼以及花市。

22日 市长张广宁到天平架水果批发市场进行创卫检查工作，并向水果批发市场档主了解市场的创卫工作。张市长强调，全市上下要高度重视创卫工作，巩固前一阶段创卫成果，但不能为创卫而创卫，而是要以创卫为契机，进一步推动广州提升环境卫生、优化城市规划、加强城市管理等方面的工作，让城市环境在总体上得到一个大的提升。

23日 第49届世界乒乓球锦标赛在广州天河体育馆开幕，中共中央政治局常委李长春出席开幕式并宣布锦标赛开幕。中共中央政治局委员、广东省委书记汪洋，国务委员陈至立等出席开幕式。本次比赛设男子团体和女子团体两项，总共将有140个协会的700多名运动员参赛。

26—27日 国家卫生城市考核鉴定组兵分八路实地考察广州创卫，其中检查天河区的25个点。经过初步检查，专家用“很强、很突出、很到位、很超前”来形容天河创卫工作。28日，广州市顺利通过全国爱卫会考核鉴定。

三月

3日 由市委常委、组织部部长方旋，市双拥办副主任吴新源带队的市双拥工作检查组到天河区检查双拥工作情况。并到沙东街辖内的驻区部队，上门慰问一户优抚对象家庭，实地了解天河区开展双拥共建活动和优抚政策落实情况。

是日 中国共产党广州市天河区第七届纪律检查委员会第三次全体会议召开，区委常委、区纪委书记柯珠军代表区纪委常委会向全会作工作报告，并就深化天河区的反腐倡廉建设工作提出三点意见：明确解放思想与反腐倡廉的关系，坚持以人为本，以思想解放促进反腐倡廉的新发展；认真贯彻落实“四个结合”的要求，突出工作重点，努力开创天河区反腐倡廉建设的新局面；严格执行党风廉政建设责任制，进一步明确政治责任，努力构建反腐倡廉建设的整体合力。

4日 区召开纪念“三八”国际劳动妇女节98周年大会，大会还举行主题为“展巾帼风采，创和谐生活”文艺演出。

是日 区召开2008年宣传文化工作会议。林玲宣读《关于表彰2007年度天河区文化市场管理和“扫黄打非”工作先进集体、副区长先进个人的通报》和《关于表彰2007年度天河区基层文化工作先进单位（个人）的通报》，并为获奖单位和个人颁发证书。

6日 区召开2008年政法暨维稳综治工作会议，贯彻落实全国、省、市政法工作会议和区委七届四次全会精神，进一步解放思想，开拓创新，扎实做好2008年天河区政法和维稳综治工作，力争“平安天河”建设取得新成绩。

10日 广州市天河区政协六届三次会议召开。大会选举伍小红、刘疆民、陈璋3人为区政协六届委员会常务委员。12日下午，天河区政协六届三次会议闭幕。在为期3天的会议期间，与会政协委员和列席同志结合天河实际，发挥界别优势，纷纷建言献策，达到发扬民主、增进团结，交流思想、促进工作的目的。

11日 广州市天河区七届人大三次会议召开。13日上午，历时两天半的广州市天河区七届人大三次会议完成各项议程闭幕。会议表决通过关于广州市天河区人民政府工作报告的决议、关于广州市天河区2007年国民经济和社会发展计划执行情况与2008年计划的决议、关于广州市天河区2007年预算执行情况和2008年预算的决议，还通过关于广州市天河区人大常委会工作报告的决议、关于广州市天河区人民法院工作报告的决议和关于广州市天河区人民检察院工作报告的决议。

12日 全国妇联《章程》修改调研组一行在省、市妇联领导的陪同下，来天河区进行调研。据悉，全国妇女第十次代表大会将对《中华全国妇女联合会章程》进行修改，为此，全国妇联派出调研组到基层听取意见。作为省妇联安排的基层调研点，天河区是广州唯一的区一级调研点。

13日 广东省司法厅党委书记、厅长陈伟雄带领省厅调研组到天河区司法局就建立健全公益性法律服务体系进行调研。调研组先后视察猎德街司法所、区法律服务大厅，并听取天河区建设公益性法律服务体系的工作汇报。

是日 省委政法委副秘书长李柏阳、市委政法委专职副书记容小梨、市委维稳办副主任丁志强等领导到天河区检查指导信访维稳工作。

14日 区委、区政府召开安全生产紧急工作会议，传达市委、市政府紧急召开全市安全生产和消防安全工作会议精神。主要针对3月13日15时40分许，广州市广深公路南岗涌段发生一起爆炸事故并引起火灾，导致7人死亡，36人受伤的事故。区领导在会上强调要深刻吸取“3•13”事故的经验教训，落实各项安全生产工作。

17日 美国加州州立北岭大学卫生管理代表团在Dr. Rubino的带领下，来到天河区林和街和龙洞街社区卫生服务中心视察，并就疾病预防控制、医疗卫生服务、社区卫生服务和中医中药服务等情况与医务人员交流。

18日 市政协副主席林生珠一行五人来天河区开展解放思想讨论活动调研。

23日 天河区餐饮行业商会举行成立大会暨首届理事会就职典礼。刘学强当选首届商会会长。

27日 广州市政府在花园酒店举行“中国服务外包基地城市广州示范区和国家汽车及零部件出口基地广州分基地”授牌仪式，天河软件园被认定为“中国服务外包基地城市广州示范区”之一。

四月

2—3日 省委副书记、省长黄华华率省直有关部门领导，在省委常委、广州市委书记朱小丹、广州市市长张广宁的陪同下，考察广州市的有关金融机构和信息服务、物流和创意产业企业，就如何进一步解放思想，加快服务业发展进行专题调研，并到天河区辖内的阿里巴巴调研信息服务产业情况。

8日 正在广州参加全国社会治安综合治理会议的国家信访局党组副书记、副局长王石奇，在省委副秘书长、省信访局局长陈山地的陪同下视察沙东街信访办公室。当天上午，沙东街举办信访办公室揭牌仪式，这是广州市首家在街镇一级成立的信访办公室。

9日 区召开春运工作总结暨抗灾救灾表彰大会，总结2008年春运暨抗灾救灾工作，表彰先进集体和先进个人。副市长、广州地区春运指挥部总指挥甘新到会作指示，并高度评价天河区的春运工作，指出天河区是广州市春运的“独立大队”，在保障广州市春运大局中起着举足轻重的作用。

11日 副市长曹鉴燎带领市、区有关领导和职能部门工作人员，对车陂街食品安全工作进行现场检查、指导。

16日 副市长徐志彪莅临天河区东奥学校调研，检查指导民办教育工作。

17日 市委常委、宣传部部长王晓玲到天河区调研解放思想学习讨论活动。她要求进一步深化学习，切实增强工作责任感和紧迫感，深化调研，着手学习讨论活动最终成果的准备工作，确保活动取得实效，并且参观龙洞文化体育广场、龙洞文化站和高唐天河动漫产业基地。

21日 省政府副秘书长、省双拥办主任颜学亮，省双拥办专职副主任陈瑞峰等一行人到天河区检查双拥工作，并到沙东街辖内某部进行检查，听取沙东街和部队开展双拥共建工作的情况汇报。

24日 区召开组织人事工作会议，会议传达全国、省、市组织人事工作会议的主要精神，并回顾和总结2007年天河区组织人事工作，部署2008年组织人事工作。

29日 常务副市长邬毅敏到天河软件园调研，对高唐新建区建设成绩给予肯定。

是日 区在区机关大会场举行庆祝“五一”国际劳动节暨电影招待会，邀请外来务工人员观看电影。

五月

4日 区召开纪念五四运动89周年大会暨“纪念改革开放30周年”诗歌、散文诵读大赛节目展演在区机关大礼堂举行。

是日 区召开安全生产工作大会暨第二季度防范重特大安全事故工作会议，会议总结2007年度安全生产工作，通报表彰2007年度安全生产先进单位和先进个人，并对2008年度安全生产工作作部署。

5日 区召开村改制公司领导班子换届选举工作动员大会，换届选举在上半年进行。区委、区政府专门成立村改制公司领导班子换届选举工作领导机构，并出台相关文件，制定换届选举工作指引。

6日 区召开2008年度整规、打假、打传和食品安全管理工作会议，会议传达2008年广州市整顿和规范市场经济秩序暨产品质量和食品安全工作会议精神，总结天河区2007年度整规、打假、打传和食品安全管理工作情况及部署2008年度工作任务。

7日 北京奥运会圣火开始在广东省广州市传递，火炬从白云山脚下的白云国际会议中心开始，途经白云山风景区、中山纪念堂、南越王博物馆、陈家祠、北京路步行街、天字码头、海珠广场、滨江路、艺洲路领事馆规划区、珠江新城，最后到达天河体育中心。在这次火炬传递中，天河区的刘健涛、董兆致担任火炬手。

12日 四川汶川县发生7.8级地震，大半个中国有震感，广州多处有震感，天河高楼集体疏散人员。

14日 区举行机关干部职工第一次向四川地震灾区捐款活动，当天共收到捐款14.1万元。16日，又两次举行向四川地震灾区捐款活动，当天共收到28万多元。

15日 首届中国国际漫画节由新闻出版总署和广东省政府共同主办，广州市政府和广东省新闻出版局承办。这是目前国内规格最高、规模最大的突出漫画出版界的盛会，首次在广州举办。首届中国国际漫画节由四个主题活动：首届中国国际漫画节开幕式暨第五届“金龙奖”原创漫画动画艺术大赛颁奖典礼、第二届中国漫画家大会、中国国际漫画文化展(第二届穗港动漫游戏展)、2008全国大学生原创动画大赛(同时承担国际漫画节闭幕式)以及“让漫画形象进入千家万户”和“文明中国•文明城市”动漫公益广告征集推广两个系列活动组成。天河区委、区政府承办本届漫画节四个主体活动之一的2008年全国大学生原创动画大赛。漫画节将于9月30日至10月6日在广州举办。

19日 在四川汶川大地震发生7天时，全国各地深切哀悼四川汶川大地震遇难同胞。下午2时28分，天河区全体机关干部，同全国各族人民一起，向四川汶川大地震遇难同胞默哀。

20日 区召开创建全国文明城市迎检动员大会，会议的主要内容是贯彻市创建全国文明城市迎检动员大会精神，部署天河区创建全国文明城市迎检工作及落实创建工作责任。

27日 由广州市创建文明城市联席会议办公室主办、天河区创建全国文明城市指挥部办公室承办的“文明交通从我做起”百日大行动启动仪式在天河体育中心南广场举行，市领导张桂芳、凌伟宪、吴沙、王晓玲、甘新等出席启动仪式。据悉，“文明交通从我做起”百日大行动分三个阶段进行：5月，各区、市直有关单位要做好各项准备工作，启动“百日大行动”；6月至8月，全面推进文明交通宣传整治行动，确保市区主干道、主要路口和路段各项测评指标全面达标；9月至10月，巩固文明交通宣传整治工作成果，争取以最佳状态迎接“国检”。

六月

6日 广东省、广州市2008年安全生产服务咨询活动暨“安全生产南粤行”启动仪式在天河宏城广场举行，副省长佟星参加启动仪式，并在仪式上提出要求，各地、各部门要围绕2008年“安全生产月”活动的主题“治理隐患，防范事故”开展工作。

10日 广东省委常委、公安厅厅长梁伟发到天河区公安分局考察指导信息采集“百日会战”工作。梁厅长一行考察天河区综合办证大厅、石牌派出所金帝社区，并召开座谈会。梁厅长充分肯定天河区公安分局的信息采集“百日会战”工作，并作了指示。据悉，为推动信息主导警务，加强社会治安防控，快速提升公安机关战斗力，确保“平安奥运”，从5月起至8月，广东省公安机关在全省组织开展“信息采集百日会战”。信息采集的内容主要涉及出入境、治安、经济犯罪侦察、刑事案件侦察、禁毒、交通管理、网络监察等10个警种部门。

是日 市委常委、宣传部部长王晓玲到广州火车东站地区检查创建全国文明城市社会宣传工作，对东站地区创建全国文明城市工作表示满意，并对下一步工作提出具体要求。

12日 天河区举行公益法律服务启动仪式暨员村街公益法律服务站揭牌仪式，标志着广东省首个街道公益法律服务站正式建立。

17日 广州市副市长徐志彪率领市新闻出版和广播电视局、市科技局、天河区委宣传部、天河区科技局等单位一行赴港举办首届中国国际漫画节香港业界推介会。

21日 中华人民共和国商务部服务贸易司司长、商务部研究院研究员胡景岩博士受邀到天河区作专题讲座，为区发展现代服务业出谋划策。胡景岩司长指出，天河区发展现代服务业具有十分优越的区位优势，具备良好的产业基础和丰厚的智力资源。今后要大力发展现代服务业，要在以下几个方面下功夫：一是高度重视现代服务业对经济结构转型和经济社会发展的重要推动作用。二是掌握国家发展现代服务业的政策法规，加大地方政府对发展现代服务业的政策扶持力度。三是认真分析天河现代服务业的发展现状，高起点研究完善现代服务业的发展规划。四是要有世界眼光，通过发展服务贸易和服务外包提高现代服务业的层次。五是营造吸引国际投资和现代服务业发展的软硬环境。

26日 广州市首开全国先例，试行市长、区长、局长同时公开接待群众来访，帮群众排忧解难。天河区在区信访办、区政府大院罗马广场及天河公园北门均设有接访点。副市长徐志彪在区政府罗马广场中央大堂内接待市民来访。

是日 第21个国际禁毒日，广州市禁毒办、广州市禁毒基金会和天河区在天河体育中心举办大型宣传活动。市委副书记、政法委书记、市禁毒委主任张桂芳出席活动。3500多名公安民警、娱乐场所从业人员、青年志愿者和青少年学生参加此次活动。

27日　经过四年规划和建设的龙洞农贸市场在经过整体升级改造后正式开业，广州市副市长曹鉴燎出席开业仪式。

30日　由区司法局、区人民法院共同建起的广州市首家城区调解中心——“天河区调解中心”正式投入运作。目前，该调解中心主要受理婚姻家庭、追索赡养费、抚养费、继承、收养、相邻、买卖、民间借贷、借用、租赁、损害赔偿、物业管理、劳动争议等适合进行调解的纠纷。主要运作模式包括建立起诉讼立案前优先引导机制、方便快捷的诉调对接机制以及诉讼调解与案件速裁紧密结合等。

七月

2日　副市长曹鉴燎等市、区领导及市委组织部有关负责人深入基层，到龙洞街慰问老党员，向他们送上节日的问候。

4日　市委常委、宣传部部长王晓玲一行到天河区检查创文明省检的重点迎检点：吉之岛、天河城百货。在检查中指出，商场的服务质量，体现一个城市的文明程度。要有良好的服务态度、过硬的商品质量，还要善于保护顾客利益，要处处给顾客建立一个舒心的家园。

7日　广东省文明办检查组到天河区检查创建全国文明城市工作情况，检查组分公共场所和窗口行业两组进行检查，分别对龙洞辖内的广州市社会福利院和龙洞农贸市场、吉之岛超市、天河城百货实地考察。

14日　教育部副部长李卫红带领中央信访工作督导组莅临天河区检查指导信访工作，并视察沙东街范屋社区信访工作室和沙东街信访办公室，观看视频接访。

15日　区举行2008年纪律教育学习月活动动员大会暨反腐倡廉文艺汇演。

是日　省委常委、宣传部部长林雄到区辖内的市政务服务中心视察市创建文明城市的工作。市领导朱小丹、张桂芳、苏泽群、王晓玲等陪同视察。

23日　天河软件园高唐新建区重大配套项目广州天河日航饭店的全权委托管理协议签约仪式在广州花园酒店举行，副市长曹鉴燎出席签约仪式。作为天河软件园高唐新建区基础配套设施的重要代表项目，广州天河日航饭店第一期项目总投资额逾5亿元人民币，拟在2009年底投入运营，其将成为天河区东北部地区具有软件社区特色的综合商务中心。

28日　中国共产党广州市天河区第七届委员会第五次全体会议召开。会议深入贯彻省委十届三次全会、市委九届五次全会精神，总结天河区解放思想学习讨论活动，集中围绕落实市委全会提出建设“首善之区”现代产业体系的要求，突出构建以现代服务业为主导、以创新驱动为特征的与中心区位相适应的都市型产业结构，研究实施产业高端发展战略，着力推动产业高端发展，不断增强城区产业竞争力与综合实力，争当全市建设全省“首善之区”的排头兵。

29日　广东省委、省政府、省军区授予天河区“双拥模范区”荣誉称号；广州市委、市政府、市警备区授予天河区“双拥标兵区”称号，授予天河区民政局等“拥军优属标兵单位”称号，天河区实现省“双拥模范区”和市“双拥标兵区”四连冠。

31日　民革广州市天河区总支部成立，市政协副主席、市民革主委李勤德等领导参加成立大会。会议确定民革天河总支部委员的名单。

八月

3日　第四届广州乞巧文化节在天河区珠村小学拉开帷幕。在开幕式上，珠村小学全校700名师生展示传统文化与体育学科紧密融合的“大课间活动”，全国第一本乞巧校本教材《我们的乞巧》举行首发仪式。

是日 晚上7时28分，广州天河珠吉街珠村人灵山路一化学品仓库突然发生爆炸并起火，面积在300平方米左右，仓库堆放的主要是成包的过硫酸钠与硫酸铵，共80吨。爆炸发生后，强烈的冲击波让这间仓库整体坍塌。事故至少造成一人受重伤。起火原因目前仍在调查，但工人们均怀疑与连日的高温有关。

6日 区委书记杨建城率领区主要领导、23个部委办局的党政领导及21条街道党工委书记，分别在区机关大院和街道设点开展大接访活动。区领导肖彬生、李新全、林赛龙、潘文捷、张谭均、黄彪、丁建华等也参加在区机关大院的接访活动。据统计，活动共受理315单来访，接待群众500多人次。其中，区委书记杨建城共受理34起信访，接待群众90多人。市民反映问题主要涉及股份分红、退休人员待遇、房屋纠纷、社会医保等。

8日 上午，省民政厅厅长刘洪、副厅长高党生等领导在副区长江绍强陪同下，到区民政局婚姻登记处检查指导工作。刘洪等对天河区民政局高度重视“8•8”结婚高峰，设身处地为当事人提供热情周到的人性化服务、满足群众婚姻登记需求给予充分肯定。

12日 区召开体育工作暨创建广东省体育先进区动员大会，会议传达省、市体育工作会议精神，明确区2008年的体育工作要点。

13日 市委副书记、政法委书记张桂芳到兴华街河水村调研扫除“黄赌毒”工作。张桂芳一行首先实地视察兴华街河水村的情况，随后，来到兴华街道办事处，听取区和兴华街关于扫除“黄赌毒”专项整治工作的汇报，充分肯定区在扫除“黄赌毒”专项整治工作中所取得的成绩。

19日 区委举行反腐倡廉建设专题报告会，报告会邀请省纪委副书记丘海作廉政报告。这次报告会，是区委进一步推动2008年纪律教育学习月活动的一个重要内容。

25日 根据省委、市委的部署，区委举行中心组专题学习会，学习贯彻汪洋、朱小丹同志在全省、全市抗震救灾表彰大会暨抗震救灾先进事迹报告会上的重要讲话精神。区委书记杨建城以理想信念为主题作重要讲话。

九月

2日 区召开创文明工作迎“国检”紧急会议，通报市紧急会议情况，部署天河区创文明迎检工作。8日，区委又召开紧急会议，区委书记杨建城要求各街道、各部门紧急动员起来，全面进入迎国检战时状态，严防死守，确保创文国检顺利过关。

10日 常务副市长苏泽群带领市各职能部门负责在区长徐汉添的陪同下，到区检查创建全国文明城市迎接国家检查的准备工作。检查团分别到龙洞街的城中村社区——西社社区、广州社会（儿童）福利院和龙洞农贸市场检查。

11日 下午，在北京2008年残奥会赛艇TA级男女混合双人双桨固定座位决赛中，周杨静（天河区沙河街残疾人）和队友单子龙（增城市残疾人）奋勇拼搏，以4分20秒69的成绩夺得冠军。这是中国赛艇队在残奥会历史上的首枚金牌，也是广东省在残奥会历史上的第一枚金牌。12日，副市长陈国、市委副秘书长张长邦、省残联副理事长康德成、市残联理事长梁左宜、区长徐汉添、区委副书记肖彬生、副区长林玲在区残联、沙河街有关领导的陪同下，到刚刚获得2008北京残奥会双人双桨赛艇金牌的天河区残疾人运动员周杨静家中，亲切慰问她的家人。

12日 由天河区委、区政府主办的“明月•天河”——2008天河区中秋文艺晚会在天河体育中心南门广场举行，晚会邀请克里木、陈慧琳、汤灿等明星出席。

15日 市委常委、市委秘书长凌伟宪带队检查天河客运站、天河体育中心及沿线周边的市容环境、卫生状况、公共设施、无障碍设施和文明交通等创建工作。凌伟宪要求，天河区创建工作要在细节上下功夫，严格加强管理，特别要注重市容环境卫生，健全无障碍设施，还要配合市、区、街的力量，齐心协力，确保顺利通过国检。

18日　副市长曹鉴燎一行到区国家级奶牛场——华美牛奶公司检查指导工作。省商检局已于13日对该公司奶样进行抽检，反馈回来的结果是牛奶中没有检出含有三聚氰胺化学物质，国家质检总局也在15日到该公司检查后，肯定该公司生产牛奶质量保障工作。曹副市长对该公司生产的学生奶占了全省的三分之一和全市的二分之一市场份额表示赞赏和肯定，并针对目前市场出现的"毒奶粉事件"提出四点意见，并到奶牛场生产车间进行检查。

20日　广州市青少年知识产权创新大赛参赛作品展览会在天河区政府大院举行，副市长曹鉴燎等市有关领导和区有关领导参观展览并出席随后举行的颁奖会。

22日　在广州市新闻中心举行"广州市天河区现代服务业发展规划暨政策、措施发布会"。区委常委、常务副区长李新全表示，天河区将加强规划引导，强化政策扶持，发挥天河所具有的区位优势、市场优势和产业优势，努力集聚高端要素，推动产业高端发展，全方位建设现代服务业高地，着力打造"广州服务"标志区。

24日　受强台风的影响，车陂地区潮水急剧上涨，导致大部分地区水浸。据初步统计，车陂街辖内受浸房屋、商铺约2650间，街求助受灾群众181人次，安置无家可归的受灾人员约300人，疏导疏散人员约3540多人次，暂无人员伤亡，无房屋倒塌，造成直接经济损失310万元。

26日　副市长陈国带领市公安局、市消防局、市规划局等有关部门的负责人检查天河区濂泉服装批发市场和天河区中医院。区长徐汉添、副区长江绍强、区有关职能部门负责人陪同检查。检查组首先对濂泉路服装批发市场进行检查，对市场的消防通道，消防设施进行抽查，市场的消防通道基本畅通，消防设施也配备齐全，但是有部分商铺的员工不熟悉灭火筒的使用方法，消防设施摆放不当，检查组要求立即整改，随后检查天河区中医院，天河区中医院2007年被列为省、市消防安全隐患重点单位，区政府先后投入三百多万元进行整改，目前已经整改完毕。医院换上防爆玻璃，设置搁烟门，添加排烟管道，检查组非常满意。

29日　首届亚洲高端数码技术研究会研究作品展在暨南大学艺术学院美术馆开展，这也是日本亚洲数码高端技术新锐作品首次在中国大陆举行，同时也是2008年"全国大学生动画动态学术论坛"重要环节之一。

十月

5日　2008全国大学生原创动画大赛颁奖晚会暨首届国际漫画节闭幕。副市长徐志彪等省市区有关部门领导以及动漫界名家铃木申一、常光熙、金国平、王六一、王钢、常虹等嘉宾应邀出席颁奖晚会。

6日　广州昊天化学厂关停(昊天化学厂位于员村生活区)。早在2006年2月，环保部(当时为国家环保总局)公布全国饮用水源环境安全隐患大检查结果，广州市昊天化学集团公司列入环保部挂牌督办名单，成为广东第一家遭国家督办的化工企业。环保部要求昊天化学厂2008年底前搬迁。

7日　省司法厅副厅长杨日华一行4人，在市司法局等领导的陪同下，到区司法局天河区调解中心调研。

14日　根据中央、省委和市委的统一部署，区召开开展深入学习实践科学发展观活动动员大会，标志着天河区开展深入学习实践科学发展观活动正式启动。

27日　由区文联、区档案局、区地方志办、天河报社联合举办的“筑梦2008”摄影•陶艺展在机关大院举行。参赛作品记录大河的改革与发展。

31日　市委常委、市委宣传部部长王晓玲来区就公共文化服务体系建设工作进行专题调研。王晓玲指出，天河区的公共文化服务体系已基本建立，下一步的工作是进一步健全和完善，要在填补空白、升级提高和打造文化艺术精品三个方面加大努力，期望天河区的文化建设要争当全市标兵，并到车陂街广氮社区文化室考察。

十一月

11日　全国50家重点网络媒体到区集体采访。他们此行的目的是采访广东省改革开放30周年以来尤其是近期深入开展解放思想活动和学习实践科学发展观活动以来广东省各方面的成就，广州是他们采访的首站。天河科技园相关部门负责人向网络媒体介绍了天河近年来高新技术产业的迅速发展情况，网络媒体还参观了网易公司。

12日　市委常委、统战部部长孔少琼一行到天河民营企业调研，先后到AEC集团、广州游谊网信息科技有限公司调研考察，了解公司当前业务开展情况和发展规划，了解当前广州市新的社会阶层特别是民营经济发展存在的困难和问题。

18日　民政部社会事务司司长张明亮一行5人在省市相关领导的陪同下，到天河区进行流动救助服务工作科学发展专题调研。调研座谈会围绕救助工作如何创新方式，建立城乡统筹、标本兼治的长效机制问题进行广泛的交流及探讨，最后调研组对天河区在加强救助管理、建立长效工作机制所做的工作给予充分肯定。

19日　市政协副主席向东生带领政协委员，视察天河区政府部门政务公开工作情况。一行人视察区劳动和社会保障局的政务中心，仔细询问政务公开的内容和办事程序，并听取天河区网上政务公开建设的特色和成效汇报。

20日　省委、市委指导检查组和市委学习实践办有关领导到天河区调研深入学习实践科学发展观活动第一阶段的有关情况。

21日　天河区公安分局在岗顶百脑汇广场举办群众被盗物品认领发还现场会，将缴获的一批手提电脑、手机及其他电子物品供失主现场认领。登记认领的市民达300多人，近30名失主领回失物。没有被领走的失物，警方将设法恢复机内数据寻找事主。

22日　广东省人民政府教育督导验收专家组顺利完成对天河区教育强区复评工作的考察评估，一致同意天河区通过广东省教育强区复评督导验收。

是日　天河区档案史志展览厅正式开展。展览厅设在区机关大院5号楼3楼，逢星期四下午3：00至5：00对外开放。

28日　2008广东国际旅游文化节暨泛珠三角旅游推介大会在广州天河体育中心开幕。省长黄华华代表省委、省政府致辞并宣布开幕，国家旅游局局长邵琪伟、世界旅游组织秘书长佛朗西斯科•弗朗加利分别致辞。同时，首届广东省开放论坛在广州举行，论坛的主题是“现代旅游业合作与发展”。

十二月

4日　副市长陈明德与市外经贸局领导一行，到天河区贵宇贸易发展公司了解民营企业在金融危机下的经营状况以及当前天河区外经贸形势。

5日　由中宣部新闻局副巡视员张文祥带队的调研组一行8人在市、区、街道有关领导的陪同下对前进街文化站进行调研。调研组强调要进一步在社区组织开展形式多样，群众喜闻乐见的文化艺术实践活动，鼓励、引导社会积极参与，使公共文化服务落到实处。

6日　人力资源和社会保障部就业促进司处长

邢莹率“公共就业服务信息化建设调研组”一行4人，到天河区沙河街劳动保障服务中心、水荫四横路社区劳动保障工作站就公共就业服务机构、街道（社区）劳动保障工作平台以及公共就业服务信息系统应用情况进行实地考察。调研组对天河区在公共就业服务信息系统方面所做的工作和成效非常满意。

9日 广州市天河区第五次归侨侨眷代表大会召开，大会选举产生新一届委员会，杨火明任主席，14名企业家被聘为天河区侨联顾问。

10日 东圃水上新村危房改造工程落成，居民入住江景楼告别“水浸屋”。这是天河区第一宗全部由政府财政出资的危房改造工程。水上新村位于东圃车陂涌边，始建于二十世纪六十年代，由于其地处低洼，紧邻河涌，水浸屋成家常便饭，以往一到暴雨和天文潮汐期间，就是一片汪洋泽国，居民就要连夜搬家，现在这种现象已成历史。

12日 副市长曹鉴燎带领市工商、质监、食品药监、卫生、经贸、交通、农业、烟草专卖、知识产权、出租屋管理等部门负责人，对天河区整规打假与产品质量和食品安全工作情况进行检查。针对暗检中发现的部分店铺的健康证、营业执照等方面存在的问题，副市长曹鉴燎亲自询问卫生、工商部门的段管员，查找问题产生的原因和解决问题的办法。区卫生局、市工商局天河分局、区质监局、区交通局分别介绍部门网格化监管工作做法及针对存在问题将采取的措施。

18日 上午10时，纪念党的十一届三中全会召开30周年大会在北京隆重举行，胡锦涛总书记在会上作重要讲话。天河区在机关大院北会场设收听收看纪念党的十一届三中全会召开30周年大会主会场，区领导及在区机关大院内办公的党员和干部职工集中收看现场直播。

19日 第43期岭南学术论坛在区举行。本次论坛由中共广东省委宣传部、广东省社科联主办，广东省教育促进会社区教育专业委员会及区委宣传部共同承办，论坛的主题是“学习型社区建设与社区教育发展”。

22日 区举行创建国家卫生城市、国家环保模范城市工作表彰大会。区委书记杨建城强调，“创卫”、“创模”只有起点、没有终点。我们要大力弘扬“创卫”、“创模”精神，毫不松懈、持之以恒，埋头苦干、开拓创新，为建设现代化大都市中心区、构建和谐天河，争当广州市建设全省“首善之区”排头兵做出新的更大的贡献。大会总结区“创卫”、“创模”工作及所形成的经验体会，并表彰先进集体和先进个人。

天河概况

天河概貌

【区情综述】 天河区地形多样。区境内北部为低山丘陵，占19.23%；中部为台地，占21.55%；南部为冲积平原，占58.77%。北部最高山大和嶂（391米），其低处形成筲箕窝、龙眼洞、华南植物园等宽谷和小块盆地。中部有五山台地和吉山台地，有突起的瘦狗岭。南部冲积平原分布在广深铁路以南珠江沿岸，并有七涌一湖。南临珠江，江岸线11公里。

天河区具有良好的地理区位。从东西方向看，天河区是广州市向东发展城市带的起点。《广州市城市总体规划》（1991～2010年），确定广州市建设和用地向东南和东北发展的两个主要方向，向东沿珠江扩展城市用地至黄埔，天河区正好位于这一发展带的西部起点。从南北方向看，天河区是广州市新城市中轴线经过的中心地区。广州新城市中轴线包括城市功能轴线、城市景观轴线和城市发展轴线，上述轴线均经过天河区，这种在空间上聚集的城市轴线可以强化天河的城市形象，有助于提高天河的新城市中心地位和经济竞争能力。

天河，作为广州——华南地区最大的经济中心和珠三角的龙头城市的先行区域，坚持“一路四区”的发展战略（走持续发展道路、科技兴区、教育强区、环境建区、文化优区）、紧抓软环境建设这一核心，推进区经济的建设，经济发展日新月异。

2008年，天河区实现地区生产总值1434.39亿元，同比增长13.3%，其中，第一产业增加值2.25亿元，下降27.1%；第二产业完成增加值270.30亿元，增长5.7%；第三产业增加值1161.84亿元，增长15.2%。产业结构不断优化，重心进一步向第三产业倾斜。国民经济三次产业结构比重调整为0.2：18.8：81.0。一般预算财政收入28.75亿元，增长23.6%；一般预算财政支出34.29亿元，增长20.9%。全年税收收入222.52亿元，增长21.6%。职工年人均工资为62080元，增长14.5%；居民人均可支配收入25556元，增长13.6%。天河区作为广州市经济强区的地位得到进一步巩固与加强。

2008年，天河区提出构建“一核、四带、八区”的现代服务业总体布局。即“一核主导”，由珠江新城和天河体育中心周边商务办公区组成的广州市中央商务核心区主导；“四带辐射”，沿临江大道、黄埔大道、中山大道和云溪路形成若干发展节点；“八区聚集”，重点打造8个现代服务业集聚区，以此“中心+点轴”支撑的空间网络系统引导产业向优势区位集中发展。

天河区高新技术产业迅速发展。区内有56所高等院校和科研院所，3个国家重点实验室，拥有天河科技园、天河软件园、华南理工大学科技园3个国家级高新技术产业基地。高新技术产业尤其是软件产业发展迅速，成立了广州集成电路设计园、中山大学软件学院天河软件园分园、华南理工大学软件学院天河软件园分园以及天河软件园企业博士后科研工作站，形成以邮电通信、互联网应用、电子商务、通信增值服务、网游动漫、IC设计等领域为主体的软件产业集群，成为全区的主导产业。目前，天河软件园园区内共有科技企业1400多家，其中软件企业1200多家，成为全国十一大重点软件产业基地之一。2008年，天河科技园实现技工贸总收入416.18亿元，增长32.0%；软件收入246.90亿元，增长38.0%。

天河区是华南地区重要的IT产品交易中心。在广州的13大电脑市场中，天河区占了9个，其销售额占全市的80%以上。主要交易市场包括：太平洋电脑城、天河电脑城、广州电脑城、国际科贸中心等，是华南地区最重要的信息技术产品集散地。

城区市政建设迅速发展。天河区重点道路有中山大道、黄埔大道、广汕公路、大观路、沙太路等，快速道路有广园东快速干线、华南快速干线、广深高速公路和广州市外环路等。此外，天河区已率先开通地铁一号线和三号线,可方便到达广州市内各区。区辖内还有广州大桥、华南大桥、东圃大桥、猎德大桥、琶洲大桥5座跨江大桥。2008年，以建设宜居城区为目标，大力推进市政道路建设，完成东莞庄一横路和车陂北街北段的道路、排水建设工程，新增市政道路873米。配合筹办亚运，推进亚运场馆周边道路设施建设。城中村改造取得重大进展，猎德村整体拆迁改造试点工作取得突破，复建安置工程顺利推进。

天河区的天河体育中心分区和珠江新城分区是广州市总体规划中确定的新城市中心区。天河体育中心分区经过十几年的建设已具相当规模，建成广州最繁华的商圈之一，天河路东西走向,路北依次为广州购书中心、维多利广场、未来还有太古汇，路南则有中怡时尚、天河城、宏城广场、正佳广场。往东延伸,有广州电脑城、南方电脑城、颐高数码广场、天河娱乐广场、摩登百货。另外,在地铁三号线与一号线之间，位于体育西路下面的负一层建成广阔的地下购物广场。珠江新城位于广州新城市中轴线上，东至华南快速干线，西连广州老城区，南临珠江，与亚洲最大的琶洲会展中心隔江相望，北至黄埔大道，规划面积6.12平方公里。已建成广东省检察院大楼、农业大厦等一批办公大楼，星汇园等十多个大型住宅小区，以及4公里的滨江绿化带和面积28万平方米的珠江公园；金融广场、富力科讯大厦、保利大厦、发展中心大厦、双城国际等数十幢高档写字楼，以及广州市第二少年宫、广东博物馆新馆、广州歌剧院、广州新图书馆、超高写字楼——珠江双塔、中轴线广场群、海心沙市民广场等标志性建筑也已落成或正在建设之中。

天河区房地产业发达。天河北写字楼林立，广州甲级写字楼的55%集中在天河北区域。天河北写字楼的进驻率均超过95%，而且大部分是宝洁、友邦等国际知名公司。目前，进驻天河北的企业中，涉外大型企业1600多家，外国长驻广州机构560多家。在广州最顶尖、最高收入的人才约有一半汇集在天河北。2008年天河区房地产业开发完成投资193.09亿元，增长21.5%，商品房销售面积239.03万平方米，下降0.7%。

天河区汇聚了众多高校如华南师范大学、华南理工大学、华南农业大学及暨南大学等全日制普通高校共29所,成人高校38所。因此天河区的人口文化程度相当高,几乎平均两个常住人口中就有一个大学生。天河区坚持以素质教育为核心，教育投入逐年增加，教育改革不断深化，从而促进了教育事业的全面发展，被省教育厅定为“推进珠江三角洲教育现代化”和“全省教育信息化”实验区，被国家教育部定为“全国流动人口子女就学政策实施”实验区。同时天河区制定措施鼓励机关干部参加继续教育；实施青年村民素质教育工程，对农转居人员进行综合教育培训；积极支持辖内高等院校科研院所的工作，并为他们提供良好的教学、科研和发展空间。天河区已形成包括区属教育、辖内各类教育、涵盖幼儿教育、基础教育、成人继续教育、职业技术教育、高等教育等层次的大教育体系。

天河区旅游资源丰富，其中：华南植物园是全国最大的南亚热带植物园,“龙洞琪琳”是羊城旧八景之一和广州十佳景点之一,天河公园被喻为天河区的“区肺”。石牌、五山、天河软件园一带将建设成为IT文化旅游带，火炉山、凤凰山、龙眼洞三大森林公园和华南植物园将建设成为东北部绿色文化旅游带。2008年，推进实施“青山绿水、碧水蓝天”二期工程，城区生态环境进一步优化，绿化覆盖率达到31%以上。森林公园建设和河涌整治稳步推进。

【地理位置】 天河区境地理座标东经113°15′55″～113°26′30″，北纬23°6′0″～23°14′45″。2008年区域范围：东到吉山狮山、前进深涌一带，与萝岗区、黄埔区相连；南到珠江，与海珠区隔江相望；西到广州大道与越秀区相接；北到筲箕窝，与白云区相邻。

【面积和人口】 2008年，天河区行政区域总面积约137.38平方公里，占广州市总面积的1.8%。全区常住人口114.93万人，增长2.8%；户籍人口71.65万人，增长3.9%；户籍人口户数19.80万户，增长3.5%；外来暂住人口86.18万人，增长18%，总人数157.83万人。年度出生人数8469人，人口出生率11.27‰；人口死亡率2.65‰；人口自然增长率8.61‰。

【行政区划】 2008年，天河区辖有21个行政街：沙河街（1950年7月成立，以行文批准为准，下同）、五山街（1950年成立）、员村街（1960年7月成立）、车陂街（1981年5月成立）、石牌街（1987年3月成立）、天河南街（1992年10月9日成立）、林和街（1995年8月11日立）、沙东街（1995年8月11日成立）、兴华街（1995年8月11日成立）、棠下街（1997年11月18日成立）、天园街（1999年9月30日成立）、冼村街（1999年12月29日成立）、猎德街（1999年12月29日成立）、元岗街（1999年12月29日成立）、黄村街（1999年12月29日成立）、龙洞街（2002年12月成立）、长兴街（2002年12月成立）、凤凰街（2002年12月成立）、前进街（2002年12月成立）、珠吉街（2002年12月成立）、新塘街（2002年12月成立）。天河区机关办公地址在员村天府路1号。

【历史沿革】 1985年5月24日，天河区经国务院批准成立，从广州市郊区分出来，成为广州市辖行政区。新建区时，只有两镇三街：沙河区（镇）（含同和乡、京溪乡）、东圃区（镇），以及沙河街、五山街、员村街。当时面积102.5平方公里，人口20.04万人。此后辖区经过多次变化。1987年9月，同和镇（由同和乡和京溪乡组成）划归白云区管辖。1992年4月，杨箕村从东山区划归天河区。1994年2月，原市农工商联合总公司凤凰农工商公司属下的柯木塱、渔沙坦两行政村划归天河区。1994年8月，沙东村二队（自然村）从东山区划归天河区。2000年9月，原属广州市新塘农工商公司的新塘、沐陂、凌塘、玉树4个行政村移交给天河区。2005年6月7日，登峰街和杨箕村划归越秀，新塘街的玉树村划归萝岗区。

随着天河区城市化的发展，乡村逐渐由行政村改设行政街，2002年12月，沙河镇和东圃镇撤销。

天河区名称的由来

天河区得名于区内的天河体育中心。天河体育中心始建于1984年7月4日，原址为天河机场。天河机场建成于1930年，因机场在天河村的土地上，故名。天河村原名大水圳村，建于宋代，因村前有一条清澈的沙河大水圳而得名（圳为河涌）。民国16年（1927）改名为天河村。因此，民间有“跨过天河大水圳”的说法。

1984年7月27日，中共广州市委发文作出筹建天河区的决定。“天河区”这个名称首次出现在文件上。1985年5月24日，国务院发文同意设立天河区，天河区从此定名。

【自然环境】 •气候• 2008年天河区的主要气候特点是：“风多雨大寒害强，气候异常灾害重。”“风多”：2008年共受6个热带气旋影响，较常年显著偏多，初台“浣熊”登陆异常早，“黑格比”为近12年登陆广东省最强台风；“雨大”：汛期内暴雨频发，“龙舟水”超六十年一遇；“寒害强”：年初遭遇80年一遇的低温阴雨寒冷灾害，社会影响大。年内极端天气气候事件频发，气象灾害损失较重，总体评价2008年天河区气候影响属严重偏差年景。

一、基本气候概况

1、气温偏高

2008年平均气温22.5℃，年平均气温与常年持平，为近12年以来最低。1～2月受低温阴雨寒冷天气影响、6月受“龙舟水”影响气温偏低，其余各月的气温均较多年平均值偏高。9～10月由于副热带高压的长期控制，气温明显高于常年，9月平均气温28.6℃，为历史同期最高值，10月气温则为同期次高值。全年最低气温出现在2月；最高气温出现在8月。

2、降雨明显偏多

全年降雨总量2067mm，比多年平均降雨量偏多2成，为近7年来最丰。雨日147天，与常年相当。1、6、9～11月的雨量较常年同期明显偏多。尤其是6月，由于 “龙舟水”严重和台风“风神”的影响，总雨量达835mm，为多年平均值的3.55倍，成为历史同期最大记录，比次大值（662.3mm）多出近一个月的雨量。

3、日照偏少

全年日照1521.9小时，较常年偏少13%，1月及4～7月较常年同期明显偏少，3月较常年偏多49%。

4、湿度显著偏低

年平均相对湿度71%，为1957年以来的最小值。除6月较常年略湿，其余各月均较常年偏干，其中3月相对湿度71%，也为历年极小值。

二、主要气候事件

1、寒冷

2008年初，在异常大气环流和拉尼娜事件的共同作用下，冷空气异常活跃，低温、雨雪、冰冻等灾害性天气频频来袭，导致天河区遭遇历史罕见的低温阴雨寒冷灾害。给社会各行业和人民生产生活带来严重影响和重大损失。这次寒冷天气持续时间长、平均气温低、雨水异常偏多、日照严重偏少。过程平均气温仅9.3℃，较常年偏低4.3℃，为历史同期最低。日平均气温<8℃、而且无阳光有雨的天数有10天，日平均气温≤10℃的天数有18天，日平均气温≤12℃的天数有25天；日最低气温≤5℃的天数为2天，过程最气温4.4℃。过程持续日数破历史记录，超过建国以来所有低温灾害过程。1月下旬出现持续降水，总雨量89.0毫米，为常年同期的7.8倍；1月下旬和2月上旬总雨量113.2毫米，为历年同期平均值的2倍。1月下旬到2月上旬的日照仅28.5小时，其中1月24日-2月2日连续10天几乎没有日照。由于粤北以及邻近的湖南、江西、贵州等省出现严重雨雪冰冻灾害，致使南北交通干道严重受阻，京广铁路和京珠高速长时间中断，正值春运，大量返乡旅客滞留境内，对天河区的交通运输也造成一定影响。

2、热带气旋

2008年，西北太平洋和南海海域共有22个热带气旋生成，其中有10个登陆中国，其中的6个在广东登陆，影响天河区的热带气旋有“浣熊”、“风神”、“北冕”、“鹦鹉”、“黑格比”、“海高斯”6个，较常年（平均3.8个）明显偏多，其中“风神”造成区内出现大暴雨，“黑格比”造成暴雨，其他4个热带气旋造成大风天气。

（1）登陆异常早的台风“浣熊”

台风“浣熊”于4月18日在海南省文昌市登陆，这是台风首次在4月份登陆广东省，也是建国以来登陆中国最早的热带气旋，比历史上初台最早登陆时间（1999年5月2日）提前12天。除登陆异常早之外，此台风还具有生命史短、强度变化快、风雨大的特点。天河区受其环流影响，出现6级、阵风7～8级的大风，并伴有大到暴雨。

（2）降水突出的台风“风神”

6月2日晚，暴雨冲刷羊城，由于滂沱大雨急骤，造成区20多处地段水浸告急，水堵、车堵情况严重，尤其珠村北社大街、沙河大街、东圃二马路等地段水深达80厘米。

（3）强台风“黑格比”

强台风“黑格比”于9月24日在广东茂名市电白县登陆，是建国以来登陆广东省的最强秋台（9月21日后的热带气旋称为秋台）。受“黑格比”影响，车陂地区潮水急剧上涨，导致大部分地区水浸。东圃大马路、东圃二马路地段、西湖社区的水上新村、新涌口、粮仓路、沙美社区、西岸社区、东岸社区等社区大面积受浸，水浸范围涉及车陂地区大部分面积。

3、暴雨洪涝

2008年天河区共出现暴雨12天，与历史最高纪录持平；100毫米以上的大暴雨2天。4月19日开汛，较常年推迟4天，前汛期总雨量1236.6毫米，为1957年以来最多。除热带气旋引起的暴雨之外，“龙舟水”期间的暴雨是影响最严重的暴雨过程。天河区没有出现重大险情，也没有人员伤亡事故。

4、高温

2008年天河区高温日数26天。年内主要的高温时段有：6月下旬前期、7月中旬后期到下旬、8月中旬中期到下旬前期、9月上旬末到下旬前期。9月的秋季高温过程也非常突出，过程持续时间长达15天，出现日最高气温≥37℃的酷热天气，成为有记录以来持续时间最长、范围最广、强度最强的秋季高温过程。严重的“秋老虎”天气导致各地用电负荷明显增加。

5、强对流

2008年雷暴日数84天，略多于多年平均值，8级以上大风日数3天。年内强对流天气相对较少，主要为雷雨大风、短时强降水，未记录到龙卷风和冰雹天气。

6、灰霾

2008年全年灰霾日数110天（按广东省气象局气候中心的标准），年霾日数为近几年最少。3月出现7天以上能见度小于2公里的重度灰霾天气，3月10日最小能见度仅1.4公里。严重灰霾天气对人体健康不利，导致呼吸道、心脑血管、肺炎、鼻腔炎症等疾病的发病率增加。

•地形地貌• 天河区地势分为三个区域：北部是以火成岩为主构成的低山丘陵区，海拔222～400米；中部是以变质岩为主构成的台地区，海拔30～50米；南部是由沉积岩构成的冲积平原区，海拔1.5～2米。全区地势由北向南倾斜，形成低山丘陵、台地、冲积平原三级地台。其中，丘陵28.41平方公里，占 19.23%；台地21.85平方公里，占21.55%；平原（包括冲积平原、宽谷、盆地）86.84平方公里，占58.77%。

中部台地区的地质较为复杂。元岗天河客运站至石牌华南师范大学地下有花岗岩残积土层，遇水极易软化崩解。五山地下有孤石群，硬度非常高。瘦狗岭地下断裂带（农科院幼儿园地下16米）有急流的地下水。

北部低山大体上是以筲箕窝水库为中心分东西两面排列，并以此作为天河区与萝岗区和白云区的分界。全区最高处为大和嶂（391米），位于北部，山脊分界处南北分别为天河区渔沙坦村与白云区太和镇。以大和嶂为基点往东与萝岗区的分界主要有杓麻山（388米）、凤凰山（373.3米）、石狮顶（304米）等海拔261～388米的11个山头，往西与白云区的分界主要有洞旗峰（312米）等海拔147～312米的9个山头。筲箕窝水库以南有火炉山（322米）。北部中央低处形成筲箕窝、龙洞和华南植物园等水库、宽谷和盆地。中部台地从东到西分布有吉山台地和五山台地。五山台地中有突出的瘦狗岭（131米）。南部冲积平原分布在广深铁路以南珠江沿岸的前进、车陂、员村、石牌、猎德一带，并有7涌一湖。7涌从东到西依次为深涌（6.25公里）、车陂涌（27.8公里）、棠下涌（4.25公里）、程界涌（2公里）、谭村涌（2.2公里）、猎德涌（7.26公里）、沙河涌（15.12公里）。7涌均由北向南流入珠江。一湖是天河公园中心湖（100亩）。南临珠江，江岸线11公里。

【自然资源】 •土地资源• 1991年起，天河区由于城市化，耕地平均以每年1000亩的速度锐减。至2007年，天河区尚有地形坡度大于25度难于利用的低山丘陵土地42平方公里，主要集中在区的东北部。

•植物资源• 2008年，天河区森林总面积2155.3公顷；森林覆盖率23.7%，增长1%。森林主要分布在北部、东北、中部低山丘陵区。全区有木材林527.8公顷、防护林306.4公顷、特种林1074.3公顷、经济林246.8公顷、竹林101.4公顷、苗圃地0.9公顷。辖区内自然植被主要有季风常绿阔叶林、针叶林、灌草丛等群落，共30多个科、50多个属、100多个种。

·地下水资源· 天河区地下水资源丰富。其中，已开发的有珠村矿泉水、龙眼洞矿泉水、凤凰山矿泉水，但产量不大。珠村开发的“珠碧泉”矿泉水，龙洞广州天河天然矿泉水厂开发的洞旗峰矿泉水。1997年起，柯木塱长寿村地下纯净水得到大量开发。1996年11月，发现从龙眼洞到太和帽峰山一带约200平方公里的地下有大量水源，水质为偏硅型，低纳、低矿化度，口感好，日开采量可达9099立方米。此外，从天河北路到瘦狗岭一带地下有温泉水源，水温达36℃，有丰富的偏硅酸、氟、铁等微量元素，有一定的医疗作用。尚未开发的还有位于沙河禺东西路军体院一带的矿泉水源。此外，新塘、吉山、龙洞、渔沙坦一带丘陵台地有百年井泉。

·矿物资源· 铋、钨。分布于龙眼洞南社水冲岭、白虎窿一带，深窿、大窝、崩岗等处也有。1956年国家在此开办金属矿物场，开采矿石两年后停办。

铝。分布于马坑园村东侧，表土层一米以下的土壤是一种黑白混合泥。因其含铝量高达23～28%，被称为铝质泥。储量不详。60年代开采，加工成泥粉，出售给车陂水厂和郊区铝厂，数量已超过15000吨。水厂用于深沉水中的杂质；铝厂则用于制取硫酸铝。80年代停采。

河沙。1991年前，尚有沙河涌等河涌上游的河沙可采用为建筑材料。后来由于环境污染，河水变浊，可利用利用的河沙逐渐减少。2000年起，已无河沙可采。

岩石。岩石资源以花岗石为主，主要分布在北部的岑村火炉山和龙眼洞的洞旗峰一带。早在建国初的1951年，火炉山就有东升石矿场开始采石。至1991年，火炉山下有市东升石矿场、凌塘、新塘等石材场，洞旗峰下主要有市派安石矿场和龙眼洞石场，还有元岗、长湴等石材场，大小石场共44个。1995年后，为保护生态环境，石场陆续关闭。

·地下木材资源· 长湴村往东一带有地下林木。长湴，古时是沼泽地，因泥湴过膝得名。据说地下六七米深处有古河道和林木。60年代很多村民采掘深至2.5米时发现泥层中尚有未腐透的乔木。

天河区自然地名简介

1、瘦狗岭。位于广汕公路东侧。因山体形状略似瘦狗，故名。西北－东南走向，长1公里，宽0.5公里，面积0.5平方公里。海拔131.3米。由石炭纪石英岩组成，岭上岩石裸露，表层为红壤，坡地种有马尾松疏林。山有瓷土，在山南曾建有广州建筑陶瓷厂。

2、大和嶂。位于广汕公路东侧渔沙坦村，海拔391米，为天河区海拔最高处。山上有上世纪30年代侵华日军修建的大小碉堡各一个，2004年列入广州市文物保护单位。现山上建有机场卫星导航台。南麓于唐代曾建有石门古庙，“宝寺僧归”曾为清代龙洞八景之一。该寺于上世纪30年代被侵华日军拆毁。

3、火炉山。曾名火罗岭。位于广汕公路和银屏岭以南，岑村、凌塘以北。山体面积6.25平方公里。因山体表层为红壤，以前山体绿化少，较光秃，在太阳照射下呈现红光，故名。该山近东西走向。主峰海拔322米，次峰（海拔235米）。山顶有巨石，酷似昂首猪头，故名猪头石，清代曾为龙洞八景之一“火罗夜月”。南麓风化层薄，曾有东升等石矿场在此采石。现坡地有马尾松，山下有泥窿水库、东大湖、南大湖等山塘。

4、洞旗峰。位于龙洞西北面，沙太公路以东，是天河区与白云区分界线。山体面积2.25平方公里，近东北－西南走向，主峰海拔312.4米。山体由花岗岩组成，表层为红壤，坡地种有马尾松。因风化层薄，易采石料。

5、凤凰山。位于筲箕窝水库东南，东北－西南走向，主峰海拔373.3米，山体由花岗岩和页岩构成，植被为南亚热带常绿阔叶林。山顶上有一大草窝，传闻为凤凰栖息之处。凤凰山由此得名。

6、天平架。位于沙河以北、瘦狗岭以西、沙河旧广从公路一带，得名于神话故事：有仙人秤白云山和瘦狗岭的重量，便在两山之间建造了一座天平，遗留天平架子，故名。清朝时形成村落，现在是城市居民区。

7、龙眼洞盆地。位于龙眼洞一带。由车陂涌侵蚀而成，四周环绕花岗岩山丘。北起旺岗，南至华南植物园，与车陂涌相连，东至广州林业学校，西至大坦岭，面积约9.3平方公里。盆地底部平坦，地面海拔30~40米，边缘海拔40~50米和60米的二级台地，车陂涌流经东部。水源充足，土壤肥沃，为砂壤土。曾出土有新石器时代的磨制石器、陶器。

8、瘦狗岭断裂。又称广州-罗浮山断裂。近东西走向的活动性断裂，西起三元里，向东经瘦狗岭、黄埔区、南岗镇、增城县至博罗罗浮山，长达80多公里，断面南倾，倾角50~60度，断裂带北盘为隆起区，长期上升遭受剥蚀，出露燕山期花岗岩和震量纪变质岩，形成孤立残丘，如鸡笼岗、茶山等；南盘表现为沉降区，形成白垩纪红层低台地和第四纪组成的三角洲平原。断裂至今还在活动，特别在广从断裂和文冲断裂交界处，常诱发小地震，但没有造成过灾害。

9、五仙桥。位于白云山东麓、兴华街广从公路西侧，属银河村。现为民居地。古时，这里是北方进入广州的要道，曾有5块长石板铺砌的山溪小桥。相传古代有五位骑羊持穗的仙人降临广州时，经过此处，故名。民间流传："未有五羊城，先有五仙桥。"现溪水已无，石板桥已填埋在地下。

机　构

区领导班子

中共广州市天河区委员会

书记：杨建城

副书记：徐汉添、肖彬生

常委：李新全（常务副区长）、柯珠军（区纪委书记）、林赛龙（区委政法委书记）、吴煜昇（区公安分局党委书记、局长）、陆志强（区委宣传部部长）、潘文捷（区委组织部部长）、张谭均（区委办公室主任）、刘建华（区人民武装部政委）

天河区人大常委会

主任：杨建城

副主任：王淑贞、谭汉经、许志、池柏良、李宁佳、樊孝玉

天河区人民政府

区长：徐汉添

副区长：李新全、江绍强、黄彪、丁建华、廖国胜、林玲、李雪枝（2008年11月起任）

政协天河区委员会

主席：杨南聪

副主席：徐春平、易凤华、肖辉、张在祥、吴兰桂、王壮

中共广州市天河区纪律检查委员会

书记：柯珠军

副书记：梁倩影、李小东

中共广州市天河区委员会

中共广州市天河区委办公室是区委参谋、协调、督办、服务的工作机构。内设秘书科、综合调研科、信息督办科3个科室和区委机要局、区委保密局（挂区国家保密局牌子）。

主任：张谭均

副主任：左建方(任至2008年11月)

办公地址：员村天府路1号区机关大院1号楼8～9楼

办公电话：38622898

区委机要局是区委主管区机要工作的部门，副处级，归口区委办公室管理。

局长：唐伯江

办公地址：员村天府路1号区机关大院1号楼9楼

办公电话：38622052

区国家保密局是区委、区政府主管保密工作的职能管理部门，副处级，归口区委办公室管理。

局长：云夏虹

办公地址：员村天府路1号区机关大院1号楼11楼

办公电话：38622505

中共广州市天河区委组织部是区委主管党的组织工作和干部工作的职能部门，区委组织部内设4个职能科室：办公室、干部一科、干部二科、组织科。同时代管天河区党员电化教育中心、天河区委党史研究室和天河区委组织部干部档案室3个参照公务员法管理事业单位。

部长：潘文捷

副部长：邹学仁、贺永健（任至2008年11月）、陈璋

办公地址：员村天府路1号区机关大院1号楼5楼

办公电话：38622150

中共广州市天河区委党校是区委直接领导下，负责天河区党员干部理论培训、轮训工作的行政事业单位，兼挂"广州市委党校天河分校"、"天河区行政干部学校"牌子。区委党校（市委党校天河分校、区行政干部学校）设4个科室：办公室、行政科、教务科、教研室。

校长：肖彬生

常务副校长：冯其龙

副校长：张青松、王如林

办公地址：天河北路龙口西路569号

办公电话：39493661

中共广州市天河区委宣传部是区委主管全区意识形态方面工作的职能部门，内设5个科室：办公室、理论科、宣传科（挂区国防教育办公室牌子）、精神文明建设办公室（挂区精神文明建设委员会办公室牌子）、新闻科（挂区委对外宣传小组办公室牌子）以及天河区有线电视中心（挂区宣传文化网络信息管理中心牌子）。

部长：陆志强

副部长：张颖（任至2008年11月）、曾东标、薛健斌（挂职，任至2008年11月）

办公地址：员村天府路1号区机关大院1号楼10楼

办公电话：38622175

中共广州市天河区委统战部是区委主管全区统一战线工作的部门，与区委台湾工作办公室、区民族宗教事务局合署办公。区委统战部内设3个科室：党政科、台务联络科、民族宗教事务科。

部长：肖辉

副部长、台办主任：李金德（任至2008年11月）、薛健斌（2008年11月起任）

副部长、工商联党组书记：伍小红

副部长：郭进卿

办公地址：员村天府路1号区机关大院1号楼3楼

办公电话：38623239

中共广州市天河区委政法委员会（简称区委政法委）是区委领导、协调全区政法工作的职能部门。区委政法委与区社会治安综合治理委员会办公室（正处级）、区委维护稳定工作领导小组办公室（正处级）及区人民政府防范和处理邪教问题办公室合署办公。区委政法委内设：办公室、禁毒办、政工办；区综治办内设社会治安综合治理科；区委维稳办内设维护稳定工作科；区人民政府防范和处理邪教问题办公室内设业务一科、业务二科。

区委政法委书记：林赛龙

区委政法委副书记：张志坚、彭苏

区委政法委办公室主任：任国宁

区社会治安综合治理委员会办公室主任：张志坚（兼）

区社会治安综合治理委员会办公室副主任：陈金东

区委维护稳定工作领导小组办公室主任：彭苏（兼）

区委维护稳定工作领导小组办公室副主任：钟铭兴

区人民政府防范和处理邪教问题办公室主任：彭苏（兼）

区人民政府防范和处理邪教问题办公室副主任：刘玉华

办公地址：员村天府路1号区机关大院1号楼4楼、6号楼6楼、8楼

办公电话：38622192、38622193、38622609、38622210

天河区委老干部局是负责全区离休和副处以上退休干部管理工作的机构。内设办公室、老干部管理科、老干部活动中心和关工委办公室。

局长：刘萍（任至2008年11月）、钟敏（2008年12月起任）

副局长：秦镜清、卢虹

办公地址：员村天府路1号区机关大院6号楼7楼

办公电话：38622533

老干部活动中心地址：龙口中路166号

老干部活动中心电话：38734205

天河区机构编制委员会办公室（简称区编办）是区机构编制委员会的常设办事机构，既是区委工作部门，又是区政府的工作部门，列入区委序列。内设综合科、事业单位登记管理科（挂区事业单位登记管理局牌子）。

主任：莫沃明（2008年 6 月起任）

办公地址：员村天府路1号区机关大院1号楼3楼

办公电话：38622122

中共广州市天河区直属机关委员会（简称区直属机关党委）是区委领导区直属机关党的工作的派出机构。区直属机关党委设办公室1个内设机构。机关工、青、妇等群众组织依照各自章程独立负责开展工作。

书记：刘敏坚（任至2008年3月）、隋东玉（2008年6月起任）

副书记：陈文荡

办公地址：员村天府路1号区机关大院1号楼4楼

办公电话：38622304

广州天河报社是区委机关报社，为副局级事业单位，归区委宣传部主管，内设办公室、编辑部、记者部、通联部四个部（室）。

社长、总编：胡硕堂

办公地址：员村天府路1号区机关大院6号楼6楼

办公电话：38622103

天河区人大常委会

天河区人民代表大会常务委员会（简称区人大常委会）下设办公室和7个工作委员会及依法治区领导小组办公室（简称依法治区办）。7个工作委员会分别是：法制工作委员会（简称法制工委）、财政经济工作委员会（简称财经工委）、城乡建设环境与资源保护工作委员会（简称城建工委）、教育科学文化卫生工作委员会（简称教科文卫工委）、农村农业工作委员会（简称农村工委）、华侨外事民族宗教工作委员会（简称华侨工委）、选举联络人事任免工作委员会（简称联络工委）。区人大常委会办公室内设：秘书科、综合科、信访科。

天河区人大常委会主任：杨建城

副主任：王淑贞、谭汉经、许志、池柏良、李宁佳、樊孝玉

办公室主任：彭星

副主任：冷发裕、刘庆进

法制工委主任：董敏

财经工委主任：邝启周

城建工委主任：吴安景（任至2008年11月）、李宝绿（2008年11月）

教科文卫工委主任：罗国祥

农村工委主任：陈金锡

华侨工委主任：潘锦钊

联络工委主任：陈汉秋

副主任：饶伟娟

依法治区办主任：许志（兼）

专职副主任：胡克健

办公地址：员村天府路1号区机关大院3号楼

办公电话：38622022

天河区人民政府

区政府办公室是协助区政府领导处理区政府日常工作的机构。内设5个科室：秘书科、综合科、督办科（区街道工作办公室）、信息调研科、财务科；归口管理的部门有：区政府法制办公室、区信访办公室、区应急管理办公室、区地方志编委会办公室、区出租屋管理工作领导小组办公室。

主任：陈祖进

副主任：陈文喜、李军初（任至2008年11月）、黄伟平、杨清谦、陈明、曾平

办公地址：员村天府路1号区机关大院2号楼8～9楼

办公电话：38622001

区法制办公室为区政府办公室归口管理的副处级单位，挂区政府法制办公室牌子和区政府行政复议办公室牌子，内设法规监督科；归口管理事业单位有：行政、经济法律法规咨询中心。

主任：崔伟雄

办公地址：员村天府路1号区机关大院2号楼2楼

办公电话：38622019

区信访办公室为区政府办公室归口管理的副处级单位，挂区委、区政府信访办公室牌子。

主任：曾平

办公地址：员村天府路1号区机关大院7号楼1楼

办公电话：38622026

区应急管理办公室履行值守应急、预案管理、信息汇总和综合协调职能，发挥区政府应急管理工作的运转枢纽作用。加挂区应急指挥中心牌子和区委、区政府总值班室牌子，为区政府内设机构和区突发公共事件应急委员会日常工作机构。

主任：曾平

办公地址：员村天府路1号区机关大院2号楼1楼

办公电话：38622758、38622285

区地方志编委会办公室（简称区志办）是收集、编写和出版全区地方志和地情资料的职能部门，挂地方志馆牌子，为副处级单位，归口区政府办公室管理，内设业务指导科（挂广州天河年鉴编辑部牌子）。

主任：林道良

办公地址：员村天府路1号区机关大院2号楼2楼

办公电话：38622013

区出租屋管理工作领导小组办公室（简称区出租屋办）是区出租屋流动人员领导小组的常设办公室，负责全区出租屋及流动人员管理工作的组织协调、统筹谋划、检查督促工作，是区政府办公室内设机构，挂区流动人员管理工作领导小组办公室牌子。

办公室主任：陈明

办公地址：员村天府路1号区机关大院2号楼1楼

办公电话：38622483

区发展和改革局、物价局是区政府综合研究拟定经济和社会发展政策、指导经济体制改革工作，同时承担物价、粮食行政管理职能的工作部门。内设6个职能科室：办公室、规划发展科、综合经济科、经济体制改革科、粮食管理科、物价管理科。下属1个行政单位：物价检查所。下属单位3个：天河区价格认证中心、区信息中心、区经济动员办公室。

局长：何松江

副局长：闫宏、曾晓东

物价检查所所长：刘凤林

办公地址：员村天府路1号区机关大院2号楼7楼

办公电话：38622701

区统计局是为各级党委、政府、各级领导和社会公众提供统计信息，发挥统计的信息、咨询和监督功能的职能部门。内设：办公室、综合统计科、专业统计科、统计调查队（服务业调查中心）。

局长：陈树军

副局长：邓浩锋、黎文涛

办公地址：员村天府路1号区机关大院2号楼11楼

办公电话：38622690

区民政局是主管全区有关社会行政事务的工作部门，内设4个科室：办公室（与党委办公室、监察室合署办公）、社会福利和救灾救济科、基层政权建设和社会事务科（挂区地名办、区民间组织管理办牌子）、优抚科（挂区双拥办、安置办、退伍办牌子）；另设3个科级机构：区老龄工作委员会办公室、区社区服务中心、婚姻登记处。

党委书记：罗联和（2008年6月起任）

局长：罗联和（任至2008年6月）、饶洁怡（2008年7月起任）

党委副书记、纪委书记：刘德华

副局长：李智明、卓山青

办公地址：黄埔大道中258号恒安大厦首、二层

办公电话：38622077、85646628

区司法局是主管全区司法行政工作的职能部门，内设5个科室：办公室、法制宣传科、律师公证管理科、基层工作科、政工办公室。另有区委、区政府设在区司法局的3个常设机构：普法办（与法制宣传科合署办公）、调处办和安置帮教办（与基层工作科合署办公）。下辖21个街司法所及区法律援助处、区公职律师事务所，并履行对广州公证处天河办证处的协管职能。

局长：罗育辉

副局长：吴两标、曾晓元

办公地址：龙口东路210号

办公电话：38748355

区财政局是征管全区财政收支、财政政策、财政监督的职能部门，内设10个科室：办公室、人事监察科、预算科、行政事业财务科、会计管理科、企业财务科、城市建设社会保障管理科、综合管理科、国有资产管理办公室、国库科。

党组书记、局长：张瑞萍

副局长：李志杰（任至2008年9月）、吴杰、王惜文

办公地址：中山大道西工业园建华路7号

办公电话：85577990

区审计局是区政府主管全区审计监督工作的行政部门，实行区政府和市审计局双重领导体制，内设3个科室（办公室、行政事业审计科、经济责任审计科）。

局长：陈贺春

副局长：魏宁、徐莉

办公地址：员村天府路1号区机关大院2号楼5楼

办公电话：38622254

区供销合作社联合社（简称区供销联社）是区农民的合作经济组织，内设5个科室：办公室、业务科、人保科（与党委办公室合署办公）、财务科、审计科。归口管理单位：区再生资源管理办公室。

区供销联社党委书记：卢木宏

党委副书记、主任：朱焕周

区再生资源管理办公室主任：杨天宝

办公地址：林和西路107号10楼

办公电话：87553211

区人事局是综合管理全区人事工作和推行人事制度改革的职能部门。内设4个科室：办公室（挂区人事争议仲裁办公室牌子）、干部综合管理科（挂区推行国家公务员制度办公室、区职称改革办公室牌子）、调配培训教育科、工资福利科（挂区工资改革领导小组办公室牌子）。归口管理单位：区人才服务管理办公室、区人才市场、区人事局人事档案室。

局长：邹学仁

副局长：李渝林

办公地址：员村天府路1号区机关大院2号楼4楼

办公电话：38622394

人才服务管理办公室主任：李春兰

人才交流中心地址：员村天府路1号区机关大院5号楼3014室

办公电话：38622395

人才市场地址：林和西路101号2楼

办公电话：87554158、87554453

区劳动和社会保障局是主管全区劳动社会保障工作的部门，内设5个科室：办公室、劳动关系科（挂区劳动争议仲裁委员会办公室牌子）、劳动监察科（挂区劳动保障监察大队牌子）、社会保障科（挂区社会保险稽核办公室牌子）、工伤医鉴科。下属单位：区劳动就业服务管理中心、区社会保险基金管理中心、区劳动保障监察大队、区劳动就业训练中心、区职业介绍所、区退休职工管理委员会办公室、区劳动指导咨询服务中心。归口管理单位：区公医办。

局长：彭德华（任至2008年11月）、唐锡汉（2008年12月起任）

副局长：陈永川、梁斌岸

办公地址：石牌东路117号

办公电话：87542172

区公费医疗预防实施管理委员会办公室（简称区公医办）是负责全区公费医疗管理的副处级单位，归口区劳动和社会保障局管理，内设2个科室：秘书科、业务科。

主任：李少玲

办公地址：员村天府路1号区机关大院2号楼10楼

办公电话：38622559

广州市国土资源和房屋管理局天河区分局是主管全区土地资源、矿产资源、房地产和测绘事业的工作部门，内设8个科室：办公室、组织人事科（与监察室合署办公）、计划财务科、土地资源规划用地科、房屋管理拆迁科、房地产物业管理科、执法监察科（挂"广州市国土资源和房屋管理局天河区分局执法监察大队"牌子）、产权地籍科。下有7个事业单位：天河区危房改造建设管理所、天河区土地开发中心、天河区房地产租赁管理所、天河区房屋安全鉴定事务所、天河区房屋管理所、天河区房地产测绘所、天河区房地产登记交易中心。

党组书记、局长：王月珍

纪检组长：潘锦星

副局长：朱茂文

办公地址：黄埔大道中300号15～20楼

办公电话：85551718

区建设和市政局是主管全区城市建设和管理的职能部门，局机关内设7个科室：办公室（与法制科合署办公）、组织人事科（与党委办公室合署办公）、计划财务科（与审计科合署办公）、建筑业管理科、市政设施管理科、建设工程项目管理科、城市管理科及3个按内设科室管理的事业单位：市政河涌管理所、建设工程招标管理办公室、市政建设项目管理办公室；局属下有园林绿化管理办公室、建设工程质量安全监督站、建设工程质量监督检测室、建筑设计院、市政维修队、排水维护管理所（与市政维修队合署办公）、天河公园、天河区绿化第一管理工区、绿化第二管理工区、绿化检查监督所、绿化站11个事业单位。

党委书记：张哲

局长：沈道成

副书记：黄立生

副局长：郑湘辉、杨德创、林维香

办公地址：黄埔大道中166号3～5楼

办公电话：85533398

区园林绿化管理办公室是区城区绿化的行政主管部门，与区绿化委员会办公室合署办公，归口区建设和市政局管理，内设3个科室：秘书科、园林科、绿化科。

党总支书记：许毅生

主任：曾峰

办公地址：中山大道西932号

办公电话：85528375

区安全生产监督管理局（挂区安全生产委员会办公室牌子）为区政府主管安全生产综合监督管理的工作部门，履行安全生产监管和行政执法职能。内设4个职能科（室）：办公室、综合法规科、监督管理科、执法监察科（挂安全生产执法监察大队牌子）。

局长：方仁文

副局长：蒋同顺、杜华、梁克强

办公地址：员村天府路1号区机关大院2号楼6楼

办公电话：38623838、38622620

区城市管理委员会办公室（简称区城管办）主管全区城市管理工作，负责全区城市管理工作的组织、指挥、协调、监督。内设6个科室：办公室、业务一组、业务二组、业务三组、12319城管投诉服务专线办公室、巡查督办组。

主任：丁建华（副区长）

常务副主任：沈道成（区建设和市政局局长）、李军初（区政府办副主任）

副主任：郑湘辉（区建设和市政局副局长）、樊江恒（区城管综合执法大队助理调研员）、王成（区城管综合执法大队副大队长）

办公地址：员村天府路1号区机关大院2号楼1楼

办公电话：38622294、38622295

广州市城市管理综合执法支队天河大队（挂广州市城市管理综合执法局天河分局牌子，简称区城管执法大队）是对区城市管理进行综合执法的部门，由天河区政府主管，内设6个科室：党政办公室（与大队办公室合署办公）、行政执法科、政工人事科、纪检监察科、财务管理科、培训科；下设5个直属中队：国土规划管理中队、余泥排放管理中队、市容管理中队、静态车辆管理中队、机动督察中队；22个派出街中队：天河南街中队、石牌街中队、五山街中队、员村街中队、车陂街中队、林和街中队、沙河街中队、沙东街中队、兴华街中队、棠下街中队、天园街中队、冼村街中队、猎德街中队、元岗街中队、黄村街中队、龙洞街中队、长兴街中队、凤凰街中队、前进街中队、珠吉街中队、新塘街中队、火车东站中队（夜间专业整治队）。

大队长：赵新景（任至2008年11月）、曾伟宇（2008年11月起任）

政委：傅自然（任至2008年11月）、赵新景（2008年11月起任）

副大队长：林金水、林昌毅、王成

副政委：李剑梅

办公地址：天河北路天华街50号

办公电话：87512056

区机关事务管理局是管理区机关后勤工作的部门，内设6个科室：办公室、行政事务管理科、基建房管科、生活管理科、车管通讯科、区政府接待办公室（归口管理单位）。

局长：赖惠雄（任至2008年11月）、侯建国（2008年12月起任）

副局长：郑生、严占平

办公地址：员村天府路1号区机关大院6号楼4～5楼

办公电话：38622841

区交通局是管理区内交通运输行业的职能部门，内设办公室，下属单位有区交通管理总站、区汽车摩托车维修行业管理办公室、区交通运政稽查队、区地方公路管理站（路政所）。挂靠单位有区国防交通战备办公室、区交通防火安全委员会办公室。

局长：苏子彪

副局长：田穗秋、肖德华

办公地址：黄埔大道中144～152号海景中心4楼

办公电话：85626630

广州火车东站地区管理委员会办公室是代表区政府对火车东站地区实施城市管理工作的领导机构，其综合管理职能是对该地区城市管理工作进行规划、指导、协调、监督，并依法对违反城市管理有关规定的行为进行查处。管委办下设3个科室：秘书科、管理科、协调科，还直接组织和领导一个由公安、城管、交警、工商等部门组成的综合性联合执法队，开展行政执法管理活动。

主任：王友君

副主任：秦芝凡、叶晓青

办公地址：广州火车东站客运楼西侧的公安城管楼5～6楼

办公电话：38489886

区农林水利局是主管全区农业、林业、水利、乡镇企业及农村经济发展工作的部门，内设6个科室：办公室、经济管理科、林业科、水利科、产业发展科、乡镇企业管理科。下属机构6个，林业工作站、动物防疫监督所、河涌管理所、防汛防旱防风指挥部办公室、森林防火指挥部办公室、农产品质量安全监测中心。

局长：邵镔

副局长：洪锋、张盛旺

办公地址：员村天府路1号区机关大院2号楼3楼

办公电话：38622279

区经济贸易局（同时挂区旅游局牌子）是区政府主管全区经济贸易工作的工作部门，内设7个科室：办公室、外商投资业务科、外贸管理科、工业科、商业旅游科、特种行业管理科、调研科。

局长：林志云

副局长：潘巧玲、朱苑、张海波

办公地址：员村天府路1号区机关大院2号楼6楼

办公电话：38622872

区经济协作办公室（简称区协作办）是负责全区跨地区、跨部门、跨行业国内经济协作工作的工作部门，内设2个科室：秘书科、管理科。

主任：黄育波

副主任：王利彬

办公地址：员村天府路1号区机关大院2号楼2楼

办公电话：38622814

区教育局是管理全区教育事业的行政职能部门，内设8个科室：办公室（与党委办公室合署办公）、财务基建科、中学教育科、小幼教育科（挂区托幼工作领导小组办公室牌子）、思想政治教育科（挂保卫科牌子）、组织人事科（与离退休教职工管理办公室合署办公）、教育督导室（挂区人民政府教育督导室牌子）、纪检监察审计科；三个归口教育局管理的科级事业单位：天河区成人教育办公室、天河区招生委员会办公室、天河区语言文字工作委员会办公室；局直属单位有：局教研室、局电教站、区教师进修学校、区少年宫、局教育服务中心（与教育局勤工办合署办公）、市电大天河分校、区教育系统财务结算中心。

党委书记、局长：黄启林（2008年6月起任党委书记）

党委副书记、纪委书记：符铁民

副局长：卢琳、徐江、王芹

办公地址：员村天府路1号区机关大院3号楼2楼、4号楼2楼

办公电话：38622787

区科技局（挂区知识产权局牌子）是主管全区科技工作的职能部门，内设4个科室：办公室（挂区防震抗震领导小组办公室、区科普领导小组办公室牌子）、业务科、知识产权科 、生产力促进中心。

局长：颜建华

副局长：陆照南

办公地址：员村天府路1号区机关大院2号楼11楼

办公电话：38622893

区文化广电新闻出版局（挂区版权局牌子）为区政府主管全区文化、广播电视、新闻出版、版权等方面工作的行政部门。内设4个职能科室：办公室、社会文化科、文化市场管理科（挂版权科牌子）、广播电视科（与区文化市场管理工作领导小组办公室合署办公，挂区扫黄打非工作领导小组办公室牌子），以及区文化市场综合行政执法队。

局长：李伟明

副局长：陈左军（任至2008年11月）、李排辉

办公地址：员村天府路1号区机关大院2号楼5楼

办公电话：38622374

区档案局是负责全区档案事业行政管理、执法监督和档案收集、保管、利用的职能部门，与档案

馆合署办公，内设3个科室：办公室、保管利用科、监督指导科。

局长：邓勇（任至2008年11月）、陈左军（2008年11月起任）

副局长：周慧

办公地址：员村天府路1号区机关大院5号楼3楼、4楼

办公电话：38622258

区体育发展中心（挂区体育局牌子）是主管全区体育工作的部门，内设2个科室：办公室、业务科（挂区体育市场管理办公室牌子）；下辖单位：区少年儿童业余体校。

主任：王立平（任至2008年12月）、邱志刚（2008年12月起任）

副主任：李晓勤

办公地址：员村天府路1号区机关大院2号楼2楼

办公电话：38622143

区卫生局是负责全区医疗卫生工作的职能部门，内设4个职能科室：办公室（与党委办公室合署办公）、组织人事科、医政科（挂中医科牌子）、预防保健科（挂局应急办、干部保健科、健康教育科牌子）

党委书记：李日华

副书记、局长：吴早光

副书记、纪委书记：刘回生（任至2008年4月）、许俊杰（2008年5月起任）

副局长：郭大双、汤达凡（2008年5月起任）

办公地址：员村天府路1号区机关大院2号楼10楼

办公电话：38622779

区疾病预防控制中心是负责全区组织实施本辖区的疾病控制计划，实施计划免疫接种规划的职能机构，归口区卫生局管理。内设8个科室：办公室、公共卫生一科、公共卫生二科、疾病预防控制科、健康教育科、卫生检验科、质量技术管理科、预防医学门诊部。

党支部书记、主任：汤达凡（任至2008年5月）、刘钢（2008年5月起任）

办公地址：龙口西路31号

办公电话：87563487

区卫生监督所是组织实施辖区内卫生监督计划，进行预防性和经常性卫生监督的职能部门，归口区卫生局管理。内设8个科室：办公室、食品卫生监督科、公共场所卫生监督科、医疗卫生监督科、学校卫生监督科、职业卫生监督科、综合业务科、受理发证科。

党支部书记、所长：熊文华（2008年5月起任）

办公地址：石牌龙口西路43号

办公电话：85264856

区人口和计划生育局（简称区人口和计生局）是负责区人口与计划生育工作的职能部门，内设3个科室：办公室、规划统计信息科、宣传教育科技科。属下2个事业单位：天河区流动人口计划生育管理办公室、天河区人口和计划生育宣传教育服务中心。

局长：杨红

副局长：秦伟龙、李肖媚

办公地址：员村天府路1号区机关大院2号楼4楼

办公电话：38622310

区环境保护局（简称区环保局）是主管环境保护的工作部门，内设3个科室：办公室、监督管理科、规划建设管理科，下属2个事业单位：广州市环境监察支队天河大队、环境监理二站。

局长：杨洋（任至2008年11月）、王立平（2008年11月起任）

办公地址：中山大道西东郊工业园建华路89号

办公电话：85553296

区市容环境卫生局（简称区环卫局）是主管全区市容环境卫生工作的部门，内设6个科室：党政办公室、市容科、环卫科、基建设备科、财务科、政工科。

党委书记：刘明沾

局长：苏勤

副书记：欧伟光

副局长：谢锦波、李杰雄

办公地址：中山大道西43～45号兴华楼

办公电话：85267656

区爱国卫生运动委员会办公室（简称区爱卫办）是区爱国卫生运动委员会的常设办事机构，负责全区爱国卫生工作的组织协调和监督管理，内设业务科。

主任：叶树祥

办公地址：员村天府路1号区机关大院2号楼10楼

办公电话：38622726

区侨务办公室和外事办公室合署办公，是主管侨务、外事的工作部门，下设侨务科、外事科。

主任：古干（任至2008年11月）、李笑娟（2008年12月起任）

副主任：林奋之

办公地址：员村天府路1号区机关大院2号楼4楼

办公电话：38622627

广州市公安局天河区分局（简称天河区公安分局）为广州市公安局的处级派出机构，实行市公安局和区双重领导。分局内设10个科室：政工办公室（副处级，含离退休干部管理科）、指挥中心（副处级）、监察科（与分局纪委办公室合署办公，挂广州市公安局警务督察队天河大队牌子）、装备财务科、法制科、科技通信科（挂广州市公安局天河区分局网络警察大队、广州市公安局天河区分局公共安全视频管理办公室牌子）、出入境管理科、户政科、防火科、交通科；设直属行政单位12个：国内安全保卫大队（与分局防范与处理邪教犯罪工作科合署办公）、预审大队、治安管理大队、毒品犯罪侦查大队、经济犯罪侦查大队（副处级）、巡逻警察一大队（副处级）、巡逻警察二大队（副处级）、刑事警察大队（副处级）、便衣侦查大队（副处级）、看守所、拘留所、强制隔离戒毒所；下辖派出机构22个，由区公安分局直接管理，分别是：石牌派出所、天河南派出所、五山派出所、林和派出所、沙河派出所、沙东派出所、兴华派出所、车陂派出所、棠下派出所、员村派出所、冼村派出所、猎德派出所、岑村机场派出所、天园派出所、龙洞派出所、长兴派出所、凤凰派出所、前进派出所、珠吉派出所、新塘派出所、黄村派出所、元岗派出所。

广州市公安局天河区分局局长：吴煜昇

广州市公安局天河区分局政委：金卫

广州市公安局天河区分局纪委书记：郑壮武

广州市公安局天河区分局副局长：辛运虎、曹辉、李越、陈伟佳、梁里明（挂职，任至2008年7月）、梁均杰（挂职，2008年8月起任）

办公地址：瘦狗岭路613号

办公电话：87502743

广州市城市规划局天河区分局（简称天河区规划分局）是广州市城市规划局的派出机构，受广州市城市规划局业务领导，由天河区政府主管，内设4个科室：办公室、用地规划管理科、建筑工程管理科、监督检查科。

局长：许文进

副局长：苏培伟、汪松苗

办公地址：龙口西路龙腾街8号

办公电话：87508099

中国人民解放军广东省广州市天河区人民武装部（简称区人武部，正团级单位）由广州警备区领导，同时是中国共产党广州市天河区委员会的军事工作部和天河区人民政府的兵役机构，也是天河区人民武装委员会以及国防动员委员会的办事机关，设有军事科、政工科和后勤科。

政委：刘建华

部长：胡克欢(任至2008年2月)、谢楚恒(2008年2月起任)

副部长：何钰(任至2008年2月)、李卫(2008年2月起任)

办公地址：员村天府路1号区机关大院7号楼

办公电话：38623030

区人民防空办公室（简称区人防办）是区国防动员委员会常设办事机构，也是区政府人民防空工作主管部门，内设综合科，下设区人民防空通信站（与区人防工程管理所合署办公）。

主任：侯建国（任至2008年11月）、邓勇（2008年11月起任）

副主任：韩敏

办公地址：员村天府路1号区机关大院7号楼2楼

办公电话：38622213

政协天河区委员会

区政协机关是政协履行职能的中枢机构，专门委员会是组织委员活动的具体机构。区政协机关内设办公室和5个专门委员会：提案委员会、法制学习文史委员会、经济委员会、教科文卫体委员会和联络委员会。区政协办公室内设4个科：秘书科、综合科、宣传调研科、组织联络科。

主席：杨南聪

副主席：徐春平、易凤华、肖辉、张在祥、吴兰桂、王壮

秘书长：王旭光

提案委员会主任：张志明

法制学习文史委员会主任：谢汝本

经济委员会主任：骆世泉

教科文卫体委员会主任：宋晓岗

联络委员会主任：郭颂棠

办公室副主任：黄树开、李虹

办公地址：员村天府路1号区机关大院4号楼

办公电话：38622118

中共广州市天河区纪律检查委员会

中共广州市天河区纪律检查委员会与天河区监察局合署办公。区纪委是党的纪律检查机关，区监察局是政府的行政监察部门。机关内设：办公室、纪检监察室、案件审理室、信访室（举报中心、行政投诉中心）、宣教调研室、党风和廉政建设室（挂区委党风和廉政建设领导小组办公室牌子）、执法监察室（挂区政府纠正行业不正之风办公室牌子）。

书记：柯珠军

副书记、监察局局长：梁倩影

副书记：李小东

区纪委常委、监察局副局长：许俊杰（任至2008年6月）、连平华（2008年10月起任）

区纪委常委、办公室主任：欧志雄（任至2008年11月）

区纪委常委、纪检监察室主任：吴少莲

区纪委常委、审理室主任：雷超

信访室主任：连平华（任至2008年10月）、李强（2008年10月起任）

宣教室主任：陈小穗

党廉室主任：李强（任至2008年10月）

执法监察室副主任：陈建英

办公地址：员村天府路1号区机关大院1号楼6～7楼

办公电话：38622388

天河科技园、软件园

天河科技园（软件园）管委会是天河科技园（软件园）的行政管理机构。内设：办公室、劳动人事处、开发建设处、产业处、经济发展处、服务中心、高唐新建区管委会、人才中心。

管委会主任：廖国胜

管委会党委副书记、纪委书记：谢秋兴（2008年11月起任）

管委会副主任：杨庆耀、詹延遵、贺永健（2008年11月起任）

办公地址：广州天河区高普路1039号1～6楼

办公电话：87071606

天河区人民检察院

区人民检察院内设：政工办公室、办公室、反

贪污贿赂局（下设综合预防科、侦查一科、侦查二科）、侦查监督科、公诉科、渎职侵权检察科、监所检察科、控告申诉检察科（举报中心）、民事行政检察科、检察技术科、法警大队、后勤服务中心。

检察长：张志强

副检察长：李晓明、曾惠明、倪瑞兰

纪检组组长：房秀明

办公地址：龙口西路19号

办公电话：38497219

天河区人民法院

区人民法院设置有：刑事审判庭、民事审判第一庭、民事审判第二庭、民事审判第三庭（即知识产权庭）、民事审判第四庭（由原负责房地产案件审判的民事审判第三庭更名）、少年审判庭、行政审判庭、执行局、审判监督庭、立案庭、办公室、纪检监察室、政工办、书记员管理科、法警队、调研科。

区法院院长：陈陆根

副院长：甘正培（2008年11月起任）、陈淡卿、蒋伟、郑楚镐

办公地址：龙口西路21号

办公电话：87509187

街道办事处

沙河街

党工委书记：潘渊

党工委副书记、办事处主任：　张妙娟

党工委副书记、纪工委书记：梁永江

党工委副书记、派出所所长：何志华（任至2008年9月）、邹影玲（2008年9月起任）

办事处副主任：谭丽雯、李桂明、吴功文

武装部部长：李建庭

办公地址：沙河龙岗路36号

办公电话：37289377

车陂街

党工委书记：汪茂铸

党工委副书记、办事处主任：隋东玉（任至2008年6月）、王亚平（2008年11月起任）

党工委副书记、纪工委书记：何淳（任至2008年11月）

党工委副书记、派出所所长：辜少辉（任至2008年10月）

办事处副主任：郑松华、陈云娟、丁斌

武装部部长：那世峰

办公地址：东圃大马路湖边街88号

办公电话：82307406

天河南街

党工委书记：李并生

党工委副书记、办事处主任：李宝绿（任至2008年12月）、李军初（2008年12月起任）

党工委副书记、纪工委书记：罗兆建

党工委副书记、派出所所长：杨世冰

办事处副主任：张永生、孙其东、罗清平

武装部部长：喻进明

办公地址：体育西横街193号

办公电话：87534423

林和街

党工委书记：翁起贤

党工委副书记、办事处主任：张朝晖

党工委副书记、纪工委书记：邱广昌

党工委副书记、派出所所长：郭伟强

办事处副主任：李回生、丘元能、谭小瑜

武装部部长：于春波

办公地址：天河东路205号2楼

办公电话：38811373

兴华街

党工委书记：郑惠兰（任至2008年11月）、石泽润（2008年11月起任）

党工委副书记、办事处主任：石泽润（任至2008年11月）、陈少龙（2008年11月起任）

党工委副书记、纪工委书记：王亚平（任至2008年11月）

党工委副书记、派出所所长：戴贺荣

办事处副主任：陈小林、梁柱基、杨海建

武装部部长：程地

办公地址：沙河银燕路166号

办公电话：87226803

沙东街

党工委书记：林丽青

党工委副书记、办事处主任：钟伟华

党工委副书记、纪工委书记：徐国有

党工委副书记、派出所所长：邹荣泉

办事处副主任：宋洪俭、郑立言、杨演锋

武装部部长：张林保

办公地址：广州大道北冠庭园绿安街1号

办公电话：87712308

石牌街

党工委书记：唐锡汉（任至2008年11月）、杨洋（2008年11月起任）

党工委副书记、办事处主任：陈志贤

党工委副书记、纪工委书记：邹松珍

党工委副书记、派出所所长：洪声明

办事处副主任：张秀明、姚永营

办公地址：龙口中路152号6楼

办公电话：38733252

五山街

党工委书记：林合顺

党工委副书记、办事处主任：邓穗涛

党工委副书记、纪工委书记：张娟山

党工委副书记、派出所所长：李志权

办事处副主任：陈学茹、杨东、王忠

武装部部长：张林保

办公地址：五山岳洲路39号

办公电话：85287511

棠下街

党工委书记：黄国和

党工委副书记、办事处主任：钟祥礼（任至2008年6月）、欧志雄（2008年11月起任）

党工委副书记、纪工委书纪：苏曦

党工委副书记、派出所所长：黄美金

办事处副主任：王民、聂玉芳

武装部部长：黄锦其

办公地址：棠下棠德花苑棠德东横路1～31号

办公电话：85651730

员村街

党工委书记：陈廷

党工委副书记、办事处主任：郭民

党工委副书记、纪工委书记：李高琪

党工委副书记、派出所所长：李国康（任至2008年12月）、辜少辉（2008年12月起任）

办事处副主任：邓谦、徐燕金、池锦民

武装部部长：李佰祥

办公地址：员村新街7号之三

办公电话：85535151

天园街

党工委书记：邓团

党工委副书记、办事处主任：江丁献

党工委副书记、纪工委书记：金学锋

党工委副书记、派出所所长：赖武

办事处副主任：杜春芳、陶小民、岳海川

武装部部长：梁木兴

办公地址：黄埔大道棠石路锦明街83号2楼

办公电话：85523909

猎德街

党工委书记：黄泽鹏

党工委副书记、办事处主任：伍英舜

党工委副书记、纪工委书记：周舟

党工委副书记、派出所所长：刘建波

办事处副主任：江普建、李成龙、潘荣德

武装部部长：刘汉伟

办公地点：珠江新城海清路13号誉城苑一、二层

办公电话：38740367

冼村街

党工委书记：何继雄

党工委副书记、办事处主任：郑桂金

党工委副书记、纪工委书记：许国平

党工委副书记、派出所所长：林泽波

办事处副主任：黄洁云、钟闻天

武装部部长：张美臣

办公地址：珠江新城华穗路398号

办公电话：38339488、38339225

元岗街

党工委书记：莫沃明（任至2008年6月）、钟祥礼（2008年6月起任）

党工委副书记、办事处主任：邹彦庭

党工委副书记、纪工委书记：张鲁军

党工委副书记、派出所所长：张镇武

办事处副主任：卢艳芬、刘军、马靖骅

武装部部长：胡正明

办公地址：元岗天源路140号二楼

办公电话：37080567

黄村街

党工委书记：黄文杰（任至2008年3月）、曾锡奎（2008年11月起任）

党工委副书记、办事处主任：曾锡奎（任至2008年11月）、黄晓峰（2008年11月起任）

党工委副书记、纪工委书记：庞红瑶

党工委副书记、派出所所长：邹影玲

办事处副主任：李俊、余电芳

武装部部长：李宗诚

办公地址：黄村福元北路5号

办公电话：82327706

长兴街

党工委书记：吴东胜

党工委副书记、办事处主任：梁启成(任至2008年7月)、何淳(2008年11月起任)

党工委副书记、纪工委书记：温昌武

党工委副书记、派出所所长：刘宏隆

办事处副主任：陈林锋、伍玉玲、杨育荣、李芳春（挂职，2008年7月起任）

武装部部长：（缺）

办公地址：长兴路289号

办公电话：37217306

凤凰街

党工委书记：罗富国

党工委副书记、办事处主任：邱裕辉

党工委副书记、纪工委书记：闵洪光

党工委副书记、派出所所长：刘杰明

办事处副主任：李林青、邓晓莹、石广琳

武装部部长：赖远斌

办公地址：广汕公路华美路中段华美学校对面

办公电话：87211501

龙洞街

党工委书记：李笑娟（任至2008年11月）、郑桂金（2008年11月起任）

党工委副书记、办事处主任：周德镔

党工委副书记、纪工委书记：邱志刚（任至2008年11月）

党工委副书记、派出所所长：陈惠新（任至2008年12月）、李国康（2008年12月起任）

办事处副主任：岑秀姬 、李成龙、谢长林

武装部部长：卢仲坚

办公地址：龙洞东路219号

办公电话：87022481

前进街

党工委书记：汤国骈

党工委副书记、办事处主任：曾伟宇（任至2008年11月）、左建方（2008年11月起）

党工委副书记、纪工委书记：叶速群

党工委副书记、派出所所长：区嘉荣

办事处副主任：陈锦媚、吕振波、马东升

武装部部长：焦捷

办公地址：桃园路杨桃公园西侧

办公电话：82564886　82564878

新塘街

党工委书记：杜党勇（任至2008年11月）、吴培楼（2008年11月起任）

党工委副书记、办事处主任：吴培楼（任至2008年11月）、赵思能（2008年11月起任）

党工委副书记、纪工委书记：陈少龙（任至2008年11月）

党工委副书记、派出所所长：黄克智

办事处副主任：赵胤东、吴立雄、甘霖

武装部部长：钟紫新

办公地址：大观中路新塘大街（广深高速小新塘入口处）

办公电话：82357311

珠吉街

党工委书记：黄泽鹏（任至2008年11月）、杜党勇（2008年11月起任）

党工委副书记、办事处主任：周国栋

党工委副书记、纪工委书记：赵思能（任至2008年11月）

党工委副书记、派出所所长：樊志谦

办事处副主任：陶学雄、叶彩萍、伍重韬

武装部部长：余继来

办公地址：珠村东横二路1号

办公电话：32351820

区属人民团体

区总工会是中共天河区委领导下的人民团体，为处级单位，内设办公室、维权工作部。

主席：樊孝玉

副主席：何小乔

办公地址：员村天府路1号区机关大院1号楼2楼

办公电话：38622043

区妇女联合会（简称区妇联）是天河区各族各界妇女的社会群众团体，为处级单位，内设：办公室、妇女儿童部（挂妇儿工委办公室牌）。

主席：钟敏（任至2008年11月）、庞红瑶（2008年11月起任）

副主席：肖琰

办公地址：员村天府路1号区机关大院1号楼2楼

办公电话：38622036

共青团天河区委（简称团区委）是由中共天河区委和共青团广州市委领导下负责青年工作的群众团体，为处级单位，内设办公室。归口管理单位：青少年教育工作领导小组办公室、区少先队工作委员会办公室、天河区青年联合会、天河区青年志愿者协会。

书记：饶洁怡（任至2008年7月）、徐佳（2008年11月起任）

副书记：徐佳（任至2008年11月）

办公地址：员村天府路1号区机关大院1号楼2楼

办公电话：38622204

区科学技术协会（简称区科协）是区科技工作者的群众组织，区委领导下的人民团体，为处级单位，内设办公室。

主席：罗启颖

办公地址：员村天府路1号区机关大院1号楼11楼

办公电话：38622135

区文学艺术界联合会（简称区文联）是区文学艺术界群众团体，为处级单位。

主席：王壮

办公地址：员村天府路1号区机关大院1号楼11楼

办公电话：38622132

区归国华侨联合会（简称区侨联）是中共天河区委领导的由区归侨、侨眷组成的人民团体，为处级单位，内设办公室。

主席：杨火明

办公地址：员村天府路1号区机关大院1号楼11楼

办公电话：38622117

区工商业联合会（简称区工商联）又称区总商会，是由区工商界人士组成的人民团体和民间商会，是党和政府联系非公有制经济人士的桥梁和纽带，是政府管理非公有制经济的助手，为处级单位。2008年9月，根据《中华全国工商业联合会章程》和有关规定，广州市天河区工商业联合会领导班子成员职务称谓由原会长变更为主席、副会长变更为副主席。

党组书记：伍小红

主席：朱海军

办公地址：员村天府路1号区机关大院1号楼3楼

办公电话：38622185

区残疾人联合会（简称区残联）是将残疾人自身代表组织、社会福利团体和事业管理机构融为一体的残疾人事业团体，为处级单位。

理事长：俞凡

办公地址：员村天府路1号区机关大院3号楼1楼

办公电话：38622331

中国国际贸易促进委员会广州天河支会（简称区贸促会）是区经济贸易界人士、企业、协会组织的群众团体，为处级单位。内设有3个部（室）：办公室、出证认证部、会务信息部与联络展览部（合署办公），下设事业单位：广州市天河区外商投资促进中心。

会长：郑奔

副会长：刘学庆、邓大洪

办公地址：龙口西路100号4楼

办公电话：87542955

获奖荣誉

区获奖荣誉

2008年区获奖荣誉表

时 间	获奖部门	荣誉称号	颁奖单位
2008.03	区政府	广东省抗灾救灾先进集体	中共广东省委、广东省人民政府
2008.04	区政府	广州市2006-2007年度道路交通安全先进单位	广州市人民政府
2008.05	区政府	广州市创建国家卫生城市先进集体	中共广州市委、广州市人民政府
2008.07	区政府	拥军优属、拥政爱民标兵区	中共广州市委、广州市人民政府
2008.08	区政府	广州市抗震救灾先进集体	中共广州市委、广州市人民政府
2008.09	区政府	广州市创建广东省教育强市先进集体	中共广州市委、广州市人民政府

区属各部门、各单位获奖荣誉

2008年区属各部门、各单位获市级以上（含市级）荣誉称号表

时 间	获奖部门	荣誉称号	颁奖单位
2008.11	区地方志编纂委员会办公室	广州市第二轮修志工作先进集体	广州市人民政府
2008.01	区纪委监察局	全省纪检监察信访举报工作先进单位	广东省纪委监察厅
2008.12	区纪委监察局	全省纪检监察案件审理工作先进单位	广东省纪委监察厅
2008.12	天河区禁毒办	广东省三年禁毒人民战争工作组织协调先进单位	广东省禁毒委员会
2008.03	天河公安分局冼村派出所	省优秀公安基层单位	广东省公安厅
2008.03	天河区公安分局	广州地区抗灾救灾先进集体	中共广州市委、广州市人民政府
2008.03	天河区公安分局巡警一大队	广州地区抗灾救灾先进集体	中共广州市委、广州市人民政府
2008.08	区检察院政工办	广东省检察机关政工部门先进集体	广东省人民检察院
2008.10	区检察院	2008年《当代检察官》宣传发行工作先进单位	广东省人民检察院
2008.05	区法院知识产权庭（民三庭）	全国法院知识产权审判工作先进集体	最高人民法院
2008.05	区统计局	全省统计法制工作示范点	广东省统计局
2008.12	区统计局	2005-2008全省统计系统先进集体	广东省人事厅、广东省统计局

（续上表）

时 间	获奖部门	荣誉称号	颁奖单位
2008.07	天河区市政维修队	广州市安全生产先进单位	广州市人民政府
2008.11	区创建国家卫生城市办公室（区城市管理委员会办公室）	广州市创建国家卫生城市先进单位	中共广州市委、广州市人民政府
2008.10	区市容环境卫生局	广州市创建国家卫生城市先进集体	中共广州市委、广州市人民政府
2008.03	区交通局	广州市春运暨抗灾救灾先进集体	中共广州市委、广州市人民政府
2008.04	区交通局	2006～2007年度广州市道路交通安全工作先进单位	广州市人民政府
2008.03	天河软件园	中国服务外包基地城市广州示范区	广州市人民政府
2008.12	区科技局	全国科技管理系统先进集体	人力资源和社会保障部、科技部
2008.10	天河区文化馆	首届中国民歌合唱汇演女声合唱金奖	中国合唱协会
2008.11	天河区文化馆	广东省第四届音乐舞蹈花会银奖	广东省文化厅
2008.11	天河区文化馆	广州市客家山歌擂台赛金奖	广东省文化厅
2008.08	区爱国卫生运动委员会办公室	广州市创建国家卫生城市先进集体	中共广州市委会、广州市人民政府
2008.12	区劳动和社会保障局	广东省农民工工作先进集体	广东省农民工工作联席会议办公室
2008.03	区民政局	广州市春运暨抗灾救灾先进集体	中共广州市委、广州市人民政府
2008.07	区民政局	广州市拥军优属标兵单位	中共广州市委、广州市人民政府、广州警备区
2008.08	区民政局	广州市抗震救灾先进集体	中共广州市委、广州市人民政府
2008.08	区民政局婚姻登记处	2008年奥运会期间表现突出的婚姻登记机关	民政部
2008.03	区人口和计划生育局	广东省2007年度人口与计划生育先进单位	广东省人民政府
2008.07	东站地区管委办	广州市春运和抗灾救灾先进集体	中共广州市委、广州市人民政府
2008.07	东站地区管委办党支部	广东省先进基层党组织	中共广东省委
2008.12	沙河街道办事处	广州市创卫先进单位	广州市人民政府
2008.08	车陂街道办事处	广州市创卫先进集体	中共广州市委、广州市人民政府
2008.01	车陂街道办事处	2007年度人口计生工作暨“两无”活动先进街	广州市人民政府
2008.05	天河南街道办事处	广州市创建国家卫生城市先进集体	中共广州市委、广州市人民政府
2008.03	林和街道办事处	广州市春运和抗灾救灾先进集体	中共广州市委、广州市人民政府

（续上表）

时 间	获奖部门	荣誉称号	颁奖单位
2008.08	林和街道办事处	广州市创建国家卫生城市先进集体	中共广州市委、广州市人民政府
2008.08	兴华街道办事处	广州市创建国家卫生城市先进集体	中共广州市委、广州市人民政府
2008.05	沙东街道办事处	广州市创卫先进集体	中共广州市委、广州市人民政府
2008.07	沙东街道办事处	广州市拥军优属标兵单位	中共广州市委、广州市人民政府、广州警备区
2008.01	石牌街道办事处	广州市2007年度人口计生工作暨“两无”活动先进街	广州市人民政府
2008.05	石牌街道办事处	广州市创建国家卫生城市先进集体	中共广州市委、广州市人民政府
2008.07	石牌街道办事处	广州市拥军优属标兵单位	中共广州市委、广州市人民政府、广州警备区
2008.01	五山街道办事处	广州市2007年度人口计生工作暨“两无”活动先进街	广州市人民政府
2008.08	五山街道办事处	广州市创建国家卫生城市先进集体	中共广州市委、广州市人民政府
2008.05	棠下街道办事处	广州市创建国家卫生城市先进集体	中共广州市委、广州市人民政府
2008.01	员村街道办事处	广州市2007年度人口计生工作暨“两无”活动先进街	广州市人民政府
2008.05	员村街道办事处	广州市创建国家卫生城市先进集团	中共广州市委、广州市人民政府
2008.12	员村街退管所	广东省企业退休人员社会化管理服务工作示范单位	广东省退休职工管理委员会
2008.01	天园街道办事处	广州市2007年度人口计生工作暨“两无”活动先进街	广州市人民政府
2008.01	冼村街道办事处	广州市2005～2007年城市管理年流动人员管理工作先进单位	广州市人民政府
2008.01	冼村街道办事处	广州市2007年度人口计生工作暨“两无”活动先进街	广州市人民政府
2008.08	冼村街道办事处	广州市创建国家卫生城市先进集体	广州市人民政府
2008.03	黄村街江夏社区	广东省巾帼文明岗	广东省妇女联合会
2008.09	黄村街荔苑社区居委会	广东省“六好”平安和谐社区	广东省社区建设工作领导小组
2008.01	长兴街道办事处	广州市2007年度人口计生工作暨“两无”活动先进街	广州市人民政府
2008.05	龙洞街道办事处	广州市创建国家卫生城市先进集体	中共广州市委、广州市人民政府
2008.09	龙洞街上社社区	广东省“六好”平安和谐社区	广东省社区建设工作领导小组
2008.09	前进街美林湖畔居委会	广东省“六好”平安和谐社区	广东省社区建设工作领导小组

（续上表）

时 间	获奖部门	荣誉称号	颁奖单位
2008.09	前进街天力居居委会	广东省“六好”平安和谐社区	广东省社区建设工作领导小组
2008.09	前进街艺术团舞蹈队	广州市美在金秋文艺汇演二等奖	广州市人民政府、广州市老龄委
2008.04	新塘街农普办	第二次全国农业普查先进集体	国家统计局、国务院第二次全国农业普查领导小组
2008.01	珠吉街道办事处	广东省积极捐赠展品荣誉	广东省妇女联合会、广东省妇女儿童文物征集工作领导小组
2008.08	珠吉街文化站、珠村	广州文艺奖一等奖	中共广州市委、广州市人民政府
2008.09	珠吉街吉山东社区居委会	广东省“六好”平安和谐社区	广东省社区建设工作领导小组
2008.01	珠吉街道办事处	广州市2007年度人口计生工作暨“两无”活动先进街	广州市人民政府
2008.01	珠吉街吉山村	广州市2007年度人口计生工作暨“两无”活动先进街	广州市人民政府

个人获奖荣誉

2008年个人获市级以上（含市级）荣誉称号表

颁奖时间	获奖人	所属单位	荣誉称号	颁奖单位
2008.08	杨建城	区委	广州市创建国家卫生城市先进个人	中共广州市委、广州市人民政府
2008.08	徐汉添	区政府	广州市创建国家卫生城市先进个人	中共广州市委、广州市人民政府
2008.09	徐汉添	区政府	广州市创建省教育强市先进个人	中共广州市委、广州市人民政府
2008.11	林道良	区地方志编纂委员会办公室	广州市第二轮修志工作先进工作者	广州市人民政府
2008.5	陈小穗	区纪委宣教室	全省纪检监察宣传教育通报表扬个人	广东省纪委监察厅
2008.12	雷超	区纪委案件审理室	全省纪检监察案件审理先进个人	广东省纪委监察厅
2008.12	古国勇	区纪委案件审理室	全省纪检监察案件管理先进个人	广东省纪委监察厅
2008.3	陈玉杰	天河公安分局指挥中心	2007年度广东省优秀人民警察	广东省公安厅

（续上表）

颁奖时间	获奖人	所属单位	荣誉称号	颁奖单位
2008.3	贺乃雄	天河公安分局刑警大队	2007年度广东省优秀人民警察	广东省公安厅
2008.3	陈刚	天河公安分局法制科	2007年度广东省优秀人民警察	广东省公安厅
2008.3	徐青松	天河公安分局国保大队	2007年度广东省优秀人民警察	广东省公安厅
2008.3	胡文萍	天河公安分局沙东派出所	2007年度广东省优秀人民警察	广东省公安厅
2008.3	黄彬猷	天河公安分局黄村派出所	2007年度广东省优秀人民警察	广东省公安厅
2008.3	李建成	天河公安分局沙河派出所	2007年度广东省优秀人民警察	广东省公安厅
2008.3	伍鹣翔	天河公安分局便衣侦查大队	广东省五好派出所所长	广东省公安厅
2008.8	吴煜昇	天河公安分局	广州地区抗灾救灾先进个人	中共广州市委、广州市人民政府
2008.8	陈林波	天河公安分局林和派出所	广州地区抗灾救灾先进个人	中共广州市委、广州市人民政府
2008.8	吴煜昇	天河公安分局	个人一等功	广东省公安厅
2008.10	徐青松	天河公安分局国保大队	全国国保系统先进个人	公安部政治部
2008.11	何俊旭	天河公安分局治安管理大队	全省公安系统奥运安保工作先进个人	广东省公安厅
2008.11	刘健涛	天河公安分局兴华派出所	改革开放30周年感动广东人物提名奖	广东省委宣传部
2008.12	陈游	天河公安分局户政科	全省公安机关“三基”工程建设先进个人	广东省公安厅
2008.07	刘国华	区检察院	广东省法学会第二届检察学研讨会论文评比优秀奖	广东省人民检察院
2008.07	倪瑞兰、严然	区检察院	广东省法学会第二届检察学研讨会论文评比二等奖	广东省人民检察院
2008.07	严然	区检察院	2006-2008年度广东省检察机关优秀调研员	广东省人民检察院
2008.10	刘君、饶继姬、宋哲雯	区检察院	2008年广州市女检察官首届理论研讨会论文评比优秀奖	广东省法学会检察学研究会、广州市检察学会
2008.03	赵卫东	区法院	全省法院优秀司法警察	广东省高院
2008.04	梁皓	区法院	2006～2007年度市法院个人二等功	广东省高院

（续上表）

颁奖时间	获奖人	所属单位	荣誉称号	颁奖单位
2008.07	黄超兰	区法院	军人好妻子	广东省妇联、武警广东总队政治部
2008.09	黄超兰	区法院	广东省“三八红旗手”	广东省妇联
2008.05	霍丹红	区法院	全省优秀人民陪审员	广东省高院
2008.12	罗启颖	区科协	科普先进工作者	广东省科协
2008.08	周祖强	区财政局	广州市创建国家卫生城市先进个人	中共广州市委、广州市人民政府
2008.08	叶仲广	区市政维修队	广州市安全生产先进个人	广州市人民政府
2008.08	沈道成	区建设和市政局	广州市创建国家卫生城市先进个人	中共广州市委、广州市人民政府
2008.08	郑湘辉	区建设和市政局	广州市创建国家卫生城市先进个人	中共广州市委、广州市人民政府
2008.08	苏胜华	区市政维修队	广州市创建国家卫生城市先进个人	中共广州市委、广州市人民政府
2008.08	陈瑞林	广州市国土资源和房屋管理局天河区分局	广州市创建国家卫生城市先进个人	中共广州市委、广州市人民政府
2008.11	郑湘辉	区城市管理委员会办公室	广州市创建国家卫生城市先进个人	中共广州市委、广州市人民政府
2008.11	樊江恒	区城市管理委员会办公室	广州市创建国家卫生城市先进个人	中共广州市委、广州市人民政府
2008.11	温建军	区城市管理委员会办公室	广州市创建国家卫生城市先进个人	中共广州市委、广州市人民政府
2008.04	傅晓方	区环保局	2007年度广州市创建国家环境保护模范城市先进工作者	中共广州市委、广州市人民政府
2008.10	苏勤	区市容环境卫生局	广州市创建国家卫生城市先进个人	中共广州市委、广州市人民政府
2008.10	彭信斌	区市容环境卫生局	广州市创建国家卫生城市先进个人	中共广州市委、广州市人民政府
2008.10	廖桂友	区市容环境卫生局	广州市创建国家卫生城市先进个人	中共广州市委、广州市人民政府
2008.10	陈淑萍	区市容环境卫生局	广州市创建国家卫生城市先进个人	中共广州市委、广州市人民政府
2008.12	朱名成	区市容环境卫生局	2008年度市优秀城市美容师	广州市人民政府
2008.12	黄吉周	区市容环境卫生局	2008年度市优秀城市美容师	广州市人民政府

（续上表）

颁奖时间	获奖人	所属单位	荣誉称号	颁奖单位
2008.12	吴六学	区市容环境卫生局	2008年度市优秀城市美容师	广州市人民政府
2008.12	宁建祥	区市容环境卫生局	2008年度市优秀城市美容师	广州市人民政府
2008.12	潘先锋	区市容环境卫生局	2008年度市优秀城市美容师	广州市人民政府
2008.12	邹志钧	区市容环境卫生局	2008年度市优秀城市美容师	广州市人民政府
2008.3	苏子彪	区交通局	广州市春运和抗灾救灾先进个人	中共广州市委、广州市人民政府
2008.3	苏子彪	区交通局	2006～2007年度广州市道路交通安全工作先进个人	广州市人民政府
2008.02	高松	区教育局	广东省教育纪检监察工作先进个人	广东省教育厅
2008.09	黄启林	区教育局	广州市创建教育强市先进个人	中共广州市委、广州市人民政府
2008.09	魏志勇	区教育局	广州市创建教育强市先进个人	中共广州市委、广州市人民政府
2008.12	李晓勤	区体育局	群众喜爱的社会体育指导员	国家体育总局
2008.12	杨敏青	区体育局	群众喜爱的社会体育指导员	国家体育总局
2008.12	李金棠	区体育局	群众喜爱的社会体育指导员	广东省体育总局
2008.08	吴早光	区卫生局	广州市创建国家卫生城市先进个人	广州市人民政府
2008.08	熊文华	区卫生监督所	广州市创建国家卫生城市先进个人	广州市人民政府
2008.08	叶少勇	区卫生局	广州市创建国家卫生城市先进个人	广州市人民政府
2008.08	张宏	区疾病预防控制中心	广州市创建国家卫生城市先进个人	广州市人民政府
2008.06	钟伟	区卫生监督所	广东省抗震救灾优秀共产党员	中共广东省委
2008.06	简盛	区卫生监督所	广东省抗震救灾优秀共产党员	中共广东省委
2008.08	叶树祥	区爱国卫生运动委员会办公室	广州市创建国家卫生城市先进个人	中共广州市委、广州市人民政府
2008.08	何汉清	区爱国卫生运动委员会办公室	广州市创建国家卫生城市先进个人	中共广州市委、广州市人民政府
2008.03	曹伟潮	区民政局	广州市春运暨抗灾救灾先进个人	中共广州市委、广州市人民政府
2008.06	陈燕文	区民政局	广州市抗震救灾优秀共产党员	中共广州市委
2008.07	李智民	区民政局	广州市拥军优属标兵	中共广州市委、广州市人民政府、广州警备区

（续上表）

颁奖时间	获奖人	所属单位	荣誉称号	颁奖单位
2008.08	潘渊	沙河街道办事处	广州市创建国家卫生城市先进个人	中共广州市委、广州市人民政府
2008.08	吴功文	沙河街道办事处	广州市创建国家卫生城市先进个人	中共广州市委、广州市人民政府
2008.08	石泽润	兴华街道办事处	广州市创建国家卫生城市先进个人	中共广州市委、广州市人民政府
2008.08	王春莲	沙东街道办事处	广州市创建国家卫生城市先进个人	中共广州市委、广州市人民政府
2008.08	林丽青	沙东街道办事处	广州市创建国家卫生城市先进个人	中共广州市委、广州市人民政府
2008.08	钟伟华	沙东街道办事处	广州市创建国家卫生城市先进个人	中共广州市委、广州市人民政府
2008.12	钟伟华	沙东街道办事处	广州市创建国家卫生城市先进个人	中共广州市委、广州市人民政府
2008.08	杨东	五山街道办事处	广州市创建国家卫生城市先进个人	中共广州市委、广州市人民政府
2008.08	陈介东	五山街道办事处	广州市创建国家卫生城市先进个人	中共广州市委、广州市人民政府
2008.04	邹清华	五山街道办事处	第二次全国农业普查先进个人	国务院第二次全国农业普查领导小组办公室、国家统计局
2008.03	黄锦其	棠下街道办事处	广东省抗灾救灾先进个人	中共广州市委、广州市人民政府
2008.08	黄国和	棠下街道办事处	广州市创建国家卫生城市先进个人	中共广州市委、广州市人民政府
2008.12	黄锦其	棠下街道办事处	广州市优秀基层武装部长	广州警备区
2008.02	李高琪	员村街道办事处	广州市第二次全国农业普查市级先进个人	广州市第二次全国农业普查领导小组
2008.12	吴美英	员村街道办事处	广州市退休人员社会化管理服务先进个人	广州市退休职工管理委员会、广州市劳动和社会保障局
2008.08	李俊	黄村街道办事处	广州市综治先进个人	中共广州市委、广州市人民政府
2008.08	曾锡奎	黄村街道办事处	广州市创建国家卫生城市先进个人	中共广州市委、广州市人民政府
2008.08	谭峰	黄村街道办事处	广州市创建国家卫生城市先进个人	中共广州市委、广州市人民政府

（续上表）

颁奖时间	获奖人	所属单位	荣誉称号	颁奖单位
2008.11	庞红瑶	黄村街道办事处	广州市关心下一代工作先进工作者	中共广州市委组织部、广州市关工委
2008.06	伍玉玲	长兴街道办事处	全国计划生育协会先进志愿者	中国计生协会
2008.08	梁荣添	长兴街道办事处	广州市创建国家卫生城市先进个人	中共广州市委、广州市人民政府
2008.08	李笑娟	龙洞街党工委	广州市创建国家卫生城市先进个人	中共广州市委、广州市人民政府
2008.08	吕振波	前进街道办事处	广州市创建国家卫生城市先进个人	中共广州市委、广州市人民政府
2008.08	黎志强	前进街莲溪居委会	广州市创建国家卫生城市先进个人	中共广州市委、广州市人民政府

政　治

中共广州市天河区委员会

• 党务工作

【中共广州市天河区委七届四次全体会议】 2008年1月14日，中共广州市天河区委召开七届四次全体会议，会期半天，到会区委委员49人（请假3人），区委候补委员10人，列席会议的有：不是区委委员、区委候补委员的区人大常委会、区政府、区政协班子领导，区纪委委员，区属各党委、党工委、党组书记，区属各部、委、办、局、街行政正职，区属各群团组织主要负责人，广州市工商行政管理局天河分局、广州市天河区国家税务局、广州市天河区地方税务局、广州市天河区食品药品监督管理局、广州市天河区质量技术监督局、广州市烟草专卖局天河分局正职领导，共131人。

会议的主要任务是：深入学习贯彻党的十七大、中央经济工作会议和省委十届二次全会、市委九届四次全会精神，总结天河区2007年工作，部署2008年工作，进一步推动科学发展、促进社会和谐，促使全区各项工作上新的水平。

区委书记杨建城代表区委常委会在会上作报告，提出2008年工作的总体要求是：高举中国特色社会主义伟大旗帜，以邓小平理论和“三个代表”重要思想为指导，深入贯彻落实科学发展观，认真贯彻落实党的十七大、中央经济工作会议和省委、市委全会精神，充分发扬排头兵精神，进一步解放思想，深入推进实施“整体提升、协调发展”的工作思路，突出提高产业素质和创新能力，突出优化发展环境，突出提升城区文明程度，突出改善民生促进和谐，不断增强全区各级党组织的创造力、凝聚力和战斗力，促使全区经济社会继续保持又好又快发展，努力推动现代化大都市中心区建设、构建和谐天河事业迈上新台阶。

区委副书记、区长徐汉添通报天河区2007年经济社会发展情况，部署2008年经济发展的主要目标和重点任务。

会议审议通过《关于在全区深入开展“继续解放思想，坚持改革开放，争当实践科学发展观的排头兵”学习讨论活动的实施意见（讨论稿）》。

【中共广州市天河区委七届五次全体会议】 2008年7月28日，中共广州市天河区委召开七届五次全体会议，会期1天，到会区委委员49人（请假2人），区委候补委员9人，列席会议的有：不是区委委员、区委候补委员的区人大常委会、区政府、区政协领导班子成员，区纪委委员，区属各党委、党工委、党组书记，区属各部、委、办、局、街行政正职，区属各群团组织主要负责人，广州市工商行政管理局天河分局、广州市天河区国家税务局、广州市天河区地方税务局、广州市天河区食品药品监督管理局、广州市天河区质量技术监督局、广州市烟草专卖局天河分局正职领导，共136人。

会议的主要任务是：深入贯彻省委十届三次全会、市委九届五次全会精神，总结天河区解放思想学习讨论活动，集中围绕落实市委全会提出建设“首善之区”现代产业体系的要求，突出构建以现代服务业为主导、以创新驱动为特征的与中心区位相适应的都市型产业结构，研究实施产业高端发展战略，着力推动产业高端发展，不断增强城区产业竞争力与综合实力，争当全市建设全省“首善之区”的排头兵。

区委书记杨建城代表区委常委会在会上作报告，明确提出实施产业高端发展战略的总体要求是：深入贯彻落实科学发展观，紧紧围绕广州建设全省“首善之区”的要求，深入贯彻“整体提升、协调发展”的工作思路，立足高端、高效、高辐射力，以强化中心城区功能作用为主线，以“壮大规模、提高质量、优化布局”为方向，以高端服务业为重点，以改革创新为动力，以优化环境为支撑，努力建设高端化、国际化、集群化、品牌化的区域性高端产业中心，着力打造“广州服务”标志区，力求成为广州构建以现代服务业为主导的现代产业体系的先进区，争当广州建设全省“首善之区”的排头兵。

区委副书记、区长徐汉添通报天河区2008年上半年经济运行和社会发展情况，部署下半年主要工作安排。

会议审议《广州市天河区现代服务业发展规划（2008—2015）》及6个子规划、2个专项规划（草案），《天河区关于促进高端服务业发展的若干措施》（审议稿）等文件，审议通过天河区解放思想学习讨论活动总结报告。

（邓芳）

• 区委办工作

【概况】 2008年，区委办的主要工作有：起草、综合区委七届四次全会、五次全会，解放思想学习讨论活动，深入学习实践科学发展观活动等各类文字材料，牵头开展促进天河区产业高端发展等专题调研，形成一批有分量的调研报告，为区委、区政府科学决策提供参考；做好区委、区委办公室各项公文的拟写、收发、转递工作，完成区委、区委办公室主持的各项会务工作，对各类公文定期归档管理，做好区委领导的后勤服务工作；健全督办制度，完善督办网络，承办省、市、区委交办的决策、专项督办事项，督促区属各部门、单位落实好区委的重大决策部署；抓好党政信息上报工作，及时反映区委的工作思路、工作概况和典型经验。2008年有150多篇材料、信息被《粤办信息》、《广州情况》、《每天快报》、《广州信息》、《信息专报》等省、市内部刊物采用；加强保密管理，做好机要、保密工作；加强网络建设，实现办公管理现代化。

【天河可持续发展实验区工作】 2008年，天河可持续发展实验区工作继续按照“党政主导、文化培育、公众参与”的指导思想，重点围绕两大层面坚持不懈探索在城区实施可持续发展战略的现实道路：一是在不打断原有的行政管理链条的前提下，把可持续发展的思想和理念纳入区委、区政府的决策管理体系和政府职能部门的常规管理过程，培养和提高推进可持续发展综合决策能力及其实施能力，以期实现“党政主导”的实施可持续发展战略管理目标。二是以可持续发展先进文化建设为基础，以此推动以“公众参与”和以“社会为主”、“增绿”式地推进可持续发展战略。天河区选择与人民群众根本利益相一致，人民群众高度关注、与城区经济、社会、环境、人口发展密切相关的领域作为突破口，推进可持续发展战略，把“科技兴区、教育强区、环境建区和制度立区”作为具体的行动纲领，并取得较好的成绩。

链接：

天河区从1996年开始全面实施可持续发展战略。1999年，在广州市计委、科委和21世纪议程管理办公室的指导下，纳入可持续发展实验区管理，2000年1月，成为广东省可持续发展实验区，2002年4月成为国家可持续发展实验区。天河可持续发展实验区的类型特色和实验目标任务是：在向城市中心区演变的过程中，如何建设可持续发展的现代化城市社区。

（邓芳）

• 保密工作

【保密检查】 2008年3～4月，在全区范围开展计算机信息系统保密检查，采取各单位自查和保密局抽查相结合的形式进行。各单位对照18项内容自查，并按要求确定分管信息保密工作的领导和信息保密员。区保密局针对存在问题提出整改意见，要求消除泄密隐患。

7～8月，全区开展计算机及移动存储介质专项保密检查。区保密局组织技术检查小组到区委办、区政府办、区委政法委等10多个单位进行抽查，对30多台计算机和20多个移动存储介质进行检查登记，发现有些单位未能结合新的保密管理规定，制定完善计算机与移动存储介质保密管理制度、移动存储介质没有统一登记、编号，存在公私混用、木马病毒等情况。

11月，全区开展涉密载体清理工作，各单位及时清理个人持有（在岗和近3年内离岗人员）的涉密载体（不含各单位按规定指派专人保管的涉密载体），登记清退。全区不存在个人违规持有涉密载体现象。

【日常保密监督管理】 落实依法定密要求，以年报、审查、建档为手段，规范区属各单位的定密工作。2008年1月，区保密局配合市国家保密局，对天河区看守所监控系统、预审室监控系统、戒毒所监控系统工程建设、保密管理情况进行检查指导。4月，对广东乐佳印刷有限公司进行年审检查，提出进一步完善保密工作的意见和建议。每天对天河信息网、辖内公共信息网络监督检查，对天河信息网包括党政机关部门的网上信息，暨南大学BBS，华师桃园网站涉及政治、经济、军事、外交、国家安全等方面的栏目、论坛进行检查。对区属各单位废旧文件、资料、蜡纸、软硬盘等，按照“集中回收，统一监销”的管理原则进行回收销毁，全年共集中销毁文件6吨多，杜绝废旧涉密文件流失。是年，对区委办、区政府办、区委政法委等单位涉密计算机、内部重要计算机共68台安装监管软件。

【考务保密】 2008年，区保密局与区招生办、区公安分局等部门协调，对高考、成人高考、自学考试等监督检查。配合市保密局做好区国家统一考试试卷保密室的复查验收。在各类考试前，与区招生办联合对各考场尤其是新增考场的试卷保密室、监控室的保密环境和保密措施进行检查，提出整改意见并进行复检。是年高考前区保密局与区招生办联合对6个考场的考务人员、保密员40多人进行保密知识培训。监督指导区招生办与有关考务人员签订保密责任书，对考场保密员进行资格认定。在考试期间，联合区教育局分组分片对全区各试卷保密室、监控室进行检查和巡视，全年共参与考试考务保密10次，巡视考场80多个，各类考试均未发生失窃密事件。

【保密宣传教育】 ·保密宣传教育月· 7月，区属各单位开展“保密宣传教育月”活动。组织领导干部、保密局干部及区属保密要害部门保密人员共50多人观看《警钟长鸣》和《信息化条件下的主要技术窃密手段及其防范》保密警示教育片；组织区委保密委领导、保密要害部门保密人员学习《中共中央保密委员会办公室、国家保密局关于2007年泄密事件的情况通报》；编印保密宣传教育参考资料，专门选编保密基本知识问答。

·《保密法》颁布20周年系列活动· 8～9月，全区开展《保密法》颁布20周年系列活动，在区属各单位开展保密法律法规知识测试竞赛活动，区委办、区公安分局、区教育局等单位积极组织参与，全区共有2000多名领导干部参加，其中区领导3人，区属副处级（含非领导职务）以上干部113人。选派区委办1名选手参加市保密局组织的“保密在我心中”演讲比赛，获二等奖。开展保密法制宣传公益广告征集活动。区市容环卫局创作主题为“保守国家秘密、维护国家安全”的创意图片参加评选活动。组织发动保密干部撰写《保密法》颁布20周年宣传纪念文章，向《广州保密简报》和《保密之声》投稿等。

（叶育梅）

天河区人民代表大会

【天河区第七届人民代表大会第三次会议】 2008年3月11日至13日，天河区第七届人民代表大会第三次会议在区机关大会场举行。实有代表232名，出席会议代表229名，天河区联组的市人大代表，区班子其他领导、区纪委领导，部分原区班子领导，区政协全体委员和参加“两会”的列席人员列席会议。

会议听取和审议区政府、区人大常委会、区人民法院、区人民检察院的工作报告，审议天河区2007年计划执行情况与2008年计划草案报告，审议天河区2007年预算执行情况报告和2008年预算草案报告；审议天河区人民代表大会议事规则等。通过相应的决议，批准相关报告。

区七届人大三次会议审议确定代表建议94件，闭会期间收到代表建议1件。

【民主法治建设】 2008年，区人大常委会制定《广州市天河区人民代表大会常务委员会规范性文件备案审查工作规范》，规定区人民政府发布的涉及公民、法人和其他组织权利义务的，具有普遍约束力的决定、命令、通告，均需提交常委会备案审查。开展《律师法》执法检查，要求公安、司法机关和行政管理部门学习贯彻《律师法》，尽快修正与《律师法》相悖的办案规则和工作制度，重点解决律师会见难、阅卷难、调查取证难问题。常委会主任会议还分别听取区检察院刑事检察工作、区法院执行工作情况的报告；先后组织60多名市、区人大代表旁听法院庭审，并对庭审法官进行公开评议打分；组织代表现场观摩案件执行过程，亲身体验“执行难”；组织代表视察区法院知识产权审判工作，听取“三审合一”审判方式试点工作情况汇报。常委会有关工委先后对市人大常委会转发的《广州市养犬管理条例（草案）》、《广州市志愿服务条例（草案）》等5项地方性法规立法项目和草案，组织征询辖内基层单位和市民个人意见；听取区卫生局、计生局等单位依法治理工作情况汇报，对员村街、区环卫局等单位依法治理工作进行年度测评检查。

【重大事项的讨论、决定】 2008年，区人大常委会召开11次主任会议、10次常委会会议，作出补选代表、财政预决算等决议、决定6项。审议区政府关于2007年财政决算、40个单位部门预算执行、2007年预算执行和其他财政财务收支的审计工作、2008年上半年国民经济和社会发展计划执行、预算执行和2008年财政超收收入使用方案等报告，批准区2007年财政决算、2008年财政超收收入使用方案等。

【监督工作】 **·专项工作监督·** 2008年，区人大常委会听取和审议区政府关于村改制公司完善农村股份制情况的专项工作报告，提出要认真贯彻落实党的十七届三中全会精神，继续深化农村股份制改革，妥善解决股权流转继承问题，全面落实“福利一刀断”政策等意见和建议，着力推动城市化进程和村改制公司经济发展。开展农村集体留用地政策落实情况的专题调研，组织市、区人大代表实地视察、提出议案建议。听取和审议区政府关于区教师队伍建设情况专项工作报告，要求区政府和教育部门加大教师继续教育和培训力度，提高代课教师待遇。开展公共文化服务体系构建与完善情况的专题调研活动，提出建立布局合理、设施完备的公共文化服务网络，加强文化队伍建设，推动公共文化服务社会化、市场化等建议。常委会组织视察组对区河涌综合整治情况特别是车陂涌的整治情况进行专题视察，提出适应城市规划布局调整，重新梳理整治思路；妥善解决征地拆迁，加快推进工程建设；建立长效监管机制，健全沟通协作机制。常委会专门组织人大代表实地察看猎德村复建安置房工程和猎德村祠堂复建区，听取区政府关于区“城中村”改造情况的汇报。针对区东部地区医疗资源不足，出现“就医难”的问题，常委会听取和审议区政府关于区东部地区医疗卫生发展状况的专项工作报告，并开展《城市社区卫生服务机构管理办法》执法检查。针对区东北部柯木塱、渔沙坦和高唐工业园区单位和居民生产生活用水长期困难，区七届人大三次会议后，常委会以重点建议形式向区政府交办。为促进该重点建议的办成，常委会领导带领有关工委多次实地察看工程进展情况，专函督促区政府抓紧与市自来水公司协商，研究解决铺设管道道路开挖修复费用和社区管网改造问题。

·执法检查· 2008年，听取和审议区政府关于贯彻执行《统计法》情况的专项工作报告，要求区政府及统计部门认真贯彻执行统计法。开展《归侨侨眷权益保护法》执法检查，实地视察侨资捐助项目监管情况和侨属企业运营情况，充分听取归侨侨眷代表意见，就维护归侨侨眷权益、关心困难归侨、落实侨房政策、帮助侨属企业发展等问题提出意见和建议。

·计划和预算监督· 区人大常委会对重点项目支出、惠民政策资金落实加强审查监督，对区计生局、建设和市政局、环卫局等单位部门预算执行情况进行专项检查，对区经贸局招商引资经费、区园林办天河公园养护经费、区体育局体校训练基地经费等项目支出进行绩效评价；听取区政府关于预算外资金使用和管理情况报告的制度，督促政府有关部门严格依法理财，保证预算外资金重大项目合理支出。

【人事任免】 2008年，区人大常委会依法任命国家机关工作人员22名，免去职务15名；任免人民陪审员14名。组织拟任人员任前法律学习考试和在常委会会议上与常委会组成人员见面，颁发任命书。

【代表工作】 2008年，区人大常委会制定《广州市天河区人大代表接访工作意见（暂行）》，明确代表接访工作处理程序，全区有19个街道成立代表工作室。共收集群众意见20份，受理群众信访或反映情况65人次，推动解决部分群众关注的热点难点问题。组织代表列席常委会会议、开展集中视察、旁听法院庭审、参加专题调研和执法检查等，参加活动的代表700多人次；听取10名市人大代表报告履职情况。组织市十三届人大代表天河区联组开展视察活动4次，参加活动的代表200多人次。组织市、区28个职能部门和部分街道办事处、村改制公司负责人陪同视察。实地了解危破房维修和改建、部分公办学校产权问题，视察珠江新城中央商务区规划建设进展情况，决定就村留用地纳入“退二进三”政策范围、濂泉路综合整治、开展饮食娱乐业开业前联合环保审批等7个问题在市十三届人大四次会议上提出议案建议。是年，常委会补选5名区人大代表和另选1名区人大代表。

【代表议案、建议督办工作】 2008年，全面启用代表议案建议办理信息系统，议案建议实现电子化管理，网上统一交办、限期反馈。区七届人大三次会议共收到代表10人以上联名提出的议案原案23件、建议71件（不包括闭会期间）。大会决定将全部议案转为建议，并将群众反映强烈、问题较集中的2件议案原案确定为重点建议案，由相关工委重点跟踪督办，全部办复。市十三届人大三次会议以来，天河区联组的市人大代表共提出有关议案建议21件。

【信访工作】 2008年，区人大常委会受理群众来信219件，接待群众来访185批、480人次。对涉及民生的重点信访件，由常委会分管领导带领相关工委调查并与有关部门沟通，研究解决解决办法，全部办结。

（罗十飞）

天河区人民政府

·政府工作

【概况】 2008年，天河区推动产业高端发展并取得实效，全区完成地区生产总值1434.39亿元，增长13.3%；完成财政一般预算收入28.75亿元，增长23.6%。

是年，区政府出台发展现代服务业的规划和促进现代服务业发展的措施，着重推动六大高端服务业和总部经济发展。以推动创意产业园区规划建设为重点促进“退二进三”，拓展现代服务业发展空间。产业高端化带动会计、广告等中介服务业加快发展，第三产业实现增加值1161.82亿元，增长15.2%。

软件园园区规划建设取得突破性进展，园区实现技工贸总收入416.18亿元，同比增长32.0%；软件收入246.90亿元，同比增长38.0%。推荐辖区企业获各类科技扶持项目217项，扶持资金1.02亿元，带动社会资金投入约40亿元。创建省知识产权示范区，专利申请数同比增长26.5%。

2008年，世界经济环境急剧恶化、严重自然灾害频繁发生、经济发展困难明显加大，天河区重点加强现代服务业和总部经济的发展，深入调查了解企业面临的困难和问题，区内没有出现大型企业倒闭和企业大批裁员的情况。

宜居城区建设取得实效。推动国家卫生城市、国家文明城市、国家森林城市等各项创建工作。推动地铁工程和科韵路北延长线、云溪路等城建重点工程天河区段的征地拆迁工作。配合筹办亚运，调整和优化东北部地区控制性详细规划，推进亚运场馆周边道路设施建设。加强对猎德城中村改造的组织协调，复建安置工程按计划有序推进。全区新增绿化面积31万平方米；车陂涌综合整治第一期工程取得实质性进展。

扎实推进各项民生工程。建立健全面向全体劳动者的职业技能培训制度和面向就业困难人员的就业援助制度。完善社会保障体系，城镇基本养老保险、医疗保险、失业保险、工伤保险、生育保险参保人数和基金征缴均有大幅增长，社会保险覆盖面进一步扩大。采取发放低保救济金和实物救助款等措施，保障困难群众的正常生活。完成水上新村危房改造项目。加强社区卫生服务机构和人员管理，完善社区卫生服务基础设施，新建社区卫生服务站2个。社会治安明显改善。构建大调解机制。开展大接访活动，有效解决民生信访突出问题，建立应急管理工作机制，提升应对突发公共事件的能力。

深入实施文化优区战略。是年，天河区顺利通过广州市义务教育规范化学校中期督导验收和广东省教育强区复评督导验收。加大保障贫困学生、特殊学生和来穗务工农民子女平等接受教育权利的工作力度。天河区残疾人运动员周杨静为广东省夺取残奥会历史的首枚金牌。

妥善应对各种自然灾害，圆满完成春运工作任务，及时处置车陂等地区受台风环流影响引起水浸时间。组织发动干部群众向“5•12”汶川地震灾区捐款，并派员赴灾区参加抗震救灾工作。区政府、区民政局被授予“广州市抗震救灾先进集体”称号。

【重要会议与重大活动】 2008年，区政府召开的重要会议、举办的重大活动主要有：春运、花市、河涌整治、森林公园建设、推进濂泉路服装批发市场升级改造、亚运道路交通设施建设、安全生产和消防隐患排查工作、食品安全监管、奥运火炬天河段接力工作、稳定粮油及副食品价格、创建全国文明城市、支援四川汶川地震灾区抗震救灾、在穗灾区群众安置安抚工作、全区土地执法专项行动、防汛抗洪工作、乞巧文化节、奥运安保等。

【政府决策会议】 2008年，区政府召开区政府常务会议12次，议题81个；区长办公会议11次，议题27个；召开区政府工作会议40次，议题40个。

2008年区政府常务会议主要议题：

1.讨论《政府工作报告》（征求意见稿）；

2.讨论《广州市天河区2007年国民经济和社会发展计划执行情况与2008年计划草案的报告》（征求意见稿）；

3.讨论《广州市天河区2007年预算执行情况和2008年预算草案的报告》（征求意见稿）；

4.讨论区市容环卫局申请追加垃圾清运费的问题；

5.讨论《天河区促进总部经济发展暂行办法》（送审稿）；

6.研究干部问题；

7.讨论区人口和计划生育工作有关问题；

8.讨论区春运暨抗灾救灾先进集体、先进个人表彰人选问题；

9.审议区应急办《关于成立天河区突发公共事件应急委员会的通知》（送审稿）；

10.讨论追加兴华街司法所办公用房购置经费的问题；

11.讨论区环保局开展废水在线监测运营管理的问题；

12.研究关于华南活塞环公司国有股权退出的问题；

13.研究全区安全生产工作；

14.讨论《天河区法定招标规模以下财政性投资建设项目发包管理暂行办法》（审议稿）和《天河区建设工程招标投标若干事项的管理办法》（审议稿）；

15.讨论区文明办《关于在全区开展精神文明建设各类先进单位评选命名活动的请示》；

16.讨论《天河区创建体育强区规划》（送审稿）；

17.讨论《广州家居产业园控制性详细规划》（初稿）；

18.讨论关于命名天河区第七批“绿色社区”的问题；

19.讨论《天河区突发公共事件总体应急预案》（审议稿）；

20.讨论《天河区处置区机关非正常事件预案》（审议稿）；

21.讨论《广州市天河区行政规范性文件清理工作方案》（讨论稿）；

22.讨论《中共天河区委、天河区人民政府关于贯彻〈中共中央、国务院关于全面加强人口和计划生育工作统筹解决人口问题的决定〉的实施意见》（审议稿）；

23.讨论对沙东街、棠下街占道经营问题的处理意见；

24.讨论《广州市天河区高新技术和软件、动漫企业高级人才奖励暂行办法》（审议稿）；

25.讨论《广州市天河区人民政府重大决策事项法律审查办法》（审议稿）；

26.讨论《广州市天河区2008年度行政执法评议考核实施方案》（审议稿）；

27.讨论关于采取政府购买服务形式与广东燕岭医院合办“广州市天河区养老院”的问题；

28.审议《徐汉添区长在区委七届五次全会上的讲话》（讨论稿）；

29.讨论天河区发展现代服务业有关规划和措施；

30.研究区国资部门有关土地、物业的利用处理问题。

31.研究区监察局提出的有关问题；

32.讨论关于南国实验附属学校及员村科技园中英文学校申请减免国有资产占用费的问题；

33.讨论天河区与南京市六合区建立友好合作区的问题；

34.讨论《天河区技术创新和技术改造项目配套资金管理暂行办法》（送审稿）；

35.讨论关于城镇居民基本医疗参保登记补助业务经费的问题；

36.讨论关于调整中小学、幼儿园办公经费标准的问题；

37.讨论关于天河公园春节期间免费开放经济补助的问题；

38.讨论《天河区建立外国人管理服务工作站工作方案》；

39.讨论开展市级出租屋管理服务示范点建设的问题；

40.讨论关于修改《天河区非税收入管理办法》激励措施的问题；

41.审议《天河区扶持重点企业的优惠措施》（送审稿）、《天河区企业办事优先卡制度》（送审稿）；

42.讨论关于成立天河区项目建设办公室的问题；

43.讨论调整及成立社区居委会的有关问题；

44.讨论关于改造东站广场及周边监控系统的问题；

45.审议《天河区消防联席会议工作制度》（送审稿）；

46.讨论关于开展现代服务业规划起草编制工作所需经费的问题；

47.讨论区创建国家卫生城市国家环保模范城市先进集体和先进个人名单以及奖励经费问题；

48.讨论关于评定天河区科普教育基地的问题；

49.讨论追加区文化馆“文化活动费”的问题；

50.讨论对天河区国家税务局新办税大厅专项补助经费的问题；

51.研究《天河区区属企业重大事项核准备案暂行办法》（送审稿）。

2008年区长办公会议主要议题：

1.关于火炉山森林公园建设设计方案；

2.关于招聘军休所服务工作人员的问题；

3.关于对新光快速路有限公司代征税给予奖励的问题；

4.关于区市容环卫局申请增加创卫期间保洁合同承包经费和环卫工人高温津贴的问题；

5.关于天河区推荐广州市创建国家卫生城市工作先进集体和先进个人的问题；

6.关于追加对对口扶贫的平远县追加慰问金的问题；

7.关于将天河区原街道企业部分退休人员纳入基本医疗保险范畴问题；

8.关于区统计局开展第二次全国经济普查的相关问题；

9.关于区创文明办申请创建工作经费问题；

10.关于从普通高等学校毕业生中直接招收士官工作经费的问题；

11.关于追加2008年天河区第三次全国文物普查经费的问题；

12.关于申请设立街道公益法律服务站、社区公益法律服务室专项经费的问题；

13.关于天河区2007年安全生产责任制考核经费问题；

14.关于2008年教师节慰问经费的问题；

15.关于流动人口计划生育专项清查管理工作经费分配的问题；

16.关于两宗违法用地案件移交公安机关追究刑事责任的问题；

17.关于增补创文工作经费的问题；

18.关于做好防御强台风“黑格比”有关工作；

19.拨付违法用地整治工作经费补助各街道；

20.切实解决天河区获得2008年北京残奥会冠军周杨静的住房困难问题。

2008年区政府工作会议主要议题：

1.2008年天河区迎春花市工作部署；

2.石牌逢源市场问题协调；

3.研究住宅室内违法装修问题；

4.猎德村整体改造第二笔资金拨付问题；

5.协调十八中等学校增加工程预算；

6.关于猎德大桥系统工程拆迁补偿问题；

7.天河区第一季度防范重特大安全事故工作；

8.高致病性禽流感防控工作；

9.安全生产和消防安全工作；

10.清明工作；

11.推进濂泉路服装批发市场管理和升级改造；

12.协调解决天府路小学出入通道问题；

13.处理新塘街凌塘村违法建筑；

14.关于猎德村整体改造专项资金管理、监督等问题；

15.协调解决中移动南方基地地块中凌塘村与车陂村土地权属争议；

16.关于广州家居建材产业园区建设；

17.2008年普通高考联席会议；

18.协调天河软件园高唐新建区控制性详细规划；

19.提高天河区代管地方退休人员及享受定期

抚恤金的优抚对象节日费;

20.关于区属行政事业单位移交区国资的六块用地问题;

21.关于区城管综合执法大队有关人员安置问题;

22.关于区环卫车队委托市环卫机械设备厂管理问题;

23.关于城市建设维护工作市、区分工;

24.火炉山森林公园北广场环境整治;

25.天河区凤凰地区控制性详细规划成果审查;

26.关于车陂涌第一期整治工程华农大河段调整工程造价问题;

27.2009年迎春花市设计方案评标工作;

28.讨论濂泉路南段扩建工程供水管永久迁改结算问题;

29.协调区国防教育训练基地建设;

30.区社区卫生服务机构业务用房建设工作。

(区政府办供稿)

• 区政府办工作

【概况】•协助重大问题和活动的协调• 全程跟踪,协助做好创建国家文明城市、猎德“城中村”改造、河涌整治建设、环卫体制改革、森林公园建设等重大工作。协助区政府领导做好各种突发事件处置工作,如:骏景花园变电站建设工作、天河宾馆中毒事件、“8•3”仓库爆炸事故等突出事件等。大量政务、事务性工作和突发事件得到及时处理。

•办文和会务• 完成区创卫、创文表彰大会、区春运工作动员及表彰大会、区抗震救灾表彰大会、区安全生产百日督察等30多场大型会议活动的组织服务工作,办理各类文件3000多份,完成省、市领导到区调研、兄弟区调研任务50多次,传阅件1000多件,以区政府或区政府办名义发文700余份,各类通知300多份。

•信息工作• 全年向市政府办公厅报送信息240多条,被《穗府信息》系列刊物采用达220多条,在全市各区(市)政务信息报送积分排名第二。《广州市天河区创新警务模式促进社会治安形势明显好转》、《天河区加大法律援助力度保障农民工合法权益》、《广州市天河区构建“三位一体”矛盾排查调处机制有效促进社会和谐》、《广州市天河区推进民办教育发展着力解决流动人口子女入学问题》、《广州市天河区积极构建多层次全方位的基层矛盾纠纷大调解格局》等信息被省府办公厅刊用。

•督办工作• 切实对区政府重点工作和区领导批示件进行督查催办,全年共发出督办通知11件,办结率100%。办理市府督办事项,特别是创建国家文明城市、水系建设和大气环境专项整治等工作。区人大七届三次代表大会和区委七届四次、五次会议后,整理出《区政府工作报告》和区长讲话所部署的重要工作事项及区委、区政府《关于切实解决涉及人民群众切身利用若干问题的决定》、市委和市政府惠民政策“补充17条”中的有关事项,与区委办督办科联合发出督办通知,及时跟踪了解办理进度和存在问题,促进区委、区政府重要工作事项的落实。

(区政府办供稿)

• 法制工作

【行政执法评议考核】 2008年上半年,区法制办对6个重点抽查单位的案卷开展评查。从6个单位的案件目录中随机抽取5宗行政处罚及行政许可案件卷宗进行分析评查,指出其中存在的不符合法律法规的地方,并反馈给被抽查单位,以此提高执法部门的执法水平。区法制办起草并以区政府办公室名义下发2008年度评议考核方案,全面铺开行政执法评议考核工作。

【行政规范性文件工作管理】 2008年,区法制办起草并以区政府名义发布《天河区政府重大决策事项法律审查办法》，要求区政府在做出重大决策前均应报法制办进行法律审查，把重大行政决策纳入合法性审查予以制度化、规范化。9月，组织全区行政执法人员暨法制联络员培训班，邀请市法制办和区法院领导讲课，提高行政执法人员的法律素质。是年，部署全面清理建区以来所有行政规范性文件的工作，区法制办起草制定《天河区清理行政规范性文件实施方案》。6月，召开全区动员及培训大会，废止或修改一些不合时宜、与法律法规有冲突的文件。是年，对区政府常务会议涉及法律问题的议题提出法律意见，共提出各种法律意见14份，对市及区有关部门的法规、规章、征求意见稿提出修改意见函29份。

【人大、政协“两案”办理】 2008年，区法制办参加区七届人大三次全会议案组、区政协六届三次全会提案组的会务工作，对“两案”进行收集整理分类，明确主、会办单位。5月，组织召开“两案”交办会议暨“两案”办理工作人员培训班，对办理工作人员进行网络交接、答复等方面知识的综合培训。全年办理区七届人大三次会议代表建议98件（其中重点建议2件，闭会期间代表建议4件），区政协六届三次会议提案73件。办理市人大代表建议、政协提案共15件，其中市人大代表建议8件，市政协提案7件（属于区政府主办的5件，会办的10件）

【行政复议、调解和行政应诉工作】 2008年，区法制办对行政复议办理程序进行改进，简化审批程序。全年收到行政复议申请29宗，其中3宗不予受理，3宗予以驳回，撤销2宗，1宗因当事人撤回而终止，维持20宗；代理区政府出庭应诉2宗，1宗被区法院裁定驳回原告起诉。

【行政复议、调解和应诉工作案例】 申请人廖某，是爱玛客服务产业（中国）有限公司广东分公司（下简称爱玛客公司）员工，2007年12月6日上午8时在广医二院住院部四楼西区泌尿外科打包医疗废物时，不慎被医疗废物中的针头扎伤。一个月后查出丙型病毒性肝炎（2008年1月11日诊断）。2008年2月18日爱玛客公司向天河区社保局申请工伤认定。天河区社保局于2008年4月7日作出认定申请人廖某2007年12月6日针头扎伤手指情形为工伤的《工伤认定决定书》，并于同年4月9日送达申请人和爱玛客公司。2008年9月17日廖某正式提出书面的行政复议申请。区法制办受理后经审查认为：虽然爱玛客公司在《工伤认定申请表》中没有填写伤害部位和疾病名称，但在伤害经过简述中提到“不慎被医疗废物里的针头扎伤，一个月后廖某本人称，检查出‘丙肝’”。表明爱玛客公司为申请人申请工伤的伤害部位和疾病名称应该是手指扎伤引发的“丙型病毒性肝炎”，作为工伤认定部门的被申请人也知道申请人的目的，而且事实上也做了必要的调查核实，只不过认为手指扎伤与丙肝没有因果关系，所以才仅认定手指扎伤是工伤，而没有对丙肝作出处理意见。其认定工伤决定书的内容显然不妥，与申请人申请工伤认定的具体要求不具有对应性。因此，区法制办决定撤销区劳动和社保局作出的原《工伤认定决定书》，责令其对申请人因手指扎伤而引发丙型病毒性肝炎为工伤的申请重新作出处理意见。

（区法制办供稿）

• 信访工作

【概况】 2008年，区信访办受理群众来信来访共计978件次。其中来信636件，重点信68件；来访409件，集体访44批/644人次，比上年同期批次持平，人次上升38.49%。受理“政民互动”2216件，“区长信箱”1938件，“呼叫中心”1047件。

【大接访活动】 2008年6～11月，天河区先后开展市、区、街三级行政首长公开联动大接访活动和区委书记、街党工委书记大接访活动。区委书记杨建城接待群众58批共141人次，收到材料66份，全部批示或指示办理；区长徐汉添接待群众12批共25人次；区委副书记肖彬生接待群众10批共28人次，全部批示或指示办理。区委书记、区长接访的案件全部由区分管领导包案并落实责任单位办理，规定一个月内办复，办复率为100%。

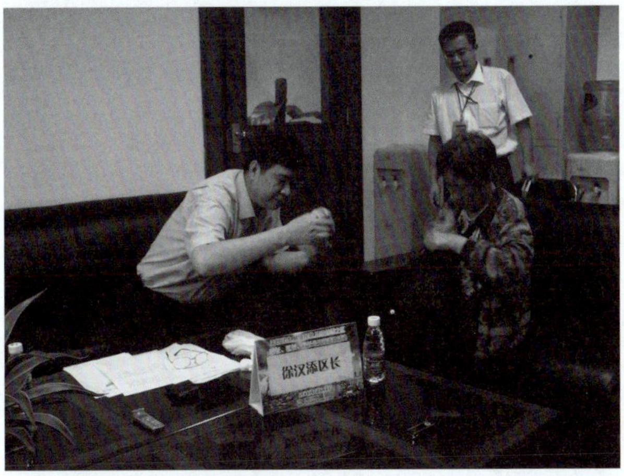

2008年6月26日市长、局长、区长公开接访日，区长徐汉添接待来访群众。

区信访办供稿

2008年8月6日区委书记接访日，区委书记杨建城接待来访群众。

区信访办供稿

【超前排查，减少越级上访】 2008年，区信访办实行每季度定期排查和不定期排查（全国、省、市重大活动前夕），重点排查各类可能引发集体上访、越级上访的苗头性问题，以及重复信访等难点问题。对排查出来的苗头隐患提早介入、制定预案、尽快化解，将问题解决在萌芽状态、化解在基层。超前工作使区是年越级集体访大幅下降。

【沙东街成立信访办公室】2008年4月，沙东街信访办公室挂牌成立，是全省第一个街道一级信访办公室。沙东街信访工作实现专职机构、专人负责、专门场所，将社区和大型企业纳入信访工作网络，并实现视频接访。

【信访信息职能】 2008年，天河区综合运用各种资源，及时获取各类信访情报信息，注意研究把握非正常上访和群体性事件的一般规律，建立健全高效灵敏的全方位预警系统和重大预案制度。形成每日动态、月度反映、季度分析、年度总结及突发事件快报、重大事件简报等信息汇集分析机制，发挥信访部门“第二研究室”的作用。

【网上电子信访系统】 2008年10月，区对网上电子信访系统进行第三次升级，增加信访人身份识别和信访件办理情况查询模块，保证信访件的有效性和真实性，方便信访人查询信访件的办理情况。对网上信访件进行标准化分类，并在系统中增加电子报表模块，对信访件进行统计并自动生成电子报表，提高电子信访信息的准确度。

【信访案例】 ·案例一· 2008年11月，员村街石东村民到区信访办上访，反映污水处理厂征地问题，情绪较激动，并称若不解决问题将越级集体上访。区信访办立即告知员村街。街道办事处及时组织区有关单位及经济社、征地方召开协调会，会同区国土局等有关单位做好群众工作，化解村民与经济社、征地方矛盾，防治一起越级集体上访事件。

·案例二· 华景新城居民柯女士多次来访，反映华景新城逸意居5A、5F乱搭建问题，区信访办转交有关部门办理并多次督办。5月，副区长丁建华就此事作专门批示，有关部门拟定工作方案，6月，拆除该违章建筑。

（区信访办供稿）

· 应急工作

【概况】 2008年，区应急工作主要建立健全应急工作机构，建立“一网五库”（即应急工作联络网、预案法规数据库、救援队伍库、专家库、典型案例库、救援物资库）应急管理工作基础，除日常应急值守工作外，还做好突发事件处置，开展应急知识宣传等。是年出刊《天河应急快报》92期。

【建立应急机构】 2008年，区应急工作机构基本建立健全。1月，区突发公共事件应急委员会成立，该委员会对辖区发生的突发事件进行统一领导和指挥。区应急委主任由区主要领导担任，成员由区属各街道办事处、各有关职能部门及区内相关单位的行政正职担任。还设立信息员，收集和报送突发事件信息。3月，区应急办成立，作为区应急委的日常工作机构，加挂区应急指挥中心和区委、区政府总值班室牌子，下设自然灾害、事故灾难、公共卫生事件和社会安全事件4大类应急指挥部，对原有各专项应急指挥部进行整合。

【应急管理基础工作】 2008年，区应急办组织编制《天河区突发公共事件总体应急预案》，全区有总体应急预案1个、专项预案79个、部门预案15个，应急预案库不断补充和完善。全区原有专兼职应急救援人员1745名，区应急办在全市率先开展应急救援志愿者招募工作，并招募300余名应急救援志愿者成立应急志愿者救援队伍。应急专家队伍正在筹备中。收录突发事件典型案例6宗，建立应急处置典型案例档案。应急物资储备较为完善，有粮食、纤维袋、大衣、棉被等大量日用物资。

【突发事件排查和处置】 2008年，区应急办牵头组织全区各单位开展突发事件风险隐患排查，共出动工作人员7674人次，检查各类生产经营单位5965家次，查处突发事件隐患2836条，发出整改通知书208份。是年，区应急办参与突发事件处置155宗，主要有：春运抗击低温雨雪冰冻灾害、华南御景园业主群体越级上访事件、清明节应急值守、“5•12”汶川特大地震抗震救灾、南国花园业主群体越级上访事件、泛核辐射废料运输安全工作、新疆少数民族人员重复越级上访事件、北京奥运会残奥会安保及应急值守、防御“黑格比”强台风、骏景变电站施工安保、猎德村改造等区大部分重大事件工作。

【公众应急知识宣传】 2008年10月，区应急办联合广州日报发行公司在天河体育中心南门举办珍爱生命、共建和谐处——应急知识进社区进家庭大型专题宣传暨《突发事件应对法》颁布实施一周年纪念活动。联合区教育局在市四十四中学举办《公众应急手册》首发式暨全市中小学生应急知识学习日活动，为全区中小学生、机关干部职工、社区居民派发《公众应急手册》14万册，普及公众应急知识。11月，组织300余名群众参加全市地下建筑物重大火灾事故应急演练，提高群众自救互救技能。

（区应急办供稿）

• 地方志工作

【《天河区志（1991-2000）》】 2008年6月，《天河区志（1991-2000）》通过市志办终审，全文100万字，附图片600余张，内容包括天河建制沿革、自然、地理、经济、政治、街镇、文化、社会等各个领域的历史状态，是全面反映天河区情的重要文献资料；12月，交印刷厂印刷。11月，广州市人民政府在市政府礼堂召开广州市第二轮修志工作表彰大会，天河区地方志编纂委员会办公室在会上荣获“广州市第二轮修志工作先进集体”荣誉称号。

2008年6月，区志办举行《天河区志（1991-2000）》终审会，验收小组组长、原广州市志办副主任陈泽泓代表区志验收小组，同意正式通过验收。

摄影：陆一锋

【天河年鉴编纂出版】 2008年2月，组织力量编写各单位年鉴编写内容提纲和编写要求。至11月底，完成《天河年鉴（2008）》第三次校对稿。是月，完成年鉴出版印刷招标工作。《天河年鉴（2008）》主要载录天河区2007年经济社会发展的基本资料，全书分为大事记、天河概貌、政治、法治、地方军事、人民团体、经济贸易和经济管理、城区建设和管理、农林水利、高新技术产业、科教文体卫、社会生活、行政街、文件选辑、专题和社会统计资料共16个篇目，55万字。

【村志和部门志指导工作】 2008年，继续对村志编纂工作进行指导，6月，《黄村村志》和《前进村志》出版。继续指导《农林村志》、《冼村村志》按计划编写。此外，继续指导有关部门编写《检察志》、《工商志》和《教育志》。是年，由区检察院编纂、区志办审定的《天河检察志》出版。

【编写地情资料】 2008年3～6月，区志办完成《冼村画册》的图片拍摄、收集及地图测量工作，为冼村改造保存历史资料。2月，《天河大事记（1984-2007）》出版，该书分为编年大事记和专题大事记两部分，记载内容包括天河区成立以来的政治、经济、科学文化、社会发展等大事要事。

【资料库的建设和使用】 2008年，天河区志办答复和接待来访、来电咨询天河区区情资料的报社记者、干部、群众数批。此外，按照区内有关工作安排，收集整理区体育事业发展脉络；参与区文物普查工作，派员为区文化站干部讲述天河区文物状况，协助区文物普查队到冼村和凤凰街开展文物普查工作。

【学习交流】 2008年初，分别赴新会和黄埔志办参观，交流地方志和年鉴工作经验；4月，由省地方史志办主任陈强带队的省地方志工作调研组，在市地方志主任王林生的陪同下，到天河区调研，区志办主任林道良向调研组汇报天河区地方志工作开展情况；6月，市志办召开“志书质量标准控制”论文研讨会，区志办提交论文3篇，在会上得到好评。

2008年4月，广东省史志办到天河区调研，图为开展调研工作现场。

摄影：陆一锋

（陈瑜）

• 机关事务管理

【机关食堂管理】 2008年，区机关食堂重点抓供应品种和质量的提高，开发口味、价格适合的新品种。特别是早餐品种、质量的提高，受到机关干部职工的广泛好评。是年严抓食品安全，规范食品加工操作规程，按照食品卫生管理办法和食品生产行业A级单位的各项要求，对食品的采购、加工、仓储进行严格把关，全年未发生食物中毒事件。

【机关大院管理】 2008年，区机关事务局对机关大院的保安、保洁、绿化等社会化服务项目，有侧重地对承包单位的服务质量、服务水平、取费标准实施动态管理。分类发放大院通行证，控制进院车辆数量，做好停放引导。是年对大楼负一层停车场按照智能化管理模式进行改造，将区机关大院定编车辆停放实行统一管理系统试点，实行“一车一卡”的“定牌、定号、定位”管理。实行机关大院全天候卫生保洁，根据实际情况调整保洁人员和保洁时间，增加保洁次数。大院绿化采取增加养护次数和盆花数量，全年共更换花草8批次、800盆。

【会议服务】 2008年，区机关事务局完成“两会”、党代会、国庆晚会等多项重大会务、活动的后勤保障任务，同时完成区领导班子常务会议等500多次各类中小型会议及活动的服务保障工作。

【交通通讯保障】 2008年，小汽车定编共办理新增指标52个，过户、报废、被盗更新39台次，定编证年审477本，定编许可证16份，定编证47本，补办定编批文17份。对车辆定期进行检修、保养，保证6部中巴车正常运转，保障“五办”领导的考察调研及各类大型会议活动用车。全年车辆安全行驶27万多公里，维修保养63台次。完成电话查询28万多次，电话线路故障处理1490台次，办理停机、开通来电显示功能等对外电信业务286多项次。

【基础设施维修和养护】 2008年，完成486次基建零星工程。主要包括机关办公大楼中庭、楼梯及通道翻新，风机、消防管道油漆，地下室防水堵漏，玻璃幕墙防水，电梯井道清理，办公室窗帘、会场设备及地下室通风管更换等。全年大院中央空调开机152天，完成主机保养12次，中修1次；冷却塔大修1次；保养冷水塔、水泵22次；排除各种故障392次。此外，完成水电维修548项，大院白蚁防治220次。

【接待服务】 2008年，区机关事务局负责市委学习实践科学发展观办公室指导组在天河区指导工作的接待和服务保障工作，圆满完成任务。

（李少霞）

政协广州市天河区委员会

【政协天河区六届三次会议】 2008年3月10日至12日，中国人民政治协商会议第六届广州市天河区委员会第三次会议在区机关召开。会议应出席委员231人，实到216人。易凤华主持开幕大会，杨南聪向大会作常委会工作报告。会议审议通过政协第六届广州市天河区委员会第三次会议决议，对区政协的工作表示肯定。

【政治协商参政议政】 2008年，区政协全体会议、主席会议、常委会会议以及专门委员会就区经济社会发展和落实科学发展观、构建和谐天河等问题，开展多层次协商议政。全年召开主席会议7次，常委会会议4次。区政协六届三次会议期间，组织全体委员围绕“一府两院”报告及提高天河区产业素质和创新能力、优化发展环境、提升城区文明程度、改善民生促进和谐等重点议题进行协商讨论，委员们共提交提案72件、社情民意信息12条。是年，继续开展关于“天河区创业环境”专题调研，形成《优化产业发展环境，促进产业高端发展》调研报告。该调研首次采用定量分析方法，通过抽样，对区辖内涉及12个领域的31家现代服务企业进行问卷调查，问卷设计50个问题326小项，包括企业基本情况、投资环境、政策法制环境、政务环境、市场环境、配套服务环境、人文环境等7个方面，对区产业环境的现状及存在问题进行综合分析，形成较客观的评议。是年，就民盟天河总支的大会发言“构建我区社会工作体系”，组织有关委员、专家和政府职能部门，进行专题调研，形成《构建社会工作体系，促进和谐天河建设》调研报告。

【民主监督】 2008年，区政协对重点提案“加强区辖内蔬菜生产过程的监控，杜绝污染超标蔬菜进入市场”进行视察督办，会同区农林水利、药监、质监等部门开展联合视察，实地观摩蔬菜农药残留物检测过程，对保护百姓“菜篮子”安全提出意见和建议。对重点提案“加强和改善天河公园管理”开展视察督办。邀请提案委员、园林园艺专家委员，就加强天河公园的科学定位、规划管理、适应群众需求、创新管理模式、改善林相水质，提高公园档次等提出建议。就致公党天河总支提出的“关于推动天河软件和动漫产业发展的建议”，到天河软件园进行专题视察，并邀请IT行业专家参加提案办理座谈，确保提案督办取得实效。各专委会、各委组围绕委员提案，分别就猎德村“城中村”改造，落实城市管理长效机制，清除“两违”“六乱”、巩固创卫成果，推进珠村历史文化名村建设，交警信息化管理与平安天河建设，农贸市场食品卫生状况，政府为企业服务专题，民办教育规范发展情况等，开展专题视察和调研活动。

【提案工作】 2008年，区政协共收到提案92件，经审查立案77件（其中委员提案58件，民主党派、工商联、人民团体提案19件），涉及党委系统、政府系统等29个单位和部门。至2008年11月，77件提案全部办理完毕，委员表示满意或基本满意的占97%。

【政协理论研究】 2008年，区政协六届三次会议期间，《南方日报》、《南方都市报》大幅报道区政协关于加快现代服务业发展的对策建议，《广州日报》、《羊城晚报》、《新快报》等媒体报道对区政协委员的访谈和提案办理情况。在《广州天河新闻》开设“议政与建言”专栏，报道政协工作和委员参政议政情况，并发表委员关于纪念改革开放30周年的文章多篇。

6月，区政协理论研究分会召开会员大会，对2007年的理论研究工作进行总结并表彰优秀论文作者。是年，围绕“改革开放与人民政协”发动和组织委员、专家学者及机关干部撰写政协理论研讨论文，共征集《发挥政协优势，促进城区科学发展》等8篇论文提交市政协理论研讨会。

【联谊交流】 2008年，区政协先后举办新春茶话会、“迎国庆、贺中秋”茶话会，第五届高尔夫球赛（天河电脑城杯），第二届“政协杯”网球赛。是年选出“润物无声”书画展览的优秀作品80多幅，编辑出版《润物无声——天河区人文景观艺术作品集》。12月，组织港澳委员参加广西“东盟博览会”，提高政协凝聚力。

是年，组织各界别委员学习《劳动合同法》，邀请区职能部门负责人为委员解答单位在实施《劳动合同法》中遇到的问题，指导委员全面理解《劳动合同法》。组织高校、企业、科技、法律等界别委员，提高知识产权保护意识。组织企业组委员展开座谈交流，就金融危机中民营企业如何应对危机、建立信心、逆境奋起、开展自救交流经验。

区政协六届三次会议以来优秀提案

提案种类	名　　称	等级	获奖单位（委员）
集体提案	关于推动天河软件和动漫产业发展的建议	一	致公党天河总支
	关于加强我区食品安全监管的几点建议		台盟天河支部
	促进天河区东、北部经济社会发展的建议	二	民革天河支部
	落实城市管理长效机制、巩固创卫工作成果		九三学社天河支社
	关于建立社会工作体系，促进和谐社区建设的建议		民盟天河总支
	关于在天河区居民中率先取消卫生费和垃圾处理费的建议	三	民建天河总支
	充分利用现代化大都市中心区优势 加快中小学生实践活动课程建设		民进天河总支
	关于提高民办学校基础教学质量的建议		农工党天河总支
个人或联名提案	加强区辖内蔬菜生产过程的监控，杜绝污染超标蔬菜进入市场	一	陈东
	关于继续办好天河公园的建议	二	刘勤俭
	关于加强天河公园管理的建议		陈健儿
	增强政协提案处理和统计工作透明度		全燕鸣

（续上表）

个人或联名提案	支持长兴人民医院条件建设，提高长兴街地区医疗卫生水平	三	邹永等
	关于打造以“天河区珠村乞巧民俗文化村”为切入点的产业链的建议		符光锋等
	加强公众对突发事件应对宣传教育		蒋跃明

（陈丽红）

中共广州市天河区纪律检查委员会

【监督检查工作】 2008年，区纪委对政治纪律开展监督检查工作，并会同有关部门重点对市场价格调控、食品药品安全、环境保护和节能减排、节约集约用地、安全生产、社会保障资金、春运应急和支援抗震救灾款物管理使用、创建文明城市等工作以及落实市委、市政府“惠民66条”、“17条补充意见”和区委、区政府“48条惠民措施”的情况进行监督检查。严格行政执法考核评议和责任追究，开展绩效考评试点，完善考评办法。积极配合珠江新城建设，加强对猎德村整体改造资金管理使用的专项监督；配合奥运维稳工作，落实信访包案责任，督促各单位“担一方职责、保一方稳定”；严明基层“两委会”换届选举工作纪律，保证换届工作的顺利进行。

【党风廉政建设】 2008年，全区领导干部主动登记上交的礼金人民币101900元；办理领导干部出国（境）审核手续247人次，压缩团组4批次；开展任前廉政谈话37人；开展信访谈话46人次，为86名受信访举报的党员干部澄清问题。是年，全区纪检监察机关收到群众来信来访及电话举报418件，比2007年同期减少17.7%，检控党员干部信访件呈逐年下降趋势。全区开展对68个区属单位和497名副处级以上领导干部落实党风廉政建设责任制的考核，班子考核评为“优秀”的59个，“好”的8个（其中“优秀”占86.77%），领导干部考核评为“优秀”的314名，“好”的182名(其中“优秀”占63.18%)，领导干部廉洁自律工作取得新的成效。

2008年8月，区纪委召开反腐倡廉建设专题报告会。
区纪委宣教室供稿

【查办违法违纪案件】 2008年，全区查处党员干部违纪违法案件25件27人，其中处级干部3件3人，科级干部9件9人，一般干部及其他人员13件15人；涉案金额2777.97万元，为国家和集体追回资金3000多万元。严肃查办原天迅公司董事长胡建东和原区财政局副局长李志杰、原新塘农工商公司总经理简泽明等一批大要案件。开展案件审理，实施街案区审。开展发挥查办案件治本功能的专题调研，组织编发《身边事、身边人——天河区发挥查办案件治本功能调研材料汇编》，以案说法明纪。继续深入推进治理商业贿赂专项工作，全区查处商业贿赂案件9宗，涉案金额560多万元；同时，在非公企业中开展“远离商业贿赂”宣传，加强教育预防，建立健全约束机制。

【党风廉政宣传教育】 扎实推进以"增强党性观念、推动科学发展"为主题的纪律教育学习月活动，邀请省纪委副书记丘海到天河区作反腐倡廉专题报告，编发《天河区党员干部反腐倡廉建设100问》，组织召开经济责任审计情况通报暨财经纪律教育学习会。与市监察学会举办"羊城廉政论坛——广州市天河地区反腐倡廉建设理论和实践研讨会"，组织动员驻区高校、科研院所、省、市有关职能部门及区属单位，营造齐抓共管的良好氛围。以廉政文化"六进"活动为载体，广泛开展天河区廉政文艺节目原创评选及汇演活动，基层廉政文化教育建设阵地不断加强，形成"廉政在我心"、"客家山歌颂清廉"、"棠下乡村民主五十年"等教育典型。

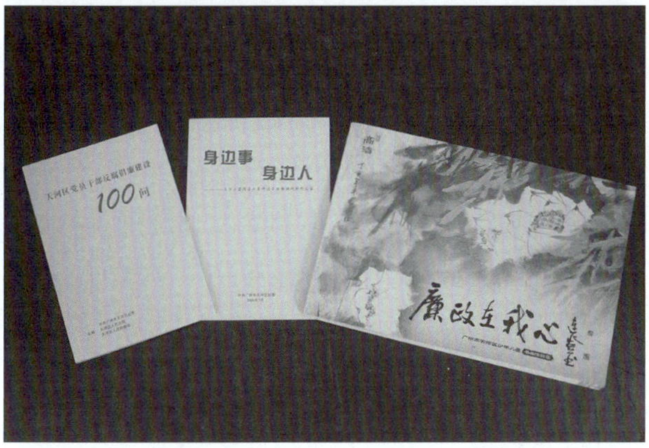

2008年区纪委组织编辑的廉政教材。

区纪委宣教室供稿

2008年11月，廉政文化进社区活动在凤凰街举办"客家山歌颂清廉"演出。

区纪委宣教室供稿

【行政效能建设】 2008年，组织区属各单位开展"为民、便民、利民，创建群众满意机关"效能建设主题实践活动，规范机关职能，提高办事效率，改进机关作风，营造廉洁高效的政务环境。配合市、区"大接访"，组织开展"听民声、知民情、帮民困、解民忧"的政民互动面对面活动，切实解决一批群众反映强烈的热点、难点问题。深入开展政风行风评议活动，实行以评促建、纠建并举，大力推进行业作风建设，区文广新局、区建设和市政局被评为"政风行风优秀单位"。开辟网上群众评议专栏，广泛设立效能监测点，完善特邀监察员和效能监督员明查暗访机制。问卷调查结果显示，人民群众对建立廉洁高效政府的满意度有新的提高。

【惩防体系建设】 2008年，贯彻落实党中央和省、市委、区委关于建立健全惩防腐败体系五年规划的要求，各责任单位和配合单位认真履行职责，各项制度改革创新工作有新的进展：区委组织部、区人事局不断完善科级干部竞争上岗、处级领导公选、公推制度；区财政局建立健全国库集中支付、部门预算、财政资金使用绩效评估等制度，加强"收支两条线"管理和开展对"小金库"的专项治理，完善政府采购监管制度；区建设和市政局、区发改局、区监察局等部门联合制定《关于贯彻实施<天河区法定招标规模以下财政性投资建设项目发包管理暂行办法>的通知》，实施项目代建制度；区政府办、区监察局、区法制办、区信息办等部门加快推进建立网上政府审批和服务平台，实行行政审批电子监察；各带村街道会同区农林水利局、区民政局和区委组织部认真贯彻实施天河区《关于加强村改制公司反腐倡廉建设的实施意见（试行）》，着力在村改制公司建立健全财务审计、财务公开、事务公开、党务公开的工作机制。

【纪检监察队伍建设】 2008年，全区纪检监察机关以"做党的忠诚卫士、当群众的贴心人"主题实践活动为载体，深入开展解放思想学习讨论活动和学习实践科学发展观活动，加强自身管理监督，严格各项工作纪律，干部队伍整体素质进一步提高，服务、保障和促进科学发展的能力进一步增强。区纪委先后被评为“全省纪检监察信访举报工作先进单位”、“全省纪检监察案件审理工作先进集体”，有两名干部分别被评为全省纪检监察案件审理、案件管理先进个人。注重关心基层纪检监察干部队伍建设，组织全区基层纪委、纪工委书记参加中纪委开办的纪检监察综合业务培训班；注重配齐配强监察室主任，采取以案带训等多种培训方式，不断提高基层办案水平。

（刘鲲）

组织工作

【概况】 2008年，全区共有区属党委10个，党工委21个，挂靠党委1个，二级党委6个，党组8个，党总支部60个，党支部943个。全区有党员23090名，其中预备党员389名，女党员8520名。至年底，全区共有市管干部35名，其中区班子和区纪委班子成员32名；共有正、副处级干部545名，其中正处级领导干部116名，副处级领导干部257名，正处级非领导干部75名，副处级非领导干部95名。

【解放思想学习讨论活动】 2008年，全区开展解放思想学习讨论活动，区委组织部具体指导各基层党组织开展“三会一谈”活动；采取全面督查和重点督查，分组对区65个单位开展解放思想学习大讨论活动情况进行巡视督查，总结推广典型经验，督促薄弱环节整改；联合区委宣传部邀请中共中央党校党建教研部副主任、博士生导师张志明为全区领导干部作专题讲座。广泛动员，认真学习，深入调研，科学决策，深化广大党员干部的思想认识，推进领导干部在解放思想大讨论活动中的表率作用，推动全区解放思想学习讨论活动取得成效。

【学习实践科学发展观活动】 自2008年9月起，区级机关党员首批开展深入学习实践科学发展观活动，全区第一批共有60个单位、225个支部、4767名党员参加学习实践活动。各单位通过“五个一天、四个一次”活动，深入开展“履好职责、优化服务，着力打造广州服务标志区”主题实践活动，历经学习调研、分析检查和整改落实三个阶段14个环节，深化学习讨论、深入分析检查，明确整改方向，理清发展思路，较好地实现了党员干部受教育、科学发展上水平、人民群众得实惠的目标。

【领导干部培训】 2008年，以区委党校为主阵地，采取分类培训、重点培训和专题培训方式，培养公共管理型领导干部。选送学员参加省、市培训，共选派138人次参加省、市培训和1名干部出国培训，其中市管干部28人次，处级干部109人次，科级干部1人次。另有81名街道处级干部参加市国土资源法律知识宣传教育培训班。举办天河区副处级领导干部进修班，全脱产培训1个月，共培训副处级领导干部40人；举办区第十三期中青年干部培训班，全脱产培训两个月，共培训中青年科级干部54人。举办10期处级干部双休日大学堂讲座。

2008年天河区双休日处级干部大学堂课程表

授课时间	授课主题	授课教师
3月22日	以解放思想改革创新精神争当实践科学发展观排头兵	张志明
4月26日	大部制改革与政府职能转变	毛寿龙

（续上表）

授课时间	授课主题	授课教师
5月24日	政府危机公关与管理	唐　钧
6月21日	现代服务业的最新动向及未来发展趋势	胡景岩
7月19日	曾国藩的人生启示	唐浩明
8月23日	中国经济形势展望	姚景源
9月27日	人文奥运与文化创意产业	金元浦
10月25日	贯彻落实科学发展观，创新体制机制，构建服务型政府	彭向刚
11月22日	美国金融危机对中国经济的影响	韩复龄
12月27日	中医养生智慧	孔令谦

【各级领导班子和干部队伍建设】 2008年，向区委提交10批共209名处级干部的职务任免事项，其中提拔正处级领导干部17名，提拔副处级领导干部3名。是年，在规范二级班子正职领导干部初始提名权方面进行改进和完善，推行全区较大范围正处级领导干部公开推荐，采取面向区属单位实行资格公选产生提任副处级领导职务的干部人选，选配36名副处级领导干部，其中公务员职位33名，事业单位职位3名。配合市委实施“388”党政领导干部人才计划，动员符合条件的优秀年轻干部参加市的公开选拔，经笔试、面试和组织考察，共有1名干部交流到兄弟区担任街道党工委书记，9名干部提拔担任市直机关副处级领导职务。共有91名干部通过竞争上岗走上科级领导岗位。

天河区开展正处级领导干部公开推荐。

区委组织部供稿

【干部监督管理】 2008年，区委组织部对区属有干部任免权单位2007年度选拔任用干部情况进行专项检查，发现并整改存在问题，也收集、发掘一些单位在领导班子和干部队伍建设方面好的作法和经验。是年，区委组织部会同纪检、外事部门对因公出访计划进行认真讨论、审核，对全区处级干部的因私出国（境）证件进行集中、统一清理，及时调整更新因私出国（境）人员信息报备库。完成处级干部2007年度考核工作。接受10名干部来区挂职，选送2名干部到外单位挂职。

【人才工作和人才队伍建设】 2008年，区委组织部做好天河区第四批专业技术拔尖人才选拔管理工作，广泛宣传发动，推荐85名各行各业人才到区委人才办。是年，天河区推荐上报陈彦文等5人，增选为第九批广州市优秀专家，区领导上门向各专家表示慰问和祝贺，并邀请专家座谈交流，发挥人才示范带头作用。

【基层党建】 2008年，全区到期换届的193个社区党组织和23个村改制公司党组织换届选举工作圆满完成。换届后，区委组织部对新班子进行教育培训，确保新班子工作顺利开展。是年，起草并印发《天河区基层党支部工作手册》，下发到全区1000多个党支部，并由各党委、党工委每年定期检查，区委组织部不定期抽查，严格基层党组织的组织生活。7月，召开“两新组织”党建工作座谈会，邀请部分基层党支部书记和党务工作者进行经验交流，制定并下发《关于开展创建“两新组织”党建工作示范点活动的通知》。确定15个不同行业的非公党建示范点，引导“两新组织”党组织结合企业的特点和行业特色，创建具有辐射带动作用的党建项目品牌。

是年，元旦和“七一”期间，先后两次在全区开展大规模“党员社区服务日”活动，组织全区31个党委、党工委7600多名党员，发动区内党建联席会议成员单位，深入社区、群众，为基层党员群众做实事、办好事。组织全区党员干部缴纳“特殊党费”，摸查和帮扶灾区党员，共收到15500名党员缴纳的“特殊党费”2728723.2元，其中缴纳千元以上“特殊党费”的党员316名。通过节假日慰问帮扶，举办党员就业再就业招聘会等形式对特困党员进行帮扶关怀，全年从区管党费中拨出10多万元慰问特困党员共计63人次，在市春运和抗击雨雪冰冻灾害斗争中，专门拨出10.5万元，上门慰问留穗流动党员。

是年，在全区动员组织30个各类基层党组织与梅州市平远县农村党支部进行结对，整合和调动各党委、党工委以及辖区内企业的有效资源，开展形式多样的帮扶活动。区环卫局机关党支部等28个党支部与平远县结对农村党支部开展互帮互助活动，累计开展组织生活45次，慰问党员群众635人，慰问困难学生149人，投入帮扶资金（含物资）约101.16万元。组织部分街道机关党支部和区职能部门党组织与全区24个村改制公司党组织结对互帮互助，组织区直属机关党委下属党（总）支部与48个社区党组织开展互帮互助结对活动。

是年，重点在全区党委、党工委、村改制公司党组织和社区党组织中全面推行党务公开工作，保障党员对党内事务的知情权、参与权和监督权。

天河区区属30个有关单位党组织与梅州市平远县30个农村党支部开展为期三年的基层党组织互帮互助活动。

区委组织部供稿

【党员教育管理】 2008年，制定下发《加强党的基层组织党员教育管理的实施意见》，加大对党员的教育和管理力度。依托天河党建网络平台，搭建流动党员教育沟通互动窗口。是年举办2期全脱产培训班和1期周末培训班，共计602名入党积极分子参加培训，全年共发展党员253名，其中“两新组织”党组织发展党员46名。编撰出版《天河区党建工作指导员工作经验材料》，同时举办培训班、召开座谈会，规范社区党建工作指导员队伍管理。

【党员电化教育】 2008年，建成区首批26个党员干部现代远程教育终端接收站点，对各站点管理员进行培训，规范各站点的工作流程，为在全区街道、社区普遍建设终端接收站点积累经验。是年，开通“天河党建网”，为天河区广大党员、群众和基层党组织提供更及时便捷的服务。

【党史和档案】 2008年，完成天河区党史大事记2007～2008年部分内容收集编辑整理工作；完成改革开放30年基层党建工作图片收集展览工作；完成纪念改革开放30年口述历史——天河区杨箕村推进股份制改革情况文稿。是年，区委组织部库存档案1500余卷。全年接待查阅档案87人次，累计查阅档案285卷，接收调进干部、军转干部、选招公务员、应届毕业生等干部档案63卷。因干部调出、辞职辞退、企业改制、单位撤并等原因共转出干部档案23卷。在全区9个管档单位开展干部档案审核整理工作，集中解决干部档案缺少材料、信息不准、整理不规范等问题。

【组工干部建设】 2008年，开展组工干部“讲党性、重品行、作表率”活动，坚持边学习、边整改、边提高，接受干部群众的监督，进一步树立组工干部最讲党性、最重品行、最作表率的新形象。全年编发《天河组工》14期，向省、市组织部门及有关党报党刊报送信息近200篇（条）。

2008年天河区党员统计表

党员总数			性　别		民　族		年　龄			文化程度			
总计	正式党员	预备党员	男	女	汉族	少数民族	60岁以上	36～59岁	35岁以下	大学专科以上	中专	高中	初中以下
23090	22701	389	14570	8520	22814	276	6162	9855	7073	13927	1887	3056	4220

2008年天河区新发展党员统计表

党员总数	性　别		民　族		年　龄		文化程度			
总计	男	女	汉族	少数民族	36岁以上	35岁以下	大学专科以上	中专	高中	初中以下
253	138	115	251	2	83	170	172	25	53	3

（杨弛英）

宣传工作

【概况】 2008年，天河区宣传思想工作坚持以邓小平理论和“三个代表”重要思想为指导，深入贯彻落实科学发展观，贯彻落实省市宣传思想工作会议精神，按照“高举旗帜、围绕大局、服务人民、改革创新”总体要求，开展宣传思想工作，推进文化优区战略，为区继续解放思想、坚持改革开放、推动科学发展、促进社会和谐提供强大的思想文化保证。

【解放思想学习讨论活动】 2008年，区委宣传部牵头开展解放思想学习讨论活动。开展专题学习讨论，区属各级党组织开展领导班子座谈会539次、党委理论中心组学习会128次、专题组织生活会554次、“解放思想大家谈”活动610次。组织开展172场“继续解放思想、再创天河发展新优势”主题宣讲会和学习报告会、516场辩论赛等其他形式学习讨论活动。广泛宣传，在天河区信息网、各社区宣传栏开辟活动专栏，利用商场电子屏幕、工地围墙等开展社会宣传。编印《天河区解放思想学习讨论活动简报》79期，其中8篇信息被《广州市解放思想学习讨论活动简报》采纳，省市各大媒体对天河区学习讨论活动的报道共49篇，《广州天河新闻》以“思想大解放，天河大发展”为题刊发53篇报道。是年，由区委书记杨建城、区长徐汉添分别带领考察团前往上海、香港、北京等地考察先进地区发展现代服务业、提高自主创新能力的经验做法。区委宣传部赴上海、江苏、浙江等地学习增强文化软实力和构建城市管理长效机制经验作法，完成增强文化软实力和创建全国文明城市的2个区属重点调研课题。全区各单位开展调研，共形成调研报告198份，探索破解发展难题的新思路、新办法，为区委、区政府科学决策提供帮助。借助区内高校的智力资源和人才优势推进区科学发展，与华南师范大学开展为期3年的共建科学发展观理论实践基地活动，聘请华南师范大学4位专家对加强城市建设与管理等课题进行理论研究。广纳群言，征求社会各界的意见和建议，全区各单位共召开专题研讨会313次，专家座谈会54次，调研成果交流汇报会115次，发放调查问卷16245份，向区委委员、各民主党派、社区居民等征得意见和建议1411条。抓区13项重点调研课题成果的转化落实工作，形成制度措施229项，制定区《关于争当实践科学发展观排头兵的实施意见》。

【处级干部双休日大学堂】 2008年，继续开展每月一期的处级干部双休日大学堂。该活动坚持举办4年，除了全区两级中心组成员、学习秘书500多人参加培训外，扩大到区属各单位科级干部。邀请吉林大学博士生导师彭向刚和中央财经大学应用金融系主任、金融证券研究所所长、博士生导师韩复龄等知名专家学者，分别作“贯彻落实科学发展观，创新体制机制，构建服务型政府”、“美国金融危机对中国经济的影响”等10场专题讲座，涉及党建理论、公共管理知识、现代经济理论等各个方面。

【理论研究与宣传】 2008年，区委宣传部重点开展《加强廉政文化建设　着力营造反腐倡廉社会氛围》、《创新形式、深挖内涵，着力打造广州乞巧文化节庆品牌》、《关于增强城区文化软实力的调研报告》、《着力构建传统文化品牌与现代文化品牌齐头并进的城区文化发展新格局》等理论热点问题研讨。区委理论教育讲师团广泛开展理论宣传，发挥宣讲工作解疑释惑作用。

【新闻宣传】 2008年，省市各大媒体涉及天河的新闻共1674条，其中整版报道30版，较大版面报道共有249篇，在《南方日报》、《广州日报》等主流媒体的报道占50%以上。聚焦天河现代服务业，《南方日报》、《新快报》、《信息时报》等媒体对区现代服务业作大量的报道，《广州日报》以《建设面向泛珠的现代服务业中枢》为题，对天河区以发展总部经济为契机，实行“一轴、两圈、多特色”的现代服务业发展新思路和新举措作半个版面的报道。9月，区出台现代服务业发展规划、促进高端服务业发展的三大政策措施及成立国内第一家以总部经济为主题的政府网站“天河总部经济网”，在广州市新闻中心举行“天河区现代服务业发展规划暨政策、措施新闻发布会”，《广州日报》、《大公报》、《香港商报》、新华网、广东电视台、南方电视台等境内外新闻传媒均作大量报道。突出宣传天河区打造的广州乞巧文化节和全国大学生原创动画大赛两大文化品牌。省市各大报刊媒体对乞巧文化节的报道共有48篇，进一步展示乞巧文化的魅力所在，提升乞巧文化节的知名度。邀请省、市及部分境外媒体进行采访报道，进一步扩大动画大赛的影响力，打造天河动漫品牌。是年，在抗击雪灾中，及时报道春运动态、感人事迹及区委、区政府采取的抗灾救灾措施，省市各大媒体刊登天河春运新闻共有110多篇。汶川地震后，组织报道抗震救灾信息，对各单位筹款、接收灾区学生等工作进行报道。区有线电视中心，因工作出色，被评为广州市春运新闻宣传工作先进集体。

【舆论引导和新闻应急协调】 2008年，区委宣传部向天河区第十三期青年干部培训班学员、区民政局、区农林水利局、区卫生局、天河报社及区委宣传部全体党员干部作“危机管理与媒体应对”辅导讲座，增强区属各单位对公共危机的预防和管理意识。对新塘濬安鞋厂员工轻微生物性中毒、吉山209化工仓库化学品自燃事件等突发事件的新闻应对进行主动协调指导。

【社会宣传】·纪念改革开放30周年· 制作“跨越——天河区纪念改革开放30周年成就展”，以30个版面近200张图片总结回顾天河区建区23年所取得的成就，并在区机关大院及区内高校巡展。举办“天河区纪念改革开放30周年诗歌、散文大赛”，开展“改革开放我成长 科学发展我争先”天河区纪念五四运动89周年暨“纪念改革开放30周年”诗歌、散文诵读大赛节目展演。

•“庆奥运，迎亚运”主题宣传活动• 突出开展“迎亚运、全民学英语”宣传教育实践活动。制定和印发《天河贯彻落实〈广州地区“迎亚运、全民学英语”宣传教育实践活动（2008-2010）的实施意见〉的工作方案》，全面铺开天河区“迎亚运、全民学英语”宣传教育实践活动。举办“广州地区‘迎亚运、全民学英语’活动天河地区分会场启动仪式”。在全市首先成立120人的天河“迎亚运学英语”外籍青年志愿服务队。3月，举办“让我们来奥运”主题奥运体验活动，吸引大约5万人参与。开展“我为奥运祝福、我为奥运添彩、我为奥运加油”网上签名寄语活动，共组织发动干部群众网上签名寄语15万人次。与亚组委宣传部联合举办“乐羊羊嘉年华”乐羊羊游正佳、亚运吉祥物发布会等活动，各街道开展以“庆奥运，迎亚运”为主题的摄影展、征文比赛、竞技比赛等各项活动。

【创建全国文明城市】 2008年，全区开展创建全国文明城市工作。加强组织领导，全面部署。先后召开区文明委全体成员扩大会议和全区创建全国文明城市动员大会，专题研究和全面落实创建全国文明城市迎检工作。制定《天河区落实广州市2006-2008年创建全国文明城市工作规则》、《天河区关于贯彻〈广州市做好2008年创建全国文明城市工作方案〉的实施意见》、《天河区创建全国文明城市工作任务分解表》、《天河区进一步加强创建全国文明城市宣传工作方案》等一系列相关文件，建立健全协调督办、考评检查等创建工作制度，探索和创新工作机制，推进各项创建任务如期高标准完成。加强统筹协调，整改提升重点。制定并组织实施《天河区推进人文环境工作实施意见》、《天河区开展“市民文明行为教育”主题实践活动的方案》等六大主题实践活动和十二项专项整治工作方案。着力解决市容卫生、环境保护、交通秩序、社会治安、行政效能、行业风气等方面存在的突出问题，严控查处“两违”建设，加大力度清理“六乱”。广泛宣传发动，建立机关干部宣传队、创建义工宣传团、老干部演讲团、市民寻访团等5支宣传队伍。在区信息网、《广州天河新闻》上开辟创建专栏，利用社区宣传栏、工地围墙、商场电子屏幕等宣传阵地开展社会宣传，宣传部和区创建办共印发宣传海报、派发宣传实物，发出倡议书等宣传物品160万份。联系媒体对区开展整治非法营运车辆等专项行动进行报道。加强组织准备，抓好迎检工作。牵头协调组织全区全力以赴做好创建全国文明城市迎“省检”、“国检”各项工作，认真制定迎检工作方案，做好创建资料归档和整理、实地考察被检点和社区的基本材料，并做好中央调查组在天河区入户调查和实地考察相关迎检工作，配合市完成创建全国文明城市“省检”、“国检”迎检工作任务。

2008年3月，天河区举办创建全国文明城市工作会议。
区委宣传部供稿

【公民道德建设活动】 2008年，开展道德模范学习宣传活动，举行广州市“迎奥运、讲文明、树新风”百场道德模范巡讲活动天河报告会，由天河区获得全国“我最喜爱的十大人民警察”刘健涛、全国“模范法官”丁卫红做先进事迹报告。开展文明礼仪进万家活动，组织全区各街开展文明礼仪进万家活动逾80场，派发《广州市市民文明礼仪手册》

等宣传品5万册。开展“迎亚运、讲文明、树新风、促和谐”全民行动暨文明交通宣传教育活动，开展广州市第十个“文明交通宣传周”天河区活动，承办广州市“文明交通从我做起”百日大行动启动仪式。组队参加市委宣传部举办的“文明广州”礼仪知识竞赛，荣获三等奖和优秀组织奖。

2008年6月，举办广州市“迎奥运、讲文明、树新风”百场道德模范巡讲活动天河报告会。

区委宣传部供稿

【“知书识礼、书香天河”全民阅读活动】 2008年，区委宣传部承办“岭南大讲坛”——天河社区建设与社区教育发展专题研讨会；举办天河区第二届读书节，组织开展书香家庭、书香校园、书香机关、书香社区创建活动的评选工作，评选出150个天河区书香先进集体。组织各街开展形式多样的读书活动，如五山街、林和街开展“干部读书月”，兴华街举办“书香家庭、文明兴华”赠书仪式暨社区家长教育讲座，天园街开展“书香天园”系列活动，沙河街、前进街开展“阅读书目推荐周”活动等。开展“科教、文体、法律、卫生”四进社区活动，组织全区开展四进社区活动逾3000场，全区四进社区活动覆盖率达85%以上。

【群众性创建活动】 2008年，区委宣传部组织开展2006～2007年度区级文明社区评选工作，区级以上文明社区创建覆盖率达90%以上。开展“百城万店无假货示范商场”、“守合同重信用商业城”创建活动；协同区工商分局在百脑汇IT商场成立广州地区IT商场内第一个红盾服务工作站；评选出20家区“共铸诚信单位”企业和100个天河区文明单位。是年，总结兴华街创建家长示范学校经验，探索形成学校、家庭、社会三位一体的教育新模式并在全市推广。结合“四五”普法，制定未成年人法制教育规划，通过网络知识竞赛、模拟法庭、上法制教育课等多种形式对青少年进行法制宣传教育。

【国防教育】 2008年，广泛进行国防宣传教育，巩固、强化干部群众和中小学生的国防观念和国防意识。组队参加广州市第四届“国防教育杯”射击大赛活动，获得手枪团体第二名和步枪团体第五名的好成绩，天河区还获得本次大赛的组织奖。

【文化优区战略实施】 ·乞巧文化· 2008年，天河区举办第四届广州乞巧文化节。天河区、黄埔区、番禺区、荔湾区的乞巧精品汇聚珠村，珠村集体乞巧作品《缘聚七夕，乞巧珠村》获第六届“广州文艺奖”一等奖。开展民俗文化大课间活动，传承传统民俗文化，展现珠村小学乞巧舞、龙舟、醒狮等民俗文化表演。活动期间，8位广绣乞巧艺人献艺，推动广绣艺术交流和传承。珠村小学编写的国内第一本乞巧文化教材《我们的乞巧》公开发布。本次活动展出乞巧作品上千件，吸引市民群众30万人次参与。

·动漫文化· 是年，天河区举办2008年全国大学生原创动画大赛，大赛被纳入国家新闻出版总署和广东省政府共同举办的首届中国国际漫画节，开展中日动画动态学术论坛与大师讲演会、亚洲数码与艺术设计学会优秀作品展等活动。吸引包括台湾中原大学、香港理工大学在内的上百所高校参与，参赛作品达1308件。赛事内容与产业无缝对接，引导作品与产业结合，举办人才交流会，促进人才与企业需求对接。

·群众文化· 是年，开展天河合唱节文化活动。组织发动区内各个合唱团体开展合唱活动，天河合唱团参加“首届中国民歌合唱汇演”，获“B类女声合唱金奖”。区辖内各街道基本都有一支以上合唱团，其中天河区合唱团、员村心声合唱团、天园街合唱团等，有完善的管理制度和排练演出制度。开展“绚丽天河”群众文化艺术节，主要分为社区文化活动和国际文化活动2个系列。社区文化活动包括“天河改革开放纪实摄影展”、“外来务工人员歌咏展演”等10场；国际文化系列活动坚持每月举办一场音乐会，邀请来自英国、西班牙、奥地利、俄罗斯等国的音乐家来区表演共10场。

【公共文化服务体系】 2008年，全区建有16个省特级文化站、3个省一级文化站、2个省二级文化站，建设各具特色的文化服务圈，棠下、沙东等地形成以外来务工人员为主要受众的文化服务圈。设立“天河读书节”、“明月天河”中秋文艺晚会等不同形式、不同受众的文化艺术活动机制。区文化馆创作的小品《仙人球》获“第六届广州市文艺精品奖”，女子群舞《乞巧韵》获广东省第四届群众音乐舞蹈花会大赛银奖，凤凰街创作的客家山歌获广东省第二届民间歌会表演银奖、中国首届客家山歌艺术节铜奖。

（李斌）

统一战线工作

【概况】 2008年，区委统战部在推动各项统战工作科学发展，营造现代民营经济发展环境，做好民族宗教事务，加强新社会阶层统战工作等方面都有新的突破。

【党外人士参政议政】 2008年，在区委七届五次全会前夕召开民主协商会，听取民主党派人士对全会报告的意见和建议；组织民主党派负责人参与区实施产业高端发展战略的调研活动，为区产业高端发展建言献策；不定期召开民主党派参政议政工作座谈会；各民主党派、无党派人士和工商联围绕区经济建设和社会发展中的突出问题以及人民群众关心的民生问题开展调查研究，民主党派共撰写并提交19篇提案，承担“现代民营经济发展环境，促进我区现代服务业快速发展”调研课题。

【民主党派工作】 ·党外干部的培养、选拔和使用· 对党外后备干部队伍建设，区委统战部与组织部门协调，建立工作机制，实现“三共同”（即共同物色选拔，共同培养教育、共同推荐考察）。继续选送民主党派人士和党外知识分子参加社会主义学院举办的培训班、进修班。是年，安排多名民主党派负责人到广州市社会主义学院学习，安排曾晓元到市司法局挂职。

·社会公益服务· 2008年年初，华南地区发生历史罕见的冰冻灾害；5月，四川汶川发生强烈地震，区委统战部组织海外联、工商联、侨商会向全区港澳、民营、侨属企业和港澳、民营、侨属企业家们发出倡议，通过组织捐款、捐物、献血、赴灾区参加援助等多种方式，向灾区人民提供援助和支持。其中捐助四川地震灾区的善款达840多万元。

【民族宗教】 2008年，区委统战部与区司法局协调将《宗教事务条例》列入2008年普法计划，并把相关条例内容编入是年处级普法学习班考试内容。区委党校5月在区处级干部进修班安排宗教问题与宗教政策专题讲座，邀请市民族宗教局副局长林建新给学员授课。对宗教场所的管理，坚持每月一次宗教活动场所巡查制度，全年未有发生安全事故。

是年，天河区发生多宗涉及民族因素纠纷事件，如个别藏族人员在沙河街摆卖物品时与人发生打架斗殴事件，区委统战部主动协调区信访办、政法委、街道办事处、派出所等职能部门，向少数民族人员宣传政策法规，控制事态，避免激化矛盾，事件得到妥善处理。

【对台工作】 2008年，市台办多次到天河区检查，指导对台工作，听取工作汇报，走访区属台资企业。7月，区领导杨建城、杨南聪、肖彬生、黄彪、肖辉在区政府会见刚刚换届完毕的市台资企业协会天河分会全体理事。8月，区召开对台工作领导小组全体成员会议，研究讨论《当前和今后天河区对台工作意见》。是年，协调处理台商、台胞投诉事项、案件，帮助解决多起台商子女入托、入学问题。对台资企业开展调研，帮助企业解困；建立联络制度，每月与重点台资企业联络一次，每半年到所辖台资企业走访一次。

【海外联络】 2008年，海外联名誉会长、区委书记杨建城，名誉会长、区长徐汉添带领区各有关部门领导到香港拜会太古集团、合和集团、中华总商会、贸发局、新鸿基集团等，介绍天河的投资环境和现代服务业发展规划。区委副书记肖彬生、区委统战部部长肖辉等多次赴港，拜会多家知名企业集团、香港中小企业协会、香港会计师公会等行业协会，听取对天河区发展的意见，为经贸合作牵线搭桥。

通过参加广州海外联谊会香港地区庆新春活动、市政协香港地区联谊庆祝活动、拜访区政协港澳委员、区政协年会、海外联理事联谊等各种活动，宣传“一国两制”。多次组织商务联谊、文化交流、经贸之旅活动。2008年春节，与区侨商会、工商联、民营女企业家商会联合举办“迎新春创意化妆晚会”；5月，海外联和侨商会组织近20名在天河区投资创业的港澳企业家和民营企业家赴江西赣州进行商务考察；9月，组织港澳企业家和民营企业家50多人赴厦门考察厦门软件园、建设中的厦门商务区，并与厦门市思明区委统战部、海外联建立友好关系。

【非公经济人士工作】 2008年，区委统战部注意加强非公经济人士工作，多次深入东泰、威利、佳都国际等20多家企业听取意见，协助企业解决困难和问题。金融危机发生后，5次召开非公经济企业、台资企业、港澳侨企业座谈会，商谈应对之策，提振非公经济企业战胜困难的信心。

（王强、邱碧嵩、张兰）

民主党派

• 民革天河总支部

【概况】 中国国民党革命委员会广州市天河区支部（简称民革天河支部）成立于1987年。2008年7月，经市委会批准，民革天河支部升格为总支部，到2008年底，总支共有党员78人。

【参政议政】 2008年，民革天河总支在区政协会议上，提交1个集体提案，8个个人提案。宋川的提案《尽快出台高排放车辆的限行管理规定》被市政协评为优秀提案。陈木奎参加区政协组织的关于金融危机的调研、企业调研以及关于社会稳定的调研活动，提出多项建议，受到高度重视。是年陈木奎被聘为民革广东省委员会参政议政委员，提出关于危机处理与城市科学发展的建议得到省民革委员会的高度重视，作为一项专门的提案来处理。

【组织建设】 2008年，民革天河总支重视理论学习，落实科学发展观实践活动，参加市委会、统战部等单位组织的学习培训。5月，组织全体党员到江门考察，与民革江门市委会、蓬江区总支就组织建设、参政议政等内容进行交流。7月，经市委会批准，民革天河支部升格为总支部，选举产生总支委员，并制定《天河区民革支部工作规定》。是年发展新党员10名。

【活动情况】 2008年，民革天河总支副主委宋川向西部拓展事业，并以广州市工商联支委身份，为四川地区招商引资牵线搭桥。蔡芸芸撰写《通过器乐教学提高学生的音乐综合素质》获第二届全国新课程器乐教学研讨会论文评比一等奖。陈木奎资助失学孤儿重返学校，并赞助举办广州市2008年岭南高校建筑快题设计竞赛。著名画家陈名流美术作品《翠亨村》被中央民革作为《纪念改革开放30周年美术作品展》入选作品展出。是年“5•12”汶川地震后，总支全体党员进行赈灾募捐活动，共筹得1.2万余元。赖倩仪5月赴四川灾区，参加前线救灾工作；8月，赴云南地震灾区海拔2800米的山村慰问灾民，被中国狮子联会授予“最佳会员”称号、被广东狮子会评为优秀秘书长及颁发“抗震救灾勇狮奖”。

【机构】 中国国民党革命委员会是中国共产党领导的爱国统一战线中的一个民主党派， 由原中国国民党民主派和其他爱国民主人士所创建，是具有政治联盟特点的、致力于建设有中国特色社会主义和祖国统一事业的政党。

支部负责人：倪瑞兰

（民革天河支部供稿）

• 民盟天河总支

【概况】 中国民主同盟广州市天河区总支（简称民盟天河总支）成立于1990年7月。2008年有6个支部，新发展盟员2人，共有成员100人。盟员主要由教师、义务工作者、律师等专业人员组成，担任盟市委副主任1名，市人大代表1名、区人大代表4人、区政协常委2名，政协委员5名。

【参政议政】 2008年，民盟天河总支对辖区内特殊、贫困家庭进行调研，在区政协六届三次会议上作题为《构建社会工作体系，促进和谐社区建设》的大会发言，并被区政协委员会确定为2008年调研专题。盟员在两会期间共提交议案、建议16篇。

【活动情况】 2008年，汶川地震后，民盟天河总支响应号召，为灾区捐款44552元。盟员钟小英以志愿者身份2次赴灾区第一线参加抗震救灾工作。盟员教师符光锋放弃暑假休息，到连南山区，为山里孩子排练合唱和器乐，受到当地群众好评。

【组织建设】 2008年，发展新盟员2人。组队参加盟市委举办的“重温盟史展望未来知识竞赛”，获得二等奖。是年，民盟天河总支被民盟广州市委评为2007-2008年度先进总支；民盟广州市第四十四中学支部被盟市委评为先进支部；马国珍、白云龙、朱爱华、邱文萍、陈淡卿、房燕、赵英涛、钟小英、符光锋、滕桂杰等10位盟员被盟市委评为2007-2008年度先进个人。

【机构】 中国民主同盟（简称民盟）是中国共产党领导的爱国统一战线的组成部分，是同中国共产党通力合作的参政党，是主要由从事文化教育以及科学技术工作的高、中级知识分子组成的，具有政治联盟特点的，致力于建设中国特色社会主义事业的参政党。

主任委员：王壮

（民盟天河总支供稿）

• 民建天河总支

【概况】 中国民主建国会广州市天河区支部（简称民建天河支部）成立于1994年11月。2007年支升格为总支。2008年，共有会员61人。

【参政议政】 2008年，针对现代服务业日益成为区的主导产业、高端服务业发展方兴未艾的发展趋势，天河区委统战部与民建天河总支以“天河区民营现代服务业的发展”为题开展联合调研，完成《加速发展民营现代服务业，启动现代服务业发展新引擎》（初稿）。

【组织建设】 2008年，民建天河总支成立区的基层委员会。9月，民建市委会和天河总支部商议成立5人筹备小组，并初步确定基层委员会下设3个支部。是年，会员人数新增12人。

【活动情况】 2008年，民建天河总支组织会员分别以学习十七大精神，与外地民建支部会员联欢、进行基层委员会候选人民主推荐等为主题举办形式多样的外出参观学习活动。主任刘疆民、副主任许桂强、张燕萍、刘小娴等分别参加区委统战部、市委会组织的学习活动。“5•12”地震后，组织会员为灾区捐钱捐物，共有18名会员捐献7200元。

【机构】 中国民主建国会是主要由经济界人士和其他专家学者组成的政党，是中国共产党领导的多党合作总格局中的参政党，是中国人民政治协商会议的组成单位。

主任委员：刘疆民

（民建天河总支供稿）

• 民进天河总支

【概况】 中国民主促进会广州市天河区总支（简称民进天河总支）成立于1986年5月。2008年，新增会员2名，转出会员3名，共有成员154人。成员中有担任市人大代表1人，担任市政协委员1人，区政协委员4人。现任总支委员7人。

【参政议政】 2008年，在区政协大会上，民进天河总支作题为《充分利用现代化大都市中心区优势，加快中小学生实践活动课程建设》的大会发言，并撰写多个提案。其中《关于建立基层党派活动室的建议》得到落实，并获区三等奖；是年，提交6个集体提案，多条信息，上交3个调研课题，其中《打造怡情山水，构建和谐“城中绿岛”》入选民进广州市课题。

【组织建设】 2008年，民进天河总支学习贯彻《中共中央关于进一步加强中国共产党领导的多党合作和政治协商制度建设的意见》文件精神，选派骨干参加市的学习班，举办学习辅导讲座。总支委员学习6次，辅导报告2次。是年，总支坚持一季度召开一次总支委员会议，发展2名优秀人士入会。

【社会服务】 2008年，民进天河总支发动会员参加各种扶贫捐助活动和社会公益活动，在“5•12”抗震救灾活动中，会员们分别在各单位捐款，合计达12930元，交纳特殊会费11170元。154位会员中，有70多位在职会员，90%在天河教育系统工作，大多数会员为教学骨干，2位担任正校长，3位担任副校长，1位校长助理，8位任学校中层干部。是年，多名教师会员受到区委区政府的高考、中考质量奖及单位的奖励。

【机构】 中国民主促进会（简称民进）是以从事教育文化出版工作的高中级知识分子为主的、具有政治联盟性质的、致力于建设有中国特色社会主义事业的政党。

主任委员：曹利元

（民进天河总支供稿）

• 农工党天河总支

【概况】 中国农工民主党广州市天河区总支部（简称农工党天河总支）成立于1990年6月。党员主要由医药卫生界的中高级知识分子及教育界的优秀分子组成。2008年，发展党员4人，总支共有党员58人。

【参政议政】 2008年，农工党天河总支有2名党员担任区七届人大代表，5名党员担任区六届政协委员。在3月召开的区人大、政协两会上，农工党总支2名代表在政协会议上作大会发言，同时向两会提交3个提案，1个议案，其中《关于组建民办高校校巴的建议》引起政府部门高度重视。是年，总支有2位党员被选为区行风评议员，参加是年对区文广新局及区建设和市政局的行风政风评议。

【组织建设】 2008年发展新党员4人，都是医学界或其他领域的佼佼者；另有6位无党派人士递交入党申请书。是年，总支组织全体党员集中学习统战理论及农工党新章程。4月，组织农工党党员学习区人大、政协等有关文件精神；6月，组织全体党员参加新党章学习。

【活动情况】 2008年，农工党天河总支组织开展义诊活动，针对“看病难、看病贵”现象，总支组织有关党员到社区参加义诊活动，主要开展“心理咨询”义诊；开展扶贫活动，天河区妇幼保健院农工党党员曾维钦参加对贫困县平远县妇幼保健院帮扶活动，并到平远县带教及传授技术；在抗冰冻灾害和抗震救灾中，农工党员发动2次捐赠，共计8万多元。

【机构】 中国农工民主党(简称农工党)是以医药卫生界中高级知识分子为主、具有政治联盟特点、致力于建设有中国特色社会主义事业的政党。

主任委员：曾维钦

（农工党天河支部供稿）

• 致公党天河总支

【概况】 中国致公党广州市委员会天河区总支部委员会（简称致公党天河总支）成立于1988年11月。2008年，总支发展新党员4名，共有党员54人。

【参政议政】 2008年8月，致公党天河总支组织开展《电脑游戏对社会的影响探讨》调研，12月，开展《问题少年儿童心理援助中心建设》的调研。是年，致公党天河总支提交提案《凝侨心，聚侨力，加强我区社区侨务工作》、《关于推动天河软件和动漫产业发展的建议》、《深化律师事务所与基层司法所“所所结对”工作的建议》，曾晓元提交提案《规范小区停车，促进和谐居住》。是年，在区政协六届三次会议上，致公党天河总支于2007年提交的《关于加强对区属几大公园环境管理、建设具有丰富文化内涵的休闲胜地的建议》被评为优秀提案一等奖；在致公党市委会成立50周年纪念大会上，天河总支获得市委会参政议政先进集体称号，曾晓元、郭大双、黄玉霞、林罗龙获市委会参政议政先进个人称号。

【活动情况】 2008年，致公党天河总支成员在抗雪灾、抗震救灾中参加各成员单位和市委会组织的捐款捐物共计55万多元。是年，曾晓元资助平远贫困学生1名；艾强参加广州市青年志愿者协会为四川地震赈灾活动多项，并获广州青年志愿者协会优秀积极分子称号。

【组织建设】 2008年，致公党天河总支组织全体党员学习中共十七大精神和致公党十三大精神，开展系列学习活动：3月，梁超荣、沈英姿、蒋远东参加市委会组织的新党员培训班；4月，组织党员学习两会精神；9月，总支所有成员参加市委会成立50周年纪念大会。是年，总支还组织与萝岗支部进行联谊活动。

【机构】 中国致公党是以归侨、侨眷中的中上层人士和其他有海外关系的代表性人士组成的，具有政治联盟特点的，致力于建设有中国特色社会主义的政党。

主任委员：曾晓元

（致公党天河总支供稿）

• 九三学社天河支社

【概况】 九三学社广州市天河区支社（简称九三学社天河支社）成立于1996年11月，前身是九三学社广州市天河区直属小组。2008年吸收2名新成员，共有成员33人。社员来自于天河区属科技、城建、环保、卫生、教育等系统的中、高级技术职务的知识分子。

【参政议政】 2008年，九三学社天河支社围绕天河区经济社会发展中的重大问题和人民群众普遍关心的热点、难点问题，开展调查研究，在区政协六届三次会议上，支社提案《关于加快发展我区东北部医疗卫生事业的建议》被评为优秀提案。是年，支社针对创卫工作出现反复的情况，提出首先要完善制度建设，创新城市管理运行机制，强化基础设施建设，推进城市环境综合治理，该调研成果以《落实城市管理长效机制，巩固创卫工作成果》为题进行中心发言，受到好评。在区政协年会上支社集体提案1件，大会发言1件，社员个人提案2件，人大年会上批评、建议1件。是年有1名社员担任区政协副主席，1名社员担任区人大代表、区人大常委会委员，3名社员担任区政协委员，2名社员担任区政协常委。

【活动情况】 2008年，支社社员热心公益活动，为“5•12”地震灾区捐款共人民币2.1万元。社员参加社市委会组织的系列迎奥运活动，派社员参加“迎奥运太极拳”、“迎奥运羽毛球赛”，支社组织迎奥运登山活动。是年，支社有15名社员年度考核被评为“优秀”。支社共有25篇论文发表，有些被国家核心期刊采用。

【组织建设】 2008年，每月组织一次组织生活会，社员对社会关心的热点、难点问题发表意见和建议，交流学习体会。是年新发展2名社员。

【机构】 九三学社是以科学技术界高、中级知识分子为主的具有政治联盟特点的政党，是接受中国共产党领导、同中国共产党亲密合作、致力于建设中国特色社会主义事业的参政党。

主任委员：刘勤俭

（九三学社天河支社供稿）

• 台盟天河支部

【概况】 中国台湾民主自治同盟广州市天河区支部（简称台盟天河支部）成立于2005年11月。2008年，成员13人。

【参政议政】 2008年，台盟天河支部主委林峥和李国莹参加区政协六届三次全会，林峥代表天河支部作大会发言，题为《关注民生，加强我区食品安全监管》，支部成员提交3篇提案和社情民意：《关于明确政协委员开展调研工作办法的建议》、《天河区玉龙居房产证发放问题建议》、《关于解决我区改制企业遗留问题的建议》。是年，台盟天河支部有各级政协人大代表4人，担任各单位特邀四员3人，全年支部各级政协委员共提交提案8篇。

【活动情况】 2008年2月，支部盟员参加纪念台湾二二八起义60周年座谈会；3月，支部主要成员参加台盟广东省委员会组织的全国两会精神传达会，学习两会的主要精神和内容；4月，支部支委参加台盟市委委员扩大会议；6月，支部4位盟员和积极分子参加广州地区青年台胞培训班，学习当前对台方针政策和了解台海形势；12月，支部支委随市委会前往海南，与海南省台盟、海口市台盟进行组织及参政议政等方面的工作交流。

【社会服务】 2008年4月，台盟天河支部主委林峥参加由广州海外联谊会、广州市台湾同胞联谊会、南沙珠江管理区主办的主题为“送真情到农村”在穗高校台湾学生义诊活动，为当地群众提供医疗服务。“5•12”汶川地震后，支部成员共捐款1万余元，并参与广州市台盟、台联为灾区妇女儿童献爱心，募捐急需用品等活动。

【机构】台湾民主自治同盟，简称台盟。是由台湾省人士组成的社会主义劳动者和拥护社会主义的爱国者的政治联盟，是为社会主义服务的政党，是与中国共产党通力合作的一个参政党。

支部主委：林峥

（台盟天河支部供稿）

机关党的建设

【思想政治建设】 2008年，区直属机关党委开展党员思想政治和理想信念教育。召开“解放思想大家谈，我为创新机关党建工作献良策”座谈会，“弘扬抗震救灾精神、坚定理想信念”专题报告会。在1号楼大厅设立《党建宣传园地》，设立区机关“解放思想争当排头兵”学习实践活动专栏。下发《关于进一步加强区直属机关党员干部作风建设的意见》、《关于动员区直属机关党员干部争当创建全国文明城市排头兵的通知》和《行动起来，争当创建全国文明城市排头兵——致天河区机关全体党员的倡议书》。各党总支（支部）通过理论中心组学习、培训班、专题讲座、知识竞赛、学习论坛等多种形式，引导党员干部深入开展解放思想大讨论。举办区直属机关学习十七大精神报告会、学习实践科学发展观报告会、党务干部培训班、党委委员培训班、新党员培训班。区委副书记肖彬生为党委委员作深入学习实践科学发展观活动报告，要求委员们发挥职能作用，带头做好服务工作。通过专题讲座、专家辅导、参观展览、外出考察等多种形式，培训机关党组织负责人、党务干部近180人。

通过党课、先进事迹教育、网络教育等形式，开展党员经常性教育活动。组织召开以“弘扬抗震救灾精神，争当创建文明城市排头兵”为主题的学习抗震救灾党员先进事迹座谈会，邀请赴抗震救灾第一线的先进党员代表，省抗震救灾医疗队员刁冬梅和省抗震救灾优秀党员天河区卫生监督所钟炜，为区直属机关各党总支（支部）委员、党员代表、新党员、入党积极分子代表上课。全年共订购学习十七大文件资料2000多册，解放思想、学习实践科学发展观活动、廉政教育等书籍5000多册。

【党风廉政建设】 2008年，区直属机关各党总支（支部）开展纪律教育学习月活动和机关廉政文化建设，先后开展民生信访问题专项治理、重信重访问题专项治理和领导下访活动，举办培训班、形势报告会，召开廉政教育座谈会，开展征文比赛、书画比赛、诗歌朗诵比赛、知识竞赛、球类比赛等以廉政文化为载体的形式多样的系列活动。是年，机关纪委共处理群众来信2件，立案调查1人，处分党员1人。

【党组织实践活动】 2008年，区直属机关党委开展与基层党组织“结对帮扶”活动，开展“党员社区服务日”主题实践活动，机关党支部参加率达100%，党员参加率达93%。各党组织做到“送医、送药、送规划、送政策、送法律”下社区，促进机关社区党组织之间优势互补。区经贸局、区科技局、区司法局、区人事局、区劳动和社保局、区国土和房管分局、区规划分局、区协作办等单位前往梅州市平远县，与该县农村党支部开展城乡基层党组织互帮互助活动。区机关各党支部发挥党建业务的优势，帮助结对支部建立健全各项规章制度，指导农村支部做好日常性、规范性工作，并实地走访慰问困难党员、困难群众和贫困学生。下乡与农民共同劳动，促进新农村建设，同时接受教育。

【书香机关活动】 2008年，区直属机关党委组织开展“书香机关，韵溢天河——推荐一本好书”活动，并将优秀作品在区机关“解放思想争当排头兵”学习实践活动专题网页及简报、《广州天河新闻》、天河信息网上刊登，向机关干部职工推介；举办2008年天河区“书香机关，韵溢天河”图书展；开展2006～2007年度天河区“书香机关”先进单位的评选，区委办等50个单位被评为“书香机关”单位。

【机关党组织建设】 2008年，区直属机关党委组织开展“‘贺岁杯’区直属机关乒乓球赛”、“区直属机关趣味团体赛”、“区直属机关迎奥运羽毛球赛”，组织开展大型“迎奥运、贺新春”体育花会活动，参加区“纪念改革开放30周年”诗歌、散文朗读大赛；选送10个节目参加“区廉政文艺创作节目专题汇演”选拔，区文广新局和猎德街创作的情景剧《董事长的烦心事》获得戏剧小品类一等奖；区司法局创作的情景诗《高墙里的忏悔》获得语言艺术类一等奖；区法院表演的合唱《人民法官之歌》、《纪检监察之歌》获得音乐舞蹈类一等奖，丰富党员的文化活动。

是年，各党总支（支部）全面推行并深化党务公开工作，对党组织的重要决策、党员干部的考察任免、党员教育管理及发展党员、党费收缴、结对帮扶等情况全部进行公开。建立健全理论学习、党员教育和管理、党风廉政责任制等规章制度，执行党费收缴、组织关系接转、党务信息统计、流动党员管理等制度，党组织各项工作做到有章可循。

全年举办3期党务干部培训班，培训达300多人次。发展新党员22名，预备党员转正24名，组织30名入党积极分子参加入党培训班学习。有1个党总支、

2008年天河区直属机关党员统计表

党员总数			性别		民族		年龄			文化程度			
总计	正式党员	预备党员	男	女	汉族	少数民族	60岁以上	36～59岁	35岁以下	大学专科以上	中专	高中	初中以下
1769	1715	54	1110	659	1730	39	266	861	642	1564	74	81	50

2008年天河区直属机关新发展党员统计表

党员总数	性别		民族		年龄			文化程度			
总计	男	女	汉族	少数民族	60岁以上	26～59岁	25岁以下	大学专科以上	中专	高中	初中以下
22	8	14	22	/	/	20	2	22	/	/	/

9个党支部完成换届改选，7个党支部进行补选。

【助贫解困】 2008年，南方先后遭受冰冻雨雪灾害、“5•12”四川汶川特大地震灾害，区直属机关全体党员积极响应救灾紧急募捐倡议，交纳“特殊党费”，各党总支（支部）书记和支委们带头交纳，党员踊跃响应。截至5月底，区直属机关党委共有1415名党员交纳“特殊党费”共计43.2万元，其中交纳1000元以上的党员124名。春节和“七一”期间，党委专门组织开展慰问困难党员活动，累计慰问困难党员、老党员、生病住院党员、党员遗属79名，发放慰问款33978.71元。

（陈伟红）

人事工作

【概况】 2008年，天河区政府系统公务员3548人，事业单位管理人才和专业技术人才6196人，公有经济企业各类人才99人。区属各类专业技术人员共有5552人，其中，高级资格576人，占专业技术人员数的10.4%；中级资格3044人，占专业技术人员数的54.8%；初级资格1682人，占专业技术人员数的30.3%。

【事业单位参照管理的报批】 2008年，区信息化办等8个事业单位获准参照公务员法管理。3个新申请参公管理事业单位的有关材料报送上级公务员主管部门审核。

【公务员管理】 •公务员招录• 2008年，通过录用资格审查、面试、组织考察、资料审核上报、录用公示等步骤，招录5名公务员分别进入区政府系统5个单位。区人事局提出2008年度下半年区政府系统13个单位20名公务员招考计划。

•公务员培训• 是年，推行公务员培训积分制。举办2期全区组织人事干部公务员培训积分制管理培训班，102名组织人事干部参加培训，明确积分制管理的有关要求。开通公务员培训网络大学堂课程，公务员参加自选课程培训。开展9期公务员普通话培训测试工作，890多名公务员参加培训测试，合格率达96.7%。

•公务员考核• 是年，新的公务员考核办法实施，年度考核比例、奖励评定标准、事业单位考核等与往年不同。至年底，政府系统52个单位9470人完成年度考核，其中评为优秀等次706名、事业单位工作人员860名，评为不称职（合格）等次的公务员4名、事业单位工作人员1名，评为基本称职（合格）等次的公务员和事业单位人员各5名。确认1092人获得奖励，即嘉奖875人，其中处级干部79人、科级以下（含事业单位工人）干部796人；三等功217人，其中处级干部26人，科级以下干部191人。

【竞争上岗与人事任免】 2008年，全区政府系统33个单位共30名正科级干部、23名副科级干部通过竞争上岗走上领导岗位。是年，区公安分局因派出所机构规格调整，区人事局协助做好择优晋升和政策性非领导职务晋升任职资格审批，晋升主任科员4名、副主任科员466名。全年办理处级干部任免87人次，科级干部任免43人次；审批科级非领导职务任职525人次（含公安分局）；审批辞职11人，辞退3人，离职6人，区外干部调任2人。

【事业单位推聘改革】 2008年，推动因特殊情况暂缓改革的市政建设、天河科技园管委会等系统事业单位（涉及14个事业单位、在编人员277人）的聘用制度改革工作。区建设和市政局属下12个事业单位（在编人员257人）制定推聘改革方案，除天河公园外，11所学校（191人）完成岗位设置、竞聘上岗和双向选择、人员聘用工作。天河科技园管委会2个事业单位（在编人员20人）完成制定推聘工作方案、岗位设置、竞聘上岗和双向选择及人员聘用工作。

【人才引进】 2008年，天河区面向全国公开招聘优秀应届毕业生201名（其中研究生50名，本科生151名）、骨干教师54名（其中高级专业技术职务13名，中级专业技术职务41名），充实区教师队伍力量。是年，总结区规划分局开展雇员招聘及管理试点工作经验，制定全区雇员招聘工作方案。并针对区原雇员管理办法的不足，起草《天河区机关雇员管理试行办法实施细则》（讨论稿），提交区雇员管理工作领导小组审定。人事代理中介合作制成为区政府人才服务机构与民营人才中介机构合作为企业和人才服务的成功模式。全年引进300名优秀企业人才落户天河，比2007年增长155%；集体户挂靠人员达1400多人。接收应届毕业生760人，其中硕士生114人、本科438人、大专4人，同比增长62%。

【区域人才资源开发】 2008年，区人事局到侨鑫集团、合众人寿、光泰激光、城市信息和韦伯俊杰等现代服务业和动漫软件业的重点企业进行调研，了解企业人才状况和服务需求，开展重点人才库数据收集工作。为辖内90多家重点企业提供人事人才工作上门服务，向企业宣传天河区产业发展规划和人才优惠政策，为重点企业在引进核心人才、人事代理等方面开辟方便快捷的“绿色通道”。利用网络搭建人才公共服务信息平台，开通“天河人才网”，开发网络招聘管理系统，开辟“人才入户”、“人事代理”、“毕业生工作”、“职称业务”、“培训教育”、“政策法规”等栏目和业务在线申请功能，方便企业人才网上办理业务。

【军转干部、随军家属安置】 2008年，天河区实际接收军转干部55名，分配到公务员岗位30人、事业单位25人。完成2007年分配到区管理的3名自主择业军转干部报到工作，为历年来分配到区的93名自主择业军转干部更换新医疗证并安排体检。全年为39名企业军转干部确认身份，并按新的补贴标准发放生活补贴。对随军家属的安置，将其中14名教师和医护人员安置到中小学校担任教师或校医。

【服务专业技术人员】 2008年，审核和办理专业技术资格评审（认定）557人次。开通“高层次人才管理系统”、“专业技术资格评审系统”、“专业技术人员继续教育信息管理系统”等网上办事系统，基本实现专技管理主要业务网上办理。10月，通过高层次人才管理系统，协助广州暨南生物医药研究开发基地博士后工作站启动“黄连和小檗碱作用金黄色葡萄球菌的分子机制研究”科研项目经费申报。

（区人事局供稿）

机构编制

【综合行政执法改革】 2008年，原广州市城市管理综合执法支队天河大队调整为广州市城市管理综合执法局天河分局，是区政府负责城市管理综合执法机构，从而理顺城市管理体制，解决城管领域管理多头、政出多门、职责不清、关系不顺等问题。市国土房管局天河区分局内设的“土地矿产监察科”更名为“广州市国土资源和房屋管理局天河区分局执法监察科”，加挂“广州市国土资源和房屋管理局天河区分局执法监察大队”牌子，以广州市国土房管局名义实施辖区内的国土资源综合行政执法，区分局的其他机构及事业单位不再承担行政执法职能。

【公共社会服务和保障体系调研及改革】 2008年，区机构编制委员会办公室牵头组织区教育、人事、财局等单位召开会议，协商讨论核编工作。组织人员到天府路小学、龙口西小学分校区、泰安中学进行实地调研。经核定，天河区2008学年中小学教职员编制可配4796名。是年，重新核定区法院、检察院、司法局行政系统政法专项编制，分配行政编制15名用于理顺区政法委抽编使用政法专项编制问题。将区民政局民间组织管理办公室主要职责划入区民政局内设基层政权建设和社会事务科。配合区经普办第二次全国经济普查工作，提供全区机关和事业单位基本情况，并督促区属机关和事业单位配合开展普查登记工作，参与数据对比分析。

【事业单位分类改革】 2008年，区编办开展区事业单位分类改革调查研究和分析工作，摸清全区事业单位底数，对区事业单位机构编制情况进行基础测算和动态分析。依据事业单位的社会功能，对事业单位进行模拟分类。是年，撤销区员村第六小学，将其人、财、物移交区员村第五小学。将区信息中心变更为区信息化办公室，并调整其职责。明确区市政河涌管理所、区林业工作站、区农产品质量安全监督检测中心、区价格认证中心、区房地产租赁管理所、区土地开发中心、区危房改造建设管理所、区社区服务中心、区河涌管理所等事业单位的经费形式、机构规格和主要职责。

【机构编制管理】 2008年，全区行政事业单位没有擅自设立新机构和内设机构、机构升格及擅自增加领导职数、人员编制等现象。全年按照市批复增加行政编制75名（其中军队转业干部行政编制45名），核定政法专项编制（除公安外）354名。核销区离退休干部工作人员编制65名；收回、核销并置换党政机关自定编制共11名。撤销2个事业单位。总体机构数额增幅不大。举办《天河区机构编制动态管理信息系统》业务操作培训班，近100名来自全区机关事业单位的组织人事干部参加培训。加强对全区动态情况的跟踪掌握，建立健全以编制“实名制”管理为核心的“机构编制动态管理系统”，利用信息化手段建立起区机构编制与组织人事管理、财政预算相互配套协调的约束机制，全年办理130名人员调动核准编制工作。区编办联合有关部门建立机构编制监督检查机制，将机构编制综合执法检查、专项检查与日常检查结合起来。全年为区属286个事业单位办理事业单位法人登记年检，变更56个事业单位法人信息、注销4个事业单位法人登记。

2008年7月，区编委办主任莫沃明在天河区机构编制动态管理信息系统业务操作培训班上讲话。

区编委办供稿

【关注民生、深化行政管理体制改革】 为加强基层信访工作，在区属各街道现有内设机构党工委办公室、办事处办公室（合署办公）加挂“街道信访室”牌子，负责处理基层信访工作。

2008年天河区党政群机关人员编制表

编制数	其　中		备　注
	行　政	事　业	
8280	1134	7146	未含公、检、法、司

2008年天河区新成立单位表

成立日期	单位名称
2008.03.12	广州市天河区应急管理办公室

2008年天河区更名单位表

日　期	单位原名	单位现名
2008.03.12	广州市天河区信息中心	广州市天河区信息化办公室

2008年天河区撤销单位表

日　期	撤销单位	减少（收回）编制数
2008.05.29	广州市天河区兽医卫生监督检验所	
2008.09.18	广州市天河区员村第六小学	

（王美玲）

侨务、外事

【天河区侨情】 2008年，天河区有海外华侨华人6848人（主要分布在北美、西欧、澳新、东南亚等地），归侨2460人，侨眷7317人，参加侨商会的侨资企业60多家。归侨侨眷主要集中在五山、员村、石牌、车陂、天河南、棠下、兴华、龙洞等街道，尤其是暨南大学、华南师范大学、华南理工大学、华南植物园的归侨侨眷相对较多。

【侨务工作】 2008年春节期间，副区长黄彪带领区侨办慰问区内荣誉市民及留学回国创业人员，了解这些人员在广州创业所遇到的困难，指示区侨务外事办要为留学回国创业人员及其企业做好贴身服务。市侨办副主任潘嘉玲在区相关部门陪同下，到棠德花园慰问2家困难归侨侨眷，并送去慰问品和慰问金。

4月，开展全区《中华人民共和国归侨侨眷权益保护法》执法检查。执法检查小组听取区侨办、天河科技园管委会、教育局和棠下、车陂等街道的工作汇报，考察暨南大学侨捐项目管理、华南植物园社区侨务工作和区侨商会企业东扬彩印公司，并召开部分归侨侨眷座谈会。执法检查小组对天河区政府在宣传和贯彻落实侨法方面的工作给予充分肯定，同时指出存在问题和工作的重点。

【侨捐项目监管】 2008年，天河区侨捐监管工作的重点是建立省部市级单位的属地监管侨捐项目工作。由省部、市级单位报来《华侨港澳同胞捐赠兴办公益事业情况登记表》的项目有161项，按照项目金额10万人民币及占项目总投资额25%以上为确认起点有117项，华侨捐赠总额20213万元人民币，其中500万以上需挂牌的项目11项。

【对外交流】 2008年，发挥联动工作机制，赴香港参加广州市侨办和广州市海外交流协会主办的“穗港乡亲新春团拜会”；采取“走出去”、“请进来”等多样化工作方式，加强对港澳地区爱国爱港社团、人士的联系，加强与香港社团和各界别人士的交往；5月，由区委统战部和区侨办牵头，组织近20名在区投资创业的港澳企业家和民营企业家赴江西赣州进行商务考察；8月，联合组织部分会员企业赴厦门商务考察。9月，“三联会”（海外联、工商联、侨商会）举办“迎国庆、贺中秋”茶话会，加强会员企业之间的沟通联谊，并邀请区发改局、市外经贸局的领导对天河区发展规划、港澳企业在穗准入制的补充规定进行说明。

【出国（境）管理】 2008年，共为区内单位及企业办理因公出国（境）团组163批，315人次。天河区因公出国（境）及审核报批总体情况良好，证照申办、报批、发放和收缴均能严格按照外事工作程序办理，未发现违规审核报批情况。严控区机关干部因公出国（境）团组报批。区纪委、组织部、人事局、财政局、外事办联合发文，治理公款出国（境）旅游，对区副处级以上区管干部因公或因私出国（境）管理，未发现公款出国（境）旅游情况。是年，压缩区属各机关单位因公出国（境）团组共6批、62人次。

【民间文化交流】 2008年，区外事办组织区文化馆属下天河艺术团赴日本福冈市，参加每年一度的“亚洲月”文化节活动。天河艺术团带去有浓郁中国岭南特色的舞蹈《乞巧韵》、高胡独奏《鸟头林》、少数民族舞蹈《吉祥》和男声独唱《黄昏放牛》。此次活动加强天河区与兖州各国文艺团体的交流，也展示中国传统文化艺术的风采，得到福冈市民的欢迎和好评。

（崔勇）

老干部工作

【概况】 2008年，天河区离休和副处以上退休干部共515人，比上年增加42人。其中离休干部69人（企业离休干部12人，异地安置离休干部16人），副处以上退休干部约446人（其中市副局以上退休干部29人），比上年增加42人。是年，区老干部工作全面树立和落实科学发展观，创新管理和服务思路，全区老干部工作展现出新的面貌。

【老干部思想政治建设】 2008年，区委老干局采取阅读文件、听报告、参加重要会议和重要活动、座谈讨论、就近参观和送学上门等方式，组织和引导离退休干部学习党的十七大精神、学习科学发展观等重大战略思想。组织每月一次的老干部阅文活动；定期召开离退休老干部座谈会、情况通报会；先后组织“天河区2008年老干部情况通报会暨迎新春文艺汇演”、“天河区2008年迎春敬老座谈会”、“解放思想、科学发展”专题座谈会、“离退休干部‘迎国庆、贺中秋’茶话会”和纪念改革开放三十周年座谈会。是年，举办各类专题讲座，围绕党的十七大精神、科学发展观等社会热点问题进行讲解。

·老干部党支部建设· 是年，举办离退休党支部书记培训班，并组织离退休支部书记到珠海老干部活动中心参观学习，还选派5名支部书记参加市委老干部局举办的党支部骨干学习班。组织离退休党支部开展“党旗更鲜艳”活动，举办以“弘扬文明新风、传播先进文化”为主题的天河区老干部红歌赛，全区共有11个离退休党支部近70名选手报名参赛。

·开展社会公益· 2008年5月，汶川地震灾情发生后，区委老干局组织“心系汶川，奉献爱心”紧急捐助活动，离退休老干部纷纷到老干部活动中心为灾区捐款，共募集捐款59730元。有的老干部还缴纳上万元特殊党费帮助灾区度过难关。是年，成立老干部城市文明督导员志愿者服务队，由老干部对公共场所的有碍观瞻、有损市容和广州形象的各种不文明行为、现象进行劝导、说服和监督，还有16位老干部参加文明交通执勤岗执勤。

【落实老干部生活待遇】·医疗保健· 2008年4月，组织享受优诊待遇的离休干部和市副局级退休干部等近60人到市第十二人民医院进行疗养体检；5月，组织全区离退休干部321人到天河区中医院进行健康体检，及时反馈体检结果，建立老干部健康情况档案，还请保健专家有针对性地为老干部作预防和治疗方面的指导，并安排有可疑病症的老干部到省、市一级医院作进一步检查和治疗。是年，在区老年干部大学定期举办老年保健知识讲座。

·走访慰问· 2008年春节和中秋，区委老干局组成若干小组，分别上门探望和慰问因病住院、患病在家的老干部和老干部遗属，共慰问老干部55人。凡老干部生病住院，均由1名局领导带队前往探望，并送上慰问金，是年，共探望老干部63人次。对重病在身、久病不愈的老干部给与特殊困难补助。每季度走访10多户老干部家庭，了解老干部生活和身体情况，听取老干部的意见和建议，全年走访老干部家庭70多户。是年，调整机关事业单位离退休人员离退休费，申请专项经费，为符合政策规定的12名企业离休干部增加离休费，并一次性补发8900多元。

·参观考察· 是年，先后组织离休干部前往珠海、中山参观；组织区原四套班子、区纪委班子和享受市副局级待遇的老领导到北京、天津等地参观；组织全区离休和副处以上退休干部赴玫瑰园参观现代农业。通过外出参观考察，让广大离退休干部了解天河、广州乃至全国的经济社会发展情况。

【文体活动】 2008年，老干部活动中心组织闹元宵联欢会、“迎奥运、办亚运”中老年人书画摄影展；老干部“红歌赛”等多项大型活动，全年开展各类文体活动25场次，老干部团队在各项比赛中获得一定成绩：老干部诗书画影协会出版画册《金秋》；老干部门球队先后在广州市“贺岁杯”门球邀请赛和第十二届广州市区（市）际“越秀杯”老干部迎奥运门球联谊赛中获第一名；老干部地掷球女队获得广州市塑质地掷球锦标赛第二名。

【老年干部大学建设】 2008年，天河区老年干部大学开设14个学科，72个教学班，全年招收学员1910人次。提高校长、教师待遇调动教师积极性，提高教学质量。是年，副校长刘任怀撰写的论文《老人教育要与时俱进》被《广州老年教育研究》刊登。

【关心下一代工作委员会工作】 2008年，区关工委协助区委出台《关于进一步加强关心下一代工作的意见》。9月，关工委召开关心下一代工作经验交流会，总结2001～2007年的工作经验，表彰关心下一代工作先进集体和个人，兴华街关工委、黄村江夏社区关工小组等先进集体介绍开展关工工作的典型事迹。是年，区关工委下基层调研和开展工作，切实帮助街道关工委解决工作中的实际问题，如到兴华街深化家长学校调研，摸清家长学校的状况，推动兴华街家长学校成为市文明办的示范点；在林和街、黄村街、兴华街开展“快乐假期”调研，推动青少年过有意义的假期生活。开展帮教工作，对经法院判决的少年犯进行跟踪帮教，区关工委与冼村、长兴、林和、五山、凤凰等街道一起落实需要跟踪帮教的对象38个。

（吴新华）

档案管理

【单位档案管理达标】 2008年，全区共有10个单位达到档案综合管理省一级以上标准。区人事局、区机关事务局、科技园管委会、骏景小学、林和小学、市国税东区稽查局等6个单位达到省特级标准。区委党校、供销合作社、体育局、社保局4个单位达到省一级标准。是年区档案局对达标满3年的国土局、区法院、人防办、五山街、五山小学、石牌小学、天秀中学、东圃中学、元岗经济发展公司档案工作进行复查。

【档案接收】 2008年，区档案局接收区属12个单位的档案进馆，共计1459卷、1302件。至此，区档案馆馆藏档案达16个门类，总量达到28218卷、24460件。收集现行文件近4000份，并在区档案信息网上发布。

【档案开发利用】 2008年，区档案局接待利用档案397人次，查阅档案642卷、294件。婚姻档案查阅人次占查阅总数的2/3多。区档案局将婚姻档案资料目录输入电脑缩短查阅时间，并提高准确性，方便辖区市民因申请贷款、入户、办理出国手续、申请生育指标、离婚以及公、检、司法等部门办理各种案件所需要查阅的档案资料。是年，利用馆藏档案编撰的《人文广州•天河卷》、《天河二十年大事记》和《天河区委、人大、政协会议简介》形成初稿。

【档案业务培训】 2008年，区档案局与市档案局联合举办档案业务培训班，进行“创文”档案资料整理的培训，各单位档案人员参加培训。是年，区“创文”资料档案组按照迎检标准，到各街道、社区进行检查和指导，所有“创文”资料均符合迎检标准。

【馆藏资料】 2008年，区档案馆收集和提取有历史价值并具代表性的档案资料和图片，对档案馆陈列室重新布展并对外开放。馆藏资料主要包括区五套班子的文书档案、科技档案、设备档案、会计档案、婚姻登记档案、已故人员档案、工业普查档案、人口普查档案、地名档案、家族家谱档案和古书档案、声像档案，其中有毛泽东视察棠下以及周恩来1958年陪同朝鲜主席金日成参观棠下、1972年陪同马耳他总理明托夫参观访问岑村的照片、民族英雄刘永福的刘氏家庙、民族英雄邓世昌的衣冠冢、中国始创飞行家冯如坠机处等珍贵照片。

10月，区档案局与区文联、区志办等单位联合举办“筑梦2008”摄影作品展。

（刘金莲）

政 法

政法委

【概况】 2008年，区政法各部门以打造平安天河、构建和谐天河为目标，以确保全国两会和北京奥运会的胜利举办为重心，坚持“打防结合、预防为主”的工作方针，大力打击违法犯罪，健全治安防控体系，加强政法队伍建设。

【春运安全保卫】 2008年春节前夕，突发特大冰冻雨雪灾害，造成大量旅客滞留在广州火车东站和天河客运站，区委书记、区长到一线靠前指挥，组织公安、武警、民兵预备役官兵，区机关、街道干部和大批志愿者投入春运及抗灾救灾战役，全区广大政法公安干警不畏辛劳、日夜奋战，完成疏运旅客、维持治安的艰巨任务。据统计，春运期间广州火车东站共输送旅客255万人，没有发生一起刑事案件和群体性事件，疏运工作井然有序，为全市夺取抗灾救灾决定性胜利作出积极贡献。

【排查调处人民内部矛盾纠纷】 2008年，进一步修改和完善群体性突发事件处置办法，制定《天河区非正常上访处置办法》，建立天河区维稳督察工作制度。在全区范围内选拔43名维稳督察员，在奥运安保防护期间，收集、汇报各类不稳定因素情况70多条，跟进重大不稳定因素的化解和群体性事件的处理共30多宗，取得实际效果。从源头解决民生问题，对摸查出来的全区38个涉及民生的信访问题、12宗较大的涉法涉诉信访案件、11宗征地拆迁案件，明确责任主体和包案领导。创新诉调对接的“天河模式”，推行司法调解与人民调解联署调解模式。6月，广州市第一个以调解城区基层矛盾纠纷为目标，区一级调解联署办公场所“天河区调解中心”揭牌启动。该调解中心实行立案前引导机制，初步实现把矛盾纠纷化解在基层、解决在萌芽状态的目标，开拓出一条具有“天河特色”的调解工作新路子。2008年全区共调解民间纠纷1532宗，成功1511宗，成功率为98.6%；调处30人以上的群体性纠纷67宗，成功60宗，成功率为89.6%。妥善处置世界大观与永时达公司纠纷、猎德村整体拆迁产生的矛盾纠纷，骏景变电站开工等影响全区的矛盾纠纷。

【严厉打击违法犯罪】 区公安分局充分发挥主力军作用，始终保持对刑事犯罪的严打高压态势，继续推行夜间勤务机制，创新打防举措，实行刑警与派出所的队所和区域协作机制，开展“粤安08”、“平安奥运”、“剑锋”、“红棉”等专项行动，有效震慑各类违法犯罪活动，连续3年保持刑事立案及“两抢两盗”立案两位数下降，群众安全感进一步提高。2008年全区刑事立案7912宗，同比下降16%，其中“两抢”立案1282宗，同比下降28.6%，“两盗”立案1942宗，同比下降21.7%；实际破获各类刑事案件5691宗，同比增加5.5%；区法院2008年共受理刑事案件1643件，审结1605件，判处罪犯2244人，结案率97.7%。区检察院全年共批准逮捕各类刑事犯罪嫌疑人1957人，提起公诉2108人，其中批捕“两抢一盗”犯罪嫌疑人占批捕、起诉总人数的55.5%和57.5%；批捕故意杀人、故意伤害、绑架等犯罪嫌疑人占批捕、起诉总人数的16.3%和11.4%。继续推进轻微刑事案件快速处理机制，共适用轻微刑事案件快速处理机制批捕刑事案件228件235人，起诉刑事案件183件187人。区司法局全年帮教刑释解教人员776名，帮教率为100%，安置772名，安置率为99.5%，重新违法送劳教4名，重新违法犯罪率为0.5%；加强法律援助工作，办理法律援助案件391件，其中民事、行政法律援助案件同比增长28%。

【治安重点整治】 2008年，兴华地区被市综治委列为重点整治地区，特别是河水社区“地下旅店”卖淫嫖娼等问题被媒体曝光后，区委、区政府立即部署开展全区性扫除“黄赌毒”专项整治行动，兴华地区总警情较同期下降21.6%。市委副书记张桂芳到河水社区调研后，肯定天河区的整治工作。全年共查处“黄赌毒”治安案件1880宗，处理相关违法人员3407人，打掉违法团伙39个，成员283人，辖内“黄赌毒”违法犯罪活动得到有效打击和遏制。10月，分3批组织区域派出所刑侦副所长，与刑警大队反盗窃中队结合成专业队，实行战训合一的工作模式开展打击入室盗窃专项行动。先后侦破10个入室盗窃团伙，摧毁2个销赃场所，刑拘入室盗窃犯罪嫌疑人32名，破入室盗窃案75宗，全区持续高发的入室盗窃案件得到有效遏制。治安重点整治街道兴华街和重点巩固街道棠下街刑事立案同比分别下降15.8%和15.1%，达到市的整治要求。

2008年8月，市委副书记张桂芳到兴华街河水村进行“黄赌毒”整治调研。

区委政法委供稿

【基层治安防控】 2008年初，区综治委制定《天河区综治重点工作推进实施方案》，选择车陂街、棠下街和石牌街作为试点单位。推进单体出租屋治安视频小系统建设，安装治安视频小系统的2931栋出租屋保持“零发案”记录；推行适合商铺、写字楼、家庭等使用的技防产品，已安装技防系统的家庭和单位19732户未发生盗窃案件。中央综治委主办的《长安》杂志和省综治简报刊登天河区车陂街治安防控体系建设成效显著的经验做法。加强社区治安防范，积极推行内街内巷增设停车点建设。2008年在珠吉街、兴华街的两个试点取得明显成效，全区全年发生盗窃汽车案670宗，同比大幅下降34.2%，相当于全市降幅的两倍。在奥运安保期间，发动全区7000多群防群治力量及志愿者投入奥运安保工作，增强全区社会面治安防控能力。完善流动人员登记管理，开展专项清查整治行动，深化出租屋管理工作，是年出租屋内刑事立案同比下降29%。外籍人管理工作水平不断提高，石牌街金帝社区境外人员管理工作得到省委常委、省政法委书记、省公安厅厅长梁伟发的赞扬。9个街道建立外国人管理服务工作站。

【禁毒工作】 2008年，天河区禁毒工作创新禁毒宣传模式，网吧禁毒教育预防宣传试点工作得到省禁毒办的肯定和推广。开展社区美沙酮药物维持治疗点建设，有11个街、22名符合服食美沙酮条件的在册吸毒人员在沙河人民医院美沙酮治疗点进行治疗。建立“无毒社区”165个，达标率为87.8%。全年全区破获毒品案件148宗，摧毁制造毒品工厂（场）3个，打掉犯罪团伙6个，抓获嫌疑人148人，缴获海洛因671.94克、麻古7万多粒、冰毒57317克、氯胺酮0.5克、大麻3.6克，其他毒品2362克；毒资人民币144260元；枪支2支、子弹36发；涉案汽车2辆以及制毒工具一批。

2008年6月，国际禁毒日大型宣传活动现场。

区委政法委供稿

【涉法涉诉信访和救助】 2008年，区委政法委3次在全区范围内开展大规模的涉法涉诉信访工作排查，2次对人案分离信访人员排查登记。全年接待群众来访13批次，转办、督办、催办领导批转件和群众来信33件。为及时解决确需救助的涉法涉诉上访人员的实际困难，区委政法委于2008年5月制定

《天河区涉法涉诉信访救助专项资金使用管理办法》，全年对8个特困户进行救助，发放救助资金18万元，促进社会和谐稳定。奥运期间，重点排查调处3•12案重点涉法涉诉案件，全程跟进，确保在奥运、残奥会期间信访人员稳控在当地，无人进京上访。协调政法各部门，妥善处理大都药业公司涉嫌合同诈骗案件。同时，按照居住稳控原则，先后协助中级法院及萝岗区做好涉法涉诉上访人员的稳控，保证其在奥运期间不上访。由于2008年度天河区委政法委涉法涉诉信访工作成绩突出，11月受到市的通报表彰。

2008年12月，天河区召开涉法涉诉工作会议

区委政法委供稿

（郑鹤昕）

公安

【概况】 2008年，区公安分局开展“粤安08”、“打盗抢抓逃犯”、“突击”、“飞剑”和“命案攻坚夏季攻势”等严打专项行动，顺利完成春运安保、奥运安保等各项安保工作，全区社会治安大局稳定。全年受理总警情194139起，同比下降12%。全局有15个集体立功受奖，811名民警个人立功受奖。

【打击刑事犯罪】 2008年，全区刑事立案7912宗，同比下降16%。其中“两抢两盗”立案3219宗，同比下降23.9%；实际破获各类刑事案件5691宗，同比增加5.5%；打掉各类犯罪团伙380个，抓获团伙成员648名。推进命案侦破，全年命案立破数为40：35，破案率87.5%。侦破黄村“2•7”杀害见义勇为群众案、冼村海涛酒店“8•1”双命案、天园“7•29”碎尸案、林和“10•7”持枪抢劫杀人案等一批影响大的命案。打击多发性犯罪，打掉“两抢”团伙117个，抓获团伙成员207人，盗窃团伙93个，抓获团伙成员141人；侦破省厅督办的“傅元林冒充警察持枪抢劫系列案”、市局督办的“3•17华景东路218号被入室盗窃案”、石牌“5•15”特大入室盗窃案、五山“3•5”宝马车主抢劫案、抢劫“7-11”便利店系列案、“10•9”石牌特大抢劫强奸案等一批大要案，打掉广州大道北系列拦路抢劫、假冒外籍学生诈骗、福建诏安籍持刀抢劫、“11•6”特大抢劫工地等多个犯罪团伙。针对入室盗窃警情高居不下的治安实际，分批组织派出所刑侦副所长与刑警大队反盗窃中队结合成专业队，开展打击入室盗窃专项行动，侦破18个入室盗窃团伙、摧毁2个销赃场所，刑拘入室盗窃犯罪嫌疑人55名，破入室盗窃案136宗。开展禁毒斗争，全年破获毒品犯罪案件148宗，刑拘毒品犯罪嫌疑人员179人，摧毁毒品犯罪团伙7个，缴获毒品麻古76800粒、冰毒5743克、氯胺酮2005克、海洛因688克以及枪支4支、子弹38发。

【打击经济犯罪】 2008年，破获经济犯罪案件119宗，捣毁各类窝点16个，抓获犯罪嫌疑人98名，挽回经济损失771多万元。侦破涉案金额超过2000万元的特大非法经营外汇期货黄金犯罪团伙案、涉案金额1881余万元虚开增值税专用发票案等一批大要案件。

【社会面防控】 2008年，建立刑事警情即时（短信）通报和受理警情每日（网上）通报、每周对比、每月小结和不定期专题研判的工作制度。改进巡警运作模式，转变警区为路段式责任区，根据警情增大重点时段及区域警力投放量，责任区保持刑事发案持续平稳下降。深化夜间勤务机制，累计出动警力14869人次，抓获各类违法犯罪嫌疑人875人，查扣各类非法机动车1601辆，协破刑事案件291宗，刑事拘留129人，协破治安案件191宗，治安拘留348人，全年全区夜间（18时至6时）刑事及治安侵财类警情同比下降20.3%。

【“三基”建设】 2008年，区公安分局先后调整126名警力充实到基层一线单位，基层一线单位实有警力占总警力的95.86%，全年组织开办9期战训班，培训学员710名；开展民警“四会”（会综合应用、会搜索引擎、会发送电子邮件、会打字）技能训练，组织16批次1489余人参加抽考。在办公费、交通工具杂支费和设备维修费方面向派出所等实战单位倾斜，保障基层单位的实战需求。全局21个派出所办公用房全部达标，并进一步统一其他所队、窗口单位和社区警务室等办公场所的外观标识。购置各类防护单警装备、特警单警装备、警用汽车和警用摩托车配备基层所队。开展信息采集“百日会战”，应用信息总量达200多万余条，比对抓获在逃嫌疑人116名，破获案件185宗，刑侦、经侦、毒侦、户政、监所等警种信息采集工作均位居全市同类警种前列。出租屋管理建立一般人口常规管理，制定《流动高危人员管理责任倒查办法》，对棠下、石牌、车陂等重点地区复杂社区的出租屋暂住人口治安管理加大力度，全年出租屋刑事立案465宗，同比下降29%。开展警情回访活动，出动警力5411人（次），回访5399人（次），回访警情5301宗，收集群众意见1401条，解决问题760条，通过回访获取破案线索351条，破获刑事案件124宗、治安案件112宗，抓获嫌疑人167人。社区警务模式涌现出林和润和社区立体防控、石牌村联片社区封闭防控等社区安全防范工作新模式、新亮点。全区建成视频监控摄像枪30415支，建成派出所监控中心22个，接入前端视频监控点3669个，首批招录137名视频监看员全部上岗。

2008年6月，省委常委、省公安厅厅长梁伟发同志在省公安厅治安局局长何桂复等领导的陪同下到天河区公安分局局考察指导信息采集“百日会战”工作。

摄影：曾秋权

【重点整治】 2008年，开展员村重点整治行动。针对员村地区入室盗窃警情频发的情况，分局从整治南富社区入手，成立整治工作队，查封无牌证旧货回购商铺41间，责令停业证照不全的金属回收站16间，收到明显整治效果。开展“红棉08”专项行动，整治被市综治委列为重点的兴华地区，规范出租屋、旅业、车场治安管理，治理河水村等地站街招嫖突出治安问题，该地区总警情较上年下降15.8%。扫除“黄赌毒”，成立30人的常态扫除“黄赌毒”治安案件1879起，处理相关违法犯罪人员3407人，打掉违法团伙39个成员283人，处理各类违法违规经营场所614间。开展“四种车”（指摩托车、电动车、人力三轮车、机动三轮车）治理，累计查扣“四种车”10377辆，进一步压缩犯罪空间、净化街面治安环境。

2008年6月，天河区公安分局在兴华街道办事处支持下，组织近500名民警、街道办职能部门工作人员及治安辅助力量对兴华街河水社区的重点出租屋进行地毯式清查。

摄影：曾秋权

【人口统计】 2008年，全区常住居民197953户（比上年增7067户），716497人（比上年增26924人）；外来暂住人口861849人（比上年增132125人），总人数1578346人。

【户政管理】 2008年，户政办证中心接待群众225601万人次，办理业务266695万人次，累计申领“二代证”54403万张。

【出入境管理】 2008年，出入境窗口推出“办证易”电子警察和“一次性告知”服务，接待群众近30多万人次，办理各类出入境申请175049件，核发各类证照3.9万余本，发放各种《须知》数10万份，抓获网上在逃人员2名。

【重大安全保卫】 2008年，区公安分局完成各类重大活动安全保卫289项，涉及人数350万人次，投入警力12000多人次。春运期间，区公安分局合理调配警力，创新疏导方法，安全疏导旅客790多万人次。开展“平安奥运”专项行动，展开奥运安保攻坚战、联防联控总体战及“飓风”专项行动等各项安保工作，实现“四个坚决防止”及“五个不发生”目标。顺利完成北京奥运会圣火接力广州（天河段）活动、全国社会治安综合治理工作会议期间及花市、广交会、清明、重阳等安保工作。

2008年5月，北京奥运会火炬接力传递(天河段)活动中，区公安分局共投入安保力量9571人（其中分局警力1800人，市局支援警力5600人，治安辅助力量971人，区属综治力量1200人）参加安保工作，确保火炬接力传递活动的安全顺利。

摄影：曾秋权

【破案实例】 **·侦破抢劫7-11便利店系列案·** 2008年4月、5月，在天河区天河南派出所、林和派出所辖内各发生1起抢劫“7-11”便利店案。案件的接连发生引起天河区公安分局领导的重视，迅速组织精干力量展开侦破工作。通过侦查，于6月先后抓获温X雄等几名犯罪嫌疑人，缴回被抢的洋酒、香烟等赃物一批。经审讯，该团伙以曾在7-11便利店工作、熟知内部运作的温X华为首，纠合仍在便利店工作的温X雄、余X辉等人，利用与有收款机密码的店长或店长助理一起上班之机先后在天河、白云、荔湾等地盗抢作案6宗。

·侦破“5·15”特大入室盗窃案· 2008年5月

15日10时许，天河区公安分局石牌派出所接报位于石牌西路115号天晟名苑负二层246号“广州全美电子有限公司”的仓库被人开锁入内盗去电脑液晶显示器面板764片，约值人民币76.4万元。分局刑警大队迅速联合石牌派出所展开侦查。5月16日，抓获嫌疑人唐某、胡某华。

·摧毁一涉众型合同诈骗团伙· 2008年7月11日，事主黄某英到天河区公安分局报案称：2008年3至5月期间，广州原鑫电子科技有限公司吴某、曹某银等人以投资购买其公司投币式洗衣机投资项目并委托该公司经营管理的模式可获高额回报为引诱，骗取黄某英共62.5万元。随后，分局陆续接到梁某东等60多名事主报称被原鑫公司曹某银、吴某等人以同种手段诈骗，涉案金额累计高达人民币360余万元。该案件发生在奥运前期，涉案群众多，涉案价值巨大，在社会上造成恶劣影响。分局经侦大队立即组成专案组开展侦查，于10月抓获吴某等犯罪嫌疑人，摧毁该涉众型合同诈骗团伙。

（区公安分局供稿）

检察

【概况】 2008年，天河区人民检察院突出“强化法律监督，维护公平正义”工作主题，履行检察职责，各项检察工作取得新进展。是年，天河区检察院在全市基层检察机关考核中获得第一名。

【刑事检察】 2008年，共批准逮捕各类刑事犯罪嫌疑人1957人，提起公诉2108人，同比分别下降9%和6.4%。是年批准逮捕“两抢一盗”犯罪嫌疑人1086人，提起公诉1213人，分别占批捕、起诉总人数的55.5%和57.5%；批捕破坏市场经济秩序犯罪嫌疑人75人，提起公诉98人，同比分别上升44.2%和48.5%。区检察院在全市基层检察院中，率先出台刑事和解办案细则，规范刑事和解使用范围、条件及程序，并对案件处理后的社会效果给予高度关注，未发现当事人申诉上访和再次犯罪等情况。贯彻宽严相济刑事政策，加大对未成年罪犯的教育感化力度，对未成年人不（予）批准逮捕17人；对主观恶性不大，有自首、立功等情节的犯罪嫌疑人，向法院提出轻缓量刑建议17次；推进刑事和解，对犯罪嫌疑人已作赔偿、认真悔过、取得被害人谅解的轻微刑事案件和未成年人犯罪案件，不再提起公诉，共办理刑事和解案件18件。是年，区检察院成功办理一批重大疑难复杂案件和新罪名案件，办理全省第一例内幕交易、泄露内幕信息案，办理投放危险物质、洗钱、盗窃网络虚拟财产等新罪名、新类型案件。

2008年6月，天河区检察院举办宣传咨询活动，图为检察长张志强在现场接待群众。

区检察院供稿

【职务犯罪检察】 2008年，反贪、反渎部门共受理举报线索58件，立案侦查贪污贿赂渎职等职务犯罪案件27件27人，其中贪污案4件，贿赂案20件，渎职案3件，追缴赃款433万余元，其中100万元以上案件3件，处级要案2件。立案侦查贪污贿赂案件中窝案、串案占立案总数的70.8%。先后立案侦查广州市某国有企业工作人员贿赂串案5件5人。集中侦查力量对一些权力高度集中、百姓广泛关注的行业和领域的举报线索进行深入调查，立案侦查发生在教育、出版、医疗等行业的商业贿赂案件20件20人，占立案总数的83.3%。9月，成立反渎职侵权局，其职能是负责查办渎职犯罪案件和国家机关工作人员利用职权实施非法拘禁、刑讯逼供、破坏选举等案件。该局成立后，先后介入数起重大安全生产事故的调查和对农用地非法填土案件的联合调查。开展预防职务犯罪工作，共召开预防工作座谈会、联席会12次，列席监督省博物馆及广州烟草物流中心建设工程项目等省市重点工程招投标会议4次，组织警示教育、上法制课9次，受教育达2000多人次。

【诉讼监督】 2008年，加强立案监督、侦查监督和刑事审判监督。监督公安机关立案27件，居全市基层检察院首位。建议追捕漏犯62人，对事实不清、证据不足、不符合逮捕条件或没有逮捕必要的案件，依法不批准逮捕115人。对证据不足、犯罪情节显著轻微或者不构成犯罪的案件，不起诉18人。开展刑事审判监督，对认为法院判决认定事实和适用法律确有错误的案件，提起抗诉5件。监所检察，实行超期羁押核对催办、情况通报和期限届满提示制度，发出案件催办函和提示函，确保各办案环节无超期羁押。核查辖区内监外罪犯251名。全年办结民事、行政申请抗诉案件39件，决定提请市检察院抗诉1件，建议市检察院提请省检察院抗诉8件。办结广州市首宗土地承包期限纠纷案，首次以和解方式化解劳动纠纷，共息诉30件，占办结案件总数的76.9%。受理执行监督案件6件，办结4件。

【检察环节综治工作】 2008年，区检察院通过分析案件所暴露出的管理漏洞，及时向有关单位发出检察建议和检察意见，指引、督促其加强管理，改进工作。如，针对许霆案所暴露的受害银行在管理上的问题，发出检察建议，指出其ATM机升级管理方面的漏洞，并提出整改建议，避免类似案件再次发生；天河区盛海酒店近3年发生多起恶性斗殴刑事案件，报警达数百起，区检察院依法向公安机关发出检察建议，建议规范娱乐场所的治安管理措施，加强管理。

【创新控告申诉工作机制】 2008年，区检察院与区司法局联合制定《控申下访、巡访联系工作制度》，在全区21个街道司法所设立控申信访工作联系点，聘任21名司法所所长作为首批信访联络员，构建覆盖全区的控申信访工作网络。依法处理群众来信来访343件。坚持每周检察长接待日制度，共接待群众来访及督办信访25件。探索息诉关口前移工作新机制，有效化解矛盾，促进社会和谐。

天河区检察院控申部门进行视频接访。

区检察院供稿

【检察队伍建设】 2008年，区检察院围绕强化法律监督能力、建立健全绩效考核机制等专题开展调研，形成一批有一定深度的调研报告。组织干警撰写论文参加全市检察机关解放思想与公正高效文明执法研讨会，其中两篇论文分别获得一等奖和三等奖。试行开展廉政监督员工作制度，在每个部门设置一名廉政监督员。向上级院、区属有关单位及人民监督员、特约检察员发放《满意度调查表》100多份，征求对区检察院工作质量的意见，均获好评。是年组织编写《天河区检察院精品案例集》，并与《当代检察官》杂志社联合编印《当代检察官（天河专刊）》。组织干警参加初任检察官培训和各项业务培训。

【现代科技检察技术】 2008年，区检察院积极探索监控、多媒体示证、计算机网络技术在办案中的运用。实行职务犯罪案件同步录音录像，制作录音录像资料46件，摄录和刻制合格率达100%。制作《文化育检》等DVD宣传片3部，实行技术协助办案，司法会计鉴定审查结案4件，利用法医检验审查结案26件。派干警参加心理测谎的前期培训，选定一款升级性能比较优越的测谎仪。

【阳光检务】 2008年，推行“阳光检务”，区检察院在一楼大厅设置触摸屏，在院外网增加案件查询功能。筹备检察机关重建30周年“检察开放日”活动，完成图片展图文的组织筛选。编辑出版“阳光检务”手册，包含最高人民检察院确定的“检务公开”20项及185项区检察院各项检察业务工作流程图。

【检察案例】 **·董正青、董德伟、赵书亚内幕交易、泄露内幕信息案·** 该案是广东省首例内幕交易、泄露内幕信息案，也是全国首例涉及券商的内幕交易、泄露内幕信息案。

2006年2月至5月间，被告人董正青任广发证券股份有限公司（以下简称广发证券）总裁期间，利用其个人直接主导广发证券借壳上市工作的职务便利，多次将“广发证券借壳延边公路上市”的内幕信息透露给被告人董德伟，并指使董德伟买入和卖出延边公路股票。被告人董德伟利用该内幕信息，于2006年2月23日至10月18日，通过其控制的股票资金帐户大量买卖延边公路股票，共投入资金人民币7000余万元，买入延边公路股票1457万多股，在股价升高后卖出获利人民币5000多万元，并将本金和账面盈利全部提取现金，共计人民币1亿多元。其中，被告人董正青和董德伟在经中国证券监督管理委员会认定的2006年5月10日至6月5日价格敏感期内，买入延边公路股票536.67万股，买入金额2595.47万元人民币，卖出1607.34万股，卖出金额8809.67万元人民币，账面盈利2284.67万元人民币。

2006年5月，被告人董正青又将内幕信息透露给被告人赵书亚。赵书亚利用该内幕信息，通过其控制的股票资金帐户，筹集资金200多万元购买延边公路股票。经中国证券监督管理委员会认定，被告人赵书亚在价格敏感期内买入延边公路股票49.81万股，买入金额242.78万元人民币，卖出29.49万股，卖出金额182.49万元人民币，账面盈利101.73万元人民币。

·伍思源特大洗钱案· 1999年至2003年间，该案同案人谢伟明、黄超宏、陈森（均另案处理）结伙从境外走私毒品海洛因到广州贩毒。2004年间，谢伟明伙同陈森等人在广东省惠州市、广州市、中山市等地制造毒品冰毒贩卖，获得巨额赃款。自2003年起，被告人伍思源在明知谢伟明、黄超宏进行毒品犯罪活动的情况下，为掩饰毒品犯罪所得和收益的来源，将谢伟明、黄超宏交付的赃款用于投资房地产、夜总会、公路项目等，伍思源本人也从中获取高额回报。被告人伍思源共为谢伟明等3名毒贩洗钱约4900万元人民币。

2008年天河区人民检察院审查逮捕案件情况统计表

案件类别	受理案件数		审结案件数		
			批准、决定逮捕		不批准逮捕、决定不逮捕
	件	人	件	人	人
合计	1485	2077	1412	1957	115
公安机关提请小计	1469	2061	1396	1941	115
危害公共安全案	40	59	39	58	1
破坏社会主义市场经济秩序案	55	79	51	75	4
侵犯公民人身、民主权利案	213	285	200	267	18
妨害社会管理秩序案	250	390	232	349	37
侵犯财产案	911	1248	874	1192	55
检察机关直接立案侦查案件小计	16	16	16	16	
贪污贿赂案	15	15	15	15	
渎职侵权案	1	1	1	1	

注：

1.审查批准逮捕：指检察机关对于公安机关提请批准逮捕的案件进行审查后，依法作出是否逮捕犯罪嫌疑人批准的一种公诉活动。

2.审查决定逮捕：指检察机关对于直接受理的职务犯罪案件，在侦查过程中，依法作出是否逮捕嫌疑人决定的一种诉讼活动。

3.本表公安机关提请批准逮捕的犯罪嫌疑人人数中撤回提请4件5人。

2008年天河区人民检察院审查起诉情况统计表

案件类别	受理案件数		审结案件数		
			提起公诉		不起诉
	件	人	件	人	人
合计	1707	2428	1517	2108	18
公安机关移送小计	1659	2379	1485	2076	14
危害公共安全案	90	122	75	87	4
破坏社会主义市场经济秩序案	76	132	58	98	1
侵犯公民人身、民主权利案	223	323	159	240	2
妨害社会管理秩序案	272	404	247	350	1
侵犯财产案	998	1398	946	1301	6
检察机关直接立案侦查案件小计	48	48	32	32	4
贪污贿赂案	45	46	31	31	4
渎职侵权案	3	3	1	1	

注：

本表受理检察机关直接立案侦查案件48件48人，包括市检察院交办案件21件22人，审结检察机关直接立案侦查案件32件32人，包括市检察院交办案件13件13人。

2008年天河区人民检察院立案侦查案件情况统计表

案件类别	立案侦查				侦查终结	
	合计		其中			
	件	人	大案（件）	要案（件）	件	人
合计	27	27	25	2	27	27
贪污贿赂案件小计	24	24	24	1	24	24
贪污	4	4	4		4	4
受贿	13	13	13	1	13	13
行贿	6	6	6		6	6
单位受贿	1	1	1		1	1
渎职侵权案件小计	3	3	1	1	3	3
徇私舞弊不移交刑事案件案	1	1			1	1
非法搜查案	1	1			1	1
滥用职权	1	1	1	1	1	1

注:

1.大案：指贪污、贿赂案件数额在5万元以上，挪用公款案数额在10万元以上，集体私分、巨额财产来源不明、隐瞒境外存款案数额在50万元以上以及按照《人民检察院直接受理立案侦查的渎职侵权重特大案件标准（试行）认定的的案件。该指标主要反映人民检察院立案查办的职务犯罪案件中经济损失大、社会危害严重的案件。

2.要案：指县处级以上干部的犯罪案件。该指标主要反映国家工作人员中县处级以上干部因职务犯罪被人民检察院依法立案侦查的情况。

3.本表2件要案同时也是大案。

（钟国华）

审判

【概况】 2008年，天河区法院在审判、执行和其他各项工作取得新进展，全年受理各类案件20878件，首次突破2万件大关。其中新收案件18771件，同比上升15.37%；结案18288件，同比上升12.09%。案件质量和办案均衡度好，全年上诉案件维持率居全市各基层法院第二位，结案均衡度居全市法院第三位。获法院系统集体二等功。

【刑事审判】 审结各类刑事案件1605件，判处罪犯2244人，结案率97.69%。审结抢夺、盗窃、诈骗多发性侵财犯罪案件959件；审结绑架、杀人、抢劫等严重暴力性犯罪案件129件。审结毒品犯罪案件136件。审结采购中心受贿窝案、电信系统非国家工作人员受贿窝案等贪污贿赂案件24件。审结破坏市场经济秩序犯罪案件63件。审理非法经营证券期货业务、内幕交易、高利转贷、洗钱等新类型犯罪案件，审结被媒体称为“国内券商内幕交易第一案”的董正青案。在未成年人犯罪、过失犯罪和民间矛盾引发的犯罪案件中努力探索推行刑事和解制度。严格遵循罪刑法定、疑罪从无原则，依法宣告4名被告人无罪。

【民商事审判】 审结各类民商事案件11212件，同比上升20.49%。审结婚姻家庭、继承案件691件。审理劳动争议案件1650件，同比上升70.81%。在立案保全阶段成功化解益百度餐饮和亿华制衣475名工人劳动工资争议案，调处天河区31名环卫工人劳动争议案，审结宏大爆破公司员工工伤认定系列案。审结各类权属、侵权纠纷案件1436件。

审理买卖合同、借款合同、股票、公司、证券等商事案件4545件。妥善处理网上交易、保险合同、电信合同案件，规范新类型市场交易行为。审结公司股东主张知情权、破产取回权、公司监事行使调查权、公司剩余财产分配等现代公司管理新类型案件，引导公司内部合法化运作。妥善处理大量金融危机引发的债权债务纠纷，审结大批银行借款合同和信用卡纠纷案件，维护金融秩序。妥善审理“克隆存折”储蓄合同纠纷，强调银行交易安全保障义务，保护广大储户合法权益，社会反响良好。

审结各类房地产纠纷案件1113件，处理大批迟延交楼、迟延办证、房屋质量、居间合同等纠纷，引导房地产市场规范发展。妥善处理涉小区业主、物业公司、房地产企业的群体性纠纷，促进社区稳定。通过细心调解，有效化解“百脑汇”物业管理权交接群体性纠纷。及时总结猎德村改造纠纷案件审理经验，为广州市城中村改造工作提供决策参考。严惩恶意诉讼者，对三宗虚假房地产诉讼驳回诉讼请求，并对原、被告处以罚款。

【行政审判】 审结行政诉讼案件124件，妥善处理梁明宪等265人诉广东省国土资源厅要求履行法定职责案。积极探索行政案件协调和解机制，化解行政争议，经协调由原告主动撤回起诉案件19件。加大行政非诉执行案件力度，采取集中执行、区域执行等灵活措施，执结案件315件。

【知识产权审判】 继续实行知识产权刑事、民事、行政三类案件集中在民三庭审理的工作机制，受理民事、刑事、行政知识产权案件422件，结案320件，案件数量多、类型齐备、审判质量好、调解撤诉率高。审结国际驰名商标“彪马”（PUMA）商标侵权系列案，成功调处国际驰名商标“芭比”商标侵权案。以“司法护权，激励创新”为主题，积极探索建立综合保护知识产权新模式，知识产权审判各项指标均居全国基层法院前列；5月，民三庭作为全国唯一基层法院审判庭，被最高人民法院评为全国法院知识产权审判工作先进集体。

【未成年人司法保护】 审结各类未成年人案件284 件。落实“四分开”工作制度，实现对未成年被告人分案审判和分别矫治。创新失足少年帮教模式，在全市率先建立未成年被告人跟踪帮教档案，联合天河区关工委、“羊城少年法庭之友”等机构对失足少年进行动态跟踪帮教。积极开展失足少年及其家长、被害人的心理干预工作，邀请5名华南师范大学心理系硕士生担任社会观护员，联合社会心理专业机构和家庭教育团体开展失足少年及其家长的教育心理咨询座谈会，为身心受创的被害人落实心理治疗。

【执行工作】 执结案件5315件，执结金额6.48亿元；执行标的额实际到位率69.07%，居全市法院前列。加强执行工作规范化管理，完善执行卷宗评查制度，规范中止案件程序，完善恢复执行和执行异议制度。推行“阳光执行”，建立“执行案件告知日”制度，主动告知当事人执行情况和进度。推行和谐执行，兼顾当事人合法权益、社会和谐稳定及经济发展需要，平稳妥善处理影响民生、关系维稳、涉及群体性的纠纷。妥善执结猎德村改造纠纷执行案件。在区委政法委的支持协调下，建立起“全区执行联动机制”，推动解决“执行难”问题。扎实开展清理执行积案活动，排查执行积案404件，圆满完成阶段目标任务。

【成立天河区调解中心】 贯彻落实区委构建大调解格局精神，6月，协同区司法局成立“天河区调解中心”，以独立联调工作场所、诉调对接和整合城区调解力量为特色，融诉讼调解、人民调解和案件速裁为一体，是广州市首家区级调解联署工作场所，类似司法领域的“政务中心”，旨在和谐解决纷争，为人民群众提供便捷司法服务。借助该平台进行案件遴选和繁简分流，初步实现“简案快办、繁案精办”审判分类管理，对简单案件适用简易程序快速调处，保证30日内结案，为疑难复杂案件的精办、细办提供前提和支持，是城区基层矛盾多元化解决机制的有益尝试和实践。成立半年共受理案件535件，其中诉讼案件475件，人民调解案件60件；结案499件，调解或经调解撤诉346件，调解撤诉率达69.33%。成功调处世界大观公司涉诉维稳群体性纠纷、猎德村拆迁房屋租赁等影响较大的纠纷。天河区调解中心的经验做法和工作成效受到党委、上级法院的高度关注和肯定，也是为人民司法的一项惠民利民之举，为人民群众认可。

2008年6月，天河区调解中心正式揭牌启动。

摄影：曾德庆

【调解工作】 转变司法观念，加大调解工作力度。建立全程调解、全员调解、诉前调解和调解激励机制，采取送达调解、上门调解、邀请律师参与调解、陪审员辅助调解等多种方法，运用换位思考、找准利益平衡点等调解技巧，提高调解成功率，同时杜绝久调不判。全年民事案件调解撤诉率38.71%，较上年同期上升9.45个百分点。

【信访维稳】 落实信访排查、登记、上报等工作制度，实施开门接访，落实院领导接访制度、中层干部轮值接访制度，实行层级责任制、信访领导小组例会制、紧急预案制，做好涉诉信访工作。建立快速反应、请示上报和协调联动机制，与区信访、维稳部门密切配合，妥善处理重大敏感信访维稳案件。全年共办理群众来信123件，接待群众来访咨询5730人次，办理涉诉信访134件，妥善解决一批重信重访案件。

【审判调研和信息宣传】 围绕工作大局，适时开展猎德村改造纠纷审理和多元化纠纷解决机制调研，为市城中村改造工作和天河区调解中心成立提供决策参考。针对环卫体制改革、“三聚氰胺”奶制品事件、物流服务、商务会展、房地产开发等方面的问题，及时报送信息，提出司法建议，得到市委市政府的高度重视，被评为2008年度全市法院信息工作先进集体。开展大型法律咨询活动5次，举办法制讲座5次，到行政机关宣讲10余次，联合电视台制作法制宣传片4期，其中与广东电视台合作的《七年后的赎罪》法制教育效果和社会反响良好。

【接受监督】 邀请人大代表视察旁听案件庭审5庭次，观摩执行6案次，共计70多人次；办理人大机关信访督办件39件，向区人大常委会专题报告《律师法》执行情况、法院内部监督机制情况、执行工作情况等。选聘9名司法监督员。43名人民陪审员共参审案件5730件。

2008年6月，市区人大代表视察天河区法院。

摄影：曾德庆

【审判案例】 ·董正青等三人内幕交易、泄露内幕信息案· 被告人董正青作为广发证券借壳延边公路内幕信息的知情人员，在该内幕信息公开之前，向同案被告董德伟、赵书亚泄露内幕信息，情节严重，构成泄露内幕信息罪。2009年1月，天河法院依法判处被告人董正青有期徒刑四年，并处罚金人民币300万元。被告人董德伟、赵书亚非法获取广发证券借壳延边公路的内幕信息后，在该内幕信息公开前，买入、卖出延边公路股票，分别获利2200余万元和100万元，构成内幕交易罪，被依法判处有期徒刑四年，并处罚金人民币2500万元和有期徒刑一年九个月，并处罚金人民币100万元。该案被媒体称为“国内券商内幕交易第一案”。

图为董正青案一审宣判现场。

摄影：曾德庆

·“齐二药”产品质量损害赔偿纠纷系列案· 2006年章国宏等11名患者因肝病先后到中山三院住院治疗，2006年4月19日开始，中山三院为各患者注射了齐二药公司生产的批号为06030501的亮菌甲素注射液。后部分患者出现了急性肾功能衰竭、神经系统损害，病情加重，甚至死亡的情况。2008年6月，天河法院对该11案进行一审宣判，判决被告齐齐哈尔第二制药有限公司赔偿各案11名原告经济损失2000～610000元不等，精神损害抚慰金5000～60000元不等，共计350.82万元；被告中山大学附属第三医院、广州金蘅源医药贸易有限公司、广东医药保健品有限公司对上述款项承担连带赔偿责任。12月，广州市中级人民法院二审维持原判。案件的审理和执行取得良好的社会效果和法律效果，该案在2008年度十大法治新闻系列评选活动中被选入记录转型社会冲突与法律调整的十大典型案件。

（丁坚群、许琛）

司法行政

【调处调解】 2008年，区各职能部门、各街道共调处群体性纠纷89宗，成功80宗，成功率89.89%；其中30人以上群体性纠纷62宗，成功51宗，成功率

82.26%。全区326个基层调解委员会共调解民间纠纷1532宗，调解成功1511宗，调解成功率98.6%。

是年，坚持“调防结合、以防为主”方针，健全排查、宣传、调解相结合的纠纷预防机制，成立全市首家城区调解中心，积极构建人民调解、行政调解、司法调解紧密衔接配合的“大调解”工作格局，与区卫生局共同推进预防和调处医患纠纷机制，推广“构建和谐医患关系工作室”平台模式，在中山大学附属第六医院、区中医院、燕岭医院、区长兴人民医院和区龙洞人民医院陆续挂牌成立工作室。

【成立全市首家城区调解中心】 2008年6月30日，区司法局与区人民法院共同设立全市首家城区调解中心——“天河区调解中心”，创新诉调对接的“天河模式”，充分利用调解手段解决社会矛盾。成立起至2008年12月底，共受理调解案件499宗，调解389宗，调解成功378宗，调解成功率达97.2%，调解协议履行率达100%，速裁案件102宗，对节约司法资源、增加社会和谐因素起到积极作用，得到上级领导和各大主流媒体的充分肯定和高度评价，省司法厅厅长陈伟雄、市委、市政府领导朱小丹、张广宁、张桂芳、陈国等给予充分肯定。省司法厅作为典型经验在全省推广。

2008年6月30日，区司法局与区人民法院共同设立的全市首家城区调解中心——天河区调解中心揭牌启用。

摄影：常本瑞

【安置帮教】 2008年，全区共有刑释解教人员776名，其中刑释人员464名，解教人员312名。目前受帮教的刑释解教人员776名，帮教率100%；安置刑释解教人员772名，安置率99%；重新违法送劳教4名，重新违法犯罪率0.5%。

是年，在全区组织开展近年回归社会刑释解教人员、回归社会的刑满释放未成年服刑人员、辖内符合低保条件的本地户籍刑释解教人员等4次系列调查摸底专项活动，并开展回访帮教。利用传统节假日，组织对全区324名刑释解教人员和76名特困刑释解教人员开展家访关爱活动，帮助解决工作和生活困难。到监所开展延伸帮教，组织帮教团到监所召开帮教座谈会、向表现好的学员颁发奖金。

【在全市率先开展公益性法律服务体系试点】 贯彻落实省司法厅厅长陈伟雄等省、市领导关于开展建立健全公益性法律服务体系试点工作的指示精神，坚持“政府主导、行业支持、社会参与、个人奉献”，建立健全以政府提供法律服务为龙头，以街道法律服务工作为主体，以社区法律服务为基础，实现法制宣传、纠纷调解、法律咨询服务三结合的公益性法律服务体系，最大限度满足人民群众的法律服务需求。2008年6月，在员村、兴华、林和、天河南等街试点建立街道公益法律服务站，创新基层公益法律服务平台，采取定期服务、网上服务、设立意见箱预约服务等方式开展纠纷调解、法制宣传、法律咨询等公益法律服务。公益性法律服务体系建设试点工作得到市领导高度重视，朱小丹、张桂芳、陈国等领导给予批示肯定。

2008年6月12日，在全市率先启动公益法律服务，在员村等4个街道试点设立公益法律服务站。

摄影：郑敏

【法律援助与服务】 2008年，办理法律援助案件

391宗，其中刑事案件222宗，民事、行政案件169宗，民事案件同比增长28%。代拟法律文书24件，提供义务法律咨询2595人次，比去年同期增长29.8%。“12348”法律服务咨询热线解答群众各类法律疑难，共接待来电来访744人次。

是年，降低援助门槛、简化受援手续，扩大法律援助覆盖面。在农民工最为集中的区劳动就业服务管理中心设立农民工法律援助联络点，专门为农民工提供援助服务，还聘请10名农民工担任法律援助联络员。大部分农民工案件均在1个工作日内完成案件审查、受理和指派。夯实基层援助网络体系，召开援助工作站会议，组织援助工作站、工作部人员和188名社区居委法律援助联络员就农村股份制及村民委员会选举制度进行专题培训。加强与有关部门的沟通协调，召开新指派承办案件的12家律师事务所的工作会议，大力表彰法律援助先进集体和先进个人。利用制作区法律援助处成立十周年纪念画册、举办纪念《法律援助条例》实施五周年“法律援助宣传周”活动等契机，加大法律援助工作宣传力度。

2008年3月，省司法厅厅长陈伟雄视察天河区法律服务大厅。
摄影：魏立军

【公职律师工作】2008年，区公职律师事务所为政府依法行政提供法律服务、参与区维稳调处工作、承担法律援助义务，全年办理诉讼和非诉讼案件11宗，为政府提供咨询服务119宗，参与重大矛盾纠纷调处21宗，承办法律援助案件16宗。

【法制宣传】 2008年，全区共举办法制讲座6828场，授课群众241199人次，举办法律咨询活动556场，发放法制宣传资料222.02万份，出刊法制宣传栏16期，5292栏。天河区普法工作代表广州市接受广东省“五五”普法规划中期检查，得到省检查组的肯定。

是年，全力完成创建文明城市普法达标任务，组织全民法制宣传教育主题实践活动，加大重点地区宣传力度，实现全民法制宣传教育普及率不低于80%的责任目标。组织处级干部参加法制讲座、学法培训和学法考试，邀请专家学者为领导干部讲授《劳动合同法》、《劳动争议仲裁调解法》、社会主义法治理念和《突发事件应对法》；编写必读法律常识手册、举办劳动合同法讲座、举办专题法制论坛、制作专题海报、专题宣传品、展出专题宣传展板等“六个一”活动，突出做好外来人口的普法工作。

【基层司法所建设】 2008年，基本完成21个街道司法所的业务用房建设，完工并投入使用的有18个司法所，业务用房面积均达到178.63平方米以上，功能设置、装饰样式、牌匾张挂等符合省、市提出的规范化建设标准。各司法所均配备笔记本电脑、数码相机等现代化办公设备，办公条件得到很大改善。推进司法所和律师事务所“所所结对”机制的完善，健全结对子工作的协调沟通、责任运行、总结调研、奖励激励制度。

（蔡照红）

地方军事

人民武装

【概况】 2008年，区人武部在上级军事机关和区委、区政府的领导下，较好地完成民兵组织整顿、军事训练，参加维稳和执行急难险重任务以及兵员征集等工作。基干民兵组织有：作战队伍、保障队伍、应急队伍和其他分队。

【民兵整组与军事训练】 2008年3月，区人武部召开2008年民兵组织整顿工作会议，根据上级军事机关统一部署，调整全区民兵组织布局，优化兵员结构。一是将2007年底退伍军人全部编入；二是对专业技术分队进行调整，提高专业技术分队民兵的专业对口率，挑选专业对口、思想过硬的人员编入到专业技术分队；三是对将符合基干民兵条件，参加年初抗击冰雪灾表现优秀的青年编入民兵应急分队、森林消防分队，至4月，完成民兵整组任务。是月，区人武部组织民兵参加上级机关组织的尖刀班集训。8月，军区司令部动员部到天河区检查民兵整组工作，并抽检民兵应急分队。11月，组织民兵森林消防分队训练。12月，组织民兵应急分队训练。全年共选派专武干部参加省军区组织的专武干部集训2期。

2008年6月，民兵通信分队接受上级考核。

摄影：钱军

【兵员征集】 2008年6月，根据上级征兵办下发关于征集士官的通知要求，区征兵办在辖区高校内开展征集士官工作，9月，士官征集工作完成。10月，天河区人民政府征兵工作会议召开。11月，区征兵办在天河城北门广场举行征兵政策宣传咨询和报名活动，随后开始组织报名适龄青年进行体格检查，同时，征兵政审工作全面展开。区征兵办针对征兵政策调整，及早准备，调整工作思路，认真把握征兵每个环节，至12月，天河区征集的新兵全部安全到达部队，圆满完成新兵征集任务。

2008年11月，征兵工作开展的第一天。

摄影：钱军

2008年9月，因受台风影响，车陂街水浸，图为武警和民兵帮助转移受灾群众。

摄影：钱军

【执行急难险重任务】 2008年1月，因南方雨雪不断，交通中断，导致大量旅客滞留广州火车站和火车东站，1月27日至2月4日，天河区分别担负天河体育中心临时疏散点、广州火车站和火车东站的24小时执勤任务，累计出动民兵1000余人次，动用各种车辆90余台次，疏散转移安置群众5万余人，排除险情40余次；5月，北京奥运圣火在广州传递，区武装部组织民兵500余名，配合公安参加圣火传递的安全保卫工作；9月，受台风“黑格比”影响，车陂街辖区潮水急剧上涨，导致大部分地区水浸，区人武部迅速组织民兵120名及时赶到受灾地区参加救灾，救出受灾群众180余人，疏散群众450余人，并协助民政部门调运棉被等救灾物资。

（钱军）

人民防空

【警报器管理和试鸣】 2008年，全区每个警报都明确管理部门，指定责任人，维护保养做到经常化、制度化，每个季度抽查一次保养维护情况，半年普查一次，并结合检查刷油、上漆和排除故障工作，警报设备完好率达100%。9月，区人防办组织1期警报器管理人员培训，全区65个警报安装点管理人员学习警报器管理的各项制度和维护技术。市统一组织警报，天河区完成试鸣任务，并将相关资料输入电脑，实现计算机管理。

【防空演习】 2008年，区人防办组织参加“2008——羊城天盾”城市人民防空演习。9月，开展人员临战（紧急）疏散隐蔽演练，美林社区120多名学生和居民结合防空警报试鸣举行人员就近掩（隐）蔽行动演练，历时2个小时。是月，参加全市防空演习，成功进行重要经济目标附近部分人员就地就近疏散隐蔽演练、指挥所开设、远程网上演练和防空警报试鸣，完成各项演习任务。

【空袭方案审订】 2008年，区人防办到人员疏散地进行现场勘察，研究人员疏散安置，研究和部署防空袭方案审订工作。区级防空袭方案通过专家会审，街道基本完成本级防空袭方案修订。

【人防执法】 2008年，区人防工程报建备案验收面积25034平方米。区人防办为确保工程设施、设备完好，组织行政执法人员到区内在建和在用人防工程，进行执法巡查，对违反人民防空法的建设单位和个人，一经发现坚决查处，是年未发生一起执法过错行为。

【人防专业队整组】 2008年，区人防办组织学习培训，搞好出入转队、调配等工作，组建650人的人防专业队伍，包括抢险抢修、医疗救护、消防、治安、防化防疫、通信和运输等专业。

【人防工程三级管理】 2008年5月，召开全区各街道人防工程三级管理现场会，区武装部和区人防办对三级管理工作提出要求。组织区、街（镇）和工程隶属单位管理人员到五山花园进行现场观摩培训，制作50张人防工程防护设备维护保养光盘下发到各街道。

（周蓉）

人民团体

天河区总工会

【概况】 2008年，区属系统工会35个，新发展会员74201人，会员总数达304701人。区总工会获得2008年广州市工会工作目标考核模范单位称号。

【劳动保护监督】 2008年，全区基层工会劳动争议调解组织建制率达80%，为职工调解矛盾，争取权益。区总工会是年接待来访群众45人，解答群众来电咨询65宗，直接处理劳动纠纷7宗，帮助追讨欠薪8.3万元。7月，区总工会与区建设和市政局、区城管大队、区劳动和社会保障局等单位联合开展对建筑工地农民工权益保障进行专项检查行动，对农民工工资支付、劳动合同签订、购买社会保险、持“平安卡”上岗等进行检查，对检查中发现的问题及时发出《整改通知书》，要求立即整改，并将整改后的结果报区总工会。全年区总工会配合安监等有关部门对生产企业进行安全大检查，共检查生产经营场所86家，全区安全事故逐年下降。

【工会组建】 天河区共有世界500强企业113家，其中独立法人单位43家，这些企业对工会组建工作存在顾虑和观望的态度。2008年，区总工会召开2次全区性的企业恳谈会，邀请企业代表到会，宣讲组建工会的重要性和必要性，林和街等有关街道也邀请辖内500强企业召开恳谈会、动员会，与企业面对面交流，街道一级共召开8次此类会议。1月，成立天河区建筑工地工会联合会，全年共组建建筑工地工会56家。9月，好又多商贸公司工会成立，树立典型作用。是年，区内500强企业独立法人单位建会40家，建会率达93%，非法人单位建会55家，建会率80%。

是年，与区属各机关、街道承担保洁任务的所有环卫企业100%建立工会组织，12月，成立区环卫行业工会联合会。新建非公有制企业工会968家，涵盖企业3847家。

【《劳动合同法》宣传学习】 2008年，区总工会与区有关部门开展《劳动合同法》法律咨询、宣传活动共11次，派发资料2240份。全区各级工会特别是企业基层工会，以贯彻《劳动合同法》为切入点，督促企业依法用工，维护职工劳动权益。

【职工互助保障】 2008年，全区新参加职工特种重病保障计划3334人，续保2145人，新参加女职工安康保障计划3233人，续保2587人，机关、事业单位职工参保率已达100%。是年全区共有9名患病职工获得赔付，赔付金额达13.8万元。

【送温暖工程】 2008年，建立系统一级工会帮扶平台，区总工会拨出帮扶金由系统工会开展慰问困难职工活动。是年春节期间，区总工会共下拨慰问金14.2万元，慰问困难职工617户，全年慰问职工开支共22.07万元。利用中央财政帮扶专项资金对困难职工进行专项帮扶，共拨出帮扶款13万元，对职工生活救助5.7万元，医疗帮扶3000元，助学帮扶3万元，技能培训4万元。

【抗灾行动】 2008年初严重冰雪灾害期间，区总工会组织开展探访留穗外来工，组织外来工参加市总工会主办的“珠水连四海，和谐共一家——2008年天河区进城务工人员迎春晚会”，发出倡议书，要求各级工会动员外来工留穗过年。在抗震救灾行动中，区总工会到新福利公司、保安服务公司等单位，慰问受灾职工，并组织开展捐款救灾活动，各系统、企业工会积极响应，共计捐款21.74万元。

【签订集体合同】 2008年继续推行平等协商和签订集体合同工作，全年共签订集体合同1053份，覆盖企业3371家，覆盖职工63288人。在工会工作基础较好的企业中就工资增长机制等与企业试行开展协商。

【职工文体活动】 2008年7月，区总工会、区体育局联合举办“强身迎奥运，齐心创文明，和谐共建家”天河区首届行业工会职工运动会，共有运输、文化教育、环卫、建筑、IT、商贸、医疗卫生、饮食、村经济发展公司、科技等10个行业工会组队，300多名运动员参加大会安排的田径、拔河、篮球、羽毛球4个比赛项目。11月，组织职工参加市总工会举办的“学习成就未来”职工演讲比赛，区建设和市政局职工曹宏彦获得一等奖。是月，组织工会干部参加广州市第五届“广汽杯”工会干部羽毛球邀请赛。是月，参加市总工会举办的“纪念改革开放30周年广州市外来务工人员歌唱大赛”。

【女职工工作】 2008年8～9月，区工会女职委共组织15场基层工会女职工健康知识讲座，邀请有关著名专家向女职工免费授课，配合市总工会女职委为特困职工子女读书提供义务家教，组织41名困难职工子女接受义务家教，并组织带领33名特困职工子女参加市总工会和市地方税务局联合举办的“手牵手，把爱心汇成暖流”2008广州市职工子弟庆“六一”暨义务家教师生见面会，为其中15名困难职工子女赠送电脑。指导督促女职工人数占50%以上的企业签订《女职工权益保护专项集体合同或劳动安全保护专项协议》，女职工人数较少的企业也将女职工权益保护和劳动保护的条例纳入集体合同。

【工会经费】 2008年，区总工会收缴经费456.71万元，上缴市总工会经费308.46万元，超额32.2%完成市总工会下达的经费指标。对下属13个系统工会进行抽查审计，对区工业总公司工会进行审计，规范工会经费管理。

（薛耀忠）

共青团天河区委

【概况】 2008年，全区共有直属单位团委9个，团工委21个，团总支1个；基层团委126个，团总支36个，团支部363个，团员8653名。是年，天河区各级团组织坚持服务大局、服务社会、服务青年，团结带领广大团员立足岗位，扎实工作，开拓区共青团工作新局面。

【学习实践科学发展观】 2008年，团区委带领广大青年学习贯彻科学发展观。3月，团区委以“思想大解放，青年当先锋”为主题举办青年论坛。邀请全国青年工作知名专家、广东省青年志愿者协会研究院主任、广东青年干部学院青年研究所所长谭建光作专题讲座，100多名青年代表参加活动。4月，举办以“科学发展，青春畅想”为主题的青年干部座谈会，邀请区委常委、区委组织部部长潘文捷与青年干部面对面交流，分享经验。各与会青年干部结合自身工作实际和经历就如何争当实践科学发展观的排头兵进行交流，并对区委、区政府工作建言献策。是月，团区委与区委宣传部等单位联合举办天河区纪念改革开放30周年诗歌、散文诵读大赛，来自区机关、街道、企事业单位的48支代表队参加比赛。最终评出金奖3名、银奖7名、优胜奖15名、优秀组织奖6名、组织奖17名。召开“五四”纪念大会，组织全区近千名各界青年代表观看获奖作品展演。举办“迎亚运，讲文明，志愿我先行”为主题的18岁成人宣誓仪式，900多名中外青年在国旗下宣誓，表达成人心愿，承诺将积极参与志愿者活动。

【青年志愿者活动】 2008年春节期间，区志愿者协会在花市期间组织200多人组成“护花使者志愿服务队”，为花市提供搬运盆花、导游导购、礼仪引导、解说服务等，并到社区倡议、引导市民文明处理弃花。在年初冰雪灾害期间，团区委、区青年志愿者协会通过行政动员和社会招募结合的形式，组织几百人的“青春暖流”志愿服务队，前往火车东站、汽车站服务滞留东站的上万名旅客，开展扶老携幼、交通指引、帮运行李、医疗救助等温馨服务，受到社会一致好评。在奥运火炬传递过程中，组织500人志愿服务队伍在天河段各个环节提供志愿保障。在广州市市长、区长系列公开接访日活动中,先后组织上百名志愿者成立“信访引导组”,向前来上访的群众派发资料、提供咨询等服务。

11月,团区委与区民政局联合主办“助人自助,爱满天河”——第24个国际义工(志愿者)日、第二届天河区优秀义工(志愿者)个人、团体表彰暨天河区义工协会成立5周年庆祝活动,选树广东金融学院青年志愿者协会等20个天河区先进义工联络处(志愿者团体)和丁群等100名天河区优秀义工(志愿者)。广东交通职业技术学院特勤队等3个集体被评为广州志愿服务先进集体,“手牵手小课堂”义教活动被评为广州志愿服务优秀项目,天河区公安分局周志等获“广州志愿服务先进个人”荣誉称号。

【创文主题实践活动】 2008年,团区委、区青年志愿者协会以“创建文明城市,我参与我奉献”为主题,开展系列主题实践活动。通过网络媒体宣传,进行文明宣传教育,联合广州移动东区分公司启动天河区“创建文明城市,我参与我奉献”飞信平台。市民可以通过移动电脑和手机,实现消息、短信、语音等多种沟通方式综合通信服务,直接参与天河创建文明城市活动,为天河创文工作建言献策。团区委、区青年志愿者协会向辖区内高校共派发创文调查问卷2000余份,并进行相关数据进行分析、统计;开展“文明出行”交通整治活动,向社会公开招募一批志愿者参与“文明出行”交通整治活动,在全区各大交通路段,协助交通部门到各大路口开展宣传教育和协助管理交通活动,先后集中组织大型宣传、交通整治志愿服务活动10余次,参与志愿服务2000多人次。是年暑假,组织300名在校大学生成立“天河区创文明城市志愿服务队”,帮助周边社区的文明创建活动,利用社区宣传栏、自制小册子,在社区广泛开展科技、教育、文明礼仪、奥运、亚运等宣传活动,倡导健康、文明的生活方式。与市国税局、正佳广场等单位联合主办“志愿新风,文明有我——志愿服务统一行动日活动”,开展窗口服务行业微笑热情的顾客服务,发挥天河作为现代商贸服务业中心区的优势。全区共开展青年创文活动120场次,共有高校大学生18000人次参与。

【青年文明号创建】 2008年,青年文明号创建以窗口服务行业为重点,提高服务质量和工作效率,扩大创建规模,增加创建数量,探索青年文明号创建及管理新机制。发挥青年文明号的示范带头作用,引导天河青年的职业文明和积极向上的精神风貌。是年,广州市正佳企业有限公司正佳广场客户服务部、天河区房地产登记交易中心、天河区石牌街出租屋管理服务中心服务窗口、天河区体育东路小学英语科组、武警广东省总队医院妇产科等5家单位获得“广州市青年文明号”荣誉称号。

【爱心助学】 2008年,继续深化“金龙鱼希望工程助学行动”,共资助困难青少年学生67名,资助金额达4万多元。加大力度进行对口扶贫工作,“平远青少年对口扶贫工程”帮助平远地区贫困家庭学生完成学业。

【情系灾区】 2008年5月,团区委联合有关单位在百脑汇广场举办赈灾义演募捐活动,共筹集善款646384.5元。6月,联合有关单位在正佳广场举办“爱与希望同行”主题活动,通过现场义演义卖活动,筹得善款15171.8元。

【关爱青少年成长】 2008年,在社区组织开展“社区青少年心理咨询”活动。联系白云心理医院组织志愿者定期在6个社区开展心理咨询活动。3月,联合有关单位举办2008年天河区义务植树活动,共有区机关干部团员青年代表、辖区家庭群众代表等1000多人参加活动,推动全区生态文明建设。暑假期间,发动各级团组织开展形式多样的“天河之夏——青少年学生暑期系列活动”,开展文艺慰问、社区服务、义务家教等活动。联合有关部门成立专门志愿者服务队到学校、社区开展普法教育活动。

【团属各项事业】 ·青联工作· 2008年,区青联就委员对青联工作的期盼和自身需求展开问卷调查。开展“践行科学发展观，谋划青联新发展”青联发展论坛，主动围绕天河发展、城区建设献计献策。整合社会各界资源，发动正佳企业集团通过捐助物资帮扶区部分困难学生家庭活动和捐助部分慈善超市。

·少先队事业· 2008年，重点加强少先队组织的队伍建设、组织建设，完善、规范学校少先队工作的常规管理。联合有关单位下发《关于进一步加强天河区少先队工作的意见》，把少先队工作纳入基础教育发展的总体格局，建立和完善少先队辅导员选拔、配备和聘用（任）制度。每年对各校少先队工作进行量化考核，并以此作为评先、表彰依据。在少先队建队59周年、少先队组织恢复30周年之际，举行天河区少先队鼓号队仪仗队大检阅活动，11支队伍从50多支鼓号队中脱颖而出以主题花样操形式进行决赛。这是天河建区以来第一次鼓号队花样操检阅比赛。

四川地震后，接受63名四川儿童入学，并组织10户爱心家庭参加灾区少年儿童“手拉手”活动，其中有6户家庭被市少工委指定为结对“爱心家庭”。暑假期间，组织一个四川儿童参观广州的夏令营，还组织天河区教师为这些四川儿童送教上门。

举行2008年天河区小学生“我的环保节日”演讲大赛，在区小学校园中掀起环保热潮。

·青志协事业· 2008年，继续开展志愿者（义工）登记注册工作，在册志愿者超过7万人，接近全区户籍人口总数的12%。在石牌、天园、员村、天河南等6个街道建立社区志愿者服务工作试点，将志愿者组织资源引入社区，长期有效开展社区志愿服务活动。

【基层组织建设】 2008年，联合荔湾、黄埔兄弟区团委举办共青团创新发展培训班，组织80多名基层团干部赴深圳、东莞进行考察学习。学习《青年干部的成长成才》课程和参观考察全国青年文明社区东莞市万江区拔蛟窝社区、深圳市龙岗区青少年活动中心等，与团东莞市万江区委、黄江区委、团深圳市龙岗区委举行交流座谈，学习先进城区在共青团发展思路、发展理念、发展手段等方面的长处。

（庞辉煌）

天河区妇女联合会

【帮扶困难妇女儿童】 2008年，区妇联摸清全区困难妇女、特困家庭重症儿童等弱势群体的情况，建立台帐，多方筹集资源进行帮扶。1月，召开2008年单亲特困母亲迎春茶话会，为单亲特困母亲派发节日慰问金和礼物；经区妇联牵线搭桥，市民盟妇委会对天河区2位单亲特困母亲家庭进行慰问，除送上慰问品和慰问金外，还对2个家庭的子女就学开展长期帮扶；6月，组织20多户困难家庭开展“团结互助手牵手”爱心植树活动，为10名特困学生每人发放1000元助学金并送上“爱心礼包”；8月，区妇联争取到广东吉之岛天贸百货有限公司资助区2名困难家庭学生3年高中学杂费；9月，举办“天河区特困母亲中秋慰问活动暨就业经验交流会”，组织特困母亲迎中秋，搭建交流平台；10月，组织区2名重症儿童参加由广州市民政局、广州市妇联组织的“爱心救助、托起希望——救治特困家庭重症儿童行动”，孩子们进行手术治疗前的免费体检。

【妇女就业再就业】 2008年7月，区妇联召开2005～2007年度妇女就业再就业工作座谈会，了解妇女就业和自主创业情况，搭建就业、创业平台。8月，区妇联获“2005～2007年度广州市妇女就业工作达标单位”，周彩英等10名妇女被授予“2005～2007年度广州市就业创业先进个人”荣誉称号。

【“巾帼文明岗”创建活动】 2008年，区妇联制定《2008年天河区"巾帼建功"活动工作意见》，对新形势下建功活动的开展提出新的意见。1月，召开区妇联五届十次执委会，对30个验收通过的2006～2007年度申报创建区级"巾帼文明岗"的岗位进行授牌。10月，对暂缓授牌的3个岗位进行严格复评，3个岗位通过验收后准予授牌，有效规范创岗管理。

【妇女儿童维权工作】 2008年，区妇联带领基层妇联以多种形式开展"三八"维权周活动。3月，区有关部门联合举办"三八"维权周法律宣传咨询活动，宣传男女平等等基本国策和妇女权益保障法。活动吸引600多人次参与有奖竞答，共派发宣传资料8000份，现场接受咨询50人次。5月，区妇联联合车陂街党工委、区司法局开展"车陂街创建全国文明城市启动仪式暨天河区妇女普法宣传咨询活动"，指导外来流动女工应对和解决妇女维权工作过程中遇到的疑点、难点问题。

5月，区妇联会同车陂街党工委、区司法局在东圃大马路联合举办"创建全国文明城市宣传暨妇女普法咨询活动"。围绕"如何进一步推进农转居女性、外来务工女性普法教育"的调研专题，区妇联调研组分别到新太科技股份有限公司和黄振龙凉茶有限公司召开女工座谈会，了解外来女工在生活和工作中遇到的维权热点、难点问题，为女工解答有关劳动保障、婚育政策等问题，提高女工对同工同酬、妇女法规的认识。

2008年1～11月，区各级妇联系统共接待群众信访2413宗，办结率达100%。

【"三八"国际劳动妇女节活动】 2008年3月，举办天河区妇女纪念"三八"国际劳动妇女节98周年大会，举行主题为"展巾帼风采，创和谐生活"文艺演出。区人大常委会党组副书记、副主任王淑贞，区人大常委会副主任李宁佳等女领导与天园街社区模特队合作演出时装秀《美好生活》，区政协副主席、区文联主席王壮父女合唱歌曲《人间第一情》。各基层单位妇女组织也开展丰富多彩的"三八"纪念活动。是月，区妇联组织区内100多名妇女参加广州市妇女隆重纪念"三八"国际劳动妇女节98周年暨妇女健身团体操大赛总决赛，天河代表队获得一等奖。

【家庭教育工作】 2008年，区妇联开展天河区"十大和谐家庭"评选活动，评选出马东魁等10户家庭为天河区2008年"十大和谐家庭"，《南方都市报》对此予以大篇幅报道，达到良好的社会宣传效果。

5月，组织区30户家庭参加广州市妇联"爱我绿色家园，同创文明城市"家庭植树活动。9月，组织文明家庭、"广州妈妈"爱心志愿者家庭代表30人参加"文明广州，美丽家园"绿色环保亲子游活动，树立家庭成员的环保意识。

5～6月期间，区妇联开展"文明家庭"和"书香家庭"评选活动，共评选出广州市"文明家庭"773户、天河区"文明家庭"38192户、天河区"书香家庭"50户。同时发放一批宣传品和38300张"天河区文明家庭"荣誉证、680本光荣册，开展家庭"创文"宣传。

7～8月，区妇联结合"廉政进家庭"主题，编写廉政知识问卷，向基层妇联下发，组织全区家庭参与活动，并通过抽奖的方式对部分家庭予以奖励。活动中共回收有奖知识问答问卷2252份。9月，组织部分单位妇女干部、家庭代表和妇联机关全体党员近40人参观中国共产党纪律检查机关历史沿革展及中共三大会址。全区21个地区妇联、12个单位妇委会组织辖内家庭观看廉政教育专题片35场。区妇联利用现有宣传栏，编印《天河区妇联纪律教育月活动、创建全国文明城市宣传专栏》。

基层妇联办好家长学校，做好家长学校示范点创建。支持兴华街社区家长学校办学，购买一批家庭教育书籍赠送给学校，促进家长养成乐读书、多读书、读好书的良好习惯，形成注重家庭教育的良好氛围。9月，在广州市妇联召开广州市家长学校示范点创建工作会议，列入广州市示范点的兴华街社区家长学校代表区作经验介绍。

是年开展“平安家庭”创建活动，以车陂街为重点，深入家庭和社区进行宣传，组织相关活动。12月，区妇联联合相关部门在车陂街举办天河区创建“平安家庭”法律宣传咨询活动，现场咨询、发放宣传单张、教育展板展示，群众反应热烈。车陂街全年共组织各类“平安家庭”宣传活动6次，5000多名群众参与其中，活动覆盖每一个社区。广氮社区被全国妇联评为全国“平安家庭”创建活动先进示范社区，车陂街被省妇联确定为全省“平安家庭”创建活动示范街道。

【实施妇女儿童发展规划工作】 2008年，区妇联倚靠成员单位的资源优势，牵头为区5所外来工子弟学校援建图书馆。会同教育部门承接“让我玩”城市流动青少年体育运动项目，向外来工子弟学校发放体育器材、组织各校体育教师参加“让我玩”项目教师培训，开展校际篮球赛。

【抗震救灾救助】 2008年，四川地震后，区妇联号召全区广大妇女带动家庭成员参加所在单位、社区的捐助活动，全区妇联系统捐款共计17万元。开展“广州妈妈”爱心行动。组织“广州妈妈”爱心志愿者坚持每周末到医院探视地震灾区伤病员直到最后一个伤员离开，向伤病员捐助价值3000多元的6辆轮椅和4副拐杖，配合四川卫视节目摄制组到区拍摄“爱心妈妈”煲靓汤送伤病员的行动等。“六一”期间，全区各级妇联组织围绕抗震救灾，开展各具特色的主题活动，如区妇联在区民办学校中开展“节约一支笔，向灾区小伙伴伸出援手”活动。是年，区妇联等3个单位获“广州市抗震救灾妇女先进集体”，同时被授予广州市“三八”红旗集体称号；李笑娟等6人获“广州市抗震救灾妇女先进个人”，同时被授予广州市“三八”红旗手称号；廖佩璇等23人获“广州妈妈”爱心行动优秀志愿者称号。

（邝惠娜）

天河区科学技术协会

【概况】 2008年，各街道科协的科普志愿者人数不断增加，基层科协共计21个，全年各街道社区共开展各类型科普活动约500场次，参与活动群众约10万人次。

【创建科普示范街道】 2008年6月，在2008年全民科学素质行动计划纲要论坛暨第十五届全国科普理论研讨会上，天河区天河南街、五山街通过专家评审，成为广州市第二批科普进社区示范街道。天河南街党工委副书记罗兆建作大会发言，介绍该街道开展科普工作的经验和作法。区科协主席罗启颖、长兴街调研员董国雄被评为“优秀科普带头人”。

【科普宣传阵地建设】 2008年，各街道社区利用社区科普宣传栏，向广大社区群众宣传科普知识，并把现有的文化站、图书室、宣传栏、活动室等有利于科普建设、教育、普及、展示的资源有机整合起来，探索创新科普宣传形式。区科协先后联合区属各有关部门，在天河公园宣传栏出版《秋冬养生，关爱健康》、《珍惜自我，健康选择》、《迎奥运，创和谐，为中国加油》等专刊，吸引不同层面的读者，还有不少读者参与出版工作，为宣传栏建设献计献策。

【“世界地球日”宣传】 2008年4月，区科协联合中科院地球化学研究所在天河公园北门广场举办以“认识地球，和谐发展”为主题的大型广场活动。中科院能源研究所、广东省生态环境土壤研究所、华南植物园、广东树木公园等科研院所结合自身研究方向向现场群众宣传节能环保、保护资源能源的科学道理。专家作“全球气候变暖的警示”科普演讲，现场还举办互动游戏、有奖问答等活动，吸引近3000群众参与。

2008年4月，区科协联合中科院地球化学研究所在天河公园北门广场举办“认识地球，和谐发展”大型广场活动。

区科协供稿

【科技活动周】 2008年天河区科技活动周的主题是“建设创新型城区，构建和谐天河”。将防震减灾、科技抗灾作为科普宣传的重点。各街道、社区以不同的形式开展科普宣传活动，宣传最新的科技抗灾知识、自我保护知识等。科技活动周期间，全区共举办相关主题的科普宣传活动25次，参与群众约1万人次。

2008年5月，天河区科技活动周在宏城广场举行启动仪式。

区科协供稿

【全国科普日活动】 2008年9月“全国科普日”，第一期五山科普论坛在五所社区天一广场举行，以“节约能源资源、保护生态环境、保障安全健康“为主题。主办单位组织环保健康专家论坛、“白鹤号”环保宣传车、节能科普图片展、节能产品展示、科普专家咨询、科普知识问答等活动，寓教于乐，共吸引500多位社区居民参与和关注，派发《环保知识手册》等资料近千份和环保购物袋500个。11月，五所社区举行以“利用阳光能源，建设生态社区”为主题的天河区太阳能技术社区应用科普论坛，向社区居民普及新能源知识、推广新能源技术。

【广东省节能宣传周社区行】 2008年6月，由省经贸委、省科协、区科协联合主办的“2008年广东省节能宣传周社区行活动”在天园街骏景花园社区举行，相关领导出席活动。华南理工大学教授杨泽亮和梁荣光到场与社区居民开展“我与专家面对面”节能咨询活动。广东科学馆提供百米节能降耗科普长廊巡展，广州市科协提供科普大篷车巡展，佛山电器照明股份有限公司等企业进行节能灯、灯控器、家用节电器等节能产品展示。社区居民参加活动，并接受现场免费赠送的环保袋、节能灯和科普图书《节能减排365计》。

【社区科普】 2008年，由区科协主办，华南农业大学研究生科普团协办的“科普知识进社区”系列活动在区各社区开展。研究生科普团先后在车陂街就“青少年网络成瘾分析及对策”问题、黄村街中海康城社区就“养生保健”问题、天河南街育蕾社区就“食品农药残留与饮食安全问题”、冼村星汇园社区就“宠物知识”问题及前进街美林湖畔社区就“插花艺术”举办多场知识讲座，采用双向选择方式确定讲座内容，符合社区居民的实际需求，受到群众的欢迎，约2000居民直接受益。研究生科普团还编印《科普知识宣传小册子》之“环保节能小知识”1万册，发放到社区，采用漫画的表现形式，宣传环保节能的有效方法和手段，受到社区群众的欢迎。

【树立科普典型】 2008年，把科普进社区工作与创建“文明城市”各项工作结合起来，区科协、区妇联、区文明办联合开展“科普示范社区”和“科普模范家庭”推荐活动。6月，共收到各街道推荐的科普示范社区26个，科普模范家庭33户。7月，由区领导、区科协、区妇联、区文明办组成联合考评组，深入社区查阅社区开展科普活动的文字、照片等材料，听取社区工作人员的汇报。10月，2008年度天河区创建“科普示范社区”及“科普模范家庭”经验交流会在区机关大院北会场举行。长兴街科艺社区、五山街农科院社区、车陂街广氮社区、天园街骏景社区、石牌街华师大社区被评为区首批“科普示范社区”，兴华街牛利岗居委杨菊兰家庭、兴华街河水社区许光明家庭等10户家庭被评为区首批“科普模范家庭”。

2008年天河区科协下属机构表

基层科协、协会	会员数	成立时间
沙河街科协	25	1985.12.19
员村街科协	20	1985.12.19
车陂街科协	5	1985.12.19
五山街科协	6	1985.12.19
石牌街科协	30	1990.01.05
区工程师协会	61	1992.01.24
天园街科协		1999.03.18
棠下街科协	15	1999.05.26
沙东街科协		2002.06.22
黄村街科协	25	2003.05.13
元岗街科协	36	2003.07.11
石牌街科协	33	2003.10.15
林和街科协	29	2003.10.31
长兴街科协	41	2003.11.10
冼村街科协	47	2003.11.18
珠吉街科协	35	2003.11.13
新塘街科协	31	2003.12.29
天河南街科协	41	2003.12.20
凤凰街科协	45	2004.08.20
猎德街科协		2005.05.23
兴华街科协		2005.06.21
龙洞街科协	60	2006.01.10

（区科协供稿）

天河区归国华侨联合会

【概况】 2008年，天河区基层归国华侨联合会（简称侨联）组织共17个，归侨侨眷9346人。

【天河区第五次归侨侨眷代表大会】 2008年12月，广州市天河区召开第五次归侨侨眷代表大会，区侨联主席杨火明代表区侨联第四届委员会作题为《求真务实，推动天河侨联事业科学发展》的工作报告，选举产生由29名委员、9名常务委员组成的广州市天河区侨联第五届委员会。出席侨代会的代表共119名，新一届侨联聘请顾问14名。

【为侨服务】 2008年4月，区侨联配合市侨联到天河软件园开展调研，主题是“如何团结和发挥海归、回国创业人员的独特作用，切实加强对三新（新华侨华人、华裔新生代、新华侨社团）人员的工作”，就回国创业人员的基本情况和存在的主要问题及困难听取管委会汇报。区侨联还多次到科技园的企业，听取意见和建议，形成调研报告。9月，天河区推荐的海归新侨熊嘉、胡胜发和陈宝辉分别获得“广州市新侨回国创业杰出贡献奖”和“广州市新侨回国创业贡献奖”。介绍华美集团等4家企业参加广州市新侨回国创业成果展。举办“迎国庆、贺中秋”侨界茶话会，邀请区发改局等职能部门介绍区的发展规划、产业结构和服务定位等，并走访侨资企业听取意见。

【维护归侨侨眷合法权益】 2008年，共处理来信、来访8件，主要涉及侨房纠纷、侨房政策、医疗、环境等问题，区侨联协调有关职能部门进行妥善解决。是年通过与区教育局沟通协调，为辖内“三新”人员解决子女入学等实际困难，解除“三新”人员在天河创业的后顾之忧。

【侨法宣传】 2008年4月，区人大开展实施《中国人民共和国归侨侨眷权益保护法》（以下简称《保护法》）执法检查工作。区侨联汇报区贯彻《保护法》情况，区科技园管委会、教育局、车陂街、五山街、棠下街等单位汇报关于开展侨务工作的情况。实地视察暨南大学校董会办公室、长兴街华南植物园社区居委会、东扬彩印有限公司，了解侨资捐助项目的监管情况、基层社区居委会侨联组织开展活动的情况、侨属企业的运营情况。区侨联组织召开归侨侨眷代表座谈会，邀请执法组成员听取归侨侨眷关于《保护法》的意见和建议。

【对外联络】 2008年2月，区侨联组织区部分侨联港澳顾问、香港联谊会会员参加广州市侨联组织的香港侨界新春联谊会。副区长黄彪出席会议，慰问与会的区侨联港澳顾问。是年，先后召开区侨联港澳顾问恳谈会、乡亲座谈会，宣传“一国两制”，保持香港澳门地区繁荣稳定的重要意义，鼓励委员和港澳同胞高举爱港爱澳旗帜，增强香港同胞、澳门同胞的国家观念、民族意识，积极参与港澳地区的政治生活，支持特区政府依法施政，为实现以爱国者为主体的“港人治港”、“澳人治澳”，促进香港、澳门地区的长期繁荣稳定而努力。

【发动侨界为灾区捐款】 2008年四川汶川地震后，在天河区投资、发展的境外企业家，以各种方式支持和支援灾区抗震救灾工作，部分侨界企业家参加香港的团体或自发组成义工队伍，到灾区开展慰问，了解灾区所需的生活用品、药品，捐款数额达300余万元。

（方伟兰）

天河区工商业联合会

【概况】 2008年，区工商联发展会员9人，会员企业9间。有会员614人，会员企业510间，其中有限责任公司510家，从业人员8516人。10月，区工商联王蜀、郑庆禄、洪岳雄、陈尤知、付松山、卢国言6位副主席被评为广州市第二届优秀中国特色社会主义事业建设者；区工商联在广州市工商联系统抗震救灾先进集体和个人表彰大会上，被评为市工商联系统抗震救灾先进集体，有5位商会代表被评为抗震救灾先进个人。

【第五届第二次全体执委大会】 2008年2月，召开工商联第五届第二次全体执委大会，副区长黄彪、区统战部部长肖辉应邀出席，近100人参加会议。大会对工商联2007年工作进行总结，对解放思想大讨论进行动员并提出2008年工作设想。副区长黄彪在会上发言。

【参政议政】 2008年3月，区工商联的区政协委员32人参加区政协六届三次会议，会上增补区工商联党组书记伍小红、副会长卢国言为区政协委员；企业组共撰写提案4份，立案1份；常委张茂声代表工商联在大会作题为《以构建和谐社会为目标，积极引导民营企业文化建设》的发言，受到肯定和好评。是年，区工商联还开展“我为天河发展现代服务业献一策”征文活动，收到多份较有价值的稿件。11月，市工商联副主席黄健敏率领相关负责人，及天河区第二督导组检查组成员、区工商联全体党员，到位于石牌的省电脑商会走访，开展学习实践科学发展观调研活动，了解民营企业如何以科学发展的思路应对金融风暴对企业运营的影响，并与IT业界的负责人进行交流座谈。

【会员服务】 2008年5月，区工商联与华鼎担保公司、中国银行天平架支行举行中小企业投融资说明洽谈会，为帮助天河区民营中小企业解决融资难问题，提供银担企服务平台，促进彼此信息互通，加强相互间的联系与合作，促进发展，实现共赢。会上三方签约协议，银行、担保公司与企业共同提供给区工商联会员企业5亿元人民币的融资额度，有上百人参加会议。

区工商联以实践科学发展观为主题开展活动，与区人才服务管理办公室联合举办民营企业人力资源服务讲座，区人才办主任李春兰主讲，针对大学生毕业接收、异地人才引进、入户、专业技术职称评定、评审等内容进行讲解，有80多名会员参加。

【对外交流】 2008年4月，组织部分会员企业代表参加江西省九江市人民政府举办的重点产业招商项目推介招商会，会后会员还与当地政府部门推介项目进行咨询和洽谈。6月，组织会员参加湖北省襄樊市举行的投资环境说明会。9月，会员企业广州市世达密封实业有限公司和广州龙发行礼品贸易有限公司参加广州博览会的产品展示，宣传企业品牌形象，扩大影响力。

5月，由区政协副主席、区委统战部部长肖辉带队，组织区工商联、区侨办、区侨联、海外联会员23人赴江西省龙南县、赣州市进行商务考察。考察当地市政建设及经济开发区投资环境，参观外商在赣州投资的大型鞋厂和汽车配件制造厂，并与当地政府职能部门负责人交流座谈。

8月，区工商联与海外联、侨商会共35人到福建省厦门市进行为期3天的商务考察。参观市政环境、厦门软件园和观音山国际商务运营中心，并与厦门思明区工商联进行友好交流，两区工商联缔结为友好商会。

2008年5月，区政协副主席、区委统战部部长肖辉率团，组织侨商会、区侨联、区海外联、区工商联及民营企业家赴江西省赣州市和龙南县等地进行商务考察。图为考察团成员参观工厂的生产车间。

区工商联供稿

2008年9月，广州博览会在广州国际会议展览中心举行，区工商联副会长企业广州市世达密封实业有限公司和广州龙发行礼品贸易有限公司参加此次产品展示。副区长黄彪（中）到展会现场参观指导。

区工商联供稿

【会务活动】 2008年1月，区工商联与海外联、侨商会、女企业家商会在广州嘉逸皇冠酒店举办迎新创意化妆晚会，会员们表演自编自导的节目。9月，区工商联联合侨联、侨办、海外联与侨商会在天河大厦举办“迎国庆、贺中秋”茶话会，区委副书记肖彬生应邀出席，各界人士共300多人欢聚一堂，共贺佳节。

4月，区工商联与部分会员参加市工商联、市民营企业商会举办的“创之道——忆改革开放三十年扬峥嵘岁月思想大解放风帆再创辉煌论坛”，并参加103届春季中国进出口商品交易会开幕式酒会。

7月，由区工商联协办，市工商联、市总商会在天河体育中心举行第四届乒乓球邀请赛，来自全市各区工商联直属商会共18个代表队参与此次赛事。

3月和5月，区工商联分别接待江苏省姜堰市工商联和广西桂林市政府相关职能部门商务考察团。双方进行座谈和交流，就大家关心的问题进行沟通，增进彼此间的了解和友谊。

【光彩事业】 2008年2月，区委统战部、区工商联、区海外联召开“万众一心抗冻灾”爱心捐助大行动会议，与会的民营企业家齐齐捐款，现场募集3万多元。会后，友谊班尼路、东泰化工、新城建材、雅丽思化妆公司等分别捐赠御寒衣物600件，鼎海贸易公司捐赠50箱食品，捐款金额达10多万元。

5月，区工商联、区海外联、区侨商会联合在区政府机关大院北会场举行“一方有难、八方支援”，万众一心抗震灾爱心捐款大行动会议，广大民营企业家带头捐款，共募集捐款50多万元。会后，会员还采取捐款、捐物、义卖、义演等形式筹集善款，共捐款500多万元。10月，区工商联会员企业，广州东泰化工有限公司董事长、区工商联副主席卢国言，响应为四川地震灾区捐赠御寒衣被活动号召，购买全新棉被和棉大衣，共捐赠棉被160床、大衣210件（价值33050元），并组织企业员工将衣被用品送往天河区慈善会，帮助灾区群众过冬。

6月，区工商联与女企业家商会、区妇联、区园林办联合组织“团结互助手牵手”爱心植树活动，女企业家及20多个单亲特困家庭的学生及家长近80人冒雨在龙洞公园种树。女企业家们向10名特困学生发放1万元助学金，并向20多名特困生赠送学习用具和生活用品。

2008年5月，区委统战部、区工商联、海外联、侨商会在区政府北会场共同举行“抗震救灾献爱心”赈灾捐助活动。

区工商联供稿

天河区商界名人简介

洪岳雄，男，天河区政协委员，天河区工商联副主席，广州三瑞医疗器械有限公司董事长。

岳惠坚，男，广东省鞋材行业协会副会长，天河区工商联副主席，广东惠联实业发展有限公司董事长。

陈列平，男，天河区工商联副主席，广东南洋长胜酒店有限公司董事长。

付松山，男，广州市政协委员，天河区工商联副主席，广东履安实业有限公司董事长。

（利响）

天河区文学艺术界联合会

【概况】 2008年，区文联下属有书法、美术、摄影、文学、音乐、舞蹈、管乐、民间文艺、七夕•乞巧文化、国际标准舞、戏剧家11个艺术文化门类的协会，约有会员1000人。是年，在组织开展文艺活动、指导文艺创作、支持社区文化建设、繁荣天河文艺事业等方面做出贡献。

【文化活动】 2008年，区文联举办多项文艺活动。

•国标舞公开赛• 5月，“天河区国际标准舞协会成立大会”暨“迎奥运2008首届天河区国际标准舞公开赛”在天河区文化馆多功能厅举行。有区委宣传部、区委老干部局、沙河街、元岗街、天河区国际舞协会代表队，还有来自全市包括广东体育职业技术学院、广州艺术学校以及顺德、中山、南海在内的19个代表队共200对近400名选手分别参加专业院校组、公开组、天河组、机关组、少儿组、壮年组、长青组等71个组别的角逐。参赛选手年龄最小的6岁，最大的70岁。此次赛事得到各评审员的高度好评。

•诗书画联展• 7月，天河区书法家协会、黄埔红叶诗社、野花诗社和黄埔区美术书法家协会联合举办“情系灾区、喜迎奥运”天河黄埔诗书画联展，这次展出的180多幅作品中大部分是天河、黄埔区艺术家的诗书画作品，天河区委副书记肖彬生及梁鼎光、纪光明、吴云峰、李晓白、任桂森等著名书画家也应邀为这次活动提供作品。联展结束后，所有书画作品进行公开拍卖，所得款项全部捐献四川汶川地震灾区教育事业。

•书香羊城沙龙会• 10月，由广州市文联、广州购书中心主办，天河区文联承办的“书香羊城文化沙龙——文艺家与读者面对面”活动在购书中心举行。省文联副主席、广州市文联党组副书记、著名作曲家刘长安，广州美术学院教授、画家、美术批评家谭天，文学批评家、广东省作家协会副主席兼秘书长、天河区文学家协会会长温远辉，歌唱家、星海音乐学院教授、天河区文联副主席穆红，广州话剧团优秀青年演员、话剧《白门柳》中董小宛的扮演者崔冰等艺术家结合自身经历，围绕“读书、爱书、写书、藏书”等话题与现场观众展开讨论，会场气氛热烈。“书香诗韵”诗歌朗诵会同期举行，广州诗人野曼、陈陟云、东荡子、黄礼孩、黄金明等现场朗诵诗作。

2008年5月，区国际标准舞协会在成立大会上颁发聘书。

区文联供稿

2008年10月，区文联承办文艺家与青年对话活动。

区文联供稿

·摄影陶艺展· 10月，由区文联、区档案局、区志办、天河报社联合举办的“筑梦2008摄影陶艺展”在区机关大院5号楼1楼大厅举行。共收到参赛作品400多幅，经专家评审后共选出120幅优秀作品参与展出，这些作品全方位、多角度记录天河的现代与古韵、繁华与文明。同时展出的陶艺作品是佛山著名陶艺家范安琪获得国际陶艺大会金奖的作品——《天籁系列》和其他一些获奖的系列作品，风格独树一帜，带给人愉悦的审美享受。本次展出吸引众多参观者前来欣赏。

·跨部门、地区文艺活动· 6月，与区纪委、区委宣传部、区文广新局联合组织开展天河区廉政文艺节目创作评选活动，共选出53个节目参加评选。这些节目内容丰富、形式多样、各具特色，展示区廉政文化建设的丰硕成果，并在动员大会上进行汇报演出，获得好评。7月，区文联与从化市文联、增城市文联、中国人民解放军某部联合举办第二届军民书画联展，展出来自天河、从化、增城的书画作品200多幅。

【文艺采风】 2008年1月，区文联举办“2008年新春茶话会”，省、市、区各界文艺家以及各街负责人相互交流。2月，组织部分区作家协会会员及省、市作协的有关领导前往天河软件园参观采风，听取软件园负责人对软件园的发展现状及发展前景的详细介绍，软件园具有前瞻性的建设，为作家们的创作提供素材。

2008年2月，区文联组织区文学协会到天河软件园采风。
区文联供稿

【基层服务】 2008年，区文联开展“党员社区服务日”主题实践活动，组织书画家近20人到长兴街文化广场现场挥毫，免费派送给群众。开展基层党组织互帮互助“五个一”活动，与侨联到车陂街西湖社区党支部进行慰问困难党员以及捐赠办公设备、书籍等活动，帮助居委会改善办公设备条件和提高社区文化建设水平。

（梁瑞音）

天河区残疾人联合会

【概况】 2008年，天河区残疾人工作取得良好成绩，被广州市评为北京残奥工作突出贡献单位，有5人被评为突出贡献先进个人。

【康复工作】 2008年，全区有康复需求的残疾人3334名。组织社区残联专干、残疾人专职委员对全区在册残疾人进行摸查登记，建立残疾人康复服务档案。是年完成白内障复明手术115例，肢体残疾人医疗康复训练81例。指导街道康复工作人员对有康复需求的残疾人开展康复训练指导、心理疏导、知识普及、转介服务等康复服务项目，为2700多名残疾人提供康复、助残等服务。实施“爱耳计划”，对区0-9岁听力残疾儿童进行摸查，并对家庭贫困的聋童提供康复救助。为3名聋童提供合适的助听器，并转介到省康复中心进行语言康复训练。

是年，区残联共审批贫困精神病人免费门诊2220人次，提供免费短期住院治疗39人次。成立街道康园工疗站17个，覆盖全区21个街道，接受107名精神病人康复者、智力残疾人，通过生活自理技能、劳动技能训练，使这类残疾人病情稳定，逐步融入社会。

【劳动就业】 2008年，区残联落实《广州市按比例安排残疾人就业办法》，进行残疾人就业年审工作。全区共年审571个单位，其中达到安排比例的单位54个；年审单位职工数达13197人，其中安排残疾人职工128人，收缴保障金313.26万元。残疾人到残联登记求职的有258人次，组织求职见工166人次，推荐上岗65人次。员村街残联与辖区内企业沟通联系，推荐20名残疾人就业，解决社保、医保问题。是年，继续对全区7间盲人按摩院所进行资格年审认定。

【教育培训】 2008年，区残联组织多种技能培训，供有培训需求的残疾人参加，并对困难残疾人减免其学杂费用，残疾人职业技能得到提高。在北京奥运、残奥会和广州市创文期间，区残联对84名残疾人机动车驾驶员实施职业培训。

【特殊教育】 2008年，区残联与教育局合作，在学年开始之前统计辖内适龄残疾儿童，对未入学适龄残疾儿童实施入学登记或送教上门。全区残疾儿童（6-16岁）入学率达95%以上，120名家庭困难的残疾学生和残疾人子女获得“扶残助学工程”补助金，全区义务教育阶段的残疾学生免缴书杂费，7名参加2008年高考并考上本科、专科院校的学生获得一次性奖学金。

【信访维权及扶贫解困】 2008年共收到群众来信来访20件次，答复、办结率达100%，收到感谢来信来电10件次。区法律援助中心残疾人工作部和各街道司法所残疾人工作站共为残疾人提供法律服务30多人次。8月，区残联会同市残联、天河地税局组织残疾人士税收政策宣讲会。

全年发放残疾人低保困难户专项补助金112.63万元，惠及困难残疾人1796人。为一、二级重度残疾人1158人申办市内公交工具优惠票卡。为40名困难单亲残疾家庭免费办理意外保险。全年为186名残疾人免费评残鉴定。为符合条件的802名未成年及丧失劳动能力的一、二级重度残疾人办理由政府全额资助的城镇居民基本医疗保险。联合市福利彩票发行中心资助生活困难的学生共8人，涉及金额8000元。联合市残联为区内18名盲人免费发放“启明音”视障人士专用听读机。

【文化体育】 2008年，全区以各种形式共慰问残疾人1000多人次，发放慰问金、慰问品30多万元，召开残疾人座谈会30多场次，对外宣传报道15篇，举办精神卫生日、爱耳日等宣传咨询活动20多场次，派发宣传资料过万份，接受咨询近千人。

是年，区残联开展以扶残助残迎残奥为主题的系列活动。5月，区残联联合市残联、中国移动广州分公司在正佳广场举办“让信息通信技术惠及残疾人”活动；是月，区精残协会组织精残人员及亲友到康宁农场参观学习，了解精神病人康复过渡期的生活；是月，区智残协会组织智残人员及亲友参加宝墨园一日游活动，区视障协会举办盲人按摩技术专题讲座，聘请广州军区陆军总医院专家讲课；7月，智协、聋协、肢协、精协及视协分别组织残疾人及亲友代表参加“心手相连、共迎残奥”趣味体育活动，让平日不便出门的残疾人有外出学习、亲近社会的机会；12月，组队参加广州市2008年度残疾人轮椅篮球联赛获得冠军。

在北京残奥会上，天河区残疾人运动员周杨静在TA双人双桨赛艇中为中国赛艇队夺得残奥首金，也是广东省在残奥会历史上第一枚金牌。

【残联基层组织建设】 2008年，区残联对街道残联理事长、社区残疾人工作专干、残疾人专职委员进行分层次多种形式的业务培训，培训残疾人工作者达260人次。在全区推进“广州市残疾人保障信息管理系统”的使用，对残疾人工作实行信息化管理。同时，加强对区残疾人综合服务中心、康园工疗站服务中心、街道康园工疗站的建设。

【人物】 周杨静，女，天河区沙河街人，1981年7月7日生，中国赛艇队截肢运动员。2008年9月11日，在北京2008年残奥会赛艇TA级男女混合双人双桨固定座位决赛中，和队友单子龙合作，以4分20秒69的成绩夺得冠军。这是中国赛艇队的残奥会首金，也是广东省在残奥历史上的第一枚金牌。

2008年天河区残疾人法律援助机构表

单　　位	地　　址	电　　话
天河区法律援助处残疾人工作部	龙口东路210号区司法局、天府路1号区机关大院3号楼残联	38748384
车陂街司法所残疾人工作部	车陂东圃大马路湖边街88号（车陂街道办事处内）	82326610
员村街司法所残疾人工作部	昌乐园南门员村街环卫站2楼	85555567
棠下街司法所残疾人工作部	棠德花园棠德东横路1～31号（棠下街道办事处内）	85651901
五山街司法所残疾人工作部	五山岳洲路39号（五山街道办事处内）	85286425
石牌街司法所残疾人工作部	龙口中路152号天逸大厦6楼（石牌街办事处内）	38733355
林和街司法所残疾人工作部	天河东路信成街2号103房	38861299
沙河街司法所残疾人工作部	沙河龙岗路36号（沙河街道办事处内）	37280748
兴华街司法所残疾人工作部	沙河银燕路166号（兴华街道办事处内）	87226886
沙东街司法所残疾人工作部	广州大道北冠庭园小区绿安街 1 号	87706169
天河南街司法所残疾人工作部	体育东路体育西横街193号4楼（天河南街道办事处内）	87534040
猎德街司法所残疾人工作部	珠江新城海清路誉城苑13号（猎德街道办事处内）	38740265
冼村街司法所残疾人工作部	黄埔大道西14号101室	38282997
天园街司法所残疾人工作部	棠石路锦明街83号2楼（天园街道办事处内）	85522420
黄村街司法所残疾人工作部	中山大道黄村福元路5号（黄村街道办事处内）	82317008
元岗街司法所残疾人工作部	上元岗东大街19号外管中心3楼	37082135
珠吉街司法所残疾人工作部	珠村东横一路1号（珠吉街道办事处内）	32351630
新塘街司法所残疾人工作部	大观中路广深高速小新塘入口处3楼（新塘街道办事处内）	82332790

(续上表)

单　　位	地　　址	电　　话
前进街司法所残疾人工作部	桃园西路3号(前进街道办事处内)	82564819
凤凰街司法所残疾人工作部	广汕公路华美路中段(凤凰街道办事处内)	87211006
龙洞街司法所残疾人工作部	龙洞东路219号(龙洞街道办事处内)	87022973
长兴街司法所残疾人工作部	长兴路123号2楼(长兴街道办事处内)	87261575

2008年天河区各街道残联机构表

单　　位	办公电话	地　　址
沙河街残联	37280759	沙河龙岗路36号
五山街残联	85286655	五山街岳洲路39号
员村街残联	85535202	员村新街7号之三负一层
车陂街残联	82326612	车陂街东圃湖边街88号
石牌街残联	38733115	龙口中路天逸大厦6楼
天河南街残联	87534885	体育东路体育西横街193号
林和街残联	38801819	天河东路205号2楼
沙东街残联	87727931	同和路冠庭园小区绿安街1号
兴华街残联	87226351	沙河银燕路166号
棠下街残联	85651505	棠下棠德花苑棠德东横路35号
天园街残联	85522426	黄埔大道棠石路锦明街83号2楼
冼村街残联	38339172	珠江新城华穗路398号
猎德街残联	38740250	珠江新城誉城苑13号1～2楼
黄村街残联	82300077	黄村福元路5号
元岗街残联	37080769	天源路140号
龙洞街残联	87022370	龙洞东路219号
长兴街残联	87261351	长兴路289号
新塘街残联	82357363	大观中路新塘路
前进街残联	82564682	东圃前进村桃园中路3号
凤凰街残联	87211430	广汕公路华美路
珠吉街残联	32352610	珠村东横路二路1号

(王智斌)

贸促会天河支会

【概况】 中国国际贸易促进委员会广州天河支会（简称区贸促会）成立于1994年10月。2008年，全区共有贸促会会员企业33家，新发展的贸促会会员企业2家。是年，区贸促会围绕为政府服务、为企业服务的工作宗旨开展系列贸促活动。全年组织会员企业参加经贸交流活动185人（次），并与多个国内外经贸组织建立友好联系，推动天河区经贸交流和招商引资工作的顺利发展。

【企业及会员服务】 ·联谊会· 2008年12月，由该会主办，会员单位协办，以“文化·和谐·发展”为主题举行联谊会。内容包括：对联文化解读、书画家即席挥毫、茶文化与酒文化品鉴，本次活动推进会员企业软文化实力建设。《新快报》等新闻媒体对该活动进行相关报道，取得一定的社会反响。

2008年12月，副区长林玲（右三）、区政协副主席王壮（左三）参加该会举办的以“文化 · 和谐 · 发展”为主题的联谊活动。

摄影：杨新杰

·企业服务其他项目· 2008年，该会根据会员企业的要求，充分利用和整合社会资源为会员企业提供专业务实型服务，11月，该会为吉山实业有限公司提供企业投资项目可行性分析；12月， 该会为农林实业有限公司提供企业高层管理人员绩效考核方案的设计与实操；另外，为有需要的企业提供专业市场调研、企业品牌形象设计等服务。该会专业实务型的服务降低企业成本、提高企业投资风险意识及企业工作效率。

在联谊会上，嘉宾们欣赏书法家邹廷欣即席挥毫。

摄影：杨新杰

4月，该会发动会员企业参加由市贸促会主办的“企业如何规避金融风险、融通增值”研讨会及《企业工资条例》解析与企业职工奖惩制度设计实务实技巧高级研讨会。

【经贸交流】 2008年，该会发动会员企业参加由省、市贸促会组织的经贸交流活动：3月，由加拿大驻广州总领事馆、加拿大艾伯塔省中国地区办事处主办的“在加拿大艾伯塔省投资及上市”研讨会；4月，香港贸易发展局主办的“香港春季电子产品展”暨“国际资讯科技博览”、“出口商展成功窍门”讲座及“拓展新兴市场占先机”研讨会；由法兰克福市经济促进局主办的“广州—法兰克福经济合作交流会”；由省外经贸厅主办的“美国田纳西州投资环境与政策介绍会”；8月，由市贸促会与新加坡国际企业发展局联合举办的“新加坡市场情况及商业机会介绍会”；9月，由印尼驻广州总领事馆主办的“印尼贸易，投资机遇”研讨会；10月，由世界华商组织联盟主办，中国国际贸易委员会、台湾商业总会、澳门贸易投资促进局协办的“第五届世界华商高峰会”；由广州市贸促会主办的广州国际代理商洽谈会暨进口贸易合作研讨会；11月，由德国政府投资促进署和德国工商总会广州代表处共同主办的“投资德国——通往欧洲的大门”推介会；由广东省投资促进局主办的“赴澳大利亚投资座谈会”；由中国国际贸易促进委员会、广州市人民政府联合主办的中国国际金融服务贸易洽谈会。

2008年4月，区贸促会会长郑奔（前排中）和副会长刘学庆（后排右一）带队参加香港贸易发展局主办的“香港春季电子产品展”暨“国际资讯科技博览”、“出口商展成功窍门”讲座及“拓展新兴市场占先机”研讨会。

摄影：杨新杰

2008年天河区贸促会新入会会员企业名单表

会员企业名单	企业性质	企业地址
广州协讯资科技有限公司	私营	小北路233号越秀花苑北塔1808
广州市利霸贸易有限公司	私营	黄埔大道中路翠湖街6号2205房

（曾晓芬）

经济贸易和经济管理

经济贸易

【概况】 2008年，全区实现国内生产总值1434.39亿元，比上年（下同）增长13.3%。全区商品销售总额3806.23亿元，增长24.64%，社会消费品零售总额569.43亿元，增长19.05%。全区完成工业总产值约909.63亿元，增长10.5%，其中规模以上工业企业完成工业总产值874.63亿元，增长10.6%。

【政策及规划引导】 2008年，区经贸局积极参与现代服务业发展课题调研，起草并促成通过区层面出台《天河区关于支持珠江新城金融商务区发展的配套办法》和《天河区关于促进高端服务业发展的若干措施》。汇编天河区促进现代服务业发展相关政策1.2万册，将部分送到企业手中，策划编印天河区打造“广州服务”标志区办事指南和政策措施。编制完成《天河区现代商贸服务业发展规划》、《天河区金融服务业发展规划》，开展《天河区商业网点发展规划》批前公示，开展区旅游业发展规划的编制工作。完成《天河区总部经济发展规划》，制定并促成出台《天河区促进总部经济发展暂行办法》，首次明确区总部企业的认定和奖励措施，为区总部经济的发展提供政策环境和规划指引。

【服务总部企业】 2008年，区经贸局积极做好外商投资企业总部的认定工作，顺利促成喜威（中国）投资有限公司被市政府认定为中国总部，亨氏（中国）投资有限公司被认定为美国亨氏公司中国总部，并为两家企业分别争取500万元奖励金；索尼（中国）广州分公司、完美（中国）广东分公司等外资总部纷纷迁入天河区。做好现有总部企业和纳税大户服务工作，主动跟进服务好韶钢总部基地、万菱实业、富力集团总部等新进入总部企业。做好总部企业认定、统计、奖励的基础性工作，着手总部经济数据库的建设。抓住市加快建设珠江新城金融商务区之机，加快产业高端要素的集聚，促进金融商务区尽快形成。全年新入驻金融总部企业13家，至2008年底，集聚在珠江新城金融商务区中外金融机构总部和地区总部有28家，而这一趋势还在加强，招商银行、交通银行和摩根大通银行等正计划入驻。

【扶持民营经济】 2008年，区经贸局推进广州家居建材产业园区和星坊创意产业园、金脉创意产业园等专业园区的规划建设，促进“退二进三”，拓展现代服务业发展空间；推动酒店、餐饮、百货类服务业企业和旅游景区的评优评级，嘉逸国际酒店被评为五星级饭店，龙苑酒家、蕉叶时代店等6家酒家被评为国家特级酒家，友谊商场、万佳超级市场等15家百货店和超市完成分等定级工作，其中友谊商场正佳店和时代店、广百中怡店、摩登百货等获国家金鼎百货店称号，华南植物园被评为国家4A景区。全年为59家企业办理办事优先卡，为9家重点企业办理13个省、市一级学校优质学位。指导协助华南资讯、宝供物流等5家企业完成技改项目绩效评价，为天普生化、新航电子等重点企业调整用电企业类别，协调珠江新城变电站建设。组织华南植物园、天河公园等在广州旅游网开设推介专页，成功争取将正佳广场、大椰丰饭等企业列入《广州市名优企业（产品）目录》，组织10多家餐饮企业参加第22届广州（国际）美食节，发动区内大型商场参加“广州迎新年欢乐购物嘉年华”全市性促销活动，协助天河餐饮商会顺利成立。组织企业参加各类招商、投资和贸易会，分别发动63家、66家企业参加第103届、104届广交会，鼓励企业“走出去”，全年区境外投资项目有5个，投资总额达1332.66万美元。

区经贸局协助企业申报各项扶持资金，发动27家企业的27个项目申报省、市技术改造及技术更新项目，其中10家企业10个项目获得各种扶持资金1020万元，7家企业获得金融担保项目资金支持，对高科、天普等5家企业实施技术创新和技术改造项目资金配套；协助摩登百货等4家企业申请获得共320万元市商业网点资金扶持，宝供物流等8家企业获得共270万元省级现代服务业发展引导专项资金，华南植物园获得市服务业发展引导资金150万元；及时将省市科技兴贸、市支持企业境外参展、中小企业国际市场开拓等专项资金共841万元拨付给企业。

【协助企业应对金融危机】 2008年，区经贸局积极分析形势，加强经济预警监测。陪同区委书记杨建城、区长徐汉添分别到省、市烟草公司和粤电集团、中信银行等重点企业调研，区经贸局领导带队走访新太科技、南方聚脂、天海花边、摩登百货等企业，了解企业在金融危机影响下的经营状况，协调解决企业问题。积极摸查掌握辖区相关行业、企业在金融危机下的情况和需求，草拟《天河区促进中小企业稳定健康发展若干措施》，并准备提交区政府通过后实施，以加大对中小企业的扶持力度。

【区私营个体经济】 至2008年12月底，全区有私营企业36188户， 比上年（下同）增长16.1%。个体企业55229户，比上年（下同）增长0.2%，个体工商注册资金7.9亿元，减少1.3%。私营企业注册资金287.88亿元，增长17.3%。私营企业从业人员287425人，增长12.7%。个体工商从业人员81047人，增长0.8%。

【市场升级改造】 2008年，区经贸局按照“四个统一”的原则，推进沙河濂泉路服装批发市场群、广州家居建材产业园区的升级改造和园区规划建设工作，成立广州家居建材产业园区管理委员会，编制产业园区控制性详细规划，修订《濂泉路服装批发市场群园区化升级改造总体方案》；发挥统筹协调作用，加快推进三类市场升级改造工作，全年升级改造19家农贸市场和1家农副产品批发市场，基本完成年度任务。积极打造全国社区商业示范区，协助做好商品零售场所购物袋有偿使用工作。

【市场经济秩序整顿】 2008年，区经贸局坚持依法行政，开展酒类零售许可证审批工作，提高办事效率，提高酒类零售经营许可证的办证效果，扩大持证经营面，全年新办、变更、年审、注销酒类零售许可证1333个。规范酒类盐业市场监管和整治力度，严厉打击制售假冒伪劣酒盐行为，尽责尽力维护食盐和酒类市场秩序，全年没有发生产品质量和食品安全事故。全年出动执法人员3274人次，查获盐业制假窝点10个，没收假盐约51.5吨，案值约3.4万元，罚没假盐产品款2万多元；出动执法人员2385人次，查处酒类制假仓库4个，制假窝点12个，没收各类假酒约50648支，案值约67万元。起草并促成区政府下发《关于进一步深入开展整规打假与产品质量和食品安全专项整治工作的通知》，建立网格化监管运行机制，促成各街道成立食盐和酒类协管（联络）员队伍。健全食盐和酒类专卖市场巡查制度、突发事件应急预案等工作制度。创新监管手段，分别与工商部门签订酒类和食盐市场监管合作协议，与卫生监督所建立食盐市场联合巡查机制，联合有关部门对无酒证超范围经营行为和假盐使用情况进行巡查处理。

天河区重点工业企业名单

企业名称	地　　址	联系电话
中国南方电网有限责任公司	珠江新城华穗路6号	38122222
广电集团广州供电分公司	天河南二路2号	87122302
广州无线电集团	黄埔大道西平云路163号	38699921
广州广电运通金融电子有限公司	黄埔大道西平云路163号	38699019
广东天普生化医药股份有限公司	高唐工业区高普路89号	87037288
亨氏联合有限公司	沙河燕塘	87706218
广州市天海花边有限公司	黄埔大道东555号	62813263
广州金发科技股份有限公司	高唐工业区高普路	87011225
广州摩恩水暖器材有限公司	沙河上元岗	87077317
广州市浪奇实业股份有限公司	黄埔大道东128号	82161931
广州市合诚化学有限公司	体育东路122号羊城国际商贸中心西塔801-807	38870989
广州市虎头电池集团有限公司	黄埔大道中568号	85525314
广州中一药业有限公司	天河北路28号时代广场11楼西座	81943410
广州广日电梯工业有限公司	广州大道北920号	87701119
西屋月台屏蔽门（广州）有限公司	广州大道北920号	87708700
广州华南资讯科技有限公司	建中路12号	85574999
广东正大康地有限公司	黄埔大道东646号	82300823
广州市安泰化学有限公司	东郊工业园建工路8号首层	85576000
广州市高科通信技术股份有限公司	中山大道398号高科大厦	82598365
广州铭纬电子产品有限公司	黄村工业园A栋2楼	28871200
广东信源物流设备有限公司	沙河上元岗	37089200
广州广纺联集团有限公司	员村西街2号大院自编19号	85630165
广东燕塘乳业有限公司	燕塘路8号	61372173
广州维记牛奶食品有限公司	沙太路盘龙岗	87793078
阿尔创（广州）信息技术有限公司	黄埔大道西33号三新大厦25楼	85536351
广州新莱福磁电有限公司）	五山岑村路段广东钢铁研究院内	85286022
广州南天电脑系统有限公司	东郊工业园建工路	85539562

（续上表）

企业名称	地　　址	联系电话
广州金日科技公司	广汕公路柯木塱背坪社黄坡	87039996
广州天河奥特农业新技术有限公司	天河东路240号601房	87539422
广州爱斯佩克环境仪器有限公司	东莞庄路110号(竹丝岗1号大院丙区)	86972325
广州新太科技股份有限公司	建中路51～53号	85521717
广东澳联玻璃有限公司	员村四横路122号	85524207
广州五十铃客车公司	元岗路68号	37088587
广州市南方面粉股份有限公司	员村二横路21号	85680417
广州员村热电有限公司	员村四横东路	85539408
广州鹰金钱企业集团公司	员村四横路128号	61002700
广州市普源科技有限公司	田头岗工业区二大道8号	87365269
广州昊天化学（集团）有限公司	黄埔大道中368号	85525305

（区经贸局供稿）

对外经济贸易

【概况】　2008年，全区新批外商直接投资项目210个，比上年（下同）增长40%，其中，第三产业项目199个，占项目总数的94.76%。全区合同利用外资5.46亿美元，减少6.53%；实际利用外资3.79亿美元，增长3.13%。外贸进出口总值达54.64亿美元，增长13.18%。其中，出口总值为30.89亿美元，增长15.76%；进口总值为23.76亿美元，增长9.98%。

【招商引资】　2008年，区经贸局利用参与在香港举办的广州新春投资推介会、在北京举办的“走进广州”跨国公司驻华总部企业午餐恳谈会以及粤港—欧洲经济技术及产业投资合作交流会等各种经贸交流活动，宣传推介天河区总部经济发展的环境和政策。创新招商方式，通过“请进来”，成功接待中国香港（地区）商会—广东代表团、香港总商会商机考察团，推介天河良好的投资氛围和发展机遇。成功引入汇丰银行、日本JTB佳天美（广州）公司、英国复德人力资源公司、广州银发信用担保公司、长江实业管理公司、欧力仕租赁公司等企业进驻天河区发展，跟踪服务诚满置业、喜威、三井住友、贝麦安、嘉凯、太古汇、周生生等高端服务业重点项目。拓展服务外包业，促进服务外包基地建设。

【提高审批效率】　2008年，区经贸局简化外资项目部分变更事项办理手续，酒类零售许可证年审议换新证审批时间由10个工作缩短到1个工作日；美化办事窗口，独立设置酒类零售许可证办证室，设立等候区、办理区，方便企业群众办事；推进网上审批，开展外商投资业务办理网上审批试运行工作。

【外贸进出口】　2008年，全区内资企业出口26亿美元，占出口总值84.17%；进口22.08亿美元，占进口总值的92.93%。是年，机电产品出口增长快速，累计出口8.72亿美元，比上年增长10.42%，占出口总值的28.25%。金属制品出口9.05亿美元，增长39.02%，占总值29.31%。

（区经贸局供稿）

供销商业

【概况】 2008年，天河区供销系统实现商品销售总额3839万元，同比下降2%，租金收入同比下降2.3%，完成税利164万元，同比增长4.5%。

【再生资源管理】 2008年，区供销联社加强再生资源管理。对持证经营门店进行整改，按照统一门面，统一标识的要求进行升级改造。要求办公区、工作区、生活区分隔，环保及环境卫生达标。对无牌无证废品店加大打击力度，全年开展大规模整顿行动11次，一般行动13次，共出动车辆35车次，派出工作人员52人次，没收杂物废品约75吨。此外，加强对废品回收经营人员的思想教育和法律知识教育，提高相关人员的守法经营意识，同时加强检查和巡查力度，杜绝违法收购事件的发生。

【供销商业经营管理】 2008年，区供销联社加大资产经营管理，转变经营模式。对物业进行升级改造，提升物业价值。沙河社对龙口东市场在原来升级改造的基础上再次进行升级改造，对各档位进行重新调整布局，改造排水系统，加大对其硬件和软件建设投资。做好物业的招租和续租工作，实行与出租租金相挂钩的月度奖金制度，减少物业空置率。开展多种经营的探索：沙河社成立杰信人力资源公司，在职业中介、劳务派遣、社区服务等方面进行探索；在龙口东市场开办网上肉菜市场的经营平台，为沙河社提供业务推介和宣传平台，实行网上交易和送货上门的尝试；同时在龙口东市场举办从化一村一品土特产展销，探索与兄弟供销社进行联营合营的道路。

【供销经营网点简介】 2008年，天河区共有供销经营网点14个，以经营土产、日杂、农贸产品、废旧物品回收为主。

2008年天河区供销经营网点简表

单位名称	地　址	经营特色
登峰宝汉茶楼	登峰下塘直街59号	日用百货、药品
沙河农采站	沙河东一巷4号	食品
沙河土产店	沙河东二巷1号之3	土特产、日用杂品、眼镜
沙和商场	沙和路32号	日用百货
杨箕商场	杨箕泰兴直街	日用百货、五金交电、食品、彩票站
梅花园	天平架梅花园	商场、药品
五山废品收购站	五山路	收购废旧物资、物品
石牌酱料加工场	岑村	食品、调味品加工、销售
员村市场购销部	员村副食品市场内	土产、日杂
员村综合市场	员村新街3号	土产、日杂、食品
东圃综合商场	东圃大马路10号	百货、日杂、家电、食品

（续上表）

单位名称	地址	经营特色
东圃竹木仓库	车陂涌文庆围	篱竹
东圃供销社废旧物资回收分站	东圃大马路74号	废旧物资回收、销售
新塘综合店	新塘村内	农药、化肥

（区供销联社供稿）

经济协作

【外地驻穗机构的管理和服务】 2008年，区协作办加强区辖范围驻穗单位审核，登记领证工作，为3家驻穗办事处办理登记证年审，其中政府办事处20家，企业办事处23家。区协作办定期到驻穗办事处走访调研，帮助办事处解决办公和居住环境、治安管理、子女入学、劳动纠纷、物业出租管理等方面遇到的难题。

【驻区外地办事机构简介】 2008年，天河区外地驻穗机构43家，其中政府机构23家，企业单位20家。

2008年驻天河区外地办事机构表

序号	名　　称	序号	名　　称
1	广东省潮州市饶平县人民政府驻广州办事处	2	湖南省宁乡县人民政府驻广州办事处
3	广东省湛江市建设局驻广州办事处	4	广西壮族自治区浦北县人民政府驻广州办事处
5	广东省吴川市政府驻广州办事处	6	广东省龙川县人民政府驻广州办事处
7	广东省龙门县人民政府驻广州办事处	8	广东省蕉岭县人民政府驻广州办事处
9	湖南省衡南县人民政府驻广州办事处	10	广东省东源县人民政府驻广州办事处
11	广东省茂名市茂港区人民政府驻广州办事处	12	广东省阳春市人民政府驻广州办事处
13	广东省兴宁市人民政府驻广州办事处	14	广东省五华县人民政府驻广州办事处
15	浙江省上虞市人民政府驻广州办事处	16	福建安溪县人民政府驻广州办事处
17	广东省和平县人民政府驻广州办事处	18	广东省湛江市财政局驻广州办事处

（续上表）

序号	名　　称	序号	名　　称
19	广东省茂名市茂南区人民政府驻广州办事处	20	广东省封开县人民政府驻广州办事处
21	黑龙江省双城市人民政府驻广州办事处	22	广东省平远县人民政府驻广州办事处
23	江西省兴国县人民政府驻广州办事处	24	广东省惠州乐兰莎经贸有限公司驻广州办事处
25	中联知识产权调查中心驻广州办事处	26	上海友创人力资源有限公司驻广州办事处
27	广东省汕头市一博经贸有限公司驻广州办事处	28	北京迅利创成科技有限公司驻广州办事处
29	海南省稳德福进出口有限公司总裁驻广州办事处	30	上海迪王进出口有限公司驻广州办事处
31	北京高立开元创新科技有限公司驻广州办事处	32	北京东胜创新生物科技有限公司驻广州办事处
33	广东省深圳亮升贸易有限公司驻广州办事处	34	上海品稳贸易有限公司驻广州办事处

【天河区对口帮扶梅州平远县】 2008年，天河区与平远县加强交流协作。6月初，广州梅州两市对口帮扶联席会议在梅州召开，区长徐汉添参加会议，副区长黄彪等有关领导赴平远县考察对口帮扶工作，到长田镇村道实地查看，了解长田镇中心小学校舍建设情况。10月中旬，平远县县长张映平带领县政府组成人员到天河实地考察、商讨转移园区建设。12月，副区长黄彪带队赴平远县参加第四届脐橙节和八尺镇福利服务中心落成剪彩仪式。

是年，落实2008年度638.14万元的帮扶资金任务：安排17万元改善饮水工程建设；安排446.14万元帮助解决村道建设；安排60万元为长田镇中心小学教学楼建设资金；安排75万元改建镇级卫生院和福利中心建设；安排40万元作为劳动力培训经费，培训贫困户劳动力360人。至年底已完成绝大部分工程项目。

天河区伸延结对形式，丰富帮扶内涵。年初，平远县因冰灾农作物受损严重，天河区专门拨出50万元无偿资助平远县扶困救灾；6月中旬，区委组织部带领30个机关、街道和非公企业党支部与平远县30个农村党支部结队帮扶，在互帮互助中开展“五个一”活动，加强城市党支部建设和党员教育；民政局、教育局、科技局、卫生局和协作办支部带领党员赴平远县与基层村支部党员集体过组织生活，慰问贫困党员，资助贫困学生，捐赠党员学习书刊，改善党员教育条件，筹措资金帮助结对农村支部解决村道铺设水泥路面、路灯亮化工程、修灌溉渠；8月下旬，区协作办与天河报、区书法家学会组织一批书画名家赴平远县进行文化交流活动。

2008年12月，天河区援建的平远县八尺镇福利中心落成。
区协作办供稿

【组织企业参加2008年广州博览会】 2008年9月5～8日，天河区组织德浩电子科技有限公司、广州龙发行礼品贸易公司、广东蓝通科技发展有限公司等8家企业参加广州市人民政府主办的 2008年广州博览会。是年，天河区共32个展位（396平方米），展览以特装展的形式展示，凸现天河区城市中心区的形象，展示天河区发达的IT产业、商贸业及城市建设的成果。

2008年9月，副区长黄彪（中）参观广州博览会天河区展位。
区协作办供稿

与天河区签订经济技术友好关系协定区（县）表

名　称	签订年份
河南省洛阳市郊区	1987年
河北省柏乡县	1988年
江苏省扬州市郊区	1988年
湖北省武汉市洪山区	1988年
新疆乌鲁木齐头屯河区	1992年
新疆乌鲁木齐天山区	1992年
湖南省桑植县	1997年
吉林省通榆县	1998年
湖北省云梦县	1999年
辽宁省大连市甘井子区	1999年
广西玉林市福绵区	2000年
江西省兴国县	2001年
广西南宁城北区	2002年
内蒙古鄂尔多斯市东胜区	2006年

（邓冬云）

计划

【计划编制与实施】 2008年，区发改局做好2008年度国民经济和社会发展年度计划的编制和实施工作。根据“十一五”规划的发展目标和任务，在对全区经济和社会发展指标进行认真分析预测，对区重大建设项目进行深入细致调研基础上，拟定区2008年的经济社会发展计划，并提交区七届人大四次会议审议通过，于3月10日印发《广州市天河区2007年国民经济和社会发展情况与2008年计划的报告》。

2008年，天河区经济社会发展主要特点是：经济总体运行平稳较快，内部需求凸显增长稳定器作用，高端服务业引领结构优化进程，工业生产总体平稳，创新发展能力不断强化，发展环境持续改善，发展成果更好惠及民生。主要指标完成情况：地区生产总值1434.39亿元，增长13.3%，高于年度预期目标0.3个百分点；全区工业总产值909.63亿元，增长10.5%，高于年度预期目标3.5个百分点；地方一般预算收入28.75亿元，增长23.6%，高于年度预期目标10.6个百分点；全社会固定资产投资365.95亿元，增长22.8%，高于年度预期目标0.7个百分点；社会消费品零售总额569.43亿元，增长19.1%，高于年度预期目标5.1个百分点。

是年，组织开展经济社会发展现状、总部经济发展等专题调研。通过对上海、深圳、香港等地调研考察现代服务业发展，参与代表团组织、调研报告初稿撰写工作。撰写《广州市天河区现代服务业发展规划》，统筹协调总体规划和各子规划编制，并负责编制现代服务业总体规划、现代服务业集聚区规划、专业服务业规划。

【固定资产投资管理】 2008年，天河区全社会固定资产投资增长22.8%；全年实际完成固定资产投资额365.95亿元，增长22.8%；其中基本建设和更新改造分别完成117.39亿元和55.47亿元，分别增长26.1%和20.8%；房地产投资完成193.09亿元，增长21.5%。办理登记备案项目72个。

是年，为完善现行财政性固定资产投资体制，草拟《天河区财政性资金投资项目管理办法（试行）》。全年区级财政安排3146万元用于固定资产投资，投资项目12个，主要有：天河区文化艺术中心、区红十字会医院住院大楼、市一一三中学五山校区扩改建工程、天河软件园基础设施建设等。

【推动现代服务业发展】 2008年，区发改局推动现代服务业发展，做好产业引导工作。组织召开广州市天河区现代服务业发展规划暨政策、措施发布会。发布《广州市天河区现代服务业发展规划》、《天河区关于促进高端服务业发展的若干措施》、《天河区促进总部经济发展暂行办法》、《广州市天河区高新技术和软件、动漫企业高级人才奖励暂行办法》等促进高端服务业发展的政策措施，并启动全国首家以总部经济为主题的政府网站——天河区总部经济网（http://www.thzbjj.gov.cn）。此外，配合做好2008省级财政支持现代信息服务业申报项目及市现代服务业引导资金的申报工作。

【经济体制改革】 2008年，区发改局继续推进各项体制改革工作，处理体制转轨后的历史遗留问题。

·处理体改历史遗留问题· 区发改局做好调查研究，向区政府汇报历史遗留问题。向区信访工作领导小组办公室上报《发改局重新重访排查表》，并将原区房地产公司的遗留问题再次进行汇报和说明；把龙口中路172号的小区永久用电问题作为专项请示报给区政府，以求解决小区住户的临时用电状况；会同区财政局一起研究天韵阁和太阳楼以及鸿发广场个别业主的确权问题，按照市办证办公室的要求清理有关楼盘的资料，进入申报阶段；和区财政局国资办共同处理物质总公司、经济总公司和外贸公司三家企业的历史遗留问题。推进广州市国营新塘农工商联合公司的体制改革，草拟调研提纲，逐步展开改制前的调研工作。

·推进街属集体企业改制· 以沙河街集体企业为改制的试点单位，对企业的基本情况进行认真的调查研究，委托中介机构进行财务审计、资产评估工作，提出两种改制方案：一种是注销现有企业，资产收归街道办事处。企业员工由街道办事处按相关政策规定分流或解聘。另一方案则是留部分资产作为企业的改制资产，设立由员工持股的有限责任公司，街道办事处与企业彻底脱钩，使企业成为自主经营、自负盈亏、自我积累、自我发展的法人实体。两种改制方案征求有关部门的意见后上报区政府。

（郑淑玲）

物价管理

【价格管理】 2008年，区物价局做好价格管理各项工作。

·收费综合年审· 区物价局会同有关部门开展天河区2007年度收费综合年审工作。审查收费单位110家，审核收费项目168项，总额35238万元。其中行政事业性收费132项，金额26397万元；经营服务性收费36项，金额8841万元。

·规范辖区物业服务收费· 是年，开展辖区住宅小区物业服务收费审核审批工作，通过召开企业座谈会，与区物业管理协会进行交流沟通做好政策的贯彻宣传工作，在已上报的39个小区中按规定程序对20个小区收费定价成本进行监审和审核及现场勘查工作。是年，共审批15个小区收费标准和收费许可证，3个小区进行批费公示征求意见。

【价格监督检查】 2008年，区物价局围绕人民群众关心的热点价格问题，重点开展春运期间价格检查、五一期间市场价格巡查 、完善价格服务进校园、秋季教育收费价格检查等价格专项检查。共立案查处11家单位，查出违法金额45.6万元，责令退还金额76.5万元，已入库金额21.4万元。受理群众投诉举报1347件，已办结1081件，办结率98.63%，罚款金额15.85万元。

【价格认证服务】 2008年，价格认证中心办理价格鉴证3447宗，鉴定认证金额4833万元。其中赃物价格鉴定2679宗，涉及金额3710.69万元；交通事故车物损失价格鉴定共745宗，涉及金额674万元；接受法院的委托14宗，涉及金额349万元；社会各界委托的价格认证6宗，涉及金额62万元。

（郑淑玲）

粮食

【军粮供应】 2008年，天河区发展和改革、物价局确保军粮供应质量，军粮合格率100%，军粮供应做到“不断供、不断档、不涨价、不降质”，保持一个月的库存粮源。严格军粮的筹措渠道，建立规范的“一批一检一报告”进货检验制度，军供粮油的购进必须随货提供产品合格证及县、市级质检部门认可的质检报告。加强与部队联系，利用军供座谈会、提供24小时预约售粮服务热线等措施保证服务质量。

【粮食储备管理】 2008年，广州市下达天河区粮食储备任务为7490万吨（贸易粮），折稻谷11015吨。区有关粮食部门充分利用资源，按照储备粮“一符、三专、四落实”和“四无”标准的管理要求，完善各项仓储管理制度。继续开展储备粮春、秋两季安全普查鉴定。4月，通过国家及省、市粮食质量安全专项检查，全区储备粮数量真实、质量良好、粮情稳定，粮食无虫率达100%。

【社会粮食统计和粮情监测】 2008年，天河区全社会粮食统计工作取得一定成效。区有7家非国有粮食企业和2家国有企业成为社会粮食统计的基本对象，每月上报统计报表，建立粮食统计经营台帐。区发改局深入国有和非国有粮食经营企业、转化用粮企业，结合多方面意见和建议不断完善社会粮食供需平衡统计调查方案，使统计调查工作进入正常化。按照上级有关规定及时汇总旬报、月报、季报和年报表各种统计报表，确保准确无误，同时做好全区价格周报和区储备粮出入库统计工作，确保储备粮数据准确。

（郑淑玲）

工商行政管理

2008年7月，副市长曹鉴燎视察天河工商分局。
天河工商分局供稿

【工商企业注册登记】 2008年，天河区登记在册企业中内资企业2934户，比上年同期（下同）增加6.6%，注册资本合计340261万元，增加6%，其中企业法人1870户，增加0.5%。私营企业36188户，增加16.1%，注册资本合计287.88亿元，增加17.3%，其中独资企业2352户，减少2.2%；合伙企业308户，增加3.7%，有限责任公司33510户，增加17.7%。个体工商户65229户，增加0.16%，其中港澳人士开办61户。

【市场管理】 2008年，天河区有各类市场201个，增加6个。其中农副产品综合市场88个；工业品市场104个；生产资料市场9个。农贸市场有照经营88户，工业品市场有照经营104户，生产资料市场有照经营9户，有照率均达100%。

【区主要农贸市场】 2008年，天河区有主要农贸市场88个，比上年增加1个。

2008年天河区主要农贸市场简表

名　称	地　址	面积（㎡）	开业时间
沙河顶农贸市场	沙河顶水荫一横路西侧	3300	1995.11
沙东西支涌农贸综合市场	沙河龙岗路	2000	1999.3
天河广园中综合市场	广园东路2133号	2702	2003.2
天河濂泉西综合市场	沙河濂泉西路105号	5499	2003.2
沙东大街肉菜市场	沙河沙东大街22号	500	2003.12
天河区沙河副食品市场	沙河东一巷五号之一	700	2004.11
广州市沙河路银星市场	沙河路17号之二	1050	1998.3
侨怡苑肉菜综合市场	天河北路侨怡一街18号首层	1785	1996.10
体育东市场	体育东路39-41-43号首层	4600	1994.9
杨箕天河肉菜市场	广利路	785	1997.3
体育西市场	体育西横街105-109号首两层	2000	1997.12
冼村肉菜市场	金穗路703号首层	3800	1999.2
猎德综合市场	猎德村牌坊口	2500	1998.5
天河猎德村综合市场	猎德村林氏大街竹园北九巷二号	470	2003.2

（续上表）

名　称	地　址	面积（m²）	开业时间
石牌市场	石牌东路87号首层	1233	1994.12
龙口东综合农贸市场	龙口东路133号	1500	2001.6
天河龙口市场	龙口西天龙街16号105房	1000	1995.3
石牌副食品市场	中山大道石牌东二街2号	647	2004.11
华师大市场	华南师范大学内	2300	2007.3
天河龙洞农贸市场	龙洞村口	9000	1995.4
天河石牌餐餐鲜新街市市场	石牌东二路	1000	2007.4
柯木塱农贸市场	广汕路柯木塱村路段	1520	1994.12
广州市龙洞上社市场	迎龙大道龙湖路北侧	2583	2006.6
广州市龙洞西社市场	龙洞富民路东侧	3623	2006.6
天河银河综合农贸市场	东莞庄73号	1050	1998.8
天河区银锭塘农贸市场	广汕路银锭后街76-78号	1100	1998.10
华工综合市场	华南理工大学珠江西路	2000	2003.10
华南农业大学农贸市场	华南农业大学综合楼一楼	500	2004.10
粤垦农贸交易市场	粤垦路侨源阁D座	7600	1999.4
五山花园泽生市场	五山岳洲路五山花园二期首层	1033	2006.7
天河金燕农贸市场	粤垦路	1140	2006.12
南华农贸市场	元岗村天源路15号	4800	1999.3
福神岗农贸市场	中人路1号福神岗	1000	1999.4
天河区长湴综合市场	长湴村大街	6000	1998.5
上元岗农贸市场	上元岗大街18号	2374	2006.12
天星河食品有限公司员村食品市场	员村新街2号	580	1996.11
员村石东综合农贸市场	员村一横路员村大道田心8号	1750	1996.11
员村华荣肉菜市场	员村一横路西街2号	4000	1997.5
员村副食品综合市场	员村二横路1-4号	1500	1997.11
员村程界农贸市场	员村二横路程界村口	2000	1998.7
棠下新景综合农贸市场	天河高新科技工业园西侧	2000	1998.7
员村市场	员村三横路白水塘35号	3800	1993.7
上社农贸肉菜市场	棠下上社口岗大街1号之二	1300	1997.1

（续上表）

名　称	地　址	面积（m²）	开业时间
天河上社综合农贸市场	棠下上社口田	2800	1997.5
棠下农贸综合市场	棠下村	2000	1995.4
天河万锦综合市场	沙太路牛利岗东侧	1061	2003.8
龙盛综合市场	棠东村龙门路1号	8950	1998.3
棠德农副产品综合市场	棠下解困住宅小区西侧	12000	1999.2
棠东丰乐肉菜市场	棠东丰乐路63-65号	1076	2006.6
棠东正南肉菜市场	棠东村正南大街22号	775	2002.10
东南综合市场	棠下解困房东侧棠下派出所对面	3140	2003.10
骏景新街市	骏景花园骏腾轩	1365	2005.4
天河春江花园综合市场	棠东东路128号	548	2003.12
车陂东圃综合市场	车陂路	2832	1996.11
东圃农贸综合市场	东圃供销社商场北面	5000	1998.3
石溪新肉菜市场	前进村石溪东路6号	2300	2003.9
宦溪综合市场	前进村桃园东路2号	3000	2004.11
前进综合肉菜市场	前进村宦溪	1200	2006.12
天河珠盈农贸综合市场	珠村力子园	6500	2005.10
天河车陂综合市场	车陂广氮新村商业街	5900	1994.9
车陂四社农贸市场	车陂广氮路63号广氮宿舍侧	5000	2003.1
东圃珠村综合市场	珠村村委大楼南侧	14500	2003.11
中海康城肉菜市场	东圃中海康城公建二号楼地下	1100	2004.7
新塘综合市场	新塘街新塘南约村口大街	8000	2006.2
天河黄村肉菜综合市场	黄村荔苑路80号振东花苑5～8栋首层	1640	2006.3
黄村新富综合市场	黄村蟛蜞眼	3825	2006.6
吉山东市场	吉山东新街横巷自编1号	1600	2006.6
天河区沐陂农贸市场	新塘街沐陂路33号	1365	2007.4
天河万锦综合市场	沙太路牛利岗东侧	1061	2004.9
沙河天平日杂批发市场	兴华路36～50号	5000	1998.2
天平粮油食杂批发市场	沙太路银利街	6300	1993.4
天平水果批发市场	沙河天平兴华街	17778	1989.11

（续上表）

名　　称	地　　址	面积（m²）	开业时间
天平日用品综合批发市场	沙河天平兴华街	1800	2006.11
渔沙坦农贸市场	龙洞渔沙坦	2961	2007.9
黄村悦盛综合市场	黄村南便元	3500	2006.7
林和苑小区肉菜市场	龙口东路389号地下	500	1999.5
天河花生寮综合市场	沙河花生寮七巷5号首层	600	1995.11
天河远晖肉菜市场	天河北路421号	650	1997.3
林和东综合肉菜市场	林和东路沾溢直街170-190号二层	1130	2006.4
牛利岗肉菜市场	银河村牛利岗商住楼首层	1000	1999.6
沙东甘园农贸综合市场	广州大道北沙东段161号	5000	1989.5
天河燕塘农贸综合市场	广汕路燕塘公司路段	2700	1995.11
伍仙桥农贸综合市场	沙河伍仙桥	3300	1994.9
沙东陶庄肉菜市场	沙河陶庄1号之8	2000	1996.1
兴华肉菜综合市场	兴华路13号	2000	1999.1
天平农贸市场	兴华直街24号	728	2004.12
天河红旗农贸综合市场	广从路红旗站	2300	1997.5
河水东农贸市场	河水大街10号	2000	1997.11

【食品放心工程建设】 2008年，天河工商分局继续做好食品放心工程建设，加强对流通领域食品安全的全程监控。

·食品安全专项整治· 2008年，天河工商分局根据辖区实际，制定流通领域食品安全专项整治方案；组织工商所通过使用巡查专用章进一步落实台账及索证索票制度，加强对流通领域的食品检测，增加检测涵盖面，　由6项检测项目增加到13项；加强对不合格食品的后续处理工作及退市制度的监管。

·规范牲畜屠宰· 是年，通过组织开展专项整治行动，做好生猪定点屠宰及其肉品流通管理工作，保障放心肉上市量稳定。定期查看肉品监管信息系统，及时处理屠管案件。此外，在抓好生猪屠宰管理工作基础上，进一步落实牛、羊定点屠宰及其肉品流通管理工作。

【商标、广告、合同管理】 **·商标管理·** 2008年，天河区共有广州市著名商标10个，广东省著名商标2个。是年，区工商分局探索知识产权保护长效机制。石牌电脑城、濂泉路周边服装批发市场、珠村工程机械街等地区为重点，立案查处商标侵权案148宗，扣押涉嫌侵犯商标专用权商品2万多件。

·广告管理· 2008年，区工商分局查处违法广告18块，责令自行拆除或强制拆除违章户外广告700块，引导办证102块。

·合同管理· 开展专项整治，重点针对欺诈活动易发多发的城乡结合部。共立案查处合同欺诈案件29宗，取缔违法企业10家，移送公安机关处理1宗。

【市场整治】 2008年，天河工商分局继续打击各类经济违法行为，整顿市场经济秩序。

·整治无照经营· 是年，天河工商分局根据各工商所上报的无照经营难点，集中研究解决方案，采取上门办照，集中受理等形式解决大部分无照经营难点问题。全年，引导办证5260户，查处取缔无照经营938户，并对石牌西、伍仙桥、河水村等重点地区进行集中整治。

·打击非法传销· 出动执法人员5882人次，清查出租屋11692间，打掉传销或涉嫌传销窝点45个，教育遣散传销人员622人次。

·治理商业贿赂· 针对工程建设、土地转让、产权交易、医药购销等活动中，以及在商品流通领域交易中假借促销费、宣传费、赞助费、咨询费等名义直接给付现金或实物实施的商业贿赂行为，加大执法力度，及时曝光典型案件。2008年，共查结商业贿赂案件25宗，罚没金额222.85万元。

【保护消费者权益】 2008年，12315群众投诉举报中心共受理消费者投诉案件6017宗，全部办结；办理电话投诉8332宗，办结率100%；处理群众上门投诉案件654宗，挽回经济损失512万元。

【机构】 广州市工商行政管理局天河分局（简称天河工商分局），是政府主管市场监督管理及行政执法的职能部门，由广州市工商局直接领导，内设：党委办公室、人事教育科（合署办公）、办公室、监察科、财务科、注册登记科、市场规范管理科、企业监督理科、个体私营经济管理科（合署办公）、合同管理科、商标广告管理科、经济检查科、消费者权益保护科、法规科，另有4个事业单位：天河区消费者委员会、天河区个体劳动者协会及私营企业协会、经济信息室、12315消费者申诉举报中心。

辖下17个工商行政管理所（队）：沙河工商所、石牌工商所、东圃工商所、员村工商所、五山工商所、天河工商所、沙东工商所、天平工商所、龙洞工商所、东棠工商所、科技工商所、东站工商所、珠江新城工商所、元岗工商所、大观工商所经检大队、牲畜屠宰管理执法大队。

党委书记：王丁发

局长：周帮华（任至2008年5月）、倪广生（2008年5月起任）

副局长、纪委书记：杨能权（任至2008年5月，纪委书记任至2008年7月）、曾建华（2008年7月兼任纪委书记）

副局长：彭小杰、邓巨华、陆序明（2008年5月起任）

办公地址：广州珠江新城海月路407号

办公电话：38839632

2008年天河工商分局各工商所表

工商所	地址	电话
沙河	沙河龙岗路8号粤信大厦首二层	87257911
沙东	沙河濂泉路沙东工业品市场综合楼五楼	37270872
天平	沙太路陶苑小区2号（天平粮油批发市场对面）	87244590
石牌	石牌东二街1号	85516516
天河	黄埔大道183号之一	85516009
员村	员村三横路7号	85575558
五山	燕都路32号侨明苑二层	87212314
科技东站	天河北路888号国际科贸中心7楼	38288260

（续上表）

工商所	地　　址	电　话
东棠	中山大道棠下村南闸大街4～6号	85625050
东圃	东圃大马路东兴楼E座首层	82307469
龙洞	龙洞东园一横路1号	87033741
珠江新城	珠江新城马场路汇豪大厦首层	38858801
元岗	广汕路边天源路144号首层、二层	37080820
大观	大观南路中海康城门口侧	32356093
经检大队	珠江新城海月路407号	38839622
屠宰管理大队	黄埔大道183号之一	87544283

（周军州）

质量技术监督

【名牌培育、质量兴业】 2008年，天河区质量技术监督局引导推动3个中国名牌产品、13个国家免检产品、18个广东省名牌产品进入“千百十名牌培育名单”。是年，天河区有2家企业2个产品获得广东省名牌。至是年底，天河区共有中国名牌4家6个产品、省名牌11家17个产品、国家免检9家10个产品。

是年，区质监局开展家具、服装、油漆涂料、玩具、仿真饰品、絮用纤维制品、人造板、装饰材料等八类重点产品的专项整治，落实监督巡查、普查建档、监督抽查、后处理落实、回头查“五个到位”。全年，共收到100份不合格报告，涉及到的77家企业均按要求完成整改，其中立案查处12家。

【食品质量监管】 2008年，区质监局加强食品监管工作。

·日常监管· 做好行业分类整治，开展食品相关产品企业整治工作，21家企业已经全部建档。其中，3家塑料包装企业和1家纸容器企业通过准入现场核查。在饮用水行业开展 “清泉行动”，抽样合格率达到96.7%，比上年抽样合格率上升近2%。

·专项整治· 推动11家小作坊（5家豆制品、3家河粉、3家烧腊制品）升级改造，全部获得食品生产许可证，实现天河区内小作坊向企业管理的完全过渡。实施“迎奥运、保食品安全”监管。从6月2日至9月10日，共出动236人次进行驻厂监管，对广州维记牛奶食品有限公司共生产的12批次供奥食品进行全过程监管，确保辖区奥运食品安全。

·食品安全事故应急处置· 三鹿奶粉事件发生后，从9月12日开始对辖区内6家乳制品企业进行全面整顿排查，清理和处理问题乳制品，实施驻厂监管，确保乳制品批批检验合格后方可出厂销售。截至11月17日，共出动1463人次开展驻厂监管工作，抽取样品1863批次，产品全部合格。

【标准化推进工程】 2008年，区质监局认真实施标准化推进工程：制定实施天河区现代服务业技术标准的工作方案，督促区政府下文，落实天河区现代服务业标准、名牌的奖励措施，鼓励企业以标准引领，促进产业发展；开展标准进园区活动，11月，组织召开天河区高新技术标准研讨会，邀请国家标准委领导和国家工信部五所领导主讲，区内高新技术企业300多人参会；启动汽车修理地方技术标准制订工作；完成家具（电脑台）联盟技术标准制订，上报专家论证待发布。开展食品及重点工业产品标准的全面清理，实现“六个100%”，即100%

消灭无标生产、100%对备案的企业标准进行复审、100%制定标识规范、100%送标准到企业、100%设置标准实施监督员、100%建立企业标准化工作档案。

【特种设备安全监察】 2008年，区质监局落实各项措施，确保辖区2109家使用单位共11449台特种设备安全运行。全年共出动936人次巡查设备1578台，办理特种设备使用登记1048台，办理设备变更870台，开展起重机械、气体充装、维保单位等16项专项整治行动，发出监察指令书105份，查封存在严重事故隐患的设备212台，取缔土设备12台，立案查处3宗。是年，对部队等特殊单位在用特种设备的监管取得成效。解决武警棠安苑小区27台电梯长期不检验、不登记和军体院金世界酒店使用10年的电梯长期不检验不办证的老大难问题，督促12家单位共26台设备落实检验和办理使用登记证，帮助27家单位完善特种设备的管理。

【计量监督管理】 2008年，区质监局协同稽查队对集贸市场开展季度性执法检查，全年共立案查处9宗。加强辖区内35家商场超市、135家宾馆酒楼、41家加油站、8家加气站、133家医疗机构、7家瓶装液化气充装站、56个地秤等法制计量行业的日常巡查和全面监管。将辖区15家CMC获证企业纳入监管对象，建立动态监管档案，联合技术机构开展专项检查，杜绝无证或超范围制造修理计量器具的行为，规范行业健康发展。继续深化对机动车检测机构的监管，对辖区的7家车检机构做到每季度不定期巡查一次以上，确保数据准确。落实对重点耗能企业的执法检查，推进节能降耗工作。将年耗标煤5000吨以上的单位（共6家）纳入监管对象，督查企业的节能措施，重点检查企业对《节约能源法》和GB17167-2006《用能单位能源计量器具配备与管理通则》的贯彻落实情况。

【稽查执法】 2008年，区质监局打击各种制假制劣行为，全年查案326宗，结案118宗，罚没款到位45.6万元，移送公安刑事处理4宗；查处生产企业违法违规行为，立案查处225家次违法经营的有证照企业；开展专项执法检查，出动3046人次执行56项专项全区性、行业性执法检查，检查场点870个；落实属地化打假责任制，各街道与区政府签订责任书，针对重点区域石牌地区的电脑耗材等进行专项执法检查3次，配合各职能部门开展烟草、食品、打私等各类专项行动5次。

【机构】 广州市天河区质量技术监督局隶属广州市质量技术监督局，负责天河区标准化、计量、质量监督管理、辖区食品生产加工环节质量卫生的日常监督、天河区特种设备安全等法律法规、违章行为，打击生产领域假冒伪劣违法行为。内设8个科室：办公室、业务科、食品科、特种设备监察科、法制科、稽查一科、稽查二科、稽查三科。

局长：叶石荣（任至2008年12月）、孔伟（2008年12月起任）

副局长：曾超雄、史可杨、江梦云（2008年3月起任）

办公地址：天河区长兴路318号后座

办公电话：87262736

（区质监局供稿）

统计

【年报月报工作】 2008年，区统计局做好年报月报工作，共完成定期报表单位5800多家，完成年报单位6258个。其中，完成建筑业年报企业（资质以上）189家，工业企业能源年报限额以上单位367家，固定资产投资项目年报399个，房地产企业年报343家，科技企业年报367家，工业高新技术年报单位182家，限额以上服务业年报单位1536家，限额以下服务业年报433家，限上行政事业单位504家，交通运输邮电业年报企业39家，金融证券银行业年报单位55家，农业年报单位30家。完成规模以上工业能源月报单位290家，固定资产投资项目月报399个，房地产企业月报317家，建筑业资质以上企业季报单位189家，批发零售贸易企业月报 1035家，住宿餐饮企业月报216家，交通运输邮电业季报企业39家，农业季报单位26家。

【第二次全国经济普查工作】 2008年，区统计局推进第二次全国农业普查工作。是年初，启动经普筹备工作，做好机构组建、经费落实、方案制定、宣传动员等前期工作。天河区是全市第二次全国经济普查唯一试点区，区统计局加强与员村街、天园街、凤凰街3个试点街道的沟通和协调，做好试点后勤保障、人员组织等工作。采取指导协调、宣传舆论、配套措施、执法检查、信息沟通、奖惩落实“六个到位”等措施推进经济普查工作；成立3个业务组深入各调查小区加强业务指导，加强与各街道的联系沟通；通过派发宣传资料、自行印制宣传挂历、开通经普网站、编印经普简报等多种方式，展开立体宣传；建立健全实施细则，细化各项工作指引；将执法检查贯穿于普查全过程，查处拒报企业；实行工作进度每周一通报制度，总结推广基层普查经验，通报各街道工作进度；与各街道签订经济普查责任书，制定量化考核指标和评价体系，落实基层工作经费。截至年底，完成75893户个体户普查和46125户法人单位、产业活动单位清查。

2008年12月，区委常委、常务副区长，天河区第二次全国经济普查领导小组组长李新全参加经普工作会议并作讲话。

摄影：刘开勤

【提升统计数据质量】 2008年，区统计局把提升统计数据质量贯穿各项统计业务工作。做好GDP相关数据监测与核算。严格执行GDP季度、年度核算和联算制度，每个季度组织召开各专业经济形势分析会，加强对统计年报、定报中与GDP核算相关的统计指标的审核和监测，对各季度GDP走势做好事前预测、事中监测与事后分析，把握好反映全区经济运行状况的主要统计数据的合理趋势。抓好培训，确保定期报表和年报质量。是年，区统计局共完成定期报表单位5800多家。规范数据综合管理，确保数据匹配。加强各专业统计台账和综合、核算统计台帐管理，强化对来源数据的归档工作，实施完整的数据查询、管理制度。做好能源和服务业统计工作。按照能源调查频率和调查范围，加强能源统计，增强能源统计力量，强化能源统计培训，密切部门合作，加强对重点能耗企业监测工作。把服务业统计放在重要位置，做好服务业名录库的更新和维护，重点做好挖掘新增服务业企业。

【提升统计服务水平】 2008年，区统计局提升统计服务科学发展的能力。围绕实施产业高端发展战略，建立起简易的总部经济名录库和高端产业企业名录库等相关子库，定期向街道通报辖区高端产业发展状况。与区发改局等部门，共同编纂2008年天河区现代服务业发展规划。

发挥万户居民调查网络反映社情民意的作用，配合区机关党委开展党政机关满意度调查。参与建立落实科学发展观的干部考核评价办法，围绕落实区委、区政府48条惠民措施，做好全区社会民生指标的收集工作。发挥统计信息功能，做好统计信息公开工作。办好《天河统计月报》、《天河统计》、《天河统计分析参考》等刊物的编辑出版，及时将历年的统计年鉴数据以及相关年报、季报、月报统计数据上网公布。

做好区委、政府工作报告的数据校验和人大、政协两会服务工作，充分利用各项调查数据，做好统计分析研究工作，为决策提供咨询服务。此外，通过建立“重点分析、监测跟踪、项目服务”三项制度，掌握全区各行各业经济运行情况。

【统计信息化建设】 2008年，区统计局以推进数据整合分析系统建设为重点，提升统计信息化水平。以增强对统计数据的管理、整合与分析为目标，加强与专业机构的沟通和联系，制定出具体的实施方案，推进天河区统计数据整合分析系统建设。加强对广州市宏观数据库采集系统的推广应用，重点组织好基层统计对象的培训，从技术上减少人为的干扰，保障了数据质量，提高了工作效率。结合统计文化建设要求，整合统计信息网站原有功能和资源，对天河区统计信息网进行改版，使改版后的网站界面更简洁、动感、清晰、友好。

【统计法制工作走在全省前列】 2008年，区统计局强化统计执法工作，先后被省、市统计局确定为全省、全市统计法制工作示范点。区统计局通过抓从业人员教育、抓警示教育、抓社会宣传等多种手段，加大《统计法》宣传力度，增强社会各界对统计工作的知晓度。强化统计执法检查，全年共发出《统计报表催报单》1648份，查处统计违法案件60宗，其中：责令限期整改23宗；给予警告并通报批评10宗；给予行政处罚27宗，罚款金额94500元。实现执法工作的规范化管理，制定经济普查执法工作新流程，完善和规范填写执法法律文书。按市统计局《2008年统计行政处罚案卷评查标准》，加强案卷的审查，在全市统计行政处罚案卷评查工作中，被广州市统计局考核为优秀。

（刘开勤）

财政

【概况】 2008年，区财政一般预算收入完成287503万元，为区七届人大三次会议通过预算248600万元的115.7%，超收38903万元，同比增收54844万元，增长23.6%；区级财政一般预算支出完成311436万元，为区七届人大三次会议通过预算268010万元的116.2%，同比增支51271万元，增长19.7%。

2008年一般预算收入主要完成情况：国税部分组织财政收入63642万元，完成预算50600万元的125.8%，比上年增长（下同）31.8%，增收15347万元；地税部门组织财政收入203488万元，完成预算180000万元的113.1%，增长25.3%，增收41053万元；其他财政收入20373万元，完成预算180000万元的113.2%，下降7.1%，减收1556万元。

2008年一般预算支出完成情况：一般公共服务支出50428万元；公共安全支出63653万元；教育支出57178万元；科学技术支出13022万元；文化体育与传媒支出4635万元；社会保障和就业支出27005万元；医疗卫生支出21373万元；环境保护支出1549万元；城乡社区事务支出43361万元；农林水事务支出2416万元。

【组织财政收入】 2008年，区财政局努力组织财政收入。加强财政运行分析，对可能遇到的困难作出充分的考虑和准备、对存在的突出问题提出着力推动产业高端发展、加强总部经济和重点税源建设等解决措施，就天河区财政收支与经济发展不同步等问题向市财政局提出调整体制计算因素的范围和权重以及增加激励政策等建议。协助抓好区级税收征管，密切与区国、地税部门的联系，对印花税、车船税等区级税收因应政策变化，及时采取财政补助措施维持代征手续费水平、维护代征工作现有格局和协税环境，解决好重点税源户跨区经营在天河区的纳税问题。加强非税收入管理，修改现行的非税收入奖励办法，调整收入基数确定方法和工作经费比例标准，调动执收单位的积极性，提高非税收入的管理水平。做好契税征收工作，全年契税收入共计11316万元，增长11%。

【财政预算管理】 2008年，区财政局规范预算管理，发挥财政资金效用。

·完善管理规制· 清理区属各行政事业单位住房基金余额，对全区可用住房基金进行统筹管理，包括从市专户领取住房基金，全年追加安排6457万元用于解决以前年度住房货币补贴；组织完成行政事业性收费项目编码清理工作，共清理核对收费项目编码1199项；与区建设和市政局、区监察局和区发改局共同研究制定《天河区法定招标规模以下财政性投资建设项目发包管理暂行办法》，加强预防建设项目发包过程中的商业贿赂，确保建设资金安全使用；与区卫生局共同研究制定《天河区社区卫生服务机构药品统一配送实施方案》及《天河区社区卫生服务机构药品统一配送单位遴选办法》。

·财政资金投入项目· 优化财政支出结构，控制调研、培训、会议等支出项目，严格执行部门预算，确保重点项目需要，体现"富民优先、民生为重"，在解决涉及人民群众切身利益的若干问题上加大财政投入力度，及时到位划拨抗灾、"创文"、社会治安、教育、城市维护等各项经费，按时足额拨付各部门事业发展经费，为天河区实施产业高端发展战略、进一步落实市惠民66条、17条补充意见和区48条惠民措施及政府职能部门正常运作等各项工作提供资金支持。

【公共财政建设】 2008年，区财政局继续推进各项财政改革。做好2008年部门预算编制、执行工作和2009年部门预算培训、编制工作，并将绩效预算管理列为2009年部门预算工作内容；探索国库集中收付信息化建设的路径，论证国库支付新系统建设方案。全年，办理财政国库支付业务20020笔，金额557012万元，集中支付资金占同期一般预算支出的44.24%；履行政府采购监督管理职能，对常用设备制定统一采购标准，做好政府采购执行情况专项检查工作，开展全区自查自纠、执行情况抽查。对抽查情况进行全区通报，提出整改要求。全年完成政府采购25331万元，比原预算27836万元节约资金2504万元，节约率为9%。参考市公用设施配置标准拟定《天河区区属行政事业单位常用公用设施配置标准》，探索建立区属行政事业单位资产管理信息系统。

【财政监督管理】 2008年，区财政局继续开展财政监督工作，履行监督职能。

·财政检查· 按年度计划展开对34家区属单位51项非税收入和32项专项支出的检查、外商投资企业财务状况抽查；对使用财政票据的单位进行不定期抽查，按规定检查核销13家大型用票单位的财政票据；协同开展中小学教育收费、"收支两条线"、猎德村旧村改造资金等各项检查工作。

·财政支出绩效评价· 采取项目单位自评和工作小组综合评价的方式，对区卫生局社区卫生服务公共卫生服务项目补助经费、前进街两费一税返回、区环保局污染治理及治理设施营运管理、区经贸局招商引资经费、区园林办天河公园养护经费和区体育局2007年度部门经费等5个专项和1个部门进行绩效评价。

·建设资金监督· 按照评审程序和要求，完成工程结算审核任务。全年完成基本评审项目670项，送审预（结）算金额46199.29万元，核定金额38117.84万元，核减金额8081.45万元，综合核减率为17.49%。

【国有资产管理】 2008年，区财政局加强国有资产管理。推进企业改制和国有股权从企业退出工作。实施华南活塞环公司国有股退出工作，已完成自然人股东股份回购、职工安置工作并按计划进入资产处置阶段；清理处置物资总公司等停业留牌企业，移交投资公司集中管理；向区政府提交《关于天河区商业总公司整体转让或继续经营的请示》，经批复同意转让后与市产权交易所商议全权委托事宜；按区常务会议精神实施伟天（香港）公司退出方案；完成广溢药业有限公司2.41%国有股份转让、高新进出口公司资产评估工作。

做好国资处置问题。延缓商总担保物业被拍卖的危机，多方面多手段积极推进天河肉联厂移交市岭南集团管理工作进程；1月，完善金马广场第三期用地问题，争取区利益的最大化；经多次与合作方协商沟通，签订中方提前退出合作公司协议，解决广州瑞华房地产开发有限公司的历史遗留问题；顺利解决"华南农牧高新科技交易中心"遗留问题，促使对方同意确认区城建总实际占有1%的权益的前提下，经公开挂牌交易获得800万元成交款。

加强国有企业监管。调整企业公用经费适用范围和标准，制定《天河区区属企业重大事项核准备案暂行办法》，下发《关于加强经营性物业管理的通知》。

（敖建民）

国税征收

【概况】 2008年，区国税局共组织税收收入102.49亿元，突破100亿元大关，比上年（下同）增长29.63%，增收23.43亿元。

·税源监控精细化· 区国税局根据税源规模、行业类型、区域分布及纳税人的实际情况，对不同的纳税人采取不同的监控管理措施。利用市局重点税源监控系统，完善重点税源三级监控体系和预警分析机制，掌握重点企业税收收入增减变化情况；探讨纳税评估指标与税源监控指标的结合，提高管理员纳税评估工作技巧和税源监控能力；细化代征协管工作职责，借助代征协管力量加强对零星税源的监控管理，清理漏征漏管户。

·税收优惠及退税管理· 落实各项税收优惠政策，累计办理各项税收优惠75291万元，同比增长0.74%，其中高新技术企业减免税38343万元，再就业扶持减免税967万元，民政福利企业减免415万元，落实出口退税政策，全年累计办理出口退税15.22亿元。

2008年5月，广州市国家税务局进出口退税处到天河区国家税务局了解外贸企业出口退税情况。

天河区国家税务局供稿

【国税征收管理】 2008年，天河区国税局加强征收管理，提升精细化管理水平。

·推进分类管理· 以"有效工作、体现差异、抓住重点、紧守底线"为原则，深化纳税人分类管理。建立"行业+类别+事项"三结合的管理模式；对入库额、纳税人性质、税种、减免税额、抵扣凭证、发票使用等6个涉及税款征收及征管风险的关键指标进行数据比对，制定类别企业工作标准及行业管理指引；建立数据应用机制及科室统筹机制，整合人力资源、提高征管质效。

·加强所得税管理· 以新企业所得税法实施为契机，加强培训、深入调研。针对新税法政策优惠、扣除标准、税率下调等变化因素，研究和制定新税法的实施方案、措施，探索和思考相应问题的解决办法；做好新旧税法的政策清理和衔接工作，并通过多种形式、多种途径加强对内培训和对外宣传解释，为新税法的实施创造外部条件；完善内外资企业税收减免优惠审批台账，梳理相关政策文件，每季度对异常违规数据进行排查；建立总分机构的发函、回函机制，及时跟踪，提高总分机构申报和预缴税款比例，确保所得税申报率。

·健全协税护税网络· 推广"市场共建"

管理模式，深入摸查业户信息，加强对专业市场漏征漏管户的清理，全年共清理市场30个，清理漏征漏管户接近4000户。制定《零散税源户储税扣缴推广方案》，逐步将区内零散税源户纳入CTAIS系统管理，取消税收完税证，有效防范税款征收风险，全年入库个体税收收入8462.18万元，同比增长8.65%。借助代征单位协助税务部门派发各类文书和资料共34184份，通过上门及电话等方式催报43944户次，催缴20899户次，协助税务干部实地核查业户17363户次，核查提供纳税人经营信息20452户次。

【依法治税】 2008年，区国税局继续坚持依法治税。

·规范税收执法行为· 健全上下联动的执法检查体系，注重整合检查项目，把执法检查与分类管理、执法监督、财务收支检查等专项检查相结合，避免重复多头检查；创新检查工作方式，建立法规科重点抽查和职能科室根据对口业务进行日常检查的“双轨”工作机制；全年共检查征管资料4154户（件）次，检查发现问题84个；推广应用税收执法信息系统，科学整合执法系统考核指标和执法责任制评议指标，逐步实现对纳入综合征管软件等系统税收执法行为的全程自动监控和规范考核。

·税务稽查· 2008年，区国税局共查补税款、滞纳金、罚款合计1695万元，入库1395万元，查补增值税抵减留抵税额284万元。重点开展税收专项检查及打击出口骗税行为的专项整治行动。联合稽查局统一开展电脑行业、家具及房地产业等各类专项检查，共检查企业216户；全面复检外贸企业近年来出口高退税率敏感产品的情况，并对出口供货商贸企业进行严格核查。

·以票控税· 区国税局以CTAIS系统数据信息为基础，配合数据应用管理系统和征管业务辅助管理系统，搜索各种有用或异常地发票数据信息。经过筛选、对碰、分析，确定异常数据，制定工作计划，最大限度堵塞征管漏洞。

【国税征收信息化】 2008年，区国税局深化信息技术应用。深化业务数据分析应用。借助新数据应用管理与服务平台“报表跳转”的技术特性，配合纳税人分类管理数据提取需求，搭建公共指标与类别指标、静态指标与动态指标相结合的数据应用报表体系，将复杂报表分拆为简单的组成部件，通过“报表跳转”功能，由用户结合实际需要把简单报表任意组合为复杂报表，初步形成具有天河特色的税收业务数据分析报表体系。同时，与市局沟通，保持数据口径一致，全面提高数据的可参考性。

开发“代征协管可视化系统”及“软件企业备案模块”。“代征协管可视化系统”，已完成纳税人信息与电子地图的无缝连接；在市局现有的辅助平台下开发软件企业功能模块，对软件企业的详细情况进行备案，为税收管理员对软件行业的精细化管理提供技术载体。

此外，做好CTAIS日常运维基础。采取实时监控、定期检测、定期备份等各项措施，大幅降低运维数量，主机、网络、数据库运行正常。

【纳税服务】 2008年，区国税局持续改进纳税服务质量，全年服务投诉13宗，同比下降38%。是年，累计投入纳税服务方面的费用比2007年增加60%，主要用于扩大服务厅、统一外观标识、改善办税环境、优化电子触摸屏导税查询系统、增设服务评价器及排队机设备、印制宣传资料、举办专题培训等。组织办税厅工作人员开展封闭式服务礼仪专题培训，提高工作人员服务技巧，实行定期轮岗制度，提高工作人员多岗位服务能力。各分局采取上门走访、电话访问等方式，针对办理过涉税事项、涉税申请不受批准、购票次数较多及代开普票次数较多的纳税业户，进行服务质量大回访，加强与纳税人的沟通联系。成立纳税服务督导小组，采取随机取样，不定期对各分局的纳税服务情况进行抽查。

2008年天河区国税局基层税务分局一览表

名　称	地　　址
第一税务分局	陂东路5号
第二税务分局	五山路261号9号楼B座
第三税务分局	黄埔大道中209号2楼
第四税务分局	天河东路47号
第五税务分局	体育西路体育西横街111号城建物业大楼（东梯）3楼
第六税务分局	沙太路银利街123号
第七税务分局	广和路23号
第八税务分局	天河北路888号高新科贸园6楼
第九税务分局	黄埔大道中209号首层

【机构】 广州市天河区国家税务局（简称区国税局）是广州市国家税务局领导下主管全区国税征管的职能部门，内设科室：人事教育科、监察室、办公室、征收管理科、税政管理科、计划统计科、政策法规科、进出口税收管理科、信息中心、票证中心、服务中心，下设9个税务分局。

区国税局党组书记、局长：罗得力

副局长：黄引华、陈桂莲、陆启昌

纪检组长：陆启昌

总经济师：沈宝华（2008年4月起任）

分局长（副处级）：万银根（任至2008年4月）、陈裔波、黄晓峰、谭惠心

办公地址：黄埔大道中209号海景大厦

联系电话：85522143

（区国税局供稿）

地方税务

【概况】 2008年，广州市天河区地方税务局共组织税费金收入189.05亿元，比上年（下同）增收26.22亿元，增长16.1%。其中：完成计划考核口径税收收入（不含省级固定收入）120.02亿元，增收17.05亿元，增长16.55%。

2008年税收收入主要呈现以下特点：一、个人所得税增量居各税种之首。个人所得税得益于年初企业发放上年度年终奖和绩效奖，以及个别企业职工行权所得缴纳个人所得税影响，全年实现收入36.54亿元，同比增收8.61亿元，占全年增量的50.50%，增长30.82%。二、土地增值税和土地使用税增效明显。得益于土地增值税清算以及土地使用税新政策的执行，两税分别实现收入4.96亿元和2.56亿元，分别增收2.89亿元和2.42亿元，是2007年度的2.4倍和18倍。三、营业税主体税种增速放缓。营业税受房地产市道低迷影响，实现税收收入45.91亿元，同比增收0.45亿元，增长0.99%。

【日常征收管理】 截至2008年底，区地税局共经管61756户业户。是年，天河地税分局调整办税事项，简化工作流程，提高办事效率。加强发票检查监督，防止错售发票、骗购发票、被盗发票的情况出现，加强发票仓、发票工本费的管理，确保帐账相符；同时实行三片发票发售人员定期、定点岗位轮换制度。协调解决区房屋交易中心、各外管中心代征过程中出现税收问题，多次参与区出租屋办组织的出租屋工作会议和调研工作。重新规范征管资料的整理和保管流程，清理征管资料档案共计6500箱，研究制定征管资料归档整理方案。此外，做好2008年企业所得税核定工作。

【税种管理】 2008年，区地税局抓好重点行业、税种管理。

·行业管理· 加强对房地产业的监管。加大对房地产行业的源头控管，通过与广州市房管局沟通掌握全区房地产项目的数据，重点做好房产税、城市房地产税、土地使用税的清理以及土地增值税的清算工作。

开展对饮食娱乐行业的纳税评估。根据以往年度检查发现的问题，结合对大集中征管系统相关数

据的统计分析，测算出企业的税负率、毛利率等指标，选取具有一定代表性的饮食企业，制定评估方案，开展纳税评估。

强化租赁业的监管。特别加强出租屋代征工作管理，进一步明确代征工作责任，全年累计征收个人出租房屋税收22003万元，同比增收6496.41万元，增长41.89 %。

·重点税种管理· 强化企业所得税管理。2007年度企业所得税汇算清缴入库21329万元，比2006年度入库增收4837万元。区地税局全面推行《关于加强2007年度企业所得税汇算清缴后续管理（纳税评估）工作实施方案》，做好企业所得税汇算清缴的后续管理，共评估补税费3254万元，其中企业所得税2609万元。

强化个人所得税精细化管理。做好年所得12万元以上个人所得税的自行申报工作，加强对税务人员自行申报业务知识的培训和突出抓好重点行业、重点人群宣传辅导，促进纳税人自行申报纳税。全局共受理个税申报30335人，并开展对外籍人员工资薪金个人所得税的纳税评估工作。

·社会保险费征缴· 协助做好社会保险费日常的征收管理和催报催缴，组织实施省属社会保险费上线工作。完成市区属上线的所有数据清理工作。进行先期的数据关联清理共28353户，清理率达到100%，并对已关联到税务信息的26087户业户进行欠费数据和银行帐号的清理，共清理入库欠费1522万元。全年，共组织社保费收入60.75亿元，同比增长15.34%，增收7.95亿元；并实现月平均社保费征收率达到98%以上。

【重点税源管理】 2008年，区地税局3051户重点税源企业（市局监控月报口径）共实现税收105.31亿元，占收入总量87.74%，同比增收15.51亿元，增长17.27%，对区局税收收入增长的贡献率达90.98%，拉动整体税收增长15.06个百分点，其中重点税源户同比增加366户，增长13.63%。

是年，加强对重点行业、主体税种、重点企业的税收监控和分析，率先推出对重点税源户实行定期、定点驻企办公制度。按照分级分类管理的要求，明确各级联系人驻企办公的时间和次数；明确各级联系人驻企办公的主要内容，包括了解重点税源户经营变动情况、财务状况以及纳税情况等。

开展对重点税源户软件评估的试点工作。推行重点税源户财务会计报表电子数据采集工作，完成1735户重点税源户的财务报表电子数据采集，并实现采集工作日常化。在此基础上，采用税管员案头评估与“广东地税大集中分析系统”纳税评估模块的软件评估相结合的方式，初步完成软件纳税评估试点工作。

2008年4月，广州市天河区地方税务局在金星大厦主办“税法进企业”天河区软件行业高新技术、自主创新型企业税收政策座谈会。

摄影：孟晋

【依法治税】 2008年，区地税局做好税收专项清理整治。按广州市地方税务局部署开展2008年税收执法检查、执法监察暨巡视督察工作。对18项执法检查项目开展重点检查，提出整改建议。对2007年度以报批或备案方式进行管理的减免税项目开展执法检查，形成《天河区地方税务局2008年税收优惠政策执法检查重点检查情况报告》。组织税收票证自查，完善税收票证管理工作。对该局代征单位、三片前台税收票证使用人和票证总、零仓进行分类、分阶段的清理检查。开展发票专项检查工作，对2007年至2008年3月底止的区地税局内部发票的印领用存、门前代开以及代征单位的发票管理使用情况进行全面的清理检查，保证100%检查到位。

【优化纳税服务】 2008年，区地税局创新服务形式和内容，把纳税服务的大众化和个性化有机结合。完善办税服务厅设施，更新办税服务厅内各种标志，设立导税岗等；采用短信平台向纳税人提供涉税信息，完成免费涉税邮箱服务的推广，截止至2008年12月底，已开通涉税邮箱共计5万多户，办税效率大幅度提升；推出“十项便民服务措施”，包括简化首次申购发票流程、增设表格规范填写辅导、推行静音叫号系统、实行科长前台值班制度、派发二次优先服务卡、提供前台窗口中午不间断服务、提供预约申购服务、开通绿色通道、增设大屏幕和等离子显示屏、设立办税服务室等。是年，纳税人满意度大幅提升。截至到12月底，区地税局共接到12366转办投诉8件，比上年下降47.5%。

2008年天河区地税局基层税务所一览表

名　　称	地　　址	电　　话
天河区地方税务局员村税务所	员村三横路2-4号	22366398
天河区地方税务局龙洞税务所	龙洞东路一横路1号	22366190

【机构】 广州市地方税务局天河区地方税务局受广州市地方税务局领导，内设16个科室（所）：办公室（行政科）、税政科（2008年12月原税收征管科更名）、规费管理科（2008年12月增设）、计划征收科、征收管理科（2008年12月原发票管理科更名）、政策法规科（2008年12月增设）、信息管理科、管理一科、管理二科、管理三科、管理四科、管理五科、人事教育科（2008年8月原人事监察科更名）、监察室（2008年8月增设）、员村税务所及龙洞税务所。

天河区地方税务局党组书记、局长：张志展（任至2008年6月）、高雨海（2008年6月起任）

副局长：欧阳强（任至2008年6月）、邓子平（2008年6月起任）、邓小健、高满汉

总会计师兼纪检组长：钟锵

总经济师：李劲聪（任至2008年6月）、郑子健（2008年8月起任）

办公地址：水荫四横路110号

联系电话：22366444

（郭蓉）

审计

【概况】 2008年，区审计局共开展部门预算执行审计和经济责任审计27项，完成广州市审计局下达年度审计项目计划的158.82%。查出违规行为金额192.20万元，管理不规范金额12496.52万元。应交财政金额207.79万元，已交财政金额207.79万元。

【财政预算执行审计】 2008年，区审计局对天河区2007年度本级财政预算执行情况和其他财政收支情况进行审计。审计结果表明，天河区2007年度的财政工作取得较好成绩，完成区人大通过的年初预算收入计划208000万元的111.2%、支出计划的103%，实现收支平衡，略有结余。

开展部门预算执行情况审计5项，查出违规金额67.11万元，管理不规范金额12238.86万元，应上缴财政金额67.11万元。审计结果表明，大部分单位能严格执行财务管理制度，合理安排财务开支。存在问题：如区某些单位“应缴财政专户款”、房屋租

金收入没有按规定及时上缴财政专户和预算户；没有按照固定资产管理办法对固定资产进行核算和管理；2005年7月至2006年7月期间给下属单位管理人员增发岗位津贴；某单位部分专项资金结余没有按原项目进行明细核算。

【地税征管审计】 2008年，区审计局对2007年地税税收征管和财务收支情况进行审计。由市审计局将各区、市（县）审计机关纳入市审计局审计组，对各区的地方税务局2007年税收征管情况进行审计，并将审计情况上报市审计局，由市审计局统一出具审计报告和审计决定。审计结果表明：天河区地方税务局2007年度实现税收入库102.98亿元。

【领导干部任期审计】 2008年，区审计局积极开展领导干部任期经济责任审计工作。共完成经济责任审计项目19项，查出违规金额125.09万元，管理不规范金额256.65万元。应上缴财政金额124.59万元。在审计的19个项目中，绝大部分单位领导能严格执行财务管理制度。存在问题：非税收入未及时上缴区财政，某街道办事处等3个单位合计124.59万元的非税收入均未及时上缴区财政；占用环卫经费情况比较普遍，某街道办事处等4个单位不同程度占用环卫站资金或在环卫站开支费用；部分单位经费超支严重，如某街道办事处2005年经费超支143.17万元；往来款项没及时清理，如某街道办事处“暂存款”科目期末余额265.15万元长期挂账，没有及时进行清理，影响各年度财务收支的准确性；票据使用和管理不规范，有部分单位有不同程度地存在票据使用和管理不规范的问题；固定资产管理不规范，一些单位购置固定资产或拍卖固定资产，不入固定资产账，容易造成国有资产的流失。

【专项资金审计监督】 2008年，区审计局关注民生，加强对专项资金的审计监督。

·汶川地震救灾资金和物资审计· 自2008年5月26日开始，区审计局对四川汶川地震救灾资金和物资进行跟踪审计。通过审计，全面掌握区2008年汶川地震救灾资金和物资募集、管理和拨付情况，促进救灾款物管理严格规范，堵塞募集、拨付和管理过程中的各种漏洞，保证救灾款物快速地、真正用于灾区、用于受灾群众。全年，进行7个阶段的审计并发出7份审计情况报告，审计结果表明：区救灾款物的募集、管理和拨付情况总体良好，暂未发现挤占挪用、贪污私分、损失浪费和弄虚作假等违规违纪行为。

·伤残军人残疾抚恤补助和参战退役人员补助专项资金审计· 区审计局自2008年2月29日对天河区2007年度提高伤残军人残疾抚恤补助和参战退役人员补助专项资金使用情况进行审计。审计结果表明，区2007年度提高伤残军人残疾抚恤补助和参战退役人员补助的发放工作总体情况较好，能够认真落实“五个文件”提高优抚待遇政策，做到专款专用，没有发现资金被挤占、挪用的情况。

（陈顺龙）

城区建设和管理

城区规划

【规划业务审批】 2008年，区规划分局做好日常业务案件审批工作。窗口共收案233宗，发案213宗，提供咨询服务约938人次。完成用地初审案38宗，规划方案5宗，规划复文7宗；核发建设工程规划许可证案件23宗，建筑面积近16.4万平方米，建设工程复文65宗；核发《建设工程规划验收合格证》42宗，建筑面积68.3万平方米；做出违法建设行政处罚决定13宗，建筑面积9.1万平方米，涉及违法建设发文26宗，办理政务来文2799宗。

【软件园规划编制】 2008年，区规划分局推进天河软件园高唐新建区控制性详细规划调整工作。把高唐软件园控制性详细规划（以下简称控规）调整作为推动软件园建设的重点，与设计单位、软件园沟通协调，指导、推动编制进程；提出在软件产业规划的基础上，开展人口规模、开发强度、道路交通、公建配套、空间景观、城市设计等专题调研，明确软件园的发展定位和思路；提出重视景观规划，加强空间景观研究，完善重点地区城市设计、重视道路交通规划、加密支路网等具体意见。在控规调整中，将原来的软件产业园调整定位为软件社区，提出一心两轴八区的功能结构，完善研发、居住、教育、商务，休闲等功能，满足软件产业的战略步骤，推动软件园建设成为功能齐全、结构完善、布局合理、环境优美的生态型软件园区。

【凤凰街控制性详细规划调整】 2008年，市、区两级规划部门多次到凤凰街现场调研，实地了解基本情况，组织开展凤凰街控规调整工作。通过重点加强公建配套设施建设、村留用地及安置用地建设、区域内4所学校的发展、生态保护、城中村改造等问题的研究，提出支持区域高校发展的用地需求，将城中村集体建设用地纳入校园规划范围，并由村出租给学校，从而一并解决学校发展、城中村改造、村集体经济发展三大问题。该成果已通过区政府评审及市规划局初审。

2008年10月，软件园规划调研会现场。

摄影：方凌

【交通整治规划】 2008年，区规划分局为落实“疏解交通问题”，牵头组织区各相关单位开展疏解交通工作，改善交通拥挤问题。首先组建疏解交通工作组织领导机构，建立联席会议工作机制，构建疏解交通联席会议沟通平台；制定《关于疏解交通问题的工作方案》报区政府通过，按照道路交通规划、道路和交通基础设施建设以及道路交通管理三个层次的要求，对“疏解交通问题”进行分析研究；制作《天河区道路建设和交通黑点分析图》，组织疏解交通各成员单位一起研究天河区疏解交通工作中道路规划、建设实施和交通管理存在的问题，提出意见和建议；组织召开3次疏解交通工作联席会议，通过联席会议，共同研究天河区疏解交通办法和措施，提出疏解交通道路建设安排推荐意见连同制作的《天河区疏解交通道路建设安排推荐意见示意图》形成疏解交通问题阶段性成果，上报区政府。此外，开展交通相关规划专项前期研究工作，完成《天河区交通规划研究项目任务书》、《天河体育中心周边交通研究项目任务书》、《天河区路网规划研究项目任务书》等7个任务书。

2008年7月，天河区召开疏解交通工作第二次联席会议。
摄影：陈晨曦

【社区公建配套设施现状调查和规划研究】 2008年，区规划分局根据区政府要求，组织开展社区公建配套设施现状调查和规划研究工作。依据市、区规划部门历年批准的开发小区修建性详细规划和各街道上报的社区公建配套移交情况，对辖区内约229个小区和建筑的公建配套情况进行规划摸查、统计、汇总，基本摸清辖区内的公建配套的规划情况，制作《天河区社区公建配套规划情况一览表》上报区政府。

【文化教育设施规划】 2008年，区规划分局重视文化教育设施规划管理工作，加强与有关学校沟通协调，提前介入指导规划建设。平均办案时间比法定的30个工作日减少约2/3，其中有两宗仅6个工作日就完成审批。加快办理天河区区属公办中小学、幼儿园校舍房地产权及建设用地手续的问题：协调市一一三中学理顺校区规划用地许可证办理和修建性详细规划的审批；协调解决五山小学用地和单体报建，指导教育部门补征用地红线，完善历史用地手续，审批该小学校园的总体规划；协调高新建总用地范围内的创意小学用地和规划问题，广州体院配套小学的历史用地遗留问题，天府路小学出入通道等问题以及华工的拆迁问题、华师大的改建问题、广东化工制药职业技术学院的电房问题、广东金融学校的排洪等高校的实际问题，为学校建设提供更优质的服务。

【琶洲——员村地区规划定位研究】 2008年，区规划分局配合市规划局开展员村、琶洲地区规划定位研究。员村紧邻珠江新城、广州CBD，与琶洲会展中心一江之隔，并有琶洲大桥连通，随着“退二进三”进程，深入研究员村地区功能定位，科学规划员村地区发展成为天河区落实“中调”的一个重点。区规划分局配合并组织开展琶洲——员村地区城市设计前期基础工作：参加协调会，对设计项目提出进一步明确地区功能定位与产业定位，深化交通系统分析，城市设计突出地区特色等修改意见；安排业务人员对员村地区进行实地调查，核查地块用地现状，为项目开展提供基础资料；参与市规划局组织的员村城市设计竞赛，通过实地调研，提供该地区2007年最新用地红线及报建情况；在统计分析员村地区各类用地总量、分布、规划情况及现状存在问题的基础上，提出立足于软件产业、创意产业、娱乐业为主的CBD扩展区，形成以体育中心和珠江新城为硬核，以员村地区和东风路、环市东路沿线地区为核缘的广州市21世纪CBD的规划定位。

【广州奥体中心周边地区发展策划】 2008年，区规划分局落实高端服务业的产业发展战略，推动天河第二商圈建设。组织编制15.3平方公里范围的奥体中心周边地区发展策划，提出奥体中心周边地区的总体发展目标为“商务新都会、动感康体城”，借助亚运契机、土地资源和基础设施优势，邻近广州CBD的优越区位条件等，聚集高端要素，使之成为广州建设“首善之区”、深化中调战略的重要战略据点；提出该地区功能选择主要包括：现代服务业、现代商贸业、康体娱乐、高档居住等，丰富和完善天河东部地区产业功能及发展层次；规划“一轴四区”的空间结构和用地布局，即由自然山体构筑横贯中部的东西向生态绿廊的景观中轴线及现代服务业发展区、现代商业发展区、康体休闲区、商务办公区四区发展格局，提升天河东部地区产业发展竞争力；加密道路网络，通过三横五纵的规划路网格局，优化改善该地区及周边交通环境，推动形成辐射萝岗、黄埔、番禺的广州市副中心区。

（朱丽丽）

市政建设和建筑业管理

【市政道路建设】 2008年，区建设和市政局加大市政项目建设力度，完善辖区交通路网。一是由区财政投资910万元相继完成东莞庄一横路和车陂北街北段的道路、排水建设工程，新增市政道路长度873米。推进由市投资的珠吉路与海军仓库联络线道路建设工程的建设，总投资约4700万元，是年底，已完成总工程量的50%。二是配合开展亚运筹备工作，做好比赛场馆周边环境综合整治，联合区规划分局开展前期摸查调研工作，制定、修改亚运场馆周边地区市政道路、立面整饰、环境绿化改造计划。为改善天河中心区微循环系统，开展体育中心周边微循环改造项目龙怡路、紫荆东路的征地拆迁工作。三是配合市城建重点工程建设，积极开展地铁四号线北延段、六号线以及科韵北路延长线、云溪路、珠吉路延长线等项目天河区段的征地拆迁工作。全年地铁工程完成拆迁房屋19303平方米，完成投资额14595万元；科韵北路延长线、云溪路、珠吉路延长线等市政重点工程共完成征（借）地205500平方米、拆迁房屋26437平方米，完成投资额15781万元。

【市政设施日常养护管理】 2008年，区建设和市政局加强对市政道路的维修和排水管道周期清疏养护。累计完成市政设施正常养护：清疏管道长155万米，清理井11万座，清理渠泥2万立方米，盖井盖1369个，投资金额约1612万元。累计完成零星维修：修复砼路面4832平方米，沥青路面11223平方米，人行道41064平方米，铺设排水管955米，侧石550米，平石1448米，投入金额约680万元。此外，完善应急抢险机制，全年投入85万元用于各种抢险应急救援。完成8月3日广东省轻化209仓库火警抢险任务。做好暴雨、台风季节的市政应急抢险处理，高效修复市政基础设施上百宗。

【无障碍设施建设】 2008年，区建设和市政局加强对已建无障碍设施的管理，通过拉网式巡查，查漏补缺及新建改造相结合，先后完成体育东路、天河北路、天府路、员村新街等24条主干道的导盲及无障碍设施改造工程。共完成铺设人行道29222平方米，侧平石2590米，导盲砖8050米，坡道改造约160个，导盲指示牌约190块。

2008年11月12日，常务副区长李新全到区建设和市政局作深入学习实践科学发展观辅导报告。

摄影：陈映松

【解决路难行、水浸街问题】 加大对农村地区的道路建设和改造，解决"路难行、水浸街"等热点、难点问题，投资约750万元完成新村南路道路改造工程、沙河内街巷道路排水改造工程、沐陂西路道路排水改造工程等28项工程。推进天河区东北部地区改水工作，协调解决吉山地区饮水难问题。实施社区综合整治，逐步改变旧城社区水浸街、路难行、绿化少等环境问题。

【建筑市场管理】 2008年，区建设和市政局加强建筑市场管理。

·规范行政行为· 全年，共审批建筑工程施工许可证60宗，建筑面积119万平方米，工程造价18.76亿元；办理城市道路挖掘许可124宗；办理临时占用城市道路许可58宗；办理工程竣工验收备案33宗，面积111.49万平方米，工程造价约

16.49亿元；办理延长施工作业时间证明63宗次；办理小区市政验收5宗；完成107份《项目手册》年审。

·建筑安全和质量管理· 区建设和市政局坚持执行每周安全例会制度、季度防范重特大安全事故会议制度、施工许可证现场发放制度、在建工地分片管理制度。开展安全生产百日督查行动、“关爱建筑民工，倡树文明新风”百日行活动、防台风防暴雨安全隐患大排查行动、2008年建设系统“质量月”等专项活动。广电科技大厦、暨南大学公寓楼、华南理工大学29号教学楼工程、四十四中学体育馆、教学楼、图书馆等工地被评为2007年度广州市安全文明施工样板工地；广电科技大厦商业住宅楼和侨英花园商业住宅楼被评为2008年度广州市优良样板工程。是年，区建设和市政局施工安全监管责任考核被市建委评为A级。

·工程招投标管理· 2008年，区建设和市政局会同区监察局、区发展和改革局、区财政局制定《天河区法定招标规模以下财政性投资建设项目发包管理暂行办法》，进入实施阶段。改招标备案前审查为事后备案，强化招标人在招标过程中的主体责任，筹建全区资格预审、评标专家库，为招投标工作提供技术支持。2008年度，经区建设工程招投标管理办公室备案的工程项目共30项，投资额约47630万元，依法必须进行公开招标的工程项目 30 项，公开招标率为100%。

·创建农民工业余学校· 2008年，区建设和市政局指导建筑工地创建农民工业余学校，开展建筑工地农民工职业技能培训和鉴定工作。至2008年底，天河区已在30个建筑工地建立农民工学校，占工程总数（85个）的35.3%。农民工学校均配备电视机、DVD机及一批教学设施，因地制宜开展教育培训，主要培训项目有工人安全教育、平安卡培训考试、劳动法规、卫生知识、文明礼仪等。

2008年12月30日，副区长丁建华带队检查建筑工地。

摄影：刘俊文

【河涌整治】 2008年，区建设和市政局积极推进河涌综合整治工程。加强对沙河涌和猎德涌的日常管养维护，协助市相关部门开展市政河涌的截污、清淤、绿化景观建设等工作，及时处理市民的投诉，修复损坏的河涌栏杆和人行道，促进管辖河涌水质，两岸环境好转。

推动车陂涌综合整治工程征地拆迁工作。车陂涌沿线树木公园、华南农业大学等地段征地拆迁工作取得实质性进展。综合整治部分完成征地375.71亩，拆除房屋面积24998.13平方米，迁移绿化11686棵，补偿征地拆迁金额约12881万元。

【教育基建项目管理】 2008年，区建设和市政局负责天河区教育系统建设项目共30项。完成华颖中学教学楼维修、四十七中学生宿舍外水外电工程、四十七中学校园道路工程、汇景实验校区教学综合楼装修工程共4项工程的建设，总投资612.29万元。是年，在建教育基建项目还有汇景实验校区体育馆装修工程和八十九中校舍扩建工程（一期）。

【天河区建设工程质量安全监督站】 天河区建设工程质量安全监督站（简称质安站）成立于1986年7月21日，区属副局级全民事业单位。机构设有办公室、质量监督科、安全监督科、检测室。区质安站是代表区政府对区辖内的建设工程进行质量和安全监督、检测及认证工作，起政府监督的作用。2008

年，该站在编人员18人，检测室在编人员8人，其中高工8人，工程师5人，助理工程师和技术人员3人，高级技工1人。

2008年，区质安站全年新增受监工程61项，建筑面积127.58万平方米。实行竣工验收备案工程35项，建筑面积105万平方米。进行施工质量验收86项，面积161万平方米。发出《抽查情况通知书》949份，发出停工通知书42份。对工程实行竣工施工安全评价75项，其中合格71项，优良2项，优良率为2.67%。电梯报监55项305台，办理验收66项322台。

【天河建筑设计院】 广州市天河建筑设计院成立于1986年7月，具有独立法人资格，为国家批准的具有乙级工程设计、工程咨询、装饰设计、城市规划丙级的综合性建筑设计院。主要承担建筑设计、居住区规划、室内设计、环境设计等业务。同时承担建设项目的可行性研究、设计前期咨询以及建设工程监理、项目报建等业务。2008年，该院拥有工程技术人员62人，其中：高级工程师9人，工程师42人，助理工程师15人。一级注册建筑师3人，一级注册结构师3人，二级注册建筑师3人，注册造价师9人，注册监理师18人，规划工程师3人。

2008年，天河建筑设计院完成施工图设计15项，建筑面积约22万平方米；完成方案设计项目共8项，建筑面积约43万平方米；下属单位监理公司共完成监理项目12项。

（刘俊文）

房地产开发与管理

【房地产权登记交易发证】 2008年，国土房管局天河区分局提升房地产权登记发证窗口为民服务质量，制定《便民服务方案》，开设“绿色通道”、“优先服务窗口”和“青年文明岗”等便民措施。是年，受理房地产登记案30301宗，其中，交易登记7973宗，抵押、涂销登记17819宗，持证登记4169宗，集体登记339宗，城转登记2宗。核发房地产权证20845宗，整理装订房地产权登记档案30842宗。实现累计利税3.27亿元。

【土地管理】 2008年，国土房管局天河区分局加大土地管理的力度。

·第八次卫片土地执法检查· 3～9月，天河区开展第八次卫片土地执法检查工作。检查中，全区共有监测图斑170个，共161宗，涉及土地面积3806.5亩。经核实，其中属合法用地50宗，面积2038.1亩，属实地未变化19宗，面积179.2亩，属违法用地92宗，面积1589.2亩。成立土地执法检查及查处工作领导小组，落实土地属地管理责任制度。宣传发动，组织街道、村社干部培训班，印制宣传单（画）、手册，并利用各种媒体进行广泛宣传。与规划、城管、监察等职能部门密切配合，向政府各职能部门发出业务函告共23份，向各街道办事处发出告知函16份。对政府相关职能部门和街道办事处发出《违法用地告知函》89份，对责任单位发出《违法用地整改通知书》89份，对责任单位及个人发出《行政处罚决定书》86份，收缴罚款443.87万元。该次执法检查，共查处92宗违法用地，立案率100%，查处率100%，结案率88.7%。移送公安机关追究当事人刑事责任的3宗，追究当事人行政处分的7宗。

·查处新增违法用地· 国土房管局天河区分局加强对2007年10月以后发生的土地违法行为的整改查处力度。建立土地执法责任制，与各街道等相关单位签订《天河区违法用地整改工作责任书》；建立国土资源违法行为举报制度，设置举报箱，公开举报电话和电子信箱，明确举报形式、程序和要求，建立土地违法行为举报档案；建立完善土地巡查责任制，把全区划分为5个片区，实行网格化管理，落实土地巡查包干责任制；建立土地巡查台帐制度，重新设计、编印巡查台帐，统一填写标准，规范动态巡查记录内容；建立土地巡查报告、查处制度，向违法用地单位或个人发出《责令停止违法行为通知书》，并于24小时之内向相关街道、城管等单位发出《违法用地告知函》。是年，区12个街道发现新增违法用地50宗，面积203.83亩，其中耕地44.1亩，已全部进行整改。

·土地报批及闲置土地查处· 2008年，共整理上报国务院审批案8宗。推进2007年批后征地实施，结案6宗，共收取征地管理费112万元。查处闲置土地37宗次，清理查看2005、2006年所发批准书103宗，收取4宗闲置土地闲置费970万元。

·调处土地权属争议· 为解决龙洞和渔沙坦的村界之间1894米的土地权属纠纷，国土房管局天河区分局联合龙洞、凤凰街开展调处，多次到龙洞龙汇、渔沙坦盛达两村改制公司现场调查，磋商协调。10月，通过土地置换方式，解决两村长达十多年的土地纠纷。两村共同达成边界走向为：始于东边坑渔兴路，沿东边坑小区、凤凰糖果厂、旺岗工业区、红旗旧锁厂西侧，止于大埔，长度共1894米。龙洞方将2地块与渔沙坦方1地块置换，面积约1500平方米。

·征地拆迁· 2008年，完成新光快速路猎德段及猎德城中村改造的征地拆迁工作；完成广氮、员村地块政府储备用地量的83.5%。全年共签订征地拆迁补偿协议197份，完成征地1738亩，拆迁房屋35.21万平方米，支付补偿款18.01亿元。

【构建数字化地籍平台】 2008年，国土房管局天河区分局构建数字化地籍平台。开展土地变更调查、农村土地登记。实测天河区的地类情况是：农用地面积63449.0亩，建设用地面积153113.2亩，未利用面积5692.8亩。农村土地登记主要是对解决土地纠纷的区域办理登记，全区共办理登记594宗，面积3109.31万平方米。完成土地房屋测绘工作118宗，土地测绘面积141.07万平方米，房屋测绘面积21.40万平方米。

【解决"住房难"】 2008年，国土房管局天河区分局努力解决群众的住房问题。组织开展天河区城市低收入住房困难家庭入户调查工作，完成4040户（含外区转入空挂户增加的640户）困难家庭住房状况的申报调查和数据录入工作。完成区1394户低收入家庭廉租住房保障审核工作，包括在册已享受廉租住房249户，新增897户，超出保障条件168户和放弃租金补贴80户，市房改办已核准的新增发放租金补贴家庭800户。解决直管房房改的遗留问题：与市道扩办等部门沟通，签订产权补偿协议，解决车陂路鸿发广场22户直管房的产权问题，给住户发放《房地产权证》；初步解决因拆迁而引起的燕塘小区15户住户房改遗留问题，签订产权补偿协议。

【危房改造】 2008年，国土房管局天河区分局继续推进危破房改造项目。完成东圃水上新村危破房改造项目，12月竣工交付使用，解决水上新村居民长期雨天水浸之苦。该项目占地2239平方米，建筑面积4634平方米，涉及51户住户回迁，提供住宅72套，其中62套用于安置住户，剩余10套用于双特困户或危破房安置备用房。广氮生活区第16栋危破房改造项目启动，计划改造为5～6层框架结构房屋，建筑面积约4200平方米，每户约40～60平方米，可提供约80套住宅。

2008年12月，广州市国土房管局天河区分局局长王月珍主持车陂水上新村危房改造项目竣工交付使用落成典礼。

摄影：张文珠

【房屋安全管理】 2008年，国土房管局天河区分局加强房屋安全管理，逐步建立《区房屋安全管理系统》。完成年度房屋安全普查工作和全区21条街道的危破房情况摸查工作，为政府对旧城改造和城中村改造提供详实的数据。至2008年年底，全区有城中村房屋41189幢；1980年前的六层以下房屋1555幢；七层以上无电梯房屋3178幢；总面积为2799.69万平方米。是年，排查危房97处、发出房屋安全鉴定通知书131份，现场查勘危房51栋，排除危房14宗。

2008年4月，广州市国土房管局天河区分局举办贯彻落实《广州市房屋安全管理规定》宣传咨询活动。市国土房管局副局长刘仲国、天河区副区长丁建华等领导在咨询现场。

摄影：单兴

【房地产物业管理】 2008年，天河区辖内有各类物业（包括住宅、写字楼、商业用房、工业用房等）1829个，其中已实施专业化物业管理的有585个，未实施专业化物业管理的有1244个。全区实施物业管理房屋项目641个，总建筑面积3103万平方米，物业管理覆盖率达83.24%，成立业主大会、业主委员会共128个。区辖内从事专业化物业管理服务公司共189个，从业人员9578名，行业经营总收入1.2388亿元 。

区分局加强物业管理工作，物业管理系统信息平台通过最终验收。物业管理下放到街道办事处，协助社区指导成立业主大会、业主委员会，围绕物业管理工作的重点、热点与难点，进行调研、指导工作。加强物业管理维稳工作，协调解决物业管理各类纠纷。4月，半山雍景苑小区在成立首届业主大会，选举业主委员会过程中，小区发展商、物业管理公司及业主大会筹备小组发生纠纷，分局联合相关部门及时调处，防止引发群体事件。加大对违法改建房屋的查处力度，制定《住宅室内违法装饰、装修查处程序》，在查处中做到依法、依规、依程序办案。全年到现场调查住宅室内违法改建房屋821宗，入屋1063间；调查、取证2126人次；发出行政《整改通知书》1113份。

【房屋租赁登记管理】 2008年，全区租赁管理工作得到加强。分局租赁所组织实施各街道出租屋管理从业人员的业务培训，统一全区租赁办事程序，规范房屋租赁管理，健全房屋租赁登记备案制度。全年，全区共办理房屋租赁登记备案44046宗，总登记备案面积479.85万平方米，其中住宅20076宗，面积104.93万平方米，非住宅23970宗，面积374.92万平方米。整理归档已结案的租赁登记备案档案2000宗。加强对无证照生产经营场所的房屋重点监管，以临时经营场所使用证明办理的合同租赁登记备案15048宗，面积179.38万平方米。

（曾焕元、刘伟、黄建新、张文珠、杨安华）

出租屋及流动人员管理

【概况】 2008年，全区共有出租屋6.01万栋共39.08万套，合格率为100%。全区流动人员86.18万人，登记率100%。共征收“两费一税”约2.37亿元，同比增加34.85%。出租屋治安持续好转，全年治安案件646宗、刑事案件465宗，同比分别下降18.74%和29.01%。

【天河区出租屋外来暂住人口情况】 2008年底，天河区外来暂住人员86.18万人，比去年增加13.21万人。外来暂住人口来自省内的有34.7万人，省外的有51.48万人。所有外来暂住人员中，来市谋生人数

39.78万人，居住在各街出租屋的来市谋生人口共39.78人。

【出租屋综合整治】 2008年，天河区加大出租屋综合整治力度。

·消防安全专项检查· 3～5月，在全区范围内对城中村出租屋、出租仓库、废品收购点、流动人员密集点等场所的消防安全隐患进行检查，共排查发现有消防隐患的出租屋约2.37万套，经整治合格的约2.15万套，整治率约为90.83%，整治消防安全隐患4328处，拆除防盗网约1223平方米，开设逃生口587个，新配灭火器3069个。

·清查整治违规出租屋· 6月，开展由区出租屋办牵头的清查违规出租屋房屋专项行动以及由区公安分局牵头的清除出租屋内“黄赌毒”现象的专项行动。共清查出租屋15878套，打掉“黄赌毒”违法犯罪团伙6个、抓获团伙成员54人，另抓获违法犯罪嫌疑人343名，处理、处罚违规出租屋主15人次，处理、处罚承租人10人次（其中刑事拘留2人，行政拘留8人）。

·流动人员登记管理· 6月起，在全区范围内开展出租屋及流动人员调查核实工作，共更新、采集、录入出租屋信息36.86万条，流动人员信息81.89万条。调查核实期间，全区核对并注销街路巷信息718条，注销门牌信息1160条，注销过期人员信息10.51万条，注销过期出租屋信息638条，同时对流动人员信息系统中40多万条有差错和空项的人员信息进行核对和修改。此外，全年累计办理房屋租赁登记备案3.61万份，较上年同期增长151.16%，累计办理IC卡暂住证16.13万人次，增长30.67%。

【广州市出租屋管理工作示范点建设】 2008年，棠下街出租屋管理服务中心被确定为市示范点建设单位，区出租屋办及棠下街道办事处加强棠下街出租屋管理中心建设：重新搬迁、装修办公地；全区统一中心标识和标牌；加强科技手段运用，建设智能化管理系统（包括门禁系统、排队系统、监控系统、会议系统等子系统）、视频会议系统、构建工作网站，开发出租屋及流动人员管理综合信息系统，实现网络告知、队伍管理、档案管理、信息报送等现代化办公功能。

此外，加强制度建设。建立健全出租屋及流动人员管理工作制度，研究制定涵盖日常工作制度、管理员工资正常晋升制度、管理员人身安全保障基金制度、工作绩效考核制度等内容的管理制度。进一步推广托管式管理模式，拓展托管覆盖面，初步确定示范点建设工作完成后参与托管的出租屋达到5000套。

【出租屋税费征收与管理】 2008年，天河区出租屋税费收入约 2.37亿元，同比增长34.85%，名列全市第一。具体做法：开展相关法律法规培训工作，规范代征工作程序，做到征收工作依法、依规；开展宣传教育工作，提高广大出租屋主依法纳税的意识，引导他们理解和支持税费征收工作；摸查出租屋具体情况，及时掌握动态信息，做到税费征收应收尽收；配合相关职能部门，整治拒不执行国家税费征收政策的现象。

2008年天河区各街道出租屋管理服务中心
办公地址及联系电话

单　　位	通讯地址	联系电话
沙河街	沙河大街89号	37286460
五山街	五山岳洲路39号1楼	85285956
员村街	员村新街昌乐园南门侧	85548213

（续上表）

单　位	通讯地址	联系电话
车陂街	东圃陂东路6号	82320139
石牌街	石牌东路127号	87564410
天河南街	体育东路体育东横街193号	87540012
林和街	天河东路205号2楼	38811952
沙东街	广州大道北冠庭园小区绿安街1号	87726019
兴华街	银燕路166号	87226903
棠下街	枫叶路天乐径4号之一（历德雅舍）	87558931
天园街	黄埔大道棠石路锦明街83号2楼	85699760
冼村街	珠江新城冼村路自编2号	87515816
猎德街	海明路20号	38373275
元岗街	上元岗大街19号	37080695
黄村街	东圃黄村街福元路5号2楼	82300077
龙洞街	龙洞东路219号	87028707
长兴街	长兴路289号	37269030
凤凰街	柯木塱华美路	87211457
前进街	桃园中路3号	82564063
珠吉街	珠村东横一路1号1楼大厅	32351603
新塘街	大观中路广深高速入口新塘街办事处	82357233

（程磊）

城管监察

【创建国家卫生城市】　2008年，天河区从完善组织机制、落实责任机制、严格问责机制、强化督导机制、实行考评通报机制、建立快速反应应急处理机制、推行环卫保洁时常化运作等长效管理机制方面入手，推动天河创建国家卫生城市工作（以下简称创卫）的开展。1～4月，区城管办（创卫办）制定迎检与接待工作方案，加大巡检督办力度，协调区创卫十大专业迎检组，对口开展专项迎检工作。在城管办与职能部门和街道建立快速处理应急队伍，利用区城管大队的对讲机平台设立应急通讯系统。将全区21个行政街道划分成3个片区，发挥应急队伍机动快捷作用，随时处理迎检过程中出现的问题。此外，先后开展“治理环境卫生反弹行动月”、“清洁家园工程”、“巩固创卫成果大型咨询活动”等专项行动。在迎接国家创卫检查与考核中，天河区代表广州市迎接国家暗检、技术评估、考核鉴定和考核验收的68个被检点和有关线路周遍环境全部达到国家卫生城市标准。

【旧城社区改造】 2008年，天河区加快旧城社区改造步伐。9～11月，完成体育新村改造工程、长兴街科艺二期改造工程、员村绢麻道路排水工程、员村十一号大院排水工程、珠江新城绿化整治工程5个社区整治项目；指导督促天河建设工程监理有限公司协助施工单位做好2007年度市、区投资社区环境整治工程竣工资料的归总及送审；9月，完成水荫四横路社区、文昌社区、兴科社区、东莞庄路社区4个社区环境综合整治的招投标工作，工程预算约400万元；对五山街、元岗街、员村街、天河南街、黄村街等18个社区进行现场摸查，10月，完成施工图纸，工程总预算约1400万元。

【查处“两违”】 2008年，区城管办加大对“两违”查控工作的检查及督办力度。全年，违法建设立案16宗，建筑面积4.3万平方米。拆除违法建设1241宗，建筑面积31.1万平方米，其中，拆除历史违建253宗，建筑面积为16.6万平方米，制止新的违法建设713宗，建筑面积14.5万平方米。大型拆违行动有：拆除车陂路南延长线地块上存在多年的25栋建筑面积约2400平方米的违章乱搭建；强制拆除位于龙洞东路北段面积约20000平方米的违法建筑。继续查处违法用地，全年发现新增违法用地18宗，面积109.7亩，其中耕地15.4亩，其他农用地41.3亩，建设用地68.4亩。新增违法用地整改109.7亩，合格率100%，其中复耕15.4亩，完成100%，复绿41.3亩，完成100%，拆除建（构）筑物占地面积46.4平方米。在第八次卫片执法检查中，区属违法用地的面积为1589.2亩（其中违法面积为1546.1亩，合法面积为43.1亩），违法用地面积排在全市第7位，违法用地面积比第七次卫片执法检查减少727.2亩，下降32%。

【整治“六乱”】 2008年，区城管大队加大整治“六乱”力度。取缔主次干道、窗口地区、重点地段“六乱”现象；不定期组织开展专项整治行动，如“风暴”行动、“迎奥运”行动等，集中整治“六乱”难点；在全区清理整治户外广告招牌，拆除黄埔大道、广州大道、先烈路的违法户外广告（招牌）；整治法定节假日期间“六乱”现象，完成春运、花市、清明、重阳等执勤工作。全年，大队共完成迎检任务166次、组织夜间市容整治行动91次、组织各片区整治行动94次，共整治“六乱”15.3万宗，其中，整治占道经营65711宗，乱摆卖67505宗，乱张贴9770宗，乱拉挂9624宗，乱搭建390宗，乱堆挖5482宗；拆除违法户外广告136宗152块，面积9345平方米，基本实现全区无“六乱”集聚点。

【整治违法户外广告】 2008年，区城管办制订《天河区组织开展城市主干道沿线违法户外广告和招牌广告清理整治行动方案》和《天河区清拆违法户外广告行动方案》，协调区城管大队、街道等相关单位，在全区范围内开展城市主干道沿线违法户外广告和招牌广告清理整治行动。重点整治范围为环城高速、华南快速路等11条城市交通性干道及珠江北岸（天河段）、天河路、广州大道、广深高速、天河城、正佳广场、天河电脑城商圈周边。至是年底，清理整治黄埔大道天河区路段两侧的违法户外广告和招牌广告，共拆除违法户外广告和招牌37块，面积6185平方米。

【整治建筑工地】 2008年，天河区在建建筑工地达125个，其中60个位于珠江新城，占全区在建工地的48%。区城管执法大队加大力度整治建筑工地脏、乱、差现象。建立工地文明施工管理服务平台，规范建设工地文明施工；完善工地文明施工档案，做到工地管理常态化；对在建工地施工人员进行培训，强化文明施工理念；杜绝无证擅自先行施工行为；从源头治理工地扬尘污染和泥头车污染路面行为；查处工地夜间超时施工噪音扰民等行为。全年，大队办理施工标牌58块，处罚、教育整改工地违章施工行为1745次，其中立案查处工地违法违规案件273件，在建工地文明施工率达到98%以上。

【12319城管投诉服务专线工作】 2008年，天河区12319专线加强对各类重点投诉案件、逾期未回复案件的催办及督办力度。全年，区专线共受理各类投诉、咨询、建议案件22398宗，办结22135宗，按期处理中的案件有247宗，办结率99%。其中“两违”类案件共计3168宗，办结3160宗，办结率99%。

（谢丽华、杨并雄）

园林绿化

【“青山绿地”工程】 2008年，区园林办重点以改善城市环境现状，调整城市园林生态布局，完善城市绿地体系为主，利用河涌截污、道路建设和城市周边的发展进行规划建绿。是年，新增绿化面积31万平方米，落实养护面积156万平方米，建成区绿化覆盖率达到31%以上。

【道路绿化养护和管理】 2008年，区园林办继续做好城市绿化养护管理。全年，共修剪乔木24304株，灌木30797丛，绿篱225341平方米，地被576675平方米，草地1896650平方米；植保乔木87643株，灌木99260丛，绿篱300450平方米，地被542913平方米，草地1175150平方米；施肥56130公斤；松土234940平方米；除杂草2710262平方米；布置时花15400盆。

区园林办探索绿化养护社会化管理新路子，城市道路绿化养护除维持工区工人正常养护管理外，其余全部推向社会化养护管理。至是年底，全区绿化社会化养护面积已达95%以上。

【全民义务植树活动】 2008年3月26日，由区绿化委员会主办的天河区“营造绿色家园，建设生态文明”植树活动在龙洞公园举行。区城建、城管系统机关干部、龙洞街道办事处、龙洞村委会及省林校大学生、少先队员约500人参加义务植树活动，共种植美丽异木棉、凤凰木、宫粉紫荆、大叶紫薇等名贵树种700余株。

【天河公园建设】 2008年，天河公园全年游人总计700万人次，门票收入500万元。是年，投资400万元实施园内主园路沥青路面改造项目，改造园路总长2800米，同时完善沿路的排水设施和照明系统，增设广播系统以及改造路网周边的绿化布置；投资250万元，实施粤韵文化长廊建设项目，项目设计以轻盈通透的岭南风格为主，与公园的湖心亭、双层亭遥相呼应，占地面积1200平方米。

【保护古树名木】 2008年，天河区内共有古树名木36株。是年，区园林绿化办对古树分门别类进行系统的规划，对其特性、存在问题、应采取的措施，进行详细的分析。为每棵古树重新制作保护牌，注明树名、树龄、特征。

2008年天河区古树名木表

编　号	树　种	树 龄	地　　址	备　　注
01050001	龙眼楠	75	华南植物园蒲岗自然保护区山顶亭旁	1937年华南植物园建园时保护下来的乡土树种 2003年第4批公布保护
01050002	刺紫檀	48	华南植物园办公楼后	1959年从印尼引入 2003年第4批公布保护
01050003	人面子	46	华南植物园	1961年2月朱德手植 1985年第1批公布保护

（续上表）

编号	树种	树龄	地址	备注
01050004	无忧树	21	华南植物园办公楼旁	1986年1月柬埔寨西哈努克亲王和夫人手植 2003年第4批公布保护
01050005	海南红豆	15	华南植物园办公楼旁	1992年10月新加坡前总理李光耀先生手植 2003年第4批公布保护
01050006	合果木	21	华南植物园办公楼旁	1986年11月日本绿化协作交流团手植 2003年第4批公布保护
01050007	青梅	42	华南植物园	1965年1月董必武手植 1985年第1批公布保护
01050008	青梅	42	华南植物园	1965年1月朱德手植 1985年第1批公布保护
01050009	红花天料木	43	华南植物园办公楼旁	1964年11月阿富汗国王和王后手植 2003年第4批公布保护
01050010	大果红心木	54	华南植物园园林树木区内	1963年从澳大利亚引种 2003年第4批公布保护
01050011	木棉	25	华南植物园办公楼侧	1982年叶剑英手植 1985年第1批公布保护
01050012	细叶榕	136	岑村东外街3号	2003年第4批公布保护
01050013	细叶榕	166	岑村东街新巷	2003年第4批公布保护
01050014	樟树	384	沙河天平架沙河路85号	1985年第1批公布保护
01050015	大叶榕	115	星海音乐学院附属中等音乐学院工字楼后	2003年第4批公布保护
01050016	大叶榕	146	林和西路军体院67栋东面	1999年第3批公布保护
01050017	大叶榕	133	水利电力职业技术学院操场内	2003年第4批公布保护
01050018	细叶榕	103	穗园小区天阳路食得香面包屋对面	2003年第4批公布保护
01050019	细叶榕	103	穗园小区天阳路2	2003年第4批公布保护
01050020	细叶榕	103	穗园小区天阳路3	2003年第4批公布保护
01050021	细叶榕	103	穗园小区天阳路4	2003年第4批公布保护
01050022	细叶榕	157	黄村铁路边小游园	1999年第3批公布保护
01050023	细叶榕	167	黄村铁路边	1999年第3批公布保护

（续上表）

编　号	树　种	树 龄	地　　址	备　　注
01050024	木棉	177	黄村、珠村铁路边	1999年第3批公布保护
01050025	木棉	287	黄村三丫涌	1999年第3批公布保护
01050026	细叶榕	107	黄村三丫涌边	1999年第3批公布保护
01050027	细叶榕	128	中山大道中华金盾大酒店门口西侧	2003年第4批公布保护
01050028	细叶榕	128	中山大道中华金盾大酒店门口东侧	2003年第4批公布保护
01050029	细叶榕	>168	车陂公园外围边	1999年第3批公布保护
01050030	细叶榕	>168	车陂祠前大街2号	1999年第3批公布保护
01050031	细叶榕	>161	官溪北路23号	2003年第4批公布保护
01050032	细叶榕	>151	官溪北路隔塘16号门前	2003年第4批公布保护
01050033	大叶榕	>157	车陂村卫生院河对面	1999年第3批公布保护
01050034	降香黄檀	79	华南农业大学六号楼东南角	2007年第5批公布保护
01050035	降香黄檀	79	华南农业大学植物病毒研究室围墙内	2007年第5批公布保护
01050036	降香黄檀	74	华南农业大学五号楼东出口	2007年第5批公布保护

（吕华）

环境保护

【大气环境质量】 2008年，区内大气环境质量继续保持良好状态。从空气污染指数周报的结果表明，空气质量达到良好以上的时间是51周，占98.1%，空气中的二氧化硫、二氧化氮、总悬浮颗粒物和降尘的平均值分别是0.042mg/m³、0.062mg/m³、0.129mg/m³、2.70吨/月.平方公里，总体状况优于国家环境空气质量二级标准。

【水环境质量】 2008年，从全市统一的地表水采样监测结果表明，区内地面水（河涌和湖库）水质与上年基本持平，有机污染的污染仍然比较严重，其中主要污染物指溶解氧、化学需氧量、生化需氧量、氨氧、石油类的监测结果见下表：

2008年与2007年天河区水环境质量比较表

项目		溶解氧	化学耗氧量	生化需氧量	氨氮	石油类
河涌	2007年	1.0	92.6	19.2	15.0	1.90
	2008年	0.8	156	33.5	14.5	5.04
湖库	2007年	7.4	51.7	10.8	0.60	1.00
	2008年	8.0	56.0	18.2	2.54	2.58
标准		≥3.0	≤30	≤6	≤1.0	≤0.5

注：

1、单位是毫克/升；

2、标准为《地表水环境质量标准》IV标准。

【声环境质量】 2008年，天河区内声环境质量得到进一步的改善。从环境噪声监测结果表明天河区的“声环境一类功能区”环境噪声平均值昼间为52.7分贝、夜间为43.7分贝，区域环境噪声平均值为54.5分贝，均优于国家规定的相应标准；交通干线噪声的平均值为69.8分贝。

【企业排污治理】 2008年，区环保局加强排污企业污染治理。是年，进一步优化在线监控系统，增加24小时浓度、流量监测和视频监控项目。对19家企业实施在线监控设施统一运营维护，确保数据的准确性。每季度开展一次河涌两岸企业的专项执法，对车陂涌、沙河涌、猎德涌等河涌附近的工业区进行执法检查，共出动执法人员约150人次，检查85个单位（次）。开展打击不法排污企业专项行动，对车陂涌、沙河涌、猎德涌等两岸排污单位开展整治行动，重点查处有偷排行为的肇美皮革厂。开展废品回收和严控废物专项整治行动：会同区供销联社对13家废品回收站进行检查，对存在安全隐患的进行限期整改；对区属医疗单位、汽车维修行业进行检查，落实医疗废物、废机油、废旧电池、废旧轮胎等规范回收处理工作。会同区经贸局开展区属出口企业环境执法检查，结合区属电镀行业、印染行业调研工作，对存在环境问题的要求落实整改。全年，发出行政处罚决定书149宗，申请法院强制执行124宗，罚款金额500万元，入库金额67万元，依法强制关闭违法企业62家。

【污染源总量控制】 2008年，区环保局加强污染源总量控制。推进企业“退二进三”，落实肇美皮革厂、棠下电镀厂两家企业搬迁工作。严格实施排污许可证管理制度，加强污染治理设施运转情况检查，确保主要污染物稳定达标排放，禁止超总量排污和无证排污。在污染物总量控制范围内严格审批建设项目，共审批建设项目环评234宗，审批建设项目污染治理设施竣工验收101宗。新建设项目总投资11.97亿元，其中环保投资2987万元，占总投资的2.49%。此外，拒绝受理不符合环保要求的建设项目23宗，办理建设单位变更名称21宗。

【查处环境污染扰民问题】 2008年，区环保局结合群众反映强烈的热点、难点问题，深入开展排查调处工作。全年，受理信访件1380宗，共处理信访件1337宗，处理率为97%。重点查处体育西路的酷锅、强记鸡粥、体育东横街的强记小炒王、东方二路的潮发酒家等群众投诉热点问题。在省、市“两会”和高考、中考期间以及广州市长、区长、局长接访日，做好信访案件的解决和跟踪落实工作，全区没有出现因环境扰民问题而集体上访和越级上访的现象。

【“四个绿色”创建活动】 2008年，天河区继续做好以绿色社区、绿色学校、绿色企业、生态示范村为载体的"四个绿色"创建活动。是年新增省级"绿色社区"2个，市级"绿色社区"5个，区级"绿色社区"8个，市级"绿色学校"7个。至是年底，全区共创建省级"绿色社区"6个（华颖花园、茶山小区、沙东新村、新世界东逸花园、电子五所、星汇园）、市级29个、区级95个；创建国家级"绿色学校"2所（长湴小学、八十九中学）、省级10所、市级82所、省级生态村（园）6个（长湴村、黄村、龙洞村、吉山村、珠村、天河公园）；"绿色企业"26个。

（陶甄）

市容环境卫生

【创文环境卫生整治】 2008年，区市容环卫局围绕创建全国文明城市的目标，全面开展市容环境卫生综合整治。年初，成立6个督导组，对各街道、保洁所进行督导检查，500多个环境卫生问题得到整改；以"城中村"、城乡结合部和内街小巷等薄弱环节为重点，加强集中整治；完善公厕无障碍设施，在69间公厕的残疾人专用厕位装上应急求救铃和安全抓手，整治7个压占盲道的环卫工具房。是年，全区清扫保洁面积620万平方米，市政道路机械化清扫率达76%，每天洒水冲洗城区道路260多公里。全区70多公里河涌全部纳入环卫专业保洁。

2008年7月，副区长丁建华慰问环卫工人。

区环卫局供稿

【市容整治】 2008年，区市容环卫局强化"三乱"整治，主干道和重点地区"三乱"现象减少，全区清除乱张贴350万张、乱涂写15万处，拆除乱拉挂2000多条、彩旗1000多面、充气拱门156个；落实门前市容环境卫生责任制，全区已有2.9万家商铺签订责任书，签订率达98%；严格余泥渣土排放管理，对所有工地落实"先办证，后开工"的目标，全年办理余泥排放许可104宗，总排放量520万立方。加强对重点工地的检查、巡查力度，联合交警、交通、城管、建设等部门开展联合执法行动，查处违章运泥车辆、违章排放余泥28宗，清理余泥污染区域53万平方米。清理无主余泥5000平方米，同比减少55%。

【环卫基础设施建设】 2008年，天河区新建公厕6座，改造公厕5座、大修公厕6座，接管小区公配公厕4座，使全区公厕达107座，建立环卫公厕，小区配套公厕、村经济合作社公厕和公共场所公厕的公厕体系；大修垃圾压缩站5座，全区垃圾压缩站达33座；更新果皮箱1300多个、车载垃圾桶3400个、保洁车400台；推进环卫信息化建设，为18台洒水车安装GPS全球定位监控仪，并设立3个监控点，对洒水车实行动态、全方位的实时监控；吉山环卫新车场征地获得通过，新车场建设的前期准备工作基本完成。

【环卫作业市场化改革】 2008年，区财政投入2000万元推行中心城区9个行政街环卫作业市场化改革，转变环卫站职能，9个街环卫作业由社会清洁公司承包运作。改革后加大财政投入，内街内巷实行16小时保洁，消除保洁盲区，中心城区内街内巷保洁质量大幅提高。目前，全区21个街已有11个街完成环卫作业市场化改革。环卫车队综合管理实行委托式管理，利用市环卫机械设备厂在环卫车辆、设备维修和零配件方面的优势，将环卫车队的综合管理委托给市环卫机械设备厂管理，探索环卫管理体制改革的新途径。

2008年8月，区人大副主任池柏良到区环卫局调研环卫体制改革情况。

区环卫局供稿

（钟惠玲）

交通运输

【圆满完成春运任务】 2008年1月26日至3月2日，区交通局组织局系统70多名运管员，全天24小时为疏运服务。春运期间，受雪灾影响，火车东站旅客发生大量滞留的紧急情况，区政府启动应急方案，紧急征用157台大巴车，及时疏运滞留旅客1055班次，运送旅客近6万人。为保持正常运输秩序，春运期间共查处查扣各种违法违规车辆259台（包括客运班车、蓝牌车、出租车），没收黑票点标示牌100多块，有效维护辖区内东站长途汽车客运站、天河客运站、东圃客运站3个主要公路运输站场及周边道路的营运秩序，3个客运站分别安全运送旅客42.6万人、121.4万人、12.9万人。截至3月2日，向深圳、东莞、珠海、中山、惠州、江门、番禺等地发出长途班车42300辆（次），比上年增加（下同）3710辆（次）；安全疏运南下旅客177万人次，增加15万人次。

【规费征收和车辆审验】 2008年，区交通局受理运输业普货企业开业103家，许可企业103户，新批车辆 103台；审验货物运输业户1015家，征收运管费的营运车辆7950台，年审换证营运车辆5975台；累计二级维护签章13820台次，上线检测13630台次，新车签章183台次；征收运管费共计569万元，非税收入1865万。审批新开业停车场业户73家，办理停车场年审268家。在维修行业方面，新许可21家，其中二类维修业户6家，三类专项维修业户15家；核发85家，其中一类企业1家，二类企业21家，三类企业63家；质量信誉考核55家，其中一类企业7家，二类企业48家，许可驾培机构1家，许可驾陪招生点16家。

【运输行业管理和稽查】 2008年，区交通局共查处各种道路运输违法违章案件1508宗，其中，违章营运客车312台次，违章营运货车64台次，违章出租车736台次，非法营运客货车396台次，违章货运业户64户。实施暂扣证照891台次，实施车辆证据保存340台次，实施货物抽样取证585件。开展各类专项行动，整治道路运输市场；开展货运市场专项整治行动。针对濂泉路、石牌西等货运集散地出现的各种违规经营货运业务、违规运输及车辆乱停放等行为，与交警、城管、公安等进行联合整治，共查处未经许可擅自从事货运代理业务的点档 63户，发出《交通违法行为通知书》11户，实施货物抽样取证381件。开展危险品专项整治。联合相关部门针对辖区内的吉山地区、东圃化工城等重要路段，利用晚上等非上班时间突击，打击无危险品准运证运输危险化学物品的车辆，共查处危险品运输车辆222台次。开展出租车专项整治行动。联合公安、市交委等部门在天河客运站等辖区重要路段开展清查行动，查处违章出租车764台。配合五仙桥地区卷烟打假行动。和市烟草专卖局天河分局、区打假办、公安、工商、城管、白云交警一大队等职能部门联手，严查五仙桥地区货运站场和停车场，打击五仙桥地区的假烟运输违法行为。

【停车场行业管理】 2008年，区交通局做好停车场行业管理。联合相关部门开展停车场经营秩序的专项整治行动，共出动执法人员260人次，查处涉嫌违规经营的停车场90家次，处理涉及停车场的投诉175宗，对水荫四横路、石牌东路、平云路停车场等被群众多次强烈投诉的停车场进行重点处理。对设置不规范的停车场标志牌进行大规模专项清理整治，共出动执法人员300余人次，拆除区内不规范设置的停车场标志牌189块。指导停车场参加广州市示范停车场的评选工作。在第三批当选的6家示范停车场中，天河区的盈隆广场、城建大厦、汇景新城等4家停车场名列其中，占全市的三分之二。

【机动车维修行业管理】 2008年，区交通局加强机动车维修行业管理工作。联合相关部门，对区辖21个街道开展机动车维修市场整治行动86次，出动执法人员954人次，查处无证维修店档274家次。开展维修企业创建“诚信优质服务标兵单位”和第六批“诚信优质服务单位”活动。是年，有17家企业报名参加创建“标兵单位”活动，16家企业报名参加创建第六批“诚优”单位。组织机动车维修企业培训质量信誉考核。2008年是市实施机动车维修企业质量信誉考核的第一年，天河区应参加质量信誉考核的企业共85家，实际参加考核企业79家，有37家获“AAA”评级。

2008年11月，执法人员在机动车维修行业整治中暂扣维修工具。

摄影：汪健东

【地方公路管理和路政工作】 2008年，区交通局做好地方公路管理和路政工作。修剪路树路草20公里，补装沙井盖60个；修复前进、龙洞等村破损道路20000多平方米；配合广州市“创建全国文明城市”做好道路及绿化方面的整治；在路政管理工作中，及时发现并制止未经许可擅自开挖路面案件5起，查处路政案件22宗。做好地方公路建设，投入资金250多万元，实施元岗路铺设沥青工程、柯木塱村内道路改造工程和渔沙坦村内道路改造工程等3项惠民工程，道路硬底化面积达11000平方米。为长湴村、龙洞村、黄村等村30条道路安装路灯，龙洞村和黄村的路灯覆盖率达100%。

【主要长途汽车站场】 2008年，天河区内长途汽车站场主要有天河客运站、锦汉天河大厦客运站、东圃客运站、广州火车东站客运站4个站场。

天河客运站是广州公路客运主枢纽站场之一，位于广汕路元岗路段，用地规模50000平方米。车站已开通省际线路100多条，覆盖华南、华东、华北、华中、西南、西北16省、自治区、直辖市。省内线路90多条，覆盖粤东七市、粤西、北以及珠江三角洲各站点。每日发出高、中档客运班车1800多个班次。全年客运量达1000万人次，日均客运量约2.7万人次。

东圃客运站，位于中山大道中，用地规模12718平方米。至年底，有省内跨市线路28条，运力158辆；跨省线路17条，运力50辆。全年客运量达145万人次，日均客运量约0.48万人次。

锦汉天河大厦客运站，位于体育西路133号，占地总面积为3960平方米，市场目标定位在以行走高速公路的豪华大巴快运专线为载体，做精品线路的客运站场。已开通深圳罗湖、福田、蛇口、龙华、东莞、大岭山、长安、肇庆、江门、珠海、汕头、潮州、潮阳、中山、顺德、太平、阳江等17条专线。拥有发车位17个，设计能力为日发班次400班，日客运量为0.5万人次。

广州火车东站客运站，位于广州火车东站站前广场右侧，用地规模12718平方米，是2007年12月28日正式开业试运营的新客运站场。客运站地处广州市繁华的天河商务经济圈内，毗邻广州火车东站。班车线路以省内珠三角地区班线为主，目前已开通深圳、东莞、佛山、清远、惠州、珠海等方向班线。

【货运市场】 至2008年末，天河区内有普通货物运输行业1329家，营运车辆6405辆；物流企业8家，营运车辆45辆；其他为个体运输户，营运车辆1290辆。合计营运车辆7749辆。

（林志勇）

安全生产监督

【安全生产形势】 2008年，天河区共发生各类安全事故348宗，死亡56人，受伤353人，直接经济损失272.4万元。与上年相比（下同），事故起数、死亡人数分别下降78.71%和35.63%，受伤人数、直接经济损失分别下降40.97%、26.63%。其中：工矿企业（含建筑）发生企业（含建筑）职工伤亡事故2起、死亡2人、受伤1人、直接经济损失80万元，与上年相比，事故起数、死亡人数、直接经济损失分别下降50%、66.6%、26.4%；发生火灾2起，无人员伤亡，直接经济损失1.035万元，火灾宗数、伤亡人数、直接经济损失分别下降86.7%、100%、96.6%。发生道路交通事故338起、死亡54人、受伤352人、直接经济损失191.36万元，死亡人数、事故起数、受伤人员、直接经济损失分别下降28.95%、78.73%、40.44%和7.95%。

【安全生产宣传教育】 2008年，区安监局继续深化宣传教育，强化安全文化建设。是年，开展"安全生产月"和安全生产"四进"活动，通过发送短信、印发资料、拉挂横幅、张贴告示、出宣传栏等形式宣传"安全发展"理念和安全生产方针政策、法律法规，普及安全知识。组织咨询活动、知识讲座158场，悬挂横幅、标语2260条，张贴宣传画、图片5500张，出专栏、板报520个，发放宣传资料10万余份，发布宣传信息100多条。交通部门以《广东省道路交通安全条例》实施、创建全国文明城市等为契机，开展交通安全意识"五进"活动，组织举办大型宣传、咨询活动12次，开办交通安全课15次，制作派发宣传材料97000份、DVD碟16000张。消防部门结合"一畅两会"专项整治，开展"119"消防宣传活动月，利用多种渠道向社会宣传防火安全知识，提高全民防火防灾意识。此外，加强安全生产教育，共举办安全主任培训、安全主任再培训、生产经营单位负责人培训81期，培训人员7000多人次。在生产企业全面开展全员培训工程，共培训30000多人。

【安全隐患排查】 2008年，区安监局强化隐患排查，落实安全生产措施。3月中旬，全区组织开展安全生产和消防安全隐患排查整治活动。4～7月，组织开展安全生产百日督查专项行动，促进"隐患治理年"各项工作的落实。深圳龙岗"9•20"特大火灾事故后，区开展安全生产和消防安全大排查及安全生产百日督查回头看行动，到重点建设工程、娱乐场所、医院、危险化学品仓库、服装批发市场等危险性大及人员密集场所安全检查。全区共出动检查人员11844人（次），检查企业（场所）23306家，发现隐患17280处，完成整改隐患16934处，整改率98%。

·重大隐患整改· 2008年，天河区按照落实"整改方案、整改责任、整改措施、整改时限和应急预案"的要求，对市、区挂牌督办的区中医医院、侨怡苑人民医院、天荣中学和柯木塱竹木市场等4个重大安全隐患进行整改治理。先后召开3次专题会议，对隐患单位整改方案逐一审查，落实整改资金和工作措施。区财政划拨158万元专款用于隐患单位消防改造工程，对未整改的重大火灾隐患单位蹲点办公，专人定期回访，现场查看隐患整改进度、安全防范措施落实。4个单位的重大隐患已整改完毕。

•消防安全整治• 2008年，开展“二合一”、“三合一”场所、娱乐场所消防、人员密集场所、“三小”场所、出租屋、易燃易爆场所的排查整治，派出检查组3366个，出动检查人员23377人次，检查出租屋6631间，检查“三小”场所11633个，人员密集场所3075个，娱乐场所4857个，发现隐患9779处，整改隐患9438处，责令停产停业或关闭取缔各类场所406间。深圳“9•20”特大火灾事故发生后，天河区针对辖区公共娱乐场所进行拉网式检查，排查娱乐场所323个，发现隐患1176处，整改隐患1085处，责令“三停”单位34个，责令限期改正单位80个，行政拘留1人。

•危险化学品安全整治• 区安监局进一步规范储存市场秩序，进行安全生产经营许可证现场核查159家，进行第三类非药品类易制毒化学品经营单位备案44家。开展危险化学品、烟花爆竹专项整治，对隐患比较突出，地理位置复杂的40家企业进行重点检查。全年，共出动2873人（次），专家组162人（次），检查单位465家次，发现隐患196处，整改隐患196处，整改率100%。

•建筑施工安全整治• 对全区范围在建84个建筑工地开展安全生产专项检查。共查出脚手架、安全网搭设、“三宝”佩带、“四口”防护、安全用电及塔吊安装和使用等方面的安全生产隐患1103处，整改隐患1070处，下发整改指令书129份、停工指令书1份。

•交通安全整治• 公安交通部门加强交通管理，全面整治内街内巷、住宅小区交通秩序，共派出警力708人次，教育、纠正违章1669宗，完善交通标志牌480个，规划交通标线8684平方米。大力整治“四种车”违法行动，共查扣非法车辆15669辆；区交通局迅速开展对货运站场、维修企业、停车场等道路运输行业的安全检查，出动人员1307人次，检查企业720家，发出整改通知书18份，查处违法违规经营企业360余家。

•特种设备安全整治• 重点开展起重机械、简易电梯、重点监控设备的专项治理以及充装单位、电梯维保单位的专项检查，全年出动936人次，组织专项整治行动16项，检查单位367家，发出特种设备监察指令书105份，检查设备1578台，发现违规设备329台，发出安全检查指令书105份。

【实施“科技兴安”战略】 天河区积极运用科技手段加强安全生产信息化管理水平。2008年，开发研制安全生产动态管理系统，对上能对接区政府信息网，对下延伸至21个街道，实现全区信息资源共享。通过企业信息登记、巡查检查记录、隐患事故上报等功能，强化对全区企业安全生产的动态管理。同时，做好重大危险源企业地理信息系统电子地图定位工作，与防雷部门及有关专业公司取得合作，共同完成区内48家在册重大危险源企业的定位工作，为下步开发重大危险源实时监控系统作好准备。

（曾媛）

农林水利

农业

【概述】 2008年，天河区农业生产规模总体延续往年情况，产值有一定增长。累计完成农业总产值2.43亿元，其中种植业完成产值1.06亿元，渔业完成产值0.07亿元，牧业完成产值1.3亿元。产值比上年有较大幅度上升，主要原因有两点：一是天河区将强兴牛奶厂和华美牛奶厂、龙洞林场以及农科院等农业企业纳入统计范围；二是农产品价格比往年有较大幅度的上涨，导致天河区农业产值在产量未大增的情况下有较大幅度增长。

·蔬菜种植· 2008年，天河区种植业播种总面积为36300亩，下降5.47%。种植业仍以蔬菜为主，蔬菜产量为4.59万吨，产量下降5.04%，完成产值9769万元，增长1%。天河区蔬菜生产规模近年一直呈递减趋势，主要体现在两个方面：一是耕地面积少，2008年天河区实际农业用地面积为6100亩，分布在长兴、龙洞等10个街道，其中长兴街、新塘街2个街道农业用地面积较大，分别为1438亩和1089亩，其次是凤凰街、龙洞街，面积为923亩和860亩，其余6个街道均不足1000亩；二是随着城市化进程加快，村民基本转为居民，收入来源渠道比较多，而农业蔬菜生产的利润不高，对他们发展农业生产的吸引力不大。

·水果种植· 水果种植连片比较集中的有前进杨桃基地300亩，吉山橄榄基地300亩，珠村荔枝基地250亩和龙洞龙眼基地200亩，其余的则零星分布于各村。这几个水果基地经过多年发展已趋向于半封闭式的公园管理模式，逐渐形成集生产、生活、生态功能于一体都市型农业。2008年，天河区水果产量为320吨，下降30%，产值135万元，下降18%。

·水产品· 是年，天河区水产品产量1058吨，实现产值698.3万元，下降39.92%。水产养殖以粗放粗养为主，水产品主要是鲩鱼和罗非鱼等品种，产品档次偏低；同时由于城市化进程的加快，土地面积减少，鱼塘面积也进一步缩减，塘鱼养殖面积75公顷，减少30公顷。

·畜牧业· 牛奶产量达9468吨，增长2.41%，实现产值4800万元，增长3.9%。经济区域化多元化取得长足发展，伊利、光明、均瑶等知名度较高的奶产品大举进入广州，使得奶产品的竞争相当激烈，天河区奶产品生产经营商在竞争中艰难成长。如强兴牛奶厂积极创新，所生产的练士系列奶品在华南地区市场份额不断扩大。

【农产品质量安全管理】 2008年，区农林水利局加强农产品质量安全管理，确保农产品安全上市。是年，全区农产品质量检测总合格率达99.2%。

·农产品产地环境监管· 是年，完成第一次全国农业污染源普查工作；及时组织对年初冻害死鱼的处理，消毒水域1030亩，防止污染事故发生；协助配合市农业部门开展对农田水、土、菜的环境污染物的不定期监测，建立农田环境数据库。

·农业生产过程监管· 是年，加强对基地蔬菜农药使用检查；组织全区农业生产者签订农产品质量安全生产承诺书并进行登记造册，发放农资使用记录表；对种养户进行调查和进行造册、建立档案。

·农产品质量监测· 做好蔬菜检测工作，检测全区蔬菜农药残留定性、定量和实时监测，共抽检样品7980份，不合格95份，对不合格样本做好跟踪，监督种菜户在达到农药安全间隔期后才能采收上市；开展水产品检测，共实施水产品氯霉素、孔雀石绿药物残留检测各100份，阳性检出率为12%；做好动物检疫工作。在岑村三鸟、天河生猪批发市场检疫家禽约2137万羽、生猪10337万头，无害化处理病、死家禽约9740羽、生猪25头。在肉联厂共检疫生猪51.95万头，检出病死猪282头，监督厂方对病死猪实施无害化处理。在天河生猪批发市场开展盐酸克伦特罗（即“瘦肉精”）检查，扑杀盐酸克伦特罗阳性生猪37头。

·农产品质量安全专项整治· 是年，整顿检查农资市场，查处质量不合格产品；加强对“毒鼠强”的查处清缴，重点检查72个次农贸市场，没有发现销售毒鼠强行为。开展助奥运农产品质量安全保障专项行动，确保供京生鲜牛奶全部合格；9月起，开展鲜乳产品三聚氰胺专项查处行动，区生产的新鲜牛奶全部符合国家标准和要求。

【农田基础设施建设】 2008年，区农林水利局投入268万元扶持东北部农村农田基本建设共7个项目，包括：柯木塱贺屋葫榄排灌渠改造工程45万元；渔沙坦村蓝屋河维修工程48万元；岑村大井凉机耕路建设工程48万元；新塘八社黄圳沙围排水沟挡土墙建设工程35万元；沐陂东边排灌沟、机耕路建设工程42万元；凌塘龙塘排洪渠建设二期工程20万元；凌塘社西至塘口水坑建设工程30万元。

【村改制公司管理】 2008年，区农林水利局着力推进村改制公司经济结构调整和经济发展方式转变，推进全区村改制公司经济发展。

·村改制公司经济· 村改制公司经济继续向好。全区村改制公司经济总收入743862万元，可分配净收入305791万元，分别比上年（下同）增长3.5%和5.2 %；上交国家税金36631万元，增长5.1%；集体所得139233万元，转制居民从集体再分配收入103536万元，人平23762元，分别增长10.1%、18%、9%。2008年，面对全球金融海啸，区村改制公司经济总收入仍保持增长势头，主要原因一是得益于转变经济增长方式，开展高端服务业发展战略；二是村改制公司经济以物业出租为主，处于产业链的中前端，受金融海啸的冲击较小或反应滞后。

·解决村改制后续问题· 开展撤村改制后续问题调研。以长湴公司的制度建设为基础，继续推进村改制公司制度建设调研。探索研究股权流转和福利一刀断，不断完善农村股份制。开展“两税合并”对村改制公司影响的调研。推动村改制公司转变经济增长方式，将扶持东北部村改制公司加快发展的调研转化为实际成果，指导村改制公司发展现代服务业。抓好培训工作，组织参加有关乡镇企业现代管理方面的学习培训，继续开展国家职能技能资格认证培训工作。

·调处涉农上访· 2008年，共接待、调处群众来信来电来访58起，上访人数165人次，涉及股东福利待遇、股份配置、外嫁女、干部廉洁自律、换届选举等内容。妥善调处石东村改制公司群众上访、猎德村改制公司李世波信访等一批重案、要案。

【乡镇企业管理】 2008年，区农林水利局做好乡镇企业各项工作。召开乡企统计年报汇总工作会议，做好全区2008年乡镇企业统计（财务）年报汇总工作。全区乡镇企业2008年主要经济指标完成情况：营业收入531822万元，比上年同期（下同）增长4%；利润总额122406万元，增长4%；增加值228559万元，增长5%。劳动者报酬57.23万元，增长11%；上交税金35942万元，增长8%。加强乡镇企业管理人员业务培训。开展“农产品经纪人职业技能资格认证”培训班，培训人员90多名。配合沙河兆联公司筹办《项目管理》、《特种作业——电工》培训班各1期。连续举办2期《税收政策与实务操作》培训班，培训村改制公司财务管理人员180多人。此外，开展检查、落实减轻乡镇企业和农民负担的监督管理工作。开展村改制公司承担社会性公共开支、纳税情况调研，提供决策参考。

【动物检疫】 2008年，区农林水利局加强动物防疫工作。抓好禽流感防控，全年，为辖内养殖场户提供禽流感疫苗51.6万毫升、消毒药4206万毫升，提供口蹄疫各型疫苗总计5.66万毫升。做好动物防疫监督和兽药药政管理等工作。出动80人次对全区兽药经营企业进行执法检查，没收并销毁伪劣兽药一批。是年，天河区辖内没有发现重大动物疫情。

（温志美）

林业

【森林资源】 2008年，天河区森林总面积33760亩，比上年增加1431亩；森林覆盖率23.7%，比上年增长1%。森林主要分布在北部、西北、东北、中部低山丘陵区。全区有用材林9019亩、防护林5406亩、特种林16114亩、经济林4030亩、竹林1678亩、灌木林地336亩、苗圃地13.5亩。义务植树0.15万株。

【森林公园建设】 2008年，天河区的森林公园建设以火炉山为重点。火炉山森林公园升级改造是区打造东北部生态休闲旅游区的重要载体，广州迎亚运的重要绿色景观工程,也是市、区大力推进“青山绿地、碧水蓝天”工程的龙头项目。由区农林水利局牵头，在有关职能部门、街道、村改制公司的协作下，火炉山一期三个标段的施工进展取得重大突破：A标段（北门绿化广场）完成平整场地13000平方米，建成园建基础约600立方米，铺砌排水沟1670米，土方约10000立方米，种植部分苗木791株；B标段（登山山径）建成山径1253米，建成平台7座。累计完成总工程量的47.8%。

2008年9月，市长张广宁等市领导亲临火炉山公园建设工地视察。

摄影： 王本成

2008年12月，区委书记杨建城、区长徐汉添等领导视察火炉山森林公园的建设情况。

摄影：温志美

【区主要森林公园简介】 天河区有三大森林公园：火炉山森林公园、凤凰山森林公园、龙眼洞森林公园。

•火炉山森林公园• 位于天河区北部，东到大观路，南接岑村，西邻华南植物园，北到广汕公路，总面积约600公顷。始建于2000年，是天河区绿网工程的重要组成部分。火炉山主峰白架顶海拔322米，平均海拔150米，动植物资源、水资源丰富，处处能见到黎朔、荷树、火力楠、海南红豆、美丽异木棉等亚热带和南亚热带优良阔叶树。山中有猪头石、鸡枕石等自然景观。

公园建设以山、水、石、林为主体景观，同时糅合山地单车、攀岩、野战等运动项目，是集观光、休闲、健身为一体的郊野生态公园。

•凤凰山森林公园• 1999年12月开始兴建，位于天河区东北部的凤凰山脉南坡，总面积约1.5万亩，北至杓麻山南坡，与白云区交界；南抵高塘石小学，以广汕路为界；西起金鸡村，与龙洞村交界；东端为凤凰山与石狮顶一线，与联和交界。公园属低山地貌，西侧的太和嶂海拔390.8米，是天河区的最高峰，次高峰凤凰山，海拔373米。公园内有著名的筲箕窝水库，库容189万立方米。

公园位于北回归线以南，属南亚热带季风气候区，冬暖夏凉，气候宜人，动植物资源丰富。公园的建设因地制宜，随形就势，以植物造景（林分改造）为主，园林小品为点缀。建设有以步行径为主的路网系统，以平湖和凤凰山为中心，组织36景。分为5个功能区：即游览区包括相思谷游览区、凤凰山登山探险区、凤凰谷游览区、构麻山游览区和金鸡岭游览区，平湖游乐区，石狮顶野营区，太和嶂生态保护区和服务管理区。

·龙眼洞森林公园· 位于龙眼洞村西面山地东坡，东北与渔沙坦村交界，西北与白云区以山脊分界，南抵元岗、长湴村。总面积456.2公顷，于1999年12月批准兴建。

规划建设的龙眼洞森林公园将以龙山（山脉如龙）、龙湖（迎龙湖、藏龙湖、卧龙湖）、龙眼大观（龙眼博览园）为主，点缀各式亭、台、楼、阁，分为五大景区：迎龙湖景区、藏龙湖景区、卧龙湖景区、特用林景区、人工林景区。

【森林防火】 2008年，天河区域范围内无发生森林火灾，受害率为0%，全年投入森林防火经费50万元，安排7万元购置消防水泵一套。

（温志美）

水利

【河涌水利体系建设】 2008年，区河涌水利体系建设稳步推进，车陂涌第一期整治工程建设进展顺利，投资3000万元，完成河道长度6公里；完成车陂涌第二期整治工程树木公园段和长虹苗圃段初步设计变更工作，得到市水务局的批复；开展程界东涌（罐头厂段）整治方案修改工作；完成车陂涌第二期整治工程项目招标工作、黄沙围堤岸整治工程监理、龙洞水库加固整治、岑村水库加固整治和前进宦溪排涝站等工程的设计招标工作。抓好河涌管理工作。安排80万元经费对区内小河涌进行清淤治理，对8.7万平方米的绿化带进行日常维护，新增4万平方米植物园段堤岸的绿化维护工作；安排专人对河涌进行巡查，完成11宗涉河建设项目的审批工作。

【区辖内河涌简介】 天河辖区地势北高南低，河涌是将北部丘陵和高地的雨水排放到珠江的天然通道。区内主要河涌有沙河涌、猎德涌、车陂涌等7条。

天河区主要河涌情况表

涌　名	发源地	集雨面积（平方公里）	主涌长度（公里）	平均坡降（‰）
沙河涌	白云区榕树头	32.9	15	1.35
猎德涌	省农机公司车队	14.1	7.3	2
谭村涌	华南无线电厂	2.2	2.2	1.4
程界涌	天河公园	3.2	2.2	1.1
棠下涌	省农科院鸡笼山	8.6	5.4	0.8
车陂涌	龙洞水库	80.6	20.4	1.5
深　涌	长鹅头和钟岭	16.7	0.65	0.7

【区内水库山塘湖泊简介】 2008年，天河区主要有小（一）型水库1个，小（二）型水库3个，湖泊山塘25个。其中，小（一）型水库是：凤凰街渔沙坦的龙洞水库（库容252万立方米）。小（二）型水库有：龙洞乌蛇坑水库、岑村水库、柯木塱榄园水库、新塘公司新塘水库。3月9日，根据市水利局要求将原元岗街的耙齿坜水库（库容123万立方米）移交白云区管理。

主要湖泊有：天河公园中心湖、华南植物园人工湖、华南理工大学内东湖、中湖、西湖、暨南大学内南湖等。

主要山塘有：龙洞大窝湖、石陂湖、渔沙坦东边坑湖、柯木塱鹿洞湖、岑村东大湖等。

【"三防"工作】 2008年天河区录得全年降雨量为2067毫米，比去年增加34%，其中6月份降雨量为835毫米，占总降雨量的40%。对区内影响较大的有"浣熊"、"风神"、"北冕"、"鹦鹉"、"黑格比"、"海高斯"等6个热带气旋，这些热带气旋影响形成的降雨具有时段集中、局部性强的特点，造成黄村横岗工业区、岗顶、牛利岗、车陂旧东圃城区、新塘街道办附近等地出现较严重的水浸现象，以及员村聚龙阁挡土墙出现隐患等险情。其中，9月24日凌晨，受14号台风"黑格比"环流影响，珠江潮水位暴涨，天河区录得深涌水闸水位7.8米,车陂村、谭村、程界村一带严重受浸,车陂村是受灾最严重的地区，水浸范围约3平方公里，涉及车陂大部分面积，水位最深处高达1.8米。区各三防成员单位采取有效措施排除隐患，全区没有出现重大人员伤亡和财产损失，基本实现安全度汛。

（温志美）

高新技术产业及信息化建设

科技园、软件园

【概况】 广州高新技术产业开发区天河科技园（简称天河科技园）的前身是广州天河高新科技产业开发区，建于1988年11月24日。1991年经国务院批准为国家级高新技术产业开发区。1997年更名为广州高新技术产业开发区天河科技园。1999年8月，在天河科技园的基础上，经广州市人民政府批准，成立广州天河软件园。1999年12月，广州天河软件园经国家科技部批准为国家火炬计划软件产业基地。2001年7月，经国家计委和信息产业部认定为国家软件产业基地。2005年8月，经国家新闻出版总署批准为国家网络游戏动漫产业发展基地。

2005年，天河软件园四至范围面积经国家科技部和国土资源部相继审核确定，扩大为12.4平方公里，主要由广州国际科贸园、科韵路园区和高唐新建区三大园区组成。广州国际科贸园位于天河北路，占地0.05平方公里；科韵路园区位于天河公园东侧，占地0.1平方公里；高唐新建区位于广汕公路柯木塱，占地由原来的6.69平方公里扩大到12.25平方公里。

园区总体经济实力位居全国软件产业基地前列。园区已经形成以软件为核心的IT技术、生物工程技术、新材料技术和光机电一体化等四大高新技术产业群。

【园区经济稳步发展】 2008年，高唐新建区进入建设高峰期，园区经济继续保持较快增长，通信增值服务、网游娱乐、金融财务、电子政务和软件外包等重点行业发展势头良好。是年，被广州市人民政府批准为“中国服务外包基地城市广州示范区”。园区技工贸总收入532亿元，比上年（下同）增长20%；实现利润36亿元，增长3%；实现税收21亿元，增长10%。其中软件产业技工贸总收入416亿元，增长32%，软件收入246亿元，增长38%。

园里累计认定高新技术企业553家，占广州市的67%，累计认定软件企业552家，占广州市的67%。新入园企业66家，其中内资企业54家，注册资金44457万元，外商投资企业12家，注册资金2445万美元，有12家公司注册资金达1000万以上。

软件产业发展稳定。持续发展较好的有网易、海格通信、汇丰电子等一批龙头和骨干企业，在通信增值服务、金融财税、电子商务、网络安全、网游动漫、IC设计等领域达到一定的规模和水平，在国内市场具有相当的影响力。软件行业以网游、通信网络、金融财务、电子政务所占比重较大，继续保持稳定高速增长。

2008年11月，国务院国资委主任李荣融到园区企业金发科技公司考察。

天河软件园供稿

【高唐新建区建设】 2008年，天河软件园加快全国软件园中单体园区面积最大的高唐新建区的总体规划和基础设施建设。中国移动南方研发基地、中国电信亚洲最大的互联网数据中心、太平洋网络公司、德国RIB、日本大宇宙等一批国内、外知名软件企业进驻高唐新建区。天河软件园加大支撑服务体系建设力度，基本形成软件评测平台、原型开发平台和软件展示交易平台等支撑平台；建成广东省Linux公共服务技术支持中心、广州微软技术中心和广州中间件研究中心等技术支持和研发中心，并设立10余家企业研发中心。园区整合周边丰富的高校和科研单位的人才资源，实施高级人才奖励政策，在人才培训、中介服务、园区管理等方面强化和服务，降低软件企业的开发和经营成本。

·高唐新建区产业发展及用地规划· 2008年，天河科技园启动园区现代信息服务业的产业规划和高唐新建区产业发展规划（2008-2015年）的编制工作。规划中的天河科技园依托“一核三圈层（服务中心和生活圈层、科技圈层、生境圈层）”空间结构，定位成“科技创新核心区、高端现代服务业集聚区、软件外包服务区、总部结算与展示中心区和生态型软件社区”，打造五大产业集聚区：通信信息服务区、数字内容创意产业区、金融创新服务区和电子商务产业区。

是年，委托广州市城市规划勘测设计研究院编制高唐园区12.25平方公里范围控制性详细规划调整方案。计划在云溪路与高唐大道交界区域新增商业配套规划地块，吸引行业龙头和旗舰型企业入驻园区，把高唐新建区打造成广州软件产业集聚和龙头示范效应的园区。8月中旬，规划取得天河区规划分局初审意见；10月15日，通过由市规划局召开的专家评审会；10月底与11月，市规划局连续两次组织召开天河软件园高唐新建区控制性详细规划市政基础设施专项规划评审会议，完成整个控制性详细规划终审方案的审查。高唐新建区东部地块（800亩）农用地转建设用地获得报批，高唐新建区南部用地共1200亩已列入广州市2007年度第四、第五批次城镇建设用地审批。

·东部组团建设· 2008年，为提高高唐新建区产业集聚和龙头示范效应，天河区科技园制定东部组团建设实施方案，并获得广州市发改委的批准。东部组团占地面积约66.6公顷，产业净用地面积29.9公顷，计划总投资11.5亿元。9月底，东部组团四大重点项目广州软件（动漫）人才培养培训基地、国际孵化器、动漫大楼和北大明天科技创新园正式动工，园区进入建设高峰，天河软件园作为华南科技创新核心区地位逐渐形成。东部组团将建设成为集产业孵化中心、网游动漫专区、软件出口加工专区、软件和动漫人才培训基地四大功能区为一体的高新技术软件园区。是年底，东部四大项目均已进入基坑垫层施工阶段。

【园区重点项目建设】 2008年，天河软件园高唐新区进入建设高峰，推进中国移动南方基地、中国电信IDC（亚太信息引擎）、广州超级计算中心、工业与信息化部电子第五研究所（中国赛宝实验室）软件测评中心、集成电路测试中心及平板显示产品质量检测中心以及东部组团重点项目的建设。

·中国移动南方基地· 基地位于天河软件园高唐新建区西部组团，总用地面积49万平方米，规划总建筑面积26万平方米。其中，首期工程计划建筑面积17万平方米，投资15亿元，工程于2006年启动，预计2009年8月投入使用。南方基地建成后将成为融合IT支撑、研发、交流为一体的、世界一流的生产研发基地，与位于北京的北方基地南北呼应，构建中国移动一体化的IT支撑平台，是中国移动服务推向国际的重要基地。

·中国电信IDC（亚太信息引擎）· 2008年5月，亚太地区最大的互联网数据中心——“亚太信息引擎”全面落成启用，标志广州信息港建设水平位居全国前列。“亚太信息引擎”是由国家软件产业基地广州天河软件园与中国电信广州分公司合作建设的具有国际一流水准和规模的亚洲最大的互联网数据中心，投资近4亿元，按照业界至高等级的数据中心机房标准建设，建设面积15000平方米，最多可容纳30000多台客户主机。该数据中心可为政府、企业提供包括主机托管、数据管理、网络通信、系统集成、网络安全、主机租赁、应用外包、专家咨询、灾难备份等各类服务，为各专业代理商及合作伙伴联合提供一站式专业服务。汇丰银行、世纪互联、南方李锦记等已签署使用“亚太信息引擎”的合作协议。

·动漫大楼· 动漫大楼位于高唐新建区东部网游动漫专区E-4-2地块内，占地面积约5000平方米，建设规模21898平方米，建安工程投资估算4515万元。2007年3月，网游动漫大楼经市发改委批准立项，以创意和制作为重点，由创意中心、技术支撑服务中心、展示中心、衍生产品开发中心和卡通城组成。2008年，已完成部分基础建设。

·国际孵化器· 位于天河软件园产业规划高唐新建区东部国际孵化器组团内。总占地面积186400平方米，与网游动漫大楼隔湖相望。首期国际孵化器为2栋5层对称建筑单体，总建筑面积44664平方米，建安工程投资估算9380万元，建设为软件企业提供高标准的用于办公、研发、生产、会议、培训的孵化器。项目于2007年6月经市发改委批准立项，计划于2009年11月竣工。2008年9月，举行奠基仪式，已完成部分基础建设。

【园区招商引资】 2008年，天河区科技园共引进新设立的外商投资项目13个；新设和增资的外商投资企业投资总额4150万美元，注册资本2445万美元；合同利用外资4150万美元，与上年基本持平；实际利用外资3124万美元，同比增长38.7%；办理内资入园登记54家，注册资本4.445亿元人民币。

5月，中国电信IDC（亚太信息引擎）正式开业，确立园区数据通信龙头地位。6月3日，全球通信巨头加拿大北电广东研发中心在科韵园区信息港正式投入使用。6月11日，南天信息公司面向国内银行用户提供基于IBM主机平台的解决方案“核心银行系统（zCITA）开发/技术支持中心”在天河科技园揭幕。6月，全国大学生动画大赛在天河揭幕，天河软件园继续发挥聚集软件、动漫产业的作用。国家级高新技术企业、广州市重点软件企业广州御银科技股份有限公司根植科技园实施战略扩张。太平洋网络公司营运中心已确定落户园内，将进一步扩大天河软件园IT品牌效应。高唐新建区重大配套项目广州天河日航饭店（日航饭店连锁成员）的全权委托管理协议正式签订，首期总投资额逾5亿元人民币。

【全国大学生动画大赛】 2008年6月1日，由首届中国国际漫画节组委会主办，中共天河区委、天河区人民政府承办的2008全国大学生原创动画大赛正式启动。大赛收到全国23个省市、150多所高等院校的1308件作品，评出10大类74个奖项。赛事还成功举办中日动画动态学术论坛与大师讲演会、亚洲数码与艺术设计学会优秀作品展、亚洲数码与艺术设计学会优秀映像作品鉴赏会、大赛答谢晚宴等活动，并完成大赛颁奖暨首届中国国际漫画节闭幕式。来自中国美术学院学生张含、陈瑛的作品《火车开往北京》、南京艺术学院学生薛峰的作品《孩子来了》等获得二维动画短片、三维动画短片、插画设计、角色造型设计以及奥飞文化创意奖的金奖。

【服务体系建设】 2008年，园区加大支撑服务体系的建设力度，创新园区管理模式，提升企业服务质量。

·为园区企业提供优质服务· 2008年，天河区科技园编制科技项目申报指南，组织企业申报国家、省、市各类高新技术产业化项目共33家。组织300多名企业专业人员进行国家创新基金项目申报的培训。对18家企业进行创业板及三板上市资源摸底调查。完成园区526家认定高新技术企业的年审工作，上报认定高新技术企业170家。与天河区国税局、高新企业协会共同举办3期新企业所得税法讲座，园区企业反映良好。加强信息化工作和统计服务，对天河软件园门户网站进行全新改版，进一步完善天河软件产业统计指标体系，完成2007年度统计年报，其中新增较多的火炬计划年报和民营科技年报企业。完善分园管理，完成分园管理机构的走访和调研，在8个分园中设立“一对一”专员负责制的园区管理创新服务体系，形成分园创新服务模式的操作方案和相关服务专员的工作职责，相关业务网上办理流程基本成型。

·人才培训培养· 2008年，天河区科技园为企业办理接收大学毕业生960人，引进在职市外户口人才200人，引进在职广州户口人才92人。开展园区人才培训培养工作，和达内科技公司广州分公司签署合作协议，培训合作单位增至10个，科技园目前占广州IT培训人才份额的97%，比2007年增长120%。开展网络培训工作，与华南师范大学网络教育学院签署人才战略合作协议，“广州软件和动漫人才培养培训基地”在该学院挂牌。协助园区企业申报国家商务部软件外包企业人员培训资助经费，共计申报722人，资助金额约为314.9万元。协助园区14家支柱型企业673名高级技术及管理人才申请市政府高级人才资励资金约1800万元。理顺、完善园区博士后科研工作站的管理规定以及园区优惠政策，制定统一的博士后联合培训合作协议，将园区博士后引进政策、工作流程进行规范化管理。组织国家发改委对日外包管理及技术培训班，有150人次参加培训。通过加强人才引进和培训培养，提升企业人才的国际竞争与技术创新能力，截至是年底，园内企业申报拥有自主知识产权的软件产品数量达190多个。

·强化平台运营管理· 2008年，天河区科技园与方正宽带广州分公司签订合作协议，完成广州天正信息技术有限公司的全部工商税务注册登记手续，由该公司负责平台运营管理，为园区企业提供平台服务。该公司开展第一阶段针对内部技术人员的网络、系统、相关硬件以及动漫设备培训，设计制作 “天河软件园技术支持中心”宣传手册向园区企业发放。“平台运营管理系统软件”已正式上线使用，所有平台资源实现网上申报、审批、统计及管理。截至年底，共有16家企业申请登记，平台资源申请共计100多天次。

（天河科技园、软件园供稿）

信息化建设

【概况】 广州市天河区委、区政府从加快全区经济社会发展，提高区域综合竞争力的战略高度出发，实施电子政务战略，构建“高效能、负责任、快速应变”的现代化政府。结合本区实际，坚持技术创新与管理创新相结合、企业管理模式与政府运作相结合、政府主导与市场参与相结合的“三结合”，以统筹规划、统一平台、统一标准、统一管理为基本原则，从技术、管理和体制等多方面整体推进电子政务建设。从1999年开始，天河区逐步构建起五个平台：区信息网络交换平台、政务信息发布平台（网站）、政务信息交换流转平台、社区信息管理平台和正在建设的数据中心交换平台；一个安全体系：信息网络安全体系；五个应用：办公自动化系统（OA）、电子邮件系统、电子信访系统、视频点播系统、数据中心系统。

·构建区信息网络交换平台· 1999年起，天河区分期建设全区政务信息高速公路，为电子政务建设提供高效传输的网络环境。2003年，实现区机关与广州市的百兆光纤互联、区机关与全区大部分党政部门（包括街、镇）的高速网络互联；2005年，实现区机关与大院外100多个单位的高速光纤（专线）互联，将网络延伸到街道和部分居委。区内的办公自动化系统和业务应用系统统一在此网络平台上进行，包括外来人口和IC卡出租屋管理信息系统、劳动保障信息系统、计生系统等，信息基础设施和资源实现共享和集中管理。

·建立统一政务信息交换流转平台· 全区统一的政务信息交换流转平台，包括办公自动化（OA）系统、电子邮件（E-mail）系统、领导日程安排、网上公文交换系统。平台确保各部门公文的畅通流转和文件的共享，实现部门与部门之间、部门与领导之间网上无障碍的沟通和交流。全区大部分单位的文件、简报和通知都通过OA收发，2008年通过OA流转的公文有122152份。

·构建政务信息发布平台· 建立政府信息网站，促进政务公开。利用区信息网站这个政务信息发布平台，将其建设成为一个对外宣传和服务的重要窗口，一个党和政府与市民互动沟通的重要渠道。以“区长信箱”、“政民互动”和“政府呼叫中心”的“电子信访”系统，强化政民互动。2008

年，政民互动案件总数超过2353件，“政府呼叫中心”案件数超过1158件，涉及天河区政务、投资环境、城建城管、社会治安以及劳资纠纷等多方面的问题，整体办结率为98%。

·建立社区信息管理平台· 社区信息管理平台将社区的人口管理、计生管理等众多复杂的管理工作集成到一个综合系统，使各条线的管理共享基础数据，简化基层的工作，既方便广大居民，又能提高基层管理工作的准确性和科学性。2008年，全区21个街道有188个居委实施社区信息化管理系统部署。

·构建数据中心交换平台和政府数据中心系统· 天河区同步建设交换平台和中心数据库系统。首期工程重点整合天河区经济与社会发展的统计数据和统计指标。该平台及数据库的建成把重点放在信息的挖掘和深度开发上，便于各种数据的科学分析，使电子政务从一般的技术层走向管理决策层。这个一站式电子政务平台：已经完成13个职能单位29个审批事项。8月，开始网上审批，8～12月，网上审批件数约400件。

【天河区信息网】 天河区信息网站（http://www.thnet.gov.cn）是天河区政府为构建一个高效、负责、有应变力的服务型政府而建立的政务网站，是区电子政务建设的一项重点系统工程。网站自1999年底开始运行，2005年9月重新改版，该年以第一名的成绩荣获“广州市2005年度优秀政务网站”称号。天河区信息网以市民、企业、投资者、旅游者的角色来组织和呈现信息，突出政务公开、互动服务、数据中心、便民服务、查询服务。2008年，天河区信息网站平均每月访问量为82万人次，平均每月信息更新量达3000条，网站的年更新量超过 4万条，使用统一平台开发管理的部门网站77个，专题55个，公开的办事指南264条，其中面向市民的办事指南187条，面向企业的77条，现行文件3979条，政民互动、呼叫中心接收群众信件3511件，各部门办结数3440件，办结率98%。

【天河区总部经济信息网站开通】 2008年，全国首家以总部经济为主题的政府网站——天河区总部经济信息网（http://www.thzbjj.gov.cn）正式开通。网站设置新闻动态、走进天河、总部风采、政策措施、办事指南、选址引擎、理论动态、他山之石、总部沙龙等栏目，采取1000多条各类信息。总部经济信息网的开通，为发展天河区总部经济提供了务实高效的网络信息服务平台。

【信息化重点项目建设】 2008年，天河区信息化建设的重点项目包括视频治安监控、数据中心、社区信息管理系统、一站式网上审批系统。是年，已完成近4000个监控点的建设。完善区人口基础数据库，开始构建企业法人库，接口程序已在全区街道和居委正式使用，同时完成与市社保数据中心数据交换的协调、申请和部署，并在此基础上完成整合工商、质监、民政、统计等部门企业法人库的设计。创新街道、社区管理模式，至年底，社区信息管理软件已录入746598条人口基础信息数据（不包括流动人口），其中户籍人口数397359条，常住非户籍人口数349239条。全年累计操作数为36935次，其中数据录入为36474次，常用查询为461次。此外，一站式电子政务系统建设初见成效，已完成13个职能单位29个审批事项的网上审批，全年上网审批件数约400件。

【信息化项目管理】 2008年，区信息中心对2007年度项目进行全面登记，对项目进展情况进行调查和统计分析，跟踪调查项目进展的实际情况，通过分析项目审核、监理、验收等主要环节存在的问题，制定相应改进措施。是年，共审核项目36个，牵涉预算金额2378.04万元，审核后金额1793.8万元，节省财政1084.24万元。

【系统安全管理】 2008年，区信息中心对区88台网络服务器进行漏洞检测。加强病毒防治，为全区100个单位统一安装金山毒霸网络版，全年共成功拦截100多万次病毒，保护3000多台中毒的机器。全年天河区电脑设备维护总数5799台，比上年增加219台，其中桌面电脑3740台，外包服务的维修总量7686次。

（郑淑玲）

科教文体卫

科技

【概况】 截止2008年底，天河区共有高新技术企业237家，科技产业实现产值532亿元，同比增长20%。加大财政扶持力度，实施科技项目配套扶持计划，安排100万元对国家中小企业创新资金项目进行配套，22家中小企业受惠，获得国家创新资金资助2000万元，资助项目和金额为全市其它区县总和；做好广州市重点软件和动漫企业认定推荐工作，完成11个公司23个项目申报省重点新产品工作，帮助企业获得上级政府产学研等各类资金4628万元，获得广州市软件和动漫产业发展资金资助4597万元；确定50个区级科技项目立项，扶持企业金额795万元。

【科技项目管理和服务】 2008年，天河区科技局改进科技立项原则，突出支持优势产业、重点企业、产学研项目和创新型企业，重点支持软件园内企业。是年，区财政科技经费共计13022万元。其中，科学事业费1549万元，科技三项经费1000万元。开展年度区科技计划项目的公开征集、评审、项目立项、经费划拨工作，收到公开征集项目124项，立项项目50项，配套广州市科技型中小企业技术创新基金项目20项，定向征集项目1项，涉及电子信息、高技术服务业、光电机一体化、新材料与新能源、生物医药、环境保护和其他等七个领域。全区科技企业向国家、省、市成功申报科技项目217个，资助金额1.02亿元。

2008年天河区科技计划项目立项和科技经费（原科技三项经费）安排表

类别	序号	项目名称	申报单位	科技经费（万元）
电子信息	1	面向银行ATM终端的安全中间件应用	广州广电运通金融电子股份有限公司	50
	2	国家软件基地技术支持平台	广州高新技术产业集团有限公司	50
	3	动漫衍生品的技术及营销突破	广东奥迪动漫玩具有限公司	50
	4	深化应用2D回合制游戏关键技术及产品推广	广州金山多益网络科技有限公司	30
	5	同望政府数据交换中心系统	广州同望软件有限公司	30
	6	物流行业数据交换与共享平台	广州启宏计算机科技有限公司	20
	7	案情智能研判多媒体交互平台	广州市华标科技发展有限公司	20
	8	基于浮动车检测的道路状态识别系统	广州天高集团有限公司	20
	9	御新C端金融自助终端安全监控系统	广州御新软件有限公司	20

(续上表)

类别	序号	项目名称	申报单位	科技经费（万元）
电子信息	10	IPTV业务质量监测系统	广州市诺通网络科技有限公司	15
	11	现代物流供应链管理可视化平台研究与开发	广州艾诺网络科技有限公司	15
	12	《“手眼通”远程家庭监看移动增值业务平台与终端系统》	广东和新科技有限公司	15
	13	基于ITIL3.0电子政务数据中心运行维护系统	广州华南资讯科技有限公司	15
	14	基于SOA框架的移动电子政务运营支撑平台及应用服务	广州市金税信息系统集成有限公司	10
	15	融通FAS财务辅助管理系统	广州融通系统集成有限公司	10
	16	IMS 终端综合接入设备产业化	广州市高科通信技术股份有限公司	10
	17	基于三维仿真的大型场馆网上发布系统	广州城市信息研究所有限公司	10
	18	阿尔创基于Web的图形化大规模用户在线系统服务器引擎	阿尔创（广州）信息技术有限公司	10
	19	电信运营级高速无线宽带接入认证系统的研究与开发	广东亿迅科技有限公司	10
	20	企业信息化改造升级	广州市世达密封实业有限公司	10
	21	越维IT服务管理系统	广州越维信息科技有限公司	10
	22	基于电子商务的广州市农业新品种、良种交易平台建设	广东省农科院彩田农业科技信息中心	10
	23	基于Web模式的企业在线质量监控分析平台的研究	广州华工信息软件有限公司	10
	24	网络运维管理与监控系统	广东天海威数码技术有限公司	10
	25	基于Internet的多媒体信息LED显示发布系统	广州中大中鸣科技有限公司	10
	26	异构网络视频监控系统中间件技术的应用研究	广州中长康达信息技术有限公司	10
	27	高精度地震信号采集处理系统	海华电子企业（中国）有限公司	10

（续上表）

类别	序号	项目名称	申报单位	科技经费（万元）
电子信息	28	应急通信信息发布平台的研制（简称：应急通的研制）	广州市宜通世纪科技有限公司	10
	29	炬元综合信令分析平台系统	广州市炬元通讯技术有限公司	10
	30	超小型封装LD系列AC/DC转换器	广州金升阳科技有限公司	10
	31	航空企业开放式电子里程商务平台	广州足迹信息技术有限公司	10
高技术服务业	1	统一图形开发平台(GUPP)及其在动漫产业的应用	广州掌动通信有限公司	15
	2	大型主机服务平台建设	广州南天电脑系统有限公司	10
	3	动漫衍生产品“研发中心”	广州江通动漫产品研发有限公司	10
光机电一体化	1	AIS03038双泵液晶显示血透机	广州市暨华医疗器械有限公司	30
	2	新型高效碟式分离机	广州市园大机械有限公司	15
	3	XP随心防雷器	广州雷迅电子有限公司	10
新材料与新能源	1	集装箱水性金属防腐蚀涂料的开发研究	广州集泰化工有限公司	15
	2	无规共聚聚丙烯复合管专用热熔胶的中试研制	广州市合诚化学有限公司	10
	3	粉末挤出制备高硬度硬质合金水刀砂管的研究	广州有色金属研究院	10
生物医药	1	“微囊化双歧联菌制剂”在练士酸奶中的应用及推广	广州市强强兴乳品有限公司	20
	2	天然叶黄素分子改造制取虾青素的研究	广州立达尔生物科技有限公司	15
	3	重组凯力康的开发	广东天普生化医药股份有限公司	10
	4	一种新型治疗真菌疾病的裂解酶药物研发	广州市元通医药科技有限公司	10
环境保护	1	线路版厂中水回用	广州市易佳水处理科技有限公司	20
	2	重金属镉免疫检测技术	广州市千江企业有限公司	15

（续上表）

类别	序号	项目名称	申报单位	科技经费（万元）
环境保护	3	火电厂选择性催化还原（SCR）烟气脱氮工艺核心技术研究与开发	广东远达环保工程有限公司	15
	4	空调效能分析项目	广州邦讯信息系统有限公司	10
	5	用于废旧塑料水泥减水剂复配的聚羧酸系水泥减水剂	中科院广州化学有限公司	10
其他	1	热带亚热带果汁饮料加工与质量控制技术示范	广东宝桑园健康食品研究发展中心	15

【科技服务业发展】 至2008年底，天河区有限额以上科技服务业企业233家，产值超过72亿元，全区完成技术转让合同与服务收入14.3亿元；科技引领经济发展作用强，是年，全区实现科技产业产值532亿元，比上年（下同）增长20%，软件收入416亿元，增长32%。第三产业内部结构，已由建区初期的商业、餐饮业、运输业等传统服务业为主转化为金融服务业、信息服务业、中介服务业等为主的现代服务业。全区经济结构基本上保持由第三产业和高新技术产业相互依存、相互促进的“双圈互动、带中龙头”发展态势。

是年，区科技局加强经济发展中科技渗透，摸查科技服务中介、科研研究机构基本情况，完成《天河区科技服务业发展规划（2008-2015）》；与广州市生产力促进中心合作，建设科技服务组织网络，引导各种创新资源流向企业、促进生产，提高科技力量为经济建设服务能力；注重拓展生产性服务业，推动创意产业发展。天河区已形成软件和现代服务业两大优势产业，以动漫产业为代表的文化创意产业快速健康发展。

天河区科技创新服务体系建设和运行情况良好，重点围绕人才培养培训、技术支持、中介服务体系、投融资服务以及政府服务支持等体系来开展，逐步构建政府部门、公共机构和社团组织资源互补、协同发展、门类齐全的良好格局，为各创新主体提供全方位、多层次的增值服务，基本实现信息、人才、知识、技术和资金等资源的顺畅流动与共享。

2008年天河区科技中介机构名单（部分）

1、主要科技创新服务机构

机构名称	成立时间	主要服务内容
省农院科技情报研究所	1980	农业信息咨询（查新）及其工程咨询
广州市高新技术创业服务中心	1991	科技企业孵化服务和科技中介服务
广东软件行业协会	2000	软件企业认证和软件产品登记；产品检测服务与咨询服务；人才培训，人才交流；行业展览、展示、展销和技术交流；信息服务；国外行业的交流合作；承接政府委托的有关工作

（续上表）

机构名称	成立时间	主要服务内容
广州市软件行业协会	1997	双软认定、著作权登记、技术合同登记、为政府提供相关服务、组织会员交流合作
广州市高新技术企业协会	2008	为高新技术企业提供服务
广州科技园科技交流服务中心	2005	组织企业交流合作；人才培训、招聘、测评、推荐、交流、中介服务；咨询代理；项目引进；技术合同认证咨询；产品展销；承接政府委托的相关工作
赛宝软件评测中心	2001	软件评测、测试、培训；软件工程、信息系统工程监理
广州中间件研究中心	2004	基础中间件研发及其技术咨询、评估和培训服务
广州科技风险投资有限公司	1999	高新技术企业和技术创新企业投资及咨询、中介等企业增值服；设立和管理各类科技风险投资基金；其它资产管理
广东银达担保投资有限公司	2000	信用担保、投资、经济信息资询、代客理财、网络服务
天河区人才交流服务中心	1988	人事代理、人才流动调配、人才信息、人才培训测评、人才网络
北大青鸟APTECH（广州湘计立德）授权培训中心	2006	网络、软件工程师培训
广州新东方职业培训中心	2005	软件、动漫、电脑美术培训
加拿大达内外企IT培训广州中心	2008	软件工程师培训
广东省LINUX公共服务技术支持中心	2004	软件认证、培训

2、天河区专利代理机构名录

机构名称	地　　址	负责人
广州粤高专利代理有限公司	体育西路中石化大厦B塔3912	林德纬
广州市华学知识产权代理有限公司	五山华南理工大学国家大学科技园（北区）1号楼北座201室	李卫东
广东世纪专利事务所	黄埔大道西201号金泽大厦1112室	刘　卉
广州市一新专利商标事务所有限公司	天河北路892号1406室	王德祥
广州弘邦专利商标事务所有限公司	黄埔大道638号富力科讯大厦902室	张钇斌
广州市天河庐阳专利事务所	天河东路242号802之一室	胡济元

3、驻天河区专利代理机构分支名录

机构名称	地　　址	负责人
北京路浩知识产权代理有限公司（广州分公司）	天河北路689号光大银行大厦13楼D1室	刘发强
厦门市新华专利商标代理有限公司（广州分公司）	天河路490号23楼8A	李　宁
北京同立均成知识产权代理有限公司（广州办事处）	体育东路体育东横街3号设计大厦1406	臧建明
北京集佳知识产权代理有限公司（广州分公司）	天河路351号广东外经贸大厦21楼2109室	沈　泳
香港联瑞知识产权集团（广州联瑞知识产权代理有限公司）	体育西路5号骏汇大厦南座25A	古仲勇

【知识产权保护】 2008年，天河区加大知识产权保护力度，维护市场秩序。针对各大专业市场开展侵权产品巡查，建设全省知识产权试点区，开展专利执法行动26人次，巡查商铺130家，商品5000多件，参与处理侵权专利11宗，处理专利黑代理2家，受理专利投诉2宗；加大法律途径解决产权纠纷，2008年司法立案380余宗。

发掘和推荐企业优秀项目申报知识产权示范企业、优秀企业、推广项目、参奖评奖项目等，加大企业自主知识产权项目扶持，提升产业企业核心竞争力。是年底，广州天普生化医药等8家企业获得广东省知识产权优势企业；中科院广州化学有限公司等2家企业获得广东省知识产权示范企业；广州有色金属研究院等6家单位获得广东省知识产权试点事业单位；广州中一药业有限公司等5家企业广东省知识产权战略试点企业。全年全区申请专利3661项，同比增26.5%，占全市26.2%，获专利授权2175项，同比增24.3%，占全市26.9%，专利申请和授权量继续稳居全市首位。

【科普宣传和教育】 2008年，区科技局开展科技惠民活动。5月，举办5•19全国科普日活动启动仪式。该次活动周以防震减灾、节能环保等事关百姓民生的内容为宣传主题，是建区以来最大规模的科普活动。是年，新增广东食品药品职业学院、广东省生态环境与土壤研究所、华南农业大学长岗山自然保护区、广东农业科学院果树研究所4个区属科普基地。全年参加科普活动人数超过100万人，拥有特色科普项目学校15所，青少年获各种竞赛奖项140个。

2008年天河区科普教育基地表

单位	被命名基地类别	命名单位	基地挂牌时间
广州航天奇观	广东省航空航天科普教育基地	广东省科协	1998
	全国科普教育基地	中国科协	1999
	全国青少年科教教育基地	教育部、中宣部、科技部、中国科协	1999
	天河区青少年科技教育基地	中共广州市天河区委员会、广州市天河区人民政府	2000

（续上表）

单位	被命名基地类别	命名单位	基地挂牌时间
广州华南植物园	广东省环境教育基地	中共广东省委宣传部、广东省环保局	1998
	广东省植物学科学普及基地	广东省科协、中科院华南植物所	1998
	广州市环境教育基地	中共广州市委宣传部、广州市环保局	1998
	全国科普教育基地	中国科协	1999
	全国青少年科普教育基地	科技部、中宣部、教育部、中国科协	1999
	广东省直属机关青年科普教育基地	共青团广东省直属机关工作委员会、广东省直属系统青年联合会	2000
	广州市科学技术普及基地	广州市人民政府	2001
	广州市青少年科技教育基地	广州市教育局、广州市青少年科技教育协会	2001
	广州市天河区科普教育基地	中共广州市天河区委员会、广州市天河区人民政府	2001
	广东省青少年科技教育基地	广东省科学技术厅、中共广东省委宣传部、广东省科学技术协会	2003
	广州市爱国主义教育基地	中共广州市委员会、广州市人民政府	2003
中国科学院广州地球化学研究所	广东省地学与资源科普基地	广东省科学技术协会	2003
	天河区地学与资源科普基地	广州市天河区人民政府	2003
广州气象卫星地面站	广州市青少年科技教育基地	广州市教育委员会、广州市青少年科学教育协会	2001
	广州市天河区青少年科技教育基地	中共广州市天河区委员会、广州市天河区人民政府	2001
	广州市科学技术普及基地	广州市人民政府	2001
	广东省科普教育基地	广东省科学技术协会	2001
	卫星气象科学技术普及基地	国家卫星气象中心	2002
	全国气象科普教育基地	中国气象局	2002
	全国青少年科技教育基地	国家科技部、教育部、宣传部、中国科协	2002
广东树木公园	天河区科普教育基地	广州市天河区人民政府	2006

(续上表)

单位	被命名基地类别	命名单位	基地挂牌时间
广州货币金融博物馆	天河区科普教育基地	广州市天河区人民政府	2007
中国科学院广州能源所	广东省青少年科技教育基地	广东省科学技术厅、中共广东省委宣传部、广东省旅游局、广东省科学技术协会	2004
	广州市科学技术普及基地	广州市科学技术协会	2006
	天河区科普教育基地	广州市天河区人民政府	2006
广东省生态环境与土壤研究	广州市天河区长兴街科普教育基地	长兴街党工委、长兴街办事处	2004
	广州市科学技术普及基地	广州市人民政府	2006
	广东省科普教育基地	广东省科学技术协会	2007
	广东省青少年科技教育基地	广东省科学技术厅、中共广东省委宣传部、广东省教育厅、广东省旅游局、广东省科学技术协会	2007
	广州市天河区科普教育基地	广州市天河区人民政府	2008
广东食品药品（广东省中药研究所）	广东省青少年科技教育基地	广东省科技厅、中共广东省委宣传部、广东省教育厅、广东省科学技术协会	2005
	广州市天河区科普教育基地	广州市天河区人民政府	2008
华南农业大学长岗山自然保护区	广州市天河区科普基地	广州市天河区人民政府	2008
广东农业科学院果树研究所	广州市天河区科普基地	广州市天河区人民政府	2008

【区民营科技企业】 天河区是广州市高新技术产业集中地，民营科技企业产业覆盖范围广，在软件、新材料、生物制药等方面优势明显。2008年，全区民营软件科技企业1400多家，新认定高新技术企业资质认定的企业237家，占全市的40%。

2008年天河区主要民营科技企业表

企业名称	生产经营地址	法定代表人
广州网易互动娱乐有限公司	中山大道科韵路建华路25号203西侧之二	丁　磊
广州广电运通金融电子股份有限公司	黄埔大道西平云路163号	赵友永
广州博冠信息科技有限公司	建中路59号701房	丁　磊
广东天普生化医药股份有限公司	天河高唐科技产业园高普路89号	姚　方
广东省电信规划设计院有限公司	中山大道华景路1号11～19层	赖志坚
广州市天高有限公司	天河北路689号光大银行大厦16楼C1、C4、B1、B2、D1房	李　平
广州神州数码有限公司	天河北路898号3101-13、3119-21、32楼全层	林　杨
广州太平洋电脑信息咨询有限公司	石牌西路1～7号1106、1107号	林怀仁
广东普信科技有限公司	中山大道109号13楼	麦　欣
广州御银科技股份有限公司	五山路金山大厦26楼06、10房	杨文江
广州市浪奇实业股份有限公司	黄埔大道东128号	陈翔志
广东海大集团股份有限公司	天河北路890号国际科贸大厦1011房	薛　华

【驻区科研单位】 天河区是广州市科研机构密集区。2008年，区内有中央、省、市属科研院所49所。

2008年驻天河区科研机构名录

单位名称	地　　址
国家环保总局华南环境科学研究所	员村西街七号大院
中国赛宝实验室	东莞庄路110号
中国科学院广州地球化学研究所	科华街511号
中国科学院华南植物园	兴科路723号
中国科学院广州化学有限公司	兴科路368号
中国科学院广州能源所	五山能源路2号
中国林科院热带林业研究所	龙洞广汕一路682号
广东省农业科学院	金颖路29号
广东省农业科学院水稻研究所	金颖东一街3号
广东省农业科学院畜牧研究所	五山路

(续上表)

单位名称	地　　址
广东省农业科学院蚕业与农产品加工研究所（农业生物技术研究所）	东莞庄一横路133号
广东省农业科学院蔬菜研究所	五山路广东省农科院内
广东省农业科学院作物研究所	五山路金颖西二街
广东省农业科学院植物保护研究所	五山路
广东省农业科学院果树研究所	五山大丰二街80号
广东省农业科学兽医研究所	五山白石岗
广东省农业科学院土壤肥料研究所	五山
广东省农业科学院茶叶研究所	五山
广东省农业科学院花卉研究所	五山
广东省科技情报研究所	五山路广东省农科院内
广东省林业科学研究院	广汕路233号
广东省电子技术研究所	中山大道西61～65号电子科技大厦
广东省农业机械研究所/包装食品机械研究所	五山路261号
广东省机械研究所	天河北路663号
广东省钢铁研究所	天河金慧街88号
广东省建筑科学研究院	先烈东路121号
广东省中药研究所	龙洞北路321号
广东省水利水电科学研究院	天寿路101号
广东省石油化工研究所	车陂西路318号
广东省安全科学技术研究所	天河东路41号
广东省结核病防治研究所	黄埔大道西485号
中国电信有限公司广州研究院/广东省电信有限公司研究院	中山大道109号
广东省地质环境监测总站	广州大道北910号
广东省环境与土壤研究所	天源路808号
广东省教育科学研究所	中山大道西55号华南师范大学内
广东省社会科学院	天河北路369号
广东省文物考古研究所	水荫四横路34号演音大厦B座9楼
广东省艺术研究所	水荫四横路34号B座3楼

(续上表)

单位名称	地　　址
广州有色金属研究院	长兴路363号大院
广州市半导体材料研究院	东莞庄路161号
广州市无线电研究所	沙河龙岗路8号粤信大厦5楼
广州生物工程中心	龙口东路34号龙口科技大厦3楼
广州华工信息软件（集团）公司（原华南理工大学电子计算机应用工程研究所）	五山路381号华南理工大学北校区内
广州市环保科学研究院	天河南一路24号
广州市浪奇实业股份有限公司研究所	黄埔大道东128号
广州信息技术研究所(暨南大学信息技术研究所)	天河路34号
广州市公路工程研究所	沙河田心村
广州市中域自动化研究所	中山大道棠东官育路6号2楼
广州合成材料研究院有限公司	车陂西路396号

【区内技术工程中心】 天河区聚集广州市三分之一强的工程中心，各种优质资源包括优质的政府公共服务、优惠政策、财政奖励资金、项目扶持资金向创新机构倾斜，以企业研究机构为载体促进人才和产业的良性发展。区科技局支持企业依托自身科技研发资源，自办技术研发中心、工程中心等研发机构，对区内企业成功组建市级以上工程中心的，给予一次性10万元财政补贴。通过推动企业建立工程技术中心（或研究院）建立产学研基地，促进产业联盟的形成，提升企业的自主创新能力。截止2008年底，区共有各级工程中心31家，占广州市的29%，其中国家级3家，省级12家，市级16家。

2008年区内技术工程中心表

科技部工程中心

中心名称	依托单位	组建时间	中心级别
国家农业机械工程技术研究开发中心南方分中心	广东省农业机械研究所	—	国家级
国家医疗保健器具工程技术研究开发中心	广东省医疗器械研究所	—	国家级
国家钛及稀有金属粉末冶金工程技术研究中心	广州有色金属研究院	—	国家级

省级工程中心

中心名称	依托单位	组建时间	中心级别
广东省广州无线电重点工程技术研究开发中心	广州无线电集团有限公司	2000.12	省级重点
广东省天普蛋白药物工程技术研究开发中心	广东天普生化医药股份有限公司	2005.12.15	
广东省特种涂料工程技术研究开发中心	广东高科力新材料有限公司	2006.12.18	
广东省无公害蔬菜工程技术研究开发中心	广东省农科院	1994.02.04	
广东省功能材料工程技术研究开发中心	华南理工大材料工程学院	1996.12.18	
广东省表面工程技术研究开发中心	广州有色金属研究院	1993.08.04	
广东省化学灌浆工程技术研究开发中心	中科院广州化学所	1995.10.31	
广东省电力工程技术研究开发中心	广东省电力实验研究所、华工电学院	1997.08.26	
广东省现代农业装备工程技术研究开发中心	广东农业机械研究所	1998.12.31	
广东省天然药物工程技术研究开发中心	广东省大日生物化学药业有限公司	2002.09.13	
广东省兽药工程技术研究开发中心	广东燕塘兽药有限公司	2004.08.16	
广东省生物质能工程技术研究开发中心	中科院广州能源所	—	

市级工程中心

中心名称	依托单位	组建时间	中心级别
广州市羊城智能电工仪器仪表工程技术研究开发中心	广州市羊城科技实业有限公司	2003	
广州市高科通信工程技术研究开发中心	广州市高科通信技术股份有限公司	2003	
广州市新太增值通信重点工程技术研究开发中心	新太科技股份有限公司	2004	市级重点
广州市天普蛋白药物工程技术研究开发中心	广东天普生化医药股份有限公司	2005	
广州市海大水产与畜牧饲料工程技术研究开发中心	广东海大实业有限公司	2006	市级重点

市级工程中心

中心名称	依托单位	组建时间	中心级别
广州市天海威网络安全系统及设备工程技术研究开发中心	广东天海威数码技术有限公司	2006	
广州市京华应用软件支撑平台工程技术研究开发中心	广州市京华网络有限公司	2006	
广州市海特天高智能交通工程技术研究开发中心	广州海特天高信息系统工程有限公司	2007	
广州市中长康达网络视频应用工程技术研究开发中心	广州中长康达信息技术有限公司	2007	
广州市天讯视频监控工程技术研究开发中心	广东天讯电信科技有限公司	2007	
广州市农业装备与设施工程技术研究开发中心	广东省农业机械研究所	2007	
广州市中一糖尿病药物重点工程技术研究开发中心	广州中一药业有限公司	2007	市级重点
广州市正道文博三维数字工程技术研究开发中心	广州正道科技有限公司	2007	
广州市浪奇MES重点工程技术研究开发中心	广州市浪奇实业股份有限公司	2007	市级重点
广州市合诚改性高分子材料重点工程技术研究开发中心	广州市合诚化学有限公司	2008	市级重点
广州市立达尔功能性天然产物工程技术研究开发中心	广州立达尔生物科技有限公司	2008	

【人才高地建设】 2008年，全区从事科技事业工作者3.5万人。是年，有5人获得“广州市优秀专家”，区市级优秀专家增至9位。

·人才政策· 7月，制定《广州市天河区高新技术、软件和动漫企业高级人才奖励暂行办法》。办法规定：区财政出资1000万元，对高级管理人员、高级技术、留学归国创业人员、博士后流动站博士后、工程技术中心负责人、承担国家重大科研项目负责人、获得国家重大科技成果奖励者进行奖励，并创造条件解决他们的生活、保健、子女教育等后顾之忧。

·发掘创新人才· 是年，举办多项原创活动吸引、发掘创新人才。10月，承办2008全国大学生原创动画大赛，获得全国152所高校支持。同时，举办中日动画动态学术论坛与大师讲演会、亚洲数码与艺术设计学会优秀作品展、亚洲数码与艺术设计学会优秀映像作品鉴赏会等活动。赛事以强势产业企业为依托，以品牌赛事为平台，广聚产业人才，突出国家网游动漫产业基地影响力。10月，举办广州市“弘扬奥运精神，促进自主创新”知识产权创新大赛，促进青少年科技和知识产权意识的普及提高，推动自主知识产权创造与发展。

天河区科技创新人才联谊会名单

单位	姓名	职务	职称/专业技术资格	主要成绩
广州网易互动娱乐有限公司	丁磊	CEO	首席架构师	于1997年6月创立网易公司，网易公司为推动中国互联网的发展做出了重要贡献，网易从一个10多人的私企发展到今天拥有2500多名员工在美国公开上市的知名互联网技术企业。
广州无线电集团有限公司	赵友永	董事长	高级会计师	1)主持研发的产品有70多项获得国家、省级科技奖励；2）个人获奖：2003年获得信息产业部颁发布的“信息产业部劳动模范”称号；2004年荣获“首届亚洲管理创新百名杰出人物奖”；2005年获“中国广州经济年度杰出人物”称号。
广东亿迅科技有限公司	汤艾军	总经理	高级工程师	1)1998年度广东省邮电管理局科技进步一等奖;2)1999年信息产业部科技进步三等奖;3)1999年度广东省邮电管理局科技进步二等奖;4)1999年中国电信集团21世纪优秀人;5)2000年度广东电信科技进步一等奖。
广州神州数码有限公司	李丽珍	副总经理	高级人力资源管理师	2005年首届“珠三角最具价值的100位人力资源经理”；广州市第十三届人大代表。
汇丰软件开发(广东)有限公司	苏锦明	总经理	教授	为汇丰集团及其他国内外客户进行计算机软件（系统）的开发、设计、维护。2008年底，公司员工达2000多人，是天河区规模最大的软件公司。
广州市天高有限公司	严公雷	技术总监	副教授	1）上海市新产品科技三等奖；2）机电部科技成果三等奖。
广州创想科技股份有限公司	徐志英	副总经理	高级人力资源管理师	2006年度100名中国人力资源管理经理奖。
广州华南资讯科技有限公司	邹革非	董事长	高级工程师	1）广东省科技进步一等奖：“5+2”社会保险管理信息系统（研发企业负责人）；2）东莞市科技进步特等奖：“5+2”社会保险管理信息系统（研发企业负责人）；3）广东省科技进步二等奖：出入境大集中管理信息系统（研发企业负责人）。

(续上表)

单　　位	姓　名	职　务	职称/专业技术资格	主要成绩
广州昊源集团有限公司	莫道明	董事长	高级经济师	完成了三个国家级高新技术项目，出版专著三部。1）2002年"中国优秀民营科技企业家"；2）2003年获共青团中央颁发的"第六届中国青年科技创新优秀奖"；3）2005年荣获广东省科学技术二等奖；4）2007年市优秀专家；5）现担任广东省政协委员、广州市人大代表。
广州南天电脑系统有限公司	杨暾	技术总监	高级工程师	2001年，新一代大学生计算机网络综合业务系统项目负责人，广东金融科技奖二等奖，广东省科学技术奖三等奖；2004、2005年度广州天河软件园高级人才奖励。
广州市合诚化学有限公司	诸泉	技术总监	博士	研发项目"功能性高品质发酵乳产业化关键技术"在2008年获得"2007年度广州市科技进步类奖一等奖"。
广州银联网络支付有限公司	钟千伟	技术总监	系统架构师	2008年公司电子支付系统及软件应用处理交易金额达 857亿元、交易笔数达12043万笔，网上支付交易金额在中国第三方互联网支付市场排在第四位。
广东天普生化医药股份有限公司	侯永敏	首席科学官	高级工程师	2008年被评为广东省科技项目评审专家；广州知识产权专家顾问；2007年获得广东省科学技术奖；2006年获得中国专利优秀奖、广东省专利优秀奖和广州市专利优秀奖、广州市天河区专业技术拔尖人才；2005年获得广州市天河区专业技术拔尖人才。
广州日滨科技发展有限公司	贾宇辉	技术总监	电气高级工程师	作为项目负责人完成《新型智能电梯控制系统》项目，该项目分别获得2006年广东省科学技术三等奖（排名第一）和广州科学技术进步二等奖（排名第一）。
广州中长康达信息技术有限公司	胡忠毅	副总经理、技术总监	博士后	1997年科技部科学进步二等奖（第三作者）；2004年参与"汽车行驶记录仪（GB/T19056-2003）"国家标准的编撰工作。

(续上表)

单　　位	姓　名	职　务	职称/专业技术资格	主要成绩
广州广日电梯工业有限公司	吴宾	技术总监	机械高级工程师	2000年“广东省优秀新产品”二等奖；2002年“广东省优秀新产品”三等奖。
广州御银科技股份有限公司	吴彪	技术总监	高级工程师	经济规划决策支持系统DYNAMO/C，获西安交通大学二等奖/武汉市多功能均衡增长模型、软件，获三等奖/系统动力学仿真语言，获机械电子工业部科学进步二等奖。
阿尔创（广州）信息技术有限公司	李冲	技术总监	高级程序员	1）广东省邮电科技进步二等奖；2）广州市科技进步二等奖。
广东天海威数码技术有限公司	张越	技术总监	高级工程师	“蓝盾入侵检测-II型”获2006年获广州市“科技进步三等奖”；主持研发的“SJ-900人类声纹智能鉴别系统”获2007年广州市科技进步三等奖。
广东海大集团股份有限公司	薛华	董事长	工程师	1）“双低油菜优质饼粕制备饲料技术开发”被湖北省人民政府评为科技进步一等奖；“异育银急鲫营养、饲料与投喂技术”被湖北省人民政府评为科技进步一等奖；2）广州市优秀民营企业家；3）全国三十位优秀饲料企业家。
广州中软信息技术有限公司	周万春	技术总监	高级程序员	CISSP证书：84133（信息系统安全认证专家，ISC2）；高级程序员证书：9644005005（中国计算机软件专业技术资格和水平考试中心）。
广东兴邦产业信息传播有限公司	姚晓宏	技术总监	产业专家	“2006中国传媒十大年度人物”、“2007中国传媒十大创新人物”、“2008中国传媒产业贡献人物”、2008“中国营销策划30年十大功勋人物”。

(续上表)

单　位	姓　名	职　务	职称/专业技术资格	主要成绩
广州华工百川科技股份有限公司	马铁军	技术总监	高级工程师	1998年获国家教委科技进步二等奖、广州市科技进步奖；1999年获广东省科技进步二等奖，2000年获教育部科技进步二等奖；2003年获中国石油和化学工业协会科技进步二等奖；广州市专利实施一等奖、广东省专利奖、中国发明协会全国发明展览会银奖等荣誉。
广东省电信规划设计院有限公司	赖志坚	董事长/总经理	高级工程师、一级建筑施工企业项目经理、一级建造师	2002、2004年公司被中国施工企业协会评为全国优秀施工企业；2003年被广州高新区黄花岗科技园管委会评优秀企业家；2004年被中国施工企业协会评为全国优秀施工企业家；2005年被中国通信企业协会评为优秀通信施工企业家。

（许五州）

教育

【概况】 2008年，天河区有幼儿园154所，小学82所，中学（含职中）53所（其中九年一贯制学校28所），分别比上年减少0所、3所、2所（其中九年一贯制学校1所）；在校小学生97079人，减少864人，中学生51308人，增加1262人；在职小学教职工5262人，中学教职工4017人，分别比上年增加67人、173人。是年，有3所校（园）晋升为省、市、区一级校（园）。

【幼儿教育】 2008年，天河区幼儿教育健康发展。区教育局完善园本教研制度，组织广州市政府机关幼儿园、天河区东方康城幼儿园进行园本教研展示活动；5月，召开“创天河优质幼儿园可持续发展研究共同体”研讨沙龙，为天河幼儿园发展提供新思路；重视规范办园，清理整顿7所无证幼儿园；5月，举办“欢庆六一，乐迎奥运”早操比赛，展示幼儿的健康风貌。继续加大优质园创建力度，军体院幼儿园被评为省一级幼儿园，天河实验幼儿园被评为区一级幼儿园。

2008年5月，天河区“欢庆六一，乐迎奥运”幼儿早操比赛在华景小学举行，图为参赛队伍。

摄影：洪永锋

【义务教育】 2008年，天河区义务教育均衡发展。2008年春季起，对所有广州市户籍在义务教育阶段就读的学生实行免费教育，经费全部由财政承担。规范化学校建设取得明显成效，达义务教育规范化学校标准的公办学校有56所，占全区公办学校总数84.85%，位居全市各区之首。顺利通过广州市义务教育规范化学校中期督导验收和广东省教育强区复评督导验收，教育强区复评督导验收专家组评价天河区的整改工作“立意高远、规划切实、措施得力、方法科学、成效显著”，“天河区向自己奋斗的目标——办全国最好的教育，教育综合水平进入全国中心城区先进行列——又迈进了一大步。”继续推进中小学布局调整工作，对部分中小学招生地段进行微调，将四十七中初中部迁至原天河中学高中部，天河中学高中部迁往珠江新城。改革中招工作，取消小学升初中推荐生，全部实行地段小学对口升中学。鼓励学校彰显个性，打造品牌，华颖中学、昌乐小学、棠德南小学、沐陂小学、红英小学、龙岗路小学、天河实验幼儿园等7所学校被评为“广州市绿色学校”；区内科技特色项目学校达13所共16个特色项目；华阳小学和石牌小学荣获“广东省书香校园”的称号；体育东路小学成为“广州市少儿语言艺术教育特色实验基地”。加强初中学校的内涵建设，中考成绩进一步提高：考生成绩大面积提高，公办学校的七科总分平均分达550.39分，比全市总分平均分高出35.69分，比天河区上年（下同）平均分高出24.82分；优秀学生人数增长较大，天河区考生获总分700分以上的1099人，增加640人，增长率为139.4%；650分以上有2562人，增加899人，增长率为54.1%；在文化课考试中有83人获得单科满分。

【高中教育】 2008年，天河区以做好国家级示范性高中建设为龙头推进高中创优工作。开办四十七中名雅苑和天河中学珠江新城两个新校区，扩大优质教育资源的辐射力。促使四十四中晋升为市一级学校，四十七中被正式确定为第二批广东省国家级示范性普通高中，四十七中、天河中学顺利通过广东省普通高中教学水平优秀等级评估。目前公办高中市一级以上学校已达100%，较好地满足了社会对优质学位不断增长的需求。

2008年，全区参加普通高考（普通类，不含高职）人数为4915人，第一批本科重点上线人数为635人，上线率为12.9%；第二批本科以上，A线1388人，上线率为28%，B线1814人，上线率为36.9%；第三批专科以上，A线2559人，上线率为52.1%，B线3678人，上线率为74.8%。

是年，7所区属公办学校普通高考成绩呈现出三大亮点：继续涌现一批高分段考生，天河区获得总分600分以上的考生有50人，其中获得总分630分以上的考生有7人；第一批本科重点上线人数及第二批本科上线人数均创历史新高。第一批本科重点上线人数有216人，第二批本科上线人数达到1029人，第一批本科重点上线率和第二批本科A线上线率均位居全市八区（荔湾、越秀、天河、海珠、白云、黄埔、南沙、萝岗）第二；7所区属公办学校均超额完成广州市下达的高考预测数。本科以上上线人数为1029人，完成了市下达计划预测数的123%。

【中等职业教育】 2008年，天河区中等职业教育发展较快。继续推进天河职中创建广东省示范性中等职业学校工作，重点抓好渔沙坦校区的建设；加强专业建设，积极开展市场调研，做好学生就业指导，是年就业率达98%；重视实践性教学，不断提高学生的技能素质。4月，在广州市中等职业学校学生专业技能竞赛中，天河职中获得计算机专业、美术专业团体一等奖，金融专业、幼教专业团体三等奖；顺利通过国家级重点中等职业学校的重新认定；职教扶贫工作有新进展，是年向梅州地区招收全免费学员40人，与平远职中开展联合办学职教扶贫工作，2008年春招生106人。

【民办教育】 2008年，全区共有批准注册基础教育民办学校52所，其中高收费中小学2所（每学年收费2万以上），流动人口子弟学校50所，在校学生60518人，在职教职工3923人。此外，还有幼儿园151所、成人培训学校99所。

是年，区教育局把好准入关，做好年检工作，年检民办学校52间；建立投诉登记制度、首接负责制，根据群众举报取缔1所无证民办小学；加强招生广告宣传管理，责令发布虚假广告和超范围招生的4所学校限期整改，分流违规招收的学生；重新核准办学规模，引导民办学校有序发展。此外，发挥民办教育协会作用，通过开展系列活动，扩大民办教育影响，指导民办学校规范管理。

【特殊教育】 2008年，天河区有学龄特殊儿童312人。是年，天河区做好随班就读、送教上门工作及特殊儿童的学杂费减免工作，发放随班就读任课教师补贴共121260元。

【素质教育】 2008年，天河区注重中小学生素质教育，思想道德教育及学生综合素质教育均有新亮点。

·思想道德教育· 抓好爱国主义、集体主义、道德伦理、诚实守信、珍爱生命、遵纪守法、心理健康等教育。开展“思想大解放　青年当先锋”青年讲坛，进行社会主义荣辱观教育；组织“心手相牵　大爱无边”天河区中小学生书信节活动，进行以“孝”为主题的道德教育；组织“播洒绿色文明、共建和谐天河”植树节活动，增强青少年的环保绿化意识；参加关工委举办的“激情奥运，阳光校园”读书征文主题教育活动和“纪念改革开放30周年”征文比赛；结合“创文”工作，举办“文明进校园”主题活动；开展“国防教育进校园”活动，增强国防法制观念；开展禁毒教育系列活动，增强学生拒毒、防毒意识，全区学生违法犯罪率为零；以“迎接奥运”为主题，对学生进行奥运知识教育，弘扬爱国主义和奥运精神；以“抗震救灾”为主题，组织学校开展捐助活动，培养学生的关爱意识、集体意识、他人意识和积极向善、助人为乐、团结互助的优良品格。

·体卫艺、科技、环境教育· 是年，天河区中小学生在体卫艺、科技创新、环保教育等方面屡获殊荣：先烈东小学管弦乐团在“第二届香港国际青少年艺术节”中获得大赛金奖；体育东路小学参加首届广州市“花城——柏斯杯”中小学教材歌曲演唱比赛获得金奖；四十七中在广州市第一届“中学生历史剧创作表演大赛”中获得表演一等奖、剧本创作类一等奖等11个奖项；天河少儿合唱团获第五届国际合唱节童声组金奖；四十四中获第八届广东省青少年机器人竞赛第一名；天河区学生在第23届广州市青少年科技创新大赛中有62件作品获奖；四十七中有2名同学在2007年城市节约用水方案设计比赛中获得一、二等奖。

2008年7月，少年宫少儿合唱团在奥地利多恩比恩参加欧盟电视台音乐之城现场直播节目。

区教育局供稿

【科研教改】 2008年，天河区教育系统围绕管理、教学、评价、课程资源的开发与利用和教师的专业发展五个方面开展义务教育新课程实验阶段性总结，遴选出4项成果上报市教研室。推进素质教育深入发展，由教研室联动学校、学科，以网络课程与教学资源、基于知识点的教学反思及学习研究等作为突破口，在课程、教学、评价、教师发展四个领域进一步深化素质教育，目前已有素质教育试点学校9所。抓好校本教研和校本培训的落实，省教育厅在区召开校本教研工作总结交流现场会，推广天河区的工作经验。天荣中学、陶育路小学通过“广东省综合实践课程实验样本学校”验收，另有8所学校被评为“天河区综合实践活动课程实验样本学校”。有市级课题24项，2项省级课题、1项教育部规划课题通过立项审核，其中《基于网络环境的区域优质课程与教学资源建设与应用研究》获全国教育科学"十一五"规划立项，实现了国家级课题独立立项"零"的突破；5个单位的6个网络教研团队及12所中小学的28节优秀课例进入"第六届全国中小学信息技术创新与实践活动"决赛；在"首届中小学新媒体新技术教学应用研讨会暨基于交互式电子白板学科教学观摩研讨活动"中获得奖项67人次，在2008年第六届全国中小学信息技术创新与实践活动中获得8个发明创新大奖。

【教育信息化】 2008年，天河区教育系统以信息化应用提升并向深度和广度发展为工作重点，进一步加强信息化基础建设。做好网络配置，协调市、区、校三级关系，保障网络可靠、安全、稳定运行；继续发挥天河教学质量监控系统在网络化教育教学应用方面的重要作用，依托"天河部落"网络实现网上学习、教研、交流，提高基础教育的教科研水平；开发网上办公、网络视频系统、资源库、教学资源采集系统等一系列依托网络的平台；制定《天河区教育信息化服务管理办法》，规范学校、服务商的行为和管理、监督、仲裁等各个环节；组织学校参加"第九届全国中小学电脑作品制作活动"，获市级奖49件；组织教师参加"广州市中小幼多媒体教育软件评奖活动"，54件作品获市级奖；八十九中、东圃中学、龙口西小学成为第二批广州市教育E时代实验校。

【师资队伍建设】 2008年，天河区创新校长培训模式，成立区级校长培训中心，遴选出6个区级校长培训实践基地，昌乐小学、四十七中学成为广东省中小学校长培训实践基地。

作为教育部"教育技术培训促进中小学教师专业化发展"广州试验区的唯一试点区，建立"天河试点区专题工作网"，完善区级教师继续教育数字化管理模式；铺开教师教育技术能力全员培训工作，组织1856名教师完成试点区第一期教师教育技术能力培训考核任务；成立13个校际协作研究联盟小组，开展区际、校际联盟活动。天河区被评为广东省首批英特尔未来教育项目示范区，一一三中学、天府路小学被评为广东省第二批英特尔未来教育项目示范校。

推进班主任队伍建设，选拔25名班主任作为区名班主任培养对象；举办第一期青年教师班主任培训班；依托广州市中小学教师心理指导中心和心理教育研究相关机构的力量，举办一期有150人参加的广州市中小学"心理健康师资"C级证书培训班。

加大名校长、名教师的培养力度，骏景小学校长陈武、四十七中汇景实验学校老师郑文富分别成为广东省基础教育系统"百千万人才工程"第四批名校长、名教师省级培养对象。加大对青年教师的培训和培养，选拔优秀教师和青年骨干教师参加国家和省级培训学习，如选派四十七中老师王从一和四十七中汇景学校老师刘莉莉参加广州市组织的赴英国培训学习。各学校通过岗前培训和岗位练兵，提高教师的教学能力和水平，体育东路小学副校长刘安明获全国优秀青年教师教学艺术大赛一等奖；七十五中教师李晓莹获广州市第二届中小学班主任专业技能竞赛一等奖。

继续优化队伍结构，提高教师待遇。2008年共招聘高校应届毕业生210人，骨干教师50人。加强试行人员聘用制合同管理，组织学校完成新一轮聘用合同的签订工作；改革完善津贴分配方案，连续四年为在职教师人均月增加区岗位补贴500元，并合理拉开分配差距，提高代课教师待遇。努力维护教职工队伍的稳定，为患重大疾病的教职工及家属提供救助；举办文体活动丰富教职工业余生活；组织教职工体检；启动第二批住房货币分配工作，设法解决住房遗留问题。

2008年天河区新增幼儿园表

学校名称	地址	性质	学生人数	教职工数
广州天河区信华芊卉托儿所	华景新城华景东路202-1号	民办	60	11
广州市天河区翰景幼儿园	五山路翰景轩内	民办	60	9
广州市天河区华景陶然幼儿园	华景北路115号	民办	210	11
广州市天河区力迅上筑幼儿园	珠江新城上筑街1号	民办	120	26
广州市天河区华南御景幼儿园	华观路1412号	民办	250	13
广州市天河区棠德文轩幼儿园	棠德西二街30号首层	民办	280	32

2008年天河区撤销学校（园）表

学校名称	地址	性质	撤销时间	备注
广州市天河区东明小学	东圃大马路一横路13号	民办	2008年3月21日	已办撤销手续
广州市天河区雄鹰中学	林和东路沾益直街168号	民办	2008年1月停办	未办撤销手续
广州市天河区志成小学	沙河伍仙桥省地矿机械厂	民办	2008年6月停办	未办撤销手续
广州市天河区新华小学	元岗外语师范旁	民办	2008年9月停办	未办撤销手续
广州市天河区成龙学校	广汕公路辅路	民办	2008年9月停办	未办撤销手续
广州市天河区金东花园幼儿园	车陂启明大街	民办	2008年12月	—
广州市天河区员村第六小学	员村西街4号大院	公办	2008年9月	—

2008年天河区教师专业技术职务评定表

单位：人

级别	幼教二级	幼教一级	幼教高级	小学一级	小学高级	中学二级	中学一级	中学高级
人数	0	3	13	74	101	37	95	39

2008年天河区辖内中专（技）学校表

学校名称	成立时间	学校地址
交通部电视中专广东分校	1993年	东圃珠村八社新厂房
冶金部广州有色金属学校	1973年	沙河鸡颈坑
星海音乐学院附属中等音乐学校	1957年	先烈东横路48号
广东省工商学校	1986年	员村二横路
广东省广州林业学校	1953年	龙洞街

(续上表)

学校名称	成立时间	学校地址
广东省水电学校	1952年	天寿路
广东省对外贸易学校	1965年	龙洞东路128号
广东省电力工业学校	1980年	龙眼洞高唐石
广东省电力技工学校	1980年	龙眼洞高唐石
广东省电子商贸技工学校	1980年	广州科学城大道光谱西路
广东省交通技工学校	1998年	华美路28号
广东省农业银行学校	1983年	永福路89号
广东省农机学校	1973年	沙河麒麟岗
广东省华侨专业技术学校	1979年	沙河龙洞瓦窑岗
广东省地质技工学校	1973年	东圃小新塘
广东省地质学校	1956年	东圃新塘
广东省机械技工学校	1978年	麓糊路3号
广东省体育运动学校	1982年	广州大道北456号
广东省医药学校	1965年	龙洞北路
广东省供销技工学校	1980年	东圃新塘
广东省建材技工学校	1980年	长福路167号
广东省林业技工学校	1986年	龙眼洞
广东省物资学校	1965年	先烈东路34号
广东省环保学校	1978年	员村西街五号大院
广东省科技学校	1982年	天源路818号
广东省科学技术学校	1982年	沙河长湴
广东省舞蹈学校	1959年	水荫横路11号
广东水利电力技工学校	1952年	天寿路沾益直街1号
广东出版高级技工学校	1979年	五山路
广东农业广播电视中专学校		先烈东路135号
广东华美烘培技工学校	1995年	天平架兴华直街338号
广东劳动就业技工学校		天源路808号
广东国土资源工程学校	1956年	东圃大马路
广东省人民武装学校	1993年	龙洞三宝墟
广东省贸易学校（原广东省粮食学校）	1994年更名	沙河天平架兴华直街

(续上表)

学校名称	成立时间	学校地址
广东烟草学校	1989年	长湴
广东税务学校	1992年	五山
广州市中华会计成人中专学校天河区分校		中山大道西45号
广州市公路工程技工学校		沙河鳌鱼岗
广州市天翔职业高级中学	1997年	车陂路23号
广州市文艺中专学校	1986年	沙河顶新一街13号
广州市无线电中专学校	1964年	东莞庄路
广州市无线电技工学校	1988年	员村一横路7号
广州市无线电学校	1964年	东莞庄路231号
广州市艺术师范学校	1984年	燕岭路
广州市艺术学校	1973年	天源路1072号
广州市市政建设中专学校	1973年	沙河元岗北街161号
广州市市政建设技工学校	1973年	石牌东路99号
广州市幼儿师范学校	1978年	林和东路沾益直街121号
广州市白云卫生学校	1965年	沙河街龙岗路64号之一
广州市白云教师进修学校	1962年	沙河马蹄岗
广州市伟伦体育运动学校	1973年	长兴路338号
广州市共青团学校	1984年	石牌五山路
广州市体育运动学校	1973年	长兴路338号
广州市供电技工学校		东圃大马路6号
广州市建材中专学校	1960年	沙河上元岗元岗北街161号
广州市建材技工学校	1978年	沙河上元岗元岗北街
广州市经济贸易中专学校	1973年复办	沙太北路965号
广州市政建设学校	1973年	先烈东横路63号之一
广州市轻工中专学校	1981年	长福路173号
广州华成商贸学校	1996年	吉山坑尾路
广州海员学校	1975年	珠吉路
广州穗通财贸学校		东圃小新塘合景路
天河区教师进修学校	1984年	瘦狗岭路565号
天河区职工中等文化技术学校	1986年移交天河区	天河路533号

(续上表)

学校名称	成立时间	地　　址
天河粤奥武术体育舞蹈学校	1994年	元岗大道中
广州华南科技学校	2003年	派安路1号
广州市公用事业技工学校(石牌校区)		石牌东路99号
广州海润技工学校		派安路1号
广州城市职业技工学校		华美路
广州市航天计算机工程技工学校		吉珠路，吉山橄榄公园南侧路东

2008年天河区辖内普通高等学校表

学校名称		开办年份	地　　址	管理部门
华南理工大学(原华南理工学院)		1988年更名	五山路381号	教育部
华南农业大学(原华南农学院)		1984年更名	五山路	农业部
华南师范大学(原华南师范学院)		1982年更名	中山大道西55号	省高教厅
暨南大学	校本部	1958年重建	黄埔大道西601号	国务院侨办
	华文学院(原广东省华侨补习学校)	1993年	广园东瘦狗岭377号	
星海音乐学院		1958年	先烈东横路48号	省高教厅
广东省外语艺术职业学院(由原广东省外语语师范学校和广东艺术师范学校合并组建)		2001年	燕岭路151号	省高教厅
广东省电力专科学校		1988年	龙洞高塘石	省水电厅
广东省交通职业技术学院		1999年	天源路789号	省交通厅，交通部科教司
广东省邮电职业技术学院(原广东省邮电学校)		2002年更名	中山大道西191号	省电信实业集团公司
广东工业大学	五山校区(原广东机械学院)	1978年	瘦狗岭路463号	省高教厅
	龙洞校区	90年代	迎龙路	
	沙河校区(原华南建设学院东院)	1978年	先烈东路131号	

(续上表)

学校名称		开办年份	地　址	管理部门
广东水利电力职业技术学院（原广东水利电力学校）		1999年更名	天寿路122号	国家水利部
广东司法警官职业学院（原广东省司法学校）		2002年更名	龙腾路245号	
广东农工商职业技术学院	校本部	1993年	粤垦路198号	省农垦总局
	东区		大观中路95号	
广东建筑工程专科学院		1956年	先烈东路131号	省建委
广东技术师范学院（原广东民族学院）		2002年更名	中山大道西293号	高教厅
广州市公安干部学院		1985年	林和东路沾益直街83号	市政府
广州大学龙洞校区（原广州师范专科学校）		2000年更名	筲箕窝水库大坝侧	市政府
广州体育学院		1958年	广州大道中1268号	省政府
广州金融专修学院（原广州金融高等专科学校）		2003年更名	龙眼洞	中国人民银行
石油大学（广州校区）		1981年	沙太南路169号	教育部
解放军体育学院		1960年	禺东西路38号	部队
广州医学院天河分院（民办）		90年代	柯木塱欧大街19号	市政府
岭南职业技术学院（原岭南工商学院）（民办）		2003年更名	大观中路492号	省政府
私立华联学院（民办）		1994年	新塘街新景路99号	广州市教委
南华工商学院（民办）		1993年	天平架沙太南路113号	省政府
广东工贸职业技术学院（民办南华工商学院西院）		1959年更名	广州大道北1098号	省教育厅
广东潮汕学院（民办）		2002年	珠吉街吉山村橄榄公园对面	省政府
广东工程职业技术学校			渔兴路18号	省政府

2008年天河区辖内成人高校表

学院名称		学校地址
广东青年干部学院		天平架沙太南路66号
广东省文化管理干部学院		水荫横路32号
广东省外语艺术职业学院		瘦狗岭路463号
广东省农业管理干部学院		五山
广东省行政管理干部学院		华南师范大学内
广州金桥管理干部学院天河校区		中山大道中珠吉公路珠吉街道办事处旁
广东省科技干部学院		五山（新广园东路）
广东成人科技大学渔沙坦校区		渔沙坦
广东岭南职业技术学院		大观中路492号
广州市广播电视大学华南科技专修学校工作站		上元岗天源路23号
广州市广播电视大学天河区分校		天河北路390号
广东法商专修学院		先烈东路131号建东监理办公楼101室
广州工商管理专修学院		天源路50号
广州南洋科技专修学院		龙洞三宝墟
广州穗华科技专修学院		广汕路上元岗
广州黄金商贸培训学院		龙口西路77号
广州粤城职业技术专修学院		珠吉路
中华文化专修学院		中山大道华师大
华立科技专修学院		渔沙坦村东边坑西23号
华南科技专修学院		龙洞市工人疗养院
华港培训学院		龙洞
私立华联学院	校本部	新塘街新景路99号
	龙洞校区	渔东路
南华工商学院		天平架沙太南路113号
南粤专修学院		柯木塱新欧大街19号

（程婷）

党校教育

【概况】 天河区委党校成立于1986年7月，学校位于龙口西路569号，占地面积5277.38平方米，综合楼主楼大部分8层，部分9层，副楼4层，建筑面积8000平方米，内有课室11间，电脑室1间，400平方米礼堂1间，150平方米图书馆1间。2008年区委党校围绕干部培训工作，开展“解放思想学习讨论活动”和“学习实践科学发展观活动”，大力推进教学改革。

【教学情况】 2008年，区委党校举办各类主体班5期共678人次。其中副处级干部进修班1期40人；青年干部培训班1期54人；入党积极分子培训班3期584人。利用“广东省干部远程教育网”举办广东省领导干部电视电话会议1期120人；协助区部分单位举办专职人员培训班3期215人。

【教学创新】 2008年，区委党校开展“研讨式”教学，开设“新时期群众工作专题研讨”专题讲座，探索新时期如何做好群众工作；开展“区情调研”活动，12月组织第13期青干班学员到广州无线电厂、天河软件园、区科技局、车陂街、黄村街、区房屋交易中心进行调研，学员围绕调研内容展开热烈讨论，针对区的热点难点在理论指导的基础上进行深入的思考，结集出版《天河区第十三期中青年干部培训班案例分析汇编》；采取“省外体验式”教学，在中青班培训中，安排学员到井冈山革命老区进行“五个一”体验式教学(听一堂井冈山精神课；走一段红军路；唱一首红色歌；组织一次井冈山专题座谈会；开展一次有意义的义务劳动)，切身接受党的革命传统教育。

天河区第13期中青年干部培训班到井冈山进行“五个一”体验式教学。

区委党校供稿

【教学拓展】 2008年，区委党校尝试拓宽干部教育，将干部培训由干部调训拓宽到课堂向社会开放转变，推出4个精品讲座，每个讲座50个学位供区干部和辖区群众选学。并在网上公布《天河区委党校课程面向社会开放管理办法》。5月9日《广州日报》A22版刊发天河区委党校开放课程的经验，认为“这可能是中共党校建立以来，首次将主体课程向市民开放”。

【科学发展观学习】 2008年，区委党校专门开设《解放思想与科学发展》单元共8个专题讲座，并安排1次专题小组讨论活动。在第13期中青年干部培训班课程设置中，开设《深入学习科学发展观》单元共5个专题讲座，把干部培训进修和专题研讨结合在一起。

（吴健）

文化

【基层文化设施建设】 2008年，天河区继续巩固文化场馆建设成果。根据区级图书馆盲人专用阅览室的设施设备规划，制定出区盲人专用阅览室的建设方案，计划在天河区图书馆四楼划分出约40平方米的面积设立盲人专用阅览室（区）；对天河区图书馆（区级文化信息资源共享工程支中心所在单位）和全区各街道文化信息资源共享工程基层服务点（21个文化站和197个社区）现有设施设备情况进行摸查，结合天河区实际情况，完成区支中心的建设工作，并拟定改造升级方案。据统计，全区共有可供读者上网浏览文化信息资源的计算机261台，其中支中心50台，各基层工作服务点共211台，基本形成以图书馆为支中心，各街道文化站为基层服务点的天河区文化信息资源共享工程服务网络。继续推进大型公共文化设施建设。完成天河区图书馆华港分馆的内部装修工作。此外，中山大道珠村西建天河文化艺术中心已完成工程立项，进入勘探设计招投标工作。

2008年天河区街道文化站图书室基本情况表

名　称	面积（平方米）	座位（个）	报刊（种）	藏书（册）	管理人员（人）
石牌街文化站图书室	152	36	30	37000	1
天河南街文化站图书室	150	22	24	16000	1
沙东街文化站图书室	100	18	10	31000	1
兴华街文化站图书室	168	24	36	25000	1
林和街文化站图书室	210	30	24	15000	1
五山街文化站图书室	130	15	30	16000	1
员村街文化站图书室	100	20	16	30000	1
车陂街文化站图书室	480	100	45	47000	3
沙河街文化站图书室	50	10	20	15000	1
棠下街文化站图书室	403	34	32	39000	3
天园街文化站图书室	226	30	37	16000	1
冼村街文化站图书室	130	24	20	13000	1
猎德街文化站图书室	102	15	32	25000	1
龙洞街文化站图书室	190	35	34	22000	1
前进街文化站图书室	200	30	28	21000	2
新塘街文化站图书室	80	12	34	10000	1
黄村街文化站图书室	58	12	30	11000	

【“国家一级馆”天河区图书馆】 天河区图书馆于1991年2月正式成立，2000年底迁至龙口西路80号，建筑面积3000多平方米。该馆直属区文化广电新闻出版局领导，有管理人员12名。一楼报刊阅览室400平方米，报纸160种，期刊600种；二楼儿童阅览室400平方米，坐席80个，各类图书杂志3万多册；三楼成人综合借阅室400平方米；五楼文学借阅室400平方米，坐席25个；七楼自学室100平方米，坐席63个；此外还有电子阅览室等。2005年该馆被国家文化部评为“国家一级馆”。

2008年，区图书馆拓展图书馆功能，建立信息服务平台，实现资料服务及信息发布的网络化，逐步实现从传统的借还服务到海量储存和信息导航的功能转化。年入藏图书10129种、19308册，订购报刊760种，外借图书64607多种、73795册，借阅读者20686人次。

【文化活动】 2008年，天河区打造以“绚丽天河”文化艺术节为代表的区域文化品牌。突出“创建全国文明城市”、“中国奥运年”、“广州亚运年”、“中国改革开放三十周年”等文化主题，全年累计举办、协办各类文化活动近50场。其中，大型广场文化活动10场；2008“绚丽天河”文化艺术节等品牌文化活动24场。

·“绚丽天河”文化艺术节· 2008年，天河区举办“绚丽天河”文化艺术节系列活动，包括：“绚丽天河”国际文化艺术节文化系列活动10场；天河区“奥运、亚运社区文化小使者”决赛3场，颁奖晚会1场；纪念改革开放三十周年2008年广州群众书画美术摄影展7场；2008年“绚丽天河”天河区外来工人员歌咏比赛2场，颁奖晚会1场。

·第二届天河读书节· 4月19～23日，天河区开展第二届天河读书节系列活动。4月22日，在天河区机关大会场举办“品味经典——中国文学经典朗诵与赏析”晚会，吸引近900名读者前来观看。开展以“天河读书节”为引领的多层次、全方位的群众读书活动，全年，区图书馆向社区服务3328小时，新增图书10129种、19308册，每年订阅报刊760种，接待读者10万人次，新增办证读者1686人，累计办证读者10100人，借阅图书读者20686人次，累计外借图书64607种次、73795册次。

·其他文化活动· 是年，区文化广电新闻出版局还开展其他文化活动。其中“‘创建全国文明城市构建和谐美丽天河’——广州市公益文化春风行进社区”演出7场；“‘共创文明城’——广州市‘四进社区’群众文艺大汇演之‘百台精品展风采’优秀节目巡演”13场；承办由区委、区政府主办的天河区新春团拜文艺演出；与天河·南方艺术城和天娱广场联合举办 “天河之夏——快乐六一”文艺活动；协助天河区妇联举办“展巾帼风采 创和谐生活”——天河区各界妇女隆重纪念“三八”国际劳动妇女节98周年大会暨文艺演出；与团区委共同举办天河区纪念改革开放30周年诗歌散文诵读大赛；协助区卫生局举办天河区“5•12”国际护士节文艺晚会；协助区纪委举办2008年天河区纪律教育学习月活动动员大会暨廉政文艺汇演；承办由区委、区政府主办的“明月•天河”——2008天河区中秋文艺晚会等；协助区政协举办“润物无声”——天河人文景观艺术作品展；与区科技局共同举办2008年全国大学生原创动画大赛颁奖晚会；承办2008年迎春花市亮灯仪式；与区机关党委共同举办2008年天河区直属机关迎春花会。

是年，天河区组织优秀作品参加全国、省、市的各类演出和比赛：客家山歌《凤凰飞》参加广州市客家山歌擂台赛，获金奖；天河合唱团参加“首届中国民歌合唱汇演”，获女声小组唱金奖；天河舞蹈团女子群舞《乞巧韵》参加广东省第四届音乐舞蹈花会，获银奖；参加市书法、美术、摄影作品评选，获书画类金奖6个，银奖17个，铜奖31个，摄影类评出金奖57个，银奖18个，铜奖31个。在广州市文化局举办的羊城青少年“奥运知识竞赛”中，区图书馆组织的学生代表队取得总决赛第三名的历史最好成绩。其中，骆柏浩同学获得唯一个人“最佳表现奖”；推荐参赛作品参加广东首届少年儿童卡通故事大赛，获二等奖1名、优秀奖8名。

2008年3月，爱的主旋律钢琴小提琴二重奏音乐沙龙。

区文广新闻出版局供稿

【天河区文化团体】 天河区群众文化团体是从90年代初逐步形成建立的。2008年在天河区注册的群众文化团体共有16个。此外，驻区专业文艺团体7个。

2008年天河区群众文化团体表

名　称	成立时间	名　称	成立时间
天河区粤剧团	1991	天河话剧团	1996.12
星河曲艺团	1991.3	天河广东音乐团	1996.12
天河区戏剧创作组	1991.10	天河区文学创作组	1997.6
天河区美术创作组	1992.3	天河舞蹈团	1997.9
天河区舞蹈创作组	1993.3	天河区书法创作组	2000.3
天河区音乐创作组	1993.3	天河区广东音乐曲艺创作组	2000.3
天河合唱团	1995.4	五山诗社	2000.12
天河区摄影创作组	1996.8	天河少年广东音乐团	2003.4

2008年驻天河区专业文艺团体表

名　称	地　址	成立时间
广东歌舞剧院	水荫四横路32号	1949
广州交响乐团	水荫横路13号	1957
广州杂技团	水荫四横路37号	1959
广州歌舞团	沙河顶新一街14号	1965
广州话剧团	沙河顶新二街13号	1975
广东实验现代舞团	水荫横路13号	1992
广州芭蕾舞团	龙眼洞	1994

【文化市场管理】 2008年，区文化广电新闻出版局以依法行政为核心，加强文化市场管理。

·音像制品和出版物市场整治· 开展打击非法出版活动专项行动，查处取缔非法出版活动，封堵网上有害信息，打击各种制售淫秽色情出版物和侵权盗版等违法犯罪行为。全年，共收缴盗版光盘268万张（其中涉嫌淫秽光盘40万张）、盗版书刊39万册（其中盗版教辅材料24万册）；检查书报刊亭586个，收缴非法书报刊9500余份。

·整治“黑网吧”· 全年共取缔“黑网吧”68家，没收非法经营电脑3147台，自行关转停“黑网吧”35家。对违规经营的有证网吧进行处罚，共处罚12家网吧，罚款12.5万元。

·文化市场日常管理· 区文广新局依法审批发放许可证64个。年审、换证、变更事项237个企业，组织许可听证会5次。进一步加强对有证文化企业教育培训工作，全年共召开企业各种教育培训8次，共1032人次参加，发放宣传材料3800份。

2008年1月，检查五山地区网吧。
区文广新闻出版局供稿

【文物保护】 2008年，区文化广电新闻出版局以文物保护为重点，挖掘、开发和利用文物资源。

•开展区第三次全国文物普查• 6月，召开区全国第三次全国文物普查工作会议，对普查员进行培训。开展实地田野调查，进行GPS定位和数据、资料复查核查工作。完成38个文物单位、14个文物线索单位的GPS定位、拍照、周边环境纪录和测定工作。建立普查档案和文书档案20 卷宗。新发现华农天文台（五山）、何椿年办公室、员村程界西村中兴巷“中兴门”闸门、西塘厅等4处文物线索。

•非物质文化遗产普查• 是年，向各方面收集有关文献、照片等相关的实物；调查、寻找非物质文化遗产项目的有关继承人；利用现代化科技手段，进行登记、摄影、录音、认定、建档等工作，确保取得第一手资料。共统计出非物质文化遗产34项，经区聘专家审核、筛选，整理出乞巧工艺品、客家山歌、吉山村会、龙洞民谣等27项申报区级非物质文化遗产名录项目。

2008年天河区辖内文物保护单位表

名　称	地　址	级　别	批准时间
十九路军淞沪抗日阵亡将士陵园	水荫路113号	广东省文物保护单位	2002年7月第4批
刘氏家庙	广州大道北大洲地2号	广东省文物保护单位	2008年11月
云从龙墓	沙太路五仙桥云家山	广东省文物保护单位	2008年11月
朱执信墓	先烈东路127号执信南路152号	广州市文物保护单位	1963年3月第1批
陈恭尹墓	龙眼洞祥云岭	广州市文物保护单位	1983年8月第2批
邓世昌衣冠冢	天河公园内	广州市文物保护单位	1989年12月第3批
沙基惨案烈士墓	广汕公路银河公墓	广州市文物保护单位	1993年8月第4批
粤军第一师诸先烈纪念碑	广汕公路燕塘牛眠岗	广州市文物保护单位	1993年8月第4批
新一军印缅阵亡将士墓	沙河濂泉路广州军区后勤部某仓库	广州市文物保护单位	1993年8月第4批

（续上表）

名　称	地　址	级　别	批准时间
陈复烈士墓	银河革命公墓	广州市文物保护单位	2000年3月
朱澄墓	广汕公路华南植物园内	广州市文物保护单位	2002年7月第6批
中山大学石牌旧址建筑	五山路东莞庄	广州市文物保护单位	2002年7月第6批
胡汉民墓	广汕公路龙洞段省林业学校内	广州市文物保护单位	2002年7月第6批
毛泽东视察棠下农业生产合作社旧址	棠下达善大街27号、49号	广州市文物保护单位	2002年7月第6批
拜庭许应锵墓	龙眼洞许家山	广州市文物保护单位	2002年7月第6批
晴川苏公祠	车陂街祠前大街2号	广州市文物保护单位	2008年12月
石人窿蓄水湖碑	棠下街上社村公园内	广州市文物保护单位	2008年12月
林伟民墓	银河革命公墓内	广州市文物保护单位	2008年12月
秦悦会墓	新塘街凌塘村背底山	广州市文物保护单位	2008年12月
七姐妹墓	车陂街车陂石狮山	广州市文物保护单位	2008年12月
李是男墓	沙河街沙河顶59号	广州市文物保护单位	2008年12月
周总理视察岑村纪念旧址	长兴街岑村南街	广州市文物保护单位	2008年12月
龙母庙	猎德街猎德村东南大街7号	登记保护	2002年9月
潘达微祖居	棠下街启明大街27号	登记保护	2002年9月
胡绍宗墓	凤凰街柯木塱鸡冠山	登记保护	2005年9月
李赖南墓	龙洞街龙洞村白虎窿1号	登记保护	2005年9月
景祚樊公祠	龙洞街龙洞东大街108号	登记保护	2005年9月
绿筠溪馆	前进街石溪桥头街4号	登记保护	2005年9月
日军侵华遗址	凤凰街渔沙坦太和嶂山顶	登记保护	2005年9月
日军侵华飞机库遗址	石牌街龙口东横路28号	登记保护	2005年9月
莲池寺普同塔	广州大道北五仙桥	登记保护	2002年9月

（吴声涓、周海燕）

新闻出版

• 天河新闻

【概况】 《广州天河新闻》原名《天河报》，创办于1986年1月，1998年12月该报改为对开4版周报，彩印，并更名为《广州天河新闻》。《广州天河新闻》是综合性报纸，围绕区委、区政府的中心工作，做好舆论工作。版面分工：第一版为要闻版，主要宣传天河区各个时期的中心工作和主要成就；第二版为经济版，主要宣传报道区的经济发展状况，设有“经济信息”、“经济知识”和“经济理论”等专栏；第三版为政文版，主要宣传报道天河区的新闻，设有“党团生活”、“法庭内外”、“公安战线”、“教学园地”、“文化生活”等专栏；第四版为副刊，主要是刊登小说、散文、报告文学、诗歌等文艺作品。该报赠阅对象主要是天河区委、区政府各部门，街、镇、村及辖区内有关单位。

2008年，《广州天河新闻》围绕区委、区政府的各项中心工作，把握大局、服务中心，对天河区的政治、经济、文化、教育等各方面工作做全方位的宣传报道。全年共出版发行50期，总发行量42.5万份，编发专题文章6组，刊登专题照片6组。

【重要宣传报道】 •创建国家卫生城市宣传• 是年，天河报以特稿及专版的形式，集中时间、版面，多角度、多侧面、多形式、多层次地对开展创建国家卫生城市及国家环保模范城市工作进行宣传报道，全面报道各单位开展创卫、创模工作的情况。

•重大会议宣传• 2008年，天河区先后召开区第七届纪律检查委员会第三次全体会议、区政协六届三次会议、区七届人大三次会议、区委七届四、五次会议，天河报以专栏或专刊等形式，对大会的盛况进行全方位的宣传。

•纪念改革开放30周年特刊• 2008年是改革开放30周年，天河建区23周年，为全面回顾天河区23年的改革发展历史，天河报开辟 “纪念改革开放30周年” 特刊，深入采访报道部分亲身经历天河各个发展阶段的领导和群众，梳理建区23年来天河区改革发展的历史脉络，全方位反映天河人民在改革开放伟大时代中的生动实践和不懈探求。

•深入报道猎德村整体拆迁• 2008年，天河报组织、策划，对猎德村整体拆迁进行全方位报道，多次深入猎德村进行采访摄影，反映猎德拆迁的情况，并以专版的形式，报道猎德的历史、变迁、发展、改造过程，全面描绘猎德改造后的美好前景。

•春运工作报道• 2008年，天河报以新闻图片及专版的形式，报道各个部门在春运工作中所付出的辛勤劳动，并大力宣扬区委书记杨建城提出的“顾全大局、恪尽职守、忘我工作、团结协作”的春运精神。

【“筑梦2008”大型摄影图片展】 2008年10月，为纪念改革开放30周年，反映天河区城市发展新面貌，天河报社与区文联、区档案局、区志办联合举办“筑梦2008”大型摄影图片展，共展出摄影作品120件。

• 报刊书籍

2008年天河区发行出版物

刊物名称	编辑单位	发行范围	编印期数	类别	备注（含刊号）
科普声讯	区专家协会	区内各部门	4	科普	
青春天河	团区委、区青联	全区团组织	3	团刊	

（续上表）

刊物名称	编辑单位	发行范围	编印期数	类别	备注（含刊号）
天河组工	区委组织部	区属各党委、党工委	14	党刊	总第116期—第129期
绿色天河	区环保局	内部发行	3	赠阅	
天河区统计月报	区统计局	全区	12		
天河统计	区统计局	全区	24		
天河统计分析参考	区统计局		8		
广州天河新闻	天河报社		50	报刊	
天河年鉴	区地方志编纂委员会	公开发行			ISBN978-7-101-06449-0
天河掌故	区地方志编纂委员会				

（天河报社供稿）

体育

【群众体育】 2008年，天河区开展多种多样的群众体育活动，举办各项群众体育活动84项次。主要有：4月，与黄村街联合举办 “2008年天河区全民健身活动月启动仪式暨篮球比赛”，共有14支队伍参加；5月，举办“市长杯”迎亚运羽毛球系列大赛天河区预选赛；5～7月，举办黄村地区迎奥运足球比赛；6月，在棠下、车陂两河段举办龙舟赛，棠下有12支龙舟队、车陂有32支龙舟队参赛。

此外，还组队参加广州市全民健身活动月启动仪式、广州市元旦万人健步行活动、“迎奥运”庆祝活动、参加2008年北京奥运火炬接力文体表演活动、广州市群众体育工作者迎春羽毛球比赛、广州市业余羽毛球系列大赛、广州市健身气功展演活动、国家体育人口抽查、广州市羽毛球人口调查、第16届亚运会倒计时两周年启动仪式、选派人员参加广州市一级社会体育指导员培训、“科协杯”机关乒乓球赛。

【参加“广州国际龙舟邀请赛”】 2008年6月14日，天河区组队参加广州国际龙舟邀请赛，共组织2队传统龙、3队彩龙、3队游龙参赛。棠下经济发展公司获传统龙比赛第六名；石牌三骏集团公司荣获艳龙比赛一等奖、车陂经济发展有限公司获艳龙比赛二等奖、前进莲溪村获艳龙比赛三等奖。

链接：

天河龙舟竞渡

天河区南临珠江，区内有7条河涌。龙舟赛在天河有着悠久历史，是一项极富吸引力和影响力的体育盛事。建国前，每年端午节，各乡各村都会进行龙舟竞渡，棠下、猎德、车陂等村的龙舟竞渡都较有名。建国后，曾有一段时间停止了这项活动。至1978年十一届三中全会后，龙舟竞渡这项体育活动才逐步恢复。建区后，龙舟竞渡继续蓬勃发展，现已成为天河区城市文化的一部分。天河区11条村共有80多艘龙舟。

【区体育传统项目学校概况】 至2008年，天河区内体育传统项目有田径、足球、武术、棋类、游泳、羽毛球、射击、乒乓球、篮球、跆拳道等11个项目。全区有市级以上体育传统项目学校23所。

2008年天河区辖内各级体育传统项目学校表

级别	项目	学校
国家体育传统项目学校	田径	华师附中
广东省体育传统项目学校	田径	华师附中
	篮球	四十七中
	乒乓球	员村小学
	羽毛球	先烈东小学
广州市体育传统项目学校	田径	先烈东小学、车陂小学、东圃小学、棠下小学、四十七中、七十五中、一一三中
	游泳	华阳小学、先烈东小学、华师附中、天河中学
	羽毛球	先烈东小学、沙河小学
	足球	高塘石小学、华康小学、八十九中、华师附中
	射击	黄村小学、龙口西小学、侨乐小学、七十五中、东圃中学
	篮球	体育东小学、员村小学、四十七中、华师附中
	乒乓球	石牌小学、员村小学、林和小学、一一三中
	棒球	体育东小学
	垒球	天河中学
	武术	华成小学、四十七中、泰安中学

【天河地区体育协会概况】 2008年，天河地区有体育协会5个。

2008年天河区体育协会概况表

协会名称	地　　址	成立时间
员村地区体协	员村三横路	1978
天河区信鸽协会（浩和俱乐部）		1988
天河区高尔夫球协会	华美路23号行政南楼307室	2008
天河区乒乓球协会	员村天府路1号天河区机关大院内	2008
天河区游泳协会	中山大道190号骏景花园骏景会所	2008

【体育市场管理】 2008年，区体育局加强体育市场管理。全年检查、审核高危体育场所15家。5月，召开区高危险体育经营项目管理工作会议和加强游泳场所安全卫生管理工作会议，按《广东省高危险性体育项目活动管理规定》要求对辖区内的高危险项目经营场所进行检查、监督，联合开展辖区内游泳场所的安全、卫生检查监督工作，对民办非企业的体育社团及组织进行管理。

【体育场馆设施】 2008年，天河区增建52条全民健身路径，全区已建成全民健身路径217条。是年，天河区辖区内（除铁路部门及解放军、武警部队外）共有各类体育场地825个。其中体育场14个、体育馆5个、运动场23个、篮球场405个、足球场6个、排球场71个、小运动场43个、游泳池17个，其余各类场地241个。区辖内主要场馆有广东奥林匹克体育中心、天河体育中心。

2008年天河区辖内主要体育场地表

类　别	名　　称	地　　址
田径	天河体育场	天河体育中心
	广东奥林匹克体育场	广东奥林匹克体育中心
足球	天河体育中心足球场	天河体育中心
	广东奥林匹克足球场	广东奥林匹克体育中心
篮球	天河体育中心篮球场	天河体育中心、体育馆
	员村工人文化宫体育馆篮球场	员村二横路
高尔夫球	天河高尔夫俱乐部	天河体育中心体育场
保龄球	广州大世界保龄球馆	天河体育中心
	广州市天河区天园保龄球馆	黄埔大道锦明街83～93号首层

(续上表)

类　别	名　　称	地　　址
羽毛球	员村工人文化宫体育馆羽毛球场	员村二横路
	江燕羽毛球俱乐部	车陂路
	广州市羽毛球运动管理中心	天河体育中心
	喜利羽毛球场	龙口东路横街28号羽毛球场内
游泳	天河体育中心游泳馆	天河体育中心
	员村工人文化宫游泳池	员村二横路
棒球	天河体育中心三井少年友谊棒球场	天河体育中心
溜冰	员村工人文化宫溜冰场	员村二横路
健身	员村奥力健身俱乐部	员村二横路工人文化宫内
	力美健健身俱乐部	天河北路
	青鸟健身广州天河店	天河体育中心东门内御都会所
	中体倍力健身俱乐部广州天河体育中心店	天河体育中心游泳馆东座1～3层
	广州健美乐体育文化传播有限公司	天河体育中心内南广场东侧
	广东奥瑞特健身俱乐部	中山大道华港花园豪情湾3～4楼

【广东奥林匹克体育中心简介】 位于天河区黄村的广东奥林匹克体育中心于2001年9月23日竣工，占地面积100万平方米，建筑面积30万平方米，总投资12.3亿元，可容纳观众80012人。其飘带式顶盖新颖独特，为广东省新世纪标志性建筑。奥林匹克体育中心的体育设施及辅助设施包括足球场、田径场、马术场、射箭场、棒球场、垒球场、曲棍球场、体育科技中心、新闻会议中心、药检中心、体育俱乐部。会所、商场、宾馆以及大型休闲、娱乐、康复设施等。奥林匹克体育中心是目前亚洲规模最大、配套设施最好的体育场之一，2001年11月11～25日，在此承办中华人民共和国第九届全运会的开幕式和田径、足球等比赛项目。

【天河体育中心简介】 位于天河路的天河体育中心于1986年落成，总建筑面积12.47万平方米。1987年，中华人民共和国第六届全运会在这里举行。主要建筑有体育场、游泳馆、体育馆，体育场可容纳6万多名观众。附属建筑设施有足球训练场2个，网球场12块，网球馆一座，田径副场、球类练习馆、体操技巧馆、棒垒球场、大型旱冰场各一座，此外还有办公大楼和新闻中心等。1995年，天河体育中心修建全国第一条健身路径，并增建树林舞场、露天羽毛球场、乒乓球活动区、儿童活动区、健身小区、篮球俱乐部等各种群体设施。体育中心成为既可举办各种体育比赛，广泛开展群众体育活动，又可举办各类大型博览会，集健身、娱乐、休闲和展示于一体的大型多功能综合性活动场所。

（区体育局供稿）

医疗卫生

【概况】 2008年，天河区有区属医院6家，社会医疗单位（医院）269家。区属医院从业人员830人（其中卫生专业技术人员650人）。区属卫生机构共有病床452张，平均每千人口病床0.89张，全年病床周转次数为32.5次。区属医疗机构全年门诊量为68.6379万人次，入院病人9883人次，治愈67.2%，好转率30.21%，病人抢救成功率81.4%。

【区属医院】 2008年，天河区有区属医疗单位6家：区红十字会医院、区沙河人民医院、区妇幼保健院、区慢性病防治中心、区侨怡苑人民医院（林和街社区卫生服务中心）、区中医医院。

2008年天河区区属医院表

名　称	占地面积（m²）	地　址	建立时间	高级职称（人数）	床位	2008年门诊人数	备　注
天河区红十字会医院	8777	东圃大马路13号	1962.2	15	100	388547	二级
天河区沙河人民医院	4000	天平架沙和路	1963.3	4	100	174778	一级甲等
天河区妇幼保健院	1860	天河北路367号	1986.9	26	100	316402	二级甲等
天河区慢性病防治中心	1280	中山大道棠下西牌坊	1993.3	5	—	87206	
天河区侨怡苑人民医院（林和街社区卫生服务中心）	1814（建筑面积）	天河北路382号	1994.9	4	9	104027	区一级
天河区中医医院	6800	黄埔大道中棠石路9号	1996.12	25	143	194738	二级甲等

2008年天河区区属医院名医表

职　称	姓 名	性别	专　科	所在医院
主任医师	林　玲	女	妇女保健	
主任医师	陈少华	女	儿科	天河区妇幼保健院
主任医师	吕　英	女	中医内科	
副主任医师	粟迎春	男	骨科	
副主任医师	刘建平	男	儿童保健科	

（续上表）

职　称	姓 名	性别	专　科	所在医院
副主任医师	谭冬玉	女	妇产科	天河区妇幼保健院
副主任医师	王雪纯	女	妇产科	
副主任医师	李洪钧	女	妇产科	
副主任医师	杨娅冬	女	妇产科	
副主任医师	刘晋英	女	妇产科	
副主任医师	王　弘	女	儿科	
副主任医师	邱芸芸	女	儿科	
副主任医师	李　群	女	儿科	
副主任医师	吴妙英	女	儿科	
副主任医师	陈　燕	女	儿科	
副主任医师	甘子红	女	妇幼卫生	
副主任医师	李迎舒	女	眼科	
副主任医师	李爱武	女	口腔科	
副主任医师	吕　英	女	中医内科	
副主任医师	徐远芳	女	中医内科	
副主任医师	刘运科	男	检验科	
副主任医师	王利群	女	影像B超	
副主任医师	李大庆	女	妇产科	
副主任医师	侯美莲	女	妇产科	
副主任医师	罗志莲	女	妇产科	
副主任护师	王利辉	女	妇产科	
副主任医师	黄巧云	女	内科	
副主任医师	孙世宁	女	内科	
主任医师	何清源	男	外科（普外）	天河区中医医院
副主任医师	雷健康	男	内科	
副主任医师	李慧文	女	中医科	
副主任医师	许映絮	女	中医科	
副主任医师	毛晓农	男	中西医结合	
副主任医师	刘　建	男	儿科	
副主任医师	曾维钦	男	儿科	
副主任护师	陈小玉	女	外科护理	

(续上表)

职　称	姓 名	性别	专　科	所在医院
副主任检验师	罗思红	女	临床检验	天河区中医医院
副主任医师	刘福英	女	中医科	
副主任医师	陈　胜	男	内科	
副主任医师	余绛宇	女	中医科	天河区沙河人民医院
副主任医师	蒋　梅	女	妇产科	
副主任医师	谭检平	男	外科	
副主任医师	陈礼勤	男	儿科	天河区侨怡苑人民医院
副主任医师	黄美虹	女	妇科(中医)	
副主任医师	张晓明	男	中西医结合	
副主任医师	黄新桥	男	骨外科	
副主任医师	何玉章	男	皮肤、性病科	天河区慢性病防治中心
副主任医师	邱义平	男	中西医结合	
副主任医师	陈祖铿	男	内科(中医)	
副主任医师	陈胜蓝	男	疾控与公卫	
副主任医师	肖苑云	女	健康教育与健康促进	
副主任医师	许　清	女	儿童保健	天河区卫生监督所

【驻区医疗机构】 2008年，天河区辖内有多所广州市一流的大医院。其中主要的综合性三级甲等大医院有广州华侨医院、中山大学附属第三医院，另还有中山大学第六附属医院、广州市第十二人民医院等大医院。此外，华南理工大学等各大院校均设有校医院，一些大型企业也在天河区设立疗养院。

2008年天河区驻区部分医院简表

名　称	地　址	建立时间	医院等级
广东省武警总队医院	燕岭路268号	1986年迁来	
广东省中医院天河门诊部	天河东路60号	90年代	
中山大学附属第六医院	员村新街17号	1965年	二级甲等
广州市第十二人民医院	黄埔大道西天强路1号	90年代	三级综合
广州华侨医院	黄埔大道西615号	1981年	三级甲等
南方医科大学第三附属医院	中山大道西183号	1988年	二级综合
广州市残疾儿童康复中心	龙洞	1985年	
中山大学附属第三医院	天河路600号	1971年	三级甲等

（续上表）

名　称	地　址	建立时间	医院等级
广州市社会福利院（残疾人医院）	龙湖路233号	70年代	
燕岭医院	粤垦路533号	90年代	
广州华侨医院东圃分院	东圃广氮小区	90年代	
长兴人民医院	乐意居美景街146号	2001年	
龙洞人民医院	龙洞东路二横路2号	2002年	

【区社会（个体）医疗单位】 2008年，天河区有社会办医疗机构269家，其中诊所168家，门诊88家、医院13家。这些机构全部分布于城乡结合部的居民小区，其服务对象主要是外来人口及小区居民。其中颇具特色且有相当规模的社会办医疗机构有长安医院等。

2008年天河区主要驻区社会医疗单位医院简表

名　称	地　址
长安医院	天河路502号
新时代医院	广利路73号
广州康民医院	先烈东路155号
广州家家乐康复医院	东圃车陂
广州华兴康复医院	兴华街银锭塘
广州现代医院	广园中路濂泉路42号
广东华南口腔医院	林和东路218号
仁爱医院天河分院	天河路108号
广州振华骨伤医院	禺东西路22号
扶元堂医疗康复医院	黄埔大道西161号
广州华爱医院	广州大道北741号
龙洞人民医院	龙洞东路二横路2号
长兴人民医院	乐意居美景北146号

【社区卫生服务建设】 2008年，天河区建立稳定的社区公共卫生服务经费补助机制。预算投入社区公共卫生服务补助经费3350万元，其中市财政预算1347.3万元，区级财政预算2002.7万元，同比增长170.23%。是年，推进社区业务用房购买工作和社区卫生服务站建设。签订前进街美林湖畔小区和棠下街历德雅舍小区配套的2所社区卫生服务中心购房协议书，新建的沙河街、天河南街2个社区卫生服务站已先后开业。

·落实公共卫生服务职能· 落实《天河区困难群体医疗服务优惠管理办法》等制度，实施“二免五优惠”措施，完善社区基本医疗补偿机制。全年，为弱势群体减免费用419.19万元，救助贫困孕产妇81人，免费婚检3385例；免费服务贫困精神病人门诊1861人次，比上年（下同）增长24.3%，免费金额38102元，增长54.5%，减免住院费59人次，救助金额近22万元，增长37.5%。

·“八个网底”建设· 是年，加强计划免疫、疫情直报、社区妇幼保健、健康教育、结核病预防控制、社区精神病防治康复、社区康复、健康管理和慢性非传染性疾病管理“八个网底”建设，提高预防保健和疾病控制水平。全年，建立健康档案10.22万份，户籍居民建档率达到18.2%(常住人口建档率达到9.8%)。孕产妇系统管理率95.07%，高危孕产妇管理率100%，孕产妇死亡人数0，围产儿死亡率2.10‰，低出生体重儿发生率3.24%，新生儿破伤风发生率0，7岁以下户籍儿童管理率99.92%，5岁以下儿童死亡率2.32‰，儿童营养不良发生率0.46%。精神病人检出率6.2‰，监护率99.4%，显好率86.8%，社会参与率80.7%，肇事率0.19%。网络报告疑似肺结核病人3636例（其中非结防机构报告病人2707例），到位2384例，到位率88.1%，其中追踪到位率81.2%。

·社区卫生服务监督管理· 是年，投资30多万元，制作统一专用标识，统一专用灯箱，规范社区卫生服务机构标志设置。印发《加强社区卫生服务工作业务指导和技术支持工作方案》，调整区疾病预防控制中心、区妇幼保健院、区慢性病防治中心等预防保健机构的职能，把适宜社区开展的公共卫生服务项目逐步下放给社区卫生服务机构承担。邀请市级专家和区卫生局管理人员、各业务指导单位骨干组成考评小组，分别于7月和10月两次对社区卫生服务机构进行抽查和全面考核。年度考评中优秀机构15家，占68.2%；良好5家，占22.7%；合格2家，占9.1%，合格率100%。

【东北部医疗卫生服务建设】 2008年，天河区加快东北部医疗卫生服务建设。

·区红十字会医院发展· 是年，加快区红十字会医院发展，提高医疗服务质量。启动住院大楼改扩建工程，初步形成用地规划平面方案。通过开展以“医疗安全教育月”等活动为载体，创新技术项目，医院业务快速增长。全年，业务总收入7322万元，比上年（下同）增长23.85%；门诊病人388547人，增长18.25%；出院病人5591人，增长5.39%；“120”出车2748次。

·东部社区卫生服务· 社区卫生服务逐步推广覆盖，东部地区社区卫生服务机构已增加到9家（中心7家，站2家），较为边远的沐陂、凌塘社区2家社区卫生服务站已在验收，前进街社区卫生服务中心签订购房协议书。

·辖内企业医院改制· 是年，除原邮电医院和广氮医院改制升级外，新塘街农工商卫生院通过改、扩建，已成为建筑面积约8000多平方米的一级综合性医院，更名为广州天河新塘医院。

【医疗机构管理】 2008年，区卫生局继续加强医疗机构管理，规范医疗卫生服务行为。

·医院管理· 是年，区卫生局加强医院管理，提高技术水平。根据《医院管理评价指南》制定二级综合医院、中医院、妇幼保健院及社区卫生服务机构评价标准，建立二级医院、一级医院、社区卫生服务中心、站四级别监督管理服务体系，理顺临床、中医、妇幼三条专线管理工作，促进二级医院对社区卫生服务机构临床业务指导和妇幼、中医药进社区工作，提升社区医疗服务质量。加强医院行政、临床干部培训，强化基础护理质量和科研工作管理。是年，区属各医院共有省级立项2项、市级5项，申报区级科技计划项目27项。以发展中医强省、强市、强区为契机，发展中医专科专病特色，实施“名院、名科、名医”战略。区妇幼保健院有乳肝病专科，区红十字会医院开展不育不孕专科和老年病专科，区中医医院制定《天河区中医医院重点专科建设计划》，打造广州市名中医医院。

·临床管理· 是年，区卫生局加强临床管理，确保医疗安全。统一实施药品竞价限价阳光采购方案，制订《抗菌药物临床应用实施细则》等规章制度，加强对临床合理抗菌药物的监督管理，并做好药物不良反应的监测，落实药物不良反应报告制度。妥善处理停用刺五加药品等不良反应事件。加强精麻药品管理，开展麻醉工作检查，规范临床麻醉行为，强化精麻药品购用和麻醉安全意识。加强临床用血监管，确保全区临床用血100%来自无偿献血。10月，成立社区药物维持治疗门诊点。全年，共收治吸食海洛因成瘾者药物维持治疗48人次，外地转入者8人次（现服用者5人次）。

·民营医疗机构监管· 7月，召开天河区打击超出核准登记的诊疗科目非法开展诊疗活动行为专项行动动员大会，开展法律法规知识培训，部署打击非法行医工作，增强民营医疗机构守法、规范执业的观念，提高依法执业和规范管理意识。同时依托行业协会开展评选民营医疗机构诚信单位活动，是年共有38间机构获得“民营医疗机构诚信单位”称号。

•打击非法行医• 全年，开展打击非法行医专项行动22次，打击非法医疗广告、非法医学整形美容专项整治行动4次，督查医疗机构290间次，取缔无证行医场所236间次，卫生行政处罚违法违规医疗机构42宗，罚款14.66万元。

•执业医师资格考试、注册• 是年，区卫生局做好执业医师资格考试、注册工作。共完成执业医师资格考试报名980人，医师、护士执业注册和变更921人。

（程兵）

爱国卫生

【创卫宣传】 2008年，为迎接创建国家卫生城市检查，区爱卫办加大创卫宣传力度。以创卫及病媒生物防治为主题，先后3次设计、印制爱国卫生和创卫活动宣传栏、墙报、宣传小册子等宣传资料20多万份下发到街道、社区；各街道利用宣传栏、横幅、标语进行宣传。迎检期间，全区共举办咨询宣传活动30多场次，拉挂横幅501条，安装宣传栏20多个，刊出创卫相关宣传栏348栏次。开展主题鲜明的宣传活动。4月1日，在中怡广百广场举办以“清洁家园，健康奥运”为主题的大型宣传活动。各街道在辖区内开展宣传咨询活动，大力宣传爱卫月，指导市民清洁家园、除害防病。

【全国爱国卫生月活动】 2008年4月，天河区以清洁家园、健康奥运为主题开展第二十个全国爱国卫生月活动。区爱卫办制定《天河区第二十个全国爱国卫生活动月方案》。4月1日，在辖区内设置爱卫月咨询日活动点，通过现场爱国卫生有奖知识竞赛，广泛宣传卫生知识，发放《居民健康手册》、《预防登革热宣传手册》等宣传资料50000多份。各街道结合创卫工作，组织灭蚊防登革热墙报或板报，对灭蚊防登革热情况进行宣传。沙东、凤凰、长兴、新塘、五山、猎德等街以宣传栏、墙报、入户派发防登革热指引等形式开展宣传活动。4月11～30日为环境整治和除“四害”实施阶段，行动中清除卫生死角409处，清理废旧轮胎1203个、空置容器6333个、积水350处，填平坑洼地及树洞161处；新增毒鼠屋27500个，堵塞鼠洞268个；共使用除害药约15.5吨，处理鼠尸401只，公共场所消杀面积约65.9万平方米。

2008年4月，天河区开展第二十个全国爱卫月咨询宣传日。
摄影：伍丽端

【病媒生物防治】 2008年，区爱卫办加强病媒生物防治工作。做好基础设施建设及除“四害”经费、药械的落实。是年，新增灭鼠毒饵屋8400个，下水道沙井防蚊闸板9824个。全年购进灭鼠谷20吨，强力粘鼠板50500块；药剂20吨，灭蚊剂25吨；灭蚊136200盒，防蚊贴4700个，灭蟑方便贴10000盒，杀蟑烟片300包；灭蝇药2吨；各种喷雾器31台，全部下发到各街道。开展灭蚊防控登革热活动。4～10月，区爱卫办协调各爱卫会成员单位开展以环境综合整治、灭蚊为重点的病媒生物防制统一行动11次。出动人员46200多人次，清理卫生死角3249处，清除“四害”孳生地8100多处，各种积水3600多处、封堵鼠洞950多个；清理露空轮胎2090多个、填平坑洼地及树洞100多处。协调各相关部门对学校、工地、公园、公厕、化粪池等公共场所进行统一的药物喷杀，室内统一熏杀。加强巡查督导，各街对消毒站或消杀公司的消杀工作进行跟踪督查，由专人负责检查消杀记录。

【创建星级卫生街道工作】 2008年10月，为建立健全爱卫工作长效管理机制，区爱卫办启动创建星级卫生街道工作。制定工作实施方案和考核细则及责任分解细则，举办3期创建星级卫生街道业务培训班。至12月底，已完成林和街、猎德街创建星级卫生街道初评和申报工作。

2008年1月，天河区创建星级卫生街道工作会议现场。
摄影：占小衡

【控烟活动】 2008年，区爱卫办通过卫生月和世界无烟日活动，开展控烟宣传，加大控烟工作力度。5月31日，组织各街道及有关单位利用橱窗、板报等形式，开展"吸烟有害健康"宣传活动，医疗单位进行现场咨询。开展烟草广告的专项整治，检查清理区内户外烟草广告，共拆除烟草广告和招牌168块。加强对公共场所控烟监督检查，与各街道对区内体育馆、超市、酒店、医院等公共场所进行52次重点监督检查。

（占小衡）

疾病预防控制

【传染病防治】 2008年，天河区共报告传染病6093例（手足口病不列入此项统计），比上年（下同）下降15.60%；死亡9例，病死率0.15%，死亡病例数上升80%。其中：甲类无病例报告；乙类14种，3828例，下降13.56%；丙类7种（手足口病不列入统计），共2265例，下降18.84%；手足口病（新纳入的传染病）1514例，其中重症2例，无死亡。辖区内法定传染病排名前五位顺次是：肺结核、梅毒、肝炎、麻疹、淋病。对艾滋病实行专项管理，以行为干预为重点，开展宣教工作，免费咨询40人次，推进对娱乐场所高危人群行为干预工作，做到报告单位随访率为94.73%，现住址报告随访率为56.86%，溯源完成率为71.43%，对哨点监测场所中的劳教人员、强制戒毒人员、看守所收容人员共监测采样2366人（阳性率0.97%）。

定期在辖内各类公共场所、医疗机构等进行霍乱、人禽流感与流感、不明原因肺炎、AFP、新生儿破伤风、麻疹、人群免疫水平、"四害"密度等监测，传染病报告率为95.9%，报告及时率99.6%，个案调查完成率97.02%，疫情调查处理100%。

【卫生监测】 2008年，区疾控中心做好各项卫生监测工作，重点是传染病监测、食品卫生监测、公共场所、生活饮用水及职业卫生监测。

·重点传染病监测· （1）登革热。是年，天河区没有本地病例。全年处理2起输入性登革热疫情；调查2例患者，排除1例，确诊1例。（2）霍乱。外环境监测229份，食品检测275份（水产品227份，熟食品48份），无阳性。腹泻病门诊监测共5228人，检测757人，未检出霍乱弧菌。（3）SARS、人禽流感和不明原因肺炎。在岑村三鸟批发市场采集接触禽类健康人群共40份血清，随访监测人群120人次，均未检出。对疑似流感疫情的189例流感样病例，现场采集的33份咽拭子样本，检出流感病毒阳性标本7份。(4) 艾滋病。截止2008年底，天河区累计HIV感染者共207例，其中艾滋病病人41例，死亡4例；是年，区辖内各单位共报告HIV阳性者162人，其中死亡4人；按现住址统计天河区有52例HIV感染者和23例艾滋病病人。对岑村劳教所人员、天河区戒毒所人员、天河区看守所人员、美沙酮门诊治疗人员共监测采样2417人，阳性率0.99%。(5) 出血热。是年报告16例，个案调查16例，其中确诊13例，排除3例。(6) 伤寒和副伤寒。报告11例，确诊6例，排除4例，个案调查11例。(7) 细菌性痢疾。报告71例，确诊66例，完成个案调查71例，无死亡病例。(8) 病毒性肝炎。报告622例，其中甲肝18例，乙肝420例，丙肝302例，戊肝73例，未分类66例。完成个案调查879例。(9) 流感。中山三院内科门诊、儿科门诊和发热门诊的总病例为375385人，上感数为40836人，占门诊总病例的10.88%，其中流感样病例7753人，占上感病例的18.99%，占门诊总病例的2.07%。(10) 猩红热监测。报告13例，删除1例，完成个案调查13例。(11) 麻疹监测。报告499例，确诊341例，排除158例，完成个案调查496例。

·食品及饮用水卫生监测· 是年，开展食品污染物监测工作，加强二次供水尤其是对农村生活饮用水的监测（对渔沙坦村水源水、出厂水、井水每月跟踪监测，共监测33宗）；开展军团菌监测、民用建筑工程室内环境污染物监测、外环境γ射线水平监测等新项目。为配合天河区食品污染物监测工作，中心检验室新开展食品中无机砷、甜蜜素、六六六等14种新项目的检测。

【疾控进社区】 2008年，天河区公共卫生服务管理对象包括32间网络直报医院、20个社区卫生服务中心、8个社区卫生服务站、44个免疫接种门诊、21个街道消毒站和约400间托幼机构和中小学校；餐饮单位和公共场所近2万家。是年，区疾控中心加强对社区卫生服务中心的业务指导和培训，组织辖区内医院管理与技术人员、社区防疫人员、学校卫生管理人员、街道卫生专干、街道消毒专干等，开展传染病预防控制、免疫规划、协助处理突发公共卫生事件、卫生信息管理及健康教育等培训，培训人员达2000余人次。实施计划免疫例会制度，完成对户籍人口病毒性肝炎免疫水平监测任务456人份，召开年度全区公共场所卫生管理工作会议、学校青少年健康危险行为调查培训会，建立交流平台。

【计划免疫】 2008年，天河区免疫接种率继续维持在较高水平。全区本地周岁儿童“六苗”基础免疫及时接种率平均为99.58%；全区外地周岁儿童“六苗”基础免疫及时接种率平均为99.07%。

疾控中心开展儿童计划免疫咨询宣传和查漏补种活动，共查出漏种儿童3480名，补种脊灰、麻疹、乙肝共2931针次。此外，为解决中心冷库存苗困难和基层冷链运输设备不健全等问题，9月，设专人专车，每周免费为44个免疫门诊运送疫苗和注射器，保障疫苗的使用安全。

【改进实验室质量管理体系】 2008年，区疾控中心加强对质量管理体系的维护与监测。组织检验科参加省CDC、市CDC实验室间比对——水样中铅、砷、消毒剂中有效氯成分、以及奶粉中蛋白质含量的检测，结果全部合格；以及CNAS能力验证项目（水中铜、锌、铬、镉等8种金属以及氟化物、氯化物、硝酸盐、硫酸盐4种无机盐的检测）。10月12日，中心实验室接受中国合格评定实验室国家认可委员会第二次实验室认可监督评审，并按要求对5个不符合项进行整改。是年，理化组共完成食品检测870宗（其中碘盐检测288宗），职业卫生检测68项次，水质分析检测347宗，处理食物中毒9宗。微检组共完成食品检测241份、餐具5789份、生活饮用水277份、泳池水82份、霍乱监测554份、旅业1137份、食物中毒423份、肠道致病菌检测102008份、军团菌检测36份、医院监测605份。临检组共完成服务行业从业人员乙肝检测101566人、职业卫生体检检测278人、自费乙肝两对半检测591人份、艾滋病抗体(HIV-Ab)检测3894例、梅毒血清学试验453例、风疹检测共211例、麻疹检测IgM共282例、天河区不同人群麻疹IgG抗体水平监测501份。

(刘钦凤)

卫生监督

【抗震救灾卫生监督】 2008年5月12日，四川省汶川县发生8.0级特大地震。在特大地震发生当日，区卫生监督所立即启动赴灾区抗震救灾卫生监督工作应急预案。5月19日，应广州市卫生局紧急命令，抽调钟炜、简盛驰援灾区。5月20日至6月17日，深入乡村，100%的覆盖威州镇12个村和社区，宣传普及卫生防疫知识，指导灾区群众安全用水、用粮、环境处理和传染病防治。共检查物资集中发放和场所集中安置场所食品3531件，开展食品快速检测583项次，检查食品标签标识2421次，其中检查出不合格食品31件；监督检查受灾群众集中安置场所餐饮点79间次，检查救灾人员集中生活点餐饮点7间次；检查13个村（包括社区）的供水点共48个，派发饮用水、食品卫生、传染病防治宣传资料上万份，共计2387名群众受到各类公共卫生教育。钟炜、简盛分别荣获“广东省抗震救灾优秀共产党员”称号和“广州市抗震救灾优秀共产党员”称号。

【食品卫生监督量化分级管理】 2008年，区卫生监督所继续推进食品卫生监督量化分级管理工作，重点针对粥粉面、快餐、炖品、甜品等小饮食店开展量化分级管理。全年，对辖区内2031间餐饮以及集体食堂进行食品卫生监督量化分级评定，评定率达100%。其中，餐饮业1475家，被评定为A级的12家，B级126家，C级1337家；集体食堂556家，被评定为A级的14家，B级210家，C级332家。是年，天河区新增威斯汀酒店、君悦酒店、嘉逸国际酒店等6家A级企业，全区A级企业已达31家，居全市各区前列。

2008年5月 ，卫生监督应急队员钟炜在指导灾后防疫卫生工作。

摄影：简盛

【公共卫生场所管理】 2008年，区卫生监督所以旅店业、理发美容业、公共浴室、游泳场和娱乐服务场所为重点监督对象，开展公共场所卫生监督工作。重点整改卫生管理机构欠缺、卫生管理制度不健全不落实、从业人员无证上岗、工作流程不符合卫生标准等问题。加大对游泳场所的卫生监督执法力度，对辖区内的学校、小区会所及营业性游泳池进行专项监督检查，严格落实泳客凭健康证进场制度、强制性淋浴和浸脚设施的完善、游泳池水的定期消毒和余氯监测记录制度，游泳池消毒用品的采购索证制度，并协调区CDC认真完成对游泳池水的卫生监测工作。是年，各类公共场所“两证率”达95%。

【医疗卫生与传染病防治监督】 2008年，区卫生监督所抓好医疗卫生与传染病防制监督工作。

·规范医疗卫生服务市场· 是年，开展打击非法行医专项行动22次，打击非法医疗广告、非法医学整形美容专项整治行动4次，出动监督员655人次，出动监督车辆158台次，检查医疗机构290间次，取缔无证行医场所236间次；对违法违规医疗机构卫生行政处罚44宗，其中警告2宗，罚款42宗14.66万元。

·传染病防治监督· 是年，加强对辖区内各医疗机构传染病疫情报告监督管理，开展传染病漏报率的监督检查，医院内感染管理专项监督检查和临床用血情况检查，并开展医疗废物管理和污水处理等工作情况进行监督检查。

·职业卫生监督· 2008年，区卫生监督所依据《中华人民共和国职业病防治法》，对245间存在粉尘、有机溶剂和噪声等职业病危害因素的用人单位进行现场监督、检查和指导。

【突发公共卫生事件处理】 2008年，区卫生监督所贯彻执行《突发公共卫生事件应急条例》和《广州市突发公共卫生事件卫生监督方案》。甄别、确定星粤餐饮娱乐有限公司、广州霏诗会所、濬安鞋厂及广东林业学校等4起食物中毒事件，安置中毒患者共38人；处理海怡明都大酒家14人不明气体接触反应等突发公共卫生事件，控制事件发生的程度与波及范围。

【重大社会活动卫生保障】 2008年，区卫生监督所加强与活动组委会以及接待单位的沟通、联系，通过加强监督巡查、驻点监督、监控原料品质、控制菜式等措施，确保所有重大活动的食品安全。是年，顺利完成第103、104届广交会、WAT-2008年“陶艺轩瓷砖杯”广州国际女子网球公开赛、天河区龙舟赛、高考中考、NBA中国赛、2008北京奥运火炬传递广州站等16次卫生保障任务，累计监督餐饮、旅业、食品生产单位184间次。全部接待单位未发生一起食物中毒、公共场所环境卫生污染事故、饮用水卫生事故及传染病疫情。

【卫生许可审批和行政处罚】 2008年，区卫生监督所新发出食品行业卫生许可证1039户，变更406户，年审673户；公共场所新发出卫生许可证212户，变更98户，年审177户；临时卫生许可证4905户。全年共发出卫生许可证7510户。是年，查处多起违法行为。作出简易处罚案件29宗，罚款28800元；一般程序行政处罚165宗，罚款48.521万元（其中食品卫生110宗,罚款28.81万元；医疗卫生42宗，罚款14.66万元）。

2008年11月，副区长林玲视察行政许可工作。

摄影：钟炜

（区卫生监督所供稿）

食品药品监督

【概况】 2008年，区食品药品监管局共受理药品零售企业申办90家，变更128家，注销45家；受理、初审上报《医疗器械经营许可证》申办106份；受理、复核保健食品经营许可资料146份，发放卫生许可证176份；出动检查人员1258人次，完成日常监管、专项检查及跟踪检查2491家；完成“三品一械”抽样360个批次。受理调查投诉举报144宗，立案60宗，全部办结，涉案物品价值约33万余元，罚没款14.81万元。

【“三品一械”市场监督管理】 2008年，区食品药品监管局继续做好药品、保健食品、化妆品及医疗器械（以下简称“三品一械”）市场监督。全年出动1258人次，检查药品生产批发企业288家次；药品零售企业887家次；医疗器械生产经营企业30家次；医疗机构312家次；取缔无证经营药品行为12起；对88家药品零售企业开展GSP（药品经营企业质量管理规范）认证跟踪检查，完成GSP认证跟踪检查率达100%。开展“三品一械”电子信息化监管工作，完成区内所有单体药店管理软件应用、计算机网络配备和电脑操作人员情况基本调查；在原有的药品、医疗器械生产、批发企业电子档案中补充各企业生产、经营的主要品种。开展药品抽样工作，完成360批次抽样任务，包括药品196批、化妆品75批、保健食品53批和医疗器械20批。

2008年1月，天河区食品药品监督管理局迁新址。

区食品药品监督管理局供稿

【药品市场整顿】 2008年，区食品药品监督局开展整顿和规范药品市场秩序专项行动。出动1006人次，完成日常监管及专项检查2647家。其中，药品零售企业887家；医疗机构药房313家；医疗器械使用单位312家；医疗器械生产企业30家；医疗器械经营企业450家；药品批发企业239家；第二类精神药品经营企业日常监督14家；保健食品、化妆品生产企业92家，经营企业310家。重点对麻药单位暨南大学附属第一医院疗养院、广东粤华药业有限公司进行监控，重点检查天河区强制戒毒所。

【处置药品突发事件】 2008年，区食品药品监管局对辖区160多家药品批发企业和330家医疗机构开展3次药害事件、医疗器械不良事件的清查行动：清查标示江西博雅生物制药有限公司生产的所有批号“静脉注射人免疫球蛋白”；紧急处理辖区一批发企业涉嫌销售有质量问题的“人血白蛋白（贝林）”（标示批号：57344411A）事件；清查标示为黑龙江完达山制药厂（黑龙江完达山药业股份有限公司）生产的刺五加注射液。

【食品安全整治】 2008年，区食品药品监督管理局组织有关部门召开供奥食品安全保障工作会议，协调部门做好对供奥食品生产、经营企业的督导工作。协调组织相关职能部门查处三鹿等问题乳及乳制品，监督处理有关问题乳及乳制品的销毁，完成2宗信访办转交的有关问题乳及乳制品的信访投诉案件处理工作。截至2008年11月9日，全区共出动执法人员7519人次，检查乳制品生产经营企业11440家次，抽取乳制品生产企业样品1691批次，抽样合格1605批次，累计下架问题乳制品23097.35公斤，为消费者退换问题乳制品8450.22公斤，受理咨询投诉162宗。辖区定点医院共初筛出7例因奶粉致泌尿系统结石可疑病例。

【机构】 区食品药品监督管理局为市食品药品监督管理局直属的处级行政机构，内设5个科室：办公室、稽查科、药品医疗器械监管科、保健品化妆品监管科、食品安全协调科。

局长：张伯君

副局长：石甦、陈令喜

办公地址：广州市天河区长兴路123号

办公电话：87260686

（周坚）

社会生活

劳动和社会保障

【劳动就业服务】 2008年，全区城镇登记失业人员15835人，其中新增失业人员11110人，安置11192人，就业率70.68%（其中安置“4050”人员就业2186人，就业率为59.21%）；特困失业人员安置率67%；“零就业”家庭一人就业率100%。天河区连续六年被市就业工作领导小组评为就业目标责任制考核优秀单位。

全年落实再就业专项资金2219.6万元全部纳入财政预算，用于资助失业人员、“农转居”人员、外省籍农民工培训资助592.51万元；为用人单位办理“3540”人员社保资助641家次，共2218人次，资助金额1539302.78元；创业上岗资助37人次，资助金额26874.07元；招用随军家属保险补贴14家次共44人次，资助金额48201.66元；区内社区就业安置单位补贴资助259.46万元；劳动力市场建设资助86.07万元；街道及社区居委就业服务机构经费资助79.6万元；举办招聘会、自主创业补贴、安置大龄失业人员等其他支出费用资助21.24万元；为街道、社区采购电脑、打印机费用资助23.12万元；申领市培训资助364人，共20.5万元；开展主题为“实现就业、稳定就业、我们真情相助”的2008年“就业援助月”活动，举办现场招聘会，开展岗位对接活动，安置援助对象16人就业。开展上门“五送”服务活动（送政策、送服务、送岗位、送补贴、送温暖），慰问“特困失业人员”、“零就业家庭”及“4050”人员54人，发放慰问品、慰问金，送上慰问信和就业岗位信息。8～12月，向四川受灾地区发送月均工资1200以上的岗位信息1159个，吸纳绵阳市和阿坝藏族自治州共61人到天河就业。

区劳动和社会保障局积极开展“就业援助月”、“春风行动”、“民营企业招聘周”、“大学生服务月招聘周”等公共就业服务专项活动，举办公益性招聘会27场，邀请企业627家，提供空岗信息16525个。进场求职人员20429人次，达成就业意向5102人，890名失业人员重新找到工作岗位。

开展创建充分就业社区工作，对辖区内失业人员实行独立建档立册，做到“7个清楚”，提供个性化就业服务和即时公益性岗位援助。重点帮扶“4050”失业人员、“零就业家庭”失业人员、低保和低收入家庭失业人员就业，发放《就业困难群体人员再就业援助联系卡》，超额完成市下达的创建充分就业社区目标任务。2008年，全区64.58%的社区（124个社区）创建成为充分就业社区。

【职业技能培训】 2008年，区劳动和社会保障局开设职业指导班144期，人数5304人，对特殊群体的失业人员实行“一对一”的门诊式职业指导，接受“一对一”职业指导学习人数946人次，举办职业技能培训班47期，参加人数1457人，合格率95.3%；“农转居”职业技能班29期2081人；外省籍农民工技能培训31期4137人；与广州市第二公共汽车公司联合举办的公交车资格、公交车驾驶员《从业资格证》、A1、A3驾驶证的培训考证班，有24人参加；举办特种作业年审班6期，303人参加；举办创业常识（GYB）培训班7期，317人参加；创业能力（SYB）培训班7期，194人参加，经过扶持和后期跟踪服务，成功创业率41.2%。10～12月，在华南理工大学校园举办一期SYB创业培训班，有29名研究生及47名本科生参加培训。12月2日在广东食品药品职业技术学院开展一期创业培训讲座，有200多名大学生到场听课。

【劳动保障监察】 2008年，全区劳动保障监察专职、兼职、协管员、法律监督员等4支劳动保障监察人员队伍，共873人。开展签约行动、春风行动、和风行动、整治欠薪专项行动等执法监察活动，维护劳动者合法权益。为企业送法、送服务上门，举办业务培训班271期，开展现场办公一条龙服务，参加现场办公的用人单位2197户，发放宣传资料5000多份，鉴证劳动合同5251份、审核用人单位规章制度89份，为 2534家用人单位办理劳动保障年审手续。完善劳动保障信息网络系统，运用网络系统对辖内用人单位实施监控，辖区各街劳动保障监察中队、189个社区居委会及部分村改制公司已能基本能运用电子监察网络系统实施监控，系统内受监控用人单位20735户，涉及劳动者486917人。

区劳动和社会保障局年审企业6517户；检查用人单位13897户次；受理各类案件1156宗，涉及劳动者7826名，结案率98.6%，未发生一宗错案，追回工资押金2619.34万元，其中，群体性突发事件55宗，超过100人的重大劳资纠纷案7宗。

2008年9月，全国政协副主席张榕明到天河区调研《劳动合同法》实施情况。

区劳动和社会保障局供稿

【劳动争议仲裁】 2008年，区劳动和社会保障局受理劳动争议案件2799宗，涉及职工4138人，涉案标的11027万元，比上年增长197%、175%和191%。审结案件1617宗，未审结688宗，结案率为70.2%。

全年免费审查用人单位自订劳动合同文本、规章制度、员工守则、培训协议、保密和竞业限制协议163份。鉴定劳动合同149709人，其中本市城镇户口合同制职工11881人；非本市城镇户口合同制职工137828人，劳动合同签订率达89%，有327家企业签订集体合同107份，覆盖职工211629人，其中集体合同14份，区域性集体合同16份，专项集体合同77份，集体合同履约率进一步提高，集体欠薪争议案件得到有效控制。

【工伤事故管理】 2008年，区劳动和社会保障局全年受理工伤案件511宗，涉案人数511人，已结案495宗，结案率96.7%。其中工伤死亡案件11宗，死亡人数11人，协调后当事人双方达成调解协议，涉案补偿金300余万元，工伤死亡案件同比去年下降53%；非法用工受伤事故3宗；行政复议、行政诉讼20宗，全部维持和胜诉；接群众来电5632次，来访2680人次。全年依法审批综合计算工时和不定时工作制70家。

【退休审批和征地社保审批】 2008年，区劳动和社会保障局为区内失业人员、单位在职职工、机关事业单位辞职人员、部队退役人员及早期离开市属国企等 927人进行视同缴费年限的连续工龄审核工作；为1703名符合退休、提前退休、病退及军转干部提前退休的人员进行退休审批；为505名从事过特殊工种的失业人员提前进行工种预审；受理910名“早期”离开省属单位、市属企业人员的工作年限审核确认工作；为 210多名退休人员进行连续工龄的复审；查阅档案6360多人次；为实行工资总额同经济效益挂钩企业进行工效挂钩方案的审批及清算；为区属39户企业退休人员移交社会化管理及企业职工分流安置方案等进行审批；接待来访群众8210多人次，回复信函51件。

受理天河科技园征地项目、广州金钥匙学校等20家征地单位征地前的有关社保审核报批、养老保险费用的测算等工作，涉及被征地农民2662人，发出《被征地农民养老保险有关事项的通告》8起、《听证告知书》6宗，制定《被征地养老保险方案》12份，完成审核报批12宗。

【公费医疗管理】 2008年，区劳动和社会保障局在定点医疗单位南方医科大学华瑞医院举办公医业务讲座，60多人参加学习；到省人民医院、中山一院、武警医院、区中医院、沙河人民医院等10余家医院进行调研，了解信息化对工作的促进作用和他们的实际需求。加强对医院的报表、医疗记账单、住院超万元清单的检查、监督，同时规范单位用章程序；制定零星报销制度，报销周期由原来的一个季度减少到一个星期；狠抓公费医疗信息化建设，促进公费医疗实现科学化、规范化管理，全区已建立起面向享受单位与定点医疗单位的新的公费医疗管理信息系统，顺利完成全区医疗证换发工作，90%以上的公费医疗业务、190个享受单位及100余家定点医疗单位实现公费医疗信息平台管理。是年，全区参与公费医疗管理的单位有194个；纳入公费医疗管理18763人，其中，干部13984人，家属4768人。新办医疗证992个，更换医疗点2022人次，补办、更换医疗证602人次。医疗经费总开支为3102万元，其中门诊开支2154万元，住院开支876万元，特殊检查治疗及用药审批75万元。

【社会保险基金管理】 2008年，全区各项社会保险基金征收总额达16.3亿元。城镇基本养老保险：现有参保单位13311家，比上年（下同）增长19.6%；参保人数172438人，增长25.7%；基金征收71313万元，增长14.4%。失业保险：现有参保单位12707家，增长20.6%；参保人数164086人，增长27%；基金征收9923万元，增长25.9%。工伤保险：现有参保单位13830家，增长20.1%；参保人数208846人，增长29.7%；基金征收2908万元，增长47.2%。生育保险：现有参保单位9037家，增长28%；参保人数93535人，增长50.3%；基金征收1747万元，增长83.5%。医疗保险：现有参保单位12927家，增长23.5%；参保人数266483人（含居民医保），增长101.2%；基金征收36126万元（未含居民医保），增长29.2%。农转居人员养老保险：现有参保单位23家，参保人数32330人，增长7.4%，基金征收5037万元。区“农转居”人员基本养老保险工作进入正常参保阶段，各村改制公司陆续为适龄人员分批办理参保。全区参加“农转居”人员基本养老保险共32330人，征收养老保险费5.8亿元。政府资助2亿元（其中市财政1.2亿元、区财政0.8亿元）。全年支付“农转居”人员基本养老金6600万元，增长9.9%；享受“农转居”养老待遇12800人，增长9%。

是年，区劳动和社会保障局开展城镇居民医疗保险和老年居民养老保险工作，制定《天河区实施城镇居民基本医疗保险工作方案》，举办14期业务培训班，提前超额完成市下达的任务，全区参加居民医保194027人。开展新增退休人员的审核和失业职工的验证工作，全年支付城镇基本养老金10050万元，增长5.1%；支付失业救济金1750万元，减少2%；享受救济金1800人，增长6%；享受工伤待遇300人，增长7.1%；支付工伤待遇240万元，减少4.8%；享受生育保险1000人，增长35.9%；支付生育待遇1100万元，增长46.5%。全区21个街道100%安装广州市社保PJ4操作系统，1079个市属无定期退休待遇的城镇老年居民参加居民养老保险。加强稽核力度，全年办理706宗补缴社会保险费申请，补缴社保费882万元。受理企业职工对单位少报瞒报社会保险费以及不为职工办理社会保险的投诉案件783宗，处理743宗，投诉结案率94.9%。

【退管服务】 2008年，全区共接收和管理社会化管理退休人员23236人，已建立21家街道退管服务所，193个社区退管服务站，退休人员社会化管理率达到100%，社区管理率达到 97%。全年上门慰问十类人员1047人次，春节、中秋为老人发放节日慰问金242万元。救助47人次，救助金额70400元。为364名退休人员申办高级职称待遇，为414名军转干部发放生活补贴310万元，为33名建国前人员发放生活补贴123250元，为165名异地安置退休人员报销医药费金额111万元，协助301名死亡退休人员家属申领核发丧抚费565万元。

开展区、街退管服务分级管理达标工作，区退管中心等7家被评为省、市4A级达标单位。其他各街道均达到3A等级标准。区、街退管服务系统实现计算机联网，养老金资格认证率达98.75%。抓好社区助老队伍建设、在员村街等试点，配备6名社区助老员，有70名老人纳入社区居家养老服务范畴，建立退休人员自管互助组织320个，组织近万名义工志愿者为老人服务1110人次。区、街100%成立空挂户退休人员管理服务专责组。为30名特殊退休老人免费安装平安钟，并与区平安钟呼援中心合作建立跟踪服务。受理群众来电、来信、来访等各类投诉522宗，接待退休人员6410人次，为退休人员办理审核工龄200多人次，回复率和办结率均为100%，无重大信访案件发生，满意率在98%以上。

2008年天河区劳动力中介机构表（公益性）

机构	地址
天河区职业介绍所	石牌东路117号1楼
沙河街劳动保障服务中心	沙河大街89号1楼
五山街劳动保障服务中心	岳洲路39号
员村街劳动保障服务中心	员村新街117号
车陂街劳动保障服务中心	东圃大马路东路6号
石牌街劳动保障服务中心	石牌东路127号1楼
天河南街劳动保障服务中心	体育东路体育西横街193号1楼
林和街劳动保障服务中心	天河北路402号西座地下
沙东街劳动保障服务中心	广州大道北冠园绿安街1号
兴华街劳动保障服务中心	沙河银燕路166号
棠下街劳动保障服务中心	枫叶路天乐径4号之一
天园街劳动保障服务中心	黄埔大道路锦明街83号
冼村街劳动保障服务中心	珠江新城华穗路388、392号
猎德街劳动保障服务中心	海明路20号
元岗街劳动保障服务中心	元岗村东大街19号1楼
黄村街劳动保障服务中心	黄村街福元路5号
龙洞街劳动保障服务中心	龙洞东路219号街道办事处旁边
长兴街劳动保障服务中心	长兴路289号街道办事处1楼
凤凰街劳动保障服务中心	华美路中段
前进街劳动保障服务中心	官溪桃园路3号
珠吉街劳动保障服务中心	珠村东横路1号
新塘街劳动保障服务中心	新塘西约大路3号

2008年天河区劳动力中介机构表（非公益性）

机　　构	地　　址
广州市锐旗人力资源服务有限公司	体育西路189号城建大厦二楼
广州乐万企人力资源有限公司	沙河燕岭路燕塘大院燕兴路1号楼
广州市青年职业介绍所	五山路33号市团校4栋101室
广州市天昂咨询服务有限公司	天河南二路19～21宏发大厦633室
广州汇能人力资源开发管理有限公司	龙口西路100号1002房
广州市天河粤骏人力资源有限公司	黄埔大道西55号恒诚大厦A座2104室
广州同政人力资源有限公司	广和路29号1楼北边（自编号A1）
广州市显贵顾问有限公司	天河北路253号荟雅苑B栋1906房
广东鹏劳人力资源管理有限公司广州分公司	体育西路111号建和中心21E—1部位
广州康宁家政服务有限公司	瘦狗岭路373号之二
广州市瑞捷咨询服务有限公司	康湖大街97号301房
北京方胜理信劳务服务有限公司广州分公司	林和西路1号广州国际贸易中心第38楼F室
广州市锐旗职通人力资源服务连锁有限公司	黄埔大道西259号103、104房
广州锐博资讯有限公司	华景路62号二层219房（海景写字楼）
广州市海纳人力资源管理有限公司	黄埔大道西159号富星商贸大厦西塔11楼A座
广州市汇恒人力资源管理服务有限公司	中山大道建中路5号1703室
广东省通信产业服务有限公司	华景路1号7楼西侧
广州百强人力资源服务有限公司	天河路106号
广州盛志人力资源有限公司	中山大道石牌岗顶天河购物中心大厦2101室
广州市华才人力资源顾问有限公司	广和路29号首层北部
广州至高人力资源管理有限公司	天河北路689号9楼G部位
广东唯信人力资源有限公司	燕岭路89号燕侨大厦2604号A房
广州市泰索斯人力资源有限公司天河区分公司	五山路五山科技广场A座211房
广州市智鸿人力资源服务有限公司	新塘村田心围大街文进巷1号北楼
广州市广畅人力资源服务有限公司	棠下村棠德南路105～117号棠德综合楼3楼A13
广州仕邦人力资源有限公司	天河北路183号大都会广场1414～1416室
广州市普卓顾问有限公司	天河路242号丰兴广场B栋1918室
广州市瀚沙人力资源有限公司	天河北路233号3211房
广州市耀溢实业有限公司	中山大道77号时尚明苑306房
广州市卓域人力资源服务有限公司	体育东路122号羊城国际商贸中心东塔1003室

（易伟明）

民政

【社区建设】 2008年，区民政局做好社区居委会调整划分和办公用房达标工作。全年立项7个建设项目，投入建设资金约200万元，改善部分社区居委会的办公条件。落实新增65个居委会专职人员编制，组织街道推荐的200多名人员进行招聘文化考试，制定下发《天河区社区居委会专职人员工资统发办法》，规范社区居委会专职人员的工资发放。做好社工师、助理社工师的培训考试工作。有68名社会专职人员考取助理社工师资格，16名社区专职人员考取社工师资格。加强"星光老人之家"的建设和管理，投入45.6万元，保障21个街道的星光老人之家日常运营。结算建设完工项目10个，结算资金200多万元。开展义工服务，组织200多名义工参与春运暨抗雨雪冰冻灾害救助工作，组织义工参加义务植树、义诊、义教、"创卫"和"创文"宣传，精心挑选20多名义工对来广州治疗的四川地震灾区伤员进行一对一心理辅导。加强对服务工作人员的培训，保证服务程序规范化、科学化，服务内容人性化。社区居家养老服务覆盖所有街道、社区，全区521名符合政府购买服务条件的老年人都获得不同程度、不同方式的居家养老服务。做好村改制公司工作，全区190个应换届的社区居委会顺利选出新一届班子，培训新上任的主任、党支部书记和党建指导员。组织召开区社区建设工作领导小组工作会议2次。全区36个社区被命名表彰为第一批广东省"六好"平安和谐社区，有39个社区被省命名表彰为第二批"六好"平安和谐社区。

【社区居委会设置】 2008年，全区有社区居委会193个，社区居委会专职人员1126人。社区居委会分布如下：沙河街7个，五山街13个，员村街14个，石牌街22个，车陂街12个，天河南街12个，兴华街9个，林和街11个，沙东街6个，棠下街6个，冼村街7个，猎德街6个，天园街10个，元岗街5个，珠吉街4个，新塘街6个，龙洞街5个，前进街8个，黄村街8个，凤凰街4个，长兴街8个。

【社会保障与社会救助】 2008年，区民政局推进"平安通"呼援服务系统建设，核实需政府资助安装"平安通"的人员名单并上报市社区服务中心，选择2名试点用户进行安装调试，安装"平安通"的家庭123户。落实区48条惠民措施，为低收入困难家庭、边缘困难户发放区基本医疗证81本，区慈善门诊证5本；资助因病致困家庭30户，资助20万元；给低保户、低收入困难户、边缘困难户每月发放30元实物救助，支出实物救助款项38.38万元。定期组织慰问孤老、孤儿、低保对象，发放价值27.32万元的米、油及慰问金55.08万元，发放临时物价补贴和液化石油气补贴90.81万元。组织福利彩票的发行工作，在人流集中的区域设立"刮刮乐"彩票销售点，组织元旦、"五一"、"十一"集中销售，完成销售量近1900万元，在全市名列第一。

开展流动救助服务工作，组织常规救助行动648次，市、区联合行动48次，区专项救助行动76次，救助2415人，其中劝告1842人，送救助站573人，精神病院6人。其中，未成年人86人。做好低保救济，2008年，区有低保家庭1052户，低保人员2552人。全年发放救济金720.35万元；支出基本医疗救助金52.35万元，重大疾病医疗资助101.26万元。抗击低温雨雪冰冻灾害，支出救灾款项42.6万元，组织义工协助维持安置点秩序和发放救助物品。组织社会捐赠，接受慈善捐款83.15万元，衣物8.8万件，食品2687箱，饮料2130箱。支援四川灾区抗震救灾活动，开展慈善捐款，筹集款额2919.23万元，物品折合价值142.85万元。10月，组织开展"送温暖、献爱心"向汶川灾区捐献衣被的"暖冬行动"，接收社会各界捐款81.15万元，棉被、棉衣等各类物资一批，价值125万元。组织洪涝灾害救助，做好2008年9月24日台风"黑格比"灾后群众安置工作。

【社会行政管理】 2008年，区民政局加强民间组织登记管理。年审341个单位；新登记的民办非企业单位16家；变更登记25个单位，注销3个民办非企业单位；与各业务主管单位走访约90个民办非企业单位，协同处理纠纷、化解矛盾约17宗；接待法院、地税等执法单位调查民间组织违法行为等有关事项9宗；组织召开行业协会经验交流工作会议、区属业务主管单位会议、新登记民办非企业单位法人学习培训班、诚信建设的动员及表彰会议。规范婚姻登记。办理结婚登记8825宗，离婚登记1395宗，补发结婚证325宗，补发离婚证33对，出具婚姻状况证明2578份。依法依规办理婚姻登记事项，婚姻档案资料齐全，正确率100%，通过民政部“婚姻登记规范化建设”的考核，婚姻登记处被民政部评为“2008年奥运会期间表现突出的婚姻登记机关”。做好殡葬管理目标责任考核，复查已清理历史遗留坟墓的山头，完善殡葬管理信息联络员制度，规范殡葬管理信息报送，每月核查统计火化率，确保全区火化率保持100%。做好区划地名工作，完成44条街与街行政界线的现场勘测工作，开展平安界线创建活动，受理地名案件36宗，审核地名57个。补查全区道路，修改、制作新的天河区行政区划图。

【新增区属社团】 2008年，天河区新增区属社团3个。是年底，全区共有社团52个，其中学术性社团3个，专业性社团4个，联合性社团29个，行业性社团11个，其他5个。

2008年天河区新增区属社团表

社团名称	业务主管部门	核准时间	社团性质
广州市天河区餐饮行业商会	广州市天河区人民政府相关部门	2008.02.27	法人
广州市天河区高尔夫球协会	广州市天河区体育局	2008.03.25	法人
广州市天河区沙河街义务消防协会	广州市天河区沙河街道办事处	2008.05.27	法人

天河区社会团体登记表

社团名称	业务主管部门	登记日期	社团性质
广州市天河区合同协会	广州市工商行政管理局天河分局	2004.03.09	法人
广州市天河区侨商会	广州市天河区人民政府侨务办公室	2004.08.01	法人
广州市天河区工矿企事业医疗卫生机构管理委员会	广州市天河区卫生局	2004.08.08	法人
广州市天河区海外联谊会	中国共产党广州市天河区委统战部	2004.08.07	法人
广州市天河区专家技术协会	广州市天河区科学技术协会	2005.03.01	法人

（续上表）

社团名称	业务主管部门	登记日期	社团性质
广州市天河区环境科学学会	广州市天河区环保局	2004.12.19	法人
广州市天河区台属联谊会	广州市天河区台办	1999.03.25	法人
广州市天河区慈善会	广州市天河区民政局	2004.03.16	法人
广州市天河区环卫行业协会	广州市天河区环卫局	2002.10.25	法人
广州市天河区私营企业协会	广州市工商行政管理局天河分局	2003.03.31	法人
广州市天河区个体劳动者协会	广州市工商行政管理局天河分局	2003.03.31	法人
广州市天河区工商行政管理学会	广州市工商行政管理局天河分局	2003.04.07	法人
广州市天河区医学会	广州市天河区卫生局	2005.06.16	法人
广州市天河区婚姻家庭建设协会	广州市天河区民政局	2003.07.11	法人
广州市天河区动物营养药业商会	广州市天河区工商业联合会	2003.09.01	法人
广州市天河区义务工作者协会	广州市天河区民政局	2003.11.03	法人
广州市天河区建筑业联合会	广州市天河区建设局	2003.12.18	法人
广州市天河区建筑学会	广州市天河区建设局	2003.12.18	法人
广州市天河区中小学教学研究会	广州市天河区教育局	2004.12.31	法人
广州市天河区学前教育协会	广州市天河区教育局	2004.06.28	法人
广州市天河区女领导干部联谊会	广州市天河区妇联	2004.08.03	法人
广州市天河区民营医疗机构行业协会	广州市天河区卫生局	2005.01.17	法人
广州市天河区物业管理协会	广州市天河区国土局	2005.01.26	法人
广州市天河区民营口腔医师协会	广州市天河区卫生局	2005.07.05	法人
广州市天河区广吴商会	广州市天河区工商业联合会	2005.12.12	法人

(续上表)

社团名称	业务主管部门	登记日期	社团性质
广州市天河区石牌电脑市场行业协会	广州市天河区经济贸易局	2005.09.12	法人
广州市天河区全国各地驻穗机构、人员协会	广州市天河区协作办	2006.01.06	法人
广州市天河区个体劳动者协会大观工作委员会	广州市工商行政管理局天河分局	2005.12.29	法人
广州市天河区个体劳动者协会天平工作委员会	广州市工商行政管理局天河分局	2005.12.29	法人
广州市天河区个体劳动者协会石牌工作委员会	广州市工商行政管理局天河分局	2005.12.29	法人
广州市天河区个体劳动者协会东圃工作委员会	广州市工商行政管理局天河分局	2005.12.29	法人
广州市天河区个体劳动者协会员村工作委员会	广州市工商行政管理局天河分局	2005.12.29	法人
广州市天河区个体劳动者协会元岗工作委员会	广州市工商行政管理局天河分局	2005.12.29	法人
广州市天河区个体劳动者协会五山工作委员会	广州市工商行政管理局天河分局	2005.12.29	法人
广州市天河区个体劳动者协会沙东工作委员会	广州市工商行政管理局天河分局	2005.12.29	法人
广州市天河区个体劳动者协会沙河工作委员会	广州市工商行政管理局天河分局	2005.12.29	法人
广州市天河区个体劳动者协会龙洞工作委员会	广州市工商行政管理局天河分局	2005.12.29	法人
广州市天河区个体劳动者协会珠江新城工作委员会	广州市工商行政管理局天河分局	2005.12.29	法人
广州市天河区个体劳动者协会东棠工作委员会	广州市工商行政管理局天河分局	2005.12.29	法人
广州市天河区个体劳动者协会天河工作委员会	广州市工商行政管理局天河分局	2005.12.29	法人
广州市天河区个体劳动者协会科技工作委员会	广州市工商行政管理局天河分局	2005.12.29	法人
广州市天河区民间组织发展促进会	广州市天河区民政局	2006.04.09	法人
广州市天河区慈善会龙洞分会	广州市天河区民政局	2006.06.02	法人
广州市天河区慈善会石牌分会	广州市天河区民政局	2006.10.08	法人
广州市天河区道路运输行业协会	广州市天河区交通局	2006.10.18	法人

（续上表）

社团名称	业务主管部门	登记日期	社团性质
广州市天河区慈善会车陂分会	广州市天河区民政局	2006.11.15	法人
广州市天河区福利彩票发行工作促进会	广州市天河区民政局	2007.07.03	法人
广州市天河区青年志愿者协会	广州市天河区团委	2007.08.03	法人
广州市天河区书法家协会	广州市天河区文学艺术界联合会	2007.12.14	法人
广州市天河区餐饮行业商会	广州市天河区人民政府相关部门	2008.02.27	法人
广州市天河区高尔夫球协会	广州市天河区体育局	2008.03.25	法人
广州市天河区沙河街义务消防协会	广州市天河区沙河街道办事处	2008.05.27	法人

【双拥优抚安置及军休优待】 2008年，区民政局开展各项双拥活动。组织慰问、走访驻区部队，召开师以上部队和团级单位军政座谈会及军休干部、优抚对象、代管地方退休人员、无军籍职工等人员座谈会，组织100多名优抚对象外出疗养。实现省“双拥模范区”和市“双拥标兵区”四连冠创建目标。落实优抚政策。全年登记和审核171名义务兵，发放义务兵家属优待金180万元。审核认定322名参战和涉核退役人员，按政策标准及时落实生活补助金。落实残疾军人的医疗补助政策，解决重点优抚对象的生活困难。协调解决无军籍职工教师待遇和提高代管人员的节日费。做好退伍安置和军休安置工作。接受退役士兵、专业士官、复员干部134人，发放自谋职业补助金1244万元，并为他们购买一年养老保险。给5名在校大学生减免学费近2万元。组织退役士兵参加免费职业技能培训。接受移交地方安置的军队离退休干部124名，军休职工116名。各军休所落实军休老干部的政治和生活待遇，定期对各军休所大院进行安全防火检查。举办第六届军休干部“健康杯”钓鱼比赛，主办全市军休系统老干部门球比赛，组织200多名无军籍职工“一日游”活动。

【老龄工作】 2008年，区民政局利用元旦、春节组织慰问百岁老人、特困老人，每月给百岁老人发放长寿保健金。做好各涉老成员单位工作目标责任考核，落实老年人各项优待政策，维护老年人的合法权益。全年办理老年人优待证9098张。妥善处理老年人信访，回复率100%。

【开展科学发展观学习实践活动】 2008年，区民政局围绕“党员干部受教育、科学发展上水平、人民群众得实惠”的总要求，以及“在对科学发展观的认识深度和广度上有新突破、在解决影响和制约民政工作科学发展上有新成果”的目标，突出实践特色，把学习实践活动与推进民政事业科学发展紧密结合起来，精心组织，周密安排，扎实推进，做到学习调研有声有色，分析检查扎实深入，整改落实注重实效，坚持实践第一、质量第一、群众满意第一，在思想、实践、惠民三个方面取得明显成效，基本实现学习实践活动的预期目标。

【天河区地名命名、更名和销名】 2008年，区民政局继续抓好地名工作，全年区内住宅命名有3个，大厦（楼、广场）命名有19个，道路（公交站）命名有1个，街道命名有6个，更名2个，销名2个。具体情况如下表所示：

一、住宅区

名称	申请单位	位　置	规模（m²）	文号
金富苑（扩展）	广州英强房地产有限公司	五山路西侧、广九铁路南侧地段	用地面积25925m²，总建筑面积117826m²	穗府地名[2008]32号
南铁华庭	中铁二十五集团有限公司	广园东路以北、汇景路以东、汇景中路以西地段	用地面积19232m²，总建筑面积33069m²，绿地率42.8%	穗府地名[2008]10号
观山苑	广州市粤垦房地产开发有限公司、广东燕岭医院	瘦狗岭以东、联发名苑以南地段	用地面积24774m²，总建筑面积96142.7m²，绿地率38.1%	穗府地名[2008]262号

二、大厦（楼、广场）

名　称	申请单位	位　置	规模（m²）	文号
佳兆业广场	广州市佳穗置业有限公司	冼村路西侧、黄埔大道西南侧地段	用地面积7738m²，总建筑面积117575m²，楼高43层	穗府地名[2008]199号
威立大厦	广州天王房地产开发有限公司	林和西路以西、中泰国际广场以北地段	用地面积5000m²，总建筑面积85938m²，楼高31层	穗府地名[2008]190号
利通广场	广州利通置业投资有限公司	珠江东路东侧、盈隆广场南侧地段	用地面积8155m²，总建筑面积159500m²，楼高25层	穗府地名[2008]173号
广州远洋大厦	广州远洋建设实业公司、永常地产开发有限公司	华穗路西侧、花城大道南侧地段	用地面积6546m²，总建筑面积62984m²，楼高25层	穗府地名[2008]167号
领汇创展大厦	广州合景房地产开发有限公司	菁映路以北、汇彩路东侧地段	用地面积4104m²，总建筑面积52268m²，楼高25层	穗府地名[2008]101号
高德置业公寓	广州市明和实业公司	花城大道北侧、冼村路东侧地段	用地面积10480.87m²，总建筑面积111582m²，楼高45层	穗府地名[2008]95号
金晋商业大楼	广州市车陂经济发展有限公司	中山大道中北侧、车陂北街西侧地段	用地面积9393m²，总建筑面积19140m²，楼高8层	穗府地名[2008]75号

（续上表）

名　称	申请单位	位　置	规模(m²)	文号
展望数码广场	广州展望置业有限公司	石牌西路西侧、天河路南侧、南方国际商业大厦东侧地段	用地面积4595m²，总建筑面积57947m²，楼高27层	穗府地名[2008]73号
君华翠轩	广州鼎鑫房地产开发有限公司	先烈东路东侧、水荫路以北地段	用地面积2655m²，总建筑面积15657m²，楼高23层	穗府地名[2008]65号
银汇阁	广州英强房地产开发有限公司	五山路西侧、广九铁路南侧地段的金富苑西南面	基底面积1070m²，总建筑面积9285m²，楼高10层	穗府地名[2008]32号
银汇大厦	广州英强房地产开发有限公司	五山路西侧、广九铁路南侧地段的金富苑东南面	基底面积2581m²，总建筑面积58101m²，楼高32层	穗府地名[2008]32号
东荣华轩	广东东荣正明投资有限公司	华南快速干线北侧、长兴路南侧地段	用地面积11073m²，总建筑面积31498m²，楼高16层	穗府地名[2008]8号
创展大厦	广州交通委员会	体育东路东侧、天河南二路北侧地段	用地面积3137m²，总建筑面积65413m²，楼高20层	穗府地名[2008]212号
保利威大厦	保利房地产开发有限公司、广州市天河区冼村经济发展有限公司	珠江东路东侧、金穗路以南地段	用地面积12882m²，总建筑面积204959m²，楼高40层	穗府地名[2008]237号
广晟国际大厦	广东晟铭房地产开发有限公司	珠江西路西侧、三诚国际金融中心南侧地段	用地面积7909m²，总建筑面积154164m²，楼高59层	穗府地名[2008]259号
天骏轩（扩展）	广州合生骏景房地产开发有限公司	天河区骏景花园南苑内	用地面积6791m²，总建筑面积118170m²（用地面积3592m²，总建筑面积48248m²，楼高11、29层的4幢商信楼群作为扩展名）	穗府地名[2008]270号
北岸商务大厦	广州市华侨房屋开发公司、暨南大学	天河区侨英花园内、东莞庄路以西地段	用地面积1558m²，总建筑面积22403m²，楼高12层	穗府地名[2008]272号
展峰商业大厦	广州展峰房地产开发有限公司	花城大道南侧、广州远洋大厦西侧地段	用地面积6868m²，总建筑面积72358m²，楼高26层	穗府地名[2008]289号
华晟国际大厦	华南师范大学附属中学	五山路西侧、天河远洋大厦东侧地段	用地面积4312m²，总建筑面积26906m²，楼高5层	穗府地名[2008]290号

三、道路

名 称	申请单位	位 置	规模规模（m）	文号
宝翠路	广州汉国福强地产开发有限公司	南起天源路，北止龙腾路	长44m，宽30m	穗府地名[2008]103号

四、街道

名 称	申请单位	起 止	规模规模（m）	文号
兆业街	广州金贸房地产开发有限公司	西起天河北路，东止体育西路	长142m，宽5m	穗府地名[2008]254号
瑜翠街	广州市沙河兆联经济发展有限公司、广州市威佰置业发展有限公司	迎龙路以东、京珠高速公路以西、瑜翠园内南起小区步行入口，北止小区车行入口	长360m，宽15m	穗府地名[2008]17号
荟龙街	广州市沙河兆联经济发展有限公司、广州市威佰置业发展有限公司	天河区迎龙路以东、京珠高速公路以西、瑜翠园西侧南起迎龙路，北止15米宽规划路	长490m，宽40m	穗府地名[2008]17号
南铁街	中铁二十五局集团有限公司	位于南铁华庭南侧，西起汇景路，东止汇景中路	长350m，宽7m	穗府地名[2008]10号
悦新街	中国人民解放军空军广州天河离职干部休养所	南起天河路，北止西雅苑	长268m，宽15m	穗府地名[2008]282号
龙口直街	广州市天河区建设和市政局	南起天河北路，北止天润路长	188m，宽15m	穗府地名[2008]1号

五、更名

名 称	申请单位	地 址	规模规模（m）	文号
汇苑街	南铁街（中铁二十五局集团有限公司）	位于南铁华庭南侧，西起汇景路，东止汇景中路	长350m，宽7m	穗府地名[2008]71号

六、销名

名称	申请单位	地　址	规模规模（m²）	文号
数码科技大厦	广州天王房地产开发有限公司	林和西路以西、中泰国际广场以北地段	用地面积5000m²，总建筑面积82970m²，楼高43层	穗府地名[2008]190号
伟腾数码科技大厦	广州展望置业有限公司	石牌西路西侧、天河路南侧、南方国际商业大厦东侧地段	用地面积4595m²，总建筑面积23000m²，楼高17层	穗府地名[2008]73号

（曾志）

人口与计划生育

【概况】 2008年，区人口与计生局树立“计生即民生”和“人均GDP”的观念，切实把计生工作的思路从单纯控制数量为主转变到在稳定低生育水平基础上统筹解决人口问题上，使计划生育工作真正成为强区富民、构建和谐天河的重要工作。2008计生年度，天河区出生8469人，出生率11.27‰，自然增长率8.61‰，计生率96.36%，比上年上升0.41个百分点。总投入计生经费4045万元，增长71.33%。

【计生宣传】 2008年，区人口和计生局以社区、婚育学校、学校、文化站等为宣传阵地，开展计划生育政策法规宣传活动。在全市首创“生育文化进花市”，瞄准“天河迎春花市”宣传机会，把计生宣传教育与群众逛花市的迎春习俗结合；为办理新婚、婚检的夫妇发放计生宣传礼品，体现人文关怀；建立公园生育文化广场、计生宣传路牌、生殖健康几何体宣传橱窗、“关爱女孩”雕塑，强化广大群众的人口意识；举办各类文艺演出、知识竞赛、演讲比赛和电话热线咨询活动，在区辖内主干道新建大型的图文并茂的喷画宣传栏，各社区翻新固定宣传牌。

【计生“双无”创建活动】 2008年，区人口和计生局建立健全计生经费保障机制，对21条街道每条街道安排20多万元的专项经费。定期、不定期开展清查验证活动，摸清流动人口已婚育龄妇女的底数。开展全省统一清查验证活动，清查出租屋、商铺、住宅小区、窝棚等行动，有效扼制计划外生育情况。进行街道计生服务室建设，规范查环查孕行为，采取集中或上门等形式免费为已婚育龄妇女查环查孕。各街道落实长效避孕节育措施与政策外怀孕对象补救措施，减少库存，消除隐患。是年，天河区有17条街道、89个居委实现“两无”目标。

【计生管理】 2008年，区政府常务会专题研究并批准设立流动人口计划生育专项管理经费和流动人口统一管理与服务专项活动工作经费。由区计划生育工作领导小组每年根据各街流动人口育龄妇女总数、工作量大小、完成工作任务情况进行评估，分3个档次给予核拨；区人口和计生局开展对不履行计生职责的出租屋主进行处罚的专项整治行动，提高出租屋主履行法定职责的自觉性；计生、出租屋联动整合，与出租屋主签订出租屋流动人口计划生育管理责任书，强化出租屋主的责任；区计生局和区卫生局联手设立流动人口计生服务定点医院，为流动人口提供“六免一访一救助”服务活动，上门随访慰问落实“四术”的流动人口，救济在区居住满6个月、家庭人均收入低于564元的困难孕产妇，奖励自觉落实上环、结扎和补救措施的流动人口。在18所中学、10所大专院校开展“青春健康”项目教育，帮助青少年了解、消除心理和生理障碍，引导青少年正确认识和对待性与生殖保健。

【计生服务】 2008年，区人口和计生局完善查环查孕、妇女病普查普治等技术服务项目，启动以避孕节育措施知情选择、免费婚检、出生缺陷干预和妇女生殖道感染干预为重点的优质服务工程，简化办事程序，切实落实各项优惠政策。区计划生育服务中心定期深入村、居、企业，把科普知识、药具和技术服务送上门，组织规范的药具术后随访服务。发挥社区卫生资源优势，通过社区和医疗保健机构“结对服务”，开展计生咨询、义诊、预约服务。建立“计划生育绿色通道”，区妇幼保健院专门设立计划生育科，为包括流动人口在内的育龄群众提供优质便捷的服务（平均每年投入80多万元免费为群众提供“四术”服务），把社区计生优质服务纳入社区服务体系中。联合市计划生育指导所，对近10年来批准生育的第二胎小孩做健康检查。2008年被国家计生委评为全国计划生育优质服务先进区。

2008年3月，区人口和计生局被广东省人民政府评为2007年度人口与计划生育先进单位。

区人口和计生局供稿

【治理出生人口性别比】 2008年，区政府印发《天河区广泛开展关爱女孩行动综合治理出生人口性别比偏高问题的通知》，建立举报非法鉴定胎儿性别、选择性别终止妊娠等违法行为奖励制度，控制出生人口性别比。区人口和计生局加强对辖区医疗保健机构的管理和检查，督促辖内医疗保健机构实行产检、接生实名登记制度、孕产妇计划生育证明查验制度和政策外孕产妇情况通报制度。是年，区的出生人口性别比呈现下降趋势，并维持在正常水平。

【完善利益导向机制】 2008年，区人口和计生局在原有利益导向措施的基础上，创新利益导向举措，出台多项利民措施：实施计划生育困难家庭医疗保健优惠办法。对辖内计划生育困难家庭就医时享受“一免四优”，即免费挂号、优先就诊、优先检查、优先记账交款、优先取药；设立计划生育节育奖，对合法生育的夫妇自愿实行结扎术后由区政府给予奖励；对本区户籍人口，凡自愿落实结扎措施的，每人奖励1000元；对流动人口自愿落实结扎措施的，每人奖励500元。针对5万多“农转居”人员，在落实计生各项奖励项目如保健费、节日慰问费、纯二女结扎一次性奖励金、上环、结扎一次性奖励金、“三查一病”检查奖励、购买养老保险、设立纯女户基金、发放独生子女优待证一次性奖励等基础上，引导各改制公司完善计划生育激励机制，形成具有天河特色的计划生育激励机制亮点。

【计生信息网络建设】 2008年，区人口和计生局完善基层计生网络建设，社区居委（转制公司）网络覆盖率由十五期间的40%提升到100%，解决部分社区居委（转制公司）信息盲点问题，实现计生信息的全方位覆盖；借助区计划生育育龄妇女信息系统已实现市、区、街、村（居）四级纵向联网的网络优势，构筑以“点对点”信息交换为主要形式的流动人口计生区域合作平台，根据流入人口的地域构成，与湖南省合作建设流动人口育龄妇女信息的异地查询和实时交换平台。为各级领导分析、决策提供准确、科学的数据，提高计生工作效率。

（谭伟波）

公费医疗

【概况】 2008年，全区参与公费医疗管理的单位194个；纳入公费医疗管理的人数有18879人，其中，干部13997人，家属4882人；新办医疗证992个，家属449人；全年补办丢失医疗证、换证602人次，更换医疗点2022人次。

全年医疗经费总开支为6020万元，其中门诊开支3942万元，住院开支1610万元，特殊检查治疗及用药审批131万元。干部年人平开支3697.95元，比上年人平开支多499.06元，上升15.88%，家属年人平开支968.44元，比上年人平开支多46.07元，上升4.99%。

2008年，全区共有定点医疗单位129间，新增定点医疗机构1个。区属医疗单位共发生医疗费用1456万元，占医疗总开支24.19%。全年发放医疗记账单9851本，月人平使用干部2.6张，家属1.2张。收缴家属统筹费29.3万元，收缴缴费单位及2007年超支分摊款1640万元，划付医疗费4357万元，拨付零星报销款131万元，拨付市公医市管干部医疗费112万元。审核特殊治疗检查216人次，实际记账金额121.08万元，比上年增加80.38万元，上升7.11%。

2007～2008年天河区公医享受人数对比表

单位：人

项目/年份	干部		合计	家属			合计
	公费	缴费		公费	缴费	半缴费	
2007	14207	281	14488	2822	67	2133	5022
2008	13756	241	13997	2535	43	2304	4882
对比	-451	-40	-491	-287	-24	+171	-140
	-3.18%	-14.24%	-3.39%	-10.17%	-35.82%	+8.02%	-2.79%

2007～2008年天河区医疗费用对比表

单位：万元

项目/年份	医疗费开支						
	总支出	公费			缴费		
		干部	家属	合计	干部	家属	合计
2007	5324	4678	452	5130	73	6	79
2008	6020	5128	474	5602	78	5	83
对比	+696	+450	+22	+472	+5	-1	+4
	+13.07	+9.62	+4.87	+9.2	+6.85	-16.66	+5.06

2007～2008年天河区干部人平开支对比表

单位：元/人

年份＼项目	干部		合计	家属			合计
	公费	缴费		公费	缴费	半缴费	
2007	3205.93	2814.23	3198.89	963.86	1015	868.99	922.37
2008	3706.90	3192.65	3697.95	969.92	1176.58	962.69	968.44
对比	+500.97	+378.45	+499.06	+6.06	+161.58	+93.7	+46.07
	+15.63%	+13.45%	+15.60%	+0.63%	+15.92%	+10.78%	+4.99%

【公医政策宣传】 2008年，区公医办加强宣传，年初召开部分公医定点医疗单位的主管公医业务院长及院有关科室的公费医疗座谈会；3月，南方医科大学华瑞医院作为天河区的公费医疗定点医疗单位，区公医办在南方医科大学华瑞医院举办公医业务讲座，共有60多人参加公费医疗业务学习，取得良好效果。

【公费医疗管理】 2008年，区公医办加强对医院的报表、医疗记账单、住院超万元清单的检查、监督。年初，针对南方医院存在着分解记账、开大处方、开自费药品等问题，区公医办到院部对存在的问题进行面对面的反馈与交流，促使该院开展公费医疗的自查活动，加强公费医疗有关政策、规定的宣传与教育，达到预期目的。4月，针对省中医院擅自将未经区公医办批准的省中医院大学城分院擅自做公费医疗记账，造成区医疗费的流失，区公医办与该院联系，指出存在问题，并对发生的费用进行扣除。

做好换发医疗证工作和启用网上报送电子数据工作。是年，区公医办及时清理因辞退、死亡、辞职、超龄等原因的一些无效或失效医疗证，确保数据的准确性与完整性。从10月开始，区公医办开展区医疗证换发工作，换证涉及近2万享受人员，190多个单位；换发医疗证共注销1064个医疗证，其中干部651名，家属413名，因辞职注销的97名，辞退注销19名，死亡注销178名，家属超年龄178名。仅区公安分局干部注销67名，家属46名，区城管大队注销48名医疗证。

2008年1月，区公医办召开天河区公费医疗座谈会。

区公医办供稿

【信息化管理】 2008年，区公医办先后建立起天河区公费医疗管理系统及公费医疗经费网上查询系统，初步实现业务管理、统计分析等方面的管理信息化。重新升级与设计新的公费医疗管理信息系统，建立起基于面向享受单位与定点医疗单位的新的公费医疗管理信息系统，90%以上的公费医疗业务实现信息化管理，190个享受单位及近100家定点医疗单位利用公费医疗信息平台。办证申请、零星报销登记、特殊检查治疗审批等业务全都通过网上平台上审批，对办理结果也通过网上公开，做到“资料网上展示，程序网上流转，手续网上办理，结果网上公开”。11月，召开全区各定点医疗信息化工作会议，对区公费医疗费用通过网络报送电子数据的工作进行部署，全区共有110家定点医疗单位近200人参加会议。会议规定各定点医疗单位在报送纸制报表的同时，需要同时报送医疗记账单、住院清单、特殊检查治疗清单3种电子数据格式，系统可以对电子数字自动进行审核与监督，实现公费医疗费用与定点医院无缝隙的对接。

2008年11月，区公医办召开天河区公费医疗定点医院信息化工作会议。

区公医办供稿

（杨建新）

旅游

【综述】 2008年，区旅游局继续推进旅游业的协调快速发展，天河的旅游业，无论在旅游产品、住宿、购物、美食、出行还是其他配套方面，都在不断发展和完善，初步形成都市旅游特色和形象。

【旅游资源和产品】 天河区有丰富且具特色的旅游资源，都市观光、时尚购物、生态科普和休闲健身成为特色和亮点，东站瀑布、天河城、正佳广场、华南植物园、天河公园、羊城晚报印务中心等成为“广州一日游”的重点去处，“天河飘绢”、“五环晨曦”被评为广州新八景，随着珠江新城“双子塔”、博物馆等大型观光文化项目、火炉山森林公园等的加快建设，未来天河都市及生态旅游将更具魅力。

【天河区旅行社】 2008年，天河区新增旅行社10家，至年底，辖区共有36家旅行社，其中国际社9家，国内社27家，旅行社总数仍然位居广州市前列。市内多家品牌旅行社也不断在天河区增设营业部或办事机构，旅行社业不断发展。

2008年天河区辖内各旅行社表

旅行社名称	类 别	地 址
广东省国际体育旅游公司	国际	广州大道中408号2楼
广东绿色国际旅行社	国际	燕岭路29号燕岭大厦一、二层
广州华龄美老年国际旅行社有限公司	国际	广园东路1933号华龄美大酒店4楼
胜景旅游（广东）有限公司	国际	林和西路161号中泰国际广场A1102单元
广州携程旅行社有限公司	国际	体育东路114号1703房
广州春之旅旅行社有限公司	国内	天河路47号
广州马会旅行社	国内	黄埔大道西668号（广州赛马场内）
广州红树林旅行社有限公司	国内	车陂路70号悦华酒店512A

（续上表）

旅行社名称	类别	地址
广州领前旅行社有限公司	国内	暂迁至区庄44号之一首层
广州国龙旅行社有限公司	国内	中山大道138号广运楼8楼
广州双湖旅行社	国内	华景路165号221铺
广州风尚旅行社有限公司	国内	燕岭路140号华资大厦5楼
广东天天假期旅行社有限公司	国内	体育西路133号天河大厦3704～3705房
广州市良辰美景旅行社有限公司	国际	天河路353～365号天俊阁206房
广州京奥旅行社有限公司	国内	天河北路28号时代广场首层105c
广州正佳旅行社有限公司	国内	天河路228号正佳广场南一号门1楼
广州自由人旅行社有限公司	国内	体育西路189号城建大厦三楼366室
广州风行旅行社有限公司	国内	体育西路育蕾二街4号104房
广东中妇旅国际旅行社有限责任公司	国际	珠江新城华穗路263号双城国际大厦东塔19楼1901～1905室
广州成功之路旅行社有限公司	国内	天河路天河直街55号4A
广州金鹤旅行社有限公司	国内	林和东路侨村街34号中旅商务大厦西塔2802
广州易网通旅行社有限公司	国内	体育西路111号建和中心29楼
广州市珑腾旅行社有限公司	国内	燕岭路89号2212室
穗通旅行社有限公司	国内	中山大道38号1002房
广东自游商旅国际旅行服务有限公司	国际	林和西路1号广州国际贸易中心7楼
广州泛海旅行社有限公司	国内	广州大道197号10C03房
广州市蓝岸旅行社有限公司	国内	天府路157号隽悦园325A
广州市天涯旅行社有限公司	国内	五山路261号楼A101之四
佳天美（广州）国际旅行社有限公司	国内	林和西路9号923～924房
翠明假期（广东）旅行社有限公司	国内	天河路351号广东经贸大厦2701单元三19号房
广东华侨友谊旅行社有限公司	国内	广州大道中900号金穗大厦28楼C
广州市天南地北旅行社有限公司	国内	林和中路150号1805房
广州百众旅行社有限公司	国内	广州大道北路瑞兴街时代花生雅苑A1-A3
广州佰信旅行社有限公司	国内	车陂路95号之311房
广州携旅旅行社有限公司	国内	黄埔大道西45号2楼202、203室

【天河星级酒店】 2008年，天河全区住宿餐饮业营业额达74.03亿元，同比增长16.4%；拥有各类挂牌星级酒店38家。其中，五星级标准酒店5家（已挂牌五星级酒店2家，达到或基本到达五星级标准的，但未正式挂牌的酒店有3家），四星级酒店7家，三星级22家、二星级7家，而12家酒店正在按照五星级标准规划建设。区共有正式挂牌的餐饮企业有4000多家，年营业额超过200万元的餐饮企业有172家；拥有12家国家级（五钻）酒家，38家广州“百佳”餐饮企业。

2008年天河区辖内四星级以上酒店

名　称	星级	地　　址
天伦万怡大酒店	五	林和中路172号
嘉逸国际酒店	五	天河北路468号
天誉威斯汀酒店 ★	五	林和中路6号
嘉逸皇冠酒店★	五	中山大道中483号
地中海国际酒店★	五	天河路518号
喜鸿华美达广场酒店	四	广园东瘦狗岭路313号庆云街1号
景星酒店	四	林和西路89号
嘉逸豪庭酒店	四	林和中路148号
华威达大酒店	四	黄埔大道西499号
东方濠城大酒店	四	广州大道中616～622号
皇家国际饭店	四	天河路89号
鼎龙国际酒店	四	广州大道北63号

注：“★”为达到或基本达到标准的相应级别的星级酒店，但此类酒店未正式挂牌

天河区辖内广州“百佳”餐饮企业

企业名称	企业名称
澳门街风味餐厅天河店	绿茵阁咖啡厅体育西路店
广州蕉叶饮食服务公司时代广场店	南岗海鲜城天河北店
广州名仕阁法国餐厅	实惠坚怡苑酒家
广州中天东海海鲜酒家	水沐莲清茶皇膳舫(茶艺馆)
潮皇食府	无国界美食沙龙
冰花酒店东北菜餐厅	燕岭大厦中餐厅
皇家国际饭店中餐厅	一品香辣蟹风味餐厅
川国演义	中森名菜日本和风料理

（续上表）

企业名称	企业名称
嘉逸国际酒店裕景轩酒家	中怡海港大酒楼
金华安大酒楼员村分店	秦师傅点心坊
广州唐苑酒家	广州天河瑞丰茶馆
南海渔村有限公司天河支店	广州市百福文昌饮食有限公司
广州建国大酒店君豪餐厅	六合家宴食府
广州酒家体育东有限公司	华师粤海酒店华粤轩中餐厅

【天河区诞生国家4A级景区】 2008年，华南植物园新建和改造地带性植被园暨广州第一村、城市植物多样性景观生态园、科普信息中心、展览温室群、道路新建及改造工程、珍稀濒危植物繁育中心等大型景点建设项目，主要道路系统上采取无障碍设计，将功能与景观和谐融为一体；在软件建设方面，不断落实旅游管理制度、卫生制度、安全保卫制度和环境保护制度等，进一步完善园区科普设施、旅游规范化流程、旅游服务、标牌标识系统和园区卫生，旅游管理水平做到程序化、规范化。是年，华南植物园被正式授予国家“AAAA级旅游景区”称号。该景区是天河区第一个，也是目前区内唯一的国家4A级旅游景区。

【天河区举办广州国际美食节】 2008年11月24日，由广州市人民政府主办的第22届广州国际美食节在广州天河正佳广场举行。美食节历时12天。本届美食节不设立明火摊位，“美食体验区”是正佳广场内现有的24家餐饮企业；而正佳北门广场上的“美食街”，40个展位除一些熟食外，大多数是销售“名优特产及包装食品”，如老字号糕点、凉果、冷冻肉制品、调味品、茶叶等。参赛名菜、名点现场展示活动则在正佳广场五楼中心广场举行，广州地区饮食行业商会、广州饮食之星俱乐部、省港澳白金点心会、在粤川菜、湘菜等各大菜系，及佛山、南海、番禺、花都等饮食业商会积极参加评比活动，据不完全统计，截至24日晚7时，有近3万名食客赶场尝鲜。

【区综合公园简介】 天河区有两个综合公园：天河公园和珠江公园。

·天河公园· 位于天河区员村，西靠天府路，南连黄埔大道，北接中山大道，交通便利。公园总面积为70.7公顷。其中水体面积占10公顷，是广州市最大的区属综合性公园。公园的历史始于1929年的石牌林场，1933年为纪念孙中山先生，曾易名为中山公园，1957年后改为森林公园、东郊公园，1997年1月1日起正式定名为天河公园。

公园以自然生态景观为主要特色，规划分为五个功能区：百花园景区、文体娱乐区、老人活动区、森林休憩区、后勤管理区。公园环境舒适，草坪舒展，山丘起伏，林木苍翠，湖波粼粼，自然清新。南北大门景区气势宏伟，门前广场横跨宽度达100米，建筑风格独特，植物色彩配置艳丽，布置紧凑，颇有现代公园气派。最为壮观的南门中轴广场，两侧种植风景林，配置各类棕榈植物，衬托着中央的立体八角花坛，充满岭南园林的气息。白鸽广场群鸽空中飞翔，自由自在，无拘无束，象征着和平和希望。园内更有极具岭南特色、清雅晖盈的园林精品——“粤晖园”，它坐落在绿柳环抱、秀色怡人的柳湖湖畔，更与欢跃嬉戏的湖中锦鲤相映成趣。精巧秀丽的“粤秀园”建在风光如画、具有“水中琪林”之称的翠湖旁，使湖色幽美的翠湖成为人们写生、摄影、休闲的好地方。占地8万平方米的百花园景区，内含茶花园、杜鹃园、紫薇园等园，以植物造景为主，层次分明，色彩丰富。种植超过上百个竹品种的翠竹园分布在公园的东北面。还有湖中的湖心亭、圆形的重檐亭、临水的表演广场，在公园的湖光山色中尽显风骚。吉它型的博艺馆，常年展出奇石、根雕、花卉、盆景、书画等艺术展品，丰富市民的文化生活。肃穆的邓世昌衣冠冢，成为青少年爱国主义教育基地，具有深远的教育意义。园内还附设有休闲游艇、垂钓、开心碰碰车、欢乐碰碰船、刺激高卡车、极地冰雪赛车、森林狩猎、儿童乐园、动物乐园、游泳池、网球场、足球场、餐饮、小卖部等各种有益身心健康的娱乐服务设施，公园全年都积极举办一些大型的主题活动，吸引数百万中外游客前来参观、游览。

·珠江公园· 位于珠江新城东侧，占地28.3公顷，是一个集观赏、游憩、科普和休闲于一体的市级公园。于2000年9月起正式对外开放。

公园以植物造景为主，环境优美，格调幽雅，极具岭南园林特色，通过山、湖、石，形成层次丰富的自然空间。公园分为风景林区、荫生植物区、“快绿湖”区、园博区、桂花园、木兰园、白花园、棕榈园等8个主要景区。各区绿化种植多采用科属群落配置，聚散有致，层次分明，绿草如茵，繁花似锦。

【区主要森林公园简介】 参见林业【区主要森林公园简介】

【区专业公园简介】 天河区有两个专业公园：华南植物园和广东树木公园。

·华南植物园· 位于天源路1190号，是集科普、科教、游览等功能于一体的综合性植物园。始建于1956年。

植物园占地300公顷，试验和栽培各类植物1万余种。园中以热带、亚热带植物为特色，遵循“师法自然”的中国传统园林美学思想以及根据植物的生物学、生态学特性，建有棕榈园、孑遗植物区、兰园、药园、苏铁园、凤梨园、木兰园、竹园、姜园等20多个各具特色的专类园，被誉为永不落幕的“万国奇树博览会”。其中“龙洞琪林”曾被评为“羊城新八景”之一和“广州十佳旅游景点”，是“岭南园林文化游”景点之一。园内还有一些国家元首及领导人亲手种植的珍贵植物，如新加坡总理李光耀来园时亲手种下的海南红豆、泰国诗琳通公主亲植的诗琳通木兰、柬埔寨国王西哈努克亲王、莫尼卡公主亲植的无忧树、朱德元帅和叶剑英元帅种下的青梅树和木棉树等。园内珍贵的历史人文景观有小青山飞鹅岭新石器时代“广州第一村”遗址、南宋抗元名将文天祥的老师朱澄古墓。此外，园内还建有科普馆、讲座室、餐厅、园林式小宾馆等科普旅游服务设施，并开设有科普导游、科技夏令营、彩弹野战射击、旅游自行车、定向越野、拓展训练等一系列旅游项目。

植物园先后被国家、广东省、广州市和天河区有关部门授予全国科普教育基地、全国青少年科技教育基地、广东省环境保护教育基地、广东省直属机关青年科普教育基地、广东省植物学科学普及基地、广州市环境保护教育基地等11个教育基地称号。

·广东树木公园· 位于龙眼洞省林业科学研究院内，并隶属于该院。占地面积18.75公顷。公园始建于50年代末的省林科所树木标本园，1998年正式建为广东树木公园。

公园收集的树木品种多达1100种，其中国家级保护树种56种。1995年，被国务院发展研究中心市场经济研究所及省人民政府社会经济发展研究中心评为全省收集树种最多的树木园，并被授予“广东之最”的称号。

园内有树木标本区、珍贵速生树种区、竹子实验林区、文体娱乐区、木兰区、水景区、森林博物馆、胡汉民别墅等，是集旅游、休憩、科研、教学为一体的科普公园。

【区果木公园简介】 天河区有两个果木公园：杨桃公园和橄榄公园。

·杨桃公园· 位于天河前进村范围内，占地约20公顷，于1997年6月正式对外开放。

公园盛产杨桃已有100多年历史。园内杨桃连片成林，间种有荔枝、龙眼、番石榴等果树，环境清新幽雅。游人可在园内采果、垂钓、烧烤，是集农业观光与旅游于一体的村属生态公园。

·橄榄公园· 位于天河吉山村珠吉路终端，占地28.2公顷。1998年建成并对外开放。公园由3个品字形的小山头组成，以种植橄榄树为主，还有杨桃、龙眼、荔枝等果树。园内亭台布局别致，还有一眼几百年未间断的山泉——吉山泉。橄榄公园是区内一所集农业观光、休闲度假、品果与游乐于一体的村属公园。

【区辖内其他景点简介】 天河区辖内其他景点有：火车东站水景瀑布、中信广场、十九路军淞沪抗日阵亡将士陵园、广州气象卫星地面站、红线女艺术中心、广东奥林匹克体育中心、天河体育中心、正佳广场、天河城广场、广州购书中心、羊城晚报印务中心、毛主席视察棠下纪念馆和刘氏家庙。

·火车东站水景瀑布· 位于广州新城市中轴线的北段，广州火车东站中心绿化广场与高平台广场之间，紧邻市中心。是广州市具有标志性意义的现代化城市景观，2002年入选“新世纪羊城八景”。由东站水景瀑布、外广场和内广场构成，于2001年7月建成。以长89米、高8米的玻璃墙为水景瀑布的依托，流水从9米高的平台溢出，在各色灯光变幻下映照下变得五光十色，壮丽恢弘。东站水景瀑布是每小时流量约9000吨的大型人工瀑布，又称“广州黄果树”。城市绿化广场面积在国内名列第三，这里有古色古香的南越王墓制式花坛、各种岭南花卉、主题为“情流花城”的大型雕塑和水景瀑布，体现出广州现代化国际都市的风采。

·中信广场· 位于天河北路，是目前广州新城市中轴线上最高层的标志性建筑。广场占地面积23127平方米，总建筑面积321823平方米，由一幢楼80层（高391米）的商业大楼和两幢38层的酒店式公寓组成，是一座集写字楼、公寓、商场、会所于一体的甲级综合智能型大厦，被列入全球十甲高层写字楼。其外形的粗犷、强烈、大胆设计并配合时代和科技，形成一个形象鲜明的功能主义建筑群。从中信广场48楼向北望，依次是广州东站、东站广场、二楼天台花园、东站广场水景瀑布、绿化广场，向南望，依次是体育中心、天河城、珠江新城，直到珠江岸边，广州新中轴线清晰可见。每到夜晚，中信广场灯火辉煌，美丽的夜景也让游人流连忘返，会有一种置身于国际大都会的切身感受。

·十九路军淞沪抗日阵亡将士陵园· 位于水荫路，地处广州市的中心地带，是为纪念国民革命军第十九路军1932年“一·二八”淞沪抗日阵亡将士于1933年由华侨捐资建成的。是一座富有古罗马建筑风格的纪念性公园，系国家3A级景区、全国爱国主义教育基地、全国重点烈士纪念建筑物保护单位、广东省重点文物保护单位。

陵园现占地面积62120平方米，园内有凯旋门、先烈纪念碑、英烈题名碑、抗日亭、将士墓、战士墓、先烈纪念馆七处烈士纪念建筑物。整座陵园建筑规模宏伟，布局严谨，造型庄重典雅，主体建筑均用花岗石砌成，纪念建筑物上完好保存有民国时期李济深、林森、宋子文、胡汉民、陈铭、吴佩孚、蒋光鼐、蔡廷锴、戴戟等知名人士题词。从1991年起用了10年时间，分3期工程整治和修复陵园。目前，陵园已成为广州市集教育、游览和休闲的综合性纪念公园，每到清明时节，杜鹃花开，陵园的标志性建筑物纪念碑在山花烂漫中，加上中轴线两旁规整式的对称布局，更衬托出雄伟壮观之势，使陵园美不胜收。

·广州气象卫星地面站· 位于东莞庄路280号，华南理工大学北门。距天河体育中心5公里。华南快速干线广汕路出口左转500米，地铁天河客运站出口300米。2001年向社会开放。系国家3A级景区、全国青少年科技教育基地、广东省、广州市科普教育基地。

卫星地面站占地近100亩，是我国目前仅有的三个气象卫星地面站之一，它与国家卫星气象中心、北京站地面站、乌鲁木齐地面站组成我国气象卫星地面应用系统，担负多种卫星信息接收、转发、应用。同时，也是广州市唯一的气象观测台。景区优美的生态环境与各种卫星天线及建筑物完美结合，形成一道独特的风景线，高科技与常规两种探测大气变化的方式，更加吸引海内外各界人士前来参观。景区主要参观点有：卫星接收机房、科普馆、卫星馆、观测场、多媒体演播室、天线群等。在这里，可零距离接触到我国自行研制的气象卫星实体，直接观看卫星信息的接收过程，了解卫星信息在各领域的应用，近距离了解气象仪器对气象要数的采集，在这里，可以轻易地查找到广州、深圳、珠海三市几十年的原始气象数据，看看天气预报的制作并亲自尝试做一次预报员。景区内大片的果林里，有卫星天线，有运动器械，有休息场地，游客在这里既可以参观和学习，了解各种知识，又可以进行有氧运动和休息，是城市区内一个理想的参观、学习、休息场地。是广州经典一日游景点之一。

·红线女艺术中心· 位于珠江新城北侧，是广州市人民政府为表彰红线女对中华优秀文化艺术的卓越贡献而投资兴建的，建筑面积达4000多平方米。中心是一座以展览厅、实验小剧场为主体的综合性、多功能现代艺术建筑物，是收藏、展览、展演红线女艺术成果、开展国内外艺术交流和学术探讨、培训人才的专门场所。艺术中心还设资料库，录音、录像室、会议室、餐厅、招待所等配套工程。是广州文化建设的一个独具一格的景点。

·正佳广场· 位于天河路和体育东路交界处，于2005年1月开业。投资人民币40亿元，总建筑面积42万平方米，拥有1600个地下停车位。是当今中国最大的完全贯彻“体验式消费”模式，集零售、休闲、娱乐、餐饮、会展、康体、旅游及商务于一体的现代化购物中心。与拉斯维加斯、纽约第五街、东京银座并肩媲美，是当今世界第五、亚洲第一的现代购物中心典范。

广场严格按照餐饮18%、娱乐30%、零售52%的黄金比例安排商业布局。上千家国际国内知名品牌同场热卖，主力店包括广州高档百货巨头友谊商店、百佳亚洲旗舰超市、季后风名牌折扣店、永乐生活家电、护理专家屈臣氏、万宁旗舰店、龙粤数码、中国最大的室内游乐城哇哇游乐城、五星级飞扬国际影城、冰河湾真冰溜冰场及开心果玩具城等。

娱乐和美食是广场最著名的特色之一。面积近3万平方米的主题餐饮店是正佳广场的一道独特风景，由至尊海南菜大椰丰饭、台湾金本涮涮锅、拉斯维加斯式自助餐厅、广州拉丁餐厅、原味法国咖哩食尚引、首家京川沪主题餐厅尚苑、以及必胜客、肯德基、麦当劳、星巴克、哈根达斯、新泰洋美食广场等20多家餐饮知名商家联手打造。而游哇哇娱乐王国，更是令人流连忘返、乐不思蜀。

设在广场东南门三楼的广州名、优、特商品专柜，是市政府指定的试点单位，内有广彩、广绣、榄雕、羊城八景微雕等广州特色商品。

·天河城广场· 位于天河路与体育西路交界处，是一座规模宏大、功能齐全的现代型综合购物中心，被誉为“中国第一商城”。广场由7层的购物中心、49层的高级写字楼和39层的豪华酒店三幢建筑物组合而成。购物中心建筑面积16万平方米，营业面积10万平方米，北面露天广场面积3000多平方米。天河城集购物、美食、娱乐、休闲、商务等多功能于一体，在广州开创一种全新的消费概念，成为广州现代商业的标志和市民、游客购物观光休闲的首选场所。“购物休闲新感受，尽在天河城广场”——各种品牌商品荟萃，五星级的电影院，中外名牌专卖店，时尚家居，精品电器行，书香的文化廊，美食坊和酒楼，天梦宫游戏机中心和奇趣城……无限的风情和浪漫，构成一幅斑斓美丽的都市时尚购物和休闲画卷，凸现都市现代商业的繁荣，成为“我的广州生活”中不可缺少的一部分，也成为市民、游客购物休闲与观光的新景点。

·广州购书中心· 位于天河路与体育西路交

界处，被誉为“神州第一书城”。中心占地面积5475平方米，总建筑面积2.4万平方米，总营业面积1.5万平方米。中心特色的外观、优雅的环境和现代化设备和服务，堪称是南中国一座文化大殿堂。中心常年图书备货品种10余万种，其它音像制品、文化用品品种3万多种。配备先进的电脑图书管理系统、中央空调、电动扶梯以及写字楼、展览厅、多功能会议厅、快餐厅等服务设施，是广州市“跨世纪的文化工程”及“广州城市一景”。

·羊城晚报印务中心· 位于黄埔大道413号，于2001年11月建成，是一个集印刷科技博览、报业文化博览、园林艺术博览于一体的报业文化科普基地。该印刷中心是亚洲最大的、最先进的报纸数码印刷基地，也是广州市和全国工业旅游示范点。印务中心占地近6万平方米，首期建设投资5亿元，中心配置CTP直接制版系统、数码无轴印刷系统、报纸自动分发系统等先进设备系统，印力达到240万对开张/小时，平均日产报纸1000多万对开张，生产的报纸特别是彩色报纸的印刷质量得到全国同行的公认。

印务中心内建有读者林、小桥、流水、荷塘、中心草坪等园林景观，绿化面积近3万平方米。主要参观点有印刷机组微缩模型、中外报纸展览、小读者手抄报展览、大型全数码的报纸实时印刷流程、报纸自动分发系统、全智能供纸系统。印务中心是一个融生产、参观、休闲、体验于一体的报业园林区。在此，游客可以亲身体会当今世界先进的报纸印刷流程，了解报纸的生产秘密。

·毛主席视察棠下纪念馆· 位于天河棠下达善大街，原来是一间祖祠，作为当时农业合作社办公室接待过毛主席视察，近年修复而成。50年代，棠下村响应党的号召，成立棠下农业生产合作队，大搞农田基本建设，兴修水利，扩大耕地面积，发展农业、畜牧业、渔业，喜获丰收。棠下农业社被国家农业部授予“爱国丰产奖”奖状。在这一背景下，1958年4月30日，毛主席在省市领导的陪同下，来到天河棠下，视察合作社的试验田，亲切接见当地干部群众，成为当时最值得自豪的大事件，影响深远。为纪念这一历史事件，近几年，区政府投入资金在毛主席视察棠下农业生产合作社旧址，按当年视察的原貌布展，并改名为“毛主席视察棠下纪念馆”。馆内按原样布置20多件实物，重现当年的情形，还增加40多幅珍贵历史照片。纪念馆是广州市文物保护单位，也成为天河人文史迹的一个重要景点。

·刘氏家庙· 位于沙河大洲地2号。由清末抗法、抗日名将刘永福主持建造，庙坐北朝南，分前后2进，左中右3路，砖木结构，用长条花岗石为墙基，高出地面约1米后再砌青砖墙，硬山顶。庙的中路前后座间有天井，两旁有廊，前座为头门，基本保存，但两侧石砌的包台已改建成房间。门顶有一石额，上书“刘氏家庙”4个楷书大字。前后金柱保存有两副对联，其一是：“尚书恩泽，学士词章，奕世犹存留佳话；星岫云环，沙河水绕，此间宜有夏声来。”刘永福同时所撰一联为：“策马从南越归来，构数椽用妥先灵，敢说声威留穗石；整旅入神京捍卫，把两遍贻同姓，合存忠孝耀彭城”。上联叙述建庙奉祀黑旗军阵亡将士，使其英雄业绩永垂广州史册，下联勉励众将士继续为保家卫国贡献力量。为纪念这位抗法、抗日的民族英雄，今沙河除刘氏家庙外，还有永福村、永福路。在1937年抗日战争前夕在黑旗军原驻地建造的刘义亭，至今犹存华南理工大学内。

（区旅游局供稿）

公共交通

· 火车东站地区管理

【火车东站地区简介】 建于民国29年（1940年），位于林和东路，为广九铁路货运站，原名天河站。因位于天河机场的北面，故名。建国后，多次扩建。1988年4月，改名广深铁路广州东站，因位于流花路广州火车站的东面而得名，为客货运站。

1996年，广州火车东站重建后启用，经过多年建设和改造，广州火车东站已成为当时国内规模第二、现代化程度最高的火车站，拥有20条股道，旅客站台5座。东站除发出广州至深圳和至香港九龙的直通旅客列车外，还开通了多条通往全国各地的长途列车。东站包括站前广场、客运楼、塔楼（候建）、站场四部分。站前广场由高架人行广场、机动车层及地下三层（含停车场、商场等）组成。客运楼总建筑面积11.4万平方米，货场面积11.3万平方米。站场配套设施包括面积4.7万平方米的绿化广场、地铁站、广州市最大的室内公共汽车站、二层旅客进出站绿化广场、大型人工瀑布（新世纪羊城八景之——天河飘绢）等。

广州火车东站其交通网络完善，东站出口处的南端是东站公交站场，有20多条公交线路到市区，其中271、884、43、233、551、302、804等线路分别开往或经过广州市客运站、天河客运站、黄埔客运站、窖口客运站、海珠客运站、番禺客运站和夏茅客运站。火车东站出站地下是地铁，有一号线和三号线，分别可直达芳村西朗和番禺广场。火车东站出口处的西边是东站长途客运站，现已开通深圳、佛山、清远、东莞等地的班车，同时会视客源和客流情况开通其他地方的班车，旅客可随时到东站长途客运站售票大厅了解发车的信息。

广州火车东站地区是广州市乃至广东省连接省内外特别是港澳地区的交通枢纽，也是广州市接送涉外人员最多的“窗口”地区之一，每年接送涉外人员达200多万人次。2008年，广州火车东站每天到发列车116对，平均客流量逾7万人，加上地铁、公交乘客和“天河飘绢”景点的游客，每天进出东站地区的客流量超过10万人。

【东站创卫】 2008年，广州市天河区东站地区管理委员会加大对站场地区的管理力度，查处各类违章，清理乱摆乱卖，联合公安、城管等部门一起开展综合整治工作，净化站场地区的社会环境，为创卫工作的顺利进行创造必要的条件。全面检查落实东站地区的环境卫生、绿化美化、门前七包。对巡查中发现的各种问题及时汇报、处理，使创卫工作真正落到实处。协调有关部门，投入20多万元对站场地区环境进行改造，将明沟清理后改为暗沟，修复下沉地面、人行道、二楼高架广场伸缩缝和破损地面砖等，这些工作对解决卫生死角问题都起到关键性作用，为顺利迎考奠定基础。

【东站创文】 2008年，广州市天河区东站地区管理委员会在铁路东站大堂、候车大厅等处，悬挂、张贴宣传横幅和宣传画，使东站地区形成浓郁的创文宣传氛围。召开“五站”（火车东站、地铁站、长途客运站、公交站、出租车站）创建全国文明城市迎检工作联席会议，明确任务，提出要求，研究、分析东站地区创文工作形势和面临的困难，部署下一步创建工作。各单位各部门按要求完成资料准备，整改存在的问题，落实责任分工，实施责任追究制，参照创卫期间网格化做法，在创文国检中，东站地区顺利过关。

【综合秩序管理】 2008年，广州市天河区东站地区管理委员会办公室不定期开展站场管理联合整治行动，全年查处出租汽车违章878宗、处理占道经营324宗、乱摆卖730起、收缴拉客仔的各种假工作证、宣传卡片2100余张、清理盲流乞讨人员254人次，确保辖区内各重点时段的治安秩序良好，治安、刑事案件大幅度下降，交通井然有序，无重大事故发生。

【完成春运任务】 2008年1月26日，因受连续雨雪和冻雨天气影响，广铁集团湖南境内京广线等干线供电接触网多处断电或积压，电力机车无法运行，致使旅客列车出现大面积晚点。东站地区聚集大量旅客，其中有3次客流高峰拥堵严重，情况非常紧急，在区委区政府领导亲自指挥，经过各有关部门紧密配合，使紧张状况得到缓解，广大旅客被顺利疏导和安全分流。广州市天河区东站地区管理委员会办公室迅速向区委区政府提出处置方案，协助区春运指挥部进行应急指挥；积极同广深公司、广州火车东站进行联系，及时掌握列车运行情况，督促铁路加大广播宣传力度和深挖站内候车潜力。2008年春运期间（1月23日至3月2日，为期40天），天河区东站地区铁路、公路到发旅客从单日客流量到总量均创历史新高，广州火车东站发送、到达旅客共585万人次，比上年（下同）增长7.6%。其中，发送旅客255.8万人次，增长10.3%；到达旅客329.2万人次，增长5.7%。东站临时长途客运运送旅客52万人次，下降5.5%。是年，广州市天河区东站地区管理委员会办公室1人荣立三等功，13人被市、区评为先进个人，办公室被市政府、区政府评为2008年春运工作先进单位。

（潘邦政）

• 公共交通线路

【公共汽车线路】 2008年，始发或者终点站在天河区辖内的公共汽车线路共有163条。其中白班公共汽车132条，夜班公共汽车21条，专线巴士4条，专线小公车6条。

（一）白班公共汽车

11　天平架——海琴湾
18　华景新城——中山大学
20　岑村教练场——昌岗中路
22　华工大学——广卫路
23　吉山村——锦城花园
27　东莞庄——广卫路
28　天平架——龙洞
30　龙洞——瑶台
32　岑村教练场——黄石路
39　天河公交场——龙洞
39A　天河公交场——渔沙坦
40　员村一横路——广医一院
41长　广州火车东站——奥林匹克体育中心
41短　广州火车东站——汇景北路
42　天河公交场——金沙洲
43　广州火车东站——丰乐南路
44　车陂——珠江医院
45　广州火车东站——南国奥林匹克花园
46　岑村——罗冲围
51　天平架——万博中心
53　杨桃公园——宝岗大道
54　中科院化学所——东沙角路
56　倚绿山庄——光塔路
60　奥林匹克体育中心——机场路
62　广州火车东站——鹅掌坦
63　珠江新城——石槎路
65　天河客运站——宝岗大道
78　岑村教练场——东山广场
84　渔沙坦——动物园
85　天平架——中山八路
89　天河客运——大沙头
109　天平架——中山八路
110　天平架——文化公园
111　天平架——黄石路
112　天平架——南田路
122　广州火车东站——奥林匹克花园
126　天河客运站——石井凰岗
130　华景新城——赤岗大塘
133　龙口西——中山八路
135　员村——岑村火炉山公园
136　天河公交场——云景花园
138　东莞庄——五羊新城
139　东圃客运站——海珠客运站
140　员村——元岗路（南兴花园）
175　广州火车东站——同德围
177　广州火车东站——员村生活区
178　华景新城——珠江南景园

183 广州火车东站——洲头咀
185 广州火车东站——机场路
191 华景新城——福祥路
192 珠江医院——水荫路
194 华景新城——广医一院
195 广州火车东站——沥滘
197 华农大——昌岗路
209 广州火车东站——黄沙
214 天河公交场——新塘
218 杨桃公园——中科院化学所
224 小新塘——广卫路
227 棠下小区——宝岗大道
230 华工大——纸石横路
232 华景新城——南湖游乐园
233 广州火车东站——滘口客运站
234 岑村火炉山森林公园——广州火车站
235 车陂——天源路
236 天河客运站——滘口客运站
243 员村美林花园——光大花园
245 广州科学城路口——黄石东
248 棠德花园——革新路
252 天河客运站——大学城（广大）
256 广州火车东站——珠岛花园
257 天河客运站——广州火车站
257快线 天河客运站——广州火车站
263 广州火车东站——晓港湾
266 五山镇——珠江泳场
269 东圃——火车站
271 广州火车东站——市客运站
272 东圃黄村——昌岗路
278 车陂公交场——汇侨新城
280 广州火车东站——凰岗（凤鸣路）
283 广州火车东站——万科四季花城
284 员村（绢麻厂）——广园新村
287 天平架——海珠客运站
289 东圃客运站——罗冲围
289快 东圃客运站——罗冲围
290 天河客运站——金沙洲
292 广州火车东站——南岗
293 华景新城——广卫路
296 汇彩路——同和路
297 乐意居花园——黄沙
299 员村（绢麻厂）——南洲北路
302 广州火车东站——番禺市桥汽车站
304 棠下小区总站——长隆旅游渡假区总站
306 华工大——大学城（穗石村）
307 东圃客运站——番禺市桥汽车站
400 中科院化学所——东莞庄
448 科林路总站——奥林匹克体育中心总站
503 吉山——依绿山庄
503A 吉山——姬棠商业街
504 车陂——麻涌
505 凌塘村——珠江泳场
506 广州火车东站——永和开发区
508 科学城管委会——大沙头
509 天平架——江村
515 广州火车东站——东圃吉山
518 棠下小区——西郊大厦
534 天平架——萝岗
540 员村怡景新村——黄石路
541 科韵路——恒宝广场
542 员村怡景新村——瑞宝乡
545 花城会展中心——同德横窖村
547 环场路——广州体育馆
548 世界大观——石岗路
549 杨桃公园——大坦沙
550 东圃珠村——广州火车站
551 广州火车东站——海珠客运站
564 天河客运站——黄埔村
568 车陂总站——西基总站
568支线 车陂总站——开创大道总站
571 小新塘——新塘客运站

574 车陂总站——萝岗总站
578 小新塘——萝岗
581 小新塘——科珠路
804 广州火车东站——夏茅客运站
808 广州火车东站——竹料
810 广州火车东站——白云高尔夫花园
811 花城会展中心——芳村客运站
813 棠下小区——革新路
841 广州火车东站——滘心村
882 员村生活区——晓港湾
884 广州火车东站——沙太路
886 珠江新城——集贤苑
891 东圃客运站——同泰路

（二）夜班公共汽车

5 天平架——黄沙
9 天河公交场——黄边
10 龙洞——东山口
13 吉山村——锦城花园
15 广州火车东站——同德横滘村
17 广州火车东站——珠村
18 员村生活区——广州火车站
19 东圃客运站——罗冲围
23 五山镇——宝岗大道
25 东圃——广州火车站
27 车陂——滘口客运站
28 广州火车东站——丽江花园
34 黄村训练基地——沥滘
35 员村生活区——嘉禾
36 棠下小区——芳村西塱
38 小新塘——广卫路
39 天河客运站——龙洞
40 员村——广园新村
43 沐陂路——瑞宝乡
47 沐陂路——同和
48 天河体育中心——大学城中部枢纽

（三）专线巴士

旅游2线 天河公交场——中山八路
大学城2线 华工大——大学城
大学城4线 天平架——大学城体育中心
大学城5线 天河体育中心——大学城中部枢纽

（四）专线小公车

401 员村（怡景花园）环线
402 杨桃公园——车陂村口
403 车陂公交场——东圃园丁苑
404 吉山村——东圃
432 吉山总站——三多路总站
448 奥体中心——玉树南路

【地铁线路】 2008年，始发或者终点站在天河区辖内的地铁线有2条，分别是一号线和三号线（国内第一条Y型线路）。

一号线：共设16个站。广州东站—体育中心—体育西路—杨箕—东山口—烈士陵园—农讲所—公园前—西门口—陈家祠—长寿路—黄沙—芳村—花地湾—坑口—西朗。

三号线：包括一条主线和一条支线，共设18个站。其中主线设13个站：广州东站（和一号线交汇）—林和西—体育西路（和一号线交汇）—珠江新城—赤岗塔—客村（和二号线交汇）—大塘—沥滘—厦滘—大石—汉溪—市桥—番禺广场。支线设5个站：天河客运站—五山—华师—岗顶—石牌桥。

（以上带下划线的站点位于天河区内）

（区志办供稿）

广州市地铁线路图

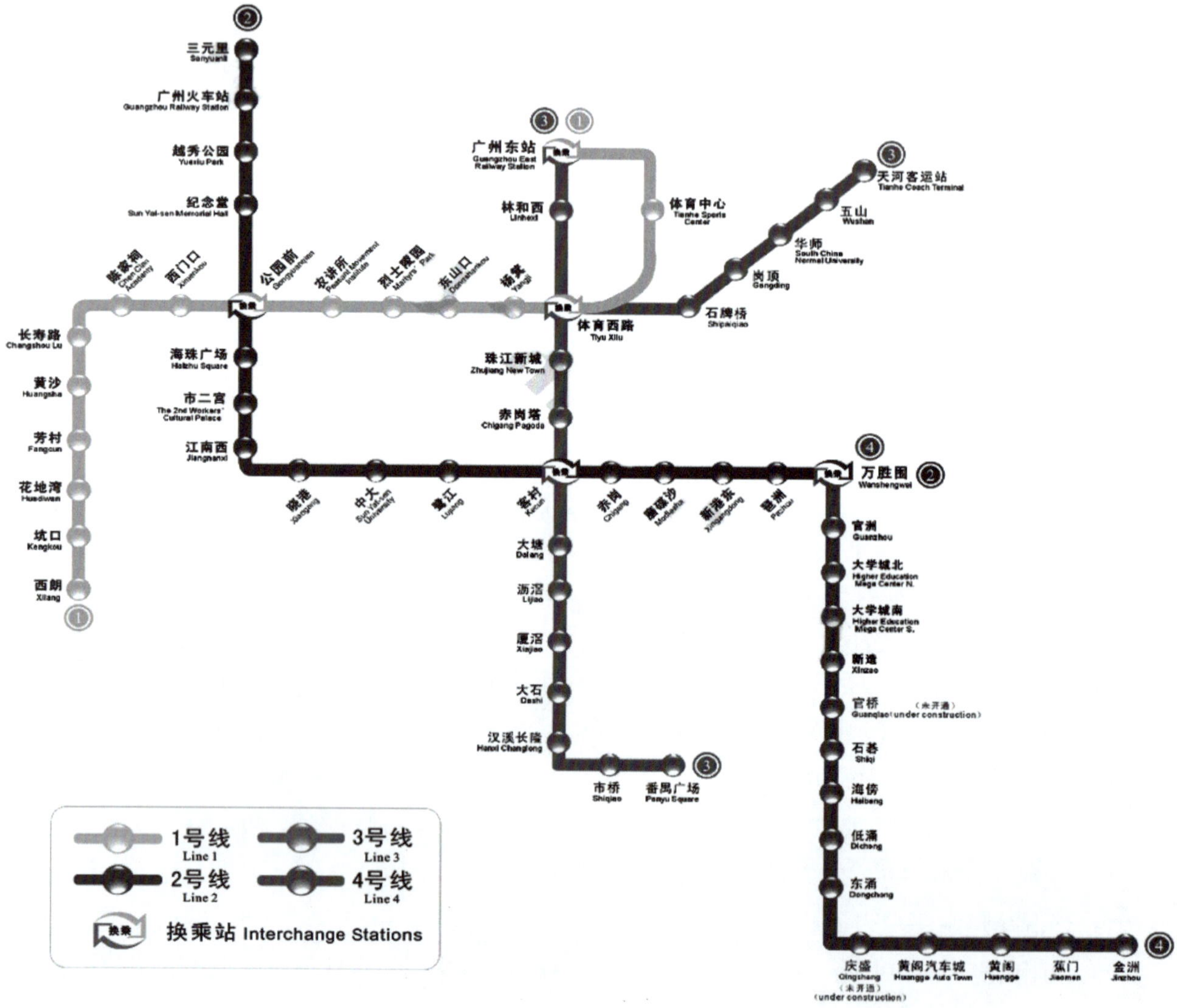

三元里 Sanyuanli
广州火车站 Guangzhou Railway Station
越秀公园 Yuexiu Park
纪念堂 Sun Yat-sen Memorial Hall
陈家祠 Chen Clan Academy
西门口 Ximenkou
公园前 Gongyuanqian
农讲所 Peasant Movement Institute
烈士陵园 Martyrs' Park
东山口 Dongshankou
杨箕 Yangji
长寿路 Changshou Lu
黄沙 Huangsha
芳村 Fangcun
花地湾 Huadiwan
坑口 Kengkou
西朗 Xilang
海珠广场 Haizhu Square
市二宫 The 2nd Workers' Cultural Palace
江南西 Jiangnanxi
晓港 Xiaogang
中大 Sun Yat-sen University
鹭江 Lujiang
客村 Kecun
广州东站 Guangzhou East Railway Station
林和西 Linhexi
体育中心 Tianhe Sports Center
体育西路 Tiyu Xilu
珠江新城 Zhujiang New Town
赤岗塔 Chigang Pagoda
石牌桥 Shipaiqiao
岗顶 Gangding
华师 South China Normal University
五山 Wushan
天河客运站 Tianhe Coach Terminal
赤岗 Chigang
磨碟沙 Modiesha
新港东 Xingangdong
琶洲 Pazhou
万胜围 Wanshengwei
大塘 Datang
沥滘 Lijiao
厦滘 Xiajiao
大石 Dashi
汉溪长隆 Hanxi Changlong
市桥 Shiqiao
番禺广场 Panyu Square
官洲 Guanzhou
大学城北 Higher Education Mega Center N.
大学城南 Higher Education Mega Center S.
新造 Xinzao
官桥 （未开通） Guanqiao（under construction）
石碁 Shiqi
海傍 Haibang
低涌 Dichong
东涌 Dongchong
庆盛 Qingsheng （未开通） （under construction）
黄阁汽车城 Huangge Auto Town
黄阁 Huangge
蕉门 Jiaomen
金洲 Jinzhou
1号线 Line 1
2号线 Line 2
3号线 Line 3
4号线 Line 4
换乘站 Interchange Stations

行政街

沙河街

【概况】 沙河街建于1950年7月，由广州市白云区沙东乡的沙河大街地区组成，因辖内有沙河大街、沙河墟以及流经该地区的沙河涌而得名。2008年，街下辖7个社区居委会：西街、左竹园、濂泉西、先烈东横路、新一街、永福正街、水荫四横路社区居委会。全街面积1.26平方公里，总人口46816人，其中常住人口37506人，外来暂住人口9310人，人口密度每平方公里37155人。

沙河街位于广州市东北面：东起广州大道北禺东西路、西至内环路沙河段，南起水荫横路与越秀区东风公园相邻、北至广深铁路沙河段。街辖内由广州大道北段、先烈东路、水荫路、濂泉路等主要道路和其它70多条街巷组成。

街辖内大中型专业（批发）市场有：万佳服装批发市场、濂泉路服装批发市场、沙河商业一条街、沙河电器城等5个；还有星海音乐学院、广东工业大学沙河校区等高等院校2所，以及广东省文化厅、广州市画院、广州市歌舞团等省、市级文化单位6个，驻街机团单位60多个。省文物保护单位有十九路军淞沪抗日阵亡将士陵园，这里安葬1933年在上海抵抗日军侵略而壮烈牺牲的1951位将士，陵园宏大庄严。市文物保护单位有朱执信墓和新一军印缅阵亡将士公墓遗址。

在街道文化上，建成以街文化总站为核心，各社区居委文化室相互联系、相互促进的文化阵地。现已组建起6支文艺团队，分别为：少儿艺术组、青年文艺社、健美操队、合唱团、粤曲曲艺社、中老年歌舞队，这些文艺团队常年活跃于社区的文化活动中。街道文化总站定期开办文艺培训班，抓文化示范点，带动全街文化活动的持续开展。

【街道建设与管理】 ·城区管理及环卫建设· 2008年，沙河街加大清查“六乱”和“两违”现象，整治“五小”场所。成立城市管理综合执法小分队，每天巡查路面，整治各社区、钉子户和重点户；加大宣传教育力度，制止以占道经营、占道堆放为主的“六乱”行为；开展非法营运和濂泉服装市场的专项整治行动；联系区建设局投入20多万元改善人行、盲人通道等市政设施，协同交警等相关部门在先烈东、濂泉路两旁设置护栏，维护交通秩序。加强巡查，及早发现“两违”，将违法建设消灭在萌芽状态。协同工商部门，推进“五小”场所整治工作。开展健康教育知识宣传，举办社区健康教育讲座，出版卫生知识宣传栏彩印版。开展污染源单位清查、普查工作，全街普查污染源单位537家。清除辖区内卫生黑点，开展公共外环境和住宅小区病媒生物防治、安装防鼠防蚊匣等除“四害”工作，组织以灭蚊为重点的病媒生物防治统一行动。

·社会治安综合治理· 2008年，沙河街成立治安重点整治工作领导小组，开展“严打”整治、“扫黄打非”行动和清查传销窝点和打击传销行动。加强居委治保队伍建设，对永福正街等5个居委实行“半封闭”式管理。加大派出所警务室硬件建设，加强社区民警上岗巡查，发动辖内单位成立群防群治管理小组，对外来人员进行有效管理，社区总警情和发案率逐渐下降。全年街道发生刑事案件228宗，其中：“双抢”案24宗、入室盗窃案38宗、入室抢劫案1宗；刑事案件比上年（下同）下降19.3%、双抢案件下降129.16%、入室盗窃案下降13.15%、入室抢劫案下降100%。做好视频监控布点工作，全街安装视频监控点236个。

·出租屋管理· 2008年，沙河街制定出租屋整治专项行动方案，将整治任务进行分工，落实到人；加强出租屋文本和电子档案的管理，规范出租屋档案管理制度；开展便民服务和出租屋咨询解答活动。全年办理出租屋房屋租赁证1680个，IC卡暂住证1934个，收取使用流动人员调配费和治安联防费合计25.44万元，个人出租屋房产税209.04万元，比上年增长27%。新办理出租屋登记830间。

·司法服务· 2008年，沙河街加强普法形式的探索创新，利用学校的德育课、每学期的散学礼和开学礼等平台，加强对学生预防未成年人犯罪的教育；加强居委的法制宣传栏制作质量，联合市、区法律援助处开展大型的法律咨询、禁毒宣传等活动。推动构建矛盾纠纷“大调解机制”，建立排查调处工作信息联络队伍，监察纠纷及其隐患，提供法律援助。开展维权信访服务工作，全年接到信访45件（其中网上投诉32件，来信13件），已处理完毕45件。没有发生纪检监察方面的信访事件。

·安全生产与消防· 2008年，沙河街加大安全生产宣传力度，制作安全消防宣传墙报，向辖区内单位、档铺、住户发放宣传资料，举行安全生产咨询活动，为群众解答各种安全生产消防知识。查处各种违规行为，定期召开安全生产工作会议和预防重特大安全事故会议，组织安监中队、消防队、出租屋协管员到辖内单位举行安全消防演习，教授消防设备使用方法及逃生技巧；整治辖区内存在在火灾隐患的出租屋、仓库、服装市场；全年无重大安全生产和消防事故发生。

·人口与计划生育· 2008计生年度，沙河街出生290人，出生率为7.66‰，自然增长率为1.85‰，计划生育率为96.9%。开展婚育新风进万家活动，举办计生政策学习培训班、现场咨询活动。订阅《中国人口报》等报刊杂志，宣传文明、科学的婚育新风。免费派发避孕药具，免费查环查孕，开展已婚育龄妇女普查普治工作；举办生育关怀和送温暖活动，开展“手拉手、心连心”六一亲子游园活动和“关爱女孩”夏令营活动；调查城镇职工退休时一次性计划生育奖励情况。

·社区文体· 2008年，沙河街加快社区图书室和电子阅览室的建设，开展文化活动，举办各类技能学习活动，组织参加多种文化比赛，开展健康社区活动。举办永福正街第一届社区运动会；举办区“12·4”全国法制宣传日法制文艺演出，以文艺活动的形式积极普及法律知识；举办科普知识讲座和活动，5月，在龙岗路小学开展科技节系列活动，培养学生“勇于探索、勇于创新”的精神。是年，街道顺利通过街道教育强区复评考核工作。

·社区服务· 2008年，沙河街加强劳动保障服务中心的工作力度，制定《2008年就业目标责任制实施方案》、《就业服务工作规范和办事制度》，出台贯彻《安置就业困难人员扶持援助办法》，开展创建“充分就业社区”活动，落实各项就业政策，以创业促进就业。开展三项劳动监察行动强化监督，消除突发性群体案件。全面摸查辖内企业，建立详细档案，接受来访投诉1宗，涉及人数34人，金额70万元。开展创建“充分就业社区”活动，全年街道7个社区劳动保障服务工作站有5个社区达到“充分就业社区”标准，达标率为71.43%。

·社会事务· 2008年，沙河街调查申请社会救助的家庭，实行社会救助公示制度，加强社区群众之间的互相监督，为28名低保户购买社会保险金。开展低收入家庭、边缘困难家庭医疗救助工作，为215名低保、低收人员办理《城镇居民基本医疗保险》，解决低收入人员的医疗问题。组织相关人员学习住房保障制度，落实住房困难家庭的住房保障工作，开展住房困难家庭（经济适用房）的初审工作、廉租住房的审核工作和低收入住房困难家庭调查工作；做好双拥优抚工作，按规定落实好优抚对象的各项优待政策，继续做好部分参战涉核军队退役人员身份认定工作。开展残疾人康复服务工作，组织春节、全国助残日和中秋节的慰问，帮助残疾人就业，解决残疾人家庭困难。强化社区功能，完善退管工作，实行退管服务探访工作责任制。做好社会保险公共服务和社区便民服务工作，为独居老人和老劳模开展居家养老服务。

2008年，沙河街开展机关党支部与平远县五福村党支部互帮互助活动。

沙河街供稿

·经济普查· 2008年，沙河街积极开展经济普查工作。第一阶段，做好单位清查和个体经营户普查，完成个体户普查6881家，单位清查1628家，核实存在和新增企业收表611家；第二阶段，对单位清查查漏补缺，完成上规模个体经营户（全年经营额达100万元）359家，法人及产业活动单位108家。

·群团工作· 2008年，沙河街调查摸底辖内工会组织和企业情况，开展工会组建工作。举办以“从《劳动合同法》的实施看私营企业成立工会的必要性”为题的培训班。做好签订集体合同的宣传工作。开展“送温暖”系列活动，为工会会员组织丰富的文化活动，走访慰问困难职工、残疾职工、单亲家庭、老干部遗孀及劳动模范。

街团工委以“我优秀、我入团，我入团、更优秀”为主题开展团员教育评议活动；结合“关爱女孩”行动工程，加强青少年素质教育，精心组织“天河之夏”青少年夏令营活动。

街妇联召开沙河地区妇女第二届代表大会；举办“三八”维权周、法制宣传咨询、就业专场招聘会等活动，开展普法宣传教育，帮助下岗失业妇女实现再就业；节日慰问、专项救助及帮扶贫困妇女儿童；发动本辖区家庭参加区“书香家庭”和“文明家庭”评选活动。

【机关效能建设】 2008年，沙河街积极开展“为民、便民、利民，创建群众满意机关”效能建设主题实践活动，成立实践活动指导组，主要领导负总责，分管领导具体负责，层层抓落实。结合实际制定活动实施方案，做好实践活动的宣传和报导，运用问卷调查、大接访、效能建设意见箱等多种形式开展民情民意调研，直接掌握民情民愿，制订具体措施，做到切实整改。采取建章立制措施建立效能建设长效机制，规范从政行为，充实和完善各项制度35项，新建1项制度，定期组织干部职工学习制度。

2008年，沙河街开展解放思想大讨论活动。

沙河街供稿

【创建文明城市】 2008年，沙河街成立创建文明城市指挥部和下设办公室，制定街道创文工作方案，召开动员大会。以开展机关效能建设为契机，建立《沙河街创文工作问责暂行规定》，全体干部职工“责任到人，责任到岗”，建立责任倒查机制，保障街道创文工作的积极开展。

沙河街向辖内居民发放创文致居民信、广州市市民礼仪手册，派发调查问卷，张贴创文宣传画，开展文明出行、“文明交通从我做起”志愿者百日大行动、“告别陋习、牵手文明”系列教育活动等。成立创文资料整理组，收集和整理全街各线口开展创文工作的图片和文字资料，加以分类、登记、造册备检，顺利完成各类迎检资料的整理工作，通过国家“创文”检查。

（胡军胜）

车陂街

【概况】 车陂街建于1981年5月，由东圃公社划出车陂地区组成。2008年，街下辖12个社区居委会和1个撤村改制公司：东圃、西湖、天雅、龙口、西岸、沙美、东岸、美好、广氮、车陂北、旭景、假日园社区居委会和车陂经济发展有限公司。全街面积约5.6平方公里。总人口93323人，其中常住人口27845人，外来暂住人口65478人，人口密度每平方公里16665人。

车陂街交通便利，主要交通干线有中山大道、黄埔大道、广园东路、车陂路、东圃大马路、东圃二马路，有269、548、289、218、517、50路等公交车路经该街，地铁四、五号线（建设中）也贯通街道。

街辖内有近万人口的广氮社区和车陂经济发展有限公司（原车陂村），主要机关事业单位有车陂街道办事处、车陂街社区服务中心、车陂街文化站、车陂街出租屋管理服务中心、车陂街消毒站、车陂街市容环境卫生管理站，主要大型商场有汇圃名城、东圃购物中心A、B座、摩登商业城、美华超市、家园百货等。同时还有众多的教育、文化、娱乐和医疗卫生单位，如广东省培英职业技术中学学校等中专院校以及天河区红十字会医院、暨大附属第一医院东圃分院、广州家家乐康复医院等医疗机构。还有广州市第十八中学、东圃中学（高中部）、玛沙女子中学等3所中学、8所小学及天河广场、美好居、汇友苑、旭景家园、城市假日园、苹果城、时尚明苑等多个住宅小区。街内环境优美，有车陂公园、沙美公园及晴川苏公祠、石狮山鹿泉苏公泉文物保护单位。

2008年，街属地企业有2134户，街内个体商业户6322户，从业人数65867人。

【街道建设与管理】 ·城区管理及环卫建设· 2008年，车陂街开展大规模的环境卫生综合整治活动，开展大型咨询宣传活动，出版创卫宣传栏140期。做好全国污染源第一次普查工作。清拆“两违”建设110宗，面积17832.2平方米；清拆乱搭建8宗，26575平方米，清拆违章户外广告50宗，面积3246平方米。取缔乱摆乱卖572宗，整治占道经营372宗。完成环城高速沿线环境综合的整治任务。整治无证经营场所和制假售假，取缔黑诊所（游医）19间、无证照废品店11间、无证食品加工场2间、无证照发廊6间、按摩场1间，没收伪劣成品烟48450条、烟支40万条，没收假冒珠江啤酒400箱，规范经济市场秩序。

·社会治安综合治理· 2008年，车陂街开展扫黄打非、打击黄赌毒、东溪大街和清溪大街等治安重点整治工作。配合区视频办完成辖内212个监控点的建设，确保视频监控中心正常运作。发动辖内单位安装视频监控，辖内安装摄像机1103个。广泛开展治安防范，派发治安温馨提示1万份，张贴“民警提示您”3万份，悬挂横额48条，治安提示牌30个，安装报警灯箱、警灯116个。开展“剑锋”、“三电”、“红棉”等专项整治行动，全年刑事立案404宗，比上年（下同）下降14.8%；总警情下降12.5%，刑事警情下降20.5%，治安警情下降46.7%，两抢两盗警情下降25.3%。积极开展禁毒宣传，打击毒品犯罪工作力度，超额完成缉毒破案等任务。

·出租屋管理· 2008年，车陂街加大出租屋宣传力度，全年派发宣传单张5万多份，出版宣传墙报33期。收取使用流动人员调配费137万元，个人出租屋房产税613万元，比上年增长24.26%。新登记出租屋930栋、5721套、流动人员15777人，出租屋整治合格率达95%。加强出租屋及流动人口管理，全年拆除出租屋内乱搭建木阁楼716个、防盗网开逃生口652个、卷闸门开逃生小门521个、配置灭火器5316个、防烟面罩3255个、烟感报警器3462个、查封出租屋85套。

·司法行政· 2008年，车陂街调解、调处纠纷130宗，调解率100%，调解成功率达100%。与合盛律师事务所制定《车陂街“所所结对”工作实施方案》，律师多次参与社区普法活动和纠纷调处工作，为构建和谐社会提供法律保障和法律服务。以法律“四进”为载体，开展送法进社区、送法进企业、送法进单位、送法进校园普法活动，出版各类法制宣传栏600期，举办《劳动合同法》等法律咨询活动和法制展览57场，举办各类法制讲座和法制文艺演出20场，印发各类法制宣传资料约20万份。做好刑释解教人员的安置帮教工作和“610”人员的跟踪帮教工作。

·安全生产与消防安全· 2008年，车陂街开展安全生产宣传教育，举办安全知识、消防知识培训班。开展消防应急救援疏散演习10次。街道和车陂公司分别成立3支隐患整治突击小分队，检查生产经营场所11338间次，发现隐患3856宗，已整改3833宗，发出限期整改通知书23份，防盗网开逃生口及卷闸门开小门698个，配置灭火器11343个、防烟面罩3155只、烟感报警器3133个。加强对重点地区的综合整治，增设置岗亭，增聘保安人员值班巡逻，对马鞍山地区实行物业式管理。查处各类违法违章车辆1593辆，改善街辖交通安全环境。

·人口与计划生育· 2008计生年度，车陂街出生462人，出生率为16.25‰，自然增长率为13.33‰，计划生育率为96.32%。

街道与12个居委会、车陂公司以及辖区单位签订计划生育目标管理协议书和责任书。全年出版宣传栏52期，悬挂标语125条，制作户外大型广告牌3个，发放各类计生宣传资料4万份，签订流动人口出租屋管理责任书达80%以上，开展现场咨询活动10次，举办各类培训6场次，接受培训人数达到1500多人次。免费为育龄妇女做生殖健康普查18500人次，其中常住人口妇检9300人次，流动人口妇检9200人次，发现疾病30例，建议其及时到医院治疗。

·社区文体· 2008年，车陂街加大社区文化建设。成立社区文化活动指导站，完善文化网络建设，组织文化活动，开展“2008年车陂地区‘迎亚运、全民学英语’宣传活动”、“车陂地区电影文化宣传月启动仪式暨外来工‘相聚车陂’庆祝‘五一’劳动节文艺活动”、“2008年车陂地区龙舟景活动”、2008年车陂街书香机关—推荐一本好书活动、“南国花城美曲艺晚会”、“七彩夏日”暑期迎奥运学英语活动、2008年车陂街乒乓球赛、车陂街“相聚2008创建文明城市”诗书画摄影展览活动等。开展“扫黄打非”行动，取缔黑网吧8间、游戏机室19间，没收翻版音像制品1.2万多张，文化市场得到有效整治。

·创建文明城市· 2008年，车陂街成立街创建文明城市指挥部，与辖区32个单位签订《天河区创建全国文明城市达标责任书》。利用各类宣传栏、橱窗、电子屏开展创建全国文明城市公益宣传，组织各社区居委会出版创建文明城市专题宣传广告160多处、宣传栏250多个、悬挂宣传横额285条，张贴宣传画2385张，印制并派发《致车陂地区居民朋友的一封信》等宣传资料95200多份。组织志愿者开展文明示范路口创建工作，组织志愿者人数超过1530人次，“劝行”的总数超过3760宗。整治东圃大马路交通秩序，查扣人力三轮车85辆，非法营运摩托车26辆，纠正乱停乱放车辆565辆，行人违章850多人次。完成创建全国文明城市工作材料档案3253份，135万余字文件、356张图片资料，为车陂街“创文”打下基础。

2008年5月，车陂街举行创建全国文明城市启动仪式。

摄影：黄文晖

·社区服务· 2008年，车陂街拓宽就业和再就业服务领域，举办“春风行动”2008促进外来务工人员就业市、区、街联动专场招聘会，约有5000人次前来应聘，现场成功招聘282人。街道为416名失业人员办理社区就业资助，全街登记失业人员1064人，其中有751人实现就业，就业率达70.58%；“零就业”家庭安置率达到100%；“4050”失业人员就业率为58.3%。

2008年2月，车陂街举办2008年“春风行动”就业联动现场招聘会。

摄影：黄文晖

·社会事务· 2008年，车陂街做好四川汶川大地震的抗震救灾工作，积极发动辖内单位个人开展各种形式的捐款赈灾活动，筹得善款108万元，衣物12000多件。全年街慈善超市发放物资约39150元。加强社区居委会办公设备和办公用房等基础设施建设，解决西湖和西岸社区的办公场地。做好“六好社区”和“书香社区”的创建工作，其中东圃、旭景为“六好社区”，东圃、天雅和广氮3个为“书香社区”。为290户双特困户做好租赁经济适用房的申请工作，做好老人优待证的发放工作，完成48名退伍参战人员的调查审核工作。

【车陂村（车陂经济发展有限公司）】 车陂在宋元朝代属永泰乡，后称龙溪村，再改车陂。据简氏族谱记载，宋末元初时期居住村东岸的王道夫裔孙，有一位名叫龙溪的人，在村中很有名气和影响力，后人为纪念他，将流经村中心的河流取名龙溪，龙溪村因此而得名。清康熙二十五年（1686）番禺鹿步司设12个堡，龙溪村归属车陂堡，为车陂堡办公所在地，故以堡为名而称车陂。以车陂作村名，有两种说法：一种说法是此处用水车抽取陂水，灌溉农田。取其意称作“车陂”。另一种说法是，在明清时代车陂北侧有一条官路（今中山大道）通往京城，村民出行十分方便，是有“车”；龙溪上游筑陂拦水，自流灌溉农田，是有“陂”，故取名“车陂”。车陂村分四约、东岸、沙美三部分，四约位于车陂涌西侧，东侧称东岸，沙美在车陂涌西侧南端。建国后，水上人家集居珠江河边的新涌口村并入车陂，划归东岸。世居车陂的主要姓氏有9姓：郝、苏、王、梁、黄、简、黎、马、麦，村民先祖大部分是由广东南雄珠玑巷迁入。

1999年5月，原车陂村撤村改制，组建车陂经济发展有限公司。是年11月，车陂街全面接管该村的各项工作。公司下属机构有15个经济社、车陂汽车运输站、车陂劳动服务站等4家。2008年，车陂经济发展有限公司总收入28216万元，比上年增长18%。

（黄沛良）

天河南街

【概况】 天河南街于1993年8月由石牌街划出部分地区组建而成，因位于天河体育中心的南面，故名。2008年，街下辖12个社区居委会：南一路、育蕾、体育西、体育东、南雅苑、天河东、体育村、天河直街、广州大道中、天河村、天荣、广和社区居委会。全街面积2.08平方公里。总人口103864人，其中常住人口87064人，外来暂住人口16800人，人口密度每平方公里49934人。

天河南街位于广州现代化大都市中心区，道

路交通便捷。黄埔大道、广州大道、天河北路、天河路、体育西路、体育东路、天河东路、天河南一路、天河南二路等道路从东至西、从南到北贯通街道。全街有主干道11条，街巷15条，设有地铁3个站，公车线路70多条。

2008年，街辖内有天河城广场、正佳广场、广州市购书中心、维多利广场、颐高数码等大型商场；有皇家国际酒店、新天河宾馆、广州华侨友谊酒店、天河大厦等旅店、酒店；有天河体育中心、天河南街文化站、健之海健身中心等文化、体育场所。在商场中，天河城广场于1996年8月18日正式开业，成为中国大陆最早的购物商场，也是广州现代商业的标志和市民游客购物观光休闲的首选场所；正佳广场总建筑面积42万平方米，其规模是当今世界第五、亚洲第一的现代化购物中心；广州市购书中心占地5475平方米，常年图书备货品种10万余种，其它音像制品、文化用品品种3万多种，是广州市跨世纪的文化工程。天河体育中心占地58万平方米，周长3.8公里，是中国改革开放后第一个大型综合体育设施，也是第六届全运会和九运会的主要赛场。

2008年，街属地企业有5106户，街内个体商业户有3517户。

【街道建设和管理】 **·城区管理及环卫建设·** 2008年，天河南街将街辖内约10万平方米的保洁面积、垃圾清运、市容环境卫生作业全部承包给标准环保公司。标准公司全额接受环卫站原有环卫工人（包括天河村）52人，按合同要求增加人员至112人，环卫工人全部购买医保、社保，工资按月定时发放。街道成立天河南街市容环卫作业承包考核小组，定期明检和暗检标准公司承包的地段。

街道全年清理整治乱摆卖5084宗，占道经营1210宗、清理乱张贴乱涂写2.5万张（宗）、乱拉挂323宗、拆涂违章户外招牌23宗，清理卫生死角28处、收缴三轮车45辆，拆除违法建设37宗、面积约1320平方米。组织大型整治无证照经营场所专项行动14次，立案查处无证照经营超过50宗，取缔无证照经营19宗。开展产品质量和食品安全整治行动，清查各类商铺、出租屋250多间次，清理电脑产品等各类仓库出租屋23家，取缔加工场4家。开展除害防病工作，清除各类积水502宗，清理卫生死角39宗，组织开展病媒生物防治行动16次，病媒生物密度得到有效控制。

·社会治安综合治理· 2008年，天河南街与80个企事业单位、12个社区居委签订2007～2008年度综治目标管理责任书。发挥综治工作中心、派出所、治安联防大队、直属保安队、辖区保安、联防队员、治保队员、居民群众共同参与的中心商圈动态治安联防体系作用，加强天河城中心商圈、体育中心重点场所、高层楼宇和侵财案件多发的小区治安整治，打击违法犯罪活动。全街发生侵财警情1842宗，比上年（下同）下降29.91%，特别是"两抢"、"两盗"警情分别下降29.35%和10.9%，辖区社会治安状况保持和谐稳定。

·出租屋管理· 2008年，天河南街重视出租屋管理工作，全街登记出租屋14800套，比上年（下同）增长32%；建立完整文字档案8800套，增长33%；新办理租赁登记备案2560宗，增长66.42%；登记流动人员66800人，录入市流动人员信息系统47500人，增长44.35%；新办理IC卡暂住证5848张，续期IC卡暂住证1119张；办理临时经营场所证明业务672宗；征收"两费两税"3318万多元，增长23%，其中调配费28万余元、治安联防费15万余元，出租屋税3003万元，合同印花税272万元。整治出租屋各类隐患，出租屋发案27起，下降12%。

·司法服务· 2008年，天河南街成功调解各类民间民事纠纷147宗，调处涉及20人以上的群体性纠纷事件20宗。特别是群体纠纷涉及人数较多的方圆酒店工程承包纠纷、天河北路898号工地民工劳资纠纷、华翰大厦2-6层产权纠纷等，调处部门及时介入，调处到位，显示天河南街维稳调处工作机制在解决矛盾纠纷工作中的实效性。全年处理来信、来访和热线投诉254宗。6月12日，天河南街公益法律服务站举行揭牌仪式，标志着公益法律服务正式进入街道社区。

·安全生产与消防· 2008年，天河南街组织辖内企事业单位干部职工参加天河区安监局举办的安全生产法规知识讲座，邀请区安监局到街教授安全生产知识教育课，组织辖内天河城、正佳、广百等166个企业单位管理人员进行注册安全主任培训，定期开展消防演练和安全大检查，检查企业800多间次，派发限期整改通知书100多份，现场整改隐患36处，没收个体饮食店档违规使用的气瓶，依法处理违规操作、防范措施不到位而引发火灾的饮食单位责任人。

2008年4月，区委常委、区纪委书记柯珠军到天河南街检查安全生产工作。

天河南街供稿

·人口与计划生育· 2008计生年度，天河南街出生672人，出生率为7.97‰，自然增长率为6.39‰，计划生育率为97.32%。人口与计划生育主要统计指标误差率控制在3%以下。开展青春健康五进基层活动，为幸福工程筹集捐款8.68万元，全区第一；征收社会抚养费111.77万元，比上年增长3%。

街道与辖内100多个单位签订计划生育工作管理目标责任书，制订《天河南街计划生育管理奖励试行办法》。整合派出所、出租屋管理中心力量，组织大规模清查验证行动30多次，建立起与学校、幼儿园、医院的联席通报制度，实现流动人口与户籍人口同宣传、同服务、同管理、同考核的“四同”管理。以婚育新风进万家为主题，开展青春健康教育五进基层活动，以“关爱女孩，呵护健康”为主题开展咨询服务活动，在天河直街居委和广和居委的农贸市场设立流动B超检查点，免费为流动已婚育龄妇女查环查孕。

·社区文体· 2008年，天河南街加强文化基础设施建设，开展“四进社区”活动。开展2008年“辞旧迎新”、迎新春文艺演出、迎亚运全民学英语等文化活动，获天河区“金雁之声”歌咏展演活动铜奖、组织奖、“纪念改革开放30周年”诗歌、散文诵读大赛银奖、组织奖、天河区“天河之夏”第二届社区文化小使者评选活动金奖、天河区第二届读书节暨2008年“4•23世界读书日”读书征文评选活动金奖。打击在大型商业区周边、内街人行道兜售非法刊物、盗版光碟的“走鬼”，收缴盗版光碟3000余张。清查中小学校周边的书店、音像制品的专卖店等，为青少年身心健康成长创造良好环境。开展创建广州市科普进社区示范街活动，街道荣获“广州市科普进社区示范街”称号。

·创建文明城市· 2008年，天河南街下发《致居民群众一封信》、创文知识单张、宣传小册子等宣传品12万份，设创文宣传栏55个，出宣传栏168期，组织群众性创文活动16场次，在天河区信息网、区创文简报发布信息60多条。完成68个标准300多万字的材料审核建档工作，顺利通过市创建办的2次抽查和区创建办的多次检查。

街道坚持开展“文明出行”活动，2008年组织志愿者、干部职工13000人次、12520小时参与文明出行，天河路体育东路口等2个示范路口、天河路等2条示范路段多次被评为广州市十佳示范路口。配合市区在体育中心开展“文明交通从我做起”百日大行动启动仪式、激情奥运体验、迎奥运会网上签名等活动，掀起文明创建高潮。

2008年7月，市委常委、市委宣传部部长王晓玲（前排左二）到天河城检查创建文明城市工作。

天河南街供稿

•社区服务• 2008年，天河南街完善社区服务体系，成功就业798人，完成就业率达70.56%；安置“4050”失业人员173人，就业率达55.10%；社区岗位就业资助282人，指导办理小额贷款10人，核发“再就业优惠证”12本，办理医疗保险1387人，养老保险230人。全年处理劳资纠纷案114宗，工伤事故37宗，涉及劳动者1198人，追回资金3532713.22元，结案率达98%，居家养老服务模式得到区里肯定和推广应用。举办现场招聘会2场，进场招聘企业40家，为“4050”人员提供186个就业岗位，成功推荐135人就业，拓展就业再就业工作渠道。

•社会事务• 2008年，天河南街发挥“天河南街•华润万佳慈善超市”作用，为42户低保低收入家庭发放价值15120元的购物券，方便其自行购买所需的物品。全年发放救济金额172200元，上门慰问20多次，慰问金额达2万多元，为78户低收入住房困难群体递交经济适用房申请表。为81户低收入住房困难群体申请住房租赁补贴。为四川灾区捐款53万元，捐赠活动板房及棉被衣服等一大批。开展与平远县仁居镇的对口扶贫工作，机关党支部与飞龙村党支部结对帮扶，街道义工、志愿者踊跃参与文明出行交通整治等活动。6月，育蕾和广和2个社区被评为区第二批“六好”平安和谐社区。

•党建工作• 2008年，天河南街顺利完成34个基层党支部、总支的换届选举工作，全街党员数达1027人，是年培养入党积极分子12人，发展党员10人，转正15人，培训支部书记50人次。拓展完善体育西等一批社区党建活动室，解决党员人数多活动场地小的问题。提高全体党员的思想政治素质，举办讲座、参观学习、观看教育片等形式开展党员教育培训16场次，开展“关爱困难党员”、“党员监督员”、参观广州市党员教育基地等活动。召开地区党建联席会议，各党建成员单位联合举办庆“七一”乒乓球赛、创建文明城市、征文比赛等活动，党建工作保持生机和活力。

•群团工作• 2008年，天河南街组建工会605家，其中组建外企工会39家，新建基层工会104家，发展会员15274人。组建世界500强企业工会9家，超额完成区总工会的任务。签订区域性工资集体协议11份，涵盖企业590家，覆盖职工6800人。街团工委积极发动青年志愿者参与文明城市创建活动，做好非公经济组织团建工作，下属正佳团委被评为广州市青年文明号和广东省青年文明号，街团工委被评为广州市先进基层团工委。街妇联开展维护妇女权益行动、“巾帼文明岗”创建活动、关心特困家庭生活，保障女职工权益，评选出“广州市文明家庭”25户，“天河区文明家庭”2704户。

【举办奥运宣传活动仪式】 2008年7月26日，天河南街协助市区文明办等单位，在正佳广场举办以“我为奥运祝福，我为奥运添彩，我为奥运加油”为主题的网上签名寄语宣传活动仪式。区委常委、区委宣传部部长陆志强、副区长林玲、街道办事处主任李宝绿等有关部门领导、特邀嘉宾、各单位、各学校及居民志愿者等参加活动仪式。仪式上，区领导率先为活动签名寄语，向青年志愿者代表授予青年志愿者旗帜。随后，大家纷纷签下自己的名字，支持北京奥运，为奥运加油，祝福奥运，祝福中国，决心以实际行动支持北京奥运会，将文明新风带进社区，做文明的中国人。

2008年7月，天河南街举行支持北京奥运网上签名寄语宣传活动。

天河南街供稿

【天河村】 天河村位于天河南街南面，中山一路立交桥东北面。明末清初建村，原名大水圳，康熙年间，溪圳扩大，河水清澈似天河，故有“跨过天河大水圳”之说。民国6年（1917），全村老人集会商议，决定将大水圳村改为天河村。

村上曾出现过历史名人李湛。李湛（1884～1913），番禺县鹿步司大水圳村（今天河村人）。同盟会员，民团团长。清宣统三年（1911），组织暗杀清朝广州将军凤山和光复广州，后在剿匪战斗中阵亡。现越秀山镇海楼的广州市博物馆展出有其“中国同盟会会员证”，为国家一级文物。

（曾建华）

林和街

【概况】 林和街建于1995年12月，由沙河镇划出林和村及石牌街、天河南街、沙河街、五山街划出部分地区组建而成。2008年，街道总面积3.8平方公里。总人口73946人，常住人口45473人，外来暂住人口28473人，人口密度每平方公里19459人。

林和街位于广州市天河区中心地带，东自天河东路，西达广州大道，北抵广园东路，南至天河路。街内有天河北路、天河东路、天寿路、林和西路、林和中路、林和西横路、林和东路、林和东横路、广园东路、天秀路、建材路11条主要道路，与广州火车东站、火车东站公交车总站、广州地铁一号线构成立体交通网络。

林和街的商务名片是中信广场。该广场坐落于广州市商业、金融业繁盛的天河北路，楼高391米，由一座高80层的主楼和左右两座各高38层的副楼，以及高5层的中天购物城裙楼组成，占地2.3万平方米。旅游名片是广州火车东站及其水景瀑布“天河飘绢”。广州火车东站水景瀑布、中信广场及天河北一带位于新城市中轴线的北段，东站绿化广场用大面积的绿地营造一个大尺度的环境空间效果，配以精致的花坛雕塑水景，体现广州现代化国际城市的都市风采。文物名片是刘氏家庙（广州市文物保护单位）和冯如坠机处遗址。美食名片是广州十条美食街（区）之一的体育东商务美食街。

2008年，街属地企业有3100户，街内个体商业户有1200户。

【街道建设与管理】 ·城区管理及环卫建设· 2008年，林和街联合整治城中村“六乱”和“五小”单位；合理调整队员的值班和守点工作，加强对重点迎检、备检点和主要路段的人员配置；选调2名干警配合城管中队进行执法整治，防止暴力抗法，整治辖内三轮车乱停放现象进行；加强监管受检侨怡市场和备检点林和东市场，督促市场档主办理证照续期，要求市场管理方加强市场清扫保洁工作；加强路面清扫和动态保洁，增聘环卫工人进行滚动式保洁，调配人员重点加强侨怡市场、华阳路、林和村路等重点路段和重点迎检、备检点的保洁工作；做好对公共场所和承包单位除“四害”消杀，加强对城中村的消杀、投药，顺利通过国检。

·社会治安综合治理· 2008年，林和街刑事立案484宗，比上年（下同）下降15.5%；“两抢”案

93宗，入室盗窃案55宗，分别下降23.1%和35.3%。全年整治广园东路无证照经营饮食店铺2家；4月，联合天河区质量技术监督局查处禺东西路50号2806仓库，怀疑进行假冒进口化妆品的分包仓库，暂扣货物43大箱、包装盒条形码5大箱等，货物近万件；5月，联合东站工商所取缔禺东西路和沾益直街问题烧饼店2家；开展打击传销活动，检查出租屋和企业。从8月8日奥运会开幕至10月5日，街各社区组织1830多天（次）的奥运安保群防群控义务巡逻工作。自筹资金建设林和村视频监控系统，在林和村试行封闭式管理，治安环境和社会秩序得到有效改善。

·出租屋管理· 2008年，林和街加强出租屋和外来人员管理，成立由街主要领导、派出所领导、村公司负责人组成的出租屋工作领导小组；配齐出租屋管理人员和出租屋管理员。全年办理出租屋房屋租赁合同登记备案7539个，IC卡暂住证7770个，出租屋综合税4100多万元，其中住宅1230多万元、商用2820多万元，比上年同期有所增长。新办理出租屋登记643间，出租屋整治合格率达96%。

·安全生产与消防· 2008年，林和街道与辖区内的机团、企事业、物业管理公司、社区居委会等160多个单位签订安全生产和消防安全责任书。组织辖区单位参与区安监局组织的安全生产知识问答，订购宣传画、册等资料派发给社区；开展“安全生产月”的咨询和消防演练活动；组织开展安全生产培训，动员辖区单位的安全管理人员参加安全主任的培训和再培训工作。开展“一畅两会”的消防安全整治宣传活动，全面摸查街辖内的所有“三小场所”、出租屋的消防安全情况，全年摸查“三小场所”200多家，派发宣传资料5000份。街道全年无安全事故发生。

·人口与计划生育· 2008计生年度，林和街出生471人，出生率为10.57‰，自然增长率为8.08‰，计划生育率为86.25%。全年印制计生宣传手册1.5万份，制作12期宣传栏配发到各社区居委。11月，在林和街润和社区居委会开展大型咨询和宣传活动，现场派发各种宣传资料2000多份。开展查环查孕工作，对未能及时查环查孕的对象有追踪管理。免费检查辖内常住人员孕情2256人次，流动人员162人次。设立避孕药具柜，按时发放避孕药具。常住育龄妇女免费“四术”103人，流动人员免费“四术”报销费用6757元。

·社区文体· 2008年，林和街大力开展社区文化建设，重点新建4个社区文化室：雅康社区文化室、禺东西社区文化室、天誉社区文化室和天寿社区文化室。争取建设4～5个文化小广场，如：德荣社区文化广场、侨庭社区文化广场、紫荆社区文化广场、雅康社区文化广场等。其中，德荣社区文化广场正在建设升级中。紫荆和侨庭2个社区的文化广场已完成设计，并经物业管理机构或有关业主同意，正在向居民群众公示。

·社会事务· 2008年，林和街为街辖内24户特困家庭落实低保政策。出资3多万元扶持困难家庭。制定走访措施，了解社区困难家庭的情况，关注贫困家庭的饮食及居住条件、健康及医疗状况、教育及就业情况，做好防寒防暑等自然灾害的防备工作。调查低收入住房困难家庭住房状况，受理经济适用住房预登记149户。是年，街辖内有老人4500多名，引导辖内老龄人利用“星光计划”老人活动中心及康复指导中心开展健身、康复、棋艺、书画、舞蹈、太极柔力球等活动。做好老年人优待证的换领和发放工作。落实《天河区殡葬管理计划目标考评办法》的各项工作指标，殡葬火化率达100%，巩固无坟化城区工作。

·换届选举· 2008年，林和街成立换届选举工作领导小组，开展培训大会5次，参加培训达230多人次。利用会议、标语、宣传资料等各种形式和手段，宣传公推直选的目的、意义、范围、工作程序及工作方法。全街张拉宣传横幅24条，印发宣传资料6000多份。社区召开支委会、党员大会、群众代表会60余次。采取党组织推荐、党员群众联名推荐、党员个人自荐和社会组织举荐等方式，提名推荐产生候选人初步人选55人。严把民意测评关，在推荐产生候选人初步人选55人中，52人民意测评满意率超过75%。制定选举办法，统一印制各类报告单及资料样本，使整个选举工作保持较强的可操作性和规范性。

·在地统计· 2008年，林和街完成贸易业、住宿餐饮业、房地产、工业246家企业的每月报表工作及年报工作；完成服务业、建筑业、劳资情况381家企业的每季度报表工作及年报工作；完成辖区内6个亿元市场的抽样调查工作。

【投入抗冰雪灾害斗争】 2008年春运期间，由于受80年一遇雨雪冰冻灾害天气的影响，京珠高速公路中断，铁路运力锐减，大量返乡过节旅客滞留，街辖内的东站地区经受严峻考验。街道从1月26日开始到春节除夕，出动400多人，发动机团单位和物业小区保安和物业管理人员作为志愿者参加春运行动。加大人力物力投入，在应对火车东站春运工作中新购物品的经费达16.246万元，其中新购军用棉大衣150件、雨衣2000件、手电筒320只、应急灯80只、便携式扩音器80个、饼干50箱、方便面500箱、矿泉水250箱、棉手套200双等。街道及时调动救灾资源，及时疏散安置滞留旅客，为2008年春运工作出力。

【林和村（林和润杨经济发展有限公司）】 林和村名由来有多说：一说林和村原是明末崇祯三年（1630）一位林姓状元所买下的庄田。因为曾由一位老太婆看管，此处被称为“林婆庄”，后来因称呼不雅改称“林和庄”。另一说此处地势较高，灌溉不便，经常需要人工挑水淋禾，故称“淋禾庄”，后改为“林和庄”。此处土地贫瘠，居民的祖先均是近200余年前陆续迁入的，所以村内姓族较多，主要有陆姓、何姓、池姓、丁姓、余姓、梁姓、刘姓及凌姓。其中陆姓源自黄埔区乌冲，何姓源自增城新田，池姓源自石牌村分支，丁姓源自扼山，余姓源自东莞交界的伯江，梁姓源自猎德及车陂两地，刘姓源自河水，凌姓源自东圃佛楼口。

林和行政村原辖林和村和沙东解放新村2个自然村。建国前，林和村隶属广东省番禺县十六区。建国初期，隶属石牌区，后石牌与沙河合并为白云区，该村隶属白云区沙东乡。人民公社时期，林和村成为沙河人民公社沙河营的一个连，后改为白云区的生产大队——林和生产大队。1999年5月，撤村改制，组建林和润杨经济发展有限公司。2008年，林和润杨经济发展有限公司总收入1900万元，比上年增长0.5%。

（王禄超）

兴华街

【概况】 兴华街建于1995年12月，由原沙河镇银河村及五山街划出部分地段组成，因辖区内有兴华路，故名。2008年，街辖有9个社区居委会和1个撤村改制公司：燕塘、侨源阁、鳌鱼岗、牛利岗、伍仙桥、兴华、苏庄、河水、金燕社区居委会和银河经济发展有限公司。全街面积4.288平方公里。总人口133525人，其中常住人口32099人，流动人员101426人，人口密度每平方公里31139人。

兴华街位于天河区的西北部，北临白云山风景区，街辖有粤垦路、广汕路、兴华路、沙太路、广州大道北5条主要道路和内街、巷22条。路网四通八达，为辖区构成物流中心提供良好条件，有银河货运市场、天平货运配载市场、圣通运输服务公司、长途汽车运输公司货运配载服务分公司、中外久凌货运配载中心、南方集装箱运输公司等大型交通运输场所。

街辖内有被国家民政部、中共广东省委、中共广州市委、广州市人民政府分别命名为爱国主义教育基地银河烈士陵园，又称银河革命公墓。该陵园位于燕岭路394号，始建于1956年，占地面积21万平方米。陵园内建有中国各个革命历史时期牺牲的烈士墓40多座，保存烈士遗灰290多盒。同时还存放广州市和中央、省驻穗单位、驻穗部队牺牲、病故的国家干部、军人遗灰近2万盒。有烈士史料陈列室一座，建于1988年，面积为80平方米，于1999年完成布展，室内以图片和实物相结合的形式，展示部分革命烈士的光辉事迹。陵园容貌整洁，绿树成荫，纪念设施保护完好。

街辖有福龙苑、侨源阁等24个住宅小区；有南华工商学院、广东省青年干部学院等院校7所；有广东省武警总队医院、燕岭医院等区级以上医院2间；有兴华公园、兴华街社区文化广场等文化体育娱乐休闲场所；有天平农贸市场、燕塘农贸市场等大型市场、商场；另有银河大酒店、燕岭大厦等旅店、酒店，以及其他基础配套设施为辖内居民提供优质生活服务。此外，辖区内还有省农垦建设实业总公司、农垦科技中心、燕塘企业总公司等单位和多个驻军部队。

【街道建设和管理】·城区管理及环卫建设· 2008年，兴华街开展一系列市政基础公共设施建设和专项整治工作，修复侨源阁、兴华社区内部分排污渠、牛利岗、河水社区部分破损道路；完成北环高速公路和内环路沿线第一期和第二期的环境综合整治；完成全国第一次污染源普查工作，清查739间企业和各类相关店档，普查213家单位、商铺。全年拆除辖内违法抢建住宅102宗，面积9146平方米。是年，街道被评为全市10条落实环境卫生责任制示范街之一、广州市创建国家卫生城市先进集体，辖内军休所被评为广州市“2007年度爱国卫生模范单位”考评达标单位。

·社会治安综合治理· 2008年，兴华街开展打击“黄、赌、毒、黑”、“两抢”、“两盗”等违法犯罪行为。全年发生总警情12246宗，比上年（下同）下降15.8%，其中刑事及治安侵财案件警情2665宗，下降21.4%，两抢两盗警情1590宗，下降26.7%；刑事立案513宗，下降16.2%，其中“两抢”、“两盗”案件为115宗，下降21%；刑事破案250宗，破案率同比上升9.5%，刑事拘留133人，治安拘留255人，强戒30人，劳教7人。社会治安重点整治取得实效。组织开展无证照营业性文化娱乐场所、美容美发场所、地下黑诊所以及无牌无证废品收购站等专项清查行动，取缔无照经营地下黑诊所和无牌无证废品收购点等；开展打击伍仙桥及其周边地区卷烟制假贩假、假冒伪劣商品的清理整治工作，改善辖区社会诚信体系建设。

2008年2月，市长张广宁、副市长苏泽群由区委书记杨建城、区长徐汉添等领导陪同检查兴华街辖内天平架水果批发市场。图为市长张广宁了解水果批发市场升级改造设计方案。

兴华街党政办供稿

·出租屋管理· 2008年，兴华街继续推行出租屋目标管理责任制，加强出租屋管理人员的业务培训和日常管理，规范和加强出租屋管理和服务，做好出租屋税费征管工作。全年完成租赁备案登记1173宗，备案登记率99.7%，出租屋消防安全检查登记9371宗，流动人员信息采集46122条；征收出租屋税630.98万元，完成年度任务的119%；收取调配费113.61万元，完成年度任务的63.12%，出租屋消防安全检查处理率达100%。

·司法服务· 2008年，兴华街推进“四五”依法治理和“五五”普法工作，探索“政府联合企业开展法律宣传”新模式，实现基层司法所工作领域拓展和企业经济效益的“双赢”。建立“公益性法律服务站”，引导社会律师力量参与社区法律咨询、法制宣传和矛盾纠纷调解工作，推动基层司法行政工作发展。调处各类矛盾纠纷131起，调解率和成功率达到100%，制止群体性上访、械斗事件21起，涉及1400多人，涉及金额2700万元以上。其中涉及30人以上纠纷18宗，维护辖区的社会稳定。

2008年8月，市委副书记张桂芳到兴华街河水社区检查。图为市委副书记张桂芳向出租屋屋主了解房子出租情况。

兴华街党政办供稿

·安全生产与消防· 2008年，兴华街围绕“隐患治理年”主题，以突出“两节、两会”期间安全生产工作重点，开展安全专项整治，有效遏制重大安全生产事故发生。全年完成150多家10人以上生产、经营单位摸查上网工作，检查辖内“十类”重点场所1250余间，发现隐患310多处，责令立即整改280多处，限期整改30多处，责令搬迁5处，清拆木阁楼80多处，全街安全生产与消防继续保持平稳态势。

·人口与计划生育· 2008计生年度，兴华街出生437人，出生率为13.61‰，自然增长率为11.05‰，计划生育率为96.57%。街道拓宽计生服务渠道，全年办理生育一孩登记232个，生育二孩审批16个，《流动人口婚育证明》567个，提供查环查孕3870多人次。落实“四术”措施89例，办理独生子女父母光荣证180例。办理迁出、迁入427例，随父入户68例，办理回函、计生档案移交254例，征收社会抚养费100.15万元。

·社区文体· 2008年，兴华街开展科技进社区、全民健身活动月、“爱耳护耳”健康知识讲座、“和谐·发展·进步——兴华地区纪念改革开放三十周年”文艺汇演等活动10多次；开展“文明交通，从我做起”、“告别陋习，牵手文明”、“文明礼仪、构建和谐”等主题实践活动。开展“文明兴华、文明广州”社区文艺汇演、“卫生进万家、健康送万家”知识讲座、手抄报比赛、家庭教育讲座、“迎奥运”全民健身宣传、“牵手文明”科普宣传等活动。是年，街道被评为“广州市城市体育先进街道”。

·社区服务· 2008年，兴华街全年登记失业人员755人，指导社区就业330人，其中：“4050”失业人员就业126人，社区岗位就业79人，就业率达61.3%，特困失业人员就业率达100%以上、“零就业家庭”就业率达100%。下岗失业人员培训115人，退役士兵培训7名。检查登记企业320家，登记企业用工人数1万多人，处理各类劳资纠纷欠薪案件17宗，突发事件6宗，处理工伤事故14宗，为劳动者追回劳动工资570多万元。

·社会事务· 2008年，兴华街建立健全低保人员分类救济制度、基本医疗救助和重大疾病医疗资助制度，开展住房救助、实物救助和临时救助工作，减免低收入困难家庭消费性开支，加大对困难户、特困生的帮扶力度等。全年辖内享受低保有42人（次），发放低保金28.62万元；解决辖区9户双特困户住房，落实15户低收入住房困难家庭购买经济适用房的预审和公示；为四川汶川地震灾区捐款62.86万元，捐赠衣物2批等；接收在册无军籍职工2人、伤残军人28人；接管社会化退休人员612人；办理城镇居民医疗保险1166人，城镇老年居民养老保险466人。是年，街辖侨源阁和苏庄社区顺利通过省第二批“六好”平安和谐社区的验收。

·群团工作· 2008年，兴华街组建基层工会50家，外资企业工会13家，涵盖经济单位447家，发展会员8474人，签订工资集体合同187家，集体合同涵盖人数达3296人；团工委依托街道青年中心，大学生实习实训基地，开展街道志愿者活动，为推动辖区志愿者服务事业及“文明交通路口”创建活动做出贡献，被评为“活力基层”团建示范单位；妇联、关工委以“构建和谐兴华”为目标，推进“社区家长学校”建设，提升辖区家庭教育水平，推动文明家庭创建等，开创社会教育、学校教育与家庭教育“三教”结合的新模式，并受邀在广州市社区家长学校示范点工作会议上做经验介绍发言。街妇联获市羊城文化节系列活动优秀组织奖。

【换届选举】 2008年，兴华街完成第三届社区及村改制公司“两委”换届选举工作。其中，社区“两委”换届登记选民19219人，选举产生新一届社区居委会成员81名，平均年龄37.5岁，高中文化22人，大专文化45人，本科文化9人，党员37人，妇女占43人，人员素质明显提高；村公司“两委”换届登记股民273人，选举新一届股东代表27人，董事会成员3人，监事会成员3人；公司党员49人，选举产生公司支部委员3名，实现村公司班子领导的年轻化、专业化和知识化。

【银河村（银河经济发展有限公司）】 银河村居民的祖先1000多年前从各地迁徙到银河村，由于他们大多是客家人，因而没有形成特别大的姓氏。比较集中的姓氏有邱姓，其中，银锭塘和苏庄的邱姓来自梅县松口，始祖为邱昌富兄弟；河水的邱姓则来自花县紫坭庄。此外还有陈姓，是从嘉庆州长乐大岭背陈洞村迁至太和后，再发枝迁到河水村。伍仙桥李姓始祖为甘肃陇西人，先迁至福建上杭，接着迁到广东梅县大埔，再迁到太和谢家庄，最后定居伍仙桥。牛利岗刘氏是700多年前从惠州冷水坑迁来，始祖为两兄弟。兴华村的邓、黄、刘三姓村居民是1889年从开平蚬岗牛仔湖迁到燕塘龙船岗，1920年才移居至兴华村。鸡荔村的陈姓是从五华县迁来，钟氏则来自增城黄村。另外该村还有部分从外地迁来的姓氏。

建国初期，原银锭塘、河水、兴华村一带均属番禺龙洞乡第十保，而伍仙桥、鸡荔村、苏庄、牛利岗一带则属同安乡。不久银锭塘、河水、兴华村一带合并为一乡，当时从银锭塘、河水各取一字，定名为“银河”乡，后来与同安乡合并，就沿用银河乡名字，同安乡并入银河乡。

1953年进行互助合作运动后，银河乡又逐步分成10个初级农业合作社：一社兴华村、二社马蹄岗、三社银锭塘、四社鸡荔村、五社伍仙桥、六社苏庄、七社牛利岗、八社河水西、九社河水中、十社河水东。1955年一批印尼华侨回国定居，在鳌鱼岗买地建华侨果木场。1956年上述11个单位组建为银河农业高级合作社。

1985年，天河区成立，银河乡随沙河区公所划归天河区。两年后成为建制沙河镇管辖下的行政村，直到1995年12月天河区设立兴华街，银河村划归兴华街，1999年6月撤销银河村村民委员会，成立银河经济发展有限公司。2008年，银河经济发展有限公司总收入16861万元，比上年增长10%。

（卢臻臻）

沙东街

【概况】 沙东街建于1995年12月，由沙河镇划出沙东村地区组成，因辖区内有沙东村，故名。2008年，街下辖6个社区居委会和1个撤村改制公司：沙和、濂泉、天平架、范屋、天河山庄、陶庄社区居委会和沙东有利集团公司。全街面积2.16平方公里。总人口39994人，其中常住人口27194人，外来暂住人口12800人，人口密度每平方公里18516人。

2008年，街辖内有广园东路、禺东西路、沙和路、沙太路、兴华路、同和路、濂泉路、永福路8条主要道路，其他街、巷30多条；有天平架公交车站、广州东站货场2个主要交通运输站点和侨乐、天河山庄、豪景花园等住宅小区。

街辖内有沙河人民医院等医疗机构。有沙东有利国际服装批发城、新天地服装城、天平架装饰城、广园东农贸综合市场等大型商城、市场，其中沙东有利国际服装批发城由南城、北城、恒利组成，南城位于先烈东路、濂泉路口，该服装城建筑面积2.2万平方米，商铺1200家。北城位于濂泉路沙河服装城内，建筑面积4.4万多平方米，商铺1700多家。恒利商城位于沙东大街10号，建筑面积1万多平方米，主要以写字楼和仓储作为南北城的配套设施使用。沙东有利国际服装批发城是沙东有利集团有限公司打造的一个辐射华南地区，面向全国，走向世界的现代化专业服装批发市场。有南洋长胜酒店、鼎龙酒店等酒店、旅店。

此外，辖内规模以上工厂企业有7327工厂、华南印刷厂、广州军区联勤部沙河农场；此外还有省军区司令部、政治部、装备部、沙河干休所等部队单位。

辖区内有广东嘉声曲艺社、老干部合唱队、沙东书画社等民间文艺团体组织，群众文化活动活跃。

2008年，街属地企业有557户，街内个体商业户有4558户，从业人数7250人。

【街道建设与管理】 **·城区管理及环卫建设·** 2008年，沙东街制定街道环卫作业质量标准、检查办法和考核细则，实行每天巡检、每周评分、每月考评的监管机制。实施《沙东街食品安全、产品质量以及市场整规工作责任制度和奖惩办法》，反复检查辖内1009家商铺、集贸市场店档的亮证亮照经营情况，取缔无证照企业16家，全部企业都与街道整规办、工商所签订产品质量和食品安全责任书，95%的商铺建立索证索票和进货台账制度，各类商铺店档办证率达98.5%。完成辖内1124间房屋和危房普查统计任务，编制范屋、沙东新村整体改造方案，推进广州大道北536号周边区域的围闭管理工作。加大濂泉路等重点地段的城管执法密度，及时处理群众投诉，顺利通过创文国检。

·社会治安综合治理· 2008年，沙东街推行“动态巡逻接处警模式”，加快推进物防、技防措施，开展创建入屋盗窃“零发案”社区活动，创造安全稳定社会环境。全年街道发生警情6344宗，比上年（下同）下降6.9%；刑事立案285宗，下降15.4%，其中“两抢”发案64宗，下降18.95%，“两盗”发案78宗，下降34.1%，出租屋发案6宗，下降45.5%，破案158宗，辖内治安形势持续明显好转。

·出租屋管理· 2008年，沙东街开展出租屋综合整治行动，清查出租屋1200多套，查验暂住证近8000人（次），发出整改通知书400多份，捣毁非法游戏机室、地下旅馆等11间。开展出租屋调查核实工作，调查核实辖内出租屋1999套，核实、修改流动人员信息9362人，出租屋整治合格率达90%。开展《广州市流动人员管理规定》宣传工作，发放各类宣传资料72000多份，接待来访、来电800多人次。全年完成租赁备案登记1068宗，备案登记率100%，征收“两费一税”185万元，比上年增长2.77%。

·安全生产与消防· 2008年，沙东街与辖内各单位签订安全生产责任书，全年投入经费8万多元，举办消防安全知识讲座6场，开展消防安全演练9次，举行安全生产月咨询日活动，超额完成安全主任培训任务，辖内单位和广大居民群众的安全意识得到强化。全街召开安全生产工作专题会议16次，统一组织安全检查160多次，检查辖内单位、商铺（档口）、市场3100多个（间），清拆木阁楼35间，配备灭火器296个，降低消防安全事故的发生。建立辖内24个重点消防安全单位档案、“三小”场所档案、高危行业档案，制定事故应急救援预案。

·人口与计划生育· 2008计生年度，沙东街出生214人，出生率为12.48‰，自然增长率为7.81‰，计划生育率为98.13%，无政策外多孩出生。街道与辖区71个机团单位签订计生工作责任书以及流动人口计生管理责任状，提高街道“四术”奖励标准，免费上门提供查环查孕服务。5～6月、10～11月，全街统一开展流动人口计生管理服务专项活动，清查流动人口5300多人。开展“婚育新风进万家”活动，全年刊出计生宣传栏50期，印制派发各种计生宣传资料、纪念品2万多份；为下岗育龄妇女查环查孕2000多人次，完成“四术”随访120多例，常住育龄妇女落实节育措施达85.42%；开展“生育关怀行动”，资助4户低收入困难计生家庭孩子女在义务教育阶段的书本费、校服费。

·社区文体· 2008年，沙东街与广州市越秀区万绿园青少年俱乐部合作，建成沙东街双拥文体广场。广场总面积约2000平方米，设有固定舞台、体育健身路径等，两侧开辟为双拥宣传长廊与科普宣传长廊。市新闻广电出版局在文化站设立市社区书屋，建成绿色网园，周一至周六全天免费开放，为辖内群众提供便捷服务。组建沙东街香樟艺术团，引进乐海胜艺术文化培训中心。举办“中国民乐赏析”等系列讲座，组织“迎奥运会•创文明城”万人签名活动及“创文四进社区”游园会、文艺汇演等，举行全民健身月活动启动仪式，丰富群众文体生活。开展文化市场管理和“扫黄打非”工作，净化辖区人文环境。

·创建文明城市· 2008年5月，沙东街对照《2008年全国文明城市测评体系》逐项进行自查自评，针对61小项街道责任项目中4项未达标或未完全达标内容，成立4个整改小组，制订4个专项工作方案。至6月底，未达标的4个项目全部完成整改，达到文明城市测评体系标准。在创建文明城市过程中，开设涉及科教、文体、卫生等方面专题讲座12场，参加人数1500多人。开设创文明组织员培训班3期。7月7日，国家城调队到天平架社区进行入户调查，两组人员仅用不到一个半小时，全部完成对40户市民的问卷调查工作，市民对广州创文好评率高达98%以上，在《广州日报》揭晓的广州市创文互查互评活动中，沙东街位居全区第六名。

·社区服务· 2008年，沙东街充实街道再就业工作领导小组，开展业务培训，组织开展“再就业援助月”、“招聘会”等活动，全年完成社区就业安置任务299人，失业人员就业率达70.85%，“4050”人员再就业率达60.14%，无特困失业人员及“零就业家庭”人员，街辖范屋、沙和、陶庄3个社区居委会被评为“充分就业社区”。组织开展“坚决打击组织介绍使用童工”及“农民工工资支付情况检查”等专项行动，严肃查处各种违法行为，全年受理劳动保障监察案件52起，涉及人数234人、金额120多万元，结案率为100%，维护劳动者的合法权益。

·社会事务· 2008年，沙东街发挥残疾人工疗站作用，服务各类残疾人员；壮大义工队伍，拓宽义工服务活动范围；为四川地震灾区募捐款项120多万元，其他物品一批。落实最低生活保障制度，完成200多户各类住房困难家庭与50多户经济困难家庭的调查上报工作，为5户低保户办理重大疾病医疗资助申请；开展广州市城镇居民医疗保险及“农转居”人员养老保险；做好退管人员管理服务工作，顺利通过市级达标的检查验收；完成街道交付的物业管理任务，实现社区就业服务专业化、制度化和社会化。是年，街辖陶庄、天河山庄2个社区居委会顺利通过广东省“六好”平安和谐社区检查验收。

2008年5月，沙东街新天地服装城举行献爱心赈灾捐款仪式。
沙东街供稿

·双拥共建· 2008年，沙东街与辖内部队开展双拥共建活动，联合辖内18个团级以上部队单位和白云交警一大队，开展军警民共建文明示范路口活动，签订共建协议，竖立共建警示牌、实行三方派遣监督员、违章车辆抄告、志愿者全天候上岗等制度，共建文明交通取得阶段性的成果。组织东红化工厂等辖内5个“两新”组织党支部，分别与总参通信部广州军代室等5个辖内部队单位结对子共建文明单位；挑选辖内5个涵盖医院、酒店、理发店、洗车店等行业在内服务性企业，定为街第一批的拥军服务点，统一挂牌对外公开服务承诺，为辖内军队、军人提供价廉物美的优质服务和优先服务。是年，街被评为广州市双拥标兵单位。

【信访维稳】 2008年4月，沙东街挂牌成立街道信访办公室，组建街道专职信访工作机构，设置专门的接访场所，建立起纵向延伸到各社区、横向覆盖辖内100人以上单位的信访工作网络，制定15项信访维稳工作制度，开辟“网上信访”渠道，使市、区、街、社区四级电子信访系统无缝对接。全年接受群众来信来访158件，办结率达100%。健全街国家安全领导小组，各社区设立国家安全人民防线工作联络员，对信访维稳重点对象实行专案管理，建立起思想教化“四员”队伍和稳控工作“五关”制度，将列入专案的违法上访人吸附在当地。全年排查处理各类矛盾纠纷41宗，保证重大节日及敏感时期辖区社会秩序稳定。

2008年12月，南京信访系统学习考察团由广州市委副秘书长、市信访局局长黄周海，天河区副区长李雪枝等市、区、街有关领导陪同，到沙东街考察信访工作。

沙东街供稿

【沙东村（沙东有利集团有限公司）】 沙东村是清朝时期形成的，因位于沙河和沙河墟的东面，故名。沙东村原属沙河镇管辖，1995年8月划归沙东街。村辖内有花生寮、沙河新村、江屋、范屋、菜寮、塘寮、左竹园、柑园、桐油岗、石鼓岭、陶庄、涂屋、南蛇坑、天平架、大洲地、沙河顶、永福村、田心村、墟地街等20多个自然村。1997年7月，原村民委员会撤销，组建广州市沙东有利集团有限公司，逐步撤销行政职能。2008年，沙东有利集团有限公司总收入2.12亿元，比上年增长14.6%。

（刘雅兰）

石牌街

【概况】 石牌街位于天河区中西部，原名岗顶街。1987年3月20日，岗顶街道办事处成立。岗顶街由原沙河镇划出石牌村组成，因位于石牌岗顶而得名。1987年8月3日，岗顶街更名为石牌街道办事处。2008年，街下辖22个社区居委会和1个撤村改制公司：绿荷、南镇、朝阳、逢源、南大、东城、东海、石东、冠军、龙口西、松岗、南苑、穗园、瑞华、暨大、华师大、金田、金帝、鸿景园、华标、龙口花苑、芳草园社区居委会和石牌三骏企业集团有限公司，其中芳草园社区居委会于2008年3月新成立。全街面积4.3平方公里。总人口28万多人，其中户籍人口100219人，共26571户，外来暂住人口118042人，另外还有约6.5万人为非石牌户籍人口，人口密度每平方公里 6.5万人。

石牌街道路交通四通八达，全街有主干道路10条。其中，黄埔大道、中山大道、天河路、天寿路、天润路、天河北路、龙口东路、龙口西路、龙口中路、石牌东路、石牌西路等道路从东至西，从南至北贯通全街。辖内有公交线路几十条，地铁三号线横穿辖区，在辖内岗顶站、华师站停靠。街道西北角靠近广州火车东站，铁路运输十分便利。

石牌地区教育、医疗事业发达。街辖内有华南师范大学、暨南大学、广东技术师范学院西校区、广东行政学院等高校，有华南师范大学附中、广州市第一一三中学、暨大附中、石牌小学、龙口西小学等中小学校。天河区两所三级甲等医院广州华侨医院、中山大学第三附属医院都在街辖内。

石牌地区商贸与文化娱乐业十分发达。以石牌西为中心的电脑市场有太平洋数码广场、天河电脑城、南方科技广场、百脑汇、展望数码广场等22家电脑城，是珠江三角洲及华南最大的IT产品集散地，汇聚国内外各类品牌的电脑产品及配件，云集1000多家电脑营销商。市场经营面积3.6万平方米，平时日均客流量6～7万人。1993年后，石牌西路在广州科技街的基础上已经自发形成经营、销售电脑产品IT市场群。2003年，由石牌街道办事处提出打造石牌西路IT商品一条街，目前已成为一条年营业额超过300亿元的IT商品一条街，业务遍及东南亚、西亚及非洲地区。2008年，街辖内有石牌农贸市场、肉菜市场等大型市场7个。石牌东商业街是天河区商铺密度最高、商业氛围最浓厚的商业街；集文化休闲购物于一体的天河娱乐广场是广州市民喜爱光顾的大型休闲娱乐场之一；摩登百货岗顶店是广州市7家金鼎百货店之一。

2008年，街属地企业有6441户，街内个体商业户有7681户。

【街道建设和管理】 ·城区管理及环卫建设· 2008年，石牌街组织辖内各单位和居民住户开展环境卫生清洁大行动，全年清理各类卫生死角300多处，清运卫生死角垃圾近500吨。开展除“四害”宣传，对全街“五小”店铺上门提供无偿、低偿的除“四害”服务，派发预防控制登革热等各种爱国卫生宣传资料2万多张（份），投放敌敌畏590瓶、灭鼠谷1800多公斤、灭蚊片6793盒，全年街辖内未发现登革热病例。加强对城中村“六乱”、五小行业、无证照经营场所和对石牌东肉菜市场、华师大市场的整治，打击乱摆卖、占道经营等行为，拆除违章建筑。全年处罚乱摆卖1987宗、乱拉挂204宗，整治占道经营502宗、乱堆放127宗、乱搭建21宗、乱开挖14宗，拆除违规设置小广告150多个、大型广告牌4处，制止新违建58宗，发出两违责令限期改正通知书67份，拆除违法建设12宗，面积462.9平方米，街容街貌得到明显改观。全年办理12319系统案件139宗、街人大接访日活动投诉4件，处理上级来文25件，全部按期回复，办结率100%。街道被评为广州市“创卫”工作先进单位。

·社会治安综合治理· 2008年，石牌街全年总警情19646宗，下降率为22.4%。全年出版禁毒海报500多张；组织社区居民200多人参加广州市禁毒教育展览馆；安排辖内多名吸毒人员参加区禁毒办组织的“美沙酮维持治疗”活动。打击和治理“六合彩”赌博活动，组织扫黄打非活动。开展大规模治安综合整治行动46次，清查出租屋1846间，清查无牌无证场所54间，城中村的治安环境得到有效改善。9月，在全区率先建成公共治安视频监控系统并投入使用，其中区投入建设完成公共视频监控310个，建成283个。街道18个社区156家单位参与视频建设，至年底，全街有视频监控6706个，监控室162间。在城中村主要路口设置7座治安岗亭，视频探头数量由原来的46个增加到目前的130个。推动对村内单体出租屋的视频监控建设，建立集体物业及单体私人出租屋监控系统900多套，对不法分子起到震慑作用。

·出租屋管理· 2008年，石牌街不断完善出租屋“旅业式”和“捆绑式”管理模式，对出租屋治安、计生、消防、打假等工作实行“联动”管理。新办理出租屋登记1555间，办理IC卡暂住证23892个。查实出租屋3865栋，合计46843套，录入流动人员138430人。整治消防隐患337处、整治安全隐患236处、发出整改通知书917份。协助职能部门抓获违法犯罪嫌疑人120名。治安拘留14宗、刑事拘留2宗、送药（质）监局处理26宗、网上在逃6宗。全年收取流动人员使用调配费135万元，同比增长45.16%；治安联防费3.3万元，同比增长69.61%；个人出租屋房产税3750万元，同比增长10.29%。

·司法服务· 2008年，石牌街举办各类法律知识讲座和法律咨询活动35次，现场解答法律问题187人次。举办"石牌街家庭法律知识竞赛"活动，刊出法制宣传栏246期，编印宣传单张、致居民一封信等资料6万份。做好对213、610重点人员的稳控工作，将2名610人员送班学习，接送3名610人员出监；对街道80名刑释解教人员进行帮教，帮教率为100%。全年成功调解较大矛盾纠纷8宗，先后组织辖内调委会，进行春节期间、"两会"召开期间、迎奥运保平安期间以及环卫工人福利待遇等专项排查调处活动，社区调解委员会调解各类民间纠纷112宗。

·安全生产与消防· 2008年，石牌街开展安全生产和消防安全隐患排查工作。对辖内危险化学品经营企业进行监管，定时上门检查，禁止在业务经营场内存放危化品。加大对特种设备的安全监管，全年检查各类特种设备741件，发现并消除安全隐患8处，取缔土制电梯1台，责令停用存在安全隐患简易电梯2台。加强对建筑施工行业监管，对辖内所有建筑工地都建立管理档案，辖内建筑施工无重大安全事故发生。加强防汛工作，在汛期期间督促辖内14家危房和4处危墙的产权单位做好安全防范工作，彻底改造围墙2处共200多米。加强对石牌村、石牌西IT商业街周边和餐饮业及"三合一"、"二合一"企业（场所）的消防安全整治。全年组织大规模的消防安全整治行动10次，整治存在消防隐患的场所760间次，拆除木阁楼27间，收缴报废煤气瓶35个、热得快1604支，有效遏制重特大安全事故的发生。充分发挥街综合巡查中队作用，巡查企业9046家，查出隐患3168处，现场整改542处，发出限期整改通知1356份，整改跟踪率达100%。为石牌地区经济社会发展提供良好的环境。

2008年12月，副区长黄彪到石牌街督导节前防火安全工作。
摄影：池少云

·人口与计划生育· 2008年，石牌街投入计生经费110多万元，办理计生服务证1171件，流动人口婚育证明1994件，独生子女父母光荣证249个，独生子女综合保险105份，入户申请211份，二孩申请45人，免费婚检35份。为育龄妇女做孕情检查2774人次，发放避孕套758盒，药品33件。查环查孕2.2万多人次。新建流动育龄信息卡8564张，比上年增加679张。征收政策外生育对象社会抚养费327.5万多元；处理计划生育来信来访130人次，来电267人次，结案率100%。

2008计生年度，街道出生936人，其中一孩840人，二孩95人，出生率为9.53‰，自然增长率为7.20‰，完成计划生育率96.79%。

·社区文体· 2008年，石牌街组织辖区群众参加"绚丽天河"天河文化艺术节社区文化系列活动；举办"迎奥运 办亚运 当好东道主 创文明城市"系列活动；联合区体育局举行各项体育活动和比赛；开展第三次全国群众体育现状调查和广州市羽毛球人口调查工作；做好申报安装社区体育健身路径和申报广东省第三批城市体育先进社区（居委会）的工作。全年组织和发动各社区开展100多场次形式多样的文化活动，丰富辖内居民业余文化生活。

全年开展大规模扫黄打非和专项查处行动27次，查处非法营业档口18个、处理制假窝点11个、音像店26间、整治黑诊所19家、黑网吧15间、查盗版书

1500多册、收缴盗版影碟36370多张、电脑主机214台、显示器41台、老虎机56台及电视机29台，收缴非法行医、游医的工具和药品一批，有效净化辖区治安环境，规范文化市场和经济秩序。

2008年4月，石牌街举办“全民迎奥运石牌欢乐行”活动。图为共青团区委书记饶洁怡（左二）参与体育运动游戏。

摄影：詹小静

·社区服务· 2008年，石牌街积极开展社区就业服务工作，全年为在册社区就业人员3720人(次)申请社保补贴86.98万元、岗位补贴26.76万元。积极开办农转居人员就业培训，完成培训任务582人，培训后就业率为70%。为1482名流动人员办理企业用工备案手续。在网上开展失业人员求职登记、企业招聘登记、推荐就业工作，发布招聘信息187条共1164个招聘岗位，组织3场企业招聘会，现场提供岗位信息576个。积极开展劳动保障监察工作，全年受理咨询、投诉255人次，涉及员工411人，为劳动者追回工资和押金89.41万元。

·社会事务· 2008年，石牌街为1680名居民办理医保录入手续，为171名老人办理城镇居民养老手续。全年完成280户低收入困难家庭入户调查，为80户符合条件的家庭申请经济适用房，为100户家庭办理廉租房申请手续。为33户生活困难家庭办理社会救济；为30户生活困难的家庭办理低收入困难家庭证。办理特困人员基本医疗救助、重大疾病资助和“三无”人员住院护理费报销工作。办理老年人优待证，为3位百岁老人发放长寿保健金；为20多位老人提供居家养老服务。邀请辖内医院开展义诊服务、法律专家为居民提供法律咨询、志愿者们为居民修理各类小电器等，贴近居民生活。区慈善会石牌分会筹得善款11.54万元，支出救助金额69455元，救助困难户36户，每户每月50元。为四川地震捐款260多万元，新衣被1000多件。开展殡葬改革宣传月活动，清明节期间发放殡葬改革宣传资料700多份，街道火化率达到100%。

·党建工作· 2008年，石牌街开展继续解放思想大讨论活动和纪念改革开放30周年系列活动，组织参观《纪念改革开放总设计师邓小平》大型图片展、广东纪念改革开放30周年图片展，编印《石牌·印记》一书，举办党建征文、社区论坛和文艺演出等多种形式纪念活动。抓好基层党组织建设，在新设立的芳草园社区成立党支部，在东海社区成立党总支部，顺利完成20个社区党支部换届选举工作。发挥社区党员服务中心的功能，在全区率先建立党员干部现代化远程教育站点。召开党建联席会，加强“两新”组织党组织建设。建立街道参与企业党组织活动参与机制，不定期走访企业党组织，参与企业党组织活动。开展帮扶广东省梅州市平远县仁居镇磜头村党支部工作，加深城乡基层党组织之间的互帮互助和交流。

·群团工作· 2008年，石牌街总工会组建公有制企业工会组织1006家，新增会员18113人，签订集体合同580家，合同发展人数7250人。街团工委招募辖区各大专院校在校学生在22个社区担任社区助理职务，协助各社区居委会处理日常工作事务以及开展社区活动；组织暨大青年志愿者连续两个多月义务为街出租屋管理员、民警、居委会干部培训英语知识；举办石牌街“手牵手小课堂”义教活动，为报名参加小课堂的56名居民群众免费进行各类课程辅导；举办“爱心义诊进社区”活动，服务社区居民。街妇联组织推荐华师大花剑武术队参加区、市迎奥运、全民健身活动，参加广州市纪念“三八”国际劳动妇女节98周年大会暨文艺演出获一等奖；做好市和区文明家庭推荐评选工作，评出市级文明家庭25户，区级文明家庭4778户。街残联在春节、全国助残日期间慰问67名残疾人；为40名残疾人办理一、二级重残专项资金补助；发放扶残助学专项资金4600元。

·双拥优抚· 2008年，石牌街召开石牌地区军警民和优抚对象座谈会、茶话会，春节慰问送温暖活动投入经费11500多元；八一期间走访慰问驻区部队，给74位优抚对象发放节日慰问金；配合区民政局做好街14名烈属、8名军属、51名伤残军人、6名无军籍人员、1名在乡孤老军人、3名遗属的优待金统筹发放工作。7月，街道被评为广州市双拥标兵单位。

·统计工作· 2008年，石牌街配合区统计局做好相关报表工作，上报率为100%；开展污染源普查工作，全年清查1502家，普查594家；开展万户调查，入户调查街辖内7个社区350家；派发催报书68家，协助区统计执法14家；认真抓好第二次全国经济普查工作，通过采取地毯式上门找、电话问、网络查等多种方式，做好对不存在单位的反复核查，完成名录库内单位清查15009家，完成单位清查6441家，完成个体经营户普查7681户。

【警务进商圈】 2008年，石牌街加强对石牌西电脑市场和石牌西路的日常管理。通过整合辖内工商、城管、文化、综治等部门力量，整合沿线各电脑市场内的治安队伍力量，整合周边社区的治安联防力量，整合辖区治安视频监控系统力量，街综治工作中心与驻街各单位共同组建电脑市场综合治理办公室与电脑市场社区警务室，合作办公，共享资源，较好地改善周边的治安，为企业打造一个宜商环境。

2008年8月，石牌街百脑汇市场成立红盾服务维权工作站。
摄影：梁向波

【解决油烟扰民问题】 2008年，石牌街向业主和餐饮店铺经营者宣传环境保护方面的法律法规，重点整治天润路太阳广场、龙口西路、石牌西路等餐馆店铺密集的地方。结合世界卫生日、无烟日、全国爱卫活动月等活动，组织设立宣传咨询点，发放宣传资料，向群众进行卫生知识宣传教育。全年发放健康教育宣传资料48662张（册），出版健康教育宣传专栏160多期，举办健康知识讲座32次，开展咨询会活动20多次，发放禁烟宣传资料1200多张（份），清拆烟草广告16块，油烟扰民问题得到解决。

【“道德教育”与“文明出行”】 2008年，石牌街开展公民道德建设教育活动，针对党员干部、社区居民、未成年青少年、城中村居民等不同人群分类进行教育指导。开展文明出行宣传教育活动，派发宣传资料，开展咨询活动等，辖区居民文明出行习惯逐步形成，交通安全意识明显加强。出版《石牌工作简讯》12期、《石牌百姓》14期、《石牌艺苑》2期，在天河信息网、《广州天河新闻》等宣传媒体上报道900多篇（条）信息，面向社群、全方位宣传报道社区精神文明建设工作成果。

2008年6月，石牌街开展创文明宣传周活动，街党工委书记唐锡汉、副书记邹松珍亲自参与交通执勤。

摄影：陈彦成

【志愿者服务】 2008年，石牌街组织辖内志愿者广泛开展“爱心义诊进社区”活动、学雷锋便民集市服务活动、“结对共建”关爱帮扶困难家庭活动、义务家教、“手牵手小课堂”义教活动等，以及结合创建全国文明城市开展系列交通宣传工作。2008年街辖内成立石东社区志愿服务站，先后组建石东阳光义诊志愿服务队、冠军关爱老年人志愿服务队、东海爱心家教志愿服务队、暨大青协心连心“一帮一”帮扶志愿服务队、暨大英语义教志愿服务队、文明出行志愿服务队等，辖区志愿服务成绩突出。街团工委、石牌地区志愿服务队被评为“2008年广州志愿服务先进集体”，暨南大学医疗青年志愿服务队石牌医疗服务项目和石东社区志愿服务站的“手牵手小课堂”义教活动，被评为“2008年广州志愿服务优秀项目”，街出租屋管理服务中心被天河区青年志愿者协会评为“第二届天河区先进义工联络处”。

【石牌村（石牌三骏企业集团公司）】 石牌村始建于南宋咸淳九年（1273），原名庙边岗，后因此地有较多的山坟、墓碑、墓道，墓道两边有不少石人、石兽等石雕，故名。村内主要姓氏有池、董、潘、陈、冼、谢、罗等，村辖有石牌、东石牌、新庆村3个自然村，其中东石牌村于1965年因暨南大学征用，而搬到现在的石牌村。新庆村于1999年划归冼村街。80年代起，石牌村的耕地先后被征用完毕，村经济逐步转向物业出租，第三产业取代农业。

1997年4月，石牌街率先在全区进行撤村改制工作，撤销行政职能，组建三骏企业集团公司。集团公司下设27个股份合作经济社。2008年，石牌三骏企业集团总收入25527万元，比上年增长3.25%。

（李新辉）

五山街

【概况】 五山街建于1953年，由白云区五山镇改称而成。“五山”名来源有两种说法。一说所在地被五个山头环绕，中间形成盆地山塘，人们喻为“五马饮泉”，因地形得名“五山”。另一说此地多山，以“五山”泛指多山而得名。2008年，街下辖13个社区居委会：茶山、岳洲、东莞庄、华工、华农、广外艺、瘦狗岭、五所、粤垦、农科院、白石岗、高胜、汇景社区居委会。全街面积10.59平方公里。总人口108137人，其中常住人口88899人，外来暂住人口19238人，人口密度每平方公里10211人。

五山街内有岳洲路、粤汉路、东莞庄路、茶山路、东莞庄一横路、长福路、广园东路、粤垦路、凤阳路等主要道路；主要公交线路有22路、20路、197路、78路、27路、138路、234路、41路、218路及地铁三号线五山站。辖区内有茶山新村、五山花园、天一新村、嘉逸花园、半山翠庭、高胜花园、茶山小区、嵩山小区、凤凰新村、南秀村、南新村、西秀村、东秀村、春晖苑、半山雍景苑、南门苑、茶景苑、瀚景轩、汇景新城、丽晴轩、九洲文化家园等住宅小区。

建国前，五山地区原是中山大学校区；建国后，五山成为广州高校和科研单位密集的地区，也是广州著名文化街区。

2008年，五山街有华南理工大学、华南农业大学、暨南大学华文学院、广东外语艺术职业学院、广东科学技术职业学院、广东科贸职业学院、广州市第四十七中学等院校；有信息产业部电子第五研究所、中科院广州地球化学研究所、中科院广州能源研究所、广东省农业科学院、广东省蚕业技术推广中心、广东省钢铁研究所、广州气象卫星地面站等科研单位；有五山街华工社区卫生服务中心、五山街华农社区卫生服务中心、五山街东莞庄社区卫生服务中心、五山街岳洲社区卫生服务站等社区医院；有五山街文化站、广东省新华发行集团五山书城、华工大电影院、五所文体活动中心等文体娱乐场所；有华工农贸市场、华农农贸市场、银河市场、五山购物广场、好当家超市、世纪联华超市等大型市场、商场；有西湖苑、竹园宾馆、聚丰酒家等旅店、酒店；有广东省农垦集团公司、广东省冶金建筑安装公司、珠江电信设备制造有限公司等规模以上工厂企业。此外，街内还有广州市水务局、天河区公安分局、天河区质量技术监督局等行政事业机构以及广东省消防总队、省军区东莞庄干休所等部队单位。

【街道建设和管理】·城区管理及环卫建设· 2008年年初，五山街增加30万元用于创卫冲刺阶段的宣传和整改落实，为13个社区居委会下拨冲刺工作经费，购置60辆自行车下发到各社区居委会、高校城管小分队、环卫消毒站，用于创卫巡查，聘请10名城管协管员在重点路段守点整治。3月，街辖内的汇景新城和华南理工大学市场作为创建国家卫生城市的备检点，顺利通过创卫考核鉴定。清理五山地区的卫生死角，整治辖区内的“五小”、“六乱”、违法用地等现象，控制“两违”建设，改善辖内的卫生状况和规范辖内经营秩序。协调相关职能部门修路扩街，解决或缓解东莞庄伟逸街、东莞庄一横路、粤汉路、华农隧道口、岑村桥底等路段排水不畅、路面状况差等问题。全年处理12319投诉32宗，群众来信来访105件，处理及时率100%。

2008年6月，区委书记杨建城视察好当家超市，了解肉菜供应情况。

摄影：杨敏

·社会治安综合治理· 2008年，五山街开展“重剑”、“红棉”、“飞剑”、“平安奥运”、扫除“黄赌毒”等专项行动，全年街道立刑事案件346宗，比上年（下同）下降22%；破各类刑事案件253宗，上升24%；接各类警情5250宗，下降6.6%。是年，辖区无震动社会面的重大恶性案件发生，有效缓解社会治安压力。在全市率先在网吧开展禁毒宣传活动，实施禁毒专项行动5次，破获涉毒案件2宗，送强制戒毒5人。全年辖内没有新滋生吸毒人员，没有发现制毒场所、藏毒窝点以及聚众吸毒等现象。

·出租屋管理· 2008年，五山街开展出租屋调查核实工作，加强出租屋巡查登记、信息采集及整理归档，全年出租屋新登记备案500多宗，比上年（下同）增长60%。全年无出租屋火灾情况发生。出租屋治安状况良好，出租屋案件发生率仅为1宗。全年征收“两费一税”500万元，增长近30%。代表天河区接受广州市2008年上半年三创考核出租屋管理工作专项考评，成绩名列全市前茅。

·司法服务· 2008年，五山街司法所组织开展排查调处专项活动4次，严格按照“属地管理”、“谁主管、谁负责”原则，及早发现矛盾并将其解决在萌芽状态，调处群体性纠纷3宗；做好刑释解教人员安置帮教工作，加强对“610”回归人员的回访工作并在节日期间上门慰问，街道帮教率100%，重新犯罪率为0，脱管率为0；将普法宣传活动和“创文”紧密结合，组织开展一系列形式多样，寓教于乐的普法活动；引进社会法律资源，充分发挥法律援助工作站的功能；积极配合街其他工作，推进依法行政工作进程。

2008年5月，五山街开展出租屋及流动人员管理服务咨询活动宣传活动。

摄影：余生

• 安全生产与消防 • 2008年，五山街安委办以建立安全生产长效机制和推进落实企业主体责任为主线，健全安全生产工作网络，抓好安全生产监管。辖内无重大火灾、人员伤亡、中毒等安全生产事故发生，无重大群死群伤责任事故发生。

2008年10月，五山街领导到华南理工大学检查安全生产。

摄影：罗生

• 人口与计划生育 • 2008计生年度，五山街出生752人，死亡176人，计划生育率为98.14%，人口自然增长率为6.48‰，落实节育四术113例，顺利完成计生工作各项指标。全年印制1.2万元的计生宣传品，发给辖内计生对象。加大对违法生育行为的清理清查及处罚力度，对18例往年违法生育夫妇进行处罚，征收社会抚养费140多万元。开展大型计生清查活动4次，进行流动人口专项清理清查验证活动，大型清查33次，出动人员4800人次，清查出租屋2300套。

• 社区文体 • 2008年，五山街文化站发挥文艺团队作用，开展丰富多彩的社区活动，组织举办“快乐奥运、和谐五山”——书画摄影展、“快乐奥运、动感青春”——五山地区青少年街舞大赛和“共创文明城——四进社区群众文艺大汇演”、“6+1”宝宝技能大比拼活动、“抗震救灾”五山地区书画家现场挥毫书画义卖活动。

• 创建全国文明城市 • 2008年，五山街成立“创建全国文明城市”宣传工作组，统筹全街创建文明城市的宣传工作，制定宣传工作方案。全年街道安装大型创文明宣传海报80多块，面积1000多平方米，拉挂宣传横幅100多条；向居民派发创文宣传单张1.5万多份，环保袋、纸扇等创文宣传小物件3000多份。完善“创文”档案，街道档案工作小组把111项“创文”指标分解到各科室，各部门收集原始资料后，统一由档案组集中按照测评体系和操作手册的要求建档。在各区交叉检查、市创建办抽查、实地考察阶段等各阶段，街道办事处和辖内各社区以完备规范整齐的创文档案资料赢得检查组的好评。辖街25户被评为广州市文明家庭、3000多户被评为天河区文明家庭、1户被评为书香家庭。

• 社区服务 • 2008年，五山街登记新增失业人员274人，“4050”人员29人，有205人实现就业，就业率达74.9%，其中白石岗等8个社区达到“广东省创建充分就业社区”要求。是年，街道有社会化管理退休人员743人。

全年受理各类劳资纠纷投诉案31宗，按期结案率100%，追回工资650多万元，涉及劳动者841人；清理非法收取的风险押金1400元，涉及劳动者8人；主动监察用人单位300户，涉及劳动者近5万人，主动监察覆盖率达100%；督促用人单位与劳动者补签劳动合同2300余份。接待工伤认定咨询30人次；流动人员备案108人；全民医保办理1124人；城镇居民养老保险办理194人。

·社会事务· 2008年，五山街有特困家庭69户，全部纳入社会救济。全年为辖内904名60岁以上老人办理老人优待证；为4户申办重大疾病资助每户2万元；协助65户符合条件的居民填报递交经适房申请，其中3户领取到经适房准购证；协助111户填报递交廉租房申请，其中3户领取到住房补贴；为60位重度残疾人发放专项补助金；为4名困难残疾人的小孩申领助学金；为66名一、二级丧失劳动力的残疾人办理免费医疗保险；帮助辖内9名残疾人成功应聘工作岗位；为登记在册的308名精神疾病人士进行状态监测；帮助4户归侨侨属申请低保救助金，并为4户归侨侨眷办理慈善医疗和医疗保险。为四川地震筹得善款30.59万元，衣服1100件，棉胎8件，支援灾区重建。街道组织无偿献血活动4次，献血662人次，完成无偿献血计划指标，获得市无偿献血委颁发的先进集体。

·换届选举· 2008年，五山街严格依照《中华人民共和国城市居民委员会组织法》，开展辖内各社区的选举工作。5～6月份，街道13个社区陆续召开换届选举大会，选出新一届居委会成员。此次选举登记选民43330人，13个社区全部采用居民代表选举方式，产生643名居民代表；选出103名五山街第三届社区居委会委员，所有社区选举结果均为一次性成功。

·群团工作· 2008年，五山街工会春节慰问离退休干部、职工和孤寡老人，组织职工开展体育健身运动，组队参加广州市2008年横渡珠江活动。团工委组织青年志愿者投入到社区服务活动，加强青年志愿者服务阵地建设。妇联组织“迎新春”插花比赛、举办“三八”庆祝活动、0～3岁儿童家长学校班等活跃妇女儿童文化娱乐生活的活动。

·双拥工作· 元旦春节期间，街道领导走访慰问11个部队，上门慰问重点烈属及伤残军人8人次；召开烈属、军属、伤残军人、复退军人茶话会，共有300人次参加。2008年3月，五山街组织辖区驻军空军部队，安排运送五山辖区各单位捐赠的支援全国抗雪救灾活动的5车衣物到东站货场。3月，街义工队伍联合辖内驻军广州军区疾病预防控制中心的专家、教授，举办主题为“点燃五山爱人之心、传递雷锋助人之情”大型义务便民服务活动，为五山居民提供10多项便民服务项目，受到社区居民好评。

·在地统计· 2008年，五山街做好定期报表，完成辖内各企业的在地统计任务。从7月起，街道开展全国第二次经济普查工作，专门成立五山街全国第二次经济普查办公室，开展第一阶段的单位清查工作，清查个体户957户，在区下发的清查名册中清查单位1155家，其中法人单位1027家，产业单位128家，在名册外新增单位234家，其中法人单位123家，产业单位111家，完成第一阶段的清查任务。街道统计办获得市统计局颁发的先进集体称号。

【抗震救灾行动】 2008年春运期间，街道领导靠前指挥，带领民兵组织和志愿者队伍参加火车东站执勤，党员干部踊跃捐助并参加志愿活动，为抗击冰灾胜利做贡献。汶川地震发生后，五山街党员干部和五山地区的机团单位、居民群众向灾区捐款30.39万元，其中交纳特殊党费45648元。五山书画协会的老书画家参加街道举办的书画义卖赈灾活动，拿出得意之作拍卖筹款支援灾区。街消毒站5名消毒员踊跃报名申请前往灾区支援防疫工作。

【社会主义核心价值体系宣传】 2008年，五山街购买一批反映社会主义核心价值体系的图书和影视资料，利用市民学校、党员电教室、社区阅览室、文化站等场所，运用各种载体和方式，定期对辖内居民开展以爱国主义为核心的伟大民族精神和以改革创新为核心的时代精神的宣传教育活动，增强居民的爱国情操，推动形成知荣辱、树新风、促和谐的社会风尚。

【生态社区建设】 2008年，五山街在环境保护工作方面创新思维，积极探索建设生态社区新路子。8月，在辖内五所社区建成天河区太阳能示范点并投入使用。9月，创办天河区首个环保志愿者网络交流平台，成为辖内绿色社区、绿色学校、环保志愿者等固定交流平台。9月20日，举行“节约能源资源、保护生态环境、保障安全健康”为主题的环保科普论坛。11月，承办“利用阳光能源　建设生态社区”为主题的天河区太阳能技术社区应用论坛，向居民宣传节约能源资源，倡导保护生态环境的生活理念。

（李武增）

棠下街

【概况】 棠下街建于1997年12月，由东圃镇、石牌街、员村街、五山街划出地段组成，因辖内有棠下村，故名。2002年12月东圃镇撤镇设街，将棠东村划入棠下街管辖。2008年，街下辖16个社区居委会和2个撤村改制公司：棠德南、棠德北、华景、尚景、达善东、达善西、枫叶、邮电、荷光东、荷光西、加拿大、祥龙、丰乐、东南、天安、广棠社区居委会和棠下、棠东经济发展有限公司。全街面积7.42平方公里。总人口26万人，其中常住人口12万人，外来暂住人口14万人，人口密度每平方公里3.5万人。

街内有中山大道、广园东路、华景路、华景北路、上社路、荷光路、涌边路、丰乐路、棠东东路、正南路、科韵路、枫叶路、棠德南路、棠德北路、棠德东路、棠德西路等15条主要道路；街、巷23条；主要住宅小区有华景新城、加拿大花园、历德雅舍、珠江俊园、棠德花苑、天朗明居、春江花园、泰安花园、信华经理人家园等，其中棠德花苑是目前广州市最大的解困房住宅小区，有近3万人口入住。

街辖内主要单位和场所有：广东省技术师范学院、广东省邮电职业技术学院、广州市电大天河分校等院校；广州邮电医院、天河区慢性病防治中心等区级以上医院；茗苑酒家、福善酒家、聚景酒店等旅店、宾馆；中铁物流石牌配送中心、捷世通物流中心、广州珠江房地产开发有限公司等工厂企业；广东省电信科学技术研究院、化工部石油化工研究院、广州合成材料研究院等3所科研单位；此外，还有位于达善大街27号、49号广州市文物保护单位毛泽东视察棠下农业生产合作社旧址。

2008年，街属地企业有1625户，街内个体商业户有6332户，从业人数4万人。

【街道建设和管理】 ·城区管理及环卫建设· 2008年，棠下街开展“六乱”整治，加大环卫检查力度，处罚乱堆放淤泥8宗。招聘11名城管协管员进行守点整治，解决上社、达善等重点段路占道经营突出的问题。开展查禁“两违”工作，组织大规模清拆行动100多次，清拆违建面积18752平方米，专项清理违规广告牌及乱搭建153宗，面积2.5万平方米。拆除辖区内泰安北路东北侧车陂六社一块面积1万多平方米的违法建筑。开展违法用地整改工作，按时完成14宗约110亩违法用地的整改工作任务。

·社会治安综合治理· 2008年，棠下街开展重点地区的巩固整治等工作。全年刑事立案611宗，比上年（下同）下降14.78%；其中两抢案88宗，下降40.14%；命案2宗，下降50%。

街道增招55名保安员，在部分“城中村”社区安排保安员加强巡逻值勤；在部分出租屋密集的建筑物天台安装大功率探照灯，加强夜间监控。完成区在街安装288支摄像枪的规划、定位等前期工作。开展禁毒工作，破获吸毒案42宗，抓获吸毒涉案人员52人。开展“无毒社区”创建活动，上门帮教戒毒出所人员。妥善调处棠东公司梁氏族人祖坟的事件。做好213人员及重点人员的稳控工作，主动开展对越级上访人员的稳控工作。

·司法服务· 2008年，棠下街以“法律四进社区”为载体，深入开展法制宣传活动。全年开展法律咨询服务18场，举办法制课4场，受教育1015人次，营造学法知法、懂法用法氛围。按照“属地管理”、“谁主管谁负责”的原则和“小纠纷不出社区，大纠纷不出街，重大纠纷不出区”的工作目标，开展矛盾纠纷的排查调处工作。全年调解30人以上劳资纠纷7宗，为500多名外来工讨回欠薪200多万元。

·安全生产与消防· 2008年，棠下街开展“安全生产月”活动，制作宣传横幅15条，出宣传栏26期，派发公开信5000多封、宣传单张3000多份。举办安全生产培训，培训企业安全生产负责人130人，新培训安全主任55人、再培训207人，安全生产全员培训4500人。完成区下达的60家企业实施安全生产主体责任的工作任务。开展安全生产和消防安全隐患排查整治年工作，检查登记各类“三小”场所2781间，“二合一”、“三合一”场所427间。全年发生一般火警2宗，无发生人员伤亡等安全生产责任及火灾事故发生。

·人口与计划生育· 2008年，棠下街常住人口出生1002人，计划生育率为95.01%。流动人口出生1076人，计划生育率为86.9%。全年接待群众1万多人次，办理独生子女证308本、独生子女保险206人、一孩生育登记600人。征收社会抚养费336万元，比上年增加147万元。按政策审批生育二孩指标19人。新建流动人口育龄妇女档案7900份，落实计划生育手术593例，查环查孕查病17500多人次。

开展关爱计生贫困家庭活动。为148户无业家庭的独生子女购买综合保险，免费落实各项计划生育手术989例，为300名已婚育龄妇女开展妇科病普查普治。为17名计生贫困女孩落实医疗保健优惠政策，为17名贫困女孩家庭落实三年的结对帮扶关系。是年，街道计生协会被评为广州市先进集体。

·社区文体· 2008年，棠下街成功举办第三届“相聚棠下”金雁文化艺术节。组织社区群众参加国家、市、区举办的各类文化活动13次，获得各级各类奖励63个，营造良好的社区文化氛围。举办第二届“相聚棠下”社区体育运动会，辖内30支代表队近1000多名社区工作者、居民群众及外来工参加乒乓球、羽毛球、拔河等6个项目的比赛。开展扫黄打非工作，整治游戏机室6间、黑网吧19间、影碟店档24间，取缔无证诊所16间，查获制假窝点17个，有效规范辖区的市场经营秩序。

2008年，棠下街举办第二届“相聚棠下”社区体育运动会。图为开幕式现场。

摄影：张石光

·社区服务· 2008年，棠下街开展“农转居”劳动力培训和工伤保险扩面工作，推进妇女就业再就业和教育培训工作，全年安置就业人员83人，就业率达50%；开展“农民工工资支付、整治欠薪专项检查行动”等9项专项检查，依法监察348家用人单位，涉及劳动者人数18054人。处理劳资纠纷案75宗，结案75宗。追发劳动者工资、经济补偿金1100852.18元，涉及人数628人，处理工伤案件33宗、33人。其中处理突发案件13宗，涉及人数328人、金额729030元，维护劳动者合法权益。

·社会事务· 2008年，棠下街办理低保续期236户。为7名低保户申请重大疾病医疗资助，为8名特困人员住院治疗资助金18066.35元。按时发放义务兵优抚金，全年发放23人总额124200元。在春节、中秋节期间上门慰问优抚对象28人次。为97户残疾人家庭办理社会救济，为96名残疾人办理重残补助金。7月，街残疾人康复工疗站建成并投入使用，5名智障人士参加康复训练。指导符合低收入家庭住房保障申请条件的51户填表申报，并通过市国土局的审核和领取住房租赁补贴。做好65户群众经济适用房申请的审核工作，落实15户群众的实物配租。组织向四川地震灾区募集爱心捐款60多万元，新衣物1000多件价值6万元，全街党员上交特殊党费11.8万元。建立棠德南社区星光老年之家。超额完成无偿献血任务等。

•党建工作• 2008年，棠下街开展以“为民、便民、利民，创建群众满意机关”为主题的效能建设主题实践活动，开展“党员社区服务日”活动，举办“听民声、知民情、帮民困、解民忧”政民面对面活动和党工委书记大接访日活动，开拓政民互动新渠道。做好入党积极分子的培养工作，培养积极分子20名，新发展党员10名，为党组织增添新鲜血液。加强对非公经济组织党组织和“两新组织”党建工作示范点建设的指导。棠德北社区党支部书记谭秀玲获“市优秀党务工作者”称号。

•武装工作• 2008年，棠下街积极组织民兵参与年初抗雪灾斗争，加强与辖内单位民兵组织的联系，协助有关部门落实参战、涉核部队复转军人的生活补贴。全年完成10名兵员的征集任务。加强和完善街道武装部“四个”基本建设，顺利通过省军区和广州警备区联合组织的考核验收。街道获区武装工作先进单位和征兵工作全优单位称号。

•群团工作• 2008年，棠下街组建外商企业工会7家、其它非公单位基层工会50家，覆盖经济单位247家，发展会员2419人，超额完成区总工会下达的各项组建指标。促成200家企业签订工资集体协商合同，合同覆盖人数5244多人。组织“迎亚运、讲文明、树新风、促和谐”为主题的维护文明交通路口的志愿者服务活动。开展广州市“文明家庭”、天河区“文明家庭”、天河区“书香家庭”的评选推荐活动。加强妇女就业再就业工作，为下岗失业妇女介绍就业168人次，83人实现再就业。

【出租屋管理】 2008年，棠下街组织开展流动人员信息录入、流动人员计生管理、房屋租赁备案、出租屋档案资料整理入档等各类专题的业务培训，提高出租屋管理员的综合素质和工作能力。健全组织机构，出租屋管理服务中心配备一个完整的办证中心，16个社区分别设置工作站，配备一支13人的调配费征收中队，使出租屋管理人员增加到150名。举办流动人员咨询服务会、召开出租屋主会议、派发宣传小册子等形式，开展出租屋管理宣传工作。推进“托管式”出租屋管理模式，全街有5420套出租屋纳入“托管式”管理。全年征收“两费一税”1020万元；办理IC卡暂住证18304人次、房屋租赁登记备案3373宗，总登记备案面积341077平方米。

【棠下村（棠下经济发展有限公司）】 棠下村形成于南宋时期，村名起源有二，一是先祖在“甘棠树下”开村，故名；其二出自典故：据古籍记载，周朝召公出巡，曾在路边的甘棠树下听讼决狱，后人感其恩德，不敢砍伐，故此“甘棠树下”历来有缅怀先人遗德的意思。姓氏以钟、潘、梁姓为主。

1958年4月，毛泽东视察该村的农业生产合作社，随后，周恩来、贺龙及朝鲜首相金日成先后视察该村。村原属东圃镇管辖，1997年划归棠下街。下辖达善、上社、新墟3个自然村。1999年5月，原村民委员会撤销，组建棠下经济发展有限公司。公司下设15个股份合作经济社。2008年，棠下经济发展有限公司总收入11938万元，比上年增长0.84%。

【棠东村（棠东经济发展有限公司）】 棠东村形成于宋朝，历史上曾是棠下村的一部分，建国后在1953年土地改革运动中，划分出来成为独立的行政村，因位于棠下村东面，故名。该村东邻车陂街，西靠棠下村，南临中山大道，北达广深（九）铁路、广州氮肥厂，包括东南村、东北村和丰乐村等自然村。

2002年12月4日，棠东村从东圃镇划归棠下街管理。姓氏以钟、潘、李姓为主。曾冒险收敛黄花岗起义七十二烈士遗体的著名民主革命活动家潘达微是棠东村人。1999年5月，原棠东行政村撤村改制，组建棠东经济发展有限公司。2008年，棠东经济发展有限公司总收入8264.82万元，比上年增长2%。

（刘健）

员村街

【概况】 员村街建于1960年7月，当时在该地区大规模兴建工业区，由东圃镇划出员村、程界村地区组成。2008年，街下辖14个社区居委会和1个撤村改制公司：二横路、新村、绢麻、侨颖、山顶、华颖、南富、程界西、程界东、美林、新墟、四横路、新街、昌乐园社区居委会和石东实业有限公司。全街面积5.37平方公里。总人口101206人，其中常住人口44109人，外来暂住人口57097人，人口密度每平方公里18846人。

员村街交通方便。有黄埔大道，华南快速干线，员村一、二、三、四、五横路和员村新街、员村西街9条道路。有多条公共汽车线路的总站设在员村：540路、542路、504路、40路、243路、284路、177路、140路、299路、882路。还有途经员村的长途、短途汽车。沿珠江河岸各有关工厂企业还建有码头多座。

街生活服务设施较为完善。有综合市场5个，大型百货商场4间，酒家、粮店、银行、糖烟酒综合商店、储蓄所、邮电所、新华书店、中山大学附属第六医院（广州市第六人民医院）等。

街辖设有文化站和老人活动中心，各居委都设有文化室。还有员村工人文化宫等大型文化设施，广州无线电集团公司等6大国企中均设有工人俱乐部或电影场和文化室等，石东实业有限公司各经济社都有文化娱乐场地。

辖区内有广东环保学校、广东工商学校、市四十四中、员村小学、昌乐小学、春蕾学校、家家乐幼儿园、昌乐园幼儿园等多所学校。有中央、省、市属工矿企业单位和科研机构约60个。其中主要有：广东省高等法院、华南环保研究所、中山大学附属第六医院（广州市第六人民医院）、广州二棉厂、广州绢麻集团公司、广东玻璃有限公司、广州昊天化工有限公司、员村电热厂、广州虎头电池有限公司等。

【街道建设和管理】 ·城区管理及环卫建设· 2008年，员村街加强日常监督巡查，严控“两违”；加强市容环卫工作，完成环卫管理体制改革；开展专项行动，加大“六乱”整治；开展整治无证照经营、打假、打击传销、打击游医等各项市场整规工作；加强病媒生物防治工作和“三防”工作，妥善处理辖内员村聚龙阁北侧挡土墙出现山体崩塌隐患等；做好城管交（督）办、信访、投诉的处理和回复工作。全年接区创卫办、城管办及有关职能部门交（督）办任务近30宗，办结率100%。

·社会治安综合治理· 2008年，员村街推进社会治安视频监控的建设，完成街、社区两级治安视频监控系统建设；开展人民内部矛盾纠纷的排查调处工作，处理新墟佳兴制衣厂拖欠73名员工工资纠纷致员工到市上访、石东公司早期农转居人员集体上访等事件；加强禁毒工作，开展“扫黄打非”工作；推进“四五”依法治区和“五五”普法工作；开展迎奥运确保安全专项行动；加强南富社区等重点区域的治安工作力度。全年受理刑事总警情13012宗，比上年下降19.3%；全街刑事立案393宗，下降14.4%，辖区治安环境得到改善。

·出租屋管理· 2008年，员村街加强出租屋和流动人员管理。加大对出租屋档案资料基础建设的投入，完善考核奖惩制度，重点开展出租屋整治工作；加大“两费一税”征收力度，全年收取“两费一税”5564187元，比上年增长0.32%。办理出租屋房屋租赁证1071个，IC卡暂住证15482个，出租屋整治合格率达98.6%。

·司法服务· 2008年，员村街落实法制宣传和普法教育、人民内部矛盾排查调处、刑释解教人员安置帮教等各项司法行政工作。全年举办、参与“法律四进”、“综治宣传月”、“人民调解宣传月”、“12•4全国法制宣传日”等大型法制咨询活动16场，接待群众咨询390余宗，举办法制宣传展览4场，派发宣传资料15200份。全年受理调解个案31宗，调解成功31宗，调解成功率达100%，有效地化解基层的矛盾纠纷。

·安全生产与消防· 2008年，员村街组织“安全生产月”活动，到辖内虎头电池有限公司等重点单位，指导开展安全生产宣传教育及规范安全生产管理。在辖区单位广泛开展“治理隐患、防范事故”主题和安全生产的知识宣传，加强安全培训工作；建立联络员培训制度，及时了解和掌握工作动态；开展安全生产百日督查专项行动，对全街进行地毯式安全大检查；加强道路交通安全专项整治，开展“文明交通从我做起”宣传活动及“文明交通百日督查专项行动”，辖内乱停放及违规营运现象得到有效遏制。

·人口与计划生育· 2008年，员村街落实《人口与计划生育法》，加强计生政策的宣传教育，坚持每月例会制度和查环查孕工作，组织查环查孕8210人次；开展大型清查4800人次，与出租屋主签订责任状3277份，采集已婚育妇女信息1510份。2008计生年度，街道出生607人，出生率为13.91‰，户籍人口计划生育率为98.4%，四术211例；流动人口计划生育率为80.49%，四术184例。

·社区文体· 2008年，员村街启动“迎亚运、讲文明、树新风、促和谐”、“万千青年志愿服务和谐社区”和“知书识礼、书香天河”全民阅读系列活动等，推动街精神文明建设。

·社区服务· 2008年，员村街加强就业服务，全年失业人员重新再就业1022人，再就业率73.37%，“4050”人员安置率为56.79%，零就业家庭安置率为100%。完成“农转居”培训388人，“农转居”失业人员培训后就业安置率达到74.36%。对313家企业进行工资发放专项检查，调解劳动纠纷案件89宗，其中重大欠薪事件4宗，为员工追回工资15.29万元。

·社会事务· 2008年，员村街做好城市居民最低生活保障工作；发展慈善事业，热心组织惠民活动。开展上门慰问活动；做好“双拥”工作，慰问街辖内军烈属、复退军人、伤残军人及优抚对象；加强退休人员管理，做好辖内4500多名退管老人的年审、慰问等服务工作；发展残疾人事业，妥善安排残疾人就业等；组织开展“抗震救灾、共献爱心”大型募捐活动，发动干群企业踊跃捐款，收到捐款68.64万元，衣物1.5万件；组织做好社区卫生服务工作，组织开展社区健康讲座和卫生宣传活动等。

·群团工作· 2008年，员村街发挥工会、青年团、妇联等人民团体的桥梁纽带作用，新组建工会88家，会员2300人，扩大参加两个互助保障计划193人，理顺劳资双方关系；开展“百万妇女学法律，家庭平安促和谐”、“文明家庭”等主题实践活动，评选出区“文明家庭”2806户，市“文明家庭”25户。做好信访工作为妇女群众排忧解难。

【社区选举】 2008年，员村街顺利完成14个社区党（总）支部和居委会以及石东公司“两委”的换届选举工作。选举产生新一届的社区党（总）支部书记14名，副书记2名、委员58名，顺利进行5个社区党总支部属下43个支部的改选工作；选举产生石东公司党委成员4名，董事会成员7名，监事会成员3名，新老班子顺利交接。

【石东村（石东实业有限公司）】 1951年土地改革时期，由石牌村东面的几个自然村组成石东乡，后改名为石东生产队，1986年改为石东村委会。石东乡当时隶属石牌区管辖，因位于石牌东面而得名。石东村包括程界东村、程界西村、员村、谭村、甲子村5个自然村。各自然村建立于宋朝嘉定年间和南宋期间，村民均由南雄珠玑巷迁入，主要姓氏为：李、冼、钟、姚、利5大姓。石东村东接棠下新墟村、南临珠江、西邻猎德村、新庆村、北至中山大道，面积约3平方公里，原村民经济收入以种植蔬菜、水稻、药材为主。自1956年国家开始征地建设以来，村情村貌发生了巨大的变化。

1995年，石东村从东圃镇划归员村街管辖。1999年6月，该村根据政府要求撤村改制，成立广州市石东实业有限公司，经济收入以物业租赁为主。2008年，石东实业有限公司总收入7309万元，比上年减少14.20%。

（周光发）

天园街

【概况】 天园街建于1999年9月30日，由石牌街、员村街、棠下街、车陂街划出部分地区，以及由原东圃镇划出棠东村组成，因辖内有天河公园而得名。2008年，街下辖10个社区居委会：科韵、腰岗、翠湖、华港、穗东、骏景、东成、东晖、环宇、文昌社区居委会。全街面积4.038平方公里。总人口91364人，其中常住人口64204人，外来暂住人口27160人，人口密度每平方公里22626人。

天园街内有中山大道、黄埔大道、天府路、棠石路、科韵路、科新路、东方一、二、三路、建工路、建华路、建中路等27条主要道路和街巷41条。2008年，辖内拥有众多大型高级商住楼盘、IT园区基地和各类大型商场超市。

天园辖区是天河区由城郊型向城市型发展较快的地区之一。近年来房地产业、科技产业、商贸业迅速崛起，天河区委、区政府机关新办公大楼的落成，又进一步带动天园地区的政治、经济、文化等各项事业的迅速发展。处在黄埔大道与中山大道之间占地总面积70.7万平方米的天河公园，约占全街总面积的18%，公园以自然生态景观为主要特色，有树有水，是广州市最大的区属综合性公园。骏景花园、翠湖山庄、新世界东逸花园等23个高尚住宅小区建筑面积达217万平方米，总用地面积占全街面积总和1/5。天河区高新技术产业开发区工业园带动街内高新科技事业的发展，现街辖内聚集120多家中外高新技术企业，特别是全省第一家软件园——广州天河软件园落户天园街辖区内，更成为天河区、广州市乃至广东省高新技术产业新的经济增长点。

2008年，街属地企业有2685户，街内个体商业户有1667户，从业人数43800人。

【街道建设与管理】 ·城区管理及环卫建设· 2008年，天园街加强“创卫”活动的宣传活动，查处“两违”，整治“六乱”，清理卫生死角。全年查处违法建设39宗，拆除39宗，面积4061平方米。制止违章广告12宗，拆除5宗；制止乱摆卖1580宗，整治乱停放50宗，整治乱张贴、乱涂写330宗，整治乱拉挂20宗，整治乱堆放60宗。投入环卫工400多人次，完成清理卫生死角7300平方米，清运垃圾500吨，完成河涌保洁11700平方米。开展铁路沿线环境卫生整治统一行动2次，开展除四害行动65次。全年接到投诉154宗，处理154宗，办结率100%。开展整治三轮车整治统一行动2次，查扣无证三轮车15辆。

·社会治安综合治理· 2008年，天园街开展辖内小区封闭情况摸查、内街内巷停车场摸查、卫星地面接收设施检查、自行车停放点摸查、外来流动特定人员情况调查工作，落实儒林大街、金兴花园和五社大塘工业区的封闭半封闭管理。完成255个视频探头的安装，开展“剑锋”行动，组织开展“黄赌毒”清查专项行动38次，清查出租屋1344间，发廊美容院37间，歌舞娱乐场所3间，桑拿沐足场所14间，网吧4间，旅业16间，查处涉“黄赌毒”四种人89人。全年发生刑事及治安侵财案件649宗，比上年（下同）下降62%。其中，立刑事案件下降10.3%，“两抢”案件“两盗”案件分别下降40.9%、60.5%，破刑事案上升15.1%。

·出租屋管理· 2008年，天园街开展一系列出租屋消防安全宣传教育活动，派发宣传资料、宣传小册子、致出租屋主一封信3万多份，制作宣传横幅30条，宣传栏40期，组织开展咨询活动4次，召开出租屋主大会3次。组织出租屋清查整治行动30多次，整治消防不符合条件的出租屋172栋2076套，查验、登记流动人员6228人次，发出整改通知书600多份。全年出租屋内未发生火灾事故、重大刑事治安案件。全年收取出租屋税收11060764元，流动人员暂住证调配费778544元，治安联防费76515元，出租屋登记率达100%，出租屋合格率达100%。

·安全生产与消防· 2008年，天园街与辖区单位及社区签订2008年度《防火和安全生产责任书》216份，开展安全生产大排查大检查、“隐患治理年”、“安全生产月”等多个专项安全检查活动，检查7家加油加汽站、车陂路嬴富广场建材市场及油漆店、黄埔大道新羊装饰材料城、石材城及油漆店和坚红化工厂、棠下电镀厂的危险化学品检查。开展建筑消防检查1972处，清查企业611家，其中普通企业552家，危化品企业85家，工地36家，发现隐患337处。

·人口与计划生育· 2008计生年度，天园街出生712人，出生率为10.71‰，计划生育率为95.93%，自然增长率为9.78‰。

街道强化计生宣传，制作横幅230余条，计划生育宣传画120张，发放计划生育宣传资料85142份。计生宣传品入户率为93.2%。举办新婚期、孕产期、育儿期学习班7期，培训人员518人。举办普法教育及行政执法、信息化、宣传教育等业务知识培训班。免费进行办证、查环、查孕、查病、派发避孕用品用具、四术。全年征收社会抚养费97.06万元。加快计生信息化建设，实现信息网络三级互联。利用流动人口计划生育管理国家平台，向流动人口户籍地通报信息648条，利用其他渠道，向流动人口户籍地通报信息547条。

·社区文体· 2008年，天园街加强社区室外活动场所、文体设施等基础性建设。分别为翠湖山庄、腰岗粤韵庭园、环宇省军区住宅申报安装3条户外体育健身路径。至2008年底，天园街10个社区居委会修建户外体育健身路径16条。

街道举办迎新春军民共建文艺晚会；组织街道女干部与区处级以上女领导联合表演时装秀《美好生活》，参加天河区庆祝“三八”妇女节文艺表演；组织参加天河区纪念改革开放三十周年诗歌朗诵比赛；举办全民健身月暨天园街流动人口乒乓球比赛。街合唱团分别参加“天河区‘金雁之声’外来务工人员歌咏比赛”获金奖；代表天河区参加广州市“四进社区”文化活动之“万人同唱文明歌”群众歌咏比赛，获第二名；组织编排小品《小事》参加“天河区廉政文艺创作节目演出”获一等奖。

2008年5月，天园街召开创建全国文明城市工作动员大会。
天园街供稿

·社区服务· 2008年，天园街登记的失业人员有468人，重新就业342人，再就业率达73%，比上年提高1个百分点。处理好劳资纠纷，全年巡查企业单位201间、人数3641人，办理流动人员备案1698人，派发劳动年审通知172份，接待投诉拖欠工资来访人员298人，结案56宗，追回被拖欠工资136万元，查处清退童工5名，处理工伤调查笔录取证18宗，人数18人，净化劳动力市场。

·社会事务· 2008年，天园街做好社会救济工作。2008年发放低保金额46404元，为四川汶川大地震捐款72.5万元。开展送温暖慰问活动，走访慰问30户困难家庭、孤寡老人。邀请广州军区装备部、石牌干休所等9个单位，召开军政迎春座谈会。慰问伤残军人、优抚对象、老红军。在金河半岛组织辖区内的伤残军人、义务兵家属、复员退伍军人等优抚对象迎春茶话会。

2008年5月，天园街积极组织辖区群众向四川地震灾区献爱心。

天园街供稿

·党建工作· 2008年，天园街加强基层党组织建设，组织10个社区党组织的换届选举工作，选举出新一届（总）支部委员会委员及书记、副书记，顺利完成换届选举工作。全年接转党员组织关系108人，其中接收党员84人，转出党员组织关系24人。成立街党员服务中心，建立10个社区党员之家，建立党员教育管理和服务网络。选送14名入党积极分子到区委党校进行培训。发展13名新党员，办理20名预备党员转正。组建天园街文昌片区非公企业联合党支部，对4个任期届满的非公企业的党支部进行换届选举。

【司法服务】 2008年，天园街刊出法制宣传栏11期121栏。参加年初区普法办举办的法制宣传栏评比活动并获优秀奖。编印创文普法专刊《法润天园》6000份，受到居民群众的好评。举办《劳动合同法》知识讲座、青少年法制宣传教育、"依法节能、全民行动"宣传周社区行、"文明城市文明家，创建需要你我他"等主题的法律宣传咨询活动13次，派发资料6.3万余份，接受咨询52人次，为群众提供法律援助13宗，挽回经济损失70余万元。街道全年开展全街性专项排查5次，调处矛盾纠纷43宗，其中涉及30人以上的重大群体性纠纷10宗，涉及金额243.73万元，调解率达100%，调解成功率达90.7%，全年没有一宗群体上访事件和民转刑事件。

（邓校）

猎德街

【概况】 猎德街建于1999年12月30日，由沙河镇划出猎德村地区组成。2008年，街辖6个社区居委会和1个撤村改制公司：猎德、利民、远洋明珠、誉城苑、南国花园、华海社区居委会和猎德经济发展有限公司。全街面积约3.2平方公里。总人口12568人，其中常住人口11879人，外来暂住人口689人，人口密度每平方公里3927人。

猎德街位于珠江新城南部，街管辖范围东起华南快速干线，西到广州大道，南临珠江，北靠花城大道。辖内有广州大道中、临江大道、花城大道、马场路、猎德大道、冼村路南段、海风路、海清路、华夏路、华穗路、华得路、华就路等13条主要道路；辖内主要小区有南国花园、新城海滨花园、金碧华府、凯旋新世界、力迅上筑、誉城苑、猎德村、侨心花苑、利雅湾、碧海湾、远洋明珠、名门大厦、新大厦等主要居住区。猎德村从2008年开始整体拆迁改造。

辖内主要单位（场所）有猎德农贸市场（总面积1500平方米），银行网点有8间，邮政代办所2间，个体商店575间，文化活动中心1家，幼儿园、小学、中学各3所。此外，还有广东出入境检验检疫局、广州出入境检验检疫局、广州市房地产交易中心、中国石油股份有限公司华南销售分公司、中国南方电网公司等驻街单位。

猎德街是广州市未来城市中心——广州珠江新城的重要组成部分，是天河区乃至广州市的发展标志性区域，将发展成为广州市的金融、贸易、文化中心和高尚住宅区，是新的经济增长点。

2008年，街属地企业615户，街内个体商业户达399户。

【街道建设与管理】 ·城区管理及环卫建设· 2008年，猎德街组织除“四害”统一行动，清拆“两违”，清理“六乱”。开展整规、打假、食品安全和各种专项整治行动，开展无证照整治及创建亮（证）照经营。全年开展无证照经营摊点整治行为48次，规范和整顿无营业执照摊点136户，取缔无牌摊点27户；开展食品卫生专项整治行动24次，查处各类食品卫生安全违法行为14次，规范无卫生许可证摊点43户，取缔无卫生许可证摊点34户，增发健康证126个，辖内店铺持证率在95%以上，亮证经营示范区的营业执照、卫生许可证等持证率则达99%。联合工商、卫生监督所查处无证经营住改商公司、超范围经营商铺43家，发出整改通知167份，责令停业通知书4份，工商依法罚款超100万元，清理查处2家有传销嫌疑的公司。

·社会治安综合治理· 2008年，猎德街立刑事案件184宗，比上年（下同）下降14.42%，其中“两抢”案件17宗，下降59.52%；破各类刑事案件92宗，上升5.75%；接各类警情919宗，下降31.98%。

街道设立治安值班岗亭，加强巡逻防控力量和采取严厉打击违法犯罪活动等手段，维护治安秩序。推进社会治安视频监控系统建设，设置并启用视频监控室。在案件多发地段、各主要路段、社区和居民小区等新建视频监控点系统。2008年，街辖“无毒社区”创建率为100%，无新滋生吸毒人员。

·出租屋管理· 2008年，猎德街出租屋管理服务中心落实“三天一巡查、五天一交换”工作制度和巡查登记台帐制度，加强对房屋的租赁登记备案工作，全年办理房屋租赁登记备案549个，办理流动人员IC卡暂住证1178个，办理计生证224个，征收个人出租屋房产税1401万元。全年街辖出租屋发案为零。

·司法服务· 2008年，猎德街协助有关部门妥善处理广东省宏大爆破公司与湖南农民工劳动关系争议纠纷案和南国花园部分业主上访、上街堵路、悬挂横幅事件；有效控制因美居中心B座拆除引发告猎德村领导案、重复上访案、利雅湾和侨心花园拆迁补偿纠纷群体案等；排查、防控和处置猎德村旧村改造全过程不安定因素。全年处理12319、网上和来电、来人投诉案件38宗，回复率达到100%。

2008年4月，区委书记杨建城到猎德村旧村改造工地视察。

猎德街供稿

·安全生产与消防· 2008年，猎德街与6个社区居委会负责人和辖区63家单位安全生产、消防工作负责人签订《责任状》。组织“安全生产月”活动，街道和辖内单位组织咨询活动、知识讲座5场，发放宣传资料3000余份。组织辖内24个物业单位举行消防运动会。组织安全生产和消防隐患大排查行动23次，检查辖内企业、建筑工地、“三小场所”、出租屋等2850间次，发现和整改各类隐患235宗。完成区安监局建立全区生产经营单位基本情况数据库，培训、再培训安全主任49人，全员培训2306人。举办文明交通咨询活动2次，安排机关干部和志愿者参与交通服务45次，出动563人次，派发各类宣传资料5000多份。

·人口与计划生育· 2008年，猎德街常住人口已婚育龄妇女有2266人，常住人口出生121人，计生率为95.04%，完成区下达的各项人口指标。

全年征收社会抚养费574199元，完成"四术"43例。及时将已明确掌握居住地状况的223名育龄妇女上报区计生局。对223名符合条件的育龄妇女予以标记离开，统一向现居住地发送信息通报要求调出育龄卡，制成电子文档存档备案。是年，街道获得区计划生育达标先进单位、区人口与计划生育目标管理责任制考核达标一等奖，顺利通过省计生年终工作考核。

·社区文体· 2008年，猎德街举办四川大地震赈灾义演，结合"六一"、端午、中秋等节日庆典，举办大小各形式的欢庆活动，推动文明创建工作。与市聋人学校、南国学校等联合庆六一、迎奥运、共建文明猎德。张贴创建全国文明城市致居民的一封信和新时期广州人精神宣传画，派发"一约三则"等宣传资料1万多份。把猎德小学六一文艺汇演纳入街道的"共建文明城"工作。加大媒体宣传力度，街道的创建信息还被《广州天河新闻》、《天河信息》、《天河视频新闻》、《天河区创建全国文明城市简报》以及《天府简报》等媒体刊载或报道。

·社区服务· 2008年，猎德街办理失业证206个，为104人办理社会资助养老保险。动员13家企事业单位参与现场招聘会，为失业人员创造就业机会。街劳动保障监察中队加强宣传国家劳动保障法律法规，完成辖区全部用人单位、流动人员的登记、录入和上报工作。全年处理辖内劳动纠纷70宗，为700多人追回拖欠工资230万余元，保障劳动者的合法权益。优化退管服务工作，做好退休人员"六有"管理服务工作；加强对"九类"人员的服务，做到"四必访"，对70岁以上退休人员实行每周访问制；对辖区153名退休人员养老资格认证，辖区户口认证率达100%；为退休人员建立健康档案，并与社区服务中心合作，举办退休人员免费体检活动；帮助7名死亡退休人员家属申领丧葬补助金和遗属补贴。做好城镇居民医疗保险和社会基本养老保险的宣传和办理工作，为483名居民办理城镇医疗保险，为159名居民办理社会基本养老保险。强化再就业培训，开办物业管理培训班四期，酒店服务员培训班一期，300名外省籍员工参加培训，并取得国家劳动部门颁发的《职业资格证书》。

·社会事务· 2008年，猎德街发放残疾人专项补助金24840元。申请获批双特困户廉租房8户，完成双特困户住房情况调查68户，申请直接发放住房租赁补贴18户。办理老人优待证164个。为7名义务兵发放优待金37800元。慰问辖内义务兵、76161部队官兵、消防中队、无军籍职工、街道转业、退伍军人、街道部队家属、优抚对象。

·党建工作· 2008年，猎德街党工委进一步加强基层党组织建设，完成社区"两委"、村公司党组织、董事会、监事会的换届选举工作，一批有能力、学历高、较年轻的同志担任党组织的领导；还调整充实7名专区民警兼任社区党支部副书记。全街现有申请入党人员43名，各支部对入党积极分子指定专人负责培养，被确定为发展对象的9名，全年发展党员5名，预备党员转正9名；重点抓好在非公经济组织培养发展优秀积极分子入党工作，为非公党支部增添新血液。加强党员的学习教育，开展座谈会、交流会、参观革命传统教育基地、举办"党员社区服务日"主题实践活动等；汶川地震发生后，有14个基层党组织共255名党员为灾区捐献特殊党费共44400元。落实党建联席会制度，建立共驻共建、资源共享的党建工作架构，推进平安和谐社区建设。

·群团工作· 2008年，猎德街组建企业工会完成32家，发展会员704人，超额完成企业工资集体协议。团工委开展创文明宣传教育活动，与街交委组织50余批400余人次的志愿者，到马场路南国花园路口、华利路市政务服务中心周边帮助维持交通秩序，引导车辆、行人文明出行。街妇联举办“三八”维权周主题活动，做好维权信访工作。开展“文明家庭”和“书香家庭”评选活动，评选出2006～2007年度市级“文明家庭”25户，区级“文明家庭”854户、“书香家庭”1户。开展天河区“十大和谐家庭”评选活动，评选出南国社区居民为天河区2008年“十大和谐家庭”。

【猎德村（猎德经济发展有限公司）】 猎德村自宋朝开村，取古籍名词而得名，意为追求道德完美。猎德村位于珠江新城南部，南临珠江。村址面积470亩，另外还有发展经济用地约350亩。猎德涌自北向南贯穿猎德村，将猎德村分为东村和西村。猎德地处北回归线以南，气候温和，雨量充沛。

猎德地理位置得天独厚，水网交错，土地肥沃。祖辈以农业耕种为主，少部分人经商，极少数人海外谋生。猎德盛产杨桃、甜橙等水果，是有名的水果产地和集散地。猎德村民风淳朴，崇尚礼仪文化，猎德人勤劳、爱国、爱家园。猎德先辈从粤北珠玑巷南迁，最后落籍猎德村，从宋朝开村，至今已有800多年历史。民族是汉族。经历代繁衍生息，至今，猎德村已发展至7000余人，姓氏有李、梁、林、麦等共81个。

猎德村在民国时期属番禺县第四区，解放后划入广州市白云区、郊区、东山区，1985年成立天河区后，由天河区管辖，1999年从天河区沙河镇划出由猎德街道办事处管理。2002年12月撤村改制，组成猎德经济发展有限公司。2007年10月16日，猎德村拆迁工作正式启动，成为广州城中村改造的第一村。2008年，猎德经济发展有限公司总收入为13500万元，比上年增加31.8%。

（许春梅）

冼村街

【概况】 冼村街建于1999年12月，由沙河镇划出冼村地区组成，因辖区内有冼村，故名。2008年，街下辖7个社区居委会和1个撤村改制公司：冼村、杨箕东、新庆村、潭骏、跑马地花园、金城、金园社区居委会和冼村实业有限公司。全街面积4.07平方公里。总人口74958人，其中常住人口19811人，外来暂住人口55147人，人口密度每平方公里18417人。

冼村街位于广州市珠江新城北部，东起员村一横路，西至广州大道，南起花城大道，北以黄埔大道为界。辖区道路交通路网逐步完善，有花城大道、金穗路、华穗路、华强路、华成路、华夏路、兴国路、兴盛路、海居路、海安路、海乐路、潭村路、马场路、猎德路、冼村路、平云路等主要街道，辖内有42、45、194、195、197、230、旅游2号线、266、272、513、522等公交线路，并有地铁三号线经过。

街辖内有广东省人民检察院、广东省国家税务局、广东省党史研究室、广州市人民检察院、广州海关等机团单位；有广东省冶金经济技术发展有限公司、中国联通有限公司广东分公司、广州市无线电集团、广州市赛马娱乐总公司、中国农业银行广东省分行、广州市南方人才市场第四事务所等公司企业；有天河中学珠江新城校区、天河区第一实验小学、冼村小学、骏苗小学等公私立学校；有珠江公园、红线女艺术中心、金逸华纳影院、冼村街文化站、伟盛羽毛球馆等文化体育娱乐休闲场所；有星汇园、漾晴居、杨箕东小区、星汇雅苑、珠江别墅、骏逸苑、汇豪大厦、马赛国际、跑马地花园、誉峰、中海观园等公寓住宅小区，并有44个在建工地。

2008年，冼村地区装饰材料及家居市场繁荣，珠江新城广场、好美家、美居中心、南天广场灯饰城、亿宝材料装饰城、新兴材料装饰城等分布街道各处，形成了经营、销售建筑装饰材料、家居用品的市场群。辖区餐饮业兴旺，有凯悦酒家、六合家宴、澳门街、赛马场食街、龙苑、品尚轩、六合茶米香等大小饭店23家。随着珠江新城开发建设，未来冼村街辖区将发展成为广州市的金融、贸易、文化中心和高尚住宅区，成为广州金融商务区，市新轴线的中心。

2008年，街属地企业1413户，个体商业户1712户。

【街道建设与管理】 **·城区管理及环卫建设·** 2008年，冼村街推行环卫体制改革，移交中标清洁公司负责保洁工作。实行3条内街24小时保洁，其余路段16小时保洁。建立"两违"双层监督检查长效机制，防范和整治违章建筑。查处违法用地、违法建设行为18宗，拆除面积1300平方米。加强"四害"消杀，全年使用各类除四害药物1320多公斤，消除四害滋生地630处，清理卫生死角550多处，清理余泥垃圾350多吨。开展水污染综合整治，聘请清淤专业队清理垃圾杂物。加大整治"六乱"力度，重点治理大型户外广告牌、占道经营、店面外溢和流动摊点。全年12319投诉和督办69宗，处理率100%，结案率100%。

·社会治安综合治理· 2008年，冼村街实施对讲机同频、岗亭同标识的联防联动岗亭建设，治安联防大队实行路面网格巡防、区域联动，保持对不法人员严打严控的高压态势。加强科技创安，在辖内5个机团单位和45个建筑工地加装外围监控头，至年底，辖区路面监控头有293支。全年辖区总警情7633宗，比上年（下同）下降2.8%，双抢和入屋盗窃警情下降14.6%。重点整治地区马赛国际公寓，规范租赁秩序，解决刑事治安案件频发的问题。开展奶制品整治专项行动，严厉打击制假售假行为，捣毁洗洁精制假窝点、贩卖假食盐窝点。开展打击非法游医、门诊及药店专项整治行动，查处、取缔非法游医、门诊12间。组织打击无证照餐饮专项行动29次，查处无证照餐饮店323间。

·出租屋管理· 2008年，冼村街探索出租屋管理新模式，派驻公安民警兼任出租屋管理服务中心副主任，形成出租屋服务、管理、执法三结合。加强队伍建设，面向社会招聘管理员20余名，引进英语翻译、留学生等高素质人才；开展业务知识培训4次，提升管理员业务水平。加强出租屋综合整治，完善信息通报反馈制度；排查重点出租屋和高危人群，落实分类管理；强化消防安全整治，重开、新开逃生口1203个，拆除木阁楼123间。征收出租屋税费达2500万元，比上年增长156%。

·司法服务· 2008年，冼村街开展"五五"普法工作，推进未成年人法制教育，未成年人"一五"法制教育通过验收。全年举办法律知识宣传咨询活动14场，法制讲座9次，法制宣传展览7场，出刊法制宣传板报80期，派发宣传资料44300份，群众法制观念得到增强。全年开展38次矛盾纠纷专项排查行动，成功调处7宗群体性纠纷事件。全年调解民间纠纷60宗，成功率100%。

·安全生产与消防· 2008年，冼村街加强社区安全生产责任制建设，各社区开展安全生产联检，将防范安全事故的关口前移。开展"安全生产月"宣传，制作流动安全生产宣传栏，在各社区巡回展示。围绕"隐患治理年"主题，开展建筑工地隐患排查、安全生产百日督察、汛期安全隐患排查，及时进行跟踪、复查和督促整改，隐患整改率100%。5月30日，冼村街代表广州市接受省百日督查行动督导组的检查，获高度评价。

·人口与计划生育· 2008年，冼村街为已婚育龄妇女查环查孕4593人，为300多名妇女提供免费生殖健康检查。建立"属地化管理，市民化服务"的流动人口管理服务机制，落实流动人口"人来登记，人走注销"，纳入计生管理的流动人员比上年增加32.7%。开展计生宣传教育活动，组织计生宣传咨询、健康讲座6场次，派发宣传画册1万余份，计生小礼品5000余份。

2008计生年度，冼村街户籍人口出生172人，计划生育率96.51%。辖内流动已婚育龄妇女6227人，计划生育率84.66%，节育率达90.47%，接受省计生年度考核，取得可喜成绩。

·社区文体· 2008年，冼村街推进社区文化室建设，开展群众文艺活动，组织文艺团队参加市、区文化活动10场，获金奖1个，银奖2个，铜奖11个，优秀组织奖5个，举办声乐知识、交谊舞、少儿书法等培训班6期，参加培训300多人次。

·创建全国文明城市· 2008年，冼村街构建创建文明城市工作网络，完成创建文明城市资料收集整理，开展创建文明城市宣传，全年投入宣传经费30余万元，制作宣传栏2365平方米、横幅60余条，派发《致市民的一封信》等宣传单张8万余份，居民入户调查问卷5000份，提高广大市民和外来人员的知晓率、支持率和参与率。开展各种形式主题实践活动，开展“四进社区”和文明家庭、文明单位、文明社区、书香社区等群众性创建活动，推进创建文明城市工作。

·社区服务· 2008年，冼村街为362人办理失业登记，为101家辖内单位办理劳动用工备案，完成40%社区达到“充分就业社区”的目标任务。开展劳动监察工作，检查辖内企业185家（次），处理工伤事故28宗，受理劳资纠纷127宗，其中群体性事件54宗，为工人追讨欠薪1870.5万元。做好276名社区退管人员保障管理工作，落实最低生活保障政策。

·社会事务· 2008年，冼村街帮助困难群众申报生活、医疗补助，开展扶贫济困和社会救助工作，开展“爱心捐赠、真情送暖——为四川地震灾区捐赠活动”，促进社会和谐。推进“六好”平安和谐社区建设，跑马地花园社区申报省“六好”平安和谐社区创建评选。“红十字”志愿者、青年志愿者人数有较大增加，义工活动形式呈现多元化。完成第二次全国经济普查单位清查和个体户普查、万户居民入户调查工作。加强对车辆临时停车场、社区便民洗衣店、社区家政的管理，构筑良好的服务体系。

·社区党建· 2008年，冼村街吸收7名发展对象加入党组织，按期转正预备党员8名。成立“冼村街党员服务中心”和7个“社区党员之家”，为关爱党员、服务社群搭建新平台。结合庆祝党的87周年活动，组织38名新党员举行入党宣誓仪式，组织社区和“两新”组织党支部100多名党员前往孙中山故居参观学习，开展“党员社区服务日”主题实践活动，丰富党员民主生活，拓展党员联系和服务群众的途径。

·群团工作· 2008年，冼村街推进非公有制企业组建工会，新建工会64家，发展工会会员1313人。开展“文明家庭”创建，25户家庭被评为市文明家庭，775户被评为区文明家庭。以青春建功和谐冼村为主线，开展青年志愿者行动，增强青少年服务社会的意识。街关工委被评为区先进关工集体，杨箕东、冼村社区被评为区先进关工小组，4人被评为先进个人。

【冼村步行街建设】 2008年，冼村街投入100多万元，在冼村步行街安装新式节能路灯，建设道路绿化，铺设新地砖，规范两侧商铺招牌，提升步行街景观形象。探索步行街管理模式，聘请专业公司负责步行街管理，制定《冼村街文化广场使用制度》，规范经营秩序。利用步行街文化广场开展丰富多彩的文化活动，集教育、娱乐于一体，提升文化品味。改造后的冼村步行街成为天河区城中村整治的亮点工程、民心工程。

2008年9月，冼村街举办“月圆情浓 文明冼村”中秋慰问外来务工人员文艺演出。

冼村街供稿

【打造“广场文化”品牌】 2008年，冼村街以文化广场为阵地，以外来务工人员为重点，在文化广场周边增设阅报栏和禁毒、法制、科普宣传栏，建成大型电子显示屏。每天利用广场电子显示屏播放中央、省、市新闻和优秀文艺节目，每月免费为群众放映两场电影。全年放映电影30余场，开展各类咨询活动40余场，举办大型文艺活动和演出7场。“广场文化”形成制度、形成品牌。

【冼村（冼村实业有限公司）】 冼村建于明朝中期，由于以冼姓居多，故名。村内主要姓氏有罗、梁、冼、卢、潘等。冼皋宗于南宋绍兴六年（1136）自南雄珠玑巷迁居而来。卢元前于南宋咸淳元年（1265）从番禺县慕得里司神山村迁居而来。清末民初，潘姓自番禺县鹿步司棠下上社迁入冼村定居。1999年6月，原冼村撤村改制，组建冼村企业集团公司，2005年5月13日更名为冼村实业有限公司。公司主要企业有：广州市冼村经济发展有限公司、广州市天河区经济发展公司、广州市冼村物业管理有限公司、珠江新城商贸广场有限公司、广州天河胶管制品有限公司、海涛酒店、春都酒店等。

（张小娟）

元岗街

【概况】 元岗街成立于2001年12月25日，由沙河镇划出元岗行政村组建而成。因辖内有元岗村，故名。2008年，街下辖5个社区居委会和1个撤村改制公司：上元岗、下元岗、中人、南兴、天源社区居委会和元岗经济发展有限公司。全街面积3.24平方公里。总人口44396人，其中常住人口8663人，外来暂住人口35733人，人口密度每平方公里13702人。

2008年，街内有天源路、中成路、元岗路3条主要道路，有街、巷10多条；辖内有28路、39路、54路、65路、84路、89路、235路、236路、290路、297路、534路、535路等公交车线路。

辖街支柱产业（企业）有元岗经济发展有限公司、沙河兆联第二工业区、天河汽车客运站、金元岗购物广场、南华商贸城、广州汽车市场、上元岗农贸市场等；文化娱乐设施有元岗文化广场、元岗街文化站、元岗公园、下元岗主题公园、上元岗中心公园等；学校有广东交通职业技术学院、广东外语艺术职业学院、元岗小学、广东省实验中学附属天河学校。

2008年，街属地企业194户，街内个体商业户达2086户，从业人数约6300人。

【街道建设与管理】 ·城区管理及环卫建设· 2008年，元岗街巡查市容环境卫生和整治五小场所及“六乱”，环卫站工作人员24小时保洁主干道和主要场所。重点对辖区内天河客运站及天源路等主要街道的环境卫生、乱停乱放进行日常巡查，沿街店铺都达到“三无”标准。

·社会治安综合治理· 2008年，元岗街刑事立案337宗，比上年（下同）下降17.4%，破案225宗，同比下降5.9%，没有发生影响重大的刑事、治安案件和群体性事件、暴力恐怖事件以及群死群伤重特大事故。

·出租屋管理· 2008年，元岗街加强对出租屋管理服务中心员工的考核奖惩管理，采取社区捆绑式出租屋管理模式，强化流动人口和出租屋的登记管理。全年重新调查登记流动人员15871人、出租屋4108套，整治存在消防隐患的出租屋450套，征收“二费一税”159万元，出租屋整治合格率达100%。全街出租屋内没有大量非法传销人员聚集及大型制假、造假、储藏非法物品窝点。

·司法服务· 2008年，元岗街落实对刑释解教人员的“三帮一”帮教，积极预防和化解社会矛盾，成功调处元岗幼儿园承包纠纷、广州市怡彩印刷有限公司职工死亡补偿纠纷等各类民间纠纷48宗，避免或挽回经济损失36.9万元；开展法制宣传教育和公益法律服务，落实“五五”普法规划任务，组织开展外来工、青少年学法宣传活动、“12•4”等宣传咨询活动7次；举办学法培训班3次，开展有奖问答活动3次、送法上门活动6次，出版法制宣传栏84期，促进基层民主与法制发展。

·安全生产与消防· 2008年，元岗街与街辖区内28个企事业单位签订安全生产责任状，召开安全生产工作会议。开展消防专项整治行动和安全生产百日督查专项行动，全年检查企业2091家，发出整改通知书877份。举办特色“安全生产月”咨询日活动，制作安全生产宣传条幅、标语、挂图，出版“安全生产宣传活动”专栏，印发消防自救逃生知识宣传手册5000份。开展安全注册主任新培训和再培训工作，参加街注册安全主任培训班有35人，再培训118人，街道安全生产形势保持平稳。

·人口与计划生育· 2008计生年度，元岗街出生67人，出生率为8.38‰，自然增长率为7.01‰，计划生育率为94.03%。

元岗街开展婚期、育儿期、孕产期、更年期等讲座20次，党员干部人口理论学习班2次，出版墙报12期。与1000多位出租屋主、5个运输站场及1000多个档口签订流动人口与计划生育管理责任书。免费为流动育龄妇女查环查孕12618人次，电脑建卡近7000多张，查环查孕率90%，信息通报率100%。为常住人口查环356人次，查环率达98%以上。做流动人口四术167例，报销手术费62995元。办理流出地婚育证明1137个，独生子女证64个，迁入户证明58个，计划生育服务证45个。

·社区文体· 2008年，元岗街发展中老年女子舞蹈队、扇子队、醒狮队、曲艺队等16支文艺团队，指导创作社区特色节目；组织社区摄影、书画、民间技艺等协会定期开展活动。举办足球友谊赛、外来青年歌手大赛、文化春风行文艺演出、四进社区文艺演出等文体活动，满足居民群众的精神文化需求。开展“扫黄打非”工作。全年取缔黑网吧（游戏机室）11家，收缴（暂扣）电脑（游戏机、老虎机）120多台，收缴盗版VCD17万多张、书刊200多本。

2008年8月，元岗街在元岗文化广场举行2008年广州市公益文化春风行文艺演出。

元岗街供稿

·社区服务· 2008年，元岗街召开现场招聘会和举办“就业援助月”活动，全年失业登记299人，就业总人数213人，社区就业资助人员202人，总就业率71.24%，“4050”人员就业率56.25%。领取“再就业优惠证”14人，消除“零就业家庭”。南兴社区和上元岗社区分别被评为市、区“充分就业社区”。

2008年，督促企业签订劳动合同、办理用工备案登记的用人单位266间，涉及劳动者12569人；派发年审告知书62份，受理50家企业办理流动人员用工备案。处理举报投诉案件39宗，接受电话咨询78宗，涉及劳动者338人，为劳动者追回欠薪41万多元。配合区社保局现场办理年审、用工备案17家，协助办理工伤医疗鉴订17宗，防止矛盾激化。开展打击非法使用童工专项大检查，检查114间企业，清退疑似童工2人，维护青少年的合法权益。

·社会事务· 2008年，元岗街做好社会福利救济和残疾人工作，为19户困难救济户办理救济续期申请；慰问25户低保家庭、3户困难家庭儿童、2户残疾人家庭；协助25户低保人员就医报销。做好年初雪灾外来务工人员的劝留和疏导工作，劝留和疏导农民工人数286人，安排农民工留穗的生活和娱乐。为汶川地震灾区捐款30万元，新衣服100件、新毛毯52张。为13位残疾特困户发出专项补助金15840元，为2位残疾大学生申请助学金5000元；举办"全国助残日"咨询宣传活动，慰问11户残疾人家庭；帮助辖内3名困难精神病人办理住院减免手续。定期探望"九类人员"，全年办理老人优待证78个，协助2位老人申报享受A级居家养老免费服务，为5位老人做好老人平安钟的登记和安装工作。

·社区选举· 2008年，元岗街组织社区"两委会"换届选举。顺利选出5个社区的党支部书记、副书记和居委会主任、委员。在当选的5个党支部书记中，与居委会主任交叉任职的有3位，占60%；5个居委会主任中，有3位女性，占60%；选民投票率达到97%。换届选举后，社区"两委会"人员配备更加科学，基层组织的凝聚力得到充实。

·双拥共建· 2008年，元岗街组织预备役人员参加广州火车东站抗雪救灾；组织民兵、预备役人员参加天河迎春花市值勤、春节战备值班和奥运圣火传递保卫值勤。加大宣传教育力度，动员优秀青年应征入伍，顺利完成区下达的征兵任务。组织修订编写街城市防空袭方案，制定辖区居民人口疏散、隐蔽等6项计划，绘制图表4份，保证人防工作预案落实。

街道举办2008年"迎春"军政民双拥工作座谈会和"八一建军节"军政民座谈会，邀请驻街部队首长、复退转业军人代表和军烈属、无军籍人员参加联欢，密切军民关系。慰问空军95007部队通信连，安排2名部队家属在辖内就业。协调空军95007部队通讯连和元岗经济发展有限公司，使部队光纤电缆在元岗公司地界内顺利铺设。做好10名已审批的退役参战人员补贴存折发放工作。

·群团工作· 2008年，元岗街组建基层工会17家，涵盖法人单位65家，发展会员1260人；新增女职工安康互助保障计划的7人，续保32人。举办"青春飞扬"文艺活动；组织青年志愿者参加植树节植树及社区服务；参与文明出行路口服务活动。开展妇女法制宣传和维权服务；成功推荐25户"广州市文明家庭"、318户"天河区文明家庭"；开展"拒绝毒品进我家"和"家庭远离火灾"宣传活动；收到来信2封，来访2人次，成功调解3起家庭纠纷。

【市场整顿】 2008年，元岗街开展产品质量和食品安全专项整治，清查辖内食品类小作坊1家，食品经营单位20家，餐饮店档45家；引导新办证200多家，整治超范围经营25家。开展整治无证照废品回收站专项整治，查处无证照废品回收站4家。打击辖内制假售假的违法行为，全年查获违法香烟116箱、非法药品20箱。整治无证照生产经营店铺，全年续期卫生许可证658份、新办31份；续期工商营业执照725份、新办160份。统一规范停车场标志牌的设置，清理不规范设置的停车场标志牌，拆除违章广告牌，专项整治效果显著。

【元岗村（元岗经济发展有限公司）】 元岗村位于广汕公路西侧，东邻长湴村，西接新沙太路，北与龙洞村交界，南接银河村与河水交界。属丘陵地带。

元岗村分上元岗村、下元岗村两个自然村。北宋中叶，凌姓在下元岗开村。元朝至正二十八年（1368），谭姓祖先谭明远先由开平迁往番禺县石牌乡石马嘴，再迁往下元岗村。上元岗开村南宋。南宋理宗淳祐年间（1241～1244）谭氏先祖贡元居羊城，其子桂芳带兄弟3人迁居上元岗，上下元岗谭姓同出一祖。谭氏远祖谭虔，原居江西古虔州西俊村。宋高宗建炎三年（1129），谭虔由江西迁到广东南雄珠玑巷。谭虔生2子，次子谭瀚之子谭伯苍于庆历中（1041～1048）任刑部尚书，迁往仁化。谭伯苍生8子，二子谭朝端择居高明。朝端九世孙贡元居羊城。贡元三子谭桂芳迁上元岗。下元岗谭姓是谭伯苍六子谭朝安之后。

元岗村以谭、梁、陈三姓为主，其中谭姓最多，占70%。梁姓次之，约占20%。梁姓始祖梁子富于清朝雍正六年（1728）由长湴迁入下元岗。陈姓原是九佛山龙村人，道光十四年（1834）大旱，下元岗与长湴因争水发生械斗，由于村小寡不敌众，便请萧岗、九佛等地的村民救援。为防再次械斗，下元岗父老决议，请陈姓在此定居。现陈姓约占全村10%。清朝械斗时，凌姓迁走避祸，民国时下元岗已没有凌姓人家。

2001年12月元岗街成立，元岗村从沙河镇归元岗街管辖。2002年12月，元岗村撤村改制，成立元岗经济发展有限公司。村中农业人口全部转为居民户口后，村委会建制和农村管理体制自然撤销，由社区居委会的自治组织取代。2008年，元岗经济发展有限公司总收入6185万元，村民福利开支总额3425万元，上缴税收745万元。

（刘新胜）

黄村街

【概况】 黄村街建于2001年12月25日，由原东圃镇划出黄村行政村组成，因辖内有黄村，故名。2008年，街下辖8个社区居委会和1个撤村改制公司：江夏、荔苑、天雅、黄村西、康城、体委基地、大观、龙步社区居委会和黄村实业有限公司。全街面积6.17平方公里。总人口50180人，其中常住人口12930人，外来暂住人口37250人，人口密度每平方公里8000人。

黄村街位于天河区东部，城市基础设施完善，交通便利，辖内有中山大道、广园东路、大观路、环场路、奥林匹克路、黄村大道、荔苑路7条主干道，其中中山大道、广园东路横穿东西，大观路、环场路纵贯南北。辖内东面有东圃汽车客运站、奥体中心客运站及新福利有限公司公交车场，并有269、296、508、60、41、548、891、224、289、139、515、214、568、564、571、245等10多条公交线路设有站点。

街辖有中海康城、东圃广场、白领公寓、帝景山庄、教师新村（天雅居）等大型住宅小区；有好太太环保科技有限公司、广东迎海集团有限公司、花花世界大型购物中心、迪卡侬（广州）体育用品有限公司、锦龙汽车服务有限公司、宝悦（宝马）汽车服务有限公司等大型知名品牌企业；还有广州著名的化工原料贸易市场——广州化工城；另外广东奥林匹克大酒店、鼎福休闲酒店、嘉逸皇冠酒店等星级酒店也相继落成开业。

黄村地区的体育和旅游产业比较发达。著名旅游景点世界大观和航天奇观就坐落于街北部。2001年建成的奥林匹克体育中心（九运会的主会场），有达到国际竞赛标准的各类体育场馆，成功举办过各类国际或国内体育赛事，这里作为广东省体育训练基地和国家捧球队训练基地，曾培养出许多世界冠军。该中心周边建有一个体育公园，公园内各类体育健身设备齐全，已经成为集休闲、娱乐、健身、旅游观光于一体的体育文化活动中心。

2008年，街属地企业1281户，街内个体商业户达1355户，从业人数242人（户籍人口）。

【街道建设与管理】 •城区管理及环卫建设• 2008年，黄村街地毯式清理整顿违法用地，拆除各类违章建筑120宗，面积7500平方米。重点对江夏地区的25家行医单位采取现场罚没医疗药品、器械的执法行动，捣毁一大批地下游医、净化医疗环境。加大整治无证照经营、打假力度，3月底，查获成品烟9000多条，制假烟丝160多包。以创文为契机，对村内各条内街的残旧绿化带进行改造，铺设人行道，面积达1万多平方米，城市绿化成效显著。

•社会治安综合治理• 2008年，黄村街强化社会治安综合治理，投入2.9万元，完成老虎佛地区的灯光工程。组织出租屋清查，查获窝点2个，假烟150箱，5450条，烟丝140麻袋，假电池一批。督促村治保会加强巡逻，11月，街综治办、派出所对村治保会进行规范化管理，采用电子巡更等科技手段，对治安巡逻员实行量化考核。开展地下网吧专项整治行动，收缴黑网吧电脑200多台、游戏机、赌博机数十台，有效打击违法经营者。

2008年8月，副区长江绍强到黄村街调研指导工作。

黄村街供稿

·出租屋管理· 2008年，黄村街出租屋管理服务中心组织开展出租屋日常巡查、登记工作，加强业务学习培训，增强中心人员的管理责任感和管理员的纪律性和工作责任心，全年告知出租屋隐患信息3150宗，整治不符合出租条件的出租屋425间，配备灭火器1500个，发出出租屋安全隐患整改通知书1.1万余份，登记出租屋8900间（套），录入暂住人员3.2万人，收缴“两费一税”240万元，流动人口和出租屋综合管理工作取得新进步。

·司法服务· 2008年，黄村街司法所积极开展普法宣传、法律服务、法律援助及刑释解教人员安置帮教和社区矫正工作，把各类社会矛盾化解在基层。街综治办与司法所及时调解世界大观与永时达的纠纷案、邓志军稳控案、广东迎海集团与广州市绿松石园艺工程公司工程款纠纷案。是年，街道没有不可控的群体性事件发生。

·安全生产与消防· 2008年，黄村街积极开展安全隐患排查和整治工作，组织针对废品收购站、煤气代充点、“三小”经营场所和人员密集场所的专项检查35次，检查“三小”场所1700多处，发出整改通知书257份。以告知函的形式向有关职能部门报送街道无法处置的消防安全隐患。组织安全主任培训。其中安全主任新培训49人，再培训203人，超额完成区下达的要求。

·人口与计划生育· 2008年，黄村街提高计生工作人员的依法行政和服务意识；加大行政执法力度等措施。落实“三为主”工作方针，核实办理蓝转红个案212个，查环查孕4583例。研究解决流动人口与计划生育工作出现的新情况、新问题，积极探索创新工作思路。综合治理流动人口相对集中的城中村。全年征收社会抚养费从去年的13万突破到98万，圆满地完成区委、区政府下达的人口与计划生育各项目标任务，被评为“广州市创‘双无’先进单位”。

·社区文体· 2008年，黄村街召开黄村地区文化工作联谊座谈会；组织“4•23世界读书日”迎奥运征文比赛、黄村街首届少儿艺术节、黄村街外来务工人员“金雁之声”歌咏比赛、2008黄村地区迎奥运全民健身篮球比赛、“奥运圣火杯”黄村地区足球邀请赛；组织参加天河区改革开放30周年演讲比赛获银奖和优胜奖；举办“快乐暑期，我与文明同行，黄村街青少年创文明知识抢答赛暨征文颁奖仪式”；承办2008年天河区体育进社区启动仪式暨篮球比赛等活动。开展“卫生黄村、文明黄村、和谐黄村”、“文明交通，从我做起”等系列宣传教育活动，提高群众的文明程度。

·民政工作· 2008年，黄村街劳监中队全年巡查、专项检查用人单位224家，涉及人数5319人，督促用人单位补签劳动合同413份，督促用人单位办理劳动人员录用备案957人，解决日常投诉案件66起，为劳动者追回工资303万元，涉及劳动者486人。是年，街道受理社区居民医保申请人员526人，组织对本街道及周边地区符合条件的社区老人落实居家养老服务。为四川大地震筹集捐款50多万元。超额完成献血任务，被区评为“无偿献血先进集体”。是年，江夏社区获得“市巾帼文明岗”称号，黄村西社区获得区“文明社区标兵”称号，康城社区“获文明社区”称号，江夏和大观社区获得区“书香社区”称号。

·信息建设· 2008年，黄村街建立《信息联络员工作制度》，创文期间及时编辑《黄村街创文工作简报》19期，编印创建文明城市法制宣传专刊《黄村方圆》3期，全年投各类新闻稿件400余篇，其中被《广州天河新闻》采用18篇；《天府简报》采用7篇；《穗府信息》采用2篇，街新闻报导由上年的全区排名16上升到第6名。

【向黄耀明学习】 2008年2月7日（大年初一），黄村街荔景小区两名年约20岁的女青年被人抢劫，小区保安黄耀明闻讯后奋勇围堵抢劫犯罪嫌疑人，却遭到歹徒持刀袭击，被刺中心脏，经医院抢救无效身亡。街党工委请示区、市、省委组织部批准，决定追认黄耀明为中共党员。街道党工委积极配合市、区委组织部和新闻媒体，组织召开追认黄耀明为中国共产党党员大会，区委书记杨建城在会上号召全区党员干部向黄耀明学习，发扬爱岗、勤奋工作的优良传统，吃苦耐劳、不怕牺牲的工作作风，勇于奉献、无私无畏的高尚情操，为打造“平安天河”、构建和谐天河做出贡献。

2008年3月，黄村街召开弘扬黄耀明见义勇为精神座谈会。

黄村街供稿

【黄村（黄村实业有限公司）】 黄村于南宋嘉定五年（1212）建村。黄村古称“梅林”，是由于盛产“青梅”而得名。明朝嘉靖年间，广州东教场原是番禺县鹿步司农副产品交易的集散地，由于在交易过程中梅林人遭遇恶霸与管理人员的欺负，为保护梅林人的利益，于是梅林人齐心协力将恶霸及管理人员打伤，惊动了官府，当时官府下令：“凡在东教场交易的梅林人，见人就抓，货物没收”，为逃避官府抓捕，避免遭受报复，梅林人被迫改名换姓，“梅林村”从此更名为“黄村”，并沿用至今。

黄村包括2个自然村，一个叫黄村，另一个叫黄村新村，黄村人是在两汉之后，魏晋、五代战乱时期的民族大迁徙中，从中原地区南迁过来的移民。而黄村新村村民是1958年从水口水库迁过来的移民。黄姓是黄村的大姓，占总人口的99%以上，还有简、魏、温、何、钟、朱等姓氏。

黄村现占地面积约4平方公里，耕地面积约300亩，人口约5000人，随着改革开放和社会的发展，黄村面貌发生了翻天覆地的变化，环境优美，道路四通八达，高楼林立，现建有休闲公园4个，村民公寓小区4个，大型综合体育运动场1个，辖内学校、幼儿园、商场、医院、农贸市场等各类生活基础配套设施齐全。

2002年12月，黄村正式实行撤村改制，成立黄村实业有限公司。2008年，黄村实业有限公司总收入为260万元，比上年增长30%。

此外，黄村有着悠久的历史文化，自建村以来，每年农历九月二十八日“黄村会”（建村纪念日），举行游龙、舞狮、唱大戏等一系列纪念活动。同时，黄村人热爱体育锻炼，乒乓球、篮球是黄村人的体育传统强项，乒乓球曾在区运会获得团体第二名，男子单打二、三、四名；篮球曾在区运会获第一、二名。自1998年开始由村委会（现黄村实业有限公司）组织，每两年举行一次黄村农民运动会。

（黄乙光）

长兴街

【概况】 长兴街建于2002年12月4日，以原沙河镇辖内的长湴村、岑村地区为基础建成。全街面积13.22平方公里。总人口5.37万人，其中常住人口1.82万人，外来暂住人口3.55万人，人口密度每平方公里4084人。2008年，街下辖8个社区居委会和2个村改制公司，即：长湴、岑村、科艺、兴科、乐意居、天鹅、建丽、兴安社区居委会和长湴、岑村经济发展有限公司。街道党工委下属15个党（总）支部，其中机关党支部2个：长兴街机关党支部、派出所党支部；村改制公司党（总）支部2个：长湴经济发展有限公司党支部、岑村经济发展有限公司党总支；社区党支部8个：长湴社区党支部、岑村社区党支部、科艺社区党支部、兴科社区党支部、乐意居党支部、天鹅社区党支部、建丽社区党支部、兴安社区党支部；非公党支部3个：长兴医院党支部、嘉福教育培训中心党支部、欧峰机电设备有限公司党支部。

长兴街由长兴路、长福路、岑村路、兴科路等主要街道和131条街、巷纵横组成。辖内有20路、54路、78路、135路、218路、234路、297路等公共汽车总站（线路）。街内有乐意居等住宅小区9个。

2008年，街道有广州市岑村劳教所、广州市公安交警支队车管所、长兴派出所、广州市药品监督管理局天河分局、广州市质量技术监督局天河分局、广州芭蕾舞团等机团单位；有中国科学院华南植物园、广州有色金属研究院、中科院广州化学有限公司、广东省生态环境与土壤研究所、广州市体育研究所、广州市绿化公司长虹苗圃等科研院所；有广州电器元件厂、广州电焊机厂、广州市公路交通设施厂、广东新华发行集团股份有限公司、华通货运有限公司等工厂企业；有长湴小学、广州市体育职业技术学院（原广州伟伦体校）、广州市轻工职业学校、广东省科学技术学校、广州市艺术学校、广东省劳动就业技工学校、广东省城市建设技工学校等，其中长湴小学是全球500佳和全国绿色环保学校之一；有长湴公园、岑村火炉山森林公园、长湴村文化活动中心等文化体育娱乐休闲场所；有“广州第一村”飞鹅岭新石器时代遗址、抗日战争革命根据地长湴村旧址；有长湴市场、惠万家超市等大型市场、商场；有利晶酒店和部分驻军单位、部队。

2008年，街属地企业774户，街内个体商业户达1392户，从业人数5184人。完成属地税收147万元，比上年增长23%。

【街道建设与管理】 **·城区管理及环卫建设·** 2008年，长兴街成立创卫工作领导小组，开展“创文”宣传，抓好“两违”、“六乱”、整规打假、食品安全和无证照经营整治工作，开展除“四害”、2008年新增违法用地整改、污染普查和房屋普查工作。全年拆除违章建筑上万平方米，控制萌芽状态违章建筑180宗，立案处理650宗，整治“六乱”1945宗，处理群众投诉168宗，开展大型打假行动10多次，组织爱国卫生运动20多次，免费派发除“四害”药具1000多盒。

·社会治安综合治理· 2008年，长兴街加大治安防范的科技含量，在辖区内复杂路段和治安重点地段设置239支视频监控探头。全年立案301宗，比上年（下同）下降19.7%，破案175宗，下降1.7%，“610”工作继续保持“三零”。开展大型综治宣传和禁毒宣传，全年出版宣传栏40期，有关治安和禁毒宣传横幅60条，向辖区内群众发放各类禁毒宣传单张3000份。加大“扫黄打非”工作力度，查处各类违法经营的发廊、游戏机室、黑网吧60多间，收缴盗版光盘100多万张，电脑、电视、DVD机等设备约280多套，非法出版物150多万册，查处赌博案件6宗，行政拘留21人，有效净化辖区文化环境。

2008年，长兴街荣获广州市"扫黄打非"工作先进集体称号。

长兴街供稿

• 出租屋管理 • 2008年，长兴街成立出租屋工作领导小组，制定《长兴街出租屋管理工作考核与奖励办法》与《长兴街出租屋专项清查行动工作方案》。管理员队伍实行"五个一"管理，召开出租屋管理工作会议和培训。举办现场咨询活动15次，制作宣传专栏5期，发放宣传单张8万多份。成立税费征收直属队，全年征收税费230万元，登记录入出租屋12579套，新增核实出租屋1935套，办理出租屋租赁登记692户，登记流动人员35859人，办理IC卡暂住证7386张。

• 司法服务 • 2008年，长兴街开展法律咨询活动5次，普法学习班2期，接受法律咨询15件，制作法制宣传栏120多期，派发宣传资料1万余份，接受群众法律咨询500多人。举办调解员业务培训2期，培训调解员50多名。成功调解各类纠纷38宗，成功率98%。形成法律志愿者送法进社区工作制度，组织法律志愿者定期开展法律宣传咨询工作。开展刑释解教人员调查摸底与帮教工作。

• 安全生产与消防 • 2008年，长兴街分别与辖区61个单位签订《安全生产、消防安全和交通安全生产责任状》，形成街道、社区、企事业单位三级安全生产管理网络。加大安全生产消防检查整治力度，巡查各类生产经营场所1682家，组织专项整治行动13次，查出安全隐患2056宗，实际完成安全隐患整改1240宗；发出各类执法文书3105份，责令改正指令书221份。开展安全生产宣传教育培训，发放防火、安全生产等各类宣传资料3万多份，制作宣传专栏30多期。举办安全生产、消防安全业务培训2次，参加培训200多人，举办消防演习10多次，参与群众近1000人。

• 人口与计划生育 • 2008计生年度，长兴街出生595人，户籍人口出生232人，计划生育率为93.54%，流动人口出生363人，计划生育率为83.75%。落实"四术"339例，随访率100%。街道与出租屋主、商铺等签订计生责任书3600多份，与辖内单位签订计生责任状50多份。完成区下达的计划生育各项指标。

全年投入计生管理和服务经费80多万元，出版宣传墙报120期，读报栏240期，开展宣传咨询服务活动11次。开展创"双无"活动，提供免费查环查孕与免费"四术"服务，组织计生专项清查20多次。

• 社区文体 • 2008年1月，长兴街文化活动中心正式全面对社区居民开放。文化活动中心内设有图书馆、文艺厅、乒乓球室、棋艺室、健身室、书画室、科普室等10多个功能活动室，满足居民群众的文化需求。街文化站还牵头组建书画队、曲艺社等20多支群众文体团队。开展长兴地区"四进社区"群众文艺活动与"校园文化进社区"活动，开展读书节活动与优秀电影进社区活动。举办"我的奥运、期盼的亚运"书画展、长兴地区（奥、亚运）文化小使者评选活动，提升社区文明程度。

• 社区服务 • 2008年，长兴街开展劳动保障、退管工作。通过再就业培训、举办招聘会等形式，帮助失业人员再就业，全年完成失业人员就业率75%，"4050"人员就业率55%。清查个体户2336家，法人单位1668家，监察用人单位350家，涉及劳动者9385人，处理投诉案件36宗，为劳动者追回工资、押金511873元，维护劳动者的合法权益。

• 社会事务 • 2008年，长兴街做好扶贫帮困工作。全年办理老人证162个，为150名退休人员办理年审，为48户低保户办理续期，为44户低收入家庭申领了廉租房补贴，为15户住房困难户办理经济适用房申请，为68名再就业人员申请养老保险补贴，为41名重度残疾人申请特殊补贴，发放补贴费49840元。组织爱心捐赠活动帮助四川地震灾区，募得善款36.72万元。在长兴小学设立旅客安置疏导点，安置旅客2800多人。建立退管老人健康手册，探访老人67次，182名老人年审率达到100%，街退管所达到3A级标准并通过区的考核验收。是年，街道发动辖内单位300多人次参加无偿献血，超额完成任务。

【创建六好平安和谐社区】 2008年，长兴街引导辖内社区开展特色社区创建活动，全面加强社区精神文明建设。科艺社区结合本社区科普资源丰富的特点，以科普促服务，以服务促发展，打造科普特色社区品牌，创建优质服务型科普特色社区。乐意居社区以“爱心社区”为特色，以社区文化活动为载体，创建六好平安和谐社区，走出一条以发展特色社区文化来推动社区精神文明建设、提高社区服务水平的道路。科艺社区、乐意居社区与建丽社区通过“广东省六好平安和谐社区”的验收，街道8个社区通过区级文明社区验收，其中科艺社区与乐意居被评为区级文明社区标兵。

【“科技长兴”系列活动】 2008年，长兴街加强科普基础设施建设，在街道文化站专门开辟科普活动室和科普画廊，继续完善街道科技活动中心的设施建设。加强培训科普干部，提高科普工作者队伍素质。充分利用辖区的科普资源优势，组织“长兴街科技活动周”等深受社区群众欢迎的活动。开展无公害蔬菜技术的推广普及工作。举办大型科普讲座8次，制作科普宣传专栏24期。开拓一批科普教育基地，街科协组织科普教育基地半天游活动，与华南理工大学工商管理学院合作开展社区科普创新工作。6月，科艺社区被评为天河区科普示范社区。

【长湴村（长湴经济发展有限公司）】 长湴村是一个自然村，总面积6平方公里。长湴村于宋朝末年开村，现今主要姓氏有梁、招、陈，先民均于明朝时期从北方迁来。据村中老人说，古时候长湴一带都是沼泽地，地下六七米深处有条古河道。沼泽地称湴，所以取名长湴村。长湴村历史悠久，素有“广州第一村”的飞鹅岭新石器时代遗址就在长湴村的飞鹅岭。1992年，在原沙河镇政府的支持和筹措下，由长湴村集资兴建了一个高标准的别墅式住宅小区——长湴新村。长湴新村占地面积17.56万平方米，总建筑面积215.30万平方米。新村东面建有一占地160亩的大型公园——长湴公园。公园前门广场近3000多平方米，园内绿树成荫，绿地达10000多平方米。新村的建成大大改善人居环境，为村民营造优质的居住环境，并先后获得全国造林绿化千佳村、广东省生态示范村、广州市小城镇建设样板工程等荣誉。

2002年12月4日，长湴村从沙河镇划归长兴街管辖。2005年5月，该村完成撤村改制工作，组建长湴经济发展有限公司。2008年，长湴经济发展有限公司总收入为30743万元，比上年增长6%。

【岑村（岑村经济发展有限公司）】 岑村开村于宋朝，距今约800多年。村民自明朝天顺年间由广州西郊石井小坪迁入。村中主要姓氏为黄，另有罗、刘、苏、马。2005年岑村常住人口3697人，外来人口与常住人口比例为4∶1。耕地面积1700多亩，以种植蔬菜为主，村内设有公办小学、村办幼儿园、卫生站、敬老院等各1所。

2002年12月4日，岑村从沙河镇划归长兴街管理。2005年5月，该村完成撤村改制工作，组建岑村经济发展有限公司。2008年，岑村经济发展有限公司总收入为15776万元，比上年增长1.57%。

（刘晓青）

凤凰街

【概况】 凤凰街建于2002年12月31日，由沙河镇划出渔沙坦村和柯木塱村组建而成，因辖内有凤凰山而得名。2008年，街辖内有4个社区居委会与2个村改制公司：渔沙坦、凤凰、柯木塱、高塘石社区居委会和渔沙坦盛达经济发展有限公司、柯木塱经济发展有限公司。全街面积29.98平方公里。总人口23298人，其中常住人口11649人，外来暂住人口15801人，人口密度每平方公里7766人。

凤凰街位于天河区东北部，北有大和嶂山和筲箕窝水库，东有凤凰山，南有火炉山，三面环山，有林地面积2万多亩，耕地面积3000多亩，森林覆盖率高达70%，辖内的柯木塱村、渔沙坦村是闻名遐迩的“长寿村”。

街辖主干道有7条，街巷有81条，其中广汕公路、华美路分别从东至西、从南至北贯穿全街。途径辖内的公共汽车有534、535、564、39以及491、84A、84S和84辅线。街辖内有广东工程职业技术学院、广东省电力高等专科学校、中山大学新华学院、广州法商专修学院、广州城市职业技术学校、广州华美英语实验学校、私立华联龙洞校区等大中专院校。此外，街辖内还有广州卫星通信局、广东省农业良种推广示范中心、广州天河高新技术产业区天河软件园高唐新建区、广东看守所、武警三大队等行政事业和部队单位。

凤凰地区是广州市客家人主要集聚地之一，目前仍保留浓厚的客家农村特色，客家山歌、婚俗等民间风俗传统保持完好。2004年10月，凤凰街成立天河区第一个以民间艺术形式命名的协会——凤凰街客家山歌协会。2004年12月，举办凤凰地区首届客家山歌大赛，反响热烈，此后逐年举办。现在，凤凰街客家山歌已成为天河区对外宣传的一个文化品牌。

2000年后，凤凰地区附近自发形成以柯木塱矿山机械城为龙头的大型专业机械交易市场。2008年，街辖内有广东牲畜交易市场、柯木塱农贸市场、渔沙坦综合市场等大型市场4个。同时，在华美路沿线发展以民办中小学、职业技术学院、大中专院校、培训中心为主的教育产业。规划在凤凰山森林公园、大和嶂山和火炉山森林公园周围打造特色休闲旅游产业，带动本地餐饮业和都市农业发展。在高唐工业区西北面的柯木塱地区，发展物流仓储业和高新技术的配套产业。

2008年，街属地企业373户，街内个体商业户达1700户，从业人数4328人。

【街道建设与管理】 ·城区管理及环卫建设· 2008年，凤凰街进行道路建设、硬底化及下水道处理7处，完成两村硬底化道路6条，总长约5200米，铺设柯木塱新村、背坪路灯4200米。做好“两违”、“六乱”、“五小”和“三小”行业整治工作，查处违法建设、非法占地18宗，总面积5600多平方米；清拆猪棚3宗，面积2200平方米；拆除乱搭建113宗、拆除广告牌10块；取缔乱摆卖、占道经营1539宗；制止乱倒余泥8宗；清理建筑材料乱堆放43宗。组织爱卫大扫除，主干道和公共场所实现17小时保洁，清通沟渠3000多米，清理卫生死角25处，清走余泥杂物6000吨，清理乱张贴1.3万多处，保持垃圾清运率100%，环卫设施完好率100%。

街道完成全国环境污染源清查厂矿企业600多间、普查50多间。完成蓝屋河、榄元水渠等水利工程的建设。处理“12319”热线各类投诉179宗，结案率达94%，处理来电、来信、来访投诉及区转办投诉56宗，结案率达100%。

·社会治安综合治理· 2008年，凤凰街投入10万元对派出所机房重新装修。建立综治中心计算机信息局域网，全年受理案件31宗，办结率达100%。在辖内各主要街口、学校及治安案件多发路段安装视频监控安装视频监控摄像枪194个，推进“五位一体”的技防建设，推行封闭小区管理模式，投入4万多元在渔沙坦村蓝屋新村实行封闭式小区管理建设。组织重点整治清查行动15次，取缔地下黑网吧、赌博窝点和无牌无证废旧物资回收站。全年刑事立案185宗，比上年（下同）下降15.5%，抢劫立案24宗，下降46.7%，抢夺案件立案10宗，下降16.7%，人民群众对社会治安满意率达到85%以上。

•出租屋管理• 2008年，凤凰街举行各类大型宣传咨询活动4次，组织召开出租屋屋主会议8次，参加屋主800多人次；组织召开各工厂、企业负责人会议10次，参加工厂、企业44家，人数达2122人次，在重要路段、路口、重点地区宣传横幅86幅，在各重要部位、出租屋张贴各类宣传资料1500份，派发宣传单张2万份。加强出租屋检查，对外来人员登记造册。全年征收“两费一税”200.96万元，办理IC卡暂住证3367张；登记出租屋3303栋，办理租赁登记的406户；登记外来人员15801人，出租屋合格率达100%。

•司法服务• 2008年，凤凰街做好群体性纠纷排查工作，全年排查各类纠纷50件，调处各类纠纷50多件，调解成功率为95%以上，没有因调解不当而发生民转刑或非正常死亡的现象；举办两期人民调解员培训班；刊出法制宣传栏12期84刊；开展普法咨询活动5次，印发宣传资料1万多份。接受普法教育人数约1万多人次；全年为群众解答法律问题258人次，指引4名符合法援条件的居民向区法援处申请法律援助。摸底辖区内刑释解教人员情况，开展帮教活动，帮教率达100%，成功办理涉法信访案件58宗，帮教率达100%。

•安全生产与消防• 2008年，凤凰街成立安全生产领导小组，与辖区企业单位签订安全生产责任状49份。定期进行安全联合排查，组织发动企业单位自查186家，排查隐患183条，落实整改161条，整改率89%。市政府部门领导或区领导带队督查18次，派出检查组23个，检查企业单位162家，发现隐患157条，落实整改138条，整改率83%。发告知函给存在严重安全隐患证照企业，预防重大安全灾害事故的发生。完成安全生产培训名额4127名，全员培训3806名。开展安全生产和交通安全宣传活动，制作宣传横幅30多条，标语、挂图、宣传单张2820多份，发放《广州市安全生产条例》300多本，配合区安监局参加广州市安全生产歌唱大赛获第二名。

•人口与计划生育• 2008计生年度，凤凰街出生166人，出生率为14.73‰，自然增长率为3.46‰，计划生育率93.37%。计生率比区下达的任务指标高0.37个百分点。

全年投入45万元，举办大型宣传咨询活动5场，派发宣传资料1万多份，发放避孕药具5000多盒。为辖区12位符合计划生育政策的怀孕妇女申报贫困母亲救助基金，慰问学习成绩优异的女孩和困难纯女户家庭18户，发放慰问金5400元。全年落实“四术”634例，查环查孕3817人次，查环查孕率达97.51%。发出社会抚养费征收决定书26份，征收金额100多万元。办理5700多人次的信息通报，完成5713名流动人口已婚育龄妇女信息资料的录入工作。

•社区文体• 2008年，凤凰街举办“改革开放唱新曲、解放思想谱新篇”客家山歌演唱会、第五届客家山歌擂台赛、“共创文明城、共唱文明歌”凤凰地区庆祝党的生日群众合唱比赛等大型综合文化活动4次，编印以“解放思想、科学发展”为主题的客家山歌歌曲集400本，有广东电视台、广州日报、羊城晚报、南方都市报等多家新闻媒体进行报道。举办凤凰地区篮球比赛、少儿书画比赛、单项文化体育活动10次。渔沙坦文化室被市广播电影局资助定为市首批“社区书屋”。文化站着力打造客家山歌文化品牌，创作一大批客家山歌新作，全年获得各种规格的大奖近10项，其中创作的客家山歌《凤凰山上歌生花》、《廉政路上大步跨》分别获得全国首届客家山歌艺术节铜奖、广东省第二届民间歌会银奖，创作新山歌《凤凰飞》获得广州市纪念改革开放30周年客家山歌擂台赛金奖。文化站利用文化活动中心的场地和设施，组织开展“歌墟”、“民间艺术团”等活动300多次，参加文化活动的社区居民30000多人次；组织开展“凤凰街客家山歌培训班、社区居民医药知识讲座”等知识培训12次，参加培训人员2000余人次。勘测和检查街辖内10家文物保护单位，重点维护和整理市文物保护单位。加大文化市场整治，全年出动打击盗版和非法出版物行动12次，收缴盗版光碟1000余张，从事非法营业的电脑16台，赌博机7台，净化文化市场。

2008年12月，凤凰街举办第五届客家山歌擂台赛。图为参赛获奖者与颁奖嘉宾合影留念。

凤凰街供稿

·创建全国文明城市· 2008年，凤凰街制作更新18期创文宣传栏，派发《创建全国文明城市，需要您的配合——致凤凰居民的一封信》、《创全国文明城市调查问卷》、《市民文明出行手册》1.9万（份），挂横幅30条，巨幅宣传画120幅，小幅宣传画200幅，在4个社区和2个村改制公司开辟创建全国文明城市专栏。组织开展文明城市知识有奖问答和咨询宣传活动，发放奖品5000份，提高辖区群众对创建文明城市知晓率。制订一系列迎检工作计划和方案，顺利通过省、市、区各级机关的创文和城管工作检查考核。

·社会事务· 2008年，凤凰街办理低保救济82户，为54户符合分类救济条件困难家庭办理救济，连续9次发放临时性副食品补贴和物价补贴，发放救济款物69.81万元，为3户低保户、低收入困难家庭在读子女，申办资助学、杂费8000多元；为4个家庭申领重大疾病医疗救助金3万元；为低保救济对象办理免费医疗保险卡117个；为4户双特困家庭办理申请危房维修金1.8万元。发放慈善超市购物券96600万元。办理老年人优待证20个，扶持4个社区居委“星光老年之家”的正常运作，投入5000多元完善软硬件建设。核拨运营管理经费1.8万多元，发放义务兵家属优待金10.26万元。受理申报低收入住房困难家庭26户，入户调查38户，其中增加转入、转出空挂户28户。向四川地震灾区捐款23万多元，全新棉被一批。投资4万多元，成立凤凰街康园工疗站，招收残疾工疗人员9名。帮助10名残疾人找到工作，发放残疾人专项补助金98640元，惠及残疾人86人。完成364人的献血指标，超额45.6%。

·群团工作· 2008年，凤凰街组建基层工会21家，实际发展会员数2103人，签订基层工会集体工资协议20家，签订联合工会集体工资协议任务40家，集体工资协议涵盖会员人数2647人。完成妇女安康保障计划任务351人。挂牌成立凤凰街家庭暴力举报中心，街团工委组织辖区志愿者积极参与创建全国文明城市，派发“创文”宣传单张、文明交通岗值勤、捡拾白色垃圾清洁家园，为机关干部和社区群众健康理疗、利用周末为来自四川灾区的小朋友补习英语等一系列志愿服务活动。是年，凤凰街青年志愿服务队被评为第二届天河区先进志愿者（义工）团体。

·统计调查· 2008年，凤凰街扎实做好统计工作，顺利完成广州市第二次全国经济普查的清查第一阶段工作，清查到法人单位344家、产业活动单位14家，个体经营户1818家，查漏补缺阶段工作，清查到法人单位29家，产业活动单位0家，上规模个体经营户2家，完成区统计局下达的任务。

【市场整顿】 2008年，凤凰街组织打假行动13次，查获伪劣洗涤用品、假怡宝矿泉水约500箱，假药2车，查处无证照花生油加工点2处，无证照食品加工点2个。查处制假兽药窝点2处，查获假兽药5车；查处假酒窝点4处，查获假洋酒约4车；查获“五叶神”、“中华”等品牌假烟400箱。进行无证照生产经营场所整治行动，取缔无牌店档58间。整顿“三合一”企业、潲水油等地下加工厂及非法制假窝点。组织打击非法传销行动12次，清走传销人员200多人，规范经济市场秩序。

【公民道德建设】 2008年，凤凰街挂牌成立市民学校，举办再就业、卫生、法律等培训16次，参加培训人数达1503人次，从思想观念、道德品质等方面加快城市化进程。开展“迎亚运、讲文明、树新风、促和谐”全民动员暨文明交通宣传整治行动；推进“书香机关”、“书香社区”、“书香家庭”全民阅读系列活动。街机关被评为天河区书香机关，渔沙坦小学、柯木塱小学、华美学校被评为书香学校，渔沙坦社区被评为书香社区，高塘石社区被评为天河区文明社区。

【渔沙坦村（渔沙坦盛达经济发展有限公司）】渔沙坦相传原名渔沙潭，后淤积为滩（坦），改现名，至今有300多年的历史。渔沙坦地处广州市东北部丘陵地区，三面环山，北高南低，东北方向群山耸立，主要有凤凰山等；南部地形较为平坦，大坝河、旺岗河、蓝屋河经村中向龙洞流去。渔沙坦村共有12个自然村：中山村、金鸡村、黄屋村、水口村、旺岗村、张屋村、大坝村、楼角村、李屋村、梁屋村、廖屋村、蓝屋村，村民大都是在明末清初时期和乾隆年间，先后从粤东等地迁移来的客家人。渔沙坦主要姓氏有李、黄、陈、徐、廖、范、梁、蓝、张、曾、温等姓。

建国后隶属广州市凤凰公司（原广州市畜牧场），1987年9月14日，渔沙坦、柯木塱、新塘三村划入天河区，作为代管村，但渔沙坦村在行政上，仍属广州市凤凰公司管理。1994年划归天河区沙河镇管辖，2002年12月划归凤凰街管辖。2005年5月，渔沙坦村完成撤村改制工作，组建渔沙坦盛达经济发展有限公司。2008年，渔沙坦盛达经济发展有限公司总收入1500万元，比上年增长15%。

【柯木塱村（柯木塱经济发展有限公司）】 柯木塱村传说过去到处都是柯树（客家人称河树），故称柯木塱，至今有300多年的历史。柯木塱属丘陵地形，周边有石狮顶山、公坑顶山、火炉山，地域狭长，沿广汕公路南北两侧分布成15个自然村落：背坪村、新欧村、榄元村、贺屋村、新村、上涂屋村、下涂村、邹屋村、杨屋村、方屋村、欧岗村、元墩村、大坪村、新屋村。村民主要由兴宁、焦岭、河源、木强等地迁来，主要姓氏有杨、张、涂、徐、贺、廖、刘、曾、彭、李、黄、邹等姓氏。

建国后隶属广州市凤凰公司（原广州市畜牧场），1987年9月14日，渔沙坦、柯木塱、新塘三村划入天河区，作为代管村，但柯木塱村在行政上，仍属广州市凤凰公司管理。1994年划归天河区沙河镇管辖，2002年12月划归凤凰街管辖。2005年5月，柯木塱村完成撤村改制工作，组建柯木塱经济发展有限公司。2008年，柯木塱经济发展有限公司总收入3600万元，比上年增长9%。

（王文革）

龙洞街

【概况】 龙洞街建于2002年12月31日，以原沙河镇辖内的龙洞村地区为基础组成，因街内有龙洞村，故名。2008年，街下辖5个社区居委会和1个改制公司：中南、上社、西社、育龙、绿洲社区居民委员会和龙洞龙汇实业有限公司。全街面积11.7平方公里。总人口6万多人，其中常住人口29212人，外来暂住人口31760人，人口密度每平方公里5128人。

龙洞街位于天河区东北部，街内有迎龙路、迎福路、富民路、迎新路、环村北路等主要街巷，辖内有28、30、39、84路公车总站；街内有保利世纪绿洲、保利林海山庄、育龙居、宝翠园、瑜翠园等住宅小区，其中保利世纪绿洲小区被评为广东绿色环保健康社区和广州十佳生态社区。

2008年，街内主要单位龙洞龙汇实业公司、沙河兆联经济发展公司、龙洞第一工业区、广州帝辰公司、矮岭工业区、高雅工业区、龙山工业园、龙洞第三工业区；有广东工业大学龙洞校区、广东金融学院、广东司法警官职业学院、广东食品药品职业学院、广州工程技术职业学院、广东省对外贸易职业技术学校、广东省华侨职业技术学校、广东省林业职业技术学校、广东省武装学校、广东省机械高级技工学校、广东省国防科技高级技工学校等大中专学校；有广东省林业科学研究院、中国林业科学研究院热带林业研究所等科研单位；有龙涛超市、龙洞农贸市场、龙洞汽配市场等大型市场、商场和龙洞商业步行街；有汇东、源华、四海、新粤湘、君林轩等酒店。此外，街辖区还有广东省龙眼洞林场、广州市社会福利院、广州轻工疗养院（龙逸山庄）、广州市工人疗养院、广州市第八十九中学、龙洞小学等行政事业单位。

龙洞街、村一直以来非常重视文化建设，早在2000年便投资400多万元建成占地3500多平方米的文化活动中心。该中心设备齐全，设有歌舞厅、书画室等10多个活动场地，均免费向群众开放。2002年，又投资1000多万元建成占地14000多平方米的文化体育广场，内有1500多个座位的露天剧场，12平方米的大型电子屏幕，120米的科普长廊，以及足球场、篮球场、羽毛球场、健身路径和休闲公园等设施，先后被评为广东省特级文化站、广东省“十优”文化广场、广东省先进体育社区、广州市科普进社区示范街、广州市“十佳”农村文化室、广州市城市体育先进街。

2008年，街属地企业400多户，街内个体商业户达2640多户，从业人数6800多人。

【街道建设与管理】 **·城区管理及环卫建设·** 2008年，龙洞街加强环境整治，改造修缮迎龙路、龙湖路、龙洞东路、龙洞北路等2个迎检点必经道路的人行道，整饬周边绿化环境；投资近1000万元，完成农贸市场的升级改造；清拆广州市社会福利院周边菜地内的窝棚、菜棚70多间；加强公共场所消杀除“四害”工作，做好主次干道、内街内巷的清扫保洁工作，清除卫生死角；清理整顿违章建筑和乱停放、乱摆卖、乱张贴等“六乱”现象。全年拆除违章建筑16000多平方米，整治“六乱”问题2500多宗次、清理牛皮癣13万多张、暂扣灯箱、货物架等违法经营工具一批，市容环境面貌得到改善。

2008年6月，龙洞星级农贸市场竣工开业。图为市区领导为龙洞农贸市场剪彩。

摄影：李焕明

·社会治安综合治理· 2008年，龙洞街组织街综治办、城管科、派出所等工作人员，每周进行安全生产、消防安全、流动人口、出租屋治安及治安重点地区整治等联合整治行动。全年街道发生总警情5748宗。其中，“两抢”“两盗”818宗，比上年下降21.6%。

街道加强市场整治力度，会同区打假办，查处销售假冒伪劣产品的店铺1家，查扣假酒、假盐一批。开展文化市场专项整治，整治辖内黑网吧7家、黑影吧4家、黑游戏机室10家，收缴非法经营用的影碟机10台、老虎机5台、游戏机110台、电脑112台、光碟46600多张。整治无证废品收购站5间，取缔黑诊所11家、六合彩店铺2家。

·出租屋管理· 2008年，龙洞街新招收11名出租屋管理员，制定《龙洞街出租屋管理员月度考核制度》和《龙洞街出租屋管理服务中心规章制度》。加强对管理员的职业道德教育、出租屋消防安全及居住人员信息清查登记和流动人员计生登记培训。加强与屋主的沟通和协调，联合有关部门举办宣传活动3次，现场咨询活动2次，出版宣传栏6期，悬挂横幅27条，张贴海报130张，发出手机短信5000多条次，派发宣传礼品6000多件，宣传资料2万多份。配合职能部门开展出租屋流动人员管理的专项工作，收缴赌博游戏机8台，取缔“黑影吧”1家，收缴VCD机10台，赌博机1台。加强“两费一税”的征收，征收“两费一税”163万元，比上年增收28%。

·司法服务· 2008年，龙洞街积极开展法制宣传活动，出版60期法制宣传版报，举办法律咨询活动专场8场次，接待群众法律咨询达3500多人次，发放法律知识宣传册和挂图6000多份。加强对辖区内人民调解员的培训，积极排查矛盾纠纷，调解、调处各类矛盾纠纷41宗。做好安置帮教工作，在全街范围内开展“四个清楚一个跟进”活动。与广东威戈律师事务所开展“所所结对”，由律师事务所律师每周三到司法所值班，为辖区群众提供法律服务。

·安全生产与消防· 2008年“十一”期间，龙洞街开展消防安全专项检查整治，通过单位自查自纠、工作小组重点整治及安全大普查等形式，重点检查整治辖内的歌舞厅、网吧、宾馆、酒店、医院、大型商场等人员密集场所的消防安全情况。全年出动检查人员1700余人（次），排查各类生产经营企业、“三小”场所1835间，下发限期整改通知书487份，检查出安全隐患767处，整改安全隐患729处，整改率达95%以上，确保辖区安全形势的稳定。

·人口与计划生育· 2008计生年度，龙洞街户籍人口总出生212人，出生率达8.43‰，计划生育率为94.34%，自然增长率为6.28‰，计生手术完成97例。

街道定期召开计生工作例会，全年开展各种宣传服务活动10场，宣传慰问活动6次，受服务人数达6000多人次。推进计生优质服务，工作人员携带B超等器材进社区，到单位为育龄妇女检查，定期慰问落实四术的育龄妇女。进行计划生育信息系统联网，完善每周一次的综合清查及育龄妇女交换册的工作。

·社区文体· 2008年，龙洞街举办第三届社区体育运动会，来自龙洞辖区40多个单位的200多支代表队1000余名运动员参加混合拔河、懒惰自行车、海底传月、过河接力等趣味运动项目和有篮球、足球、乒乓球、羽毛球、象棋等5个运动项目比赛。利用协办“6•5”世界环境日纪念活动、2008天河区全民健身活动月暨信息化助建文明城市启动仪式、天河区“金雁之声”外来工歌咏比赛以及举办党员社区服务日等主题活动，联合辖内院校、企业单位深入开展科教、文体、法律、卫生“四进社区”活动，使创文明进社区、进校园、进企业，在社会倡导文明健康的生活方式。

2008年8月1日，龙洞街举行亚奥运动园及奥运倒计时启动仪式。

摄影：李焕明

·创建全国文明城市· 2008年，龙洞街向居民派发《创建全国文明城市测评调查问卷》3万多份；录制《致龙洞地区全体市民的一封信》在龙洞广播系统上分时段广播；张贴创文明宣传公益广告2300多平方米，张挂横幅90多条，宣传《全国文明城市测评体系》的主题内容。网上开设“文明龙洞”、“民生龙洞”、“平安龙洞”、“党建龙洞”和“文化龙洞”五个信息系列，积极宣传创建工作中的好经验、好做法，全年上报各类创建工作信息600多篇，其中被市级媒体采用的有8篇，被区级媒体采用的有70多篇。积极与电信、移动等社会力量联系，增加各社区的创文明宣传专栏，并根据每个迎检时期的重点内容快速更新宣传内容。

2008年9月，国家创文检查组到广州市社会福利院检查。

摄影：李焕明

·社会事务· 2008年，龙洞街开展为四川地震灾区献爱心活动，发动辖区单位和居民群众为地震灾区捐款捐物。并慰问在龙洞工作的6名川籍外来务工人员。龙洞地区社会各界先后向四川地震灾区人民捐款63万多元及捐赠价值400多万元的物资。利用春节、全国助残日、六一、中秋、国庆、重阳节等节日开展慰问活动，慰问辖区的特困家庭、社会福利院的儿童、退休老干部、百岁老人、退休老师等。组织460多名志愿者开展清扫街道和食品安全宣传进社区活动。完善星光老人之家服务功能，积极开展便民利民服务。

【换届选举】 2008年4月底，龙洞街社区居委会在做好“选民登记”、“推选社区居民代表”和提名确定候选人后，正式选举产生新一届社区居委会。5月初，社区党支部按照“三推一评一选”和“双直选”的做法，选举产生新一届的社区党支部。5月中下旬，沙河兆联公司党总支部和龙汇公司党支部选举产生新一届党（总）支部，并在5月下旬正式选举产生新一届董事会、监事会。完成街道的村（公司）、居委会的换届选举。

【文明出行整治活动】 2008年，龙洞街开展“文明交通从我做起”百日大行动和文明交通整治活动。联合白云交警、派出所、城管中队等部门，开展电瓶车专项整治行动7次，查扣违法电瓶车（含非法改装小货车）32辆、摩托车及电动自行车30多辆、机动三轮车8辆，执罚其他交通违法行为100多宗。联合有关部门，在迎龙路、龙洞东路、龙洞北路等主干道进行划线，设置停车位，解决车辆乱停放问题。

【龙洞村（龙洞龙汇实业有限公司）】 龙洞村又称龙眼洞村，其村名的由来有多种说法。一是据龙眼洞村樊姓族谱记载，龙眼洞村曾称龙岗、龙峒、龙洞村，北宋徽宗（1102～1125）时称乌涌龙眼洞村。二是由于龙眼洞村四面环山，中间开成小盘地（谷称窝）。风水学称山脉为龙，窝为洞，龙眼洞建在山窝里，故称“龙洞”。三是说罗浮山、帽峰山、大和嶂、峒旗峰、白云山群山连绵起伏，像一群出海蛟龙，龙眼洞西山有一条山脉直下龙眼洞方向，而龙眼洞村建筑于龙眼上，故称“龙眼洞”。四说由于村南北向长800米，宽300米，村中间岗头像龙头，左面元头岗，右面西元岗像一对龙眼，前面蒲岗像龙鼻，故称龙眼洞。五是据民国时期《白云、越秀二山合志》载：此处广植龙眼树，故称龙眼洞村。六是根据“九龙归洞”而名的，这“九龙归洞”又有三个解释，一是龙眼洞村周围有9座山，尧子峰、火罗岭、虾公岭、飞蛾岭、水冲岭、长行岭、峒旗峰、鬼王山、大和嶂，这9座山像9条龙故称“龙洞”；二是当时龙眼洞周围有9个较大的自然村，伏塘岗村、三岗头村、西元庄、梁婆山村、瓦窑岗村、村哺、林屋山村、陈村岗、上村等，这9个村像9条龙故称“龙洞”；三是龙眼洞周围有九条水，东边坑、乌蛇坑、龙眼仔坑、石陂坑、官塘窿坑、大坦坑、白虎窿坑、三松坑汇聚一起，流经岑村到车陂坑。古时人们以水为龙，故称“龙洞”。

龙洞有樊、谭、凤、马等姓，樊为大姓。根据龙眼洞《樊姓族谱》记载，龙眼洞樊姓族人的先祖是周文王曾孙仲山甫，即姬姓樊派系，龙眼洞樊姓有文字记载的最早先祖是山东浦东村樊东流。樊东流是唐朝进士，授江西御史，因黄巢起义，破郡屠城，樊东流南行广东省南雄县珠玑巷沙水村，历经7代，到宋朝熙宁年间（1068～1077），因避金兵入侵，第八代樊以达携弟樊以通随舅父经连州南下广州城豪贤街（如今的豪贤路）谋生。樊以达生一子樊雄保，樊雄保生五子：大郎、二郎、三郎、四郎、五郎，三郎生二子：樊世安、樊世昌，樊世安到龙眼洞落户，历经28代。

2002年12月，龙洞街建立，龙洞村由沙河镇划归龙洞街管辖。2005年6月，龙洞村完成撤村改制工作，组建龙洞龙汇实业有限公司。2008年，龙洞龙汇实业有限公司总收入为1.087亿元，比上年增长6.22%。

（雷燕芳）

前进街

【概况】 前进街建于2002年12月4日，以原东圃镇前进村地区为基础组成，并因此得名。2008年，街下辖8个社区居委会和1个改制公司：石溪、宦溪、莲溪、美林湖畔、羊城花园、天力居、怡东、盈彩社区居委会和前进置业发展有限公司。全街面积4.9平方公里。总人口约4.6万人，其中常住人口11987人，外来暂住人口约3.4万人，人口密度每平方公里约9400人。

前进街位于天河区东部，道路交通四通八达，全街有桃园路、石宦路、莲溪东路、莲溪西路等14条主要街道，有街、巷236条，中山大道、黄埔大道、深涌东路等道路从东至西、从南至北贯通全街。549、218、53路公交线路总站就在辖内，交通便利。街内有广州市第十八中学、前进小学、前进幼儿园等学校，邮局、电信、银行、公园等基础设施配套齐全。

前进地区由于拥有便利的交通，优美的环境，近年来吸引许多楼盘进驻，特别是位于环杨桃公园周边，远洋明苑、美林湖畔花园、盈彩美居、中兴花园等楼盘先后建成。人气带来商机，在街道和村大力营造“宜商、宜居”的环境下，前进文化广场的落成，深涌东路的建成通车等，更加吸引商家前来投资。

2008年，街属地企业748户，街内个体商业户1980户，从业人数5万多人。

【街道建设与管理】 ·城区管理及环卫建设· 2008年，前进街加强日常巡查和环境综合整治，协调街城管中队组织违章广告清拆、东环高速周边整治、违法用地整治等专项整治工作。组织人员加强市容环境卫生整治、除“四害”等一系列日常管理工作，开展全国第一次污染源普查和预防疾病工作。加强创卫期间开展的道路改造、卫生许可证办理、闲置农地管理等专项工作的后续跟进，协调市政部门对宦溪路、桃园中路、宦溪西路的路面进行改造和修补，在辖区主要路段安装市政路灯，宦溪北边路通车，宦溪南边涌的暗渠化工程顺利完工。处理回复95100投诉28宗、12319投诉196宗、群众来访来信来电16宗。

街道加强整规、打假、食品安全管理工作，开展打私属地化管理工作，整治无证照生产经营场所，引导符合条件的无证经营店铺办理证照，开展亮证一条街工作。开展重点商品知识产权保护整治行动，全年检查市场、店铺320家，查处涉及烟酒、汽配、音像制品等制假售假藏假窝点5个，收缴各类假冒伪劣侵权盗版物品5340件，涉案金额42万元。

开展文化娱乐及出版物市场的清理整治专项行动，查获盗版光碟封套包装22万多张。

·社会治安综合治理· 2008年，前进街建设视频监控系统，加强治安管理。全年刑事立案247宗，比上年（下同）下降15.4%，刑事破案171宗，比上年上升3%。加大盈彩社区内汽车被盗案件多发地域的整治，采取组织治安联防队巡逻、安装监控摄像头、便衣伏击等整治措施，盈彩社区的治安情况有明显的好转。

·出租屋管理· 2008年，前进街加强出租屋管理，提高租赁登记备案和办证率，全年登记在册流动人口15531人，办理（含续期）暂住证5400个；办理出租屋备案登记2132宗，比上年（下同）增长116.23%，办理临时经营场所使用证明245份。查处清理无证经营门店55家，拆除"房中房"18间（套），抓获出租屋内犯罪嫌疑人6人，查处出租屋非法经营场所17处。全年征收"两费一税"298.97万元，增长87%，其中出租屋综合税190.17万元，增长70%；流动人员调配费和治安联防费81.36万元，增长39%。7月，代表区接受市房屋租赁检查并获第二名；第三季度，参加区公安系统流动人员信息工作专项活动并在质量对比中排名前列。

·安全生产与消防· 2008年，前进街落实安全生产责任制，制定安全生产目标管理考核办法，组织和参加"安全生产月"活动，开展安全生产、消防检查整治，全年出动检查人员1108人次，检查企业、商铺1620多家次，查出安全隐患1018处，集中整治340处。是年，街道无安全事故发生。

·人口与计划生育· 2008年，前进街开展生育文化建设，主动为社区居民提供上门服务等优质计划生育服务。派发《天河区人口与计划生育工作宣传手册》等宣传品38600份，出动上门登记人员4000多人次，重大清查行动20多次，清查住宅小区20多个，出租屋7000多间，商铺600多间，新登育龄妇女2500多人，办理计生业务1250宗，免费给育龄妇女查环查孕8000多次。全年计生节育避孕手术达到207例，比上年增长33%。其中二孩结扎19人（纯女户结扎1人），上环124人（一孩上环119人），人流64例。

2008计生年度，前进街出生480人，出生率为42.05‰，自然增长率为40.39‰，计划生育率为95.06%。

·社区文体· 2008年，前进街加强各文艺团队尤其是羊城广东汉乐团的建设，创建广东汉乐协会，利用前进文化广场，发挥羊城广东汉乐团等文艺团体和设备一流的前进图书室在社区文化建设中的核心作用；开展"四个一"活动，在居民小区举办电影晚会8场；积极参与和组织 "迎奥运全民学英语"、"十八中科技艺术节"、"世界读书日"、"前进少儿科技艺术节"等文化活动，5月19日，在前进文化广场举办赈灾义演和汶川大地震图片展，反响强烈。10月18日，参加广州市"美在金秋"文艺汇演，获集体二等奖。11月，羊城广东汉乐团参加国际汉乐周演出获好评。

·社区服务· 2008年，前进街建设出租屋办证中心和社区服务大厅，开办社区少儿之家、老人健康服务站、家政服务站、老人活动室、汽车临时停放站、报刊亭等多个社区服务项目，落实美林湖畔社区卫生服务机构场地，协调天河区红会医院作为辖区临时社区卫生服务机构，健全社区服务体系开展就业服务和充分就业社区创建活动，举办大型促进就业专场招聘会，提供160多个职位，从事社区就业岗位76人。登记失业人员259人，其中150人实现就业和再就业，就业率70.53%。

·社会事务· 2008年，前进街开展退管优质服务年活动，让退休老人"老有所教、老有所学、老有所医、老有所乐"，退管服务机构达到3A标准。开展"六好"平安和谐社区、文明社区、文明家庭和文明单位创建工作。全年有924人成功办理城镇居民医疗参保手续。开展慈善募捐活动，参加春运雪灾和四川地震救灾工作，募集捐款65万多元，衣物2000多件，节日期间慰问低保户、五保户、优抚对象。调查摸底辖内孤寡、独居老人，做好“平安钟”的申报工作，加强“星光老年之家”的运营和管理，开展社区居家养老服务工作。

2008年5月，前进街举办向四川地震灾区献爱心捐赠活动。

摄影：张芹好

·选举工作· 2008年，前进街积极开展选举工作，社区支部和改制公司支部的投票率分别为92%和95.7%。选举后，7个社区实现支部书记和居委主任交叉任职，改制公司实现支部正副书记和公司正副董事长交叉任职。街道8个社区党支部新一届社区党组织支部委员共24人，平均年龄37岁，比上届下降1岁；大专以上文化程度的16人，占67%；妇女17人，占71%。达到区委对社区党支部班子成员的要求。

【创建文明活动】 2008年，前进街开展文明社区、文明家庭、文明单位等各项创建活动，开展各项整治和主题实践活动，全力投入创建工作。投入经费5万多元，制作宣传座牌300个，宣传喷画30幅、宣传横幅100条、宣传环保袋、钥匙卡、扇子等宣传品1.5万份和宣传资料5万份，改造宣传栏7个，出版宣传栏120栏次，开展创建宣传活动27期次，25个家庭被评为广州市文明家庭，940个家庭被评为天河区文明家庭，天力居、美林湖畔2个社区被评为“六好”平安和谐社区，街机关被评为天河区书香机关，盈彩社区、美林湖畔社区被评为天河区书香社区，辖区2个单位被评为文明单位，美林湖畔、怡东社区被评为文明社区。

2008年6月，前进街召开创建文明城市迎检动员大会。

摄影：张芹好

【前进村（前进置业发展有限公司）】 前进村形成于南宋时期，原名石宦龙村，取其自然村石溪、宦溪、龙水埗三者首字而名。村辖下有石溪、宦溪、龙水埗、莲溪4个自然村。姓氏以凌、刘、屈、秦为主。

1958年人民公社化时期改名前进大队，原属东圃镇管辖，2002年12月划归前进街。2005年6月，前进村完成撤村改制工作，组建前进置业发展有限公司，下辖12个经济社。2008年，前进置业发展有限公司集团总收入11916万元，比上年增长5%。

（李洁琼）

新塘街

【概况】 新塘街建于2002年12月4日，以原东圃镇内的新塘、凌塘、沐陂、玉树村4个村为基础建成，因辖区原属广州市新塘农工商公司管理及辖内有新塘村而得名。2008年，街下辖6个社区居委会和3个村改制公司（包括：新塘、新园、新景、迎宾、沐贤、高塘社区居委会和广州市亿骏置业发展有限公司、广州市沐陂置业有限公司、广州市凌塘实业有限公司）以及广州市国营新塘农工商联合公司。全街面积14.95平方公里。总人口38200多人，其中常住人口10600多人，外来暂住人口27600多人，人口密度每平方公里2555人。

新塘街位于天河区的东北部，广深高速公路横贯东西，大观路连通南北，交通比较便利。街内有主干道路7条，街巷59条。街辖内有私立华联学院、广东岭南职业技术学院、广东食品药品职业技术学校、广东农工商职业技术学院（东区）、广东省电子商务技师学院、大观学校、新塘小学、沐陂小学、凌塘小学、凤凰小学等学校。此外，辖区内还有3所幼儿园等基础配套设施。

【街道建设与管理】 **·城区管理及环卫建设·** 2008年，新塘街加大整治"两违"和"六乱"。全年立案571宗，结案571宗；处理信访投诉336宗；制止违建131宗、面积15283平方米；拆除违法建设77宗，面积27082平方米；拆除户外广告牌8块，灯箱37个，清理乱摆卖烧烤档46档。抓好违法用地的整改工作，复绿复耕率达80%以上；每日清运垃圾约50吨，清理建筑垃圾30车次；清理卫生死角160处，清理乱张贴4.2万处，复绿面积约290亩。开展除"四害"工作，喷洒单位350个，居民住户9100户；消杀下水道井1.8万米，喷外环境300万平方米，投放鼠谷700公斤，安装鼠屋2400只。整顿市场经济秩序，捣毁假烟储藏窝点或分销点4个、制造冒牌伪劣名洋酒工场1个；查处无证照洗水厂4家，取缔无证照"黑诊所"2间，取缔无证豆腐加工场1间。是年，新塘街顺利通过创建国家卫生城市考核验收。

·社会治安综合治理· 2008年，新塘街强化重大节日巡查制度，排查调处社会矛盾纠纷，无群体性上访事件发生。组织开展社会治安视频系统建设，完成116个点位的基础坑开挖和浇铸、113个点的设备箱及避雷针的安装、113个点位的基础横臂安装、接地棒安装，完成30个点位摄像机、镜头安装。发放禁毒宣传册800多份，出版宣传栏46个，发放宣传资料1730余份。组织侦破贩毒案5宗，抓获贩毒人员5人、吸毒人员11人，行政拘留卖淫女6人，行政拘留涉赌人员76人。取缔16家无证发廊、黑网吧18家、11家无证旅馆，行政拘留无证旅馆经营者10人，没收或捣毁"老虎机"20台。查处传销窝点4个，教育遣散传销人员41人。组织综合执法行动22次，收缴电脑一批，取缔黑中介25家，取缔废品收购站26家。

2008年4月，区委常委、区公安分局局长吴煜昇（右一）到新塘街指导工作。

摄影：刘清源

·出租屋管理· 2008年，新塘街做好出租屋的整治和管理工作，开展为期4个月的出租屋调查核实工作，摸查辖内出租屋及流动人员，强化中心档案建设及税费征税工作，全年征收"两税一费"92.88万元。办理出租屋房屋租赁证92个，新办理IC卡暂住证4775张，变更、续期等849张。出租屋整治合格率达100%。

·司法服务· 2008年，新塘街积极开展普法宣传活动。全年印发法制宣传资料近3万份，排查纠纷隐患21起，调解纠纷40宗，成功调解38宗，接调率100%，调解成功率95%；帮教刑释解教人员12名，安置刑释解教人员11名，帮教率为100%，安置率为92%；为群众解答法律咨询24件。

·安全生产与消防· 2008年，新塘街组织开展安全知识宣传，采取现场咨询、派发宣传单张、出版宣传专栏、张挂横幅、聘请专业讲师授课等，完成生产经营单位负责人培训49人，安全主任再培训109人，新安全主任培训35人，全员培训2715人，消防培训80人次。举行大规模应急救援演练2次，开展安全生产大检查和隐患治理工作，全年出动2167人次，查处和整改隐患603处，拆木阁楼36间220平方米。

·人口与计划生育· 2008计生年度，新塘街计划生育率为94.69%。登记上报户籍人口出生113人，落实四术66例。街道当年常住人口落实“四术”工作位于全区前三名，被区政府评为落实避孕节育措施先进单位。

街道举办“五期教育”知识讲座10期，人口理论与计生政策学习班2期，计生咨询宣传活动6场，派发宣传资料1.2万多份。为常住户籍人口查环、查孕2929人次；为流动人口查环、查孕1100人次，登记上报流动人口婴儿出生254人，落实人流、引产12例，上环78例、结扎20例；征收社会抚养费11.23万元，处理信访案件92个，筹集幸福工程捐款10028元。

·社区文体· 2008年，新塘街加强农家书屋、绿色网园建设，在街文化信息资源共享工程分点配备4台电脑。举办2008年春节“新春曲韵耀新塘”活动、“粤韵飘香迎奥运，廉政文化进社区”粤剧专场晚会、“创建文明城市构建和谐天河”——2008年广州市公益文化春风行文艺演出、“广州市群文公益春风行”文艺演出进社区活动、“魅力新塘2009元旦联欢晚会”等活动；每月免费为群众放映2场电影，开展社区居民交谊舞培训班、太极拳培训班；组织各社区开展体育进社区、体育三下乡活动；组织作品参加天河区第二届读书节暨2008年“4•23世界读书日”读书征文评选活动，文化站获得组织奖，选送作品获得二等奖；组织学生参加区“纪念改革开放30周年”诗歌、散文朗读大赛，文化站获组织奖，个人获银奖1个，优秀奖1个；组织选手参加2008“绚丽天河”文化艺术节——社区文化系列活动之天河区外来务工人员“金雁之声”歌咏展演活动，文化站获得组织奖，个人获得银奖1个，优秀奖1个；组织选手参加“天河区（奥运）文化小使者评选活动”，文化站获组织奖，个人获银奖1个、铜奖1个；组织作品参加天河区廉政文艺创作节目专题汇演获二等奖、最佳原创奖；组织作品参加2008“绚丽天河”文化艺术节社区文化系列活动之“天河改革开放纪实摄影展”，文化站获组织奖，个人获铜奖1个，优秀奖1个。全年开展“扫黄打非”行动32次，收缴各类盗版光盘1万多张，查获盗版书籍500多册，清理整顿网吧10家，收缴黑网吧电脑288台，整治印刷企业，规范街辖内的文化市场。建设科普长廊2条，开展科普教育活动。新园社区李玉动家庭被评为区科普模范家庭。

2008年12月29日，新塘街举办元旦联欢晚会。

摄影：刘清源

·社区服务· 2008年，新塘街举办“农转居”劳动力技能培训班，为“农转居”人员办理基本养老保险；街劳动保障监察中队全年取缔非法职介机构35家；参与处理工伤事故调查17宗；接待劳动者来电116宗，来访141宗，立案56宗，参与处理突发事件3宗，为380名劳动者追回欠薪49.12万元。

·社会事务· 2008年雪灾期间，新塘街派发毛毯约200张，安置14名流浪人员到市救助站，动员岭南教育集团购买10多万元救助物资；为四川灾区捐款45.34万元；办理低保、低收入困难家庭的续期和年审15户；为2户低收入困难家庭申请《基本医疗救助证》；为1名孤儿申请报销学费13100元；发放低保人员居民医保卡22人，为低保及因病致困人员申请重大疾病医疗资助2.85万元；完成21户城市低收入住房困难家庭住房状况入户调查工作，受理廉租住房保障和经济适用房新申请8户。召开拥军优属座谈会，为现役义务兵19人发放优待金10.26万元；为118位老人申领、换领或补办《老年人优待证》；开展免费送医送药送健康活动，发放药箱12人。发放残疾人困难补助金19080元；接管社会化退休人员541人，年审率达到100%；建立8个退休人员自我管理和互助服务小组；受理居民办理广州市城镇居民基本医疗保险申请731人。

·换届选举· 2008年从3月初至5月底，新塘街先后完成6个社区党支部、6个居委会的换届选举和3个村改制公司党支部、董事会、监事会的换届选举工作。在换届选举中，街党工委广泛征求党员和群众意见，具体指导帮助基层做好换届选举工作，针对村改制公司在换届工作中的一些难点问题，组织召开专门会议研究解决。对长期以来比较复杂的凌塘村，街党工委深入村干部群众之中，调摸查底村情，解决排查出的问题，完成凌塘股份合作经济联社及其属下经济社的换届选举工作。

·党建工作· 2008年，新塘街建立党员活动中心和党员干部现代远程教育终端接收站点；接收学校、部队和下岗、退休转来的23名党员，23名预备党员转为正式党员，发展预备党员13名，选送23名入党积极分子到区委党校培训学习；在开展基层党组织互帮互助活动中，亿骏公司党支部、凌塘公司党支部、沐陂公司党支部、迎宾社区党支部和高塘社区党支部，分别与区卫生局机关党支部、区公安分局机关党支部、新塘街机关党支部、区环保局机关党支部和区安监局党支部结成对子。

·群团工作· 2008年，新塘街组建非公企业工会43家，发展会员818人。签订平等协商和集体合同41家，覆盖人数851人。开展“保障计划”和“职工住院医疗计划”宣传工作。组织团员青年开展 “迎亚运、全民学英语”志愿服务、创建文明城市志愿服务、出租屋管理志愿活动等志愿活动。妇联组织开展广州市及天河区“文明家庭”和“书香家庭”的评选活动，评选出广州市“文明家庭”25户，天河区“文明家庭”570户和“书香家庭”1户；开展纪念“三八”妇女节活动，组织60多个家庭参加天河“小明星”摄影大赛。完成广州市低收入家庭情况调查工作，新申报“新塘实验幼儿园”巾帼文明岗。

2008年，新塘街创文工作成绩显著。图为整洁亮丽的道路街巷。

摄影：刘清源

·在地统计· 2008年，新塘街完成2007年各专业统计年报、2008年各专业月报、季报、年报工作。在开展第二次全国经济普查工作中，完成863个单位的清查核实，实查到法人单位及产业活动单位共406个和个体经营户2147个，完成经济普查小区图的绘制、法人单位及产业活动单位清查和个体经营户普查登记阶段的派表、收表、审核、录入等工作。

【配合天河软件园建设】 2008年，新塘街大力支持和配合天河软件园高唐园区建设，制定《关于协助高唐软件发展，接收软件园经济辐射的有关规定》，加强村改制公司领导班子建设，为配合天河软件园的发展提供强有力的组织保证。加大城市管理力度，严控“两违”，组织清拆行动16次，清拆软件园周边的违法用地1600多平方米，采取措施对周边地区的违法用地进行有效控制，为天河软件园的发展提供适宜创业的环境。开展社会治安综合治理，加大信访和维稳力度，为天河软件园的发展提供安全的生产、生活秩序。

【新塘村（广州市亿骏置业发展有限公司）】 新塘村建于元朝，简姓人于明朝初年迁入，后发展成大姓，至今约有3000人，占村民人口90%以上。明朝期间，因村中新挖鱼塘10多口，后来形成30多亩的大塘而得名。

1999～2000年，新塘村被国家建设征地4230.5亩。村里利用征地补偿金，加大对第二、第三产业的投入，投资总额达数千万元，建成南北两片工业园及1.5公里长的商业街。2005年6月，新塘村完成撤村改制工作，组建广州市亿骏置业发展有限公司（公司起用前沿用原广州市天河区新塘经济发展有限公司），公司于2007年12月12日注册起用，下设4个股份合作经济社。2008年，广州市亿骏置业发展有限公司与属下4个经济社两级经济总收入4857万元，比上年增长2.7%。

【沐陂村（沐陂置业有限公司）】 沐陂村由潘氏族人组成，人口1000多人。2005年11月，沐陂村完成撤村改制工作，组建广州市沐陂置业有限公司，下设2个股份合作经济社。2008年，沐陂置业有限公司与属下2个经济社两级经济总收入926万元，比上年增长19%。

【凌塘村（广州市凌塘实业有限公司）】 相传宋代建村，村民认为住在火炉山脚，需有冷水相助，故名。凌塘开村时仅有梁、韦两姓，民国时期广东省省长陈济棠的侄子陈元宝在凌塘村开办农场，从太和穗丰、新丰、龙门、增城、梅县、博罗等地招聘民工耕种，其中姓温者多为太和穗丰和新丰人氏，建国后此批人便在凌塘村落户。1958年，又有陈、李、范、魏等姓氏人从天鹿湖迁居凌塘，人数占全村的30%，至今凌塘村姓氏有39个。2005年6月，凌塘村完成撤村工作，2008年组建广州市凌塘实业有限公司（公司起用前沿用原凌塘股份合作经济联社），下设5个股份合作经济社。2008年，经济联社与合作经济社两级经济总收入519万元。

（刘清源）

珠吉街

【概况】 珠吉街建于2002年12月4日，以原东圃镇辖内的珠村、吉山村地区为基础组成，并取两村名第一字而得名。2008年，街下辖4个社区居委会和2个改制公司，包括：珠村南、珠村北、吉山东、吉山西居委会和珠村、吉山实业有限公司。全街面积约10平方公里。总人口55878人，其中常住人口9253人，外来暂住人口46625人，人口密度每平方公里5588人。

珠吉街位于天河区东部，东与黄埔区接壤，南以中山大道为界，西近广东奥林匹克体育中心，北与广州科学城为邻，街内有珠吉公路等主要道路，内街内巷322条，其中广九铁路、广园东路横穿东西。

珠吉地区是天河区由城郊型向城市型发展的地区之一，环境清新、山美水秀，橄榄公园、珠村公园等自然生态景观闻名遐尔，乞巧“摆七娘”、端午龙舟会、祠堂建筑群等传统人文景观独具魅力。街辖驻地主要单位有市煤气公司油制气厂、市沥青混凝土搅拌厂、金桥学院、潮汕学院、华成商贸学院、珠村小学、吉山小学、广物汽车销售场、东海堂食品公司等。

2008年，街农村经济总收入84417万元，比上年（下同）减少3.37%；净收入31857万元，减少3.64%。街内个体商业户803户，从业人员1865人。

【街道建设与管理】 ·城区管理及环卫建设· 2008年，珠吉街开展整治违法用地专项行动，清查违法用地14处，复绿34.6亩，拆除违章建筑2150平方米。开展打击无证照诊所专项行动、产品质量和食品安全专项整治行动，取缔无证照诊所12间、酿酒作坊1间、面包作坊3间、豆腐作坊4间、查处假冒伪劣保健品窝点1个，捣毁假烟中转站1个。

·社会治安综合治理· 2008年，珠吉街全年刑事立案225宗，比上年（下同）下降8.9%；“两抢”立案56宗，下降59.7%；“两盗”立案92宗，下降22%。

3月，开展严防入屋盗窃知识的宣传和教育活动，举办“携起手来，共建平安社区”宣传活动，召开“我为平安广州献计献策”社区居民座谈会，出版“崇尚科学，反对邪教”主题墙报10余期。开展“6•26”国际禁毒日宣传工作，建立外来工禁毒义务宣传队伍，加强禁毒宣传活动。做好刑释解教人员安置帮教工作，维护社区稳定。9月，举行出租屋管理服务政策咨询活动，派发《携手共管出租屋同创文明广州城》、《〈广州市房屋租赁管理规定〉问题解答》、《致珠吉街出租屋主及承租人的一封信》等宣传资料6000余份。

·出租屋管理· 2008年，珠吉街加强出租屋协管员队伍建设，完成视频监控系统安装工作。加大出租屋信息采集力度，捣毁传销窝点1个，协助派出所成功抓获通缉在逃犯2名。开展出租屋清查、打击传销及扫除“黄赌毒”等专项行动，清查辖内“黑网吧”14间，清查其他娱乐、公共场所106间。

·司法服务· 2008年，珠吉街成功调解各类纠纷45件，成功化解上访事件1宗。街劳动监察中队全年劳资纠纷立案119宗，结案率100%，涉及员工850人，追回拖欠工资233.22万元，有效维护社区稳定。

·安全生产与消防· 2008年，珠吉街开展安全生产和消防工作。全年检查“三小”场所1246间次，企业1256间次，其中化工仓库86次，清查安全隐患4934处，发出整改通知书583份，完成整改4672处，整改率94.6%；消防演练2次，出版“一畅两会”主题宣传栏8次、安全生产墙报10期。

2008年4月24日，副区长江绍强（前排右一）到吉山出租屋调研。

珠吉街供稿

·人口与计划生育· 2008计生年度，珠吉街出生80人，其中计划内出生75人，计划生育率为93.75%，完成区下达的任务。

街道制定《珠吉街2008年社区居委会计划生育工作考核实施方案》、《珠吉街2008年村转制公司计划生育工作考核及奖励方案》。全年依法征收社会抚养费84.5424万元，依法处罚租赁房子给流动人口育龄妇女非法生育的出租屋主9名，起到良好的宣传和震慑效果。

·社区文体· 2008年，珠吉街开展各类群众文化活动。2月，举办“吉山村会”；5月，举行珠村龙舟竞渡；10月，举办珠吉街吉山社区首届篮球联赛。完善吉山西“农家书屋”、“绿色网园”等管理制度和设施建设。组队参加区纪念改革开放30周年诗歌、散文诵读大赛，其中《天河，我的爱人》获优胜奖；选送辖区外来务工人员付友红、龚颖慧参加区“金雁之声”歌咏展演活动，分获银奖和铜奖；选送原创作品《咱老百姓》参加区廉政文艺创作节目专题汇演，获最佳原创奖。珠村乞巧手工集体作品《缘聚七夕　乞巧珠村》荣获由中共广州市委、市人民政府主办的文艺类最高级别奖——广州文艺奖一等奖。

·社区服务· 2008年，珠吉街发动25人参加创业培训，已培训12人，成功创业2人，成功推荐2名残疾失业人员进入星韵服饰公司，为64家企业办理用工备案2347人。补贴“4050”人员135人，“4050”人员就业率达62.5%，无零就业家庭。为村改制公司原居民和“农转居”人员办理医务申请，为老年居民办理养老保险。开展创建充分就业社区工作，向区就业办上报就业基础较好的珠村南社区、吉山西社区和吉山东社区为充分就业社区。吉山东社区通过广东省第二批“六好”平安和谐社区的检查验收工作。

·社会事务· 2008年，珠吉街完成辖区36户城市低收入住户困难家庭住房状况调查，为其中8户申请住房租赁补贴。联系社区卫生服务中心医生，上门为60岁以上退休老人建立健康档案，办理爱心健康服务卡。坚持“五必访”制度。11月底，街退管中心顺利通过区3A级退管机构验收。开展雪灾和“5•12”汶川大地震捐助活动，辖区党员潘炳富、梁俊武、潘剑明等个人各捐献1万元以上，街道机关发动两次捐款，其中个人捐款总额达17万余元。开展“关爱党员”等活动，建立农村党员干部现代远程教育终端接收点，培育非公企业党建示范点。

·人武工作· 2008年，珠吉街加强人武部正规化建设，完成应急预案和防空袭方案制定，完成人防作战室建设，完善辖区人防体制建设，有效防范和减轻战争空袭危害。组建民兵治安巡逻队，及早预防及时查处治安案件，彻底打压“两盗两抢”发案率，保护辖区人民的生命和财产安全。征兵工作依法依规有序进行。

【2008•广州乞巧文化节】 2008年，珠吉街成功完成2008广州乞巧文化节活动策划和实施任务，推出五大特色活动：一是首次开展含自编操、活力健康舞、丢手绢、竹竿舞及表现舞狮、划龙舟、乞巧手工等珠村地域文化大课间活动；二是首次举办题为“天上人间，情缘七夕”广州乞巧文化节乞巧作品创意大赛；三是广邀天河区车陂村，黄埔区横沙村、茅岗村、庙头村、双岗村，番禺区化龙镇、凌边村，荔湾区西关等四区乞巧精品举办乞巧作品展览；四是推出“乞巧手工作坊”互动活动；五是举办乞巧校本教材《我们的乞巧》首发仪式。

2008年8月3日，广州乞巧文化节开幕式在珠村小学举行。

珠吉街供稿

【珠村（珠村实业发展有限公司）】 珠村始建于南宋绍兴元年（1131），因村旁有三个小山冈而得名，初称“三珠岗”，后简称“珠村”。珠村东邻黄埔区，南接前进村，西临黄村，北至广深高速公路。

自南宋开始，先后有潘姓、钟姓、陈姓等族人迁入，形成了以潘、钟两族村民为主体的传统村落。其中潘姓有11个房支，钟姓有2个房支，随着宗族的繁衍分支，这13个房支经传统的发展演变，形成今天的13个经济社。

珠村有着传统而丰富多彩的民俗文化生活，如祭北帝、唱大戏、端午节赛龙舟、拜七娘（又名乞巧节）等岭南民间风俗。每年的端午节，在珠村深涌段都有龙舟竞渡。而农历七月初七，是传统民间节日拜七娘，珠村村民延续传统的手工工艺，制作各种各样栩栩如生的、向往和反映美好生活的展品，供人观赏。这些民俗活动丰富村民的文化生活、促进村民之间的交流以及与邻村的交往，使传统的文化得到保护和弘扬。

2002年12月，珠吉街建立，珠村由东圃镇划归珠吉街管辖。2005年6月，珠村完成撤村改制工作，组建珠村实业发展有限公司。2008年，珠村实业发展有限公司村、社二级收入8130.2万元，比上年增长6.2%；村社分红5335.8万元，比上年增长6.65%。

【吉山村（吉山实业发展有限公司）】 吉山村位于天河区东部，东邻黄埔区茅岗，南接珠村、中山大道、广九铁路、广园东路，西到珠村，北靠广州科学城，下辖吉山、岐山、大淋岗3个自然村。吉山建村于明太祖洪武十三年（1380），主要为梁姓人居住。岐山建村于清顺治年间（1644～1661），大淋岗建村于清光绪二十六年（1900），这两个村庄原属珠村，由珠村潘姓人分支居住。“东园桃李、西郊牧笛、南涧潮平、北岭寒梅、山亭远眺、松径禽音、三山荔赤、十里橙黄”，为原吉山八景，现村内建有供村民休闲娱乐的橄榄公园和岐山公园。

吉山传统的民间文娱活动有大戏（粤剧）、飘色游行、唱八音、盲公唱盲音等，2006年恢复纪念清顺治年间抗匪英雄的大型村会。吉山村委会门口有副对联写道：吉土耀地灵，六百余载克勤克俭开盛世；山村显人杰，三千儿女同心同德展鸿猷。

2002年12月，珠吉街建立，吉山村由东圃镇划归珠吉街管辖。2005年6月，吉山村完成撤村改制工作，组建吉山实业发展有限公司。2008年，吉山实业发展有限公司村、社二级收入4752万元，比上年增长3.28%；村社分红2507万元，比上年减少7.39%。

（肖丽萍）

文件选辑

中国共产党广州市天河区第七届委员会第六次全会报告

—— 2009年1月16日在中共广州市天河区委七届六次全体会议上

中共广州市天河区委书记　杨建城

同志们：

这次全会的主要任务，是深入学习贯彻中央经济工作会议和省委十届四次全会、市委九届六次全会精神，总结我区去年工作，部署今年工作，进一步推动天河科学发展、促进社会和谐，争当广州建设全省"首善之区"排头兵。现在，我代表区委常委会向全会报告工作，并就今年的重点工作提出意见。

一、过去一年区委常委会的主要工作

过去的一年是不寻常的一年。我们既经受了春运抗灾和支援四川地震灾区等重大考验，也经历了北京成功举办奥运会、残奥会的历史盛况。区委常委会坚持以邓小平理论和"三个代表"重要思想为指导，以深入开展解放思想学习讨论和学习实践科学发展观活动为契机，围绕市委、市政府建设全省"首善之区"的任务要求，认真贯彻落实市委朱小丹书记提出"3个千方百计"的指示精神，深入实施"整体提升、协调发展"的工作思路，把聚集高端要素、推动产业高端发展作为落实科学发展观的关键任务，突出提高产业素质和创新能力，突出优化发展环境，突出提升城区文明程度，突出改善民生促进和谐，取得了明显成效，全区经济继续保持平稳较快增长，社会各项事业全面发展，城区面貌明显改观，党的建设进一步加强，全面完成了全年经济社会各项预期目标任务。

（一）坚持深入开展解放思想学习讨论和学习实践科学发展观活动，形成思想新共识。

联系天河实际，运用多种形式，深入开展学习宣传贯彻党的十七大精神，指导推动经济社会发展实践。坚持立足发展、立足和谐、立足民生，以领导干部为重点，上半年在全区开展解放思想学习讨论活动，采取"请进来"、"走出去"等方式，围绕十大方面问题，确定13个重点课题，由区党政领导班子成员分别牵头负责，深入基层调查研究，分赴京、沪、深、港等地学习取经，产生了一批质量较高的调研成果，看到了差距与不足，形成了四个方面的思想共识，确立了实施产业高端发展战略、争当广州建设全省"首善之区"排头兵的新目标，进一步明确了推动科学发展的新思路、新举措。根据中央的要求和省委、市委的部署，9月份开始在全区开展学习实践科学发展观活动，围绕"党员干部受教育、人民群众得实惠、科学发展上水平"的目标要求，针对当前经济社会发展存在的突出问题，深刻剖析原因，提出对策措施，突出实践特色，取得了阶段性的成果。结合纪念我国改革开放30周年，总结回顾建区以来改革发展的重大成就和宝贵经验，进一步坚定信心，增添动力，推动发展。

（二）坚持推动产业高端发展，全区经济发展再上新台阶。

通过解放思想形成共识，确定实施产业高端发展战略，加快发展高端服务业，着力打造"广州服务"标志区，构建以现代服务业为主导、以创新驱动为特征的与中心区位相适应的都市型产业结构，并召开区委七届五次全会进行部署。制定现代服务业发展规划及6个子规划、1个专项规划，出台扶持发展高端服务业的政策措施，实施开放拉动和创新带动策略，重点发展总部经济和金融服务、商贸服务、信息服务、科技服务、专业服务、文化创意产业等6大产业，增强可持续发展能力。继续加大对天河软件园建设的投入力度，调整完善园区产

业发展和用地规划，加快推进基础设施建设，健全促进企业自主创新的政策与服务支撑体系，动漫大楼等重点项目建设扎实推进，中国电信IDC等龙头项目投入运营，太平洋网络公司营运中心等一批知名IT企业相继落户园区，获评“中国服务外包基地城市广州示范区”。配合市加快珠江新城金融商务区建设，基础设施、重大项目建设和招商引资工作取得新进展。整合资源推进石牌IT产业集聚区等6大功能区建设，现代服务业集聚辐射和综合服务能力进一步增强，全区第三产业增加值占地区生产总值比重超过80%。采取有效措施化解各种不利因素影响，努力保持经济持续较快发展的良好势头。预计全年完成生产总值1400亿元，同比增长13%左右；一般预算收入28.75亿元，同比增长23.57%，同比净增5.49亿元；税收总收入222.52亿元，同比增长21.6%。

（三）坚持紧抓“创文”这条主线，宜居城区建设有新进展。

认真总结“创卫”、“创模”工作，大力弘扬“创卫”、“创模”精神，努力巩固“创卫”、“创模”成果。全面部署、广泛动员开展“创文”活动，并以此为工作主线，加强城市管理与建设工作，突出重点，攻克难点，着力解决市容卫生、环境保护、交通秩序、社会治安、行政效能、行业风气等方面存在的突出问题，严控查处“两违”建设，加大力度清理“六乱”，城市管理水平得到提高，城区环境面貌明显改善。启动修编城区土地利用总体规划，完成亚运主场馆周边地区道路交通和配套设施规划，市政基础设施建设、交通微循环工程与道路建设取得明显进展。推进实施“青山绿地、碧水蓝天”二期工程，火炉山森林公园建设、车陂涌整治取得新进展。猎德村整体拆迁改造试点工作取得突破，桥东区居民安置房建设顺利推进，积累了宝贵的先行先试经验。

结合“创文”活动，广泛深入开展“迎亚运、讲文明、树新风、促和谐”全民行动，组织开展“文明礼仪进万家”、打造“诚信天河”系列公民教育和主题实践活动。成功举办第四届广州乞巧文化节、全国大学生原创动画大赛。文明社区、绿色社区建设扎实推进，群众性文化体育活动蓬勃开展。计生、科技、武装、“双拥”等工作取得新成绩，荣获全国科技进步优秀城区和省“双拥模范区”、市“双拥标兵区”四连冠等荣誉称号。

（四）坚持着力改善民生，和谐天河建设取得新成绩。

认真贯彻市66条、17条补充意见和区48条惠民措施，全年投入社会公共事业费用占区财政一般预算总支出超过70%。完善三级公共就业服务体系，着力解决新增劳动力、“农转居”劳动力、就业困难群体的就业和再就业工作。落实最低生活保障制度，开展低收入困难家庭生活救助，实施基本医疗救助和重大疾病医疗资助。围绕创优提质推进基础教育优质均衡发展，全区84.85%的公办学校进入规范化学校行列，顺利通过省教育强区复评督导验收。加强社区卫生服务中心规划与建设。加快危破房改造，完成水上新村危房改造项目。加强产品质量和食品安全专项整治，强化安全生产监督管理，全年没有发生重特大安全生产事故。有效应对春运期间雪灾带来的巨大风险和严峻挑战，迅速组织2800多名党员干部职工以及大批志愿者投入春运抗灾救灾工作，确保平安有序地完成了春运任务。四川汶川地震灾害发生后，迅速发动全区人民以各种方式开展救援工作，有力地支援了四川地震灾区抗震救灾活动。

扎实推进“平安天河”建设。深入落实区委七届三次全会精神，在努力构建维稳创安机制上下功夫，在全市率先成立区级调解中心，积极推行重点矛盾纠纷领导包案责任制、维稳工作督察制和非正常上访处置办法，开展区委书记、区长大接访活动，着力化解各类群体性事件和重点信访问题。落实“平安奥运”任务，有力维护了北京奥运会等重点时期全区社会政治稳定。加强街道综治中心、视频监控系统和出租屋中心示范点建设，提高基层防控能力。有针对性开展专项打击和集中整治行动，全力压案保安，全年刑事立案及“两抢两盗”发案连续3年保持两位数下降，人民群众安全感进一步增强。

（五）坚持着眼调动社会各方积极性和创造性，民主法治建设迈出新步伐。

加强督促检查，促使区委加强人大工作和人民政协工作的意见得到落实。支持区人大及其常委会依法履行职能，探索有效的监督途径，创新代表工作方式，认真总结推广试点工作经验，在所有街道全面铺开建设人大代表工作室，更好发挥人大代表联系群众、反映民意、化解矛盾的作用。支持区政协依照章程独立负责、协调一致地开展工作，充分发挥政治协商、民主监督和参政议政职能，有效发挥政协的“智库”作用，围绕区的中心工作开展调研、建言献策。密切同各民主党派组织和无党派人士合作，切实加强党建带工建、团建、妇建等工作，指导做好任期届满人民团体的换届工作，更好地发挥人民团体的桥梁纽带作用。扎实推进“四五”依法治区和“五五”普法工作。依法履行审判、法律监督职能，区法院、区检察院工作取得新成绩。顺利完成任期届满的村改制公司、社区“两委”换届，基层民主政治建设进一步加强。

（六）坚持突出先进性和能力建设，党的建设水平有新提高。

结合开展解放思想学习讨论和学习实践科学发展观活动，加强对党员的理论武装，重点提高全区广大党员领导干部分析问题、谋划发展、推动工作的能力。加强和改进干部培训，坚持办好处级干部双休日大学堂。认真贯彻执行《党政领导干部选拔任用工作条例》，加强各级领导班子和干部队伍建设，通过民主公推选拔了一批正处级领导干部，组织进行副处级干部公选，树立正确的用人导向。加强社区、村改制公司、“两新”组织党建工作，建立15个非公党建示范点。开展“理想、责任、能力、形象”党员教育活动，建立区、街道和社区三级党员服务群众和党内关爱帮扶机制。开展“为民、便民、利民，创建群众满意机关”效能建设主题实践活动，全区机关执行力、服务力得到提高。进一步加大党风廉政教育力度，促进党风廉政建设责任制的落实，惩防体系建设得到进一步推进。深化财政资金使用绩效评估、法定招投标工程管理办法、财政资金投资项目代建中心等制度改革。坚决查处违法违纪案件。

在肯定成绩的同时，也要清醒看到存在的问题。主要是受国际金融危机影响，经济运行不稳定因素增多，保持经济平稳较快发展面临严峻考验；城市管理常态化、精细化不够，宜居程度有待提高，随着亚运会的临近，城市建设管理工作任务日益繁重；一些事关人民群众切身利益的民生问题有待进一步解决，打造“平安天河”的任务仍十分艰巨；学习实践活动进展不够平衡，少数党员干部对科学发展观的认识水平和实践能力有待进一步提高等。这些问题有待在今后工作中切实加以解决。

二、今年的工作要点

今年将是进入新世纪以来面临困难和挑战最多的一年，是深入贯彻落实科学发展观最关键的一年，也是国务院批准的《珠江三角洲地区改革发展规划纲要》全面启动实施的一年。做好今年的工作，意义重大，任务艰巨。我们要进一步增强首善意识、责任意识、忧患意识，切实把思想统一到中央对当前形势的分析与判断上来，把行动落实到省委、市委的决策部署中去，坚定信心，有效应对，把握机遇，转变作风，狠抓落实，继续保持全区经济平稳较快的发展势头，奋力开创天河科学发展新局面。今年工作的总体要求是：高举中国特色社会主义伟大旗帜，以邓小平理论和“三个代表”重要思想为指导，以科学发展观统领经济社会发展全局，认真贯彻落实党的十七大、中央经济工作会议和省委、市委全会精神，以开展深入学习实践科学发展观活动为动力，以推动“三促进一保持”为核心，以“迎亚运”、“促大变”为契机，以抓落实为主线，深入实施“整体提升、协调发展”的工作思路，着力推动产业高端发展，着力推进宜居城区建设，着力改善民生促进平安和谐，着力提高城区文明程度，不断增强全区各级党组织的创造力、凝聚力和战斗力，促使全区经济社会保持又好又快发展，努力推动建设现代化大都市中心区、构建和谐天河事业迈上新台阶，争当广州建设全省“首善之区”排头兵。

（一）扎实推进学习实践科学发展观活动。

坚持突出实践特色，重在推动科学发展，高质量地完成第一批学习实践活动的各项任务。认真总结运用第一批学习实践活动的经验，周密组织部署开展第二批学习实践活动，促使全区党员特别是党员领导干部深化对科学发展观科学内涵和精神实质的认识，努力破除与科学发展观要求不相适应、不相符合的思想观念、思维定势、路径依赖、体制障碍和利益格局。学习实践科学发展观，要做到知行结合，善于运用科学发展观的方法分析研判当前的形势，正确把握“危”与“机”的关系，始终坚定信心，以积极的态度直面挑战，发挥主观能动作用，努力破解传统发展模式之危，抢抓科学发展模式之机，力争在当前严峻的形势下有所作为，有大作为，克服消极无为思想，更不能不知所为、不去作为；正确把握发展与稳定的关系，做到经济风险与社会风险同时防范，通过加快发展保稳定，保持稳定促发展；正确把握当前与长远的关系，我们既要努力保持当前经济增长，更要着眼提高天河可持续发展能力，抓好利长远、打基础的工作，结合实施产业高端发展战略，突出抓好实施《珠江三角洲地区改革发展规划纲要》的契机，抓紧研究谋划，做好规划、政策对接，力争在广东、广州新一轮发展中争得主动。

（二）扎实推进经济平稳较快发展。

要把“保增长”作为我区学习实践科学发展观的首要任务，研究采取有效应对国际金融危机影响的办法措施，保持全区经济平稳较快发展。我区今年经济发展预期目标是，生产总值增长11%，财政收入增幅与经济增长相适应。要强化区经济工作组织协调机制，建立健全经济运行特别是财政税收变化的预警分析制度，密切关注运行态势，及时发现问题，及时研究应对办法。要充分发挥天河具有的优越区位优势、强大市场集聚优势和商贸服务业实力优势，加强组织协调，通过举办专题商业节展活动等途径，刺激社会消费，进一步扩大内需。要充分利用当前比较宽松的资金环境和有利的政策环境，加快重点园区建设，营造良好载体，争取更多社会资金投入，力争今年全区固定资产投资有较大幅度增加。充分运用辖内甲级写字楼密集，营商氛围好的特点，以现代服务业为重点，加大招商引资力度，并争取已有项目增资扩容，贴身跟进太平洋网络公司营运中心、太古汇等一批重大项目的引进及建设，力促全年实际利用外资保持两位数增长。要实施企业“暖冬工程”，主要通过整合政策资源，积极帮助企业用足、用好各级出台的有关扶持政策；引入各类风投资金，探索利用担保再担保工具，有效缓解企业尤其是创新型企业融资难问题；对经济确有实际困难的企业，视情况给予租金减免、费用减免等让利扶持，减轻企业经营成本。要加大软环境建设力度，切实做好对企业的服务帮扶。建立健全全区各级领导联系企业制度，明确情况登记和报告要求，及时发现问题，抓紧研究协调，做好服务帮扶，优化发展环境。

（三）扎实推进实施产业高端发展战略。

实施产业高端发展战略，区委七届五次全会已经作出全面部署，现在的关键是要赶快干起来，抓紧落到实处。要把思想统一到区委全会的决策与部署上来，牢固树立全区一盘棋思想，上下齐心协力抓好落实。抓紧研究细化现代服务业发展规划及6个子规划、集聚区建设规划，并与修编城市建设总体规划、土地利用总体规划紧密结合起来，提出具体实施方案，明确阶段性目标任务，有力、有序、有效地推进实施。重点加快推进珠江新城CBD和天河软件园建设，打造成为高端产业集聚平台。抓住市加快推进珠江新城金融商务区和员村延伸区建设之机，全力配合做好基础设施建设及城市管理等工作。整合运用好上级支持金融服务业发展的政策，有效实施区出台的配套扶持措施，积极引进国内外金融机构和金融业人才，协力打造区域性金融中心的管理中枢和总部基地。强力推进天河软件园高唐新建区建设，继续加大投入力度，加强功能规划、征地拆迁等基础工作，推进道路交通、软件公寓等基础设施和公共服务平台建设，加快广州软件动漫人才培养培训基地、东部孵化器及软件评测中心、中国移动南方研发基地等重点项目建设，强化科技招商，力争引进国内外知名软件企业项目，朝着国内一流的研发与科技创新核心区域之一的目标取得突破性进展。进一步优化完善支撑产业高端发展的服务体系，加快研究制定现代服务业及总部经济统计指标体系，建立土地储备、物业资源信息库及高级写字楼供需查询平台，为现代服务业企业选址落户提供指引；落实奖励扶持政策；优化政务环境，对新引进现代服务业重点项目实行“一条龙”贴心跟踪服务，建立办事“绿色通道”。着力抓好项目引进，综合运用以商引商、项目招商、上门招商等方式，引进关键性服务商、运营商和各类公司总部，积极争取国内外知名现代服务业企业落户天河。大力实施自主创新战略，整合利用辖内丰富的科技、人才资源，鼓励高校、科研院所与园区加强合作交流，健全推动创新的政策、技术和人才支撑。创新科技投入机制，提高科技投入效益，加快构建科技公共服务平台和科技成果转化服务平台。积极创建省知识产权示范区，继续办好全国大学生原创动画大赛，集聚创新人才，提高自主创新能力。

（四）扎实推进宜居城区建设。

以实施亚运城市行动计划和2010年城市环境面貌“大变”工程为载体，扎实深入推进宜居城区建设。突出科学、长效、与中心区位相适应的要求，努力巩固“创卫”、“创模”活动成果，制定实施《2009-2011年创建全国文明城市规划纲要》，深入推进“创文”活动和创建星级卫生街道工作，积极探索构建城市管理长效机制，不断提高城市管理科学化、常态化、精细化水平。高标准地组织做好广东奥林匹克体育中心周边、天河体育中心周边等14项环境综合整治工程，美化城区环境。结合市、区城市管理建设体制和分工的新一轮调整，扎实推进市容环卫、园林绿化社会化、市场化改革。配合市推进“迎亚运”重点工程建设，大力协同推进地铁工程和科韵路北延线、云溪路等重点工程征地拆迁工作。积极推动加快亚运主场馆周边及中心城区道路交通等基础设施建设，努力缓解交通拥堵现象。积极实施“花园城市”建设行动纲要，切实加强生态环境保护，着力推进车陂涌等河涌的综合整治；加快推进以火炉山为重点的森林公园建设，打造北部生态休闲带；协同做好云溪路等绿化景观工程建设，进一步提高城区环境质量。推进猎德村整体改造回迁安置房建设，确保村民如期搬入新居，并积极推动有条件的“城中村”实施改造。

（五）扎实推进解决民生问题。

坚持“富民优先、民生为重”的政策导向，加强督促检查，扎扎实实地把市66条及17条补充意见和区48条惠民措施落到实处，并适时研究出台新的惠民措施。密切关注经济运行困难引发的就业问题，切实加强就业再就业工作，高度重视辖内密集的高校众多大学生的就业，整合资源扩大就业门路，完善公共就业服务体系。加强信息与预警工作，完善应急处置机制，依法妥处劳资纠纷。全面落实最低生活保障制度，如期完成养老、医疗等社保任务，努力解决好困难群众的生产生活问题，探索构建与我区经济发展水平相适应、广覆盖、多形式的社会保障体系。继续推进教育事业创优提质，优化调整布局结构，促进基础教育优质均衡发展，努力提供更多优质学位。健全完善社区卫生服务网络，缓解群众“看病贵”和东北部地区“看病难”问题。继续推进危破房改造，努力改善困难群众的居住条件。

（六）扎实推进“平安天河”建设、发展民主政治。

面对当前比较严峻的经济形势，可能引发新的社会问题，需要引起我们高度警惕。全区各级领导干部务必把平安建设摆在更加突出的位置，进一步增强“保一方平安”的责任意识，认真落实综治维稳这个第一责任，以更高标准打造“平安天河”。突出抓源头、除隐患、重防范，着力构建综治维稳长效机制。认真落实信访维稳目标责任制，加强社会矛盾纠纷排查调处，加大调解力度，完善突发性群体性事件处置预案，妥善处理因企业经营困难、关停和倒闭拖欠工资引发的上访和群体性事件。强化社会治安防控体系建设，夯实基层基础。健全视频监控系统管理，切实发挥其防控犯罪的功能作用。创新出租屋和外来人员管理模式，进一步提高管理效能。及早谋划亚运安保工作。始终保持高压态势，加大打击力度，强力压案保安，努力实现全年刑事案件立案数保持两位数幅度下降，进一步提高群众的安全感和对社会治安的满意度。切实加强安全生产工作，保障人民群众生命财产安全。

坚持党的领导、人民当家作主和依法治区的有机统一，不断提高民主法治水平。支持区人大及其常委会依法履行职能，积极探索加强人大制度建设，创新实施《监督法》的有效做法，进一步加强代表工作，强化对重大事项决定、决议落实情况的监督检查。坚持和完善政治协商“三在前”制度，支持区政协依照章程独立负责、协调一致地开展工作，充分发挥其协调关系、汇聚力量、建言献策、服务大局的作用。密切同各民主党派组织和无党派人士的合作，加强民族、宗教、侨务、对台、港澳工作，巩固和壮大最广泛的爱国统一战线。支持工会、共青团、妇联等人民团体参与社会管理和公共服务。深化司法体制改革，规范司法行为，确保司法公正，提高司法水平。深入推进依法治区和普法工作。依法公开政务，有序推进党务公开，不断扩大基层民主。

（七）扎实推进城区文化建设。

深入推进实施文化优区战略，全面落实《天河区文化优区战略规划纲要（2003—2010年）》提出的目标任务，加快区文化艺术中心等文化基础设施建设，完善区、街、社区三级公共文化服务体系，创建市公共文化服务体系建设示范区。精心打造广州乞巧文化节、天河合唱节、绚丽天河文化艺术节和全国大学生原创动画大赛等文化品牌，提升城区文化品位。围绕加强社会主义核心价值体系建设，加强职业道德、社会公德和家庭美德教育。结合庆祝建国60周年，深入开展“迎亚运、讲文明、树新风、促和谐”等公民教育和主题创建活动。深入开展扫黄打非工作，扎实提高文化市场管理水平。积极创新社区工作机制，深入推进平安和谐社区建设。开展创建“广东省体育先进区”活动，活跃社区群众体育。加强人口与计生工作，稳定低生育水平。继续做好科技、武装、“双拥”等工作，促进社会各项事业全面协调发展。

（八）扎实推进作风建设。

做好今年工作，实现“三促进一保持”，关键在于真抓实干，有过硬的作风作保证。要把抓落实作为今年全区工作的主线，纳入开展深入学习实践科学发展观活动的重要内容，明确目标任务，明晰时间要求，落实工作责任。要切实加强区委常委会自身建设和全区各级领导班子建设，建立健全街道和区直单位领导班子落实科学发展观的评估考核办法，运用制度推动科学发展。健全完善民主集中制各项制度，规范和完善党内情况通报、情况反映和重大决策征求意见等制度，切实增强各级领导班子科学决策、民主决策、依法决策的能力。认真执行区领导联系街道、企业、学校、社区制度，深入体察民情，着力解决民忧。完善领导干部选拔任用机制和干部考核评价体系，加强干部培训交流，增强干部队伍活力。积极创新基层党建工作机制，更好地发挥基层党组织推动发展、服务群众、凝聚人心、促进和谐的作用。认真落实党风廉政建设责任制，深入推进惩防体系建设各项任务的落实，加强监督检查，建立严格问责制度，坚决实行责任追究。认真组织开展机关效能建设和机关作风“三评议”活动，深入开展“履好职责、优化服务，着力打造‘广州服务’标志区”主题实践活动，不断提高机关服务力、执行力。要大力弘扬“创卫”、“创模”活动形成的意志坚定、志在必得的不服输精神，敢于担当、不怕困难的无畏精神，立说立行、积极行动的实干精神，领导带头、干群合力的协作精神，促进区委、区政府各项重大决策部署落到实处。坚持勤俭办一切事业，区直机关经费和业务经费零增长，所有区直单位预算全部提交区人大会议审议，在全区倡导艰苦创业、俭朴节约的良好风气。

目前时近春节，全区各级、各单位要统筹安排好节日前后的各项工作。突出做好送温暖献爱心活动，切实安排好困难群众的生产生活；周密制定、认真实施节日安保工作，强力整治治安突出问题，维护全区社会稳定；集中开展一次安全隐患排查和食品安全整治行动，做好冬、春季节流行性疾病防控工作，坚决遏制各类重特大安全事故的发生，切实维护人民群众生命财产安全；认真部署做好春运工作，确保春运安全有序；认真组织好节日群众文化活动，让全区人民过一个欢乐、祥和、平安的春节。

同志们，让我们高举中国特色社会主义伟大旗帜，深入贯彻落实科学发展观，解放思想、振奋精神，狠抓落实、攻坚克难，团结带领全区人民，为建设现代化大都市中心区、构建和谐天河，争当广州建设全省“首善之区”排头兵而努力奋斗！

广州市天河区人民代表大会常务委员会工作报告

—— 2009年3月11日在广州市天河区第七届人民代表大会第四次会议上

广州市天河区人大常委会主任　杨建城

各位代表：

我代表广州市天河区第七届人民代表大会常务委员会，向大会报告工作，请予审议。

2008年主要工作

2008年，区人大常委会在区委领导下，坚持以邓小平理论和“三个代表”重要思想为指导，深入贯彻落实科学发展观，认真贯彻党的十七大和十七届三中全会精神，紧紧围绕推动天河科学发展、促进社会和谐，争当广州建设全省“首善之区”排头兵工作大局，进一步解放思想，依法履行职责，创新工作方式方法，发挥代表主体作用，推动了我区经济社会各项事业健康发展。

一、突出重点，促进经济社会又好又快发展

一是依法行使重大事项决定权和人事任免权。紧紧围绕我区工作大局，抓住带有根本性、全局性、长远性和人民群众迫切需要解决的重大问题，加强调研论证，先后作出补选代表、财政预决算等决议、决定6项，促进相关工作顺利开展。坚持党管干部原则和人大依法任免的统一，按照法律规定和法定程序，做好人事任免工作。依法任命国家机关工作人员22名，免去职务15名；任免人民陪审员14名。努力完善对拟任干部的知情制度，继续坚持拟任干部任前法律考试、在常委会会议上与组成人员见面及颁发任命书等做法，增进常委会组成人员对拟任干部的了解，增强被任命干部依法履职的使命感、责任感和自觉接受人大监督的意识。

二是加强计划和财政预决算审查监督。先后听取和审议了区政府关于2007年财政决算、40个单位部门预算执行、2007年预算执行和其他财政财务收支的审计工作、2008年上半年国民经济和社会发展计划执行、预算执行和2008年财政超收收入使用方案等报告，作出了关于批准区2007年财政决算、2008年财政超收收入使用方案等决议。对重点项目支出、惠民政策资金落实加强了审查监督，对区计生局、建设和市政局、环卫局等单位部门预算执行情况进行了专项检查，对区经贸局招商引资经费、区园林办天河公园养护经费、区体育局体校训练基地经费等项目支出进行了绩效评价，切实强化预算约束，提高财政资金使用效益。继续加强对预算外资金使用和管理的审查监督，坚持每年听取区政府关于预算外资金使用和管理情况报告的制度，督促政府有关部门严格依法理财，保证预算外资金重大项目合理支出。听取和审议了区政府关于贯彻执行《统计法》情况的专项工作报告，要求区政府及统计部门认真贯彻执行统计法，创新统计方法和手段，提高统计数据质量，加强统计分析，为经济决策提供优质服务。

三是始终关注村改制公司经济发展。对农村股份制改革、农村集体留用地政策落实等直接关系“农转居”人员切身利益和村改制公司经济长远发展的重点问题加强监督。继2007年开展村改制公司经济发展情况专题调研，提出促进农村集体经济发展的17条意见和建议后，常委会听取和审议了区政府关于村改制公司完善农村股份制情况的专项工作报告，提出要认真贯彻落实党的十七届三中全会精神，继续深化农村股份制改革，妥善解决股权流转继承问题，全面落实“福利一刀断”政策等意见和建议，着力推动城市化进程和村改制公司经济发展。积极开展农村集体留用地政策落实情况的专题

调研，组织市、区人大代表实地视察、提出议案建议，呼吁市政府及有关部门重视解决这一问题。

四是切实关注教育文化等社会事业发展。围绕推动我区“文化优区”、“教育强区”战略实施，着力提升城区软实力的目标任务，常委会听取和审议了区政府关于我区教师队伍建设情况的专项工作报告，开展了公共文化服务体系构建与完善情况的专题调研活动。在审议教师队伍建设专项工作报告时，要求区政府和教育部门加大教师继续教育和培训力度，提高代课教师待遇，加强薄弱学校教师队伍建设，促进全区基础教育优质均衡发展。针对我区公共文化服务体系建设存在的薄弱环节，提出了建立布局合理、设施完备的公共文化服务网络，强化文化设施管理，加强文化队伍建设，推动公共文化服务社会化、市场化，提高文化服务质量等意见和建议。

此外，常委会还先后听取了区政府有关部门关于天河区流动人口计划生育管理服务工作情况的报告和贯彻《实施全民健身计划纲要》情况的报告，推动相关工作顺利开展。开展了《归侨侨眷权益保护法》执法检查，实地视察侨资捐助项目监管情况和侨属企业运营情况，充分听取归侨侨眷代表意见，就维护归侨侨眷权益、关心困难归侨、落实侨房政策、帮助侨属企业发展等问题提出意见和建议。

二、以人为本，推动建设宜居城区

建设宜居城区，是我区争当广州建设全省“首善之区”排头兵的迫切要求和重要内容。常委会着重围绕我区城市建设和管理、河涌整治、环境保护等方面问题加强监督。

一是关注城市绿化工作。开展了《广州市城市绿化管理条例》执法检查，提出了完善城市建设总体规划，重点监管建设工程项目绿化用地，妥善解决公园配套设施建设和村建公园资金投入、养护管理问题，丰富植物种类、凸显岭南特色等意见和建议，促进城市园林绿化，营造宜居生态环境。

二是关注河涌整治工作。河涌整治被喻为全市“一号民心工程”。常委会组织视察组对我区河涌综合整治情况特别是车陂涌的整治情况进行专题视察，提出了适应城市规划布局调整，重新梳理整治思路；妥善解决征地拆迁，加快推进工程建设；建立长效监管机制，加强河涌综合管理；健全沟通协作机制，有效整合各方力量等意见和建议。

三是关注“房中房”整治工作。住宅室内违法装修改建问题（“房中房”问题），群众反映强烈，常委会一直关注。从2006年3月区人大代表在人代会上首次提出相关议案起，历经组织市、区两级人大代表专题视察、开展《住宅室内装饰装修管理办法》执法检查、听取区政府关于执法检查后研究处理情况报告，通过辖区内省、市人大代表提出议案建议等多种监督形式，引起了各级相关部门的高度重视。2008年11月，省人大常委会审议通过的《广东省物业管理条例（修订草案）》，吸纳了我区人大代表的意见，明确了责任主体，加大了处罚力度。

四是关注“城中村”改造工作。猎德村作为全市“城中村”整体改造的试点，一直备受社会各界高度关注。为此，常委会专门组织人大代表视察，实地察看了猎德村复建安置房工程和猎德村祠堂复建区，听取了区政府关于我区“城中村”改造情况的汇报，提出了要科学规划设计，保护和传承传统文化，充分展现岭南特色；未雨绸缪，积极应对金融危机，确保改造建设资金落实到位；强化监管，加强安全生产管理，确保建设工程质量等意见和建议。

同时，常委会还十分关注“创卫”、“创文”工作，专门听取区政府有关工作情况的汇报，就提升城市管理水平和市民文明程度等提出了意见和建议。继续关注环卫体制改革，推动解决街道环卫站历史遗留问题。继续关注火炉山森林公园北门建设和橄榄公园一期工程建设，推动“青山绿地”工程顺利开展。

三、民生为重，监督落实惠民政策

常委会坚持富民优先、民生为重，紧紧围绕市、区有关惠民政策的落实加强监督，着力促进解决涉及人民群众切身利益、社会普遍关注的热点难点问题。

一是围绕提升群众安全感加强监督。社会治安视频监控系统建设是我区科技强警、科技创安的重点项目。常委会听取和审议了区政府关于社会治安视频系统建设和管理情况的专项工作报告，要求区政府及有关部门抓好工程质量，健全管理制度，充分利用和整合社会资源，将机关和企业、社区等社会投资建设的视频监控网点纳入整体规划，形成范围广、覆盖全、反应快、信息互通共享的“安全大网络”，建立公安机关快速反应出警机制，真正给群众带来安全感。

二是围绕解决部分群众“出行难”加强监督。常委会十分关注我区市政道路建设特别是东北部地区交通网络建设情况，专门听取了区政府有关情况报告，提出了市政道路建设要系统考虑、规划先行、整体把握，集中力量抓好主要市政道路建设，提前介入全市重大市政建设项目，尽快实现柯木塱、渔沙坦等改制社区全部村道硬底化等意见和建议，推动缓解东北部地区群众“出行难”。

三是围绕解决部分群众“就医难”加强监督。针对我区东部地区医疗资源已明显不足，出现“就医难”的问题，常委会听取和审议了区政府关于我区东部地区医疗卫生发展状况的专项工作报告，并开展了《城市社区卫生服务机构管理办法》执法检查，提出了进一步优化资源配置，完善服务网络，探索建立符合我区实情的医疗卫生发展模式，加快推进区红会医院改扩建工程，加强医疗队伍建设，严厉打击无证游医等意见和建议，为群众提供安全、有效、便捷、经济的公共卫生服务和基本医疗服务。

四是围绕解决东北部地区居民“用水难”加强监督。由于地处偏远且地势较高、管网建设滞后等原因，我区东北部柯木塱、渔沙坦和高唐工业园区单位和居民生产生活用水长期困难。自1994年区人大代表首次提出议案建议起，历届市、区人大代表连续提出议案建议，要求彻底解决这一久拖未决的民生问题。区七届人大三次会议后，常委会以重点建议形式向区政府交办。为促进该重点建议的办成，常委会领导带领有关工委多次实地察看工程进展情况，专函督促区政府抓紧与市自来水公司协商，尽快研究解决铺设管道道路开挖修复费用和社区管网改造问题。

五是认真受理群众来信来访。共受理群众来信219件，接待群众来访185批、480人次，依法帮助解决群众合理诉求。对涉及民生的重点信访件，则由常委会分管领导带领相关工委深入调查，积极与有关部门沟通，研究解决方法，现已全部办结。

四、依法治理，促进民主法治建设

一是积极推进规范性文件备案审查工作。对规范性文件实行备案审查，是监督法赋予人大常委会的一项重要职权。常委会依据监督法和省、市人大常委会的有关规定，制定了《广州市天河区人民代表大会常务委员会规范性文件备案审查工作规范》，规定区人民政府发布的涉及公民、法人和其他组织权利义务的，具有普遍约束力的决定、命令、通告，均需提交常委会备案审查，为推动我区规范性文件备案审查工作提供了制度保障。

二是积极推进公正司法。开展《律师法》执法检查，要求公安、司法机关和行政管理部门深入学习贯彻《律师法》，尽快修正与《律师法》相悖的办案规则和工作制度，重点解决律师会见难、阅卷难、调查取证难问题，进一步保障律师执业权利、规范律师执业行为。常委会主任会议还分别听取了区检察院刑事检察工作、区法院执行工作情况的报告，要求“两院”进一步树立正确的司法理念，加强队伍建设，提高办案质量和效率，践行司法为民宗旨。先后组织60多名市、区人大代表旁听法院庭审，并对庭审法官进行公开评议打分；组织代表现场观摩案件执行过程，亲身体验“执行难”；组织代表视察区法院知识产权审判工作，听取“三审合一”审判方式试点工作情况汇报。

三是积极推进依法治理工作。常委会有关工委先后对市人大常委会转发的《广州市养犬管理条例（草案）》、《广州市志愿服务条例（草案）》等5项地方性法规立法项目和草案，组织征询辖内基层单位和市民个人意见，积极推进民主立法、科学立法。开展基层依法治理和“两委”换届选举工作情况调研活动，积极推进基层民主政治建设。按照区“五五”普法和“四五”依法治区工作要求，积极推进法制宣传教育和依法治区工作。听取区卫生局、计生局等单位依法治理工作情况汇报，对员村街、区环卫局等单位依法治理工作进行年度测评检查。2008年10月，我区顺利通过了全市依法治市“四五”规划中期检查。

五、创新形式，充分发挥代表作用

常委会认真执行代表法，完善代表工作制度，创新代表活动方式，支持和保障代表依法行使职权，充分发挥代表作用。

一是全面铺开街道工作室工作，进一步规范代表接访制度。在区委的关心和重视下，常委会认真总结人大代表街道工作室试点经验，制定了《广州市天河区人大代表接访工作意见（暂行）》，进一步明确了代表接访工作处理程序。全区有19个街道已成立代表工作室。一年来，共收集群众意见20份，受理群众信访或反映情况65人次，推动解决了部分群众关注的热点难点问题。

二是改进代表议案建议的收集、整理和督办工作。全面启用代表议案建议办理信息系统，议案建议实现电子化管理，网上统一交办、限期反馈，并要求各承办单位在办理议案建议过程中必须加强与代表的联系沟通，听取代表意见和建议，进一步提高议案建议办理的质量和效率。区七届人大三次会议共收到代表十人以上联名提出的议案原案23件、建议71件（不包括闭会期间）。大会决定将代表提出的全部议案转为建议，并将群众反映强烈、问题较集中的2件议案原案确定为重点建议案，由相关工委重点跟踪督办。代表建议现已全部办复。对超出区职权范围需市政府帮助解决的问题，则由常委会有关工作机构协助市人大代表草拟议案建议，在市人代会上提出，推动市政府重视解决。市十三届人大三次会议以来，天河区联组的市人大代表共提出有关议案建议21件。

三是积极组织代表活动。不断完善闭会期间代表活动方式，进一步拓宽代表履职渠道，积极组织代表列席常委会会议、开展集中视察、旁听法院庭审、参加专题调研和执法检查等，参加活动的代表700多人次；听取10名市人大代表报告履职情况。受市人大常委会委托，先后组织市十三届人大代表天河区联组开展视察活动4次，参加活动的代表200多人次。在市人大代表例会前视察期间，组织了市、区28个职能部门和部分街道办事处、村改制公司负责人陪同视察。代表们实地了解了危破房维修和改建、部分公办学校产权问题，视察了珠江新城中央商务区规划建设进展情况，决定就村留用地纳入“退二进三”政策范围、濂泉路综合整治、开展饮食娱乐业开业前联合环保审批等7个问题在市十三届人大四次会议上提出议案建议，促进解决相关问题。

常委会还顺利完成了补选5名代表和另选1名代表工作，员村街第9选区、新塘街机关选区等6个选区共8500多位选民参加了选举投票。

六、增强能力，加强常委会自身建设

常委会始终把加强自身建设摆在突出位置，坚持以科学发展观统揽人大工作全局、谋划人大工作发展，着力提高履职能力和水平。常委会机关扎实开展学习实践科学发展观活动，广泛征求意见，认真查摆问题，深刻分析原因，狠抓整改落实。注重科学选择监督议题，切实改进监督方式方法，着力解决涉及人民群众切身利益的突出问题，使“人民群众得实惠”的总体要求落到实处。大力加强制度建设，切实推进常委会工作制度化、规范化、程序化。大力加强组织建设，切实提高干部队伍整体素质和工作水平。大力加强机关效能建设，树立人大机关良好形象。高度重视人大制度理论和实践研究，推动人大工作创新发展。积极组织参与抗震救灾工作。

一年来，常委会各项工作取得了显著成效，但也存在差距和不足，比如，在新形势下如何改进监督方式方法，增强监督实效；如何规范行使重大事项决定权；如何改进代表工作，提高代表履职水平等，都有待在今后的工作中不断努力探索和实践。

2009年主要任务

2009年，区人大常委会将按照区委七届六次全会确定的总体要求，依法履行职责，推动天河科学发展。主要工作安排如下：

一、围绕中心、突出重点，切实加强和改进监督工作

常委会要始终把监督工作放在重要位置，不断加大监督力度。

一是围绕中心工作精选议题，确定监督重点。常委会将选择关系我区改革发展稳定大局和群众切身利益、社会普遍关注的重大问题作为监督议题，使监督工作既符合监督法的要求，又贴近我区实际，反映群众意愿。将听取和审议区政府关于我区实施产业高端发展战略、饮食服务业污染整治、“农转居”人员医疗保险、贯彻实施《科学技术进步法》情况等4个专项工作报告；对我区贯彻执行《未成年人保护法》情况开展执法检查。深入开展各项工作监督，重点对我区森林公园建设与管理、河涌整治、城市管理综合执法、人防、创建广东省体育先进社区、区红会医院和部分区属学校改扩建、禁毒戒毒、法律援助等工作情况实施监督。对2008年常委会听取和审议的5个专项工作报告和4项法律法规执法检查后续情况进行跟踪监督，督促整改。进一步推进依法治区工作，推动民主法治建设迈出新步子。

二是围绕促进经济发展方式转变，加强计划和预算监督。在当前经济增长放缓、财政增收难度加大的形势下，围绕“三促进一保持”的任务要求，加强对计划和预算监督，深化绩效评价，促进审慎理财。听取和审议区政府2009年上半年计划执行情况报告和预算执行情况报告、2008年财政决算报告、预算执行和其他财政财务收支的审计工作报告。听取和审议提交区七届人大四次会议审议的77个单位部门预算执行情况报告、2008年预算外资金使用和管理情况报告。推动政府继续细化部门预算编制标准，提高预算编制的准确性，使部门预算更加科学、合理。促进财政部门对政府采购项目加强审核，对财政支出较大的单位进行专项检查，提高财政资金使用效益。关注民生，继续加大财政投向民生力度，加快解决涉及人民群众切身利益的问题。

三是围绕促进社会事业健康发展，强化视察调研。常委会将改进调研工作，综合运用听取汇报、实地视察、个别访谈、问卷调查等手段，掌握真实情况，促进问题解决。开展我区城市环卫体制改革工作和宗教场所活动情况的专题调研活动。视察我区农田水利基础设施建设情况。跟踪了解吉山橄榄公园二期建设、火炉山森林公园北门建设、村改制公司集体留用地政策落实情况等。深入走访部分侨资企业，了解在国际金融危机影响下我区侨资企业生产运营情况。继续关注软件园建设与发展、教育优质均衡发展、学校土地用房确权情况、民办教育发展情况等问题。

二、完善制度、创新机制，着力增强监督实效

常委会将进一步完善监督制度和机制，严格依法监督，更加注重监督工作针对性和实效性，避免监督工作“重检查、轻督促”、“重形式、轻效率”。一是加强重点难点监督。力求在选准监督议题的基础上，抓住一、两个社会关注度高、群众反映强烈的重点问题，综合运用多种手段，锲而不舍地开展监督，直至抓出成效。对情况复杂、工作难度大、见效周期长的问题，常委会则实行连续监督、加强跟踪，督促“一府两院”落实整改。二是加强规范性文件备案审查。进一步完善制度，规范操作，对审查中发现的问题主动及时提出意见，加强法律监督，维护国家法制统一。三是进一步落实监督公开原则，及时向代表通报并向社会公开各项监督工作进展情况。四是加强对群众来信来访情况综合分析，为开展监督工作提供重要参考；认真解决重复信访问题，促进社会和谐稳定。

三、把握原则、规范程序，认真做好重大事项审议决定和人事任免工作

要善于抓准事关区域经济社会发展的重大问题，依法行使重大事项决定权，进一步完善工作机制，明晰重大事项的界定，规范讨论、决定程序，推进讨论决定重大事项的规范化、程序化，提高决定重大事项的水平。坚持党管干部原则与严格依法办事的统一，完善人事任免有关制度和机制，认真做好人事任免工作。探索依法开展工作评议，加强对人大及其常委会选举和任命干部的监督，促进其依法履职。

四、优化服务、加强组织，充分发挥代表作用

深入贯彻代表法，密切与人大代表的联络与沟通，保障代表知情权，支持代表依法执行职务，充分发挥代表在推动人大工作和我区科学发展中的重要作用。始终把不断提高代表素质、增强代表履职能力摆在重要位置，抓好代表培训工作。进一步加强和完善人大代表街道工作室工作，更好发挥功能作用。进一步完善代表议案建议信息系统，健全议案建议办理答复制度，加大代表议案建议办理督办力度，积极协调政府及有关职能部门切实解决涉及人民群众切身利益的热点难点问题。认真做好闭会期间市、区人大代表活动的组织和服务工作，加强对区人大代表各联组活动的组织和指导，继续开展市人大代表履职报告活动，组织市、区人大代表旁听庭审。

五、深入学习、努力实践，不断提高履职能力和水平

继续深入学习实践科学发展观，坚持用中国特色社会主义理论武装头脑，大力加强常委会自身建设，着力提高常委会组成人员整体素质和常委会会议审议质量。继续加强制度建设，提高人大工作制度化、规范化和程序化水平。继续加强人大宣传工作和人大制度理论研究，深入开展调查研究，推动人大工作创新发展。继续加强机关管理和效能建设，不断提高工作效率和质量。

各位代表，新形势、新任务对人大工作提出了更高的要求，区人大及其常委会肩负着重大责任和使命。我们将继续解放思想，坚持改革创新，振奋精神，奋发进取，扎实工作，为推动我区科学发展、争当广州建设全省“首善之区”排头兵作出更大的贡献！

广州市天河区人民政府工作报告

——2009年3月10日在广州市天河区第七届人民代表大会第四次会议上

广州市天河区人民政府区长　徐汉添

各位代表：

我代表天河区人民政府向大会作政府工作报告，请予审议，并请政协委员和其他列席同志提出意见。

一、2008年的工作回顾

过去的一年，区政府在市委、市政府和区委的正确领导下，坚持以邓小平理论和“三个代表”重要思想为指导，深入贯彻落实科学发展观，坚决执行中央和省、市的各项决策部署，继续解放思想，坚持改革开放，积极应对外部环境带来的各种不利影响，保持了经济社会平稳发展的良好局面，各项工作取得了新成绩。

（一）经济平稳较快增长

坚持以发展为第一要务，推动产业高端发展并取得实效，促进经济平稳较快增长，全区完成地区生产总值1434.39亿元，增长13.3%；完成财政一般预算收入28.75亿元，增长23.6%。

积极应对全球金融危机的影响。在世界经济环境急剧恶化、严重自然灾害频繁发生、经济发展困难明显加大的不利情况下，我们正确判断发展形势，及时分析经济动态，重点加强现代服务业和总部经济的发展，深入调查了解企业面临的困难和问题，努力创造宽松的营商环境，与企业共克时艰，共度难关，区内没有出现大型企业倒闭和企业大批裁员的情况。

积极推动产业高端发展。顺应经济发展新形势和天河产业发展的内在要求，确定推动产业高端发展战略，出台发展现代服务业的规划和促进现代服务业发展的措施，着重推动六大高端服务业和总部经济发展。落实省委、省政府推动产业转移和劳动力转移的工作部署，以推动创意产业园区规划建设为重点促进“退二进三”，拓展现代服务业发展空间。产业的高端化带动会计、广告等中介服务业加快发展，第三产业实现增加值1161.84亿元，增长15.2%。

扎实推进创新型城区建设。全面调整软件园发展思路，促进园区规划建设取得突破性进展，园区经济继续保持较快增长，软件园园区实现技工贸总收入416.18亿元，同比增长32.0%；软件收入246.90亿元，同比增长38.0%。发挥科技工作对经济发展的促进作用，推荐辖区企业获各类科技扶持项目217项，扶持资金1.02亿元，带动社会资金投入约40亿元。积极做好高新企业重新认定工作，实施新的高新技术和软件、动漫企业高级人才奖励措施，创建省知识产权示范区，专利申请数同比增长26.5%。

（二）宜居城区建设取得实效

坚持以建设宜居城区为目标，推动国家卫生城市、国家文明城市、国家森林城市等各项创建工作，加强城市管理，改善城区环境，优化城区生态，不断增强城区环境竞争力。

认真落实市部署的创建和重点项目建设任务。按照市的统一部署，全面完成创卫工作任务。广泛深入抓好六大主题实践活动和十二项专项整治活动，扎实推进创建国家文明城市工作。推动地铁工程和科韵路北延长线、云溪路等城建重点工程天河区段的征地拆迁工作。配合筹办亚运，调整和优化东北部地区控制性详细规划，推进亚运场馆周边道路设施建设。加强对猎德城中村改造的组织协调，复建安置工程按计划有序推进。

不断优化城区生态环境。有序推进火炉山森林公园设施建设，全区新增绿化面积31万平方米。开展环境污染整治，提高区域污染防控能力，强化环境安全监管，落实节能降耗和污染减排目标任务。推进河涌水系综合整治，车陂涌综合整治第一期工程取得实质性进展。加大社区道路、排水、绿化改造工作力度，改善社区综合环境。

切实加强城市管理。开展第八次卫片土地执法检查工作，加大"两违"整治和环境综合整治力度。深化环卫体制改革，坚持用好的机制管好事，有效巩固创卫成果。推进市场经济秩序规范整顿，严厉打击制假售假和走私贩私行为，维护良好的市场经济秩序。加大"扫黄打非"工作力度，净化辖区文化市场。完善突发公共卫生事件应急保障机制，夯实基层食品药品安全监管基础，做好三聚氰胺奶粉事件处置工作。辖区企业圆满完成供应奥运食品任务。加大卫生监督和疾病防控力度，及时防控各种传染性疾病。扎实开展安全生产和安全隐患排查治理，生产、消防、交通安全事故呈现下降态势。依法严厉打击客货运市场非法营运行为，维护良好的道路客货运市场秩序。

（三）着力增进民生福祉

坚持以人为本，以构建和谐天河为目标，扎实推进各项民生工程，着力解决关系群众切身利益的就业、社保、低保和社会治安等各类问题，切实增进民生福祉。

加强就业和社会保障工作。完善就业服务平台，推进"充分就业社区"创建工作，鼓励高校毕业生创业，实施创业带动就业工程。建立健全面向全体劳动者的职业技能培训制度和面向就业困难人员的就业援助制度。规范企业用工行为，建立健全劳动争议调处机制，促进劳资关系和谐发展。完善社会保障体系，城镇基本养老保险、医疗保险、失业保险、工伤保险、生育保险参保人数和基金征缴均有大幅增长，社会保险覆盖面进一步扩大。

切实解决困难群众生产生活问题。采取发放低保救济金和实物救助款等措施，保障了困难群众的正常生活。完成水上新村危房改造项目，推动社区居家养老服务覆盖所有社区，使城区居民住有所居，老有所养。创新基层公益法律服务平台，试点建立街道公益法律服务站，办理法律援助案件344宗。加强社区卫生服务机构和人员管理，完善社区卫生服务基础设施，新建社区卫生服务站2个，购买社区卫生服务中心用房2处，市民看病难的问题逐步缓解。

完善维护社会大局稳定的各项工作机制。强化反恐维稳机制，全面完成奥运安保任务。推进社会治安视频监控系统建设，新增监控点7619个。完善情报研判机制，提升动态打防效能和社会防控实效，刑事立案数下降16.0%。健全出租屋长效管理机制，出租屋内刑事案件发案数下降 29.0%。构建大调解机制，在全市首创城区调解中心，调解成功率达98.6 %。建立应急管理工作机制，提升应对突发公共事件的能力。创新信访工作机制，加强基层基础信访和敏感时期信访工作，开展大接访活动，落实领导包案和区信访督查专员制度，有效解决民生信访突出问题。

深入实施文化优区战略。开展社会主义荣辱观教育和"爱国、守法、诚信、知礼"现代公民教育活动，提升公民素质。举办天河读书节、"明月天河"中秋晚会等活动，区级文艺演出全面进入社区。开办47中名雅苑校区和天河中学珠江新城校区，扩大优质教育资源的辐射力，顺利通过广州市义务教育规范化学校中期督导验收和广东省教育强区复评督导验收。关注教育公平，加大保障贫困学生、特殊学生和来穗务工农民工子女平等接受教育权利的工作力度。开展创建"广东省体育先进区"活动，龙洞街顺利通过了全国体育先进社区的评估验收，残疾人运动员周杨静为我省夺取了残奥会历史上的首枚金牌。

妥善应对各种自然灾害。沉着应对去年年初由于极端恶劣天气导致的铁路、公路受阻和旅客滞留等突发事件，圆满完成春运工作任务。加强“三防工作”，及时处置车陂等地区受台风环流影响引起的水浸事件。组织发动干部群众向“5•12”汶川地震灾区捐款3511万元，派遣2名卫生监督员、10名公安干警赴灾区参加抗震救灾工作，区政府、区民政局被授予“广州市抗震救灾先进集体”称号。

（四）政府自身建设不断加强

积极开展学习实践科学发展观活动和解放思想学习讨论活动，找准并解决制约我区科学发展的问题，着眼服务城区科学发展，扎实推进依法行政，改进机关作风，提高政府效能。及时办理人大代表议案、建议和政协委员提案，支持人大代表和政协委员履行职责。扎实开展“为民、便民、利民，创建群众满意机关”效能主题实践活动，建立健全绩效考评和行政问责制度，完善公共服务监管体系，着力打造廉洁高效服务型政府。强化审计监督和行政监察，加大专项治理力度，坚决纠正损害群众利益的不正之风。深化人事制度改革，加强公务员队伍建设。

同时，统计、物价、人民武装、人防、外事、侨务、民族、宗教、保密、优抚、双拥、人口、档案、方志、妇女儿童和对口帮扶等工作也取得新的进展。

总的来看，去年区政府的工作取得了一定的成绩，也存在不少困难，高端产业比重还有待提高，城市管理的长效机制还有待健全，维护社会稳定的任务还十分艰巨，等等，我们将在今后的工作中采取相应措施，认真加以解决。

二、2009年的工作意见

2009年，我们仍然面临国内外严峻经济环境的挑战，金融危机影响实体经济的态势还没有被根本遏制，将会对生产服务及消费品领域产生较大冲击，影响经济发展的不确定因素会增多，今年将是进入新世纪以来面临困难和挑战最多的一年。另一方面，今年也是国务院批准的《珠江三角洲地区改革发展规划纲要》全面启动实施的开局之年，随着国家扩大内需各项措施成效不断显现、珠三角地区经济逐步复苏和广州迎亚运各项工程的加快实施，我区的经济增长也将得到有力的刺激、支撑和带动。危机中机遇和挑战此消彼长更加微妙，我们要在危机中创造机遇，就必须更加沉着冷静、更加敏锐果断、更加认真负责、更加扎实奋进，牢牢把握科学发展这条主线，千方百计促进经济增长，用改革和发展的方法来解决前进中遇到的各种问题。

区政府工作的总体要求是：高举中国特色社会主义伟大旗帜，以邓小平理论和“三个代表”重要思想为指导，以科学发展观统领经济社会发展全局，认真贯彻落实上级部署，牢牢把握实施《珠江三角洲地区改革发展规划纲要》和开展“迎亚运”、“促大变”契机，紧紧围绕“保增长、保民生、保稳定”任务，以抓落实为主线，着力推动产业高端发展，着力推进宜居城区建设，着力改善民生促进平安和谐，着力提高城区文明程度，着力提高政府行政效能，努力推动建设现代化大都市中心区、构建和谐天河事业迈上新台阶，争当广州建设全省“首善之区”排头兵。

全年经济发展的主要预期目标是：地区生产总值增长11%，区级财政一般预算收入增幅与经济增长相适应。

（一）做好打硬仗的充分准备，积极应对全球金融危机

全球金融危机对经济发展的影响可能会超乎预期，因此我们要坚持运用科学发展观的方法分析研判当前形势，做好充分准备，始终坚定信心，以积极的态度直面挑战。

继续优化产业结构，力争在危机后的发展新格局中抢占先机。抓紧研究细化现代服务业发展总体规划及6个子规划、集聚区建设规划，并与修编城市建设总体规划、土地利用总体规划紧密结合起来。既要严控违法用地，又要争取用地指标，为新

项目落地创造有利条件。大力配合珠江新城金融商务区建设，充分发挥扶持政策的杠杆效应和中央商务区的集聚效应，引导区域性金融管理机构入驻，推动珠江新城成为区域性金融中心的管理中枢和总部基地，打造广州服务标志区。加快天河软件园建设，争取到2010年亚运会举办时，完成建筑面积150万平方米，园区建设初具规模，成为广州软件产业发展的重要载体。重视引进和发展现代中介服务业，充分发挥中介服务业对产业高端发展的纽带和支撑作用。做大做强高新技术企业大型综合孵化器，支持培育国家级和省级重点实验室，突出软件、网游动漫等产业的优先发展地位，构建现代科技服务产业体系，通过自主创新引领产业高端发展。加大开放拉动力度，突出抓好与重点国家和地区高端服务业项目的对接，加强总部经济、重点企业和重点项目的服务支撑，做好辖内配套服务项目的招商引资和项目跟进服务工作，促使高端产业占经济总量比重继续增大。

积极实施"暖冬工程"，尽一切可能帮助企业度过难关。认真整合各种政策资源，积极帮助企业用足、用好各级出台的有关扶持政策。引入各类风险投资资金，探索利用担保再担保工具，有效缓解企业尤其是创新型企业融资难问题。对企业经营中遇到的困难，政府各有关部门应高度重视。充分发挥区经济工作协调小组的作用，建立健全部门联动机制，加强经济运行动态分析，加强企业服务工作，着力解决制约经济发展的突出问题，为应对可能出现的形势变化做好充分准备。进一步推动村改制公司完善治理结构，引导村改制公司健康发展。

主动创造有利条件，把握好推动发展的各种历史性机遇。进一步提升天河作为珠三角中心城市中心区的区位优势，贯彻落实《珠江三角洲地区改革发展规划纲要》，先行先试有关政策和措施，力争在广州市建设"首善之区"和面向世界、服务全国的国际大都市的历史进程中作出应有的贡献。抓住建筑材料价格处于历史低位的有利时机，加快天河软件园、亚运重点工程、森林公园等项目建设和车陂涌等河涌综合整治，提高财政资金的使用效能和固定资产投资增速。把握金融危机中国际资金和人才等高端要素向广州等国内一线城市加快流动的机会，落实各项奖励扶持政策，加大宣传力度，促进项目、人才的引进和培育，为高端服务业加快发展创造有利条件。

（二）把握迎亚运契机，全面推进城区建设

广州市将围绕举办2010年亚运会，集中投资建设一批重点工程，我们要把握亚运会主会场设在我区的历史性机遇，扎实推进城区建设，继续加强城市管理，不断增强环境竞争力。

扎实推进亚运项目建设。积极配合市政府在我区开展的中山大道BRT项目、黄云路西延线、环场路东延线、长兴路延长线、云溪路、林和西路北延线、深涌东路北延线等道路的建设，升级改造亚运场馆周边道路，为亚运会的举办创造良好的交通环境。以车陂涌等7条河涌为重点，扎实推进污水治理和河涌整治工作。开展"迎亚运"市容环境卫生整治，改善亚运场馆周边环卫设施，突出整治亚运场馆周边市容环境。

加大城市管理力度。开展第九次卫片执法检查，严厉查处违法用地行为，建立健全国土资源管理的长效机制。强化城区管理综合执法和城区环境综合整治，有效遏制"两违"和"六乱"现象。进一步深化环卫体制改革，推进星级卫生街道创建活动，加强"城中村"、城乡结合部和内街内巷的市容环境卫生管理。强化"双基"工作，深入开展整规、打假与产品质量和食品安全专项整治。加大安全生产监管力度，坚决遏制各种生产安全事故的发生。

保护和改善城区生态环境。落实污染物减排工作，加强环境监管，杜绝重大环境污染事故发生。推进火炉山森林公园建设，切实加强森林公园管理。加大东北部地区的市政基础设施建设，重点解决路难行等难点问题。推动"水浸街"改造项

目，着力消除“水浸街”现象。推进社区环境综合整治工程的改造，营造良好社区环境。

（三）坚持以人为本，不断改善民生

落实市惠民66条、17条补充意见和区48条惠民措施，为广大群众提供更加优质的就业、社保、救济、教育、文化、卫生服务，促使发展成果惠及全区人民。

继续落实惠民措施。实施积极的就业政策，促进创业带动就业，着力解决高校毕业生和就业困难人员的就业问题，力争今年新增就业岗位2万个，确保今年把全区60%以上的社区创建为“充分就业社区”，保持城镇登记失业人员就业率70%以上。健全自然灾害和突发公共事件应急救助机制，构建综合救助制度。多方位筹集资金，发展慈善事业和残疾人事业。完善退休人员社会化管理服务体系，推行居家养老服务。开展在册危破房解危工作，加大经济适用住房审核和廉租住房受理审核工作力度。完善公益性法律服务体系建设，加大针对困难群体的法律援助工作力度。

促进教育优质均衡发展。继续推进规范化学校建设，加快区公办特殊学校建设的步伐，优化部分中小学的布局调整，保持高中教育优质发展态势，支持天河职中申报广东省示范性中等职业学校。着力提高民办教育办学水平，努力发挥成人教育服务作用。大力整顿非法办学，加强师德师风建设，重视对教师的人文关怀和激励。

推动文化事业发展。深入开展各种形式的宣传教育活动，普及社会主义核心价值体系，加强市民文明行为教育和未成年人思想道德建设。以广州举办亚运会为契机，积极提升天河文化软实力和影响力。以成为广州市公共文化服务体系建设先进区为目标，进一步完善公共文化服务体系。推进基层文化建设，加快文化艺术中心建设，加强文化市场管理。开展丰富多彩的群众性体育活动，做好广东省体育先进区申报工作。

完善公共卫生及医疗服务体系。加快社区卫生服务基础设施、区红十字会医院和防疫大楼建设，完善社区卫生服务体系，落实社区卫生服务功能，加强疾病预防控制、卫生监督等工作。加强疫情信息直报网络体系建设，提高突发公共卫生事件应急处理能力。建立打击非法行医的长效机制，规范医疗服务行为。推进中医药服务体系建设。巩固国家计生优质服务先进区创建成果，进一步提高人口计生水平。

加强社会治安综合治理。严厉打击各类刑事犯罪，抓好突出治安问题和重点地区整治，确保刑事警情、刑事立案两位数下降和人民群众满意度不断提高。完善出租屋及流动人员信息系统建设，推动出租屋和流动人员管理服务网络向社区服务站或社区警务室延伸。深化社区警务机制和夜间警务机制，完善我区社会治安防控体系建设，建立健全群防群治网络。推进基层信访工作网络建设，加快信访信息系统建设，逐步实现全区来信来访联网交办。深入开展矛盾纠纷排查，完善矛盾纠纷大调解机制，把群众反映的问题解决在基层，把各种矛盾化解在萌芽状态。

（四）坚持勤政为民，加强政府自身建设

深入开展科学发展观学习实践活动，进一步解放思想，加强政府自身建设，推进政府管理创新，优化政务服务。

全面推进依法行政。坚持向区人大常委会报告工作和向政协通报工作制度，及时办理人大代表议案、建议和政协委员提案，支持人大代表和政协委员履行职责，推进行政决策科学化、民主化和制度化。深入实施“四五”依法治区和“五五”普法规划，扎实推进依法行政工作，继续开展建区以来的行政规范性文件的清理和行政审批事项的精减工作，切实规范行政权力运行。

突出公共服务职能。完善公共财政制度，优化财政支出结构，确保新增财力主要用于发展社会事业和解决民生问题。大力推行电子政务、政务公开和公用事业单位办事制度公开，提高工作透明度、

政府公信力和服务效率。进一步健全突发事件应急管理体制机制，完善各种应急预案，提高政府应对复杂局面和处置突发公共事件能力。

建设廉洁高效政府。深入开展“机关服务年”主题实践活动，扎实推进机关效能建设，提高机关服务力、执行力。进一步健全绩效考评和行政问责制度，完善公共服务监管体系，促进勤政高效。牢固树立过紧日子的思想，坚持勤俭办一切事业。

认真落实外事、侨务、民族、宗教、保密、对台、人防、双拥、人民武装、方志、档案、妇女儿童和对口帮扶等工作，促进经济社会全面协调发展。

各位代表，新一年的工作，任重道远。让我们以科学发展观统揽全局，全面贯彻落实党的十七大精神，按照市委、市政府和区委的工作部署，解放思想，深化改革，发展高端产业，构建和谐天河，扎实推动现代化大都市中心区建设不断迈上新的台阶！

中国人民政治协商会议第六届广州市天河区委员会常务委员会工作报告

——2009年3月9日在政协第六届天河区委员会第四次会议上

政协广州市天河区委员会主席　杨南聪

各位委员：

我代表政协第六届广州市天河区委员会常务委员会，向大会报告工作，请予审议。

2008年工作回顾

2008年区政协以邓小平理论和“三个代表”重要思想为指导，以深入开展解放思想学习讨论和学习实践科学发展观活动为契机，围绕我区建设现代化大都市中心区、构建和谐天河、争当广州建设全省“首善之区”排头兵等中心工作，探索履行政治协商、民主监督、参政议政职能的新思路，为推动我区科学发展做出了积极贡献。

一、围绕中心、服务大局，积极履行政协职能

区政协围绕区工作大局，认真履行职能，政治协商、专题调研、重点提案视察、专题视察的质量和水平不断提高，突出了亮点，取得了实效。

围绕谋发展开展协商议政。就区经济社会发展和落实科学发展观、构建和谐天河等重大问题，通过全体会议、主席会议、常委会会议以及专门委员会开展了多层次的协商议政。全年共召开主席会议7次，常委会会议4次。

六届三次全会期间，组织全体委员围绕“一府两院”报告以及提高我区产业素质和创新能力、优化发展环境、提升城区文明程度、改善民生促进和谐等重点议题进行协商讨论，与区委、区政府领导坦诚交换意见，共商科学发展大计。委员们共提交提案72件、社情民意信息12条。结合解放思想大讨论活动，召开了以“解放思想，发挥界别优势，履行政协职能，推动天河经济社会科学发展”为主题的界别委员座谈会，经济、教育、港澳等界别委员立足天河实际，纷纷建言献策。

围绕献良策开展专题调研。坚持把专题调研作为政协履职的重要形式和服务大局的主要切入口，在2007年开展“发展我区现代服务业”专题调研，提出突出商务功能、发展总部经济、提高服务功能、优化发展环境等对策，推动天河发展高端产业进程的基础上，2008年，根据区委七届五次全会提出促进产业高端发展的战略目标，继续开展关于“天河区创业环境”的专题调研，形成了《优化产业发展环境　促进产业高端发展》调研报告。该调研首次采用定量分析方法，通过抽样，对区辖内涉及12个领域的31家现代服务业企业进行了问卷调查，问卷设计了50个问题326　小项，包括企业基本情况、投资环境、政策法制环境、政务环境、市场环境、配套服务环境、人文环境等7个方面。经过认真细致的统计和分析，获取了非常可贵的对我区高端产业发展环境的评价数据资料，对我区产业环境的现状及存在问题进行了综合分析，形成了较为客观的评价。区主要领导高度重视，在充分评价这份调研报告的同时，也肯定了区政协严谨认真，求真务实，积极履行职能的精神。

2008年还就民盟天河总支的大会发言“构建我区社会工作体系”，分别组织有关委员、专家和政府职能部门，集中力量进行了深入细致的专题调研，形成了《构建社会工作体系　促进和谐天河建设》调研报告。通过对上海浦东、深圳南山、广州荔湾、

香港等地区开展社会工作的经验进行模式分析，结合我区开展社会工作的现状，提出增强开展社会工作的紧迫感；建立政府主导、民间运作、社会共建的社会工作模式；建立社会工作制度；培育和发展社会工作机构；建设社会工作人才队伍；设置社会工作岗位；建立政府购买服务的公共财政保障机制等基本思路和对策建议。

围绕建诤言开展提案视察。一是对重点提案“加强区辖内蔬菜生产过程的监控，杜绝污染超标蔬菜进入市场”进行了视察督办，会同区农林水利、药监、质监等部门开展联合视察，实地观摩了蔬菜农药残留物检测过程，对保护百姓“菜篮子”安全提出了意见和建议。二是对重点提案“加强和改善天河公园管理”开展了视察督办。邀请提案委员、园林园艺专家委员，就加强天河公园的科学定位、规划管理，适应群众需求、创新管理模式，改善林相水质，提高公园档次等提出了建议。三是就致公党天河总支提出的“关于推动天河软件和动漫产业发展的建议”，到天河软件园进行专题视察，邀请IT行业的专家参加提案办理座谈，确保了提案督办取得实效。

进一步发挥专委会的基础作用，坚持履职为民。各专委会、各委组围绕委员提案，分别就猎德村“城中村”改造，落实城市管理长效机制，清除“两违”“六乱”、巩固创卫成果，推进珠村历史文化名村建设，交警信息化管理与平安天河建设，麦德龙超市、员村程介农贸市场食品卫生状况，政府为企业服务专题，民办教育规范发展情况等，开展了专题视察和调研活动。

二、以学习实践活动为契机，破解难题、创新机制

按照省委、市委、区委的统一部署，区政协上半年开展了“继续解放思想，坚持改革开放，争当实践科学发展观排头兵”的学习讨论活动，下半年开展了深入学习实践科学发展观活动。区政协以两个活动为契机，着力解决制约政协工作科学发展的突出问题，创新政协工作机制，推动政协工作发展。围绕“以思想大解放推动政协工作新发展”，通过召开中心组理论学习会、常委会、委员座谈会以及“解放思想大家谈”等形式，把“突出界别特色”和“创新提案工作”作为重点突破的课题，形成了操作性强的具体制度并付诸实践。在下半年开展的学习实践科学发展观活动中，突出实践特色，着力于转化解放思想的成果，着力于深化认识、找准问题、分析原因、落实整改，进一步完善了政协工作落实科学发展观的思路和措施。

发挥界别作用，强化组织职能。从制度、组织、人员上为界别工作的开展奠定基础。一是从进一步认清界别特点和优势、完善界别工作制度、搭建界别活动平台、强化界别意识等方面，制定出台了《天河区政协关于进一步发挥界别作用的实施意见》。二是根据“相对稳定、局部调整”的思路，设置和调整了15个界别。以目前各专委会及委员小组的设置为基础，对部分界别委员作了调整，使委员既方便参加专委会的活动，又方便参加界别活动；对人数较少的界别如社会科学界、新闻出版界、社会福利和保障界、少数民族界等进行了适当调整，保证每个界别在3人以上。三是确定了界别负责人，召开了各界别小组负责人座谈会，推动界别活动扎实开展起来。

创新工作机制，加强提案办理。一是把提案工作作为政协的一项全局性工作来抓，纳入主席会议和常委会会议的重要议题认真研究部署。二是创新重点提案督办方式，有效拓展了主席督办与各专委会督办相结合，电话、走访与现场督办相结合，邀请专家型委员参与督办，提案“回头看”跟踪督办等形式。先后对提案“整顿沙河街万佳服装批发市场经营环境”、“加强长兴路食肆规范管理，打造风味饮食一条街”开展了二次督办。三是制定《天河区政协关于进一步加强和改进提案工作的实施办法》，提出了“提前选题、提前调研、提前把关、提前送达”的提案工作新机制。四是召开提案工作会议，及时与承办单位和相关部门沟通联系，保证

和落实了提案办理工作。区府办、天河软件园管委会、区发改局、区建设和市政局、区农林水利局、区文广新局、区城管分局、区经贸局等单位高度重视提案办理，积极采纳提案的合理化建议，使提案在促进我区经济、政治、文化和社会建设中发挥了积极作用。一年来，区政协共收到提案92件，经审查立案77件（其中委员提案58件，民主党派、工商联、人民团体提案19件），涉及党委系统、政府系统等29个单位和部门。截止去年11月底，经各承办单位的共同努力，77件提案已全部办理完毕，从委员对提案办理情况的反馈意见看，表示满意或基本满意的占97%。

突出实践特色，完善工作思路。一是以学习调研贯穿始终，认真开展读一天、听一天、访一天、讲一天、谈一天的“五个一天”活动，深化对政协工作落实科学发展观的认识。二是以主题实践为载体，通过算一次帐、办一次事、听一次意见、看一次点的“四个一次”活动，推动解放思想成果的转化。各专委会兵分多路，走访委员，就加强和改进提案工作、发挥界别作用进一步继续征求委员意见和建议，鼓励各界别和委员在实践中积极探索、谋求突破。三是以分析检查为重点，认真总结近几年我会贯彻落实科学发展观的成效。通过问卷调查，召开区属民主党派、工商联、人民团体负责人座谈会，委员座谈会，机关支部组织生活会，广开言路听取意见。认真撰写区政协领导班子分析检查报告，召开政协党组党员领导干部专题民主生活会，梳理、查摆出组织委员调研视察方式方法不活、委员积极性主动性还没有更好调动起来，开展民主监督的领域不够开阔、政治协商的内容和程序不够规范，政协各参加单位履行职能作用没有充分发挥等六个方面的问题，实事求是地分析了存在问题的主要根源，提出了改进工作的努力方向、总体思路和工作举措。

三、着力增进服务，提高效能，加强经常性工作

广泛开展团结联谊活动。举办新春茶话会、“迎国庆、贺中秋”茶话会，第五届“天河电脑城杯”高尔夫球赛，第二届“政协杯”网球赛。在举办“润物无声”书画展览的基础上，选辑80多幅优秀作品，编辑出版《润物无声——天河区人文景观艺术作品集》。组织港澳委员参加广西“东盟博览会”，尽心为港澳企业提供周到服务，提高政协的凝聚力。在我国南方遭遇百年不遇冰雪灾害和“5·12”汶川大地震发生后，组织发动广大政协委员响应区委、区政府的号召，用实际行动大力支持抗震救灾。企业组、港澳组委员率先响应，慷慨解囊；部分委员不顾地震灾区环境险恶和个人安危，第一时间赶赴汶川，倾力参与抗震救灾志愿服务；部分委员始终牵挂灾区百姓的冷暖，在严冬来临的时候，深入震中映秀镇，赠送御寒衣被，开展“爱心送暖行”活动；政协机关领导干部、离退休老领导以及全体党员干部职工踊跃捐款，争相缴纳“特殊党费”，捐赠御寒衣被。据不完全统计，我区政协委员和政协机关干部累计为地震灾区捐赠款项420万元人民币，以及食品、药品、帐篷、被褥、睡袋、御寒衣被等一大批救灾物资，彰显了人民政协同心协力、和衷共济的巨大大量。

注重做好委员培训交流。召开区政府半年工作情况通报会、专委会与对口部门座谈会，使委员及时了解我区发展情况。组织各界别委员学习《劳动合同法》，邀请区职能部门负责人为委员们解答委员单位在实施《劳动合同法》中遇到的问题，指导委员全面理解《劳动合同法》，推进企业健康发展。组织高校、企业、科技、法律等界别委员，就知识产权庭审和司法保护工作到天河区法院观摩、座谈，提高知识产权保护意识。组织企业组委员展开座谈交流，就金融危机中民营企业如何应对危机、建立信心、逆境奋起、开展自救交流经验。

积极策划宣传工作亮点。结合改革开放三十周年文史征集，撰写、报送《科技，在跨越世纪中彰显辉煌——记广州高新技术产业发展》、《一段难忘的农村改革历程——天河区农村股份合作制改革

回顾》等3万多字的文史资料。经过精心策划，《南方日报》、《南方都市报》在六届三次全会期间，大幅报道我会关于加快现代服务业发展的对策建议，《广州日报》、《羊城晚报》、《新快报》等各大媒体争相报道对我委员的访谈和提案办理情况。在《广州天河新闻》新开设“议政与建言”专栏，报道政协工作和委员参政议政情况，并发表我会委员关于纪念改革开放三十周年的文章多篇。

深入推进政协理论研究。区政协理论研究分会召开了会员大会，对2007年的理论研究工作进行了总结并表彰了优秀论文作者。2007年向市政协提交了10篇论文，其中4篇论文分别获得市政协理论研讨会二、三等奖和优秀奖，区政协理论研究分会获得市政协理论研究会单位组织奖。2008年分会以理论创新推动政协工作创新为目标，围绕“改革开放与人民政协”，积极发动和组织委员、专家学者及机关干部撰写政协理论研讨论文，共征集《发挥政协优势　促进城区科学发展》等8篇论文提交市政协理论研讨会。

努力加强政协机关建设。按照构建学习型、服务型、和谐型、创新型“四型”机关的要求，扎实开展机关效能建设、纪律教育月等活动，树形象，抓管理，促服务，队伍建设进一步加强，办事效率得到提高。特别是在抗击冰冻灾害、援助汶川大地震、创建全国文明城市等一系列大事情面前，展示了政协干部的大局意识和良好素质，其中1人获得“广州市创卫先进个人”奖，5人获“区创卫先进个人”奖，4人获得“天河区抗击冰冻灾害先进个人”奖；区政协办公室获“区创卫先进集体”奖。区政协党总支还先后到凤凰街、天河南街天荣社区开展“党员社区服务日”活动，慰问困难党员，了解基层民情。

过去一年区政协的各项工作都取得了新的进展和成绩，这些成绩的取得是区委正确领导和区政府大力支持的结果，是区政协各参加单位和广大政协委员团结奋斗的结果，在这里，我代表区政协常委会向大家表示衷心的感谢！我们的工作与新形势新任务的要求以及广大政协委员的期待相比，还有很多不足。在新的一年里，我们要采取积极措施，认真研究改进工作。

2009年工作意见

2009年是中华人民共和国成立60周年和人民政协成立60周年，是我省实施《珠江三角洲地区改革发展规划纲要》的头一年，也是实现我区“十一五”规划目标的关键一年。做好今年工作，对于有效应对国际国内经济环境的严峻挑战，保持经济平稳较快增长，维护改革发展稳定大局，推进和谐天河建设，意义十分重大。我们要以邓小平理论和“三个代表”重要思想为指导，深入贯彻落实科学发展观，切实把思想统一到中央对当前形势的分析和判断上来，把行动落实到省委、市委、区委的决策部署中去，把推动保增长、促发展作为履职第一要务，增强与区委、区政府迎难而上、共渡时艰的决心和责任感，围绕保持天河经济社会平稳较快发展和构建和谐天河的要求，充分发挥人民政协的作用和优势，议政建言，献策出力，为促进我区经济社会又好又快发展，开创天河科学发展新局面作出新的贡献。

一、以科学发展观统领指导和推动政协工作

继续深入开展学习实践科学发展观活动，以科学发展观统领、指导、推动政协工作的发展和创新。把握好政协工作与政协事业新的发展机遇，提升以科学发展观统领政协工作的意识和能力。在当前严峻的经济形势下，更要积极主动协商监督、参政议政，献计献策、服务大局。进一步落实区政协关于贯彻落实《中共广州市天河区委关于加强人民政协工作的实施意见》的具体办法和《天河区政协关于进一步增强和改进提案工作的实施办法》，不断创新政协工作体制机制。巩固和扩大学习实践科学发展观活动的成果，建立履行政协职能、促进科

学发展制度化、规范化、程序化的长效机制，完善发挥各界别委员主体作用、各专委会基础性作用的工作机制，努力提高履行职能的实效。激发和调动全区政协委员参与学习实践科学发展观活动的积极性，联系实际，深入学习；提高认识，增进共识；增强素质，知行合一，不断增强新形势下履行职能的责任感和使命感。

二、围绕推动天河经济平稳较快发展建言献策

要切实把为推动天河经济平稳较快发展建言献策作为履行职能的重中之重。按照区委七届六次全会提出的“着力推动产业高端发展，着力推进宜居城区建设，着力改善民生促进平安和谐，着力提高城区文明程度”的总体要求，围绕区委落实“三促进一保持”（即促进提高自主创新能力、促进传统产业转型升级、促进建设现代产业体系、保持经济平稳较快增长）的决策部署和政策措施，通过全体会议、常委会会议进行议政协商，推动科学民主决策；围绕推进宜居城区建设，深入推进“创文”活动，提高城市管理科学化、常态化、精细化水平等积极咨政建言，有效履行民主监督职能，增强民主监督实效，促进区委、区政府重大决策部署的落实；就我区实施产业高端发展战略，促进产业高端发展，打造“广州服务”标志区，有针对性地开展专题视察和专题调研，建言献策，推动科学发展。各专门委员会及各界别、工作小组要主动加强与对口部门的联系，围绕应对金融海啸带来的负面影响，保持经济平稳较快增长等议题，组织高质量的视察调研活动，深入基层、深入群众、深入企业，为应对金融海啸带来的严峻挑战知情出力，帮助群众、帮助企业解决实际问题。

三、推动以改善民生为重点的社会建设

要把促进改善民生、推动社会建设作为人民政协履行职能的重要内容。把推动落实市66条及17条补充意见和区48条惠民措施，作为知情问政、民主监督、参政议政的重点，密切关注经济运行困难引发的就业问题，就切实加强就业再就业工作，完善应急机制，依法处理劳资纠纷，全面落实最低生活保障制度，解决困难群众的生产生活问题等方面以及教育、医疗、食品卫生等群众关注的热点难点问题，组织委员开展调研视察，深入体察民情，反映民意；要就构建政府主导、社会运作、公众参与的社会工作体系，优化社会管理方式，完善社会公共服务体系，健全社会矛盾调处机制等推进社会建设方面的议题建言献策，以更好地化解矛盾，增进团结，改善民生，促进和谐。要进一步畅通群众反映诉求的渠道，充分发挥政协提案和政协反映社情民意的重要作用，把关系民生重要问题的提案列为重点提案，加大提案督办力度，提高提案办理实效。要积极组织引导和发动委员捐献爱心、回报社会，帮助弱势群体、困难群众排忧解难。

四、求真务实切实加强区政协自身建设

围绕构建人民政协“四位一体”自身建设新格局，进一步发挥各民主党派、工商联和人民团体的作用，认真研究民主党派在人民政协履行职能的运行机制，加强与各民主党派的沟通联系，重视支持各民主党派参政议政，使民主党派提出的提案重点办理、反映的社情民意重点报送。构建与各民主党派和无党派人士团结合作、和谐共事的政治协商新局面；进一步落实《天河区政协关于进一步发挥界别作用的实施意见》，加强对界别工作的协调，认真执行《广州市天河区政协领导班子联系制度》。突出界别特色，发挥界别优势，通过界别渠道密切联系群众，积极开展界别发言、界别视察、界别调研、界别座谈等多种形式的界别活动，强化界别委员履行职能的效果；进一步发挥委员的主体作用，探索以联谊团结委员、以管理加强委员队伍建设、以学习培训提高委员素质的方法和途径，强化委员履行职能的责任意识和能力水平；进一步推进“学习型、服务型、创新型、和谐型”政协机关建设，转变机关作风，增强服务意识，健全工作制度，提高机关工作水平和服务效能，发挥政协机关在履行职能中的综合协调、组织引导和服务保障作用。

各位委员，中共天河区委七届六次全会已经明确了新的一年经济社会发展的大政方针，任务光荣而艰巨。责任和使命激励着我们面对困难，迎接挑战。让我们在中共天河区委的领导下，坚定信心，开拓创新，为建设现代化大都市中心区、构建和谐天河，争当广州市建设全省“首善之区”排头兵作出新的更大的贡献。

2008年广州市天河区人民政府、政府办公室公文要目

文　号	责任者	题　目
穗天府［2008］1号	区政府	关于完成2007年度人口与计划生育目标管理责任制获奖和达标单位的通报
穗天府［2008］2号	区政府	印发天河区2008年人口与计划生育综合治理部门目标管理责任制考核及奖励实施办法的通知
穗天府［2008］3号	区政府	印发天河区2008年人口与计划生育街道目标管理责任制考核及奖励实施办法的通知
穗天府［2008］4号	区政府	关于开展全区突发事件风险隐患集中排查工作的通知
穗天府［2008］5号	区政府	广州市天河区应用遥感技术开展第八次土地执法检查工作方案的通知
穗天府［2008］6号	区政府	关于成立天河区突发公共事件应急委员会的通知
穗天府［2008］7号	区政府	关于天河区人民政府副区长分工的通知
穗天府［2008］8号	区政府	转发广州市人民政府关于开展第二次全国经济普查的通知
穗天府［2008］9号	区政府	印发天河区促进总部经济发展暂行办法的通知
穗天府［2008］10号	区政府	广州市天河区人民政府关于命名天河区第七批“绿色社区”的决定
穗天府［2008］11号	区政府	印发天河区突发公共事件总体应急预案的通知
穗天府［2008］12号	区政府	关于配合制定空气污染整治任务具体实施方案的通知
穗天府［2008］13号	区政府	关于沙东街、棠下街占道经营等问题处理情况的通报
穗天府［2008］14号	区政府	关于引发《广州市天河区高新技术和软件、动漫企业高级人才奖励暂行办法》的通知
穗天府［2008］15号	区政府	转发市政府关于厉行节约压缩支出支援四川地震灾区重建工作的通知
穗天府［2008］16号	区政府	印发广州市天河区人民政府重大决策事项法律审查办法通知
穗天府［2008］17号	区政府	关于2006年至2007年全区殡葬管理目标考核结果的通报
穗天府［2008］18号	区政府	关于有效遏制新增土地违法行为的通知

(续上表)

文　　号	责任者	题　　　　目
穗天府[2008]19号	区政府	印发天河区迎接广东省教育强区复评工作实施方案的通知
穗天府[2008]20号	区政府	关于天河区人民政府副区长分工的通知
穗天府[2008]21号	区政府	关于做好2008年冬季征兵工作的通知
穗天府[2008]22号	区政府	印发广州市天河区现代服务业发展规划的通知
穗天府[2008]23号	区政府	印发天河区2008年新增违法用地整改工作方案的通知
穗天府[2008]24号	区政府	转发市国土房管局《关于印发〈2008年新增违法用地整改工作方案〉的通知》的通知
穗天府[2008]25号	区政府	关于天河区人民政府区长、副区长重新分工的通知
穗天府[2008]26号	区政府	印发广州市天河区2008年环境保护目标任务书的通知
穗天府办[2008]1号	区府办	印发广州市天河区2008年春运工作方案的通知
穗天府办[2008]2号	区府办	印发天河区2008年迎春花市工作方案的通知
穗天府办[2008]3号	区府办	转发关于做好2007年度广州市突发事件应对工作评估分析的通知
穗天府办[2008]4号	区府办	印发天河区清理整治擅自改变停车场规划用途工作方案的通知
穗天府办[2008]5号	区府办	关于成立天河区电力设施建设协调工作小组的通知
穗天府办[2008]6号	区府办	2008年1月份天河区政府各职能部门主要工作计划
穗天府办[2008]7号	区府办	2008年2月份天河区政府各职能部门主要工作计划
穗天府办[2008]8号	区府办	2008年3月份天河区政府各职能部门主要工作计划
穗天府办[2008]9号	区府办	关于对养老院、医院住院楼等场所开展消防安全专项检查的紧急通知
穗天府办[2008]10号	区府办	印发2008年天河区应急管理工作计划的通知

(续上表)

文　　号	责任者	题　　　　目
穗天府办[2008]11号	区府办	印发天河区开展勘定街与街行政管辖范围线工作方案的通知
穗天府办[2008]12号	区府办	关于调整区三防指挥部领导成员和北江大堤抗洪抢险指挥所成员的通知
穗天府办[2008]13号	区府办	关于印发天河区"一畅两会"消防安全专项整治工作方案的通知
穗天府办[2008]14号	区府办	关于区妇联妇女儿童活动中心地块有关开发建设工作交接的通知
穗天府办[2008]15号	区府办	关于印发天河区建筑消防设施专项治理工作方案的通知
穗天府办[2008]16号	区府办	印发天河区2007年推行依法行政工作总结及2008年工作要点的通知
穗天府办[2008]17号	区府办	转发关于抓紧落实安全隐患排查治理工作的紧急通知
穗天府办[2008]18号	区府办	关于印发天河区安全生产隐患治理年活动方案的通知
穗天府办[2008]19号	区府办	关于调整濂泉路服装批发市场管理和升级造领导小组的通知
穗天府办[2008]20号	区府办	2008年4月份天河区政府各职能部门主要工作计划
穗天府办[2008]21号	区府办	关于调整天河区科学技术普及工作领导小组成员的通知
穗天府办[2008]22号	区府办	关于成立天河区第三次全国文物普查领导小组及办公室的通知
穗天府办[2008]23号	区府办	关于成立广州家居建材产业园管理委员会的通知
穗天府办[2008]24号	区府办	印发天河区关于开展疏解交通问题工作方案的通知
穗天府办[2008]25号	区府办	关于成立广州2010亚运会城市行动天河区协调委员会的通知
穗天府办[2008]26号	区府办	印发天河区2008年审计工作计划的通知
穗天府办[2008]27号	区府办	关于切实做好迎接创建国家森林城市专家组考核准备工作的通知
穗天府办[2008]28号	区府办	2008年5月份天河区政府各职能部门主要工作计划

(续上表)

文　号	责任者	题　　目
穗天府办[2008]29号	区府办	关于组织对土地进行复绿复耕的紧急通知
穗天府办[2008]30号	区府办	印发天河区实施城镇居民基本医疗保险工作方案的通知
穗天府办[2008]31号	区府办	关于成立天河区城镇居民基本医疗保险专项工作领导小组的通知
穗天府办[2008]32号	区府办	关于我区重大火灾隐患单位政府挂牌督办有关情况的通知
穗天府办[2008]33号	区府办	关于印发《广州市天河区行政规范性文件清理工作方案》的通知
穗天府办[2008]34号	区府办	印发天河区处置区机关非正常事件预案的通知
穗天府办[2008]35号	区府办	2008年6月份天河区政府各职能部门主要工作计划
穗天府办[2008]36号	区府办	关于进一步推进天河区网上审批工作实施方案
穗天府办[2008]37号	区府办	关于成立天河区第二次全国经济普查领导小组的通知
穗天府办[2008]38号	区府办	2008年7月份天河区政府各职能部门主要工作计划
穗天府办[2008]39号	区府办	关于建立天河区打击传销工作联席会议制度的通知
穗天府办[2008]40号	区府办	关于调整天河科技园安全生产监管范围的通知
穗天府办[2008]41号	区府办	关于成立天河区火炉山森林公园建设工作领导小组的通知
穗天府办[2008]42号	区府办	印发广州市天河区2008年度行政执法评议考核实施方案的通知
穗天府办[2008]43号	区府办	关于印发天河区消防安全隐患排查治理工作实施方案的通知
穗天府办[2008]44号	区府办	2008年8月份天河区政府各职能部门主要工作计划
穗天府办[2008]45号	区府办	关于成立天河区经济工作协调小组的通知
穗天府办[2008]46号	区府办	2008年9月份天河区政府各职能部门主要工作计划

(续上表)

文　　号	责任者	题　　　　目
穗天府办[2008]47号	区府办	关于调整天河区水系建设领导小组办公室成员的通知
穗天府办[2008]48号	区府办	印发天河区2007-2008年度政务公开工作考评实施方案的通知
穗天府办[2008]49号	区府办	印发2008年天河区重阳节群众登高活动组织工作方案的通知
穗天府办[2008]50号	区府办	关于成立天河区流动人员管理工作领导小组的通知
穗天府办[2008]51号	区府办	印发广州市天河区查处问题乳与乳制品专项整治行动方案的通知
穗天府办[2008]52号	区府办	关于成立天河区全民健身指导委员会的通知
穗天府办[2008]53号	区府办	2008年10月份天河区政府各职能部门主要工作计划
穗天府办[2008]54号	区府办	印发天河区安全生产和消防安全大排查实施方案的通知
穗天府办[2008]55号	区府办	印发天河区贯彻落实《广州市行政执法责任追究办法》、《广州市行政机关首问首办工作责任制试行办法》和《广州市行政机关及其公务员服务投诉处理办法》的工作方案的通知
穗天府办[2008]56号	区府办	关于调整天河区2008年冬季征兵工作领导小组的通知
穗天府办[2008]57号	区府办	关于成立天河区2008年冬季征兵工作办公室的通知
穗天府办[2008]58号	区府办	印发天河区创建星级卫生街道工作实施方案的通知
穗天府办[2008]59号	区府办	印发关于创建广东省体育先进区的意见的通知
穗天府办[2008]60号	区府办	转发区环保局天河区2008年整治违法排污企业保障群众生命健康环保专项行动工作方案的通知
穗天府办[2008]61号	区府办	2008年11月份天河区政府各职能部门主要工作计划
穗天府办[2008]62号	区府办	关于进一步深入开展整规打假与产品质量和食品安全专项整治工作的通知
穗天府办[2008]63号	区府办	印发天河区技术创新和技术改造项目配套资金管理暂行办法的通知

(续上表)

文　　号	责任者	题　　　　目
穗天府办[2008]64号	区府办	印发《天河区2009年迎春花市方案》的通知
穗天府办[2008]65号	区府办	2008年12月份天河区政府各职能部门主要工作计划
穗天府办[2008]66号	区府办	关于印发天河区2008年今冬明春防火工作方案的通知
穗天府办[2008]67号	区府办	印发天河区2008-2010年饮食服务业污染整治工作方案的通知
穗天府办[2008]68号	区府办	关于修改《天河区非税收入管理办法》的通知
穗天府办[2008]69号	区府办	印发天河区消防联席会议工作制度的通知

专　题

2008年天河春运纪实

2008年春运开始以来，天河区紧紧依靠省、市的正确领导，沉着应对，迎难而上，按照“安全有序，以人为本”的要求，扎实开展春运各项工作，在参加春运工作的各相关单位、部门和铁路、公路运输单位、驻穗有关部队、武警等精心组织、密切配合下，在社会各界的关心支持和帮助下，万众一心，众志成城，战胜了雨雪冰冻灾害带来的前所未有的困难，全面夺取了春运抢险救灾、疏导旅客攻坚战的重大胜利，圆满地完成春运工作任务。其中，节前15天安全安置疏导滞留旅客3万人次，1月23日至3月2日，火车东站地区共发累计送旅客585万人次，同比增长7.6%，天河客运站共累计发送旅客121.41万人次，同比增长22.57%，东圃客运站共累计发送旅客12.95万人次，同比增长21.15%。东站长途汽车站共累计发送旅客52万人次，同比下降5.5%。在全市客运总人数下降，我区春运客流却保持大幅度增长的前提下，取得没有死伤一人、没有掉一件行李和没有发生一起刑事案件的成绩，圆满完成2008年春运工作任务，创造了一个奇迹。重点在于抓好五个坚持：

一、坚持把春运当作头等大事抓，靠前指挥、科学决策

我们将春运作为今年第一件头等大事来抓，在年初召开的区委全会上，杨建城书记和徐汉添区长都重点强调，要全力以赴做好春运工作。同时，按照市里的要求，成立以区长为总指挥的区春运指挥部，作为全市春运的“独立大队”，负责天河地区春运工作。春运前，区春运指挥部就制定了详细的工作方案和应急预案，按照属地管理原则，全面充实春运组织机构和成员单位，并由区政府办牵头成立区春运指挥部办公室，设铁路东站地区工作组和道路交通运输工作组，统筹协调2008年天河地区春运工作。节前的取售票工作，区领导就多次深入铁路、公路营运单位开展安全大检查，督促工作任务和安全责任制落实。面对历史罕见的恶劣天气影响和大量回家心切的滞留旅客，我区各级领导靠前指挥、沉着应对，全体干部职工全力投入、顽强拼搏。区委书记杨建城多次到场视察指导工作，主持召开春运专题工作会议，研究部署春运和抗灾救灾工作。区长徐汉添、常务副区长李新全等领导昼夜奋战在东站地区春运工作的第一线，根据现场变化情况，多渠道掌握信息，强化现场应急指挥，不断制定、调整各项方案，及时协调和研究解决现场的各种突发问题和困难。各街道、各单位党政主要领导也都亲自带头上岗，24小时轮流值班、坚守在春运第一线。全区取消各类大型会议和活动，抽调80%的机关党员干部职工投入抗灾工作，与广大旅客一起共渡难关，确保天河地区的春运夺取抗灾斗争的最后胜利。

二、坚持把安全放在第一位，全力疏导、化解危机

面对突如其来的雨雪、冰冻灾害，面对高峰期11万旅客滞留东站，如何确保旅客的生命财产安全，如何确保组织有序不出事故，是摆在我们面前的重要课题。在史无前例的春运危机面前，全区各参战单位众志成城，精诚合作，全力化解春运难题，确保大局稳定。一是迅速启动应急预案。启用天河体育中心和广州体育学院作为临时安置点，由区交通局组织公交大巴连夜将旅客安全疏散到安置点。二是迅速加强保卫力量。区公安分局在原有安保力量的基础上，及时从科、所、队调集优势兵力，并向市公安局申请每天100名增援力量，迅速调到春运第一现场，保证人流量最高峰期间保持500名警力和100多名保安的安保力量。此外，在春运出现大面积滞留旅客期间，广大机关干部、社区工作

人员、司法干警、城管队员、民兵预备役等多方力量，全力配合公安机关开展现场治安秩序维护和人流疏导工作。三是全面落实安保措施。公安、武警及各类安保力量，在滞留旅客乘坐大巴和列队步行前往疏散安置点和返回车站期间，全面落实沿线治安的维持工作，避免了踩踏事故和财物被抢、被盗案件的发生，防止了旅客在物资派发期间出现哄抢事件的发生。四是巧用三大战术疏导客流。采用人墙战术将人流迅速分隔，避免因人流过于集中而引发事态升级。封闭站前路一楼上二楼的通道口，把东站地区的绿化带东、西两侧的人行道封闭成进入车站的候车区域，采取“切豆腐”、“挤牙膏”战术分段放行，有效避免群死群伤的发生。采取迂回战术引导旅客从东站瀑布东、西两侧楼梯上二楼平台，投入重兵严把放行和堵口关，缓解二楼平台压力，并及时协调铁路部门，最大限度地腾出候车空间，变被动工作为主动控制。充足的安保力量加上合理的战术，确保了旅客人身和财产安全，也使我区社会政治大局保持和谐稳定。

三、坚持把旅客当作亲人，真情服务、倾力相助

为了保障滞留旅客不淋雨、不挨饿、不受冻，我区坚持以人为本，关爱旅客，把旅客当作亲人，鼎力相助，集全区力量，免费为旅客提供最周到的服务。一是解决旅客温饱问题。区建设局组织施工队伍连夜在体育中心、广州体院等安置点加装挡风板，防止寒风侵袭。区经贸局、民政局积极组织应急货物供应，为滞留旅客不间断供应热饮、热饭6万多份，免费派发毛毯1万多张，保暖衣1.5万件，确保了他们的基本生活需要。二是开展温馨、便民服务。天河南街、林和街连同团区委组织300多名志愿者为滞留旅客提供春运咨询和引导服务，为旅客递水送饭，向他们嘘寒问暖。区春运办多方协调，在安置点设置手机充电设备，确保通讯畅通，并开通长途电话让旅客报平安。东站管委办在站场主要出入口设立了便民点，并为旅客免费派发雨衣、雨具2万多件。三是做好环境卫生工作。大量旅客滞留同样带来了环境卫生问题，区环卫局在确保完成创卫迎检和花市保洁艰巨任务的基础上，抽调140名环卫工人对旅客聚集地段实行24小时不间断循环保洁，租用了流动厕所80座，投放各类垃圾容器150多个，日均清除垃圾、粪便70多吨。四是加大医疗卫生工作力度。区卫生局设立8个医疗救助点，实行24小时值班，及时抢救30多名晕倒旅客，为1600多名旅客提供免费医疗救助，确保患病旅客得到及时救治，没有发生传染病流行和食物中毒事件。区爱卫办积极开展消杀工作，喷洒、投放各类药物1360公斤，有效地防止了各类病媒传染病的爆发流行。五是加大综合管理力度。区城管大队、区工商分局、区物价局等部门加大对火车东站及其周边地区市场管理，清除“六乱”，并确保了物价基本稳定。细致的服务，有力的措施，让旅客感受到温暖，感受到当地政府的关爱，许多旅客都感动得热泪盈眶。

四、坚持把严格执法摆在首位，加强监控、维护秩序

区各执法部门坚持将严格执法和文明服务相结合，维持东站地区和各客运站场外围交通运输秩序，保障了我区春运工作的顺利开展。一是加强监控力度。元岗、黄村街按照属地管理原则，联合交通运政、公安交警、城管中队、安监中队，加强对天河客运站、东圃客运站等客运站场的监控力度，监督站场车辆落实“回场检查”制度，确保客运班车的性能安全可靠。督促运营企业抓好安全生产关，严防超载、疲劳驾驶、带病驾驶等违法违章行为。二是谨慎实施临时交通管制。为减少对东站地区商业圈交通的影响和对香港过境旅客造成的不便，我们对实施交通管制采取谨慎态度，仅在1月30日下午人流高峰达11万的时候临时管制，天河交警大队仅用1小时就部署完毕，为疏散滞留旅客工作赢得时间。三是认真做好节后春运公路运输工作。为确保将东站地区旅客迅速通过区内各客运站场安全运送到珠三角，天河交警大队、白云交

警一大队安排多名交警和交通协管员在各客运站场周边维持交通秩序，不间断执勤巡逻，日夜坚守在出站口、社会通道等交通要道上，查处各种交通违章行为，保证道路交通的顺畅。四是打击非法营运行为。区交通局全力以赴查处各种违法违规运输经营行为，特别是利用下半夜加强巡查，共查处查扣各种违法违规车辆259台，没收黑票点标示牌100多块，有力维护了辖区内三个主要公路运输站场及周边道路的营运秩序，没有发生一起运输安全事故。

五、坚持把宣传作为重要手段，安抚人心、挽留旅客

我们在冷静应对和处理这次突发事件中认真做好了春运宣传和信息发布工作。一是坚持第一时间发布信息。我们在火东车站、天河客运站、东圃客运站等站场以及天河体育中心、广州体育学院等安置点都加强了广播宣传，印发宣传单10万份，派发报纸5000多份，收音机300多个，及时传播信息，劝导旅客退票，安抚群众情绪。协调铁路部门开通广场高音喇叭，及时播出相关的各类公告和候车指引，让滞留旅客能在第一时间了解到当前形势，有效地维护了站场秩序。二是认真做好媒体的服务工作。区委宣传部、天河报第一时间派驻记者到现场报道，并积极统筹协调省、市媒体加大对天河春运工作的报道力度，省、市、区各大报纸、电台、电视台和网站，共刊播我区春运新闻110多条，营造了良好的春运舆论氛围。三是积极组织上报春运情况。编辑《天河地区春运简报》30期，《春运疏导安置滞留旅客专报》20期，大力宣扬春运工作中的好人好事、好经验、好做法。四是发动社会捐资捐物。通过积极的宣传报道，使社会各界第一时间了解灾情，广大市民和企业纷纷慷慨解囊献爱心，区民政部门共接受捐助善款72.8万元，衣物8.8万件、食品、矿泉水4000多箱。五是积极劝导外来务工旅客留穗过年。随着灾情的发展，大量外来工滞留广州无法在春节前返乡已成定局。区劳动和社会保障局、区工商联、区总工会联合各街道，积极深入企业做好安置工作，安排丰富的节日生活，免费开放公园，组织外来工免费游珠江等等。经过劝导，成功挽留了29万外来工留穗过年。

2008年春运工作已经胜利结束了，总结今年春运工作，我们应清醒地看到，在灾害面前我们的应急机制还有待进一步完善，我们与铁路部门的信息沟通还有待进一步加强，我们的忧患意识亟需提高，这些都需要在接下来的工作中进一步完善。今年春运的结束就是明年春运的开始，让我们认真总结春运工作中好的经验做法，以春运取得的成绩为动力，继续保持春运工作中体现出来的创造力、向心力、凝聚力和战斗力，做好日常的管理工作，为全面解放思想、构建和谐天河、不断开创现代化大都市中心区建设的新局面做出应有的贡献。

纪念改革开放30周年 开创天河更加辉煌的未来

区委书记、区人大常委会主任 杨建城

同志们：

今天，我们以专题学习会的形式，集中学习胡锦涛总书记在纪念党的十一届三中全会召开30周年大会上的重要讲话和省委、市委纪念大会精神，联系天河实际，庄重纪念改革开放30周年。刚才，汉添、南聪、淑贞、珠军等同志作了很好的发言，深情回顾了天河改革开放和经济社会发展的历程，概要阐述了建区以来取得的主要成就，概括提炼了天河发展过程所形成的基本经验，展望了天河未来发展的美好前景，表达了走中国特色社会主义道路的坚定信心。通过这次专题学习必将对大力弘扬改革创新精神，推动建设现代化大都市中心区、构建和谐天河，争当广州建设全省“首善之区”排头兵注入新的动力。

在改革开放走过30年历程的特殊时刻，在中国现代化建设的关键时期，党中央于12月18日召开了纪念党的十一届三中全会召开30周年大会，胡锦涛总书记在会上作了重要讲话。这篇重要讲话高屋建瓴，思想深刻，内涵丰富，通篇闪耀着马克思主义真理的光辉，具有很强的理论性、战略性、指导性，是指引我们继续推进改革开放伟大事业的纲领性文献。区领导班子和全区广大党员干部群众要结合正在开展的学习实践科学发展观活动，认真学习，深刻领会，切实把思想认识统一到讲话精神上来，全面贯彻到全区各项工作中去，贯穿于现代化大都市中心区建设、构建和谐天河的过程中去。认真学习贯彻胡锦涛总书记重要讲话精神，需要立足历史、立足现实、立足未来，全面理解讲话内容，准确把握精神实质。重点要把握好4个方面：深刻领会讲话关于30年伟大成就的重要意义，充分认识改革开放的伟大成就，毫不动摇地坚持党的十一届三中全会开辟的伟大道路；深刻领会讲话关于30年宝贵经验的重要论述，充分认识30年的经验来之不易，必须倍加珍惜和自觉运用这些宝贵经验，坚定不移地推进改革开放和现代化建设事业；深刻领会讲话关于改革开放伟大意义的重要论述，充分认识改革开放是中国第三次伟大革命的深刻思想，坚定改革信心，砥砺改革勇气，坚持把改革创新精神贯彻到各项工作中去；深刻领会讲话关于继续推进改革开放的重要论述，充分认识中国共产党人所肩负的神圣使命与崇高责任，团结带领广大人民群众不断夺取社会主义现代化建设的新胜利。同时，要结合学习汪洋、朱小丹同志在省委、市委纪念大会上作的重要讲话精神，武装思想，坚定信心，增添动力，推进工作。

认真学习贯彻胡锦涛总书记重要讲话精神，纪念改革开放30周年，必须深入把握好天河建区以来改革开放和现代化建设的历程和巨大成就，从而坚定信心，开拓奋进。天河在改革开放的浪潮中诞生，乘着改革开放的春风成长。建区以来，天河人民大力弘扬敢为人先、务实进取的时代精神，团结奋进，开拓创新，奋力开创建设现代化大都市中心区、构建和谐天河事业新局面。突出体现在：一是综合经济实力大幅增强。生产总值由1985年的1.1492亿元增长到2007年的1235.80亿元，跃居全市各区（县级市）首位，占全市17.4%，人均生产总值达112233元；一般预算收入由1985年的0.3367亿元增长到2007年的23.27亿元，增长71倍；税收总额由1985年的0.5196亿元增长到2007年的194.03亿元。三次产业结构由建区之初的35.7：26.56:37.74调整优化为2007年的0.2∶19.8∶80.0。二是人民生活水平显著提高。2007年全区单位职工年人均工资达

53948元，城市居民年人均可支配收入达22490元，居民人均住房建筑面积28.32平方米，居民人均消费性支出19267元，居民衣食住行用水平不断提高，享有的公共服务明显增强。三是城区宜居程度明显优化。抓住广州实施城市发展“东进”战略以及“六运会”、“九运会”成功举办带来的发展机遇，通过开展“创模”、“创卫”、“创文”等系列创建活动，城区基础设施较大改善，市容环境不断优化，生态建设成效明显，宜居程度不断提升。四是改革开放事业全面推进。探索创造了多项第一：在全国率先进行农村产权制度改革；在全市率先实施区属公有制企业改革；在全市率先进行城中村整体拆迁改造等，经济社会发展活力较强。五是社会文明水平稳步提升。科技、文化、计生、卫生、教育等事业先后荣获国家或省先进荣誉称号，社会各项事业得到全面发展，城区文明程度不断提升。全区各级党组织的创造力、凝聚力和战斗力不断增强。回顾天河建区以来的发展历程，过程备尝艰辛，成绩来之不易，无不凝结着上级领导的深切关怀和社会各界的鼎力支持，饱含着历届老领导、老同志和广大建设者的心血与奉献。

认真学习贯彻胡锦涛总书记重要讲话精神，纪念改革开放30周年，必须深入把握好天河建区以来改革与发展过程积累形成的宝贵经验，更加珍惜和善于用好这些宝贵经验，坚定不移地推进改革开放和现代化建设。必须始终坚持解放思想。解放思想是改革开放全部经验的精髓。建区以来，我区深入贯彻党的解放思想、实事求是、与时俱进的思想路线，坚持求真务实，以“三个有利于”为标准，积极进取，敢为人先，促使各项工作不断取得新成绩。在新的历史起点上，只有坚持继续解放思想，勇于变革、勇于创新，才能不断开创改革开放和现代化建设新局面。必须始终坚持发展这个第一要务。建区以来，不管任何时候、任何情况下，都始终坚持以经济建设为中心不动摇，紧紧抓住发展不放松，努力保持城区经济持续快速增长，社会各项事业的发展才有可靠的物质基础。在新的历史起点上，只有继续紧抓发展这个第一要务，着力把握发展规律、创新发展理念、转变发展方式、破解发展难题，才能推动经济社会发展全面转入科学发展轨道。必须始终坚持以人为本。建区以来，坚持从群众最现实、最关心、最直接的问题入手，多办实事、办实好事，努力使改革发展的成果惠及全区人民，进而聚民心、集民力，把社会各个方面的积极性都凝聚到现代化建设事业中去。在新的历史起点上，只有坚持以人为本，全面落实“富民优先、民生为重”的政策，才能打牢推进改革开放和现代化建设的群众基础，创造出人民群众共同享有的幸福生活和美好未来。必须始终坚持改革创新。建区以来，始终自觉地把改革创新贯穿于经济社会发展全过程和各方面工作中，通过深化改革破解难题，注重创新促进发展，促使全区经济社会发展始终拥有旺盛活力和强劲动力。在新的历史起点上，只有继续推进改革，着力解决不适应科学发展的体制机制问题，才能为建设现代化大都市中心区、构建和谐天河事业提供强大动力和体制保障。必须始终坚持加强党的建设。建区以来，坚持以党的执政能力建设和先进性建设为主线，全面贯彻为民、务实、清廉的要求，全区各级党组织的创造力、凝聚力和战斗力不断增强，为推进天河的改革和发展提供了有力的组织保障。在新的历史起点上，只有继续加强党的建设，努力把党的建设提高到新水平，才能使天河改革开放和现代化建设事业顺利向前推进。

认真学习贯彻胡锦涛总书记重要讲话精神，纪念改革开放30周年，必须振奋精神，注重实践，开创天河更加辉煌的未来，尽快把经济社会发展全面转入科学发展轨道上来。要切实增强贯彻落实科学发展观的自觉性和坚定性。要以开展深入学习实践科学发展观活动为契机，进一步深入学习、深刻领会科学发展观的科学内涵、精神实质和根本要求，系统掌握科学发展观所体现的马克思主义立场、观点和方法，进一步解放思想，破除与科学发展观要求不相适应、不相符合的思想观念、思维定势、路径依赖、体制障碍和利益格局，善于探索和把握科学发展规律，抢抓新机遇，应对新挑战，推动科学发展。切实保持经济平稳较快发展。认真贯彻中央经济工作会议关于保增长的决策部署，科学研判当前经济形势，有效应对面临的新挑战，审时度势、趋利避害，化危为机、力争主动，努力保持全区经济社会持续较快增长的势头。认真贯彻落实区委七届五次全会精神，深入实施产业高端发展战略，在强化规划引导和优化产业发展环境、优良服务上下功夫，加快发展高端服务业，着力打造“广州服务”标志区。大力推进天河软件园建设，努力提高自主创新能力，擦亮国家软件产业基地、国家动漫产业基地牌子，推动建设创新型城区。切实提升城区宜居水平。以科学、长效、与中心区位相适应为目标，更加注重生态环境建设，更加注重人文关怀，更加注重城区软环境建设，切实加强城区市容环境、生态环境、治安环境建设，进一步提升宜居程度。认真总结“创卫”、“创模”、“创文”活动经验，努力构建城市管理长效机制，不断提高城市管理现代化、精细化水平。积极配合市实施“迎亚运”工程，加快推进辖内市政基础设施建设，完善道路交通网络。强化城区管理综合执法和城区环境综合整治，加快都市绿色景观和生态文明建设。认真落实维稳这个第一责任，切实加强综治维稳工作，严格安全生产，维护全区社会政治大局稳定。切实推进改革开放。把改革创新精神贯彻到建设现代化大都市中心区、构建和谐天河的各个领域、各个方面。按照上级部署，有序推进新一轮行政体制改革，加快推动政府职能转变。着眼区的职能作用的发挥，积极探索推进构建有利于科学发展的体制机制，加大重点领域和关键环节的攻坚力度，增创有利于科学发展的体制机制新优势。深入推进民主政治建设，进一步落实区委关于加强人大工作的意见和贯彻中央加强政协工作实施意见，努力营造一个有利于调动广大群众积极性、充满生机活力的良好局面。进一步扩大对外开放，加强与港澳合作，努力汲聚高端要素，保持高于今年的引资规模，提高开放质量。切实解决好民生问题。深入贯彻“富民优先、民生为重”的方针，进一步落实好市66条、17条补充意见和区48条惠民措施。坚持统筹兼顾，突出工作重点，努力为居民提供均等化公共服务、共享型社会保障、法治化安全保障和生态型人居环境，促使全区人民共享改革发展成果。还要安排好节前群众尤其是困难群众的生产生活问题，让广大群众过一个安乐、祥和的春节。切实加强党的建设。以坚定理想信念为重点加强思想建设，以造就高素质党员、干部队伍为重点加强组织建设，以保持党同人民群众血肉联系为重点加强作风建设，以健全民主集中制为重点加强制度建设，以完善惩治和预防腐败体系为重点加强反腐倡廉建设，下大力气加强效能建设，进一步增强全区各级党组织的创造力、凝聚力和战斗力，发挥全区广大党员的先锋模范作用，团结带领人民群众不断开创天河科学发展新局面。

坚定不移走中国特色社会主义道路

天河区区长　徐汉添

今天，我们在这里开会纪念改革开放30周年，学习胡总书记在纪念改革开放30周年大会上的讲话，对于我们落实科学发展观，进一步推动天河经济社会全面协调可持续发展具有十分深远的意义。

改革开放是决定当代中国命运的关键抉择。30年前的中国，“文化大革命”刚刚结束，百废待兴，我们的党面临着重大历史性抉择。1978年12月召开的党的十一届三中全会，冲破长期“左”倾错误的严重束缚，作出了把党和国家工作重点转移到社会主义现代化建设上来和实行改革开放的战略决策。这是一个伟大的转折，改革开放的伟大历史进程由此拉开序幕，中国进入了有史以来经济发展最快的时期。

在纪念改革开放三十年大会上，胡锦涛总书记的重要讲话高度评价了党的十一届三中全会的重要地位和伟大意义，深刻总结了30年来我们党领导人民进行改革开放和社会主义现代化建设取得的伟大成就和宝贵经验，明确指出了继续推进改革开放伟大事业的前进方向。讲话提出了两个“100年”时要达到的宏伟目标：到我们党成立100年时建成惠及十几亿人口的更高水平的小康社会，到新中国成立100年时基本实现现代化，建成富强民主文明和谐的社会主义现代化国家。提出了实现目标的“三不”原则：不动摇、不懈怠、不折腾，坚定不移地推进改革开放，坚定不移地走中国特色社会主义道路。

这个“三不”原则凝聚了三十年改革开放的经验教训。所谓不动摇，就是要把稳发展方向；不懈怠，就是要端正工作作风；不折腾，就是要提高执政能力。这三个原则，对我区的发展来说也是很有针对性的。

第一是不动摇。这个词，最早是邓小平同志1992年南巡时在深圳提出的，主要是针对当时否定改革开放的极左思潮与行为。邓小平说，不坚持社会主义，不改革开放，不发展经济，不改善人民生活，只能是死路一条。基本路线要管一百年，动摇不得。改革开放进行到今天，我们国家的经济实力已经有了很大的提升，天河建区短短23年，经济总量就增长了几百倍，经济发生了翻天覆地的变化。但是我们也要非常清醒地看到，社会主义初级阶段的主要矛盾——人民群众日益增长的物质文化需要同落后的社会生产之间的矛盾，在我们国家也好，在我们天河也好，都没有发生根本改变。发展经济、发展社会生产力依然是当前工作的第一要务，以经济建设为中心一刻也不能动摇。最近发生的金融危机，给了我们更深刻的感受。覆巢之下，焉有完卵，我们当然不可能在金融海啸中置身事外、独善其身，但也不至于遭此重创。一个重要的原因就是，有些人心目中以经济建设为中心的观念淡了，非分之想多了，继续发展的信念动摇了。发展才是硬道理，我们必须坚持用发展和改革的办法来解决前进中问题，把蛋糕做大了，分起来就容易一些，大家也有可能分得多一些。所以说要始终坚持以发展为第一要务，具体到政府的工作来说，就是要把平台搭好，把服务搞好，为社会财富的创造者提供更加宽松、更加广阔、更加适宜的舞台。经济发展了，我们的市民才可能过上富裕的生活，民生才能够持续改善，富民优先、民生为重的诺言才有可能真正兑现。这才是真正务实的做法。

因为全球性金融危机，美国、英国等老牌资本主义国家采取了大量国家干预的措施，出现了资本主义国家走社会主义道路的新情况，所以，最近有一些争论，说市场经济的老巢都出了问题，中国还要继续走市场经济的路吗？胡总书记在讲话中强调“不动摇”，体现出中央高瞻远瞩的政治智慧，也是非常及时，非常有针对性的。中国已经在改革开放的道路上昂然前行了三十年，如果动摇，就只能奔向“死路一条”。我们区也是一样，不发展，甚至发展速度慢一点，就会出问题。因此，必须把“不动摇”的信念，变成全区上下的共识，毫不动摇地推动产业高端发展，毫不动摇地建设宜居城区，毫不动摇地推动经济社会转入科学发展轨道。

第二是不懈怠、不折腾。这两个“不”，从中央的角度来理解是，实现全面建设小康社会的目标还需要继续奋斗十几年，基本实现现代化还需要继续奋斗几十年，巩固和发展社会主义制度则需要几代人、十几代人甚至几十代人坚持不懈地努力奋斗。时不我待，我们正处于历史上难得的发展机遇期，历史机遇稍纵即逝，不容懈怠，更经不起折腾。《老子》里有一句话，叫治大国如烹小鲜，用现在的话来说，就是治理大国要像煎小鱼一样，不能够折腾。文革十年，把一个好好的国家折腾得千疮百孔，今天在座的很多同志都是经历过的，这是政治上的折腾。去年以来大幅地提高利率，调低出口退税，人民币大幅升值，是经济政策上的折腾，使我们对于金融危机的抵抗力大大降低。所以现在国家又不断出手调控，局面慢慢会扭转过来，但是在这个过程中，我们付出了高昂的代价。因此，治理国家不能够折腾，治理一个地方，管理一个单位，甚至维持一个家庭也都不能够折腾。具体到天河情况，长远来说，我们承担了广州城市中心东移的战略性任务，任重而道远。从近两年的情况来看，我们作为亚运会主会场所在地，承担着繁重的建设和管理任务；作为新的城市中心区，我们承担着建设广州城市现代产业体系先导示范的任务；作为城中村改造的先行者，我们承担着探索村落空间城市化道路的艰巨任务；作为软件产业的聚集地，我们承担着推动广州软件业崛起的历史使命，等等。业精于勤荒于嬉，为了完成这些艰巨的任务，我们需要全区广大干部始终保持兢兢业业，昂扬向上的精神，需要我们的干部始终保持求真务实、干净干事的作风，“不懈怠、不折腾”，坚定不移地推动产业高端发展，把建设现代化大都市中心区、构建和谐天河的事业不断推向前进！

打造现代高端服务业

放眼世界　打造广州现代服务业标志区

张卿（中山大学中国第三产业研究中心特约研究员）

一、世界现代服务业发展的新动向

现代服务业主要是指以现代科学技术尤其是电子信息技术为依托，以现代管理理念、经营模式和组织方式为基础，为产业生产和居民生活提供高人力资本含量、高技术含量、高附加值服务产品的服务部门。它主要包括：因经济发展、社会需求和技术进步而催生出来的新兴服务部门，如信息服务、电子商务、动漫创意、技术服务等；因现阶段中间需求率高、增长势头猛以及产业比重高而体现出来的服务部门，如金融保险、专业化商务服务、房地产业、文化休闲等；因技术改造和知识渗透而富有新核心竞争力的传统服务部门，如现代物流、现代商贸、住宿餐饮等。从世界范围看，现代服务业发展正呈现出以下一些新动向：

“虚拟化服务”异军突起。随着信息技术的快速发展以及服务业与信息技术的不断融合，金融、贸易、物流、娱乐、教育等部门的“虚拟化服务”程度越来越高，服务业已成为信息技术的主要生产主体和消费主体。近年来，世界电子商务交易额以成10倍的速度增长，2006年达13万亿美元左右，占全球商品销售总额的18%。目前，世界上许多城市都加快了信息数字化进程，如美国50个“数字城市”的建设，香港“数码港”的规划，新加坡“智能城市”的设想等。

服务创新方兴未艾。现代服务业不仅是现代技术广泛运用的部门，而且自身也是一个重要的创新部门，既有手段、方法和工具等方面的技术创新，也有功能、制度等方面的非技术创新。1980年以来，大多数国家服务业的研发投资急剧增长，OECD国家企业研发支出中服务研发所占比重从以往不到5%上升到2006年的21%左右，服务创新活跃的主要领域有工程与科学服务、计算机和相关服务、批发贸易服务，以及金融保险和不动产服务等。

生产服务业快速增长。现代服务业以生产服务业为主，生产服务业是指为第一、二、三产业的实物生产和服务生产提供中间服务产品的部门。1992—2002年，英国工业生产的服务投入率已从10%上升到13%，服务业生产的服务投入率从25%上升到33%；1998—2003年，美国工业生产的服务投入率维持在21%左右，服务业生产的服务投入率从27%上升到29%，许多国际大都市都是现代生产服务业基地。OECD国家生产服务业占服务业比重已超过50%，生产服务业在产业需求拉动中迅速增长，成为国民经济中极具增长潜力的部门。

中心城市及中心城区集聚发展。如同现代制造业一样，现代服务业集聚发展是当前国际化大都市产业空间组织结构演变的潮流和趋势，主要有金融商务服务集聚（如华尔街金融、芝加哥期货、伦敦金融等）、文化娱乐服务集聚（如洛杉矶电影、纽约广告等）、旅游休闲服务集聚（如欧洲一些城市）等。通过现代服务业集聚发展，城市影响力和竞争力大大增强。

国际现代服务业资本转移步伐加快。据联合国《2003年世界投资报告》统计显示，1999—2000年间，全球FDI的产业分布为：第一产业3.3%，第二产业22.6%，第三产业68.5%，其中金融业24.9%，通讯业11.5%，信息技术服务、人力资源管理、商务服务等已成为FDI的重点领域。现代服务业资本的大规模转移加快了世界经济网络化、一体化进程。

二、天河区打造广州现代服务业标志区的基

础条件

天河区既是广州中心区，也是广州经济大区。在建立现代产业体系和建设宜居城市实践中，天河区具有打造广州现代服务业标志区的良好的基础条件。

区委、区政府高度重视。在全面贯彻落实科学发展观，紧紧围绕广州建设全省"首善之区"要求的基础上，区委、区政府深入调研、科学规划，明确提出了加快发展现代服务业，推动产业高端发展的战略构想，并制定了一系列相关促进政策，这是打造广州现代服务业标志区的重要保障。

经济总量大，服务业比重高。2007年，天河区GDP达到1204亿元，位列全市第一；按常住人口112万计，人均GDP10.8万元左右，折合美元1.5万元左右，与中等发达国家水平相当。这表明天河区现代服务业发展已具备了坚实的总量需求基础。与此同时，服务业占GDP比重进一步提高，截止2007年底，天河区三次产业比重为0.2：20.3：79.5，服务业比重高于全市服务业比重（58左右），略低于如纽约（86.6）、伦敦（86.5）、东京（80.7）、香港（86）等国际大都市水平。这意味着服务业已成为天河区国民经济增长的重要动力，国民经济的升级与现代化将越来越依赖于服务业的升级与现代化。

服务业内部结构升级突出，现代服务业初具规模。据相关资料反映，目前天河区金融机构占广州市总数的六成，其中天河北、体育东一带集聚了广州市近50%的金融机构，珠江新城金融商务区（未来广州的金融中心区和CBD核心区）正逐步进入建设高潮期；12.3平方公里的天河软件园是国家级高新技术产业开发和软件交易园区，太平洋电脑城、广州电脑城已成为全国知名的信息技术服务集聚城；商贸服务业规模不断扩大，天河广场、正佳广场等是广州乃至珠三角商贸业的重要象征；文体休闲服务业茁壮成长，潜力巨大，全省独一无二的完备的体育设施、高规格的文体赛事将发挥越来越重要的作用。

珠三角城市群的制造业集群和服务业集群迫切需要生产服务业支撑。改革开放以来，珠三角一直是承接国际制造业资本转移的重地，世界制造业中心地位逐步确立。随着经济发展和分工深化，制造业对生产性服务需求将越来越大，客观上需要在珠三角服务业较为发达的城市构建现代生产服务业中心。与此同时，以广州为中心的珠三角城市群不断扩展，城市服务业加速增长，服务业升级同样也需要现代生产服务业的供给支撑。

高校、科研机构聚集，人才资源优势显著。现代服务业发展离不开创新，而创新的源泉是人才。天河区聚集了31所全日制普通高校，57个各级研究机构，20多万各类专业技术人员及在校大学生，这是全省其他地区所难以企及的。强大的人才队伍和雄厚的科研实力是天河区推动服务业自主创新，促进服务业现代化的重要力量。

地理区位优势明显。从东西方向看，天河区是广州市向东发展城市带的起点；从南北方向看，天河区是广州市新城市中轴线经过的中心地区。这种地理区位优势可以强化天河的现代服务功能形象，有助于提高天河现代服务业的竞争力和辐射力。

三、天河区打造广州现代服务业标志区的有效路径

突破体制性障碍，提高市场化程度，重点在于调整服务业管制框架及其政策。以WTO和CEPA为契机，降低现代服务业市场准入门槛，赋予非国有经济主体统一的国民待遇，鼓励它们以独资、合资、合作、联营、参股、特许经营等方式进入现代服务业领域。清除现代服务业在投融资、财税、土地使用、水电价格和对外贸易等方面的不平等性政策，激发现代服务业生产经营活力。

增强现代服务业的招商引资力度，加强与跨国公司合作，提高现代服务业集聚度。大力引导外资投入现代服务业，鼓励知名跨国公司在天河区建立地区总部、研发机构、办事机构等，与本地服务业一起提高集聚度。支持本地现代服务企业走出国

门，与国际服务企业组建战略联盟，借助国际服务企业的品牌和营销网络，主动承接服务外包项目，开拓国外市场。扶持对外贸易量较大的本地现代服务企业直接在境外设立采购机构、分销机构、物流机构等，塑造国际化品牌。

加大资本投入，做强现代服务业，构建集团型现代服务业。支持商业金融信贷资金投入现代服务业，鼓励符合条件的现代服务企业通过股票上市、债券发行、基金投资、资产重组、股权置换等方式进入资本市场融资。建立现代服务业发展的专项引导资金，支持重点行业，发展主导行业，扶持现代服务企业自主创新。

发展现代生产服务业，扩展区域辐射力。及时把握世界服务业信息化的发展方向，以市场为导向，以信息技术应用为基础，以信息资源研发为中心，以制度创新和技术创新为动力，大力发展电子商务、电子政务和各类网络化生产服务业。通过信息技术的广泛应用，拓展新兴服务业，发展资本和技术密集型生产服务业，提高服务生产率，实现现代生产服务业的数量扩张和质量增进。以珠三角制造业为服务对象，拓展现代生产服务业辐射能力和发展空间，以珠三角城市群服务业为服务对象，深化现代生产服务业的内容。

改造传统服务业，提升企业素质。以企业为主体，以技术进步为支撑，针对交通运输、商贸交易等传统服务业的不同特点，改变传统生产要素投资类型，增加信息技术、传输技术等投资份额。改革传统生产组织方式，推动新技术应用和组织技能专业化，实现经营方式的转变。

推进现代服务业标准化。大力推广和实施国际标准组织体系，利用信息技术供给“批量定制”的标准化的服务产品，提高规模经济效益和服务产品质量，引导现代服务业的“制造化革命”。加强现代服务业自律制度建设，发挥行业协会在制定技术标准、行业标准、协调服务、社会监督等方面的作用，强化经济活动监督。

发挥教育作用，提高劳动力素质。充分发挥高等教育作用，培养基础专业知识扎实、科研创新能力较强的高级服务业人才。大力扶持职业技术教育，培养一大批动手能力强、操作能力突出的中级服务业人才。实施优惠政策，多渠道、多形式吸引海外优秀专业人才。

天河软件园打造高端现代服务业航空母舰

日前，记者从天河软件园获悉，《广州天河软件园高唐新建区产业发展规划（2008-2015）》新鲜出炉。副区长、软件园管委会主任廖国胜透露，天河软件园高唐新建区将进入一个建设高峰，天河高端服务业航空母舰正在启航，天河软件园作为华南科技创新核心区地位逐步形成。

现状篇

“北有中关村,南有天河软件园。”作为国家软件产业基地的天河软件园是华南地区软件企业最密集的软件产业聚集区域，在广州软件产业发展中起到了主导作用。据统计，2007年，园区实现软件产业技工贸总收入315亿元，软件收入178亿元，同比均增30%以上；超亿元软件企业50家，超10亿元软件企业5家。2008年上半年，软件产业技工贸总收入131亿元，同比增长33%，软件收入82亿元，同比增长35%，实现利润10亿元，同比增长32%，天河软件园在发展高端产业中优势突出。

软件产业基地综合规模仅次中关村

据《火炬中心统计资料》（2006）显示，以天河软件园为主体的广州软件园在年末基地总人数、年末软件从业人数、总收入、软件产业收入、软件研发投入等重要指标排名都名列前茅。天河软件园位居我国软件产业基地综合规模第二位，仅次于北京中关村软件园，其中高唐新建区是国内目前最大的单体软件园区。天河软件园对广州和广东软件发挥着巨大的推动和示范作用，是广州及广东软件产业发展的源动力和排头兵。

一直以来，天河软件园大力发展以通信服务为核心的信息服务业、以网游动漫为代表的数字内容创意产业和软件技术服务外包产业，形成了天河软件园鲜明的产业特色。在园区IT企业中，年产值超亿元的有46家，其中网易、华南资讯、海格通信、京华网络等一批知名软件企业入选全国软件企业100强。全市11家国家级骨干软件企业全部在天河软件园；全市7家国家规划布局内的重点软件企业，其中6家在天河软件园；全市18家通过CMM-2级以上认证的软件企业，其中15家在天河软件园。正在建设的高唐新建区和建成区的19个分园，聚集了广州市约80%的软件和动漫企业。

七千万建成软件公共技术支持中心

记者了解到，天河软件园投资约7000万元建成了面向企业的软件公共技术支持中心正式启用。中心拥有的基础设施包括互联网支持、行业软件支持和动漫支持在内的原型开发平台、软件评测平台、动漫制作平台、软件人才培训平台、展示交易平台。中心由天正信息技术有限公司负责公共技术平台的运营，为中小软件企业提供评测、产品展示与交易、人才培训和动漫平台等服务，减轻企业自行搭建开发、测试环境的成本负担，促进中小企业技术创新和产品开发。

培养3万软件（动漫）专业技术人员

据悉，天河软件园积极鼓励和扶持企业建成近20个企业级技术研发中心，引进了美国ArrAy公司软件外包研发中心、广州爱立信软件研发中心、汇丰银行中国软件开发中心等国际著名企业的研发中心。构建以博士后科研工作站为高级人才服务平台，以软件“蓝领”为基础的人才资源平台，并通过整合社会资源，先后与中山大学、华南理工大学合作成立两所软件学院，与微软、印度NIIT、Autodesk联合举办软件（动漫）培训中心，引进CEAC国家计算机教育认证项目创办IT蓝领培训基地，与广州新东方职业教育培训中心等九家全市比较知名的社会培训机构结成战略联盟，共同开展人才培训工作。据统计，2006年以来，天河软件园累计培养了高级软件项目管理人员和高级软件架构师等各类软件（动漫）专业技术人员3万人。

项目篇

东部重点项目推动产业高端发展

国庆前刚刚破土动工的东部组团四大重点建设项目涵盖了软件产业各大领域，大大促进了天河软件园的产业链条的延伸，借助现有完善的软件动漫人才的培养机制和优良载体，标志着天河向打造高端产业强区目标又迈进了一大步。

软件动漫人才的摇篮：广州软件（动漫）人才培养培训基地。在天河软件园高唐新建区东部兴建的广州软件（动漫）人才培养培训基地，拟明年10月竣工。建设投资达6000多万元，占地面积约12000平方米，有大小教室68间，可容纳3516人同时上课，并配备远程教育、电脑实操和教研室等教学功能；计划引进两家国际培训机构的培训体系，将发展成为一个为广州软件产业发展提供强大支持的培训服务基地。

企业腾飞的温床：国际孵化器。该项目位于天河软件园产业规划中高唐新建区东部的国际孵化器组团内，总占地面积186400平方米，与网游动漫大楼隔湖相望，东邻新塘水库，环境优美。首期国际孵化器为2幢5层对称建筑单体，总建筑面积44664平方米，建安工程投资估算9380万元，拟明年11月竣工交付使用。据悉，该项目为解决空间发展瓶颈，尽快集聚国内外软件产业资源，形成优势产业发展凝聚核，带动广州乃至珠三角地区软件和网游动漫产业的发展将起到重要作用。该项目建成后，集软件企业的产品开发，测评、认证、展示交易、项目管理、投资融资、咨询培训等要素平台，将吸引一批国内外知名软件企业以及大量的软件专才进入天河软件园高唐新建区创业和发展。

数字动漫产业的加速器：动漫大楼。该大楼将建于高唐新建区东部网游动漫专区，占地面积约5000平方米，与国际孵化器隔湖相望，环境优美，建筑外型新颖，并设有亲水平台。建设规模21898平方米，建安工程总投资估算4515万元；计划于明年10月竣工交付使用。该项目建成后，将与国际孵化器等其他园区配套工程项目，组成国内主要的网游动漫作品创作、衍生产品设计、生产、加工、制作和出口基地，吸引一批网游动漫企业进驻高唐新建区，进一步加快广州市网游动漫产业的发展。

企业自主创新的平台：北大明天科技创新园。该项目位于广州天河软件园高唐新建区，总建筑面积20948平方米。该项目属于天河国家级软件园区科研、办公建设项目，享受高新技术企业配套政策。项目容积率1.60，绿地率为30.4%。据悉，该项目将发挥企业与北京大学的联合优势，打造一个适宜创业、创新的科研基地，建成后将提供一个整合各方优势资源的平台，以便企业尽快形成产业规模。

四大龙头项目奠定科技创新核心地位

天河软件园在加快高唐新建区基础设施建设的同时，也加快了招商引资的步伐，引进了中国移动南方基地等龙头项目，以及一大批有特色的中小软件企业。其中，中国移动南方基地、中国电信IDC（亚太信息引擎）、广州超级计算中心和信息产业部电子五所软件评测中心可谓天河软件园科技创新四大发动机，将要发挥着聚集高端产业的功能，奠定天河软件园作为华南地区科技创新核心区地位。

中国移动南方基地：南方基地首期工程，计划建筑面积17万平方米，投资15亿元，预计2009年8月投入使用。中国移动南方基地位于天河软件园高唐新建区西部组团，总用地面积达49万平方米，规划总建筑面积26万平方米。其中，2006年启动首期工程，计划建筑面积17万平方米，投资15亿元，预计2009年8月投入使用。南方基地与位于北京的北方基地南北呼应，构建中国移动一体化的IT支撑平台，同时对外提供中国移动世界一流网络实力的展示，是中国移动服务推向国际的重要基地。基地建成后将成为融合IT支撑、研发、交流为一体的、世界一流的生产研发基地，实现带动100亿元投资、打造10个国际级技术研发中心、吸引500家信息服务企业的目标。

中国电信IDC（亚太信息引擎）：亚太地区最大的互联网数据中心“亚太信息引擎”在今年5月已全面落成启用，标志着广州信息港建设水平已位居全国前列。该项目投资近4亿元，按照业界至高等级的数据中心机房标准建设，建设面积15000平方米，最多可以容纳30000多台客户主机。该数据中心可为政府、企业提供包括主机托管、数据管理等各类服务，服务范围涵盖了整个IT服务领域，并首创了“1对1”首席技术专家服务，为各专业代理商及合作伙伴联合提供一站式专业服务。该项目的建成将吸引全国、乃至全球跨国企业把信息化平台、信息服务中心落户广州地区。目前已有汇丰银行、世纪互联等签署了使用“亚太信息引擎”的合作协议。

广州超级计算中心：该项目总投资38600万元，总建筑面积23200平方米。超级计算机系统及应用环境包括规模为每秒40万亿次高性能计算机系统、380TB的存储系统、包含4套网络的综合网络系统、应用终端设备和配套的机柜，以及基础软件平台和典型应用软件支撑环境的建设，拟于2010年竣工。据悉，建成后的中心将具有承载广州地区开展信息共享和业务协同的平台、2010年亚运会的副信息服务中心等功能，将成为继北京、上海之后的全国第三大超级计算中心。

工业与信息化部电子第五研究所（中国赛宝实验室）软件测评中心、集成电路测试中心及平板显示产品质量检测中心：该项目于2008年5月获得国家工业和信息化部立项批复，将建设具备软件可靠性分析、软件系统完成性测评、信息服务软件开发以及软件成果鉴定和软件产品登记测试、集成电路的筛选、测试、设计验证及仲裁检验服务、对平板显示产品质量的系统检测能力等能力。据悉，项目选址在高唐新建区东部组团，占地面积12500平方米，投资估算4458万元，计划2009年12月竣工。项目建成后，将为珠三角乃至全国的电子行业提供共性技术研发、测试和服务的公共平台，将会极大的配合国家和地方政府的产业政策，成为政府和企业有力的技术支撑。

规划篇

广州市委、市政府日前出台的《关于加快发展现代服务业的决定》，把发展现代服务业作为建设全省“首善之区”的重大举措，确立了现代服务业在广州现代产业体系中的主导地位，作为现代服务业高端之一的信息服务与软件业，其地位尤为突出。“广州软件看天河，天河软件看高唐”，廖国胜说。天河软件园是广州软件产业的主要依托，高唐新建区则是天河软件园的核心基地，是广州软件产业未来发展的带动龙头，。高唐新建区代表了天河及广州软件产业未来的发展依托和发展方向，具有独一无二的代表性和主体性。据新出台的《广州天河软件园高唐新建区产业发展规划（2008-2015）》（简称《规划》），规划总面积12.25平方公里，占天河软件园总面积的98.8%，目前首期6.69平方公里的开发建设即将完成，二期5.56平方公里将在2010年完成部分地块的开发建设。

良好的区位条件、丰富的土地资源、独有的市场基础、稳固的人才优势以及完备的技术支持体系是高唐新建区发展的良好基础和条件，高唐新建区的规划与建设，基本解决了一直以来制约着天河软件园发展的资金和土地两大瓶颈，不仅盘活、优化了软件园的存量，而且大大激活了增量，必将成为天河软件园产业发展新的增长极。

2010年软件企业总产值突破500亿

根据《规划》，天河软件园定位了高唐新建区总体目标，即以聚集通信信息服务、数字内容、软件服务外包、金融创新服务和电子商务等产业龙头为突破口，打造科技创新核心区、高端现代服务业集聚区和总部结算与展示中心区，并建立与之相适应的高层次创新人才高地；建设成为与城市中心区融为一体的宜居宜商的生态型软件社区；并细分为企业发展、经济发展、分行业近期具体目标三个子目标。

据了解，在企业发展目标方面，拟2010年园区聚集的软件企业数达600家，其中认定软件企业300家，年销售额超亿元软件企业50家，其中年销售额10亿元以上的软件企业10家，新孵化软件企业超过200家。2015年企业发展实现在2010年的基础上翻一番。在经济发展目标方面，广州市对于软件产业发展的目标是今后5年每年保持35%的增长速度，（国内软件产业近几年连续保持超过30%的增长速度），2010年广州软件产品的出口额达到91亿元，其中高唐新建区占据50%以上的份额，软件企业总产值突破500亿元。2015年将在2010年的基础上再翻一番。在分行业近期具体目标方面，到2010年，逐步形成“一一三六”的通信产业发展格局；发展以网游动漫为重点的新兴数字内容产业，产值规模达到40亿元，占广州60%市场份额；加强与香港的区域软件资源合作，结成软件外包合作联盟，产值规模达到40亿元等。

将生态文明融入园区发展建设中

根据节约型和环境友好型的产业园区发展理念，高唐新建区不仅是软件产业承载体，更要将生态文明的理念融入到园区的发展建设中，通过优化配套环境和基础设施的共享，实现园区经济效益和环境效益的协调发展，创造宜居宜商发展环境。在此基础上，高唐新建区空间结构定位为：一核三圈层。即：服务中心、科技圈层、生活圈层及生境圈层。总体功能布局设置为五个配套服务区和五大产业集聚区。五个配套服务区为国际孵化器、商务中心区、综合配套区、生活居住区和教育培训区；五大产业集聚区为通信信息服务产业区、数字内容创意产业区、软件外包服务产业区、金融创新服务产业区和电子商务产业区。

在通信信息服务产业区方面，在第三代移动通信领域，2007年3月中国移动已经展开了TD-SCM?鄄DA商用试验网的建设，3年内3G投资将超过1500亿元；在光接入设备领域，2006年市场规模为25亿元，光接入设备仍处于成长期，预计2010年市场规模将达到80亿元，广州的目标为占据10%-20%的市场份额，而天河软件园高唐新建区的目标是广州市场份额的60%；在多媒体交换设备领域，2006年市场规模为120亿元，多媒体交换设备处于快速发展增长期，预计今后3年内将保持在25%左右的复合增长率，到2010年市场规模将达到200亿元，广州的目标为占据10%-20%的市场份额，而高唐新建区的目标为广州的60%的市场份额。在光接入设备和多媒体交换领域，重点引进思科、阿尔卡特-朗讯、大唐移动、三星等国内外知名的通信设备制造厂商。

在数字内容创意产业区方面，2007年中国数字内容产业规模继续保持快速增长，市场规模达到了1570.1亿元，增长率超过40%，显示出了极大的发展潜力，其中网游动漫及相关产业年产值约500亿元。未来三年，数字内容产业将继续保持高增长态势，在2010年其市场规模将达到3420.8亿元，其中网游动漫产业市场规模将达到1687.5亿元，广州的目标为占据20%-25%的市场份额，而高唐新建区的目标为广州的50%的市场份额。重点引进迪尼斯、皮克斯、日本SUNRISE等网游动漫知名企业；配合动漫产品的推广，重点引进索尼娱乐、华纳、哥伦比亚等产业链下游的跨国影视企业。

在软件外包服务产业区方面，按照广州市“十一五”期间对软件业的发展规划，到2010年，广州将实现软件出口年均增长30%，出口达到12亿美元的目标。天河软件园作为国家软件出口创新基地之一，目标是占据广州的50%的市场份额。重点引进印度TATA咨询、Infosys等已具有规模优势的外包企业；吸引诚伯信息等初具规模的外包企业入园。

在金融创新服务区方面，重点引进金蝶软件、用友软件等金融财务软件企业的研发部门进驻，同时吸引四大国有银行等各类金融机构建立区域业务信息数据库和业务系统研发中心。

在电子商务产业区方面，重点引进卓越亚马逊、阿里巴巴等著名电子商务巨头的技术研发部门，培育一批从事电子商务后台支撑技术及软件系统研发的中小型软件企业。

专项资金奖励高级人才创新

据悉，为凝聚人才，促进天河区的高新技术和软件、动漫企业的发展，天河区委、区政府还出台了《广州市天河区高新技术和软件、动漫企业高级人才奖励暂行办法》（简称《办法》）。

《办法》指出企业高级人才是指在天河区纳税、按照国家规定和程序认定的高新技术企业和软件、动漫企业中的高级技术和管理人员。根据《办法》，天河区对高级人才推出了一系列奖励和优惠政策。如在天河区年纳税额300万元以上的高新技术和软件、动漫企业的研发团队第一技术负责人（首席科学家）中，每年选拔50名授予“天河区科技创新人才”称号，并纳入创新型人才联谊组织，优先解决其培训、考察、疗养及子女入托、入学等问题。对获得《广州市进一步扶持软件和动漫产业发展的若干规定》（穗府[2006]44号）个人工薪收入所得税返还奖励的市重点软件、动漫产业，配套奖励该企业的董事长、总经理和第一技术负责（首席科学家），奖励金额为上一年度上缴个人工薪收入所得税的10%，最高限额20万元；对未获得该《规定》个人工薪收入所得税返还奖励，在天河区年纳税额300万元以上的软件、动漫企业中连续任职超过一年且年薪收入超过15万元的高级人才，可享受上一年度个人工薪收入所得税纳税额25%，最高限额10万元。对高新技术和软件、动漫企业上一年度承担国家科技部“863”计划、重大专项、火炬计划以及获得国家科技进步二等奖以上奖励的项目负责人（企业专职人员），获得市留学人员科技创业资金资助的留学人员、被认定为市级以上工程技术研发中心的高新技术企业经营班子一次性给予5-10万元的奖励等。

另悉，天河区软件园高唐新建区遵循“高水平、低门槛、多功能、优服务”的原则，建立了“招商前期服务、创业注册服务、企业发展服务、产业管理服务、技术服务体系、投融资服务体系”六大服务体系，全方位提供细致入微的亲商服务。

相关资料链接：

◆“一一三六”的通信产业发展格局：“中国移动南方研发基地和中国电信IDC为中心（一）、围聚10个国内外领先的通信设备和终端厂商技术研发中心（一）、聚集300家信息服务提供企业（三）”、通信及服务产值规模占广州60%的市场份额（六）

◆产业集聚区

通信信息服务区——围绕已在园区建设的中国移动南方研发基地，发展信息通信增值业务。

数字内容创意产业区——重点发展以网游动漫为主的创意产业。

软件外包服务区——以软件研发功能为主，积极发展对日、欧软件出口企业的较高层次的设计外包和服务外包。

金融创新服务区——依托天河区产业优势，大力研发金融衍生产品服务软件，打造金融服务平台，建立区域金融机构信息数据库及服务中枢，为珠江新城提供技术支撑和服务。

电子商务产业区——重点发展面向电子商务及政府信息化的信息平台、应用软件及技术的研究。

◆五大配套服务区

国际孵化器——依托广州超算中心、亚太信息引擎、软件和Linux公共技术支持中心等大型基础项目打造软件企业孵化的集聚区，吸引高科技人才尤其是海外留学人员创办科技型企业、从事高新技术成果转化和产业化。

商务中心区——园区级产业配套服务区，突出游憩商务功能，集合休闲娱乐、商务会展、文化创意、总部经济等功能，设置酒店、商业、展示、文化娱乐等设施。

综合配套区——园区级的生活配套服务区，主要为软件区居住人口提供生活配套服务，集中设置公寓，包括社区公园、社区服务中心、超市以及会所等设施。

生活居住区——依托火炉山良好的自然环境，建设高尚社区，配置组团级公共服务设施，包括小学、幼儿园、文化活动站、肉菜市场等生活服务设施。

教育培训区——依托园区现有教育机构，如华联私立学院、岭南技术职业学院和广州软件动漫人才培养培训基地，以及在中移动南方研发基地旁预留教育培训用地，形成“以点带面、覆盖全区”的格局，计划引进国外知名大型软件人才培训机构，为园区的发展提供人才保障。

（转自《广州天河新闻》）

"创文"促天河更现代更厚重

广州市全面启动创建全国文明城市迎检活动后，天河区按照市委、市政府的统一部署，进一步巩固创卫成果，并结合自身实际，在坚持科技兴区、教育强区、环境建区、文化优区的可持续发展战略的基础上，解放思想，创新思路，全面推进经济持续发展，全面推进社会和谐进步，全面提升市民综合素质，全面提升城区文明程度，使创文之花在天河140多平方公里的大地上蓬勃绽放，异彩纷呈。6月16日，天河区委副书记肖彬生接受记者采访时，作出如上表示。

"四大工程"确立创文战略地位

肖彬生说，天河区委、区政府认为，创建全国文明城市是一个涵盖经济、政治、文化、社会、生态各个领域的社会系统工程，是广州市提升城市品位、促进产业升级的必然要求，也是广州市顺应时势发展发展的必然选择，更是对天河区落实科学发展观、构建和谐天河各项工作的全面检阅。区委、区政府强调，要以建设"首善之区"目标为引领，以改善民生、打造宜居环境、提高人民群众生活质量为要求，以注重实践、务求实效为原则，把创建工作作为群众满意、市民得益的民心工程，作为提升区域综合实力和综合竞争力的基础工程，作为推进科学发展、促进社会进步的和谐工程，作为改变作风、提高效能的排头兵工程，紧紧依靠全区人民的团结奋斗，有效整合社会各方面资源，扎实做好创建冲刺阶段的各项工作。

他指出，四大工程的提出，紧扣天河经济社会发展大课题，更进一步深化了天河人对创建全国文明城市的认识，充分体现了"创文"是天河走向更加现代和更加厚重的必由之路，对于顺利推进创建工作提供了坚实有力的思想保障。

网络化管理实现创文全覆盖

天河在创卫过程中尝到了网络化管理的甜头。全面启动创建全国文明城市后，天河区更进一步完善、健全了网络化管理，上至区委书记、下至居委会成员，每人都有一块专门负责的"责任田"，并要切实负责在责任田里播种文明、守护文明、收割文明，从而既纵向实现了"创文"与"创卫"的无隙化对接，又横向实现了"创文"在全区的全覆盖。

市创建动员会后，天河区立即制作了分工责任图，区班子成员都领回了一块沉甸甸的"责任田"：按照"天河区创建全国文明城市组织机构、责任单位、工作任务分工网络图"上的分工，区委书记、区人大常委会主任杨建城和区委副书记、区长徐汉添担任总指挥，区委副书记肖彬生和区委常委、宣传部部长陆志强任常务副总指挥，区委、区政府其他副职任副总指挥，大部分领导还分别担任区创建办及下设六个小组的组长，负责牵头统筹所在小组的创建工作。

根据《测评体系》有关测评项目，区创建指导部领导分工成立政务环境组、法治环境组、市场环境组、人文环境组、生活环境组、生态环境组和创建活动组七个小组，分别明确了每个小组的测评内容、标准、方法以及牵头单位、责任单位及相关负责人。机关所有部门成为牵头单位，或为责任单位，均被囊括在网络图内，"无一漏网"。牵头单位负责最多的有9项测评内容，最少的亦有2项。

全区21条行政街也都相应成立由街党工委书记、办事处主任为总指挥的创建指挥部工作小组，分片包干，明确责任人和相应负责测评内容。街道辖区村改制公司和社区居委会也都按要求成立由其负责人任总指挥的创建指挥部，并由专人负责创建工作，真正把创建工作落实到个人，落实到单位，确保每项工作有人抓，每块地域有人管。

五支队伍激发创文宣传活力

在天河创建工作中，除了专门组织宣传机构、制定创建宣传方案、强化组织领导力度外，始终注重队伍建设，主力军是机关干部和专门的创建宣传队伍。在创建的第一线，他们既是战斗者，又是宣传员，在创建宣传中起着不可替代的支柱作用。除此之外，天河区正在组建三支“生力军”：发动辖内青年志愿者队伍组建“天河创建义工宣传团”，深入高校、街头进行广泛的义务宣传；邀请退休的老干部、老劳模、老教授等成立“老干部宣讲团”，在全区巡回宣讲创建意义、目的、举措等；组织热心的市民成立“市民寻访团”，兼负宣传和举报责任，活跃在街头巷尾，成为创建的一个个移动的“小平台”。

作为广州市新的城市中心，天河区文明出行状况直接影响到广州市的窗口形象。天河区在创建过程中，把文明出行作为重点难点切实抓实、抓紧、抓好。制订了《文明交通从我做起百日大行动工作方案》，各项活动正稳步推进。5月27日，天河区成功承办了“文明交通从我做起”百日大行动启动仪式，并在各文明交通示范路口开展专题活动，当天接受群众咨询1万多人次。6月11日，天河交警大队在天河路体育东、天河北体育东路口设置文明交通宣传、执法点，加派人员，并安排志愿者针对交通违法行为给予纠正和处罚。

文艺活动呈现鲜明创文特色

天河区紧密结合创建全国文明城市开展“四进社区”群众文艺大汇演活动，创作了一批文艺精品，并将组织一台创建全国文明城市的专题节目，在全区巡回演出。我区特别注重重分发挥文体、科普的文明熏陶作用。例如，策划举办“绚丽天河”文化艺术节、“金雁之声”群众外来务工人员歌咏表演。冼村街变“烧烤一条街”为整洁有序的商业步行街，并建立文化广场，每周定期放映电影，成为外来人员休闲娱乐、接受文明熏陶的大好去处。黄村街在一个废弃荒地上修建“在水一方”外来人员休闲娱乐中心，成为加强市民公德教育的大舞台。龙洞街开展以科普教育为主题的电影放映周活动，凤凰街坚持举办客家山歌系列文化活动，等等，使“四进社区”打上鲜明的“创建”烙印。到目前为止，全区共开展各类文化活动67场，活动惠及社区群众8万多人次。

督办考评确保创文扎根到底

近日，天河区正式出台创建全国文明城市考评督办组的督办工作方案，采取扎实有效的措施，将对全区各方面工作推进、落实情况进行督办。

据介绍，天河区成立创建工作督办考评组，下设的七个工作小组采用类似创卫期间综合巡查的方式，分工对相关职能部门和21条行政街的创建工作进行巡查和督办，对于在短时间内可解决的问题，通过对讲机或手机通讯工具和相关单位负责人联系解决；对于需要一段时间解决的问题，通过督办组发出交办通知书给相关责任单位解决；对于已交办还未解决的问题，将再次发出督办通知书。督办情况以月通报方式在全区进行通报。

督办的具体措施包括：对创建存在的问题，各相关职能部门、街道办事处要立即制定措施予以整改并将整改结果上报区创建办；对于整改措施不到位、工作不得力、成效不明显的职能部门、街道办事处，天河区创建办会同区监察局对其行政效能进行监察，予以通报批评、“黄牌”警告直至追究有关责任单位的责任。对属于公务员的追究对象分别视情节给予通报批评、诫勉谈话、调离岗位、调整（免除）职务或行政处分；对属党员的村（居）委会、经济社、村改制公司、集体经济组织的负责人和工作人员的追究对象，由街党工委按照党内规定给予处理；对属非党员的村（居）委会、经济社等村（居）民自治组织负责人或工作人员的追究地向，由街道办事处视情节分别给予批评教育、取消年度各类评优资格或建议罢免职务等处理。

肖彬生表示，天河区一定举全区之力，集全区之智，以更大的决心、更周密的计划，认真对照指标要求，一项一项抓好落实，让创文之花在天河区结出丰硕成果。

（闵正文）

特　载

特载1

天河“一核四带八区”做强做大现代服务业

区委昨召开全会出台一揽子规划

来源：南方日报　时间：2008年07月29日
作者：姚艺曲、田禾

关注区委全会

天河区委书记杨建城在该区区委全会上透露，天河将构建“一核、四带、八区”的现代服务业总体布局。即“一核主导”，由珠江新城和天河体育中心周边商务办公区组成的广州市中央商务核心区主导；“四带辐射”，沿临江大道、黄埔大道、中山大道和云溪路形成若干发展节点；“八区集聚”，重点打造8个现代服务业集聚区，以此“中心+点轴”支撑的空间网络系统引导产业向优势区位集中发展。

本报讯　(记者/姚艺曲　通讯员/田禾)昨日，笔者从天河区委七届五次全会上获悉，该区刚出台《广州市天河区现代服务业发展规划(草案)》(以下简称《总规划》)以及金融业、现代商贸服务业、信息服务业等6个子规划和总部经济等两个专项规划。天河区委书记杨建城在会上透露，天河将构筑“一核、四带、八区”现代服务业总体布局，重点打造8个现代服务业集聚区。

金融机构占全市总数六成

截至2007年底，天河区共有金融机构及代表处85家，其中银行机构39家、保险机构36家、证券机构10家，占全市金融机构总数的60.28%。据了解，目前，天河北、体育东一带汇集了广州市近50%的金融机构，40多家国内外知名金融机构集聚天河北与体育东周边，形成了金融机构汇集的“金融一条街”。珠江新城金融商务区进入建设高潮，各类型商务建筑大楼陆续投入使用，已有14家金融机构进驻金融商务区，还有10家金融机构准备进入，金融聚集与辐射效应初步显现。

根据《天河区金融服务业发展规划(草案)》，到2015年，珠江新城金融商务区成为区域性金融中心的管理中枢和总部基地；初步形成带动全省、辐射华南、联通港澳台、影响东南亚并与国际接轨的区域性金融中心核心区；预测2008～2015年，金融业增加值年均增长15%。

杨建城表示，天河区作为未来区域金融中心核心区的空间布局包括五大区域：珠江新城金融商务区、天河北——体育东金融街、员村金融配套服务区、石牌——五山——龙洞地区高校金融研发与人才培训基地、天河软件园——高唐新建区金融服务外包基地。

现代商贸业增加值预测年增14%

据统计，2007年天河区全年地区生产总值1204.63亿元，其中第三产业增加值967.71亿元，增长16%，第三产业对经济增长的贡献率为86.7%。根据《天河区现代商贸服务业发展规划(草案)》，预测2008～2015年，该区现代商贸业增加值年均增长14%。

天河区现代商贸业将规划为“一轴集聚、两圈协同、三带辐射”的空间格局。

“一轴”是指广州新城市中轴线，北起燕岭公园，经天河体育中心、珠江新城至海心沙市民广场，是带动天河区现代商贸业网络化发展、强化现代新城区城市形象的发展轴和景观轴，体现“一轴集聚”效应。

“两圈”是指核心商圈和东部新商圈，通过提升核心商圈和建设东部新商圈，形成“两圈协同”

效应。核心商圈由火车东站到珠江新城、天河立交至岗顶地区围合的区域组成，是引领天河区现代商贸业发展的核心区域，通过核心商圈的发展提升，成为广州市新城市中轴线最有力的组成部分。东部新商圈由车陂路到珠吉路、黄埔大道至奥体中心所围合的区域组成。通过加快建设东部商圈，成为天河区东部地区经济增长核心区域。

"三带"是指天河路——中山大道商贸发展带、广汕路商贸发展带和珠江滨水休闲商业带，形成"三带辐射"效应。

打造"珠江新城—员村"总部基地集聚区

2007年天河GDP达到1204亿元，位列全市第一，并且第三产业占比为80.3%。天河有两个总部板块，一个是环天河体育中心核心商务区和新兴的珠江新城中央商务区，其中珠江新城中央商务区的核心区域还被广州市定为核心金融商务区。此外，天河软件园也已发展成为信息服务产业群的聚集地。

根据《天河区总部经济发展规划(草案)》，到2010年，天河将成立总部经济促进中心，完善总部经济投资环境，以"退二进三"为契机，通过对烂尾楼、旧城区的改造等方式拓展总部经济用地，加快规划建设"珠江新城—员村"广州总部基地集聚区。到2015年，跨国公司的亚太区总部数量有较大增长，成为全国乃至亚太地区总部经济的主要集聚区域之一，并成为华南地区的金融中心、研发中心和现代服务业中心，最终成为"总部经济之都"和经济可持续发展的总部经济生态城市。

根据规划，总部经济空间布局将分成3个片区，分别是"珠江新城—员村"总部基地集聚区、天河北发展片区、天河软件园研发中心和软件服务外包总部聚集区。

区委常委、常务副区长李新全表示，"珠江新城—员村"总部基地集聚区是以珠江新城和员村总部基地板块为中心，打造"珠江新城——员村"总部基地集聚区，形成沿珠江沿岸不断延伸扩大的总部经济发展片区，并与琶洲会展中心相呼应。据悉，员村连接琶洲和珠江新城，地铁5、6号线贯地而过，将重点发展写字楼、商务中心等服务业总部经济，建设产业总部群。

天河软件园聚集的软件企业超过900家，约占全市软件企业总数的70%，总体规模居全国前列。软件园高唐新建区将重点发展以软件技术为核心的信息服务产业、网游动漫产业、软件外包服务业和集成电路产业，打造华南地区最大的软件产业基地和信息技术服务外包基地。

高唐动漫力争全市六成市场份额

"北有中关村，南有天河软件园。"作为国家软件产业基地的天河软件园是华南地区软件企业最密集的国家软件产业基地，在广州软件产业发展中起到了主导作用。

2007年天河软件园软件企业实现技工贸总收入315亿元，同比增长25%，软件收入178亿元，同比增长30%，占全市的75%，园区软件和动漫企业总数达1300家，占全市的75%。目前已经形成了"一带三高地九平台"的"139"发展格局，其中："一带"是指天河IT产业带(产业聚集区)，包括水荫路的天溢园区——天河北路(体育东路)——天河东路——中山大道(石牌电脑城系列)——科贸中心——五山路(技术创新)——中山大道——科韵路(广州信息港等)——高唐新建区。除了软件园下属的19个分园外，还包括石牌IT集聚区和五山科技创新集聚区。"三高地"是指人才培养培训高地(高校集聚区、南方人才市场、博士后工作站、广州软件动漫人才培养培训基地及数十家人才培训机构)、品牌市场高地(石牌电脑市场的品牌效应)、技术创新高地(高校和科研院所技术成果集聚区)。"九平台"是指技术支撑平台，包括天河区域内的重点投资的9个软件技术支持中心，即中国移动南方研发基地、广州电信亚太信息引擎(IDC)、软件测评中心和平板显示检测中心、Linux公共技术支持中心、IC设计中心和EDA设计平台、微软技术支持中心、国家软件产业基地软件公共技术支持中心、IT资源网、广州超级计算中心。

2007年中国数字内容产业规模继续保持快速增长，市场规模达到了1570.1亿元，增长率超过40%，显示出了极大的发展潜力，其中网游动漫及相关产业年产值约500亿元。未来三年，数字内容产业将继续保持高增长态势，在2010年其市场规模将达到3420.8亿元，其中网游动漫产业市场规模将达到1687.5亿元，广州的目标为占据20%～25%的市场份额，而高唐园区的目标为广州的60%市场份额。

根据《天河区信息服务业发展规划(草案)》，到2010年，天河软件园软件收入年均增长30%，从2008～2015年，信息服务业增加值年均增长18%以上。

2010年，现代服务业占GDP比重超65%

据了解，自天河建区以来，服务业逐步由传统行业为主向现代服务业为主转型，服务对象由个人服务类为主逐步向以生产服务类为主转型。2004年，该区现代服务业在经济总量中占比超过60%，现代服务业主导经济发展的格局基本形成。2007年，现代服务业企业数8431家，占第三产业总数的46.23%，现代服务业完成增加值768.53亿元，占第三产业的79.4%，占GDP的63.8%。

目前形成了以体育中心周边为核，以石牌、棠下软件园区为缘，以珠江新城为快速增长区的格局。2007年，天河南街、林和街现代服务业企业完成的营业收入占该区的72.09%，单位土地面积产出的现代服务业营业收入为192.42亿元/平方公里，是该区平均水平的16.84倍；天河南街、林和街、猎德街、石牌街、天园街和棠下街6个街道现代服务业的营业收入占该区的92.5%。

根据《总规划》，到2010年，天河区现代服务业增加值平均增长率为15%，占GDP的比重超过65%，将发展成为广州市现代服务业规模最大、结构最优的服务业高地。

天河区倾力打造软件新园区，规划总面积12.25平方公里。

广州新闻·社区 C03

天河“一核四带八区”做强做大现代服务业

区委昨召开全会出台一揽子规划

从化开设旅游咨询投诉电话

“西关风情”油画展今日开展

特载2

未来广州软件看高唐

来源：羊城晚报　时间：2008年10月7日
作者：吴彤、田禾

本报讯记者吴彤、通讯员田禾报道：有“广州硅谷”之称的天河软件园有新动作！昨天，《广州天河软件园高唐新建区产业发展规划（2008-2015）》（下称《规划》）新鲜出炉。随着9月28日天河软件园高唐新建区的四大重点项目软件动漫人才培养培训基地、国际孵化器、动漫产业大楼和北大明天科技创新园破土动工，高唐园区将建成一个集聚天河高端服务业的“航母”，成为继“天河商圈”后广州第二个东部商圈。

天河软件园发展至今已拥有20个园区，走的就是一条最初是在天河北，然后往东到华师大后，又往科韵路发展，现在发展到了大观路的“东行”之路，在高唐建立了新核心园区，毗邻2010年广州亚运场馆——奥林匹克体育中心。

当年为全运会而建的天河体育中心，造就了天河商圈，有人提出疑问占尽2010年亚运会“地利之优”的天河软件园是否能成就“天河第二商圈”？

天河区副区长、软件园管委会主任廖国胜表示，2010年广州亚运会是一个契机，对天河东部新商圈无疑有重要的意义。“天河科技园高唐园区也将作为数字处理的备份中心，为亚运会做后备工作。”

“广州软件看天河，天河软件看高唐。”廖国胜介绍说，天河软件园聚集了广州市约80%的软件和动漫企业，而高唐新建区则是核心基地。建成后，高唐园区将与天河北的科贸园区、科韵路的广州信息港一起构成天河软件园19个分园中的三大核心园区。

高唐新建区总规划面积为12.25平方公里，占天河软件园总面积的98.8%，目前首期6.69平方公里的开发建设即将完成，二期5.56平方公里将在2010年完成部分地块的开发建设。高唐新建区的规划与建设，基本解决了一直以来制约天河软件园发展的资金和土地两大瓶颈。

据廖国胜介绍，天河区将倾全力打造高唐园区，争取在2010年使天河区的软件企业总产值突破500亿元。2015年将在2010年的基础上再翻一番。

廖国胜还透露，天河云溪路、科韵路延长线有望明年上半年实现通车，届时，市区到高唐新建区的路将大大缩短。

广州城事 A7
未来广州软件看高唐
拟建群闸联控使“水动水清”
向东十公里再造一座CBD

特载3

天河软件园进入建设年，华南科技创新核心区地位渐形成

来源：南方日报　时间：2008年10月7日
作者：姚艺曲、田禾、杨之栋

高唐单体软件园区国内NO.1

四大重点项目齐动工

日前，广州天河软件园高唐新建区软件动漫人才培养培训基地、国际孵化器、动漫产业大楼和北大明天科技创新园四大重点项目举行动工典礼。天河区副区长、软件园管委会主任廖国胜表示，2008年是天河软件园建设发展的关键一年，高唐新建区龙头项目建设取得了重大进展，中国电信IDC(亚太信息引擎)5月份正式投入使用，中国移动南方研发基地首期17万平方米主体工程将于年底全面完工，市财政预算投资3.86亿元的广州超级计算中心项目建设已启动。而刚动工的4个重点项目总建筑面积达12万平方米，园区配套更加完善，科技创新环境更趋良好。

据了解，动工项目之一的广州软件(动漫)人才培养培训基地计划建设投资6007万元，占地面积约12000平方米，总建筑面积为23150平方米，建成后将成为广州软件产业发展提供强大支持的培训服务基地；另外一个项目国际孵化器总占地面积186400平方米，首期建筑面积44664平方米，计划建成区域性具有较高国际知名度的软件企业孵化基地，集软件企业的产品开发、测评、认证、展示交易、项目管理、投资融资、咨询培训等要素平台，带动广州乃至珠三角地区软件和网游动漫产业的发展将起重要作用；而动漫大楼则由创意中心、技术支撑服务中心、展示中心、衍生产品开发中心和卡通城组成，占地面积约5000平方米，与国际孵化器隔湖相望，将成为广州数字动漫产业快速发展的载体。最后一个项目北大明天科技创新园总建筑面积20948平方米，将发挥企业与北京大学的联合优势，建成后将提供一个整合各方优势资源的平台。

本报讯(记者/姚艺曲通讯员/田禾杨之栋)“北有中关村，南有天河软件园。”天河软件园在软件行业早已全国闻名。近日，《广州天河软件园高唐新建区产业发展规划》新鲜出炉，天河区副区长、软件园管委会主任廖国胜透露，天河软件园高唐新建区将进入一个建设高峰，刚动工的项目包括广州软件(动漫)人才培养培训基地、国际孵化器、动漫大楼和北大明天科技创新园，这几大重点项目涵盖了软件产业各大领域，将大大促进天河软件园软件产业链条的延伸。天河软件园作为华南科技创新核心区地位逐步形成。

软件产业基地综合规模全国第二

拥有19个分园区的天河软件园位居我国软件产业基地综合规模第二位，仅次于北京中关村软件园，其中高唐新建区是国内目前最大的单体软件园区。

近日广州市委、市政府把发展现代服务业作为建设全省“首善之区”的重大举措，作为现代服务业高端之一的信息服务与软件业，其地位尤为突出。

“广州软件看天河，天河软件看高唐”，廖国胜说。天河软件园是广州软件产业的主要依托，高唐新建区则是天河软件园的核心基地，代表了天河及广州软件产业未来的发展依托和发展方向。近日，天河区新出台了《广州天河软件园高唐新建区产业发展规划(2008～2015)》(简称《规划》)，规划总面积12.25平方公里，占天河软件园总面积的98.8%，目前首期6.69平方公里的开发建设即将完

成，二期5.56平方公里将在2010年完成部分地块的开发建设。

廖国胜表示，高唐新建区的规划与建设，基本解决了一直以来制约天河软件园发展的资金和土地两大瓶颈，不仅盘活、优化了软件园的存量，而且大大激活了增量，必将成为天河软件园产业发展新的增长极。“我们现在除了公共财政支出以外，基本上是倾全区之力在打造高唐园区。未来天河的软件产业就要看高唐的了。”廖国胜说。

2010年总产值突破500亿

根据《规划》，高唐新建区的总体目标是以聚集通信信息服务、数字内容、软件服务外包、金融创新服务和电子商务等产业龙头为突破口，打造科技创新核心区、高端现代服务业集聚区和总部结算与展示中心区，并建立与之相适应的高层次创新人才高地；建设成为与城市中心区融为一体的宜居宜商的生态型软件社区；并细分为企业发展、经济发展、分行业近期具体目标三个子目标。

据了解，在企业发展目标方面，拟在2010年园区聚集的软件企业数达600家，年销售额10亿元以上的软件企业10家，新孵化软件企业超过200家。在经济发展目标方面，广州市对于软件产业发展的目标是今后5年每年保持35%的增长速度，2010年广州软件产品的出口额达到91亿元，其中高唐新建区占据50%以上的份额，软件企业总产值突破500亿元。2015年将在2010年的基础上再翻一番。园区将发展以网游动漫为重点的新兴数字内容产业，产值规模占广州60%市场份额；加强与香港的区域软件资源合作，结成软件外包合作联盟。

将生态文明融入园区建设

廖国胜说，根据节约型和环境友好型的产业园区发展理念，高唐新建区不仅是软件产业承载体，更要将生态文明的理念融入到园区的发展建设中，通过优化配套环境和基础设施的共享，实现园区经济效益和环境效益的协调发展，创造宜居宜商发展环境。在此基础上，高唐新建区空间结构定位为：一核三圈层。即：服务中心、科技圈层、生活圈层及生境圈层。总体功能布局设置为五个配套服务区和五大产业集聚区。五个配套服务区为国际孵化器、商务中心区、综合配套区、生活居住区和教育培训区；五大产业集聚区为通信信息服务产业区、数字内容创意产业区、软件外包服务产业区、金融创新服务产业区和电子商务产业区。

据了解，在通信信息服务产业区方面，在第三代移动通信领域，2007年3月中国移动已经展开了TD—SCMDA商用试验网的建设，3年内3G投资将超过1500亿元；在光接入设备领域，2006年市场规模为25亿元，光接入设备仍处于成长期，预计2010年市场规模将达到80亿元，广州的目标为占据10%～20%的市场份额，而天河软件园高唐新建区的目标是广州市场份额的60%；在多媒体交换设备领域，2006年市场规模为120亿元，多媒体交换设备处于快速发展增长期，预计今后3年内将保持25%左右的复合增长率，到2010年市场规模将达到200亿元，广州的目标为占据10%～20%的市场份额，而高唐新建区的目标为广州的60%的市场份额。在光接入设备和多媒体交换领域，重点引进思科、阿尔卡特—朗讯、大唐移动、三星等国内外知名的通信设备制造厂商。

考虑再建一个五星级酒店

事实上国内软件园区的建设存在不少失败的实例，对此廖国胜表示，天河区在这方面有得天独厚的条件。“我们处在广州的中心位置上，所以光是‘天河’这两个字就值不少钱，软件行业的成败关键在于人才。我们天河区有130多家高等院校和科研机构，而且五山和石牌的产业集聚区吸引了大量的高端人才，这是不可替代的。”廖国胜说，基于人才聚集的优势，目前高唐园区要做的就是如何留住人才。

廖国胜说，天河区现在先是打造“宜居”环境，然后再“宜商”。廖国胜透露，目前高唐园区内的五星级酒店日航酒店已经开始内部装修，今后还会考虑再建一个五星级酒店。路网方面，由于2010年亚运会的脚步越来越近，广州市政府全资投入64亿元贯通营溪路，届时进出高唐园区将形成井字形路网，天河区政府到高唐园区仅15分钟车程。

“我们还有很多人才奖励措施，现在又打算构造一个中间平台对人才进行再培训，促使人才和产业对接。”廖国胜说，软件企业招一个新人后基本都要培养半年才能上手，天河区目前在考虑加速人才和企业的对接。

C02｜广州新闻·时政

天河软件园进入建设年，华南科技创新核心区地位渐形成

高唐单体软件园区
国内NO.1

四大重点项目齐动工

特载4

全国逾千动漫作品天河大比拼

来源：南方日报　　时间：2008年9月19日
作者：姚艺曲、胡良光、田禾

获奖者在天河创业将重奖10万

本报讯(记者/姚艺曲见习记者/胡良光通讯员/田禾)首届“中国国际漫画节”将于本月在广州举行。记者昨日获悉,作为主体活动之一的“全国大学生原创动画大赛”也在紧锣密鼓地进行之中,目前作品征集已圆满结束,共有来自全国23个省市、上百所高等院校的1208件作品参与角逐,比去年多了一倍。天河区有关组织者表示,大赛获奖者只要在天河创业的,将获得10万元的一次性资助。

八大美院精英学子鼎立支持

据了解,大赛以“文化•创新”为主体,面向全国(包括港澳地区)在校大学生公开征集作品。自2008年6月1日正式启动以来,已有近4万人登录了赛事官方网站。“我们花了重本,派了专人背着去年作品到各大高校做宣传”,天河科技局局长颜建华称,此次活动定位于挖掘人才,而人才首先在高校。“在华北、西南等每个区分别待了一周左右,联系各高校,今年是开拓期,会困难点,以后就好办了。”天河科技局的工作人员表示。

通过努力,大赛最终获得了以中国美术学院、中央美术学院等八大美院为核心的全国各大高效的鼎力支持,《宝莲灯》导演、吉林艺术学院动画学院院长常光熙教授;我国第一个动漫博士生导师、北师大肖永亮博士;《雁阵》导演、原长春美术电影制片厂厂长、现同济大学动画系主任王钢教授等动漫业界内执牛耳的人物纷纷对如何策划、办好大赛提出了建设性意见。

颜建华介绍,本次参赛高校的数量超过150家,较往届增长50%,参赛作品突破千件,同比增长2倍。其中来自八大美院的作品共有214件。这些高校的大力支持,为赛事的可持续发展提供了坚实基础,也为区域文化创意产业发展提供了强大的智力支持。

4位广美学生创作《暴走熊猫》

“《暴走熊猫》片长4分钟,1秒钟大概就要绘24张图,我们总共花了1个多月的时间”,主创者之一王晓奇说,这部片被很多人误解为是抄袭《功夫熊猫》的,实际上他们在《功夫熊猫》上映前十几天就定下了熊猫的形象和剧情,根本不知道外国有类似的片子。据了解,《暴走熊猫》由广州美院四位大三学生集体创作而成,讲的是熊猫和蚊子的冲突故事,过程令人捧腹。

据了解,本次大赛征得的作品题材广泛,有与社会热点紧密相扣的;还有具教育启发意义的,如香港理工大学王珈琪的参赛作品《望子成龙症候群》,讲述了一位母亲患上了“望子成龙”的传染病,这种病会传染给其他父母,使父母纷纷不顾实际地“望子成龙”。无奈的子女于生活得越来越沉重,逐渐失去了快乐的童年。

在所有作品中,二维动画、三维动画、插画设计等类型较多,其中某些作品也满是传统元素,如《我在哪》这部作品就将剪纸与皮影的元素运用到动画设计当中,惟妙惟肖。

获奖者天河创业重奖10万

“这不单单是一个活动,更多的是一个产业平台”,颜建华表示,本次举办动画大赛的真正目的不仅仅限于比赛本身,而是希望通过政府搭建的这个交流平台使动漫人才和企业实现对接。据了解,天河区软件园作为全国软件产业基地,聚集了大量动漫企业,其中不乏网易、江通等著名的大型企业。但由于动漫产业在我国刚刚处于起步阶段，因此在动漫人才方面极其缺乏。天河区举办这次活动的目的正是吸引以及引导人才培养的手段之一。

颜建华说，通过这次比赛，天河区政府基本在全国各地布下了挖掘全国各大高校动漫人才的网络。“如果在这次比赛中获奖的学生，今后到天河区来创业，或者与该区内企业对接设立工作室，天河将一次性奖励10万元的创业金。“我们还和区内的企业合作，如果有高素质学生尚未毕业，以网易为牵头等大型企业或将对学生进行跟踪培养，负担其继续学习的学费和生活费。但是前提是学生要好好学习天天向上，并且毕业后到这个企业去工作。”

科技局工作人员介绍，这个产、学、研平台的搭建使得三方对彼此的情况更加熟悉，学校可以根据企业的需要有针对性地培养人才。学生可以根据企业的要求以及自身的特点选择主攻方向。目前有的高校每周花钱请企业的管理层给学生上课，目的也就是在此，而天河区政府免费为全国的高校和国家软件基地搭建起了这个平台。

全国逾千动漫作品
天河大比拼

获奖者在天河创业将重奖10万

社会统计资料

2008年广州市天河区国民经济和社会发展统计公报

2008年，全区上下积极应对国内外经济社会形势变化，努力缓解和克服国际经济危机等不利因素影响，全面贯彻落实科学发展观，按照“整体提升、协调发展”的工作思路，实施产业高端发展战略，推动全区经济社会协调发展，年初预期的各项经济社会发展指标顺利完成。

一、综合经济

经济总量：据初步核算，全年地区生产总值（GDP）1434.39亿元，比上年（下同）增长13.3%，总量位列全市首位，占全市GDP比重为17.5%。按常住人口计算，全区人均GDP达12.65万元（折合为18214美元），增长10.0%。区域经济结构在调整中得以优化，经济运行质量稳步提高。全年第一产业增加值2.25亿元，下降27.1%；第二产业增加值270.30亿元，增长5.7%；第三产业增加值1161.84亿元，增长15.2%。第三产业增加值增速分别高出第二产业和全区经济增长9.5和1.9个百分点。第三产业比重较上年提高1个百分点，三次产业结构为0.2：18.8：81.0.

财政收支：全年实现税收收入222.52亿元，增长21.6%。其中国税收入102.50亿元，增长28.0%，地税收入120.02亿元，增长16.6%。按常住人口计算，全区人均税收收入达19624元，增长18.1%。

区财政一般预算收入完成28.75亿元，增长23.6%，其中，国税部门组织财政收入6.36亿元，增长31.8%；地税部门组织财政收入20.35亿元，增长25.3%；其他财政收入2.04亿元，下降7.1%。一般预算支出34.29亿元，增长20.9%，其中，区级公共安全、教育、一般公共服务、城乡社区事务、社会保障和就业分别支出6.37亿元、5.72亿元、5.04亿元、4.34亿元和2.70亿元。

投资：全年实现全社会固定资产投资总额365.95亿元，增长22.8%。其中，房地产开发完成投资193.09亿元，增长21.5%；基本建设完成投资117.39亿元，增长26.1%；更新改造完成投资55.47亿元，增长20.8%。重点项目建设稳步推进，全区市级以上重点项目完成投资87.1亿元，增长63.4%。

从产业投向看，第一产业完成投资0.03亿元，下降76.9%；第二产业完成投资47.58亿元，下降19.3%；第三产业完成投资318.34亿元，增长33.3%，占全社会固定资产投资的比重为87.0%。

高端服务业：随着产业高端发展战略的推进，金融服务业、现代商贸业、信息服务业、专业服务业、科技服务业和文化创意产业等六大高端产业得到较快发展。

——各类金融企业竞相入驻。至年末，进驻珠江新城金融商务区的中外金融机构总部和地区总部有28家，2008年新驻入13家。全年金融服务业实现增加值166.13亿元，增长6.4%。

——现代商贸业保持强劲发展势头。全区实现限额以上批发零售业商品销售总额3198.08亿元，增长17.8%，实现社会消费品零售额569.43亿元，增长19.1%。

——信息服务业的集聚效应进一步显现。天河软件园累计认定软件企业552家，全年实现技工贸总收入416.18亿元，增长32.0%；软件收入246.90亿元，增长38.0%。

——专业服务业加快发展。限额以上专业服务业企业354家，全年实现营业收入576.90亿元，其中年营业收入上千万元的企业有144家。

——科技服务业初具规模。限额以上科技服务业企业233家，全年实现营业收入73.80亿元，其中年营业收入上千万元的企业有96家。

——文化创意产业园区建设略显成效。羊城创意产业园区被评为省文化产业示范基地，“AEC”创意产业园首期建材广场招商工作已顺利完成。

二、主要行业

全年实现农林牧渔业总产值4.70亿元，下降13.7%。其中农业、林业、牧业、渔业和农林牧渔服务业分别实现产值1.29亿元、0.01亿元、0.40亿元、0.47亿元和2.53亿元。农林牧渔服务业产值增长最快，增长88.4%。

工业：全年实现工业总产值909.63亿元，增长10.5%。规模以上工业企业实现总产值874.63亿元，增长10.6%。全区工业三大支柱行业电力、燃气及水的生产和供应业、化学原料及化学制品制造业和通信设备、计算机及其他电子设备制造业，共完成规模以上工业总产值742.75亿元，增长12.9%，占全区规模以上工业总产值比重为84.9.%。工业产品生产销售衔接良好，产销率达到99.58%。工业企业经济效益出现下滑。全年规模以上工业企业经济效益综合指数为370.51%，回落22.8点，实现利润总额58.85亿元，下降7.8%。

建筑业：年末全区具有三级以上资质等级的建筑企业185家，全年完成建筑业总产值260.56亿元，增长13.6%，其中，建筑工程产值218.78亿元，增长11.9%，安装工程产值38.68亿元，增长26.5%。当年建筑企业签定合同价款727.79亿元，其中新签合同价款379.12亿元。按建筑业总产值计算的建筑业全员劳动生产率为26.01万元/人，增长4.7%。

国内商业：全年实现批发零售业商品销售总额3806.23亿元，增长24.6%。实现社会消费品零售额569.43亿元，增长19.1%。在限额以上批发和零售业企业销售商品分类中，服装鞋帽针纺织品类及食品饮料烟酒类零售额分别增长17.6%和15.5%，汽车类零售额下降7.8%。全年住宿餐饮业实现零售额74.03亿元，增长16.4%，其中星级住宿业和限额以上餐饮业企业实现零售额25.05亿元，增长13.8%。

年末全区拥有各类商品交易市场131家，其中亿元商品交易市场16家，实现成交额96.68亿元。拥有连锁企业50家，增长42.9%，其中限上企业39家。

房地产业：全年房地产开发完成投资193.09亿元，增长21.5%。商品房销售面积239.03万平方米，下降0.7%，商品房销售合同金额285.97亿元，增长12.4%，年末商品房空置面积75.03万平方米，下降16.7%。全年资金来源244.80亿元，下降10.7%。

三、对外经济

对外贸易：全区进出口总额54.64亿美元，增长13.2%。其中出口30.89亿美元，增长15.8%；进口23.76亿美元，增长10.0。实现贸易顺差7.13亿美元，增长40.3%。从贸易方式看，一般贸易出口28.13亿美元，增长16.8%；加工贸易出口2.68亿美元，增长4.3%。从出口国家和地区看，向韩国、美国、香港和贝宁等主要贸易伙伴的出口总额达到11.75亿美元，占全区出口总额的比重为38.1%。全年全区出口超千万美元企业45家，实现出口总额17.53亿美元；进口超千万美元企业30家，实现进口总额18.82亿美元。

外商直接投资：全年实际利用外资3.79亿美元，增长3.1%；新批外商直接投资项目210个，增长40.0%；合同外资5.46亿美元，下降6.5%。房地产业、批发和零售业、信息传输、计算机服务和软件业是外资投入较多的行业，实际投资额占全区实际利用外资总额的90%以上。实际投资额前2位的分别是香港和英属维尔京群岛，共实现投资额3.18亿美元。新批及增资外商直接投资项目267各，增长32.8%。落户我区的投资总额超千万美元项目18个，新增合同外资3.69亿美元，下降22.3%；实际入资超千万美元项目6个，实际入资额3.05亿美元，增长14.9%。

四、城区建设和管理

城区建设与治理：以建设宜居城市为目标，大力推进市政道路建设，全年市政建设投入4671万元。完成了东莞庄一横路和车陂北街北段的道路、排水建设工程，新增市政道路长度873米。配合筹办亚运，推进亚运场馆周边道路设施建设。协同推进地铁四号线北延段、六号线以及科韵北路延长段、云溪路、珠吉路延长线等市城建重点工程天河区段的征地拆迁工作。全年地铁工程完成拆迁房屋1.93万平方米，完成投资额14595万元；市政重点城建工程共完成征（借）地20.55万平方米，完成拆迁房屋2.64万平方米，完成拆迁房屋2.64万平方米，完成投资额15781万元。

城中村改造取得重大进展，猎德村整体拆迁改造试点工作取得突破，复建安置工程顺利推进。

加强城区管理，加大“两违”整治和环境综合整治力度，有效遏制“两违”和“六乱”现象，清拆“两违”966宗，23.53万平方米，整治“六乱”14.59万宗。配合市开展“整无”行动，共清查无证照经营场所及出租屋351户，取缔无证照废旧物品回收点92个。

深化市容环卫保洁体制改革，城区面貌更加美化。全区清扫保洁面积620万平方米，市政道路机械化清扫率达76%，“城中村”清扫覆盖率100%。70多公里河涌全部纳入环卫专业保洁。生活垃圾无害化处理率100%。落实门前市容环境卫生责任制，全区有2.9万家商铺签订了责任书，签订率达98%。全区有11条街完成了环卫作业市场化改革。

生态建设：推进实施“青山绿水、碧水蓝天”二期工程，城区生态环境进一步优化。全年新增绿化面积31万平方米，落实养护面积156万平方米，建成区绿化覆盖率达到31%以上。森林公园建设和河涌整治稳步推进。全区森林覆盖率达到23.7%，提高1个百分点。火炉山森林公园建设工程和吉山橄榄公园改造工程进展顺利，车陂涌综合整治第一期工程取得实质性进展。

环境保护：全区总体环境质量保持达标水平。全年空气质量达到二级和二级以上的天数是359天，占全年总天数的98.1%；空气中的二氧化硫、二氧化氮、总悬浮颗粒物和降尘的平均值总体优于国家二级标准；地面水（河涌和湖库）水质与去年基本持平；环境噪声达标区覆盖率86.3%；区域环境噪声平均值54.5分贝；交通干线噪声平均值69.8分贝。继续开展绿色创建活动。4个社区获得“市级绿色社区”命名、5个社区通过验收；8个社区获得区级“绿色社区”命名；7所学校通过“市级绿色学校”验收。

社会治安：扎实推进“平安天河”建设，强化反恐维稳机制，全力压案保安，全年全区治安案件发现受理数下降24.3%；刑事案件立案数下降16.0%。人民群众安全感进一步增强，群众安全感指数为92.9%，同比提高了2.3个百分点。建立出租屋长效管理机制，切实加强出租屋管理，年末全区共有出租屋6.01万栋、39.08万套；“两费一税”征收总额约2.37亿元，增长34.9%；流动人员IC卡暂住证累计办理17.45万人次，增长28.9%。出租屋内刑事发案数下降了29.0%，治安发案数下降了18.7%。

五、科技和社会事业

科学技术：着力推进创新性城区建设，顺利通过全国科技进步示范区中期考核。全年获国家、省、市科技进步奖13项。区财政安排资金900万元扶持50个科技项目和对国家创新资金项目进行配套。帮助辖区企业申报各类科技扶持项目217项，共获得扶持资金1.02亿元，带动社会资金投入约40亿元。全年全区高新技术企业236家。全年共申请专利3661件、获授权专利2175件，分别增长26.5%和24.3%，专利申请量和授权量居全市首位。全区共有各级工程中心33家，占全市的33%，其中国家级3家、省级13家、市级17家。社区科普工作有新发展，支持13个街道科普项目，建成广州市科普进社区示范街道4个、区科普示范社区5个。

教育：教育事业健康发展。全年区财政一般预算安排教育支出5.72亿元，增长20.8%。义务教育规范化学校占全区公办学校总数84.9%，居全市各区之首。顺利通过广州市义务教育规范化学校中期督导验收和广东省教育强区复评督导验收。年末，全区共有幼儿园154所，在园幼儿数28597人；小学82所，在校生97079人；普通中学（含普中和职中）52

所，在校生51308人；特殊教育学校3所，在校生837人。年末各类学校教职工人数13815人，其中专任教师达到10037人。

文化：深入实施文化优区战略，大力推进和谐文化建设，精心打造“绚丽天河文化艺术节”、“广州乞巧文化节”、“天河合唱节”和“全国大学生原创动画大赛”文化活动品牌，提升天河文化品位。以“创建全国文明城市”、“中国奥运年”、“广州亚运年”、“中国改革开放三十周年”为契机，全年累计举办、协办各类文化活动近50场，丰富社区人民群众文化生活。成功举办2008年第二届天河读书节系列活动。全年区图书馆新增图书8661种、17113册，新增报刊760种，接待读者10万人次。

卫生：继续完善医疗卫生体系建设，全年区财政一般预算安排医疗卫生支出2.14亿元，增长36.0%。社区卫生和公共卫生服务体系建设深入推进，建立了社区公共卫生服务经费补助机制，社区卫生服务机构业务用房和社区卫生服务站建设工作取得突破性进展，有效缓解了群众“看病难，看病贵”问题。年末，全区拥有各类医疗机构427家，其中医院28家、门诊部89家、诊所153家、卫生所和医务室121家；医疗机构拥有床位5833张；拥有卫生技术人员9356人，其中医生3426人。

体育：体育设施建设逐步完善，年末全区新建成健身路径20条，篮球场9个。群众体育活动形式多样，年内共开展“迎奥运、办亚运”等主题群众体育活动84项次，其中包括配合广州市筹备“市长杯”迎亚运羽毛球系列大赛，成功举办天河区预选赛、龙舟赛等。巩固完善区、街、社区居委会三级体育组织领导网络，培训了28名二级社会体育指导员队伍，以及一批省市健身秧歌、气功、毽球等体育骨干。开展创建“广东省体育先进区”活动，龙洞街通过“全国体育先进区”评估验收。我区残疾人运动员周杨静为我省夺取了残奥会首枚金牌。

六、人口、就业与保障、居民生活

人口：年末全区常住人口114.93万人，增长2.8%。户籍人口71.65万人，增长3.9%；户籍人口户数19.80万户，增长3.5%。年度出生人数8469人，人口出生率11.27‰；人口死亡率2.65‰；人口自然增长率8.61‰。

就业与社会保障：实施积极地就业政策，完善三级公共就业服务体系，着力解决新增劳动力、“农转居”劳动力、就业困难群众的就业和再就业工作，推进“充分就业社区”创建工作，举办了27场公益性招聘会，627家企业参加，提供1.65万个就业岗位。全年城镇登记失业人数15835人，下降6.4%，城镇登记失业人员就业人数11192人，失业人员再就业率达到70.7%，其中“4050”失业人员再就业人数2186人，就业率59.2%；“零就业家庭”一人以上就业率达100%；全区124个社区创建成为充分就业社区，创建成功率64.6%。

社会保障覆盖面不断扩大。全年参加基本养老保险人数17.33万人，增长23.3%；参加失业保险人数16.49万人，增长24.5%；参加基本医疗保险36.68万人，增长1.7倍；参加工伤保险人数20.91万人，增长21.1%。全区共有3.24万名“农转居”人员参加了基本养老保险。全面落实最低生活保障制度，保障标准不断提高，全区享受城镇居民最低生活保障人数2552人，下降5.8%，城镇最低生活保障支出811.79万元，增长14.9%。

居民收支：全年单位职工年人均工资为62080元，增长14.5%；居民人均可支配收入25556元，增长13.6%；居民人均消费性支出21590元，增长12.1%；家庭设备用品及服务、医疗保健支出增速较快，分别增长85.9%和39.1%。城市居民恩格尔系数为34.0%。

注：

1、本公报数据为年度初步统计数，正式数据以《2008年广州市天河区国民经济统计资料》为准。

2、本公报地区生产总值、人均生产总值、各产业增加值和总产值绝对数按当年价格计算，增长速度按可比价格计算。

3、人均生产总值、人均税收收入按常住人口平均数计算，折算成美元按2008年平均汇率。

4、常住人口包括户籍人口、离开户口所在地半年以上的外地在本区人口，不包括户籍在本地，但已离开本地半年以上的人口，不含现役军人。

5、六大高端产业（信息服务业、现代商贸业、金融服务业、专业服务业、科技服务业和文化创意产业）涉及到第三产业中的14大类：包括交通运输、仓储和邮政业，信息传输、计算机服务和软件业，批发和零售业，住宿和餐饮业，金融业，房地产业，租赁和商业服务业，科学研究、技术服务和地质勘查业，水利、环境和公共设施管理业，居民服务和其他服务业，教育，卫生、社会保障和社会福利业，文化、体育和娱乐业以及公共管理和社会组织等。

6、规模以上工业法人企业指年主营业务收入500万元及以上的工业法人企业；限额以上批发企业指年销售额2000万元及以上的企业；限额以上零售企业指年销售额500万元及以上的企业；限额以上餐饮企业指年营业收入200万元及以上的企业。

7、本公报中财政支出、对外经济贸易、城区建设与治理、生态建设、环境保护、社会治安、科技、教育、文化、卫生、体育、人口与计划生育、劳动就业和社会保障等数据取自相关部门统计数据。

8、部分数据因四舍五入的原因，存在着与分项合计不等的情况。

排行榜

国税纳税额前十名

1　中国南方电网有限责任公司超高压输电公司
2　广东烟草广州市有限公司
3　广东电网公司广州供电局
4　中国南方电网有限责任公司
5　中国电信股份有限公司广州分公司
6　雅芳（中国）有限公司
7　广州友谊班尼路服饰有限公司
8　天生桥一级水电开发有限责任公司
9　广东省电力工业燃料有限公司
10　中国石油天然气股份有限公司华南销售分公司

地税纳税额前十名

1　中国移动通信集团广东有限公司广州分公司
2　广州市天河区房地产登记交易中心
3　金发科技股份有限公司
4　广东浩和创业有限公司
5　中国南方电网有限责任公司超高压输电公司
6　广州市嘉裕房地产发展有限公司
7　中国电信股份有限公司广州分公司
8　广州南方人才资源租赁中心
9　广东中烟工业有限责任公司
10　广东电网公司广州供电局

工业企业总产值前十名

1　中国南方电网有限责任公司
2　广电集团广州供电分公司
3　广州金发科技发展有限公司
4　广州广电运通金融电子有限公司
5　广州市虎头电池集团有限公司
6　广州市浪奇实业股份有限公司
7　广州迅力体育用品设计制作有限公司
8　广州中一药业有限公司
9　广州摩恩水暖器材有限公司
10　广州御银科技股份有限公司

房地产企业开发投资额前十名

1　广州富力地产股份有限公司
2　广州侨鑫房地产开发有限公司
3　广州越秀城建国际金融中心有限公司

4 广州市城市建设开发有限公司
5 广州市天建房地产开发有限公司
6 广州集贤庄新世界城市花园发展有限公司
7 广州市恒隆房地产投资有限公司
8 广州市明和实业有限公司
9 广州市嘉裕房地产发展有限公司
10 广东正升建筑有限公司

批发企业销售额前十名

1 中国石油化工股份化工销售广州分公司
2 中国石油天然气股份有限公司华南销售公司
3 广东省电力工业燃料公司
4 广州宝钢南方贸易有限公司
5 中国石油天然气股份有限公司化工与销售华南分公司
6 广东烟草广州市有限公司
7 中国神华能源股份有限公司广州煤炭销售分公司
8 广州珠江电力燃料有限公司
9 中石化中海船舶燃料供应有限公司
10 广东松山贸易有限公司

零售企业销售额前十名

1 广州市好又多百货商业广场有限公司
2 广东天河城百货有限公司
3 雅芳（中国）有限公司
4 广东吉之岛天贸百货有限公司
5 广州骏佳凌志汽车销售服务有限公司
6 广州友谊班尼路服饰有限公司
7 广州埃索石油服务公司
8 中国石油天然气股份有限公司广州公司
9 广州广保丰田汽车销售服务有限公司
10 广州长润汽车销售有限公司

住宿餐饮企业营业额前十名

1 广州市真功夫餐饮管理有限公司
2 广州市城建天誉房地产开发有限公司威斯汀酒店
3 广州市天伦万怡大酒店有限公司
4 广州市天河珠江城渔米之香乡村酒家
5 广州市华威达商务大酒店有限公司
6 广州市嘉逸国际酒店有限公司
7 广州市勤建龙苑餐饮有限公司
8 广州酒家体育东有限公司
9 广州景星酒店有限公司
10 广州泛亚饮食有限公司

其他服务业企业营业额前十名

1 广东省广弘资产经营有限公司
2 广东省粤电集团有限公司
3 广梅汕铁路有限公司责任公司
4 广东电力发展股份有限公司
5 广州网易计算机系统有限公司
6 上海李奥贝纳广州有限公司广州天河分公司
7 广东广信通信服务有限公司
8 广东地方铁路有限责任公司
9 广州网易互动娱乐有限公司
10 宝供物流企业集团有限公司

主题索引

主 题 索 引

说明：1、索引的主题词后面的数字表示内容所在的页码，数字后的拉丁字母表示该页自左至右的栏别。

2、本刊的《大事记》、《文件选辑》、《社会统计资料》等篇目未作索引。

3、以下内容顺序是按拼音排列。

A

B

C

D

F

G

H

J

K

X

Y

Z

表格索引

图书在版编目（CIP）数据

天河年鉴.2009/天河年鉴编辑部 编
—北京：中华书局，2009.12
ISBN978-7-101-07103-0

Ⅰ.天... Ⅱ.天... Ⅲ.（区）城市—广州市—
2009—年鉴 Ⅳ.Z526.51

中国版本图书馆CIP数据核字（2009）第201336号

责任编辑：李肇翔

天河年鉴2009
天河年鉴编辑部 编
*
中华书局出版
（北京市丰台区太平桥西38号 100073）
http://www.zhbc.com.cn
E-mail:zhbc@zhbc.com.cn
广州市恒远彩印有限公司印装
*
开本：889x1194毫米 1/16开本 33印张 88插页 650千字
2009年11月第1版 2009年11月第1次印刷
印数：1-2000册 定价：200.00元

ISBN 978-7-101-07103-0